AGUSTÍN PÁNIKER

LA SOCIEDAD DE CASTAS

Religión y política en la India

editorial Kairós

Primera edición: octubre 2014
Segunda edición: enero 2015
ISBN: 978-84-9988-408-0
Depósito legal: B 20.012-2014

Revisión tipográfica: Amelia Padilla
Confección del Índice: Javier Rodríguez Ganuza
Fotocomposición: Beluga & Mleka
Impresión y encuadernación: Índice

Este libro ha sido impreso con papel certificado FSC, proviene de fuentes respetuosas con la sociedad y el medio ambiente y cuenta con los requisitos necesarios para ser considerado un "libro amigo de los bosques".

SUMARIO

Introducción 7

I. El principio de la diferencia 29
1. Costumbres matrimoniales 33
2. La familia patriarcal 51
3. La ocupación tradicional 91
4. Rasgos culturales 101
5. El "sistema" de castas 131

II. El principio de la jerarquía 157
6. *Varṇa* 161
7. *Dharma* 175
8. El lenguaje de la pureza 194
9. El lenguaje del poder 220
10. Jerarquía 240
11. Movilidad 250

III. En los márgenes del sistema 267
12. Los excluidos 271
13. La intocabilidad 283
14. Los ādivāsis 307
15. Castas no hindúes 333
16. Castas allende el Sur de Asia 368

IV. La casta en la historia 385
17. El origen de la casta 389
18. Desarrollo y crítica de la sociedad de castas 413
19. Historia reciente de la casta 450
20. El factor colonial 465
21. La reforma de la casta 492
22. Ambedkar 524

V. Casta y política ... 549
23. Las políticas de discriminación positiva ... 553
24. La etnicización de la casta ... 585
25. La politización de la casta ... 598

Epílogo: Casta y clase ... 621

Glosario ... 641
Notas ... 663
Bibliografía ... 679
Listado de cuadros y figuras ... 701
Índice ... 705

INTRODUCCIÓN

No existe cuestión acerca de la India más compleja y controvertida que la del llamado "sistema de castas". Se han escrito multitud de libros y artículos sobre el asunto (aunque casi ninguno en español). No hay conferencia sobre la India en la que alguien del público no plantee alguna pregunta al respecto. Ni encontraremos otro tema del mundo surasiático que despierte opiniones más encontradas. El "sistema" ha sido criticado hasta la saciedad y ensalzado –aunque menos– hasta el paroxismo. Pero, a pesar de la importancia que todo el mundo le concede, el tópico es poco conocido y hasta diría que mal entendido por el gran público; incluso por bastantes indianistas.

Estos aspectos me han motivado lo suficiente como para investigar y escribir este libro sobre la sociedad de castas. Un texto que, a pesar de su tamaño, pretende ser tanto explicativo y didáctico (con el público no indio y no especializado en mente), como reflexivo (donde espero aportar novedades al lector ya familiarizado con el mundo índico).

¿POR QUÉ PRIVILEGIAR LA CASTA?

Valga decir, de entrada, que la casta nunca ha sido el principal marcador identitario de las personas o los grupos sociales del Sur de Asia [véase FIG. 1 para situar la macrorregión]. Al menos, no parece haber sido –ni ser– de mayor peso que la familia, la aldea, la tribu, la lengua, la clase social, la religión, la secta o la nación. Cada una de estas formas de identidad o de solidaridad podía –o puede– ser tanto o más importante que la casta. Según el contexto un indio preferirá destacar las identidades en las que ha nacido (como la casta, la lengua, la religión o la región) o las que ha adquirido (como la clase o quizá la secta). Para un indio de los llamados "intocables" (o mejor, ex-intocables [véase pág. 27, al final de esta Introducción]), la identidad de casta es seguramente insoslayable. Por el contrario, una persona de casta alta puede prescindir de esa etiqueta o subsumirla en la de clase.

Cualquier estudio antropológico completo sobre la India debería centrarse tanto en las identidades adscritas como en las adquiridas. Privilegiar la casta en detrimento de otras formas de solidaridad o conflicto puede ser reduccionista. O podría desviarnos de focos de interés tanto o más relevantes. Hoy, por ejemplo, puede que no sea la casta sino la "religión" la que está en el centro del debate. Al menos, en la India urbana. La moderna antropología índica se aleja cada vez más de las tres grandes áreas de estudio que la dominaron durante décadas: la tribu, la aldea y la casta. El estudio etnográfico en la India se centra en la actualidad en cuestiones como el auge de los nacionalismos, los problemas de género, la violencia religiosa, la etnolingüística, etcétera.

Obviamente, no niego la relevancia de la casta. De lo contrario, ¿por qué escribir un libro sobre la cuestión? Además, pasaríamos por alto la experiencia vital de muchos indios, que sí viven la casta, en cualquiera de sus facetas. Las castas están todavía presentes; la intocabilidad –aunque ilegal– sigue efectiva; hay partidos políticos que defienden los intereses de castas determinadas; etcétera. La sociedad de castas es una realidad de la India contemporánea. Y una mucho más inasible y adaptativa de lo que se presuponía. La casta está en el centro de la política de un país que en los últimos 30 años ha experimentado una extraordinaria transformación social, económica, demográfica y cultural. Todavía más: la casta constituye un tipo de vida que ni 200 años de colonialismo ni tres siglos de modernidad han sido capaces de eliminar. James Manor la ha calificado como «la institución social más duradera y resiliente de Asia y quizá del mundo».[1] Aunque, como veremos a lo largo de la obra, la casta se ha ido transformando –y opera un profundo cambio en la actualidad–, es también incuestionable su asombrosa capacidad de reubicación. Sin privilegiarla sobre otros marcadores étnicos, podemos decir que la casta ha sido y es importante. Por ello estimo que todavía puede escribirse sobre ella. (Y más en una lengua donde apenas existe bibliografía al respecto.)

Además, la casta ha sido secuestrada una y otra vez para reafirmar los estereotipos preferidos acerca de la India. Por ejemplo, el cliché del *exotismo* de la India; es decir, su radical diferencia respecto a un tácito patrón occidental de "normalidad" (social, política, religiosa...). Al ser peculiar de la India, la casta es paradigmática de "lo exótico". En segundo lugar, su arcaísmo y *subdesarrollo*, porque dice el cliché que una sociedad casteísta sólo puede realimentar la pobreza, la violencia, el tercermundismo y la injusticia. Y por último, su *religiosidad*, ya que únicamente a este pueblo crédulo y fantasioso se le ocurrió poner a los sacerdotes –por encima de los reyes– en la cúspide de la jerarquía social y aprobar religiosamente la desigualdad social. Pienso que también habría que meter mano a este tipo de construcciones.

La imagen de una sociedad dominada por la jerarquía de casta resume en una única estampa una visión de la India que a muchos –indios o no indios– les ha interesado representar. Para bastantes pensadores, la casta constituye la *esencia* de la civilización india. Esa –a mi juicio– desatinada apreciación también forma parte de la sociedad de castas. Al menos, debe formar parte de un libro que trate sobre la temática.

Afirmaba el gran sociólogo Louis Dumont que en la India ha «habido cambio *en* la sociedad pero no cambio *de* sociedad».[2] Es decir, más allá de los avatares de la microhistoria, la India lleva prolongando un sistema sociorreligioso de forma casi inalterada desde hace dos milenios. Esta desfasada idea sigue arraigada en las concepciones que indios y no indios tenemos sobre la sociedad de castas. Corresponde al conocido dualismo del tradicionalismo de la India *versus* la modernidad de Occidente. O al tropo de la intemporalidad y el idealismo onírico hindú. Pero ¿cómo puede un *sistema social* ser estático?

Sospecho que mucha de la pretendida inmovilidad de la costumbre y la tradición suele ser producto de la distancia. La antropología nació del estudio de lo exótico, lo alejado, lo extraño, lo primitivo, lo ahistórico, lo salvaje, lo premoderno. Pero a medida que el etnólogo se familiariza con la sociedad de estudio, y a medida que va incorporando la visión émica (desde adentro), resulta que la costumbre y la tradición son menos inmóviles de lo que aparentan (y menos exóticas, subdesarrolladas, primitivas...).

De ahí que en este trabajo saltaremos adelante y hacia atrás en el tiempo para mostrar los cambios que se han producido en la sociedad india. Puede que algún capítulo ofrezca la visión clásica de la casta, pero no tardará mucho en matizarse y darse la visión actual de la sociedad. O puede que describa cómo funcionaban los concilios de casta tradicionales, por ejemplo, para luego mostrar cómo han ido transformándose y perdiendo fuerza. Estimo imprescindible no petrificar un lienzo de la sociedad india; y, en cambio, es mi intención resaltar los cambios que están teniendo lugar.

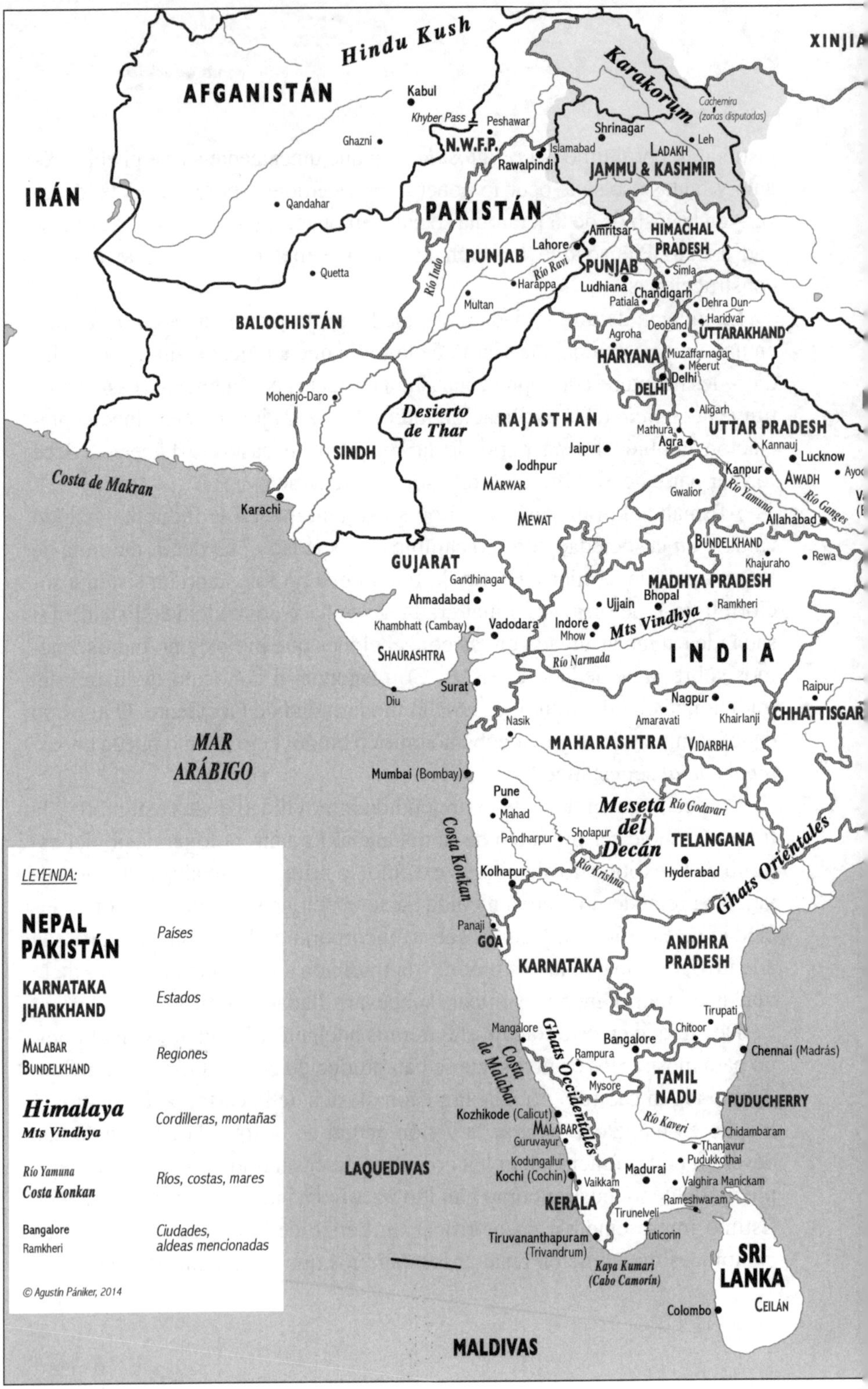

1. Mapa del Sur de Asia.

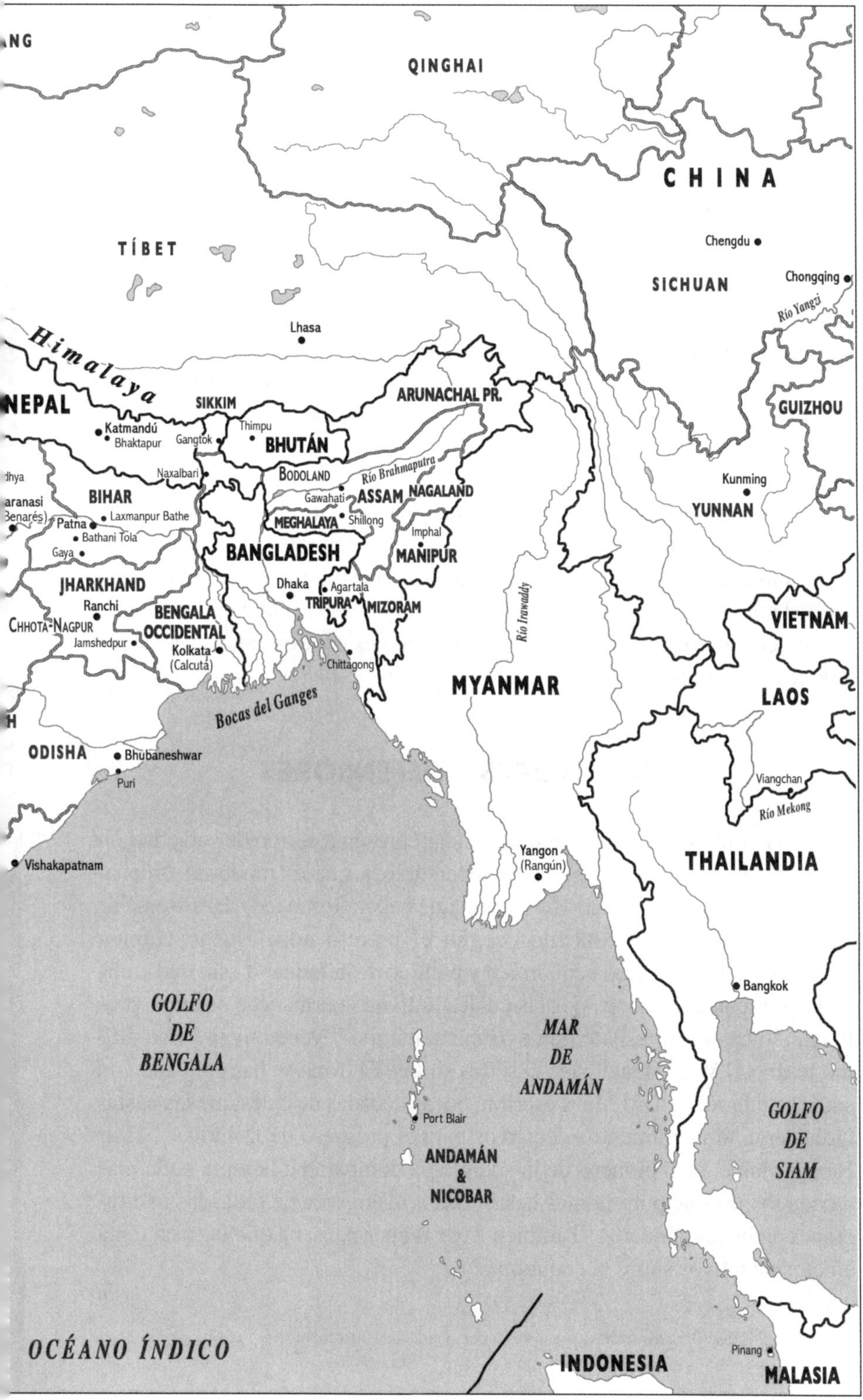

NG
QINGHAI
CHINA
TÍBET
Chengdu
SICHUAN
Chongqing
Río Yangzi
Lhasa
Himalaya
NEPAL
SIKKIM
ARUNACHAL PR.
GUIZHOU
Katmandú
Bhaktapur
Gangtok
Thimpu
BHUTÁN
Naxalbari
Bodoland
Río Brahmaputra
Kunming
BIHAR
Gawahati
ASSAM
NAGALAND
YUNNAN
Patna
Laxmanpur Bathe
Bathani Tola
MEGHALAYA
Shillong
Imphal
Gaya
BANGLADESH
MANIPUR
JHARKHAND
Dhaka
Agartala
Ranchi
TRIPURA
MIZORAM
Río Irawaddy
CHHOTA-NAGPUR
BENGALA OCCIDENTAL
VIETNAM
Jamshedpur
Kolkata (Calcuta)
Chittagong
MYANMAR
LAOS
Bocas del Ganges
ODISHA
Bhubaneshwar
Puri
Viangchan
Río Mekong
Yangon (Rangún)
THAILANDIA
Vishakapatnam
Bangkok
GOLFO DE BENGALA
MAR DE ANDAMÁN
GOLFO DE SIAM
Port Blair
ANDAMÁN & NICOBAR
OCÉANO ÍNDICO
Pinang
INDONESIA
MALASIA

❖ ❖ ❖

Hasta tal punto la casta nos parece esencial que no ha mucho aún se oía que era imposible ser hindú o considerarse como tal y vivir allende la sociedad de castas. Max Weber, uno de los "padres" de la sociología moderna,* lo certificó hace cien años: la casta «es la institución fundamental del hinduismo [...]; sin casta no hay hindú».[3] Louis Dumont aún iba más lejos cuando afirmaba que en la India «la religión de los dioses es secundaria; la religión de la casta es fundamental».[4] Todo esto es bastante debatible. Pero aunque la casta no represente, a mi entender, ninguna esencia de la civilización índica, es indiscutible la peculiaridad del sistema de castas indio, sus estrechos vínculos con la religión, la economía, la política o la gastronomía; y su capacidad de adaptación. La casta habita el siglo XXI.

Y al decir "casta" uno implica las cuestiones polémicas asociadas al tema: intocabilidad, discriminación, violencia... O, puestos a idealizar, las imágenes del polo contrario: interdependencia, holismo, espiritualidad... Y es que, como decíamos en el primer párrafo, el asunto es controvertido y despierta debates muy acalorados.

DETRACTORES Y DEFENSORES

Para una gran mayoría, en efecto, la casta representa el tipo de sociedad injusta, oscurantista, prerracional y supersticiosa que el moderno ordenamiento político ha eliminado (o tendría que haber eliminado). El sistema de castas sería el gran obstáculo –según el premio nobel sueco Gunnar Myrdal– para el progreso económico y político de la India.[5] Y, sin duda, una de las principales razones por las cuales la India «permanece estática, prolongando hasta el presente una existencia natural y vegetativa».[6] Eso último lo dijo G.W.F. Hegel hace casi dos siglos. El tropo se ha replicado con suma regularidad. Karl Marx escribía pocas décadas después que las castas indias eran «impedimentos decisivos para el progreso de la India».[7] Y sir Henry Maine, otro pionero de la sociología comparada, la tenía nada más y nada menos que por «la más desastrosa y malograda de todas las instituciones de la humanidad».[8] También Max Weber pensaba que la casta tenía efectos negativos sobre la economía.[9]

* Véase el Índice para las fechas de autores y personalidades históricas.

He escogido deliberadamente ejemplos de ilustres pensadores del canon occidental porque en esa tradición la casta tiene muy mala prensa. En India la valoración es, como era de esperar, más ambigua y cromática. En cualquier caso, lo sorprendente es que una mayoría de los expertos aún suscribía estos enunciados décadas después del gran despegue económico del país. La tendencia a ver la cultura hindú y la organización social hindú como los factores determinantes de la baja tasa de desarrollo indio sigue siendo canónica.[10]

Con razón Ronald Inden se quejaba de esa proclividad a ver la "casta" cual esencia que ha mantenido a la India en un letargo premoderno.[11] Y es que, como se aludía antes, si ha existido una institución social que para la mentalidad modernista constituye a la India en un espacio radicalmente diferente de Europa, esta ha sido la institución de la casta. Para numerosos politólogos, sociólogos o economistas, la democracia india es una "anomalía". ¿Cómo puede un país con semejante diversidad étnica y lingüística, con unos niveles de pobreza tan elevados, una alfabetización tan baja y que está internamente segmentada por esa miríada de castas, mantener un régimen democrático? Como mal predecía el analista Selig Harrison: «Todo indica que la libertad no sobrevivirá en la India».[12]

Dada la tozuda vigencia de la sociedad de castas, hoy a los detractores del "sistema" les asombra que el PIB de la India crezca de forma ya imparable y contradiga los estereotipos weberianos, marxistas o neoliberales. (Y que lo haga incluso *gracias* a la casta y siguiendo los contornos de casta. Y es que, según la revista *Forbes*, en el 2012, nueve de los diez hombres más ricos de la India –como los Mittal, Ambani, Jindal, Birla, etcétera– pertenecía a alguna casta "baniā", el genérico que designa a las castas dedicadas por empeño y tradición al comercio.) Porque en el diseño de lo que es la "verdadera" modernidad no está escrito que puedan existir castas. Incluso bastantes indios cosmopolitas y educados se sonrojan cuando se les recuerda el papel que todavía posee la casta en su pujante sociedad. Para ciertas escuelas de pensamiento único, la India es un claro ejemplo de imitación defectuosa y tropical del genuino sistema político, social, tecnológico y económico que se ha convenido en llamar "modernidad". Pero yo me pregunto: ¿es que acaso la democracia y el crecimiento sólo pueden funcionar si se borran las *identidades*, heredadas o adscritas?

Para una minoría, en cambio, la "casta" constituye un orden holístico, profundo y coherente de la sociedad. En concreto, la formulación clásica de un esquema de cuatro clases socioespirituales o *varṇas* representaría una brillante forma de solidaridad orgánica entre el individuo, el cosmos y la sociedad. Así lo entendieron el *svāmī* Vivekananda, el *mahātma* Gandhi o el filósofo y político Sarvepalli Radhakrishnan. En palabras del primero: «La casta es un orden natural [...] la casta es buena».[13] Ese ordenamiento, forjado hace dos o tres milenios, luego se oxidó y corrompió (una máxima del neohinduismo: la *decadencia* de la nación) y ahí surgieron lacras como la intocabilidad y la jerarquía; pero en su origen, la casta se fundamentaba en un orden de sabia interdependencia social.

Según esta positiva idealización, la división en cuatro clases sería una expresión del flujo normal de las cosas, al menos mientras existan maestros, soldados, mercaderes y criados que realicen sus tareas. Esta moderna naturalización de la casta como mera división del trabajo (vacía de su particularidad índica) la hace en cierta forma semejante a la "clase" occidental y, así, aparece como algo normal y universal.

Como sea, en contra de los que postulan la "anomalía" de la democracia india, el sociólogo Robert Deliège sostiene que la fragmentación de la sociedad india ha «favorecido el sentido del compromiso tan vital para la democracia».[14] Opinión que comparte Christophe Jaffrelot, para quien «la India, en cierto sentido, accede a la democracia por la casta»;[15] como tendremos ocasión de abordar.

Desde un ángulo más "tradicionalista", para Alain Daniélou el sistema de castas sería un loable esfuerzo por armonizar la sociedad humana en conformidad con un plan general de la creación.[16] Es más, el indólogo francés afirmaba, con ánimo de polemizar, que cualquier pueblo que quiera una sociedad estable y desee reducir el peso de las tribus y las naciones (siempre propensas a la guerra) deberá recurrir a una sociedad de castas y a una autoridad espiritual.[17] Para una autora como Ekta Singh, «la casta india es una de las mayores instituciones sociales que el Señor donó a los hombres».[18] Un modelo tradicional opuesto a la modernidad, un sistema justificable, suscrito por Frithjof Schuon,[19] que la moderna sociedad globalizada es incapaz ya de comprender, cegada por sus ideales de igualitarismo, economicismo e individualismo. Esta era también la queja que alzaba Pandurang Kane, al notar que muchos críticos de la casta la contraponen a un sistema occidental capitalista que, no obstante, «es tan maligno y hasta quizá peor que el moderno sistema de castas».[20] Pero un sistema que, al final, habría sido mortalmente dañado o adulterado por la injerencia de ideas y valores foráneos.

Vamos, que a bastantes de los apólogos del sistema también parece molestarles que desde hace 20 años el PIB de la India crezca al 6 o 7% anual y el país se modernice. Con frecuencia, los simpatizantes del sistema tienden a idealizar una India tradicional y espiritual y hacen oídos sordos a la India de la experiencia vital. La India debería de mantenerse a toda costa en su subdesarrollo y en la injusticia social, como reserva espiritual del planeta. De lo contrario, la gangrena materialista de la modernidad se impondrá.

❖ ❖ ❖

Yo presiento que los primeros, los detractores de la casta, que son legión, suelen pecar de eurocentrismo. Los segundos, los partidarios de su formulación clásica, caen en cierto indocentrismo. De una forma bastante perversa, los primeros suelen sacar a relucir conceptos burgueses como la "igualdad" y la "libertad" para realizar su crítica *externa* a la casta. Con simétrica perversión, los segundos suelen recurrir a supuestos valores índicos como la "espiritualidad" y la "tradición" para una justificación *interna* de la opresión. En lo que ambas posiciones coinciden es en hacer de la casta el vector esencial de lo bueno o de lo malo de la India. Ambas posiciones pecan, a mi entender, de exceso de culturalismo y realimentan el cliché del exotismo indio y su radical diferencia con otros pueblos.

Para nuestro planteamiento, la dicotomía entre críticos y abanderados podría ser anecdótica, pero no acaba de serlo, en verdad, porque tomaremos muy en serio los pronunciamientos políticos o vitales que se desprenden de cada bando. Por mi parte, intentaré no deslizarme en demasía hacia estos extremos y trataré de recrear un conocimiento algo más cosmopolita, sin privilegiar asunciones ideológicas. No pretendo una visión neutra e imparcial, pero sí un esfuerzo por no enjuiciar permanentemente el asunto. Persigo cierta *epojé* o suspensión del juicio y adoptar una actitud lo menos apriorística posible.

La casta puede ser sin duda opresiva, como también el vehículo para la mejora social. Veremos casos en ambos sentidos. Pero convendría tratar de trascender falsos binarismos como tradicional/moderno, Oriente/Occidente, jerárquico/igualitario o el más simplón bueno/malo.

No todas las formas de vida contenidas en lo que llamamos "casta" pueden entrar en este tipo de dicotomías. Una de las conclusiones más firmes que he deducido después de tantos años de investigación sobre las castas es que estas no son una reliquia del pasado o un residuo *pre*-moderno. Por mucho que a algunos –indios o no indios– la institución de la casta les moleste o les avergüence, pienso que la casta ni se opone a la modernidad (como demuestra su sorprendente durabilidad), ni es una lacra que haya que ir capeando como se pueda mientras se va construyendo la nación. Concuerdo con Debjani Ganguly, quien conceptualiza la casta como una constelación de prácticas sociales muy variadas que están en perpetuo flujo y que no pueden ser completamente encapsuladas por la narrativa del progreso y la construcción de la nación.[21]

Curiosamente, porque las cosas son siempre cromáticas, existen otros dualismos significativos a propósito de esta institución. Por ejemplo, el que divide la cuestión entre aquellos que consideran la casta una estructura esencialmente religiosa frente a los que ven en ella un asunto más prosaico. Otro tipo de enfrentamiento –con frecuencia vinculado al anterior– se da entre historiadores y antropólogos. Y este es el que vamos a despachar ahora, prosiguiendo el hilo introductorio.

HISTORIADORES VERSUS ANTROPÓLOGOS

Se quejan los historiadores –y cierta escuela de indología– del exceso de confianza que los antropólogos otorgan a sus informantes y al testimonio oral. Ello nos hace víctimas de la "tradición inventada" y de la fragilidad de la memoria.[22] La tendencia a subsumir y simplificar una sociedad compleja en una diminuta aldea rural nos impide ver las dinámicas, las fuerzas, las ideologías o las estructuras que han dominado y dominan la macrosociedad y sus instituciones. Los árboles no nos dejan ver el bosque. (Suscribo.)

Por su parte, los antropólogos protestan por la dependencia de los historiadores de los documentos escritos; lo que invariablemente nos lega una visión del pasado y del mundo muy elitista. Los textos no son ni fueron nunca descripciones de la realidad, sino convenciones literarias en manos de clérigos, cronistas, monjes…, esto es, de la élite letrada de cada sociedad. Reconstruir la historia a partir de los textos arroja siempre una visión estática, intemporal, aespacial,[23] androcéntrica y árida de la sociedad. (Suscribo.)

Los historiadores –e indólogos– tienen una clara tendencia a contemplar la unidad de la India y a trazar modelos holísticos del sistema de castas. Louis Dumont y David Pocock apremiaban a «no olvidar nunca que la India es *una*».[24] Estudiando los antiguos textos en sánscrito, el indianista tiende a olvidar que los niños y niñas de la India de hoy aprenden geografía, historia o biología según un método, con un propósito y un contenido bien distintos del de los textos clásicos.

Los antropólogos, por su parte, tienden a resaltar la diversidad y la fragmentación y se contentan con describir su pequeña parcela de la realidad. No obstante, su tendencia a entender que cada sociedad posee una cultura "auténtica" puede aproximarlos a la posición de los indólogos. De ahí que cuando el antropólogo sabe de algo que ha sido introducido desde el exterior (una tecnología, un valor, un grupo migrante o un vegetal) cae en la falacia del culturalismo y lo desecha por "inauténtico".

Por lo general, los indios han sido bastante dados a simultanear ambos enfoques. Es un pueblo que se desenvuelve con naturalidad con esas vagas categorías que llamamos lo "universal" y lo "particular". Al fin y al cabo, fue con el eslogan "unidad-en-la-diversidad" como Gandhi y Nehru edificaron su proyecto nacional. De forma pareja, pienso que el *quid* consiste en armonizar estos dos enfoques. El lenguaje de los historiadores tiene que complementarse con el de los antropólogos. El estudio textual es imprescindible para conocer las *ideologías*, pero suele ser insuficiente para explicar los *comportamientos*.[25] Y viceversa: la historia puede ser de estupenda ayuda al antropólogo.

Expongo todo esto porque en el tema que nos atañe existe una brecha formidable entre la visión del estudio textual y la del trabajo de campo. Simplificando de una manera algo grosera puede decirse que:

a) los historiadores-indólogos aportan una visión *ideal* de un *sistema* basado en el concepto de *varṇa* (clase socioespiritual) según aparece en los *textos brahmánicos* del *pasado*;
b) los antropólogos dan una visión *empírica* de la *realidad* social de la *jāti* (grupo endogámico) tal y como la *vive* la *gente* de *hoy*.

A los primeros, sólo parece interesarles las cuatro grandes clases socioespirituales. Para los segundos, lo que cuentan son las miles de subcastas. Los historiadores tienden a ver el sistema en términos religiosos y rituales. Los antropólogos acentúan los aspectos políticos y económicos. A unos sólo interesa lo simbólico y lo ideal. A los otros lo concreto y lo factual. Los indianistas sólo buscan la unidad y la continuidad. Los sociólogos aprecian la diversidad y el cambio. Pero, dado que todos consideran la casta como algo intemporal, unos y otros proyectan audazmente las nociones clásicas para explicar el presente o, a la inversa, utilizan la realidad contemporánea para reconstruir o reinventar la sociedad antigua.

Bien, me excusarán los expertos por plantear la cuestión en estos términos, casi maniqueos, porque la verdad es que hoy ya pocos autores sostienen visiones tan unilaterales. Pero a buen seguro habrán reconocido que estas *tendencias* han dominado el estudio de la sociedad índica durante mucho tiempo.

Dos ejemplos

Un gran exponente del abordaje indológico ha sido el del sociólogo estructuralista Louis Dumont. Su trabajo, hegemónico durante los 1970s y 1980s, representa una sinopsis extraordinaria –bien que criticable– de los valores centrales de la civilización hindú, que él detectó en el binarismo "pureza/polución". Esta polaridad constituye una ideología o estructura en esencia religiosa. En palabras de Dumont y Pocock, «son ideas religiosas en lugar de valores económicos los que establecen el rango de cada grupo».[26] Dumont ilustra su binarismo con la pureza del brahmán (brāhmaṇ) frente a la impureza del intocable (chaṇḍāla). Y extrae otra oposición esencial: la absoluta separación entre el poder secular (encarnado en el rey) y el poder sacerdotal (encarnado en el brāhmaṇ). Para Dumont, el poder político y económico (el *artha*) está supeditado al poder espiritual (el *dharma*).

Quizá el ejemplo más elocuente del abordaje antropológico haya sido el de Frederick G. Bailey, influyente en las décadas de los 1950s y 1960s. Bailey llegó a la conclusión –a mi juicio exagerada– de que las abstracciones escolásticas de los textos brahmánicos han sido y son irrelevantes para la vida cotidiana del hindú de a pie. Puesto que la gran masa india ha sido analfabeta, el estudio textual resulta innecesario. Bailey consideraba que la "casta" era un simple modo de estratificación social, quizá peculiar, pero no tan distinto del que hallamos en otras sociedades del mundo. Lo que distinguiría a las castas "bajas" de las "altas" sería su acceso a los recursos económicos y políticos. En otras palabras, la casta sería una forma *sui generis* de sometimiento.

Yo sospecho que Dumont ha elaborado su teoría a partir de la visión de los dominantes, mientras que Bailey la ha tejido a partir de los testimonios de los dominados. Puesto en términos de análisis marxista, Dumont sólo entiende la casta como "superestructura" (sistema ideológico), mientras que Bailey entendería que la casta es la guisa que en la India toma la "clase".

El primero reduce lo político a lo cultural, el segundo hace la inversa. Desde mi ángulo, ambas posiciones pecan de reduccionismo.

❖ ❖ ❖

Esta disparidad de opiniones (enfoque indológico *vs*. sociológico, partidarios *vs*. detractores, Dumont *vs*. Bailey) muestra que no existe una perspectiva teórica universal y definitiva. Ergo, no puede existir una única definición de la casta o la sociedad de castas.

Pero, como es obvio, uno se ha formado su propia opinión sobre el asunto. Una en la que se entrelazan diferentes principios y lenguajes y de la que surgen múltiples jerarquías y maneras de vivir la casta. Ahí van, a modo esquemático, algunos de los ejes de mi visión sobre la casta que ya he enunciado en otra parte[27] y que reflejan aproximadamente el desarrollo de la presente obra.

LA TESIS DE ESTE LIBRO

Como decíamos antes, la casta sigue siendo uno de los principales marcadores identitarios de millones de indios. La modernidad no ha finiquitado la casta. Entre otras cosas, porque se apoya sobre dos sólidos fundamentos: el principio de la *diferencia* y el principio de la *jerarquía*.

El principio de la diferencia

La sociedad india está compuesta por unas 4.000 o 5.000 comunidades que los portugueses llamaron "castas". Existen algunas de decenas de millones de personas, extendidas por varios estados de la India (en cuyo caso, encontraremos subdivisiones de primer, segundo... y enésimo grado); y las hay de unos pocos miles de individuos, concentradas en una comarca reducida. Tres características parecen ser recurrentes.

En primer lugar, cada casta o comunidad posee sus reglas matrimoniales. Este es el aspecto más importante, tangible y duradero de la sociedad de castas. Y la norma más común es la tendencia a la endogamia; es decir, a desposar dentro de un círculo matrimonial estrecho. De hecho, se piensa que la ibérica "casta" se utilizó para traducir la índica *jāti*, que –entre otras cosas– significa eso: "nacimiento". La casta se hereda. Está, por tanto, entretejida con el género y la patriarquía.

En segundo lugar, cada casta ha estado asociada a una ocupación tradicional. Hay castas de lavanderos, de sacerdotes, de médicos o de pastores. No obstante, este aspecto se ha dulcificado muchísimo en el último siglo y quizá ni una tercera parte de los indios se dedique hoy a la ocupación tradicional de su casta.

En tercer lugar, cada casta conforma un microcosmos social, religioso y cultural en toda regla. Muchas castas siguen a grupos religiosos característicos, con templos, sacerdotes, liturgias, festivales y divinidades particulares. Seguramente poseen pautas alimenticias propias (con dietas y tabúes marcados). Puede que recurran a atuendos, ornamentos [FIG. 2], leyendas y hasta dialectos propios.

Cada casta es cual gigantesco grupo étnico que se diferencia de los demás por las reglas de endogamia y perpetúa su distinción a través de sus tradiciones de culto, dieta u ocupación. La casta no se oculta. Entre los miembros de una casta se tiene la sensación de compartir una misma sangre. Las asambleas y concilios de casta la refuerzan. En la economía aldeana, las castas interactúan y han constituido "sistemas" locales.

2. El principio de la diferencia. Una familia marāṭha, con los símbolos de atuendo que los caracterizaban. Maharashtra. Foto: Taurines Studio, 1880s.

Gracias a la casta, la India ha podido integrar a la infinidad de comunidades lingüísticas, tribales o religiosas que la componen. La India ha sido y es una de las sociedades más vocacionalmente multiculturales del planeta. De ahí que nadie –o casi nadie– quiera ocultar o renunciar a la casta. (Otra cosa es, por descontado, oponerse a las discriminaciones por razón de casta.) Y que algunos puedan alabarla y ensalzarla.

Este talante pluralista es el que ha hecho de este país un terreno tan propicio para el desarrollo de las libertades o de la democracia. Y uno de los motivos de la resiliencia de la casta.

El principio de la jerarquía

Pero todo tiene su precio. Y, en la India, el segundo principio sobre el que se asienta la casta es el de la jerarquía. De ahí que otros pensadores sostengan –con la misma razón– que la India es genéticamente antidemocrática. Porque el principio de la jerarquía se basa en la desigualdad social. Por ello, otros aborrecen y reniegan de la casta.

Sabemos por los textos en sánscrito que, desde hace muchos siglos, la ideología dominante –que llamaremos brahmánica– concibió una sociedad ideal dividida en cuatro grandes clases o *varṇas*: 1) los brāhmaṇs, que se ocupaban de la función ritual y letrada; 2) los kṣatriyas, encargados del gobierno y la fuerza militar; 3) los vaiśyas, que serían comerciantes y productores; y 4) los śūdras, o siervos y peones de las tres clases anteriores. En ocasiones se insinúa –pero normalmente se omite– una "quinta" clase, la de los llamados –a partir del siglo XX– intocables o dalits.

Aunque ha sido siempre teórico, este modelo textual tiene sanción religiosa. Al ser panindio es conocido de todos. Como estas cuatro o cinco clases rituales conforman una pirámide, al entrelazarse y retroalimentarse ambos principios (diferencia + jerarquía), cada *jāti* tiende a jerarquizarse y a homologarse con uno de estos *varṇas*. Ahí, sin embargo, las cosas pueden tornarse endiabladamente complejas. Y es que a la hora de relacionarse las castas entre sí y de establecer jerarquías, entran en juego por lo menos dos idiomas: el lenguaje de la pureza y el lenguaje del poder.

El lenguaje de la pureza

El lenguaje de la pureza es el que despertó el interés de Dumont y el abordaje indológico e histórico. Y según dicha ideología, las personas, sus costumbres, las ocupaciones, las dietas, ciertos tránsitos de la vida... remiten a órdenes de pureza. La comida vegetariana, por ejemplo, es considerada más pura que la carnívora. Y dentro de la vegetariana, las legumbres son superiores a los tubérculos. Y la cocinada con manteca clarificada mejor que la hervida. La lista es infinita. Aunque los tabúes de dieta, comensalidad o pureza en general se han relajado mucho en la India moderna, estas reglas permean subrepticiamente las relaciones entre las castas y las personas.

Por ello, determinadas castas escrupulosas con estas cuestiones tienden a estar en lo alto de las jerarquías [FIG. 3], mientras que ciertos colectivos tenidos por polucionantes e inauspiciosos fueron históricamente segregados en barrios separados, con el acceso a templos o pozos restringido, marginados de la sociedad "de casta" alta. Gracias a las medidas legales y constitucionales que prohíben que nadie sea discriminado por razón de casta, hoy la práctica de la intocabilidad retrocede vertiginosamente. Pero en modo alguno ha desaparecido.

El lenguaje del poder

Aunque el lenguaje de la pureza está muy ligado al hinduismo (de corte brahmánico), el hecho de que existan castas entre los musulmanes, los cristianos, los sikhs o los budistas de la India, y tal vez allende el Sur de Asia, muestra que otros ejes participan en el entramado de la sociedad de castas. De otra forma tampoco se explicaría que el rājput (prototipo del rey, *mahārāja* o del gran terrateniente), cuya ocupación ha sido la guerra, que idealmente es cazador, comedor de carne, fumador, bebedor de licores, con harén incluido (todos parámetros bajísimos según los criterios brahmánicos de pureza), haya podido ser considerado un kṣatriya de alto rango [FIG. 4].

Y es aquí donde entra en acción el segundo principio, el del poder, que representa mejor el abordaje de Bailey y los antropólogos. Porque está claro que quien ejerce el poder político y económico es considerado de rango más elevado que quien no lo tiene. Porque puede establecer relaciones de subordinación y dependencia con otros, incluidos los sacerdotes. En cada región de la India suele existir una casta (normalmente numerosa y que posee la tierra) que cumple, a escala local, la función monárquica. Estas castas dominantes rara vez pertenecen a la clase de los brāhmaṇs. Por ello, cuando se le pregunta a un intocable por las razones de su degradación jamás habla de impureza, de mal *karma* o demás prejuicios de la ideología brahmánica. Dirá que los poderosos lo han sometido. Y entenderemos por

3. El principio de la jerarquía. Familia naṃpūtiri-brāhmaṇ, casta tradicionalmente muy estricta con las cuestiones rituales de pureza y considerada del más alto rango en Kerala. Foto: Clain & Perl Studio, 1902.

4. El principio de la jerarquía. Shahu Chhatrapati, *mahārāja* de Kolhapur (hoy en Karnataka), símbolo del lenguaje del poder, el día de su coronación, en 1894.

qué existe una cierta –aunque cada vez más tenue– correlación entre estatus ritual y estatus económico. Y por qué la inmensa mayoría de los ex-intocables (o dalits) no se dedica a tareas "impuras", sino que son sencillos labriegos o peones.

❖ ❖ ❖

Desde mi punto de vista, la jerarquía ha estado articulada *simultáneamente* –como el caduceo de Hermes– por ambos idiomas: el lenguaje secular del poder y el lenguaje ritual de la pureza. Por eso, deliberadamente hemos ilustrado la cuestión con el abordaje de Dumont, que considera la casta un asunto religioso y ritual, y el de Bailey, que la tenía por un asunto político-económico. Sostengo que ambos enfoques son parcialmente válidos, pero reduccionistas cuando subordinan su opuesto. Pienso que la casta no es ni ha sido un asunto únicamente religioso, ni llanamente sociopolítico. Me parece simplista supeditar lo uno a lo otro. La religión, la política o la economía no han estado tan separadas en la India como lo estuvieron para la secularizante mirada colonial de la que somos prisioneros.

Si a este principio de la *jerarquía* –articulado por el lenguaje ritual y por el lenguaje político– superponemos el principio de la *diferencia*, obtendremos un cuadro razonablemente válido de la estratificación social de la India. En esta formulación sintonizo con Dipankar Gupta cuando define la estratificación social como «la forma en que la jerarquía y la diferencia actúan una sobre la otra».[28] O con Aloka Parasher-Sen, que señala que «el paisaje social indio ha estado siempre marcado por dos elementos: la diversidad y la jerarquía».[29] No obstante, también tendremos ocasión de autocriticarnos y matizar estos enfoques.

La casta, hoy

Como comprobaremos, el origen de la casta es incierto. Y su desarrollo, apasionante. Tras siglos de críticas internas al sistema (encabezadas por el budismo, el jainismo, los movimientos devocionales, el islam o el tantrismo, más la acción colonial, la labor de los reformadores indios y, muy en especial, la de Bhimrao Ambedkar), hoy el viejo entramado de relaciones de dependencia del *ancien régime* está feneciendo. En cambio, se da una creciente etnicización y politización de la casta. A lo largo de los últimos 100 años se han ido formado asociaciones de castas que actúan como *lobbies* políticos. La aritmética democrática lo facilita.

Digamos que el lenguaje de la pureza retrocede ante el lenguaje del poder. Como veremos, el gobierno indio otorga a grupos que han tenido una opresión histórica, o sea, a los ex-intocables (16,6% de la población en el 2011) y a los tribales (8,6%), una discriminación positiva en la administración pública y en la educación. Se trata de una ayuda implementada por consenso desde hace más de 60 años. La polémica aprobación en 1991 para que un 27% adicional, formado por las OBCs (del inglés *Other Backward Classes*, "otras clases atrasadas"), también pudiera beneficiarse de la política de acción afirmativa contribuyó a politizar todavía más las asociaciones de castas.

En suma, la verticalidad de la sociedad de castas se ha suavizado (al debilitarse uno de los lenguajes en los que se fundamenta la jerarquía), pero la competencia horizontal (resultado de la politización del principio de la diferencia) se ha incrementado. El *sistema* de castas está en la "uci" (unidad de cuidados intensivos), pero no las *castas*.

Es esta multiplicidad de principios y de lenguajes la que hace de la casta un fenómeno tan resbaladizo y apasionante. El hecho se complica, además, porque el tema es manifiestamente "tabú" y muchos indios de la nueva clase media urbana no gustan hablar de ello, o zanjan el asunto al afirmar apresuradamente que la casta ya no cuenta.

Govind S. Ghurye, que tiene el honor de ser el "padre" de la sociología india, reconocía que cualquier intento de definición de la casta estaba «destinado al fracaso debido a la complejidad del fenómeno».[30] Por ello, acabaremos esta generalización con un ejemplo didáctico tomado de Ghanshyam Shah.[31]

Un individuo de una aldea de Gujarat, en la India occidental, puede identificarse a sí mismo como de la casta khant cuando encuentra a otro individuo de una aldea vecina que se identifica a sí mismo como bariyā. Entre sus grupos o *jātis* no hay intercambios matrimoniales; ni se acepta que compartan mesa. (Como veremos, estos puntos son importantes a la hora de demarcar las castas.) En términos de casta, consideran que forman parte de dos grupos distintos. No tienen ninguna pretensión de mezclarse entre sí. Por el principio de la diferencia, cada uno está a gusto siendo un khant y un bariyā. Pero, al mismo tiempo, khants y bariyās pueden unirse por razones políticas para hacer frente común ante las castas altas de paṭṭīdārs o baniās o ante las castas bajas de bhangīs y chamārs. Ahí entra en juego el lenguaje del poder, que da forma a las jerarquías locales; unas jerarquías, sin embargo, permanentemente cuestionadas por estas coaliciones interesadas.

Cuando khants y bariyās acuden a un mitin político del distrito pueden presentarse como kṣatriyas, utilizando el viejo lenguaje brahmánico de los *varṇas*. Pero cuando visitan una oficina gubernamental pueden definir su casta como una OBC para conseguir un subsidio o para matricular a su hija en la escuela.

Es esta fluctuación y contextualización la que hace de esta sociedad un paraíso (o un torbellino) para los sociólogos.

❖ ❖ ❖

Por lo dicho hasta aquí, se desprende que soy de los que entienden que la casta se ha ido transformando con el paso de los siglos. Por tanto, traicionaría mi propia comprensión si tratara de congelar una visión. Que este resumen sirva simplemente de punto de partida, de generalización, que nos encargaremos de ir enmendando, desarrollando y matizando.

Se entenderá, pues, que haya escogido un discurso híbrido, transversal y multidisciplinar, y que me haya tomado la libertad de utilizar diferentes enfoques metodológicos e ideológicos. Quizá alguno se escandalice por dicho abordaje, pero yo recelo de las grandes narrativas e ideologías, y estoy abierto a una pluralidad de enfoques. Eso también nos permite problematizar cualquier concepción de la casta que sea monolítica y unitaria. El objetivo no consiste ya en "representar" la casta, sino en mostrar las diferentes verdades, sensibilidades y visiones que existen a propósito de la casta. De ahí que esta obra también tenga que ver con mi empeño en desvelar el *conocimiento* que hemos *producido* sobre la casta.

SOBRE LAS DENOMINACIONES E ILUSTRACIONES

Este libro plantea algún problema a la hora de volcar las voces índicas. Muchos de los conceptos y nombres de casta clásicos provienen del sánscrito, la antigua lengua culta de la India. La mayoría ha entrado en las lenguas habladas de la India de hoy (hindi, marathi, bengalí, tamil, gujarati, etcétera). Otros son incluso de uso corriente en español y otras lenguas foráneas. Por ejemplo, para la casta sacerdotal, letrada y litúrgica por excelencia, podemos optar por la castellanizada "brahmán", la anglicanizada "brahmin", la fonética "bráhman", la original sánscrita "brāhmaṇa" o su forma vernácula "brāhmaṇ". He optado por unificar todas las variables –salvo en las citas textuales– en una sola forma, normalmente la vernácula, tal y como corresponde a un texto de talante sociológico. Del ejemplo anterior se ha escogido la última opción: "brāhmaṇ".

En realidad, el problema con "brāhmaṇ" es sencillo de solventar ya que todas las variables remiten a una misma raíz. Pero ¿qué ocurre, por ejemplo, con denominaciones que proceden de distintos troncos o que poseen cargas semánticas y emocionales muy fuertes? Es decir, ¿qué designación se debería utilizar para hablar de los colectivos históricamente excluidos de la sociedad "de casta"?: ¿intocable, dalit, ex-intocable, paria, harijan, chaṇḍāla, Scheduled Caste, descastado? Cada una de estas denominaciones evoca un universo de significado distinto. Aunque dedicaremos bastantes páginas a la cuestión [véase capítulo 13], he optado por privilegiar el genérico "intocable" (o "ex-intocable"). Aunque el término pierde aceptación en India, es descortés –¡y hasta ilegal!–, lo empleo a falta de otro mejor. El viejo término "harijan" ha quedado obsoleto. El alternativo "dalit" está muy politizado y lo reservaremos para los contextos apropiados y para aquellos que expresamente quieren denominarse así. La variante "persona de casta clasificada" (Scheduled Caste), que es la administrativamente correcta, suena farragosa y –como todo eufemismo– no remite al contexto: la práctica de la "intocabilidad". De forma similar, cuando mencionemos a castas ex-intocables como la bhangī, la chamār, la dheḍ o la paṟaiyaṉ, se hará con toda empatía y sin desconsideración alguna, a pesar de que estas designaciones contienen una fuerte carga despectiva. Es fácil entender lo que digo si recordamos que la castellana "paria" proviene del nombre de casta tamil paṟaiyaṉ. O cuando, a nivel coloquial, en español se emplea la palabra "gitano" tanto para designar a una persona de cultura romā como a «alguien que estafa u obra con engaño».[32] Para referirnos a los no intocables optamos por el extendido –aunque absurdo– concepto indio "de casta".

Para la romanización y transliteración de las lenguas índicas seguiremos los modelos estandarizados, recurriendo al uso de macrones y diacríticos. A notar: las excepciones de la *c-* sánscrita y de algunas vernáculas que volcamos por su equivalente fonético *ch-*, la vocal *ṛ-* que se romaniza en *ṛi-*, y el tratamiento de los plurales, que sigue la arraigada –aunque incorrecta– costumbre de añadir una *-s* al final de la palabra, incluso en títulos de casta o tribu (de suerte que el título de casta *nāyan*, por ejemplo, cuyo plural es *nāyar*, se convierte en "los nāyars" y la casta "nāyar").

❖ ❖ ❖

Muchas de las ilustraciones que aparecen en esta obra son libres de derechos. Bastantes tienen más de 70 años de antigüedad. La utilización de tanto material antiguo es deliberada. Al ofrecer en distintos capítulos una visión diacrónica de la sociedad, el recurso al archivo fotográfico colonial es doblemente ilustrador. El arcaísmo de la fotografía nos ayuda a focalizar en otra época y otra realidad social, a la vez que nos permite apreciar cómo la mirada colonial configuró los mencionados tropos del exotismo, el subdesarrollo o la religiosidad del pueblo indio. Naturalmente, se ha incorporado material contemporáneo para ilustrar la realidad actual y no enfatizar en exceso la imagen de una India intemporal.

I

EL PRINCIPIO DE LA DIFERENCIA

Una de las tesis de este libro propone que han existido y existen diversas ideologías de casta. Estimo reduccionista tratar de identificar un único motor que dirija la práctica de la casta en un espacio tan variopinto como el continente índico. Pero si existe algo que todas las ideologías parecen aceptar –como avanzábamos en la Introducción– es el principio de la *diferencia*; es decir, la tendencia a separar y diferenciar las castas –principalmente a través de la endogamia matrimonial [foco del capítulo 1]–, amparada en alguna narrativa mítica y apoyada por elaboradas y contundentes formas de patriarquía [capítulo 2]. Si los miembros de las castas no valoraran tanto sus costumbres y prácticas rituales, su genealogía, su pericia en ocupaciones específicas [capítulo 3], que interactúan en la economía local [capítulo 5], la sociedad de castas habría desaparecido hace mucho tiempo.

Sólo en la India uno puede vestir como quiera, comer lo que guste y rezar a quien desee sin que nadie le importune (o no demasiado). De ello, la importancia de la dimensión "cultural" de la casta [capítulo 4]. El respeto por la diversidad de hábitos, cultos o dietas ha sido alentado por el hinduismo y hasta por la propia tradición legal índica. Como resultado, la India es uno de los países más políglotas del planeta (24 lenguas oficiales, más de un centenar en uso), y la diversidad de formas de vida casi no tiene rival. En contraste con otras civilizaciones –que históricamente optaron por cierta uniformización–, en India la diversidad es un valor apreciado. De ello también, la larga historia de debate público y tolerancia de la heterodoxia intelectual. Esta estructura polimorfa y pluralista de la sociedad índica ha abonado el terreno para que los valores de la democracia pudieran desarrollarse tan cómodamente en la India [a matizar en la siguiente Parte]. Y, por encima de todo, este aprecio por la diferencia ha alentado la creación y perpetuación de infinidad de comunidades.

Asegura el gobierno de la India, en efecto, que el país cuenta con 6.748 "comunidades", muchas de las cuales fueron investigadas y descritas a principios de los 1990s por el Anthropological Survey of India.[1] En la siguiente década la cifra se ajustó a 4.694.[2]

Este tipo de exactitudes siempre resulta asombroso. Y es que es lícito preguntarse: cuando los antropólogos del gobierno hablan de "comunidades", ¿se refieren a castas, subcastas, comunidades lingüísticas, etnias, tribus, grupos religiosos, sectas? Puede que a un poco de todo. Pero en aquellos contextos en los que se habla de *miles* de comunidades, seguramente la mayoría de los indios entiende que se está hablando de "castas". De hecho, los indios educados en inglés suelen hablar de su *community* cuando remiten a la casta. De esta forma políticamente correcta evitan el término *caste*, que para algunos ha adquirido connotaciones peyorativas.

En cualquier caso, la exactitud de la cifra nos ha de dejar doblemente perplejos ya que hasta el 2011 (con la inclusión de un apéndice llamado "Socio-Economic and Caste Census", ¡todavía en marcha en el 2014!), y durante 80 años, el gobierno indio dejó de censar castas. (Conoceremos el porqué.)

Adentrémonos en el mundo de estas miles de unidades sociales que el gobierno es medio reacio a censar, pero es capaz de enumerar con tanta precisión, y que los portugueses bautizaron con el nombre de "castas". Lo cual no hace sino aumentar nuestro asombro: que la palabra que tanto indios como foráneos utilizamos para designar a estos grupúsculos y a la sociedad que los envuelve provenga del español y el portugués. Y en esas lenguas, *casta* significa tanto "ascendencia", "especie", "grupo de animales" (de la gótica *kastan*), como remite a las personas que se abstienen del goce sexual (de la latina *castus*). Mezclando un poco los significados anteriores, puede designar también a colectivos "puros" y "no cruzados". Este es el sentido que los ibéricos prefirieron para referirse a las divisiones sociales de la India. A los portugueses nacidos en la India pero lusos de pura cepa se les denominó *castiços*; a los cruzados, *mestiços*. Por extensión, a los indios orgullosos de su ascendencia se les aplicó el término *casta*: "los de pura sangre", "los de buen origen". Pero nótese que fueron los europeos quienes subrayaron la idea de "pureza de sangre" (tema estelar en la península ibérica del siglo XVI), una noción que no está necesariamente implícita en la terminología índica.

1. COSTUMBRES MATRIMONIALES

El "nacimiento" (*jāti*) es la primera característica, y la más evidente, de la casta. Se *nace* en una determinada casta porque se es hijo o hija de padre y madre de la misma o muy parecida casta. *Jāti* –que durante algunas páginas vamos a utilizar de forma intercambiable por "casta"– es el nacimiento en un determinado segmento social. Uno nace en una y sólo una *jāti*. La *jāti* se hereda y es de por vida. No se elige. Tampoco se mide –como la clase social– por baremos económicos.

Todo hace pensar que la lusa "casta" pretendía traducir la sánscrita *jāti*, que –al igual que sus formas vernáculas *jāt, jñāti, nāt* o *zāt*– significa "nacimiento" u "origen".[1] Como también: especie, raza, género, familia, clase, nación, sección, gente, clan, camada... según un diccionario hindi-inglés.[2] A lo largo del siglo XIX, la ya por entonces angloindia *caste* empezó a distinguirse de este abanico de significados y adquirió el sentido exclusivo que hoy le otorgamos de "casta" (o subcasta).

ENDOGAMIA

La regla principal de la casta es la tendencia a la *endogamia*: el matrimonio entre miembros de la misma casta, o de diferentes castas de una misma región, pero que tradicionalmente han permitido enlaces matrimoniales entre sí.

De todos los aspectos de la sociedad de castas, el principio de la endogamia es el que se muestra más sólido. Y como se desprende de los textos clásicos, también parece ser uno de los más antiguos.[3]

Este es el punto más importante de todo el universo de la casta. Sin endogamia (en cualquiera de sus formas), no hay "casta". Para el político dalit Bhimrao R. Ambedkar, «la endogamia es la única característica peculiar de la casta».[4] En un estudio de campo realizado en el estado de Kerala en los 1980s, el Anthropological Survey of India reportó una endogamia del

97%.[5] Y en una encuesta nacional llevada a cabo en el 2006, un 74% de los encuestados contestó que no aprobaba los "matrimonios mixtos" (entre distintas castas). Incluso la población más alfabetizada y urbanizada respondió en un 56% en contra de estos matrimonios.[6] Significativamente, el matrimonio mixto goza todavía de menos aceptación entre los indios que trabajan en el vanguardista sector informático en los Estados Unidos.[7]

Dado que las castas en el Sur de Asia poseen diferentes rangos, la endogamia puede ser de dos formas: isogámica o hipergámica.

Isogamia

La isogamia se da cuando el matrimonio se realiza entre iguales; por ejemplo, cuando desposan miembros de una misma casta (y más aún, de la misma subcasta, que es lo que mejor evoca el término *jāti*). La costumbre de la isogamia limita mucho la elección matrimonial, de modo que hoy en día tiende a relajarse y se mira de ensanchar el círculo matrimonial traspasando las barreras de subcasta (y hasta de casta). Pero nótese que no hace tanto, de las 19 *jātis* que componían el pueblo de Ramkheri (Madhya Pradesh) estudiado por Adrian Mayer en los 1950s, 15 eran completamente isogámicas.[8]

Hipergamia

Entre algunas comunidades y castas importantes, no obstante, se tiende a la hipergamia. Este tipo de matrimonio, llamado en sánscrito *anuloma* ("a pelo"), es el que se establece entre una mujer de casta más baja que el varón.

El antropólogo David Mandelbaum calificó la hipergamia como «un tipo de endogamia cualificada».[9] Incluso los textos antiguos admitían –bien que a desgana– que un hombre de casta alta podía desposar a una mujer de casta inferior.[10] Está claro que la isogamia estricta ha sido menos respetada de lo que los textos sugieren. Pero parece probado que a partir de los siglos IX o X los matrimonios cruzados entre castas distintas fueron mucho más raros. Quedaría como rasgo típico de colectivos marciales y terratenientes (o periféricos). El caso de los rājputs, la casta "guerrera" por antonomasia de la India, es el más claro [FIG. 6]. Como otras comunidades marciales, en el pasado los rājputs capturaban a las mujeres de los clanes vencidos y tenían concubinas de castas bajas. Cualquiera que fuera la casta de la esposa, el hijo o hija adquiría el rango rājput del padre.

Este tipo de matrimonio también ha sido corriente entre otras castas de origen guerrero como los paṭṭīdārs de Gujarat, los jāṭs del Punjab, los marāṭhas de Maharashtra o los nāyars de Kerala. Algunas castas de brāhmaṇs, como los rāḍhī-brāhmaṇs de Bengala o los sarasvatī-brāhmaṇs de Uttar Pradesh, han tendido a la hipergamia. En Bengala se da también entre los kāyasthas y los baidyās, dos castas altas que solían regirse por el peculiar sistema de parentesco *kulīn*.

Téngase en cuenta, empero, que en todos los casos citados no vale *cualquier* lazo hipergámico, sino alianzas muy concretas, aprobadas y reconocidas por las castas en cuestión. En muchos casos, la hipergamia se da realmente entre linajes o subcastas de distinto rango de la misma casta. La descendencia de esa unión heredará la casta o subcasta de la madre o del padre según normas ya establecidas y que son propias de cada casta (con marcada propensión a tomar la *jāti* o *varṇa* del padre, como el caso rājput).

La regla de oro de la hipergamia es tomar esposas de los inferiores, pero cuidándose muy mucho de no darles sus mujeres de vuelta, de manera que queden claramente en posición subordinada.[11] Las *jātis* de dadores de esposas son siempre consideradas más bajas que las receptoras.

Hipogamia

El matrimonio llamado en sánscrito *pratiloma* ("a contrapelo") o hipogámico, donde la mujer es de estatus superior al varón, es considerado casi una aberración, aunque conocido en Bengala y en Nepal. En la antigüedad debió ser más común,[12] pero los textos clásicos lo condenan duramente.[13] Aún lo expresaba en los 1880s Pandita Ramabai, pionera de los movimientos feministas indios, en un texto sobre la mujer de casta alta:

> «Un hombre de casta alta nunca se rebajará a casar a su hija con otro de casta baja aunque sea millonario».[14]

Asimismo, la novela contemporánea de Arundathi Roy *El dios de las pequeñas cosas* capta el choque social que se produce cuando se descubre que la protagonista de casta alta está enamorada de un intocable.

La ampliación de la *jāti*

A través de las reglas de endogamia (isogámica o hipergámica), las castas pueden mantener y reproducir su identidad o sus rangos.

Sin embargo, la creciente urbanización y movilidad social tiende a erosionar ciertos aspectos de la endogamia. Tradicionalmente, los matrimonios endogámicos reducían la elección del cónyuge al grupo más pequeño posible, a la subcasta o *jāti*. Hoy, las barreras de *jāti* se han suavizado y la endogamia tiende a efectuarse en entidades mayores.[15]

Ello está comportando una creciente hipergamia, pero una basada más en criterios socioeconómicos que no en los viejos factores de rango ritual. Si no existe demasiada disparidad ritual, no está mal visto que una mujer despose a un varón de casta algo superior, más aún si la familia del novio es respetada y tiene poderío económico.

Aun así, la sensación de *jāti* no mengua. Me viene a la memoria el caso de un nāyar de Kerala que protestaba porque algunos grupos pujantes (léase inferiores) estaban adoptando el título "nāyar" y habían establecido enlaces matrimoniales hipergámicos con nāyars. Aunque mi interlocutor pertenecía al partido Comunista y decía ser muy progresista no dejó de remarcar que él era un "nambiār" (subcasta de rango entre los nāyars del norte de Kerala), distinguiéndose así de las *jātis* "inferiores".

También la política de discriminación positiva en favor de las castas bajas [véase capítulo 23] ha ayudado a romper barreras. Lo mismo que el imparable proceso de formación de macrocastas constituidas por *jātis* más o menos afines [véanse págs. 123-126]. Por consiguiente, el Anthropological Survey of India mantiene que el número de castas en la India declina.[16]

Para muchos indios de la nueva clase media, las viejas ideas de *anuloma* o *pratiloma* van quedando obsoletas. También en determinados casos empiezan a traspasarse las fronteras de religión y hasta las barreras lingüísticas, aunque estos lances son todavía poco frecuentes. Según D.L. Sheth, la única consideración "tradicional" que se mantiene en estos matrimonios mixtos es la división entre vegetarianos y carnívoros[17] (división que, a mi entender, empieza asimismo a nublarse).

Esta es la tendencia actual; una que plausiblemente se incrementará. Pero de aquí a que desaparezcan las castas queda aún un buen trecho. Todavía unos jóvenes pretendientes fueron ahorcados en Muzaffarnagar (Uttar Pradesh), por intentar un matrimonio mixto brāhmaṇ/jāṭ.[18] Y este es un suceso menos aislado de lo que podría pensarse [véase pág. 142].

LAS FORMAS DE EXOGAMIA

La unidad endogámica ha sido siempre un grupo pequeño, que reside en un área relativamente reducida y comparte una lengua común. Por lógica, para evitar la consanguineidad, la *jāti* requiere ciertas formas de exogamia.

En el caso de los brāhmaṇs y otras castas del norte de la India, por ejemplo, la exogamia exige que los clanes o linajes (*gotras, gots*, *kuḷis*) de los esposos sean diferentes. El *gotra* es un linaje patrilineal cuyos miembros dicen descender de un mismo antepasado masculino, ya sea histórico o mítico. Se dice que toda familia brāhmaṇ puede remontarse a alguno de los *ṛiṣis* o poetas-sabios de la antigüedad (como Gautama, Bharadvāja, Viśvāmitra, Kaśyapa, Vāsiṣṭha, etcétera), que estableció un *gotra*. En los textos clásicos se insiste en que uno *no* debe desposar a un *sagotra*, es decir, a alguien de su mismo linaje (aunque en la India siempre hallaremos excepciones), ni a un *sapiṇḍa*, esto es, un pariente sanguíneo cercano.

Bastantes castas del norte de la India siguen la regla de la exogamia de cuatro *gotras* o *gots*, es decir, de no desposar en ninguno de los *gots* de sus abuelos y abuelas. Donde no se han establecido *gotras* o clanes, pueden darse otras formas de exogamia. Entre los mālās de Andhra Pradesh, el matrimonio entre miembros de un mismo apellido está prohibido.[19] También entre los vāṇiyās de Gujarat el apellido sirve de unidad de exogamia.

En el sur de la India y Sri Lanka, en cambio, la fórmula preferida de matrimonio es la que se da entre primos cruzados (simplificando: ego desposa a hijos/as de sus tíos maternos o de sus tías paternas). Se prohíbe el matrimonio con primos paralelos (hijos/as de sus tíos paternos o de sus tías maternas).

Además de esta exogamia de parentesco puede darse una exogamia territorial (desconocida, sin embargo, en la India central y en el sur). Por ejemplo, la gran casta jāṭ del norte de la India prohíbe el matrimonio dentro del mismo pueblo y cualquiera de las aldeas colindantes.

En suma, la sociedad india prescribe endogamia de casta, pero restringida por normas precisas de exogamia. Y como decía Bhimrao Ambedkar:

> «No es una exageración decir que para la gente de la India la exogamia es un credo [...]; a pesar de la endogamia que practican las castas, la exogamia se observa estrictamente y existen sanciones más rigurosas para quien viole la exogamia que para quien viole la endogamia».[20]

En determinados casos (si se desposara dentro del mismo clan, por ejemplo), algunas castas han ido más allá de la clásica excomunión (ostracismo social) y han llegado a la eliminación física de la pareja que hubiera transgredido las reglas de exogamia. (No obstante, si la familia puede llegar a probar que se cometió una "irregularidad involuntaria", el matrimonio puede llegar a mantenerse, quizá tras el pago de una multa establecida por el consejo de *jāti*.)

JĀTI

Como se observa, la *jāti* es una comunidad endogámica que posee ciertos mecanismos exogámicos. Las reglas de exogamia, que son propias de cada casta y pueden variar considerablemente, introducen un altísimo grado de complejidad en el asunto de la endogamia. Por ello, cuando se habla de las reglas de parentesco de una casta hay que hablar del tándem *jāti*/*gotra*. Una casta es endógama en relación a otras castas, pero exógama en relación a los clanes, linajes o subcastas que la constituyen.

Dicho de otra forma, los miembros de la *jāti* son: *a*) todos aquellos tan próximos que no pueden ser pareja matrimonial (por linaje, apellido o vecindad); *b*) aquellos a los que ya se está ligado por matrimonio; y *c*) aquellos lo suficientemente distantes que sí pueden elegirse como pareja. Este último nivel es el que los antropólogos denominan "círculo matrimonial".

Hasta tal punto la endogamia/exogamia es importante y palpable que los miembros de una casta tienen la sensación de compartir una misma sangre y poseer una identidad natural otorgada por la equivalencia entre sus miembros. No es que la regla matrimonial busque una abstracta pureza de sangre –como sugiere el término ibérico *casta*–, pero sí otorga a los miembros de la *jāti* la sensación de formar un gigantesco clan. Por eso el término *jāti* se asemeja a lo que Max Weber denominaba "grupo corporativo".[21] Y tampoco se aleja de lo que entendemos por "grupo étnico".

En el norte de la India y Pakistán, este nivel de la casta también se conoce como "hermandad" (*birādarī*; etimológicamente emparentada con la inglesa *brotherhood*). Una *birādarī* agrupa a diferentes varones de un pueblo o una comarca que se jactan de tener un ancestro masculino común. En el pueblo, los aldeanos pueden llamarse "hermano" (*bhāī*) o "hermana" (*bahen*) aun sin estar emparentados entre sí.

La exigencia de desposar dentro de la casta pero evitando ciertos *gots* y determinados pueblos reduce mucho las posibilidades de elección de pareja. Los informantes de la casta holeya de Karnataka, que cuenta con siete *jātis* o unidades endogámicas, admitían que en los últimos años les estaba costando mucho mantener la endogamia de subcasta. Aun así, el estudio de G.K. Karanth mostró que casi todo el mundo se casó dentro de su propia subcasta.[22]

EL MATRIMONIO

El matrimonio (*vivāha*) es el más importante de todos los ritos de paso (*saṃskāras*) que marcan el ciclo de vida de un hindú.[23] Ya lo decía hace 200 años el abad francés Jean-Antoine Dubois, que vivió mucho tiempo en el sur de la India:

> «El asunto más importante y esencial para todo indio, aquel del que más se habla y para el que se prepara con más antelación, es el matrimonio».[24]

La frase de Dubois todavía está vigente. Si bien muchos ritos de paso tradicionales han perdido actualidad, el del matrimonio se mantiene en perfecto estado de salud. Sin marido o esposa, un hindú no puede acceder al estadio del *gṛihastha* o "cabeza de familia": aquel y aquella que perpetúan los rituales sagrados y la estirpe. Para las mujeres es, en bastantes sentidos, *el* sacramento esencial.

El matrimonio es el acto social por antonomasia. Las familias, los vecindarios o las castas se reúnen siempre con ocasión de unas nupcias. Y no se escatiman gastos. Incluso en la India profunda, donde el ahorro siempre ha estado muy valorado, se alienta el derroche y la ostentación con ocasión de las bodas. A medida que los valores consumistas van imponiéndose, la pompa y parafernalia no hacen más que crecer. El matrimonio, en especial el de una hija (que acarrea un plus en el que pronto entraremos), sigue siendo la principal causa de endeudamiento de las familias indias. (Compárese con el vecino mundo budista, donde son el funeral y el duelo los sacramentos que acaparan mayor atención social.)

Para una joven india, el matrimonio es casi "obligatorio" [FIG. 5]. El número de solteras en la India es bajísimo. Mantener una soltera en casa está

5. Novia y familiares en una de las fiestas previas al desposorio. Diu (Diu). Foto: Agustín Pániker, 1997.

muy mal visto. Estar casada significa ser afortunada y auspiciosa. De hecho, el término clásico para una mujer casada –mientras su marido sigue vivo– es *sumaṅgalī*, que significa exactamente eso: "auspiciosa". La presencia de un ser afortunado es imprescindible en cantidad de ceremonias y rituales. (Lo contrario de la viuda, que encarna lo "inauspicioso".) A partir del momento de su boda podrá llevar el *bindi*, un punto rojo o una joyita en la frente que simboliza su poder favorable y generativo. (Por la misma razón, a muchas viudas se les retira el *bindi*; si bien hoy no es raro que jóvenes solteras, ancianas y hasta mujeres no hindúes lo luzcan.)

Por el matrimonio, ella dejará de ser hija para convertirse en esposa (también cuñada y nuera) y, algún día, madre. A través de su fertilidad, el linaje y la casta se perpetúan. Desde el punto de vista hindú ortodoxo, el marido y la esposa tienen el deber sagrado de concebir un hijo; especialmente un varón (que es quien heredará los deberes religiosos de la familia). En el ritual de matrimonio suelen recitarse plegarias en este sentido. La esterilidad es considerada uno de los peores males. (Y, como era de esperar, cuando una pareja no puede tener hijos, casi siempre se asume que el problema es de la esposa.) Una mujer estéril es tan inauspiciosa como una viuda. El linaje ha de transmitirse a toda costa; motivo por el cual la adopción nunca ha estado mal vista en la India hindú.

Esto es igualmente válido para los homosexuales (bien que muy pocos en India admiten serlo). Sudhir y Katharina Kakar ponen el ejemplo de un famoso activista gay que contaba que cuando era joven, ante la presión familiar para que se casara, acabó por estallar y confesar que le gustaba "follar con hombres". A lo que su tía replicó: «Me da lo mismo si fornicas con cocodrilos o elefantes, pero ¿por qué no puedes casarte?».[25] Es decir, mientras uno cumpla con el deber de prolongar la estirpe, casi que da igual el tipo de juego erótico que realice luego en sus horas de ocio. De forma similar, hace dos mil años el *Manu-smṛiti* recomendaba al rey arrojar a una adúltera a una jauría de perros y quemar vivo al adúltero con hierro incandescente. En cambio, la multa para una mujer que tuviera relaciones lésbicas era sólo de 200 rupias.[26] Este punto es importante. La fantasía sexual y hasta el goce sexual no tienen por qué formar parte de esa institución que llamamos "matrimonio", cuyo objetivo esencial es la perpetuación del linaje.

De hecho, el matrimonio indio está diseñado precisamente para lo contrario del amor pasional. A los no indios les choca ver la falta de romanticismo, de erotismo o de ternura en las parejas indias. Hasta que no se entiende el paradigma sobre el que se asienta la relación de pareja, para una mirada extranjera es difícil comprender esta institución. [Volveremos sobre el tema.]

Como ha visto Uma Chakravarti, es en el matrimonio donde se reproduce y se mantiene el orden social: la familia, la estirpe, la propiedad de las tierras y el estatus de casta.[27] Por tanto, uno de los ejes del sistema de castas y de las reglas matrimoniales es el control de la sexualidad femenina. Para casar a una hija no basta con que la chica sea físicamente presentable, tenga estudios o se muestre discreta y recatada. Para ser una buena esposa y futura nuera-y-cuñada, la chica ha de ser *pura*. El honor de la familia depende del comportamiento sexual (también dietético y religioso) de sus mujeres, que son quienes encadenan el linaje. Porque «es a través de las mujeres (y no de los hombres) como la "pureza" de la comunidad de casta se asegura y preserva», en palabras de Nur Yalman.[28] Si los hombres de casta inferior tuvieran acceso a las mujeres de la casta (lo cual sería la fatídica hipogamia), no sólo la pureza de las damas, sino la del grupo entero, se vería afectada. Urge, pues, controlar la sexualidad de las mujeres. [También profundizaremos en todo eso en el próximo capítulo.]

En el pasado, otros dos principios tan importantes como la endogamia servían para dicho control: que la chica se casara con un chico mayor que ella, y que lo hiciera antes de que fuera sexualmente madura. Con el primer principio –todavía activo– se reafirmaba la jerarquía de género. Con el segundo se protegía el deshonor potencial de una chica sexualmente madura que hubiera tenido contactos con hombres.[29] La virginidad de la chica en el primer matrimonio es asimismo imprescindible para los musulmanes.

Como el matrimonio infantil es hoy ilegal (lo que no significa que haya desaparecido [FIG. 9]), la alternativa para una chica sexualmente madura es seguir la *pardā* (anglohindi: *purdah*). Por *pardā* se entiende la restricción de movimientos en los espacios públicos y ciertas zonas de la casa, el uso del velo y una conducta basada en la modestia [FIG. 58]. Se trata de trabar la sociabilización con miembros del género opuesto que en potencia pudieran ser pareja sexual. La institución atraviesa fronteras religiosas, ya que se da lo mismo entre musulmanas que entre hindúes, aunque en ningún lugar del *Qur'ān* o de los *Dharma-śāstras* se menciona que la mujer tenga que velarse o cubrirse de arriba a abajo. El punto esencial es la modestia: «que cubran su escote con el chal y no exhiban sus adornos sino a sus maridos, a sus padres, a sus suegros», dice el *Qur'ān*.[30] Para el *Manu-smṛiti* hindú, «día y noche, los hombres deberían vigilar que sus mujeres no actúen de forma independiente; apegadas como están a los placeres sensuales».[31]

Todo esto es todavía más cierto en los pactos hipergámicos. Recordemos: cuando la mujer desposa a un varón de casta superior. Eso significa que la familia de la novia va a mejorar su estatus (al equipararse a la casta o subcasta más alta de la familia del novio). Por tanto, para mejorar la elegibilidad matrimonial y el honor familiar, la pureza de la chica ha de estar fuera de toda duda. Así, el estatus de casta y el control sexual de las mujeres quedan inextricablemente ligados.[32]

La sexualidad se controla con el matrimonio pactado, el matrimonio infantil (o la alternativa moderna de la *pardā*), las trabas al divorcio, la estricta monogamia para las mujeres y la prohibición de segundas nupcias para las viudas. Cualquier chica que muestre públicamente un cierto interés sexual, no sólo está poniendo en riesgo su reputación, sino que se verá de inmediato acosada sexualmente. Es más, una chica con relaciones prematrimoniales –o adúlteras–, no sólo está barrando el paso a su matrimonio, sino al de sus hermanas.[33] (Lo cual, huelga decirlo, no quiere decir que no exista adulterio en la India.)* El honor (*izzat*, *ijjat*) de la familia entera depende

* El comportamiento sexual de la clase media y alta urbana puede ser mucho más libertino de lo que aparenta. En ciudades como Bombay (hoy Mumbai), Delhi o Bangalore (hoy Bengaluru), las relaciones prematrimoniales entre la juventud de estas clases es ya habitual. La vida nocturna puede ser muy activa. No es raro que las parejas acudan al llamado "cuarto oscuro" (alquilado por algún bar o restaurante) para hacer el amor (anal, para proteger la virginidad de la mujer). Pero, aunque algunos tabúes se relajan, estos cambios afectan todavía a una porción pequeña de la población y se producen a una velocidad más lenta de la que los sociólogos aventuraban. Como suele ser habitual en India, lo nuevo nunca desplaza a lo viejo. Y eso crea cortocircuitos: si el antiguo ideal de recatamiento va cediendo el paso a unas formas más desinhibidas, una parte de la población masculina empieza a ver a las mujeres como "objetos sexuales", algo históricamente ajeno al mundo índico y que explica –en parte– el incremento de violaciones y violencia por acoso sexual.

del comportamiento de sus mujeres. De donde la consabida y polémica costumbre en el Punjab (indio o paquistaní) de que los hermanos vigilen a sus hermanas. El concepto de *biradārī* cubre a las hermanas e hijas (no a las esposas), de ahí que en el Punjab el hermano sea considerado el verdadero protector de la mujer.[34] Esta cultura del "honor" o *izzat* atraviesa castas, clases sociales y religiones. Explica tanto la proverbial hospitalidad panyabí, como la represión de las mujeres y la violencia que la acompaña. La encontramos incluso en megápolis como Delhi o Lahore. En Bangladesh, es incluso el *izzat* del pueblo el que puede peligrar por un comportamiento indecoroso. En todo el Sur de Asia es inaceptable que un niño nazca de una madre soltera. Leela Dube señala que los trabajadores sociales estiman que un 85% de bebés de los orfanatos de la India son hijos de madres solteras.[35]

No sólo la pureza, el honor y el prestigio de la familia se preservan y aseguran a través de las mujeres. Es el de la casta entera el que está en juego. De ahí la gran preocupación por ritualizar la sexualidad femenina y por impedir matrimonios inapropiados.

Pacto entre familias

No existe una definición de "matrimonio" que sea universal y atraviese particularismos culturales. Baste mirar los tipos de emparejamiento que hoy en día nos rodean para darse cuenta de que existen muchas variables. En la India sucede –y ha sucedido– lo mismo. Existen incontables fórmulas de desposorio y maneras de concebir el "matrimonio".*

El "matrimonio por amor", por ejemplo, se ha dado y se sigue dando en el Sur de Asia. Hace 2.000 años, el *Manu-smṛiti* lo describía así:

* Hasta hace pocas décadas, por ejemplo, en muchas comunidades de Kerala (como la nāyar o la īḻavar), las niñas prepúberes "desposaban" con un fastuoso rito (*tālikeṭṭu-kalyāṇam*) a un varón de su misma casta; un joven que, acto seguido, desaparecía del mapa. A partir de entonces podían empezar a tener relaciones con distintos "amantes" –de su misma casta o superior, pero respetando las reglas de exogamia–, en un tipo de relación llamada *sambandhan*. Estos "amantes" *sambandhan* sólo visitaban a su amada por la noche. Nunca vivían con ella en la casa. Los hijos/as de estas uniones permanecían con la madre en su finca (*taravād*). Vivían con sus tíos, pero apenas veían a su padre. Una pregunta lícita es: ¿cuál de los dos enlaces podemos considerar "matrimonio"? ¿El primero? ¿El segundo? ¿O puede ser que el primer matrimonio fuera algo así como la "petición de mano" y el segundo la "consumación"? En este caso, el primer ritual sería un "rito de paso", mientras que la relación *sambandhan* tendría como fin perpetuar el linaje. En la mayoría de las castas de la India, el primer y el segundo matrimonio no se separan. Pero como este ejemplo de matrimonio no connubial y no monogámico muestra, hay excepciones a la regla.

> «Cuando una joven y su amante hacen el amor voluntariamente, esto es el matrimonio *gāndharva*, que se basa en la unión sexual que se origina en el amor».[36]

Poco después, Vātsyāyana, en su *Kāma-sūtra*, lo alababa en estos términos:

> «El amor es la meta de la unión matrimonial, y, aunque el matrimonio *gāndharva* no es el más recomendado, sigue siendo el mejor».[37]

Este tipo de enlaces aumenta en la India del siglo XXI. Más con la legislación actual, que permite el matrimonio civil. Sin embargo, lo hace a un ritmo más glaciar de lo que se suponía. Tradicionalmente, los matrimonios por amor han sido más comunes entre las castas bajas y entre los círculos aristocráticos. Pero aun así, la proporción es muy baja. En una encuesta realizada entre los mālās (ex-intocables) del distrito de Chitoor (Andhra Pradesh), a principios de los 1990s, más del 95% respondió haber tenido un matrimonio pactado, sólo un 3% siguió la fórmula del matrimonio por amor y un 1% había tenido un matrimonio mixto no endogámico.[38] Por lo general, se sigue desconfiando de los "matrimonios por amor". Otro estudio realizado con hombres y mujeres de distintas castas en 15 pueblos de Tamil Nadu, reveló que sólo 5 de las 70 mujeres habían tenido matrimonios que no habían sido pactados. De esas 5 mujeres, 4 lamentaban su decisión. La hostilidad recibida por la familia del marido las había hecho muy infelices. Para colmo, tampoco habían recibido apoyo de su familia natal.[39] Ni la modernidad ni la globalización han eliminado la imagen negativa que el matrimonio por amor tiene en India.

Desde hace siglos, el matrimonio más habitual en el Sur de Asia es el de la vieja fórmula de la "donación de la joven" (*kanyā dāna*); enlace llamado *brāhma* en los textos en sánscrito. Es decir, el *pacto* y transacción entre dos familias, no entre dos individuos. Es el tipo de nupcias que recomiendan los textos brahmánicos.

Aunque los musulmanes enfocan la cuestión desde otro ángulo, tres de las cuatro escuelas jurídicas islámicas consideran el matrimonio una institución obligatoria. El matrimonio islámico (*nikāḥ*) es un contrato entre los padres del novio y el padre o el hermano de la novia. Aunque en teoría el islam reconoce que una chica puede negarse a desposar en contra de su voluntad, la realidad es que la presión familiar hace de esta prerrogativa algo remoto. A diferencia del mundo hindú, no obstante, la finalidad primaria del matrimonio en el islam no es la procreación, sino la legitimación de la sexualidad.

No hay datos oficiales, pero se conjetura que alrededor de un 90% de los indios sigue casándose con la pareja aconsejada por sus progenitores.[40] El matrimonio pactado trasciende las barreras de clase social, religión, casta o lengua. Es panindio. (De hecho, es panasiático; y muy extendido en cantidad de países allende el hemisferio occidental.) Aunque la edad de matrimonio se haya retrasado considerablemente, todavía la inmensa mayoría de los jóvenes indios acepta la autoridad parental. No se vive como una imposición.[41]

No hay pesadilla mayor para unos padres que no encontrar novios y novias para su descendencia. Desde hace muchos siglos, la casta de los barberos ha ejercido de intermediaria entre las familias que tratan de sellar un pacto (rol de casta que, no obstante, tiende a desaparecer). Las negociaciones pueden durar meses. Los sacerdotes y astrólogos son regularmente consultados. Hoy, las secciones de "Matrimonials" o "Contactos" en los periódicos o en internet son muy importantes para dar con la pareja apropiada.

La fórmula más tradicional (por la cual los novios no se conocían hasta el mismo día de la boda) casi ha desaparecido. Ahora, los jóvenes comentan más que antaño la cuestión y se les concede cierto derecho al veto. En los medios urbanos modernos puede que la distinción entre matrimonio pactado y por amor no sea tan evidente, ya que los jóvenes incluso intervienen a la hora de escoger la pareja; pero siempre se hace dentro del marco de los candidatos o candidatas "aceptados" por los padres. Lo que ahora aparece en el horizonte es el llamado "matrimonio pactado por amor" (*arranged love marriage*), por el cual unos jóvenes pueden llegar a tener una relación durante algún tiempo, que finalmente es aceptada y aprobada por los padres (seguramente antes de poner la reputación de la familia en entredicho). Pero, una vez más, incluso en esos casos la inmensa mayoría atañe a jóvenes de los mismos grupos sociales y hasta de una misma casta.

La fórmula de pacto entre familias cuesta de entender para quien ha crecido en un medio donde imperan modelos diferentes. En India, el enlace sirve para resaltar los vínculos de parentesco (el linaje, el clan, la casta). De ahí que la naturaleza del matrimonio en la India –como en el pueblo gitano [véase pág. 376]– no se base en el amor romántico o en la libre elección de los pretendientes, sino en un pacto entre familias que, de esta forma, perpetúan una comunidad. Recordemos que su principal finalidad es la procreación. El amor, si se da, vendrá después.

En sociedades "individualistas" –como las del mundo occidental contemporáneo–, la selección de la pareja resulta de un ejercicio de elección *individual*. El principal criterio de selección suele ser la atracción personal y el enamoramiento. En dichas sociedades, el matrimonio acostumbra a ir precedido de un período de cortejo. El divorcio es aceptable si el amor romántico se desvanece. En cambio, en sociedades "comunitaristas" –como las del Sur de Asia–, en especial en las que predomina el modelo de "familia extensa" [véanse págs. 51-54], como en India, la elección de la pareja no es un asunto individual, sino una responsabilidad *familiar*. La fórmula preferida es el matrimonio pactado. En este tipo de enlaces, la satisfacción marital no depende de las necesidades emocionales y personales. De hecho, los niños y niñas indios son sociabilizados para ver el matrimonio como una *obligación* que conduce a una vida más plena, pero no necesariamente más apasionada. De ahí la mala reputación del matrimonio por amor, considerado una amenaza para la estabilidad marital. Por ello, Christopher Fuller señala que «el patrón del matrimonio convenido es posiblemente el fundamento más firme de la supervivencia del sistema de castas».[42]

Lo primero que suele considerarse en la elección es, en efecto, que el candidato o la candidata pertenezcan a la misma *jāti* o casta (y profese la misma religión); o que sea miembro de otra casta con la que habitualmente su grupo ha mantenido lazos maritales. De esta forma se asegura que la familia posee costumbres alimentarias o cúlticas parecidas. Y, desde luego, se vigila que no pertenezca a ninguna de las categorías (*sagotra* o *sapiṇḍa*, o sea, del mismo linaje o familia) que las reglas de exogamia prohíben. Eso equivaldría a un tipo de incesto.

Hoy, un matrimonio entre miembros de castas diferentes es aceptado –en la India urbana– siempre y cuando el desnivel ritual no sea demasiado visible. Pero aunque el círculo matrimonial se haya ampliado, y aunque se lea con frecuencia en las secciones de "Contactos" de los periódicos que la casta o la subcasta no importan (*subcaste no bar*), el grueso de peticiones buscan una alianza con una familia de la "comunidad" o de la "clase" correctas, que son meros eufemismos para "casta".

El segundo aspecto esencial en la elección matrimonial es dar con alguien de estatus económico o social comparable (o superior, claro). Por tanto, la "clase" también entra en juego. En la India está muy arraigada la noción de "alcurnia" (*khāndān*) o "buena familia", no en su sentido aristocrático, mas en el de una familia que haya adquirido "distinción", en el pasado o en el presente. Por norma, se buscan familias cuya reputación esté fuera de duda; donde el chico se muestre trabajador y la chica, recatada. Se comprueba la compatibilidad astrológica. Los niveles económicos, la personalidad y la proyección laboral del chico se tienen cada vez más en cuenta. Se mira la apariencia física, en especial el color de la piel, de la chica. Pero aunque la belleza de la joven es importante, no llega a ser tan estresante como para las jóvenes de Occidente, que pueden temer no llegar a encontrar pareja por ser feas o descuidadas. En la India, una persona con defectos físicos pronunciados tiene siempre la posibilidad de desposar a alguien de estatus inferior y, así, evitar la soltería. Los estudios son hoy también valorados. Y, por encima de todo, la salud. Una investigación sobre la casta mercantil vyśya de Andhra Pradesh arrojó que los principales criterios a la hora de elegir pareja matrimonial eran la salud (87%), el buen nombre de la familia (82,3%) y la educación (81,5%).[43] Es en esta serie de aspectos donde los jóvenes tienen hoy voz, y hasta la posibilidad de vetar a un candidato o una candidata. La ley exige que el novio haya cumplido 21 años y la novia, 18, pero sabido es que en zonas rurales –de Rajasthan, Uttar Pradesh, Madhya Pradesh o Chhattisgarh– no se respetan estos topes.*

Si uno hurga en los tratados brahmánicos de la antigüedad, constatará que la preocupación por dar con "buenas familias", con novios inteligentes, cualificados y saludables, o con novias de intachable conducta (léase, vírgenes) y buena presencia, ya angustiaba a los indios de hace 2.000 años.[44]

La boda

El sacramento matrimonial en sí consiste en una serie de ritos entrelazados. La ceremonia hindú empieza con la "donación de la novia" (*kanyā-dāna*). (El modelo no debería resultar demasiado extraño a un cristiano, donde has-

* Salvo este aspecto y el relacionado con los parientes sanguíneos, la moderna ley que regula los matrimonios (el Hindu Marriage Act de 1955) apenas pone ningún otro impedimento para la elección del cónyuge. En 90 años (1901/1991), la edad media de matrimonio estimada de las chicas ha pasado de 13,1 a 19,6 años. La de los chicos ha ascendido de 20,0 a 25,2 años. Con todo, el censo de 1991 reconocía que alrededor de un 30% de las jóvenes de entre 15 y 19 años estaba casada, lo que significa que todavía gran cantidad de jóvenes son casadas antes de los 18.

ta no hace tanto los padres "daban" a la hija en matrimonio a la familia del novio.) Sigue un rito por el cual la responsabilidad de la chica se transfiere al padre del novio. Luego vienen multitud de pequeños ritos [FIG. 6; FIG. 40]. Los más importantes son el *sāptapadī* o "siete pasos", con el que el matrimonio queda oficialmente establecido, y el *maṅgalasūtra-dāna*, cuando el novio coloca un collar de cuentas negras y oro en el cuello de la novia, que simboliza su buena fortuna y su estatus auspicioso. Por supuesto, a la ceremonia le sigue un gran festín; y la entrada de la esposa en su nuevo hogar. La consumación del matrimonio (*garbhādhāna*) completa este complejo y colorido universo ritual.

La boda suele llevarse a cabo en el templo, el ayuntamiento de la aldea, una carpa de la asociación de casta o, en el caso de familias pudientes, en los jardines de su propiedad. Pueden alquilarse sacerdotes, músicos y cocineros de alta casta para que preparen los menús apropiados. Normalmente, el banquete lo sirven familiares de los cónyuges. Los viejos tabúes de comensalía [véanse págs. 206-213] tienden hoy a relajarse.

6. Uno de los múltiples rituales que componen la boda hindú. En este caso, una ceremonia nupcial rājput, macrocasta históricamente inclinada a la hipergamia. Foto: Jaisingh Rathore, 2006.

DIVORCIO
Y SEGUNDO MATRIMONIO

La moderna legislación india, que es claramente secular, admite el divorcio. Desde los 1970s, se acepta el divorcio por consentimiento mutuo, que es el más común en la actualidad. Sin embargo, la India –y especialmente la India hindú– tiene uno de los índices de divorcio más bajos del mundo. Esa longevidad marital tiene mucho que ver con la forma en que la cultura surasiática entiende el propósito del matrimonio, además de una serie de aspectos económicos y jurídicos ligados a él.

Pero el número de divorcios aumenta año tras año, en buena medida por la tendencia a la nuclearización de las familias urbanas y, sobre todo, por la creciente emancipación económica de las mujeres. El fenómeno atañe a todas las clases. Las castas bajas suelen aceptarlo con mayor naturalidad ya que el matrimonio no posee el aura de indisolubilidad que comporta entre las castas altas. Entre las que poseen una concepción más sanscritizada (tradicional), el divorcio ha estado muy mal considerado. Por ello, y aunque el número de casos sigue aumentando, es un tópico de conversación casi tabú.

Puesto que el matrimonio no es un asunto privado, sino una forma de santificar los lazos de parentesco a través del tránsito de la mujer de una familia a otra, su ruptura se considera una fractura social y cósmica que hará de la mujer (rara vez del marido) una persona altamente inauspiciosa. El matrimonio es para un hindú un sacramento (*saṃskāra*) y, como tal, es indisoluble. (También para los cristianos indios constituye un sacramento irreversible.) Es un hecho que numerosos divorcios afectan a matrimonios "por amor" o "abiertos" y que, en proporción, el matrimonio pactado sale mejor parado. En parte, ello es consecuencia de la presión a la que están sometidas las mujeres para que el matrimonio se mantenga a toda costa. En este sentido, la gran transformación se está dando en la nueva clase media urbana. La mujer con estudios de clase media posee mayor independencia, es más individualista y ya considera que un divorcio es preferible a un mal matrimonio.

Con todo, incluso los textos clásicos permitían el segundo matrimonio para las mujeres en determinadas circunstancias.[45] También el divorcio es aceptado por la ley islámica, aunque por iniciativa del varón. Los principales motivos de divorcio son el adulterio, la esterilidad, el alcoholismo o la incapacidad manifiesta –del varón– de ganar dinero.

La poligamia era aceptada entre los hindúes y los sikhs bajo ciertas condiciones, pero es cosa del lejano pasado. La ley musulmana permite hasta cuatro esposas, pero lo cierto es que esta costumbre no goza de demasiado prestigio hoy en día, ni siquiera por parte de los juristas musulmanes.

Entre las castas más bajas no hay impedimentos para un segundo matrimonio. No obstante, incluso para estas el divorcio o el segundo matrimonio siguen siendo opciones más teóricas que otra cosa. En el caso de que haya existido pago-de-novia (en lugar de dote) [véanse págs. 73-74], la familia de la mujer tendría que devolver la cantidad recibida. Además, los hijos del primer enlace se quedarían con el padre y ella perdería cualquier derecho sobre ellos.

Entre las castas altas, las segundas nupcias son sólo aceptables para el varón, y nunca para la mujer. De ahí que algunas castas se subdividan en dos secciones: la que no permite segundas nupcias a las viudas (*vīśa*), y la que sí (*daśā*). La primera es siempre más elevada.

La regla de la endogamia tiene que ver con el primer matrimonio. En realidad, el matrimonio *verdadero* es siempre el primero. Los segundos matrimonios están menos ritualizados. Razón por la cual el segundo matrimonio suele ser mayoritariamente por elección personal.

En comunidades como la jāṭ del norte de India o Pakistán tampoco ha sido raro que una viuda despose por segunda vez al hermano (o a algún primo) de su difunto marido. De hecho, en estados como Punjab o Haryana se ha tornado perversamente popular el llamado "síndrome Draupadī", es decir, compartir una misma esposa entre hermanos para mantener la propiedad (ya que entre los jāṭs las tierras sólo pasan a hijos varones), si bien públicamente muchas familias no admiten la poliandria.

Precisamente, en los aspectos más crudos de la patriarquía vamos a centrar nuestra atención en el próximo capítulo.

2. LA FAMILIA PATRIARCAL

La familia es la institución central de la sociedad india, por encima de la casta, la religión, la lengua o la nación. En un país donde la seguridad social es muy débil, la familia suple al Estado "asegurando" a sus miembros. Es a la familia a donde uno recurre cuando le van mal las cosas, ya sea por desempleo, por una sequía o por el simple hecho de envejecer.

LA "FAMILIA EXTENSA" INDIA

La India es bien conocida por haber desarrollado un modelo peculiar de familia: la llamada "familia extensa" (*joint family*) patriarcal; o sea, un hogar *multigeneracional* (donde conviven tres o cuatro generaciones), *patrilineal* (contempla la herencia y la descendencia sólo a través de los varones) y *patrifocal* (los varones de cada familia permanecen en el hogar paterno y traen a las esposas a vivir consigo). El eje de la patriarquía es, por tanto, la transferencia de las mujeres y la incorporación de niños varones a la patrilínea. La familia está gobernada por las nociones de obediencia filial y lealtad fraternal. La autoridad recae en los varones y en los mayores, mientras que el honor de la familia reside, en parte, en el comportamiento de las mujeres.

Si bien este es el modelo preponderante en el Sur de Asia, convendría realizar alguna aclaración preliminar.

En pleno paradigma evolucionista, sir Henry Maine planteó que la familia extensa constituía una de las formas más arcaicas de organización familiar. La llamó "patriarcal" dado que se basaría en la *patria potestas* o absoluto poder del patriarca. (Aún más prehistórico habría sido el modelo "matriarcal".) A medida que las sociedades evolucionan, esta vieja forma de organización pasaría por diferentes etapas hasta ser reemplazada por un modelo "contractual", basado en la familia conyugal monogámica. La teoría de Maine sería "confirmada" en las décadas de los 1950s y 1960s, que veían en el modelo familiar norteamericano el futuro de la familia de otras sociedades.

De ahí proceden dos estereotipos todavía vigentes. Aquel que dice que la familia nuclear o conyugal (pareja y su prole) sólo ha existido en el moderno Occidente; imagen desmentida por los historiadores y los antropólogos, que han demostrado que en numerosas sociedades no capitalistas, no industriales y no modernas, han existido familias nucleares (siendo precisamente la India un buen ejemplo). Y otro que dice que si una sociedad toma la vía del desarrollo, automáticamente sus familias tenderán al modelo nuclear (una generación) y conyugal (autoridad en la pareja). Pero lo cierto es que, como ya mostró Milton Singer, en la India el modelo de la familia extensa no cede el paso al de la nuclear.[1]

En realidad, como Patricia Uberoi ha aclarado, en este debate se están mezclando los conceptos de hogar y familia,[2] que son distintos. Cuando los sociólogos hablan de la "familia" india muchas veces se refieren al "hogar".

Aunque los censos británicos ya mostraron que el hogar "extenso" era menos prevalente de lo que se suponía, la inmensa mayoría de los sociólogos –indios o no indios– que ha estudiado la India ha dado por supuesto el carácter atemporal y hegemónico de este modelo. Así, las formas de parentesco que no se ajustan a este patrón, que son legión, han quedado relegadas a meras notas al pie.

Hay zonas del sur de la India, por ejemplo, donde se ha seguido un modelo de familia extensa matrilineal y matrifocal. Se calculó que todavía a principios de siglo XX un 70% de los keralitas seguía ese sistema matrilineal (*marumakkattāyam*).[3] En zonas del Punjab, la poliandria fraternal (una esposa para dos o más hermanos) ha sido relativamente común entre castas agrícolas. Entre las castas más bajas, la familia extensa es incluso rara; lo normal es la pequeña familia nuclear.

Hoy, la estadística demuestra (aunque ojo con su uso)* que el hogar extenso no es el formato dominante en la India. De hecho, los hogares nucleares los superan en número, aunque no en porcentaje de la población (ya que en un hogar extenso vive mayor cantidad de personas). Así, el tópico de que

* La estadística, por ejemplo, proclama que la tasa de alfabetización en la India era del 65% en el 2001. Pero esa cifra oculta los contextos o las realidades tangibles. Por ejemplo, que el 100% de los varones urbanos de Kerala sabía leer y escribir frente al 5% de las mujeres ex-intocables del Rajasthan rural.

la familia extensa es mayoritaria en la India sale mal parado. La segunda sorpresa viene al comprobar que la proporción de hogares extensos se mantiene estable y no decae. (Hogares nucleares que resultan de una "partición" de una familia extensa se transforman, a su vez, en extensos en una generación.) Como concluye Patricia Uberoi, estos resultados no reflejan que la urbanización *conlleve* la nuclearización.[4]

Es más, en ciertas zonas rurales se ha registrado un incremento proporcional tanto de hogares extensos como de nucleares (en detrimento de otros modelos, que retroceden). Otro patrón que crece es el de la *stem familiy* (los padres con un hijo casado). Nótese, sin embargo, la escasísima proporción de hogares en la India donde únicamente reside una persona mayor de 65 años: 4% (contra un 30% en los Estados Unidos).

Lo que sí revelan los estudios sociológicos es que en la India existen muchas obligaciones hacia los *valores* y las *normas* de parentesco de la familia extensa, aun cuando se habite en un hogar nuclear. En la aldea, varios hogares nucleares de una familia pueden vivir unos contiguos a los otros. Las propiedades también pueden ser comunitarias. Esta siempre ha sido una de las ventajas de la familia extensa. Todo el mundo contribuye con sus ingresos y comparte los gastos. Sólo el cabeza de familia sabe lo que aporta cada cual y lo redistribuye comunitaria y equitativamente.

Los códigos de conducta en un hogar nuclear pueden seguir el mismo patrón que en un hogar extenso. Asimismo, aunque las parejas de una familia extensa puedan no compartir una misma cocina (es decir, vivan en casas adyacentes o en pisos distintos del bloque), la unidad social o psicológica de la familia extensa continua. Sudhir y Katharina Kakar remarcan que esta «posee una *realidad psíquica* independiente de su factualidad».[5] Es esta realidad psíquica la que autoriza que alguien pueda visitar a un pariente lejano y se quede a vivir allí meses con absoluta naturalidad.

Por tanto, aun sin pretensión de pintar el modelo de *la* familia india, y sabiendo que no podemos proyectar el formato de familia extensa patrilineal del norte de la India sobre todo el Sur de Asia, vamos a profundizar en la patriarquía y el género según se desprende de ese importante modelo familiar [FIG. 8]. Aunque pueda parecer que en este extenso capítulo nos alejamos de nuestro discurso sobre la casta, hay que señalar que las castas de la India comparten un mismo tipo de patriarquía: la llamada "patriarquía brahmánica". Las castas están entrelazadas tanto por relaciones rituales o económicas como por la fuerza de dicha patriarquía. Opera incluso entre los grupos más alejados del brahmanismo, como los dalits.[6] Muchos reformadores sociales indios (Phule, Ambedkar, Periyar, etcétera) notaron la complementariedad entre las jerarquías de casta y las de género, y la dificultad en destruir una sin destruir la otra. Para más inri, desde finales del siglo XIX –y de forma muy acelerada a partir de los 1990s– ha ido superponiéndose una "patriarquía capitalista", asimismo implacable con todas las castas.

LA PATRIFOCALIDAD

La primera regla de la patriarquía indobrahmánica es la patrifocalidad: al casarse, las mujeres transitan de su familia natal a la del marido.

De 194 parejas estudiadas por Adrian Mayer en un pueblo de la India central, 184 vivían en la aldea del marido (o en una aldea donde habían emigrado) y sólo 6 en la aldea de la esposa (más 2 casos de matrimonio dentro del pueblo y otros 2 en la aldea de la madre del marido).[7]

El día de la boda no se celebra únicamente el pacto entre dos familias, sino la transferencia de una chica de una familia a otra. Un famoso *qavvāl* del músico y poeta clásico Amīr Khusrau lo capta a la perfección:

> «Oh, padre mío: ¿por qué me casasteis en una tierra lejana?
> Le diste a mis hermanos un palacio; a mí, el exilio.
> ¿Por qué, padre, por qué?».

Rememorando el poema de Khusrau, en zonas de la India central, la víspera de la partida de la hija tras la boda (el *bidāi*; que suele ocurrir, *de facto*, algunas semanas después del enlace [FIG. 7]), su madre le canta:

> «Mi niña, si hubieras sido un hijo habrías vivido con nosotros, arado los campos y nos habrías cuidado; te habría servido arroz caliente; pero ahora te vas de la casa, como un cadáver».[8]

Cultural y psicológicamente, es la patrifocalidad el punto crítico en la existencia de una mujer india. Y es que cuando la joven «se une en matrimonio a su marido, no sólo se casa con él, sino también con toda la familia», como atinadamente plasma Ana García-Arroyo.[9]

Puesto que los hijos permanecen en el hogar, heredan la propiedad y la

7. *Bidāi*. El momento de la despedida de la novia de su hogar paterno. Foto: Saptarshi Sanyal, 2012.

hacen prosperar, son preferidos a las hijas. Económicamente, una hija no va a contribuir al progreso familiar. Además, el hecho de que van a ser ellos quienes se encarguen de los progenitores cuando lleguen a la vejez, los hace todavía más necesarios. Cuidar de sus padres el día en que ya no puedan valerse por sí mismos forma parte del *dharma* o "deber" de un hijo, en especial del primogénito (¡de su esposa, más bien!) En un mundo donde la seguridad social apenas desempeña ningún papel, este aspecto no debe subestimarse. Estos elementos de la patriarquía –sin olvidar el escabroso asunto de la dote [véase más adelante]– juegan en favor de la preferencia por el hijo varón.* No es un asunto religioso.[10] O no es únicamente religioso. El hecho de que el encargado de prender la pira funeraria del fallecido sea el hijo varón (punto que nos llevaría a considerar la preferencia por el varón como un derivado del hinduismo) nubla estos aspectos más prosaicos. Caso de no existir tal hijo varón, puede ser el nieto, el sobrino (por este orden, que es comparable al orden de precedencia de los herederos) y hasta un total de once "hijos", quienes dirijan el funeral.

Para la ideología patriarcal, la mujer es un simple vehículo para la perpetuación de la patrilínea. Lo que encaja con la popular noción de que el padre deposita la semilla y la madre es el campo que la recibe y la alimenta. Si en viejos textos como el *Atharva-veda*[11] o incluso el *Manu-smṛiti* el cam-

* Las cosas cambian si una familia sólo tiene hijas. No es raro que se trunque la patrifocalidad y que una hija casada "regrese" con sus ancianos padres, se ocupe de ellos, traiga a su marido al hogar y sea ella quien herede la propiedad. Ello ilustra la importancia del aspecto del cuidado de los ancianos. El paradigma es el opuesto a Occidente, donde se espera que la ayuda transite durante toda la vida de padres a hijos. Aunque empiezan a verse residencias para ancianos en la India, y significativamente muchas han optado por el nombre inglés de "old-age homes", la mayoría de los indios sienten que sería una desconsideración recurrir a estos asilos.

po femenino era visto como un terreno fértil,[12] gradualmente, la positiva imagen de la fecundidad femenina fue mutando y el terreno pasó a ser de uso y disfrute del teniente de la tierra. La equivalencia no es simbólica. Igual que la cosecha, la descendencia pertenece al propietario de la semilla.[13]

Y si las mujeres transitan entre grupos de hombres, con las dotes y pagos asociados, no es raro entonces que puedan ser tratadas como objetos. Como tales, son propiedad de la patrilínea.

De ahí que en ciertas regiones de la India se tolere –aunque se aparente ignorarlo– una relación adúltera entre la esposa de un hombre con su hermano. Sudhir y Katharina Kakar ponen el ejemplo de un cocinero de Uttarakhand, al norte de la India, que le pidió a su patrón permiso para regresar al pueblo, pues su esposa acababa de dar a luz:

> «"Pero ¿cómo puede haber dado a luz tu esposa si no has estado en el pueblo en todo un año?", preguntó el patrón. A lo que el hombre contestó: "¿Y qué importa eso? Mi hermano está allí"».[14]

Es en el *género* donde se "construyen" las fronteras de casta.

LA SOCIEDAD PATRILINEAL

La patrifocalidad está íntimamente ligada a la patrilinealidad: la propiedad, el apellido y la herencia siguen la línea masculina.

La patrilinealidad no sólo borra el apellido de la mujer –como, por cierto, en muchos países de Occidente–, sino que hasta difumina su casta. Los ritos de matrimonio se encargan de suprimir cualquier rango que hubiera tenido al nacer y le otorgan el estatus de la *jāti* o el *gotra* del marido con quien desposa. Como ha señalado Veena Oldenburg:

> «Los antropólogos te dicen que la casta es una categoría adscrita, olvidando que eso es sólo cierto para los hombres, ya que la mujer pertenece al nacer a la casta de su padre y luego a la de su marido».[15]

Hasta hace poco podía establecerse una divisoria entre un norte de la India claramente patriarcal, un sur donde las mujeres disfrutan de mucha mayor autonomía y un este que quedaría a caballo entre ambos. Pero, en contra de lo que cabría esperar, el sur de la India se asemeja cada vez más al norte en estas cuestiones.

Aunque en la India han existido pequeñas excepciones matrilineales (como la nāyar de Kerala, la khāsi de Meghalaya o la malayāḷī de Laquedivas), domina con claridad el modelo patriarcal. Apenas aparece el modelo bilateral (típico del Sudeste Asiático y, desde hace poco, también de la mayor parte de Occidente), donde no se rebaja la importancia de ninguno de los progenitores. Sea en la budista Tailandia, la Indonesia musulmana o la católica Filipinas, la pareja puede vivir indistintamente con –o cerca de– los padres de la esposa o del esposo; y no se da la asfixiante obligatoriedad de perpetuar el linaje. Como puede suponerse, el rol económico desempeñado por las mujeres en el Sudeste Asiático ha sido grande. Se da siempre una correlación entre autonomía e independencia económica de la mujer.

En India, en cambio, existe una manifiesta tendencia a apartar a la mujer de la cadena de producción. De 184 países escaneados por Naciones Unidas sólo 17 (todos en el norte de África y Oriente Próximo) tenían una participación de la mujer en el trabajo inferior al patético 29% de la India (compárese con el 57% de la vecina mujer bangladesí, uno de los países que mayores esfuerzos está realizando en corregir los desequilibrios de género). Suvira Jaiswal lo dice con claridad: «La endogamia persiste [...] dada la subordinación socioeconómica de las mujeres».[16] En una encuesta informal realizada a mujeres de una aldea del valle del Ganges acerca de cuál era su mayor problema, la mayoría contestó –por delante de la educación o la salud– la falta de trabajo remunerado.[17]

El estudio comparativo de Ursula Sharma sobre el rol socioeconómico de las mujeres en una aldea de Himachal Pradesh y en otra del Punjab arroja mucha luz.[18] En Himachal, las mujeres participan activamente en la economía agraria, mientras que en el Punjab tienden a ser apartadas de la fuerza laboral. En Himachal, las mujeres son más visibles en público, mientras que en el Punjab las normas de reclusión son más estrictas. El punto clave es que, a pesar de todo ello, la mujer himachali no posee mayor poder doméstico o extradoméstico que la panyabí. Ahí entran en juego diversos factores, pero ante todo tiene que ver con la exclusión de las mujeres en ambos estados de los *derechos de herencia* de tierras, lo que las hace económicamente dependientes de los varones.

El trabajo de Bina Agarwal ha mostrado también que la vulnerabilidad de las mujeres en India procede esencialmente del hecho de que no controlan ni son propietarias de los bienes patrimoniales.[19] Hasta 1956, las hijas, hermanas, viudas o madres no tenían derecho a heredar tierras, sobre todo en las amplias zonas del país que habían estado gobernadas por el viejo código jurídico *Mitākṣarā*. Gracias a las medidas adoptadas por la Constitución de 1950 y la Ley de Sucesiones de 1956, cualquier mujer india puede hoy heredar con la misma facilidad que sus hermanos. Sucede que las convenciones de la familia extensa inhiben su derecho a heredar. En la década de los 1970s, incluso en los estados más "liberales" del sur (significativamente Kerala, pero también Maharashtra, Andhra Pradesh, Karnataka y Tamil Nadu) se establecieron enmiendas que abolían las propiedades familiares conjuntas. Asimismo, los cristianos o los musulmanes del Sur de Asia se han desviado de sus recomendaciones escriturales y han seguido los modelos patrilineales prevalentes, por los cuales las hijas no heredan la propiedad si existen hijos vivos. En Bangladesh, la mujer musulmana también suele "declinar" su derecho legal a la herencia paterna y sustituirlo por el *naiyor* o derecho a visitas periódicas a su casa natal.[20]

Un estudio en siete estados indios a principios de los 1990s mostraba que sólo el 13% de las mujeres con padres propietarios de tierras heredaron alguna parcela. Eso significa que ¡un 87% de mujeres no heredó! aun pudiendo hacerlo. Incluso entre las viudas sólo un 51% había recibido algo en herencia. Aunque con la Ley de Sucesiones del 2005 las cosas posiblemente estén mejorando, está claro que la inmensa mayoría de las mujeres sigue a merced de los círculos masculinos.

LA EDUCACIÓN DE LA NIÑA (Y EL NIÑO)

Al hablar de "la mujer" en la India nos estamos refiriendo a 600 millones de personas con enormes diferencias sociales, económicas, culturales o personales. No aludimos a una misma "mujer india" cuando hablamos de una joven urbana de clase alta, educada en inglés, con estudios superiores, imbuida de valores cosmopolitas (posiblemente más parecidos a los de una joven de su misma condición de Toronto o Estambul), que cuando nos referimos a otra "mujer india" de clase y casta bajas, que lleva 40 años trabajando de cestera en una aldea de la India rural. Entiéndase, pues, el esfuerzo en generalizar que realizaremos a continuación. No todas las mujeres o niñas indias pueden verse a través de la lente de la patriarquía, ni es recomendable proyectar formas de patriarquía de otras sociedades sobre la india. Hecha esta advertencia, se entenderá que nuestro propósito aquí es ante todo didáctico: mostrar cómo muchas niñas y mujeres del Sur de Asia viven e integran las formas sociales de patriarquía.

Un universo densamente poblado

Mientras son muy pequeños, en la India los niños y niñas reciben una educación bastante similar. No se enfatiza tanto la diferencia de género como la pertenencia a una familia, comunidad y casta. La principal noción que aprenden es la de interdependencia: la comprensión de que no son individuos únicos, sino miembros de una entidad mayor. Esta cierta devaluación del sentido "individual" queda patente en el rito de imposición del nombre. A diferencia de otros países, en la India el nombre del bebé suele mantenerse en secreto. Durante su infancia se recurre a un mote cariñoso. La mayoría de los niños no recibe el nombre hasta su primer aniversario, y en muchos casos no se hace público hasta los 6 o 7 años (cuando se supone que ya no es tan vulnerable a la manipulación sónica). Muchos no lo utilizan hasta la edad adulta. El sentido de autonomía personal o de individuación, típico de la sociedad euroamericana, no parece ser prioritario en la familia extensa de la India.[21] Lo que los niños y niñas indios aprenden desde críos es que se deben a su familia [FIG. 8] y a su grupo (clan, casta, secta y hasta empresa). El individuo es importante en la medida en que contribuye a mantener un organismo mayor. Téngase en cuenta que en la familia extensa, además del grupo central formado por el patriarca, la matriarca, sus hijos varones y sus esposas, más los hijos e hijas de estas parejas, también pueden convivir tías viudas o parientes lejanos (varones), que suelen llamarse "tíos". Ídem en Pakistán, Nepal, Bangladesh o Sri Lanka.

En estos hogares extensos, los niños se mueven libremente entre diferentes "madres", "tíos" y "hermanas". Jamás están aislados. Aunque, por supuesto, la madre es su principal vínculo afectivo, los niños y niñas aprenden en seguida que ella no es la única fuente de cuidado y atención.[22] Padre, abuela, abuelo, tías, primas, incluso los vecinos participan en la educación y ocupan un espacio mucho mayor en el mundo interior de los indios que entre europeos o norteamericanos. Como pone Anand Giridharadas, «cada niño recibe un poquito de amor de todo el mundo y mucho amor de nadie en particular».[23] (De ahí, tal vez, que el psicoanálisis, basado en el mo-

8. Una familia extensa puede componerse de entre 30 y 40 personas. Familia deśastha-brāhmaṇ reunida con ocasión del sacramento del *upanayama* (o *munja*) de dos niños. Maharashtra, principios de los 1970s.

delo de familia nuclear burguesa de la Europa del siglo XX, nunca haya funcionado demasiado bien en el contexto de los hogares extensos de la India.) Es un hecho que los jóvenes indios no buscan romper con la generación de sus padres como ocurre en Occidente (donde incluso se considera necesario). El choque generacional no es una verdad psicológica universal.[24] Y es palpable el respeto que los indios profesan por la gente de edad, ya sea la abuela, los ancianos de la casta y hasta veteranos políticos.

La *pardā*

A medida que la niña crece, su sociabilización empieza a divergir de la de su hermano. Se la educa para que llegue a ser una mujer obediente, fiel, trabajadora, sacrificada y hogareña. En el norte es costumbre que a partir de la pubertad se abstenga de aparecer mucho en público y, cuando lo haga, utilice un velo o pañuelo (*dupaṭṭā*). La joven tendrá pocas actividades de ocio que impliquen salir de casa (visitar amigas, ir al cine, al mercado). Esta norma se conoce en persa como *pardā* (anglohindi: *purdah*) y simboliza el tránsito de niña a futura mujer casada o nuera. Se considera que en este período –entre la pubertad y el matrimonio– es extremadamente vulnerable, por lo que urge acortarlo al máximo (o eliminarlo de cuajo con la práctica del matrimonio infantil).

La *pardā* comienza cuando la niña es capaz de procrear y disminuye a medida que deja de menstruar. Expresa la necesidad de controlar la sexualidad de la mujer y dirigirla hacia una procreación regulada por el matrimonio.[25] Y una manera de apaciguar y controlar el poder y la energía femeninas (*śakti*). Obviamente, en los medios urbanos modernos esta práctica se ha relajado de forma considerable, pero no la ideología que subyace: que ella es responsable de mantener prudente distancia con chicos y hombres, y que su comportamiento es vital para el honor de la familia. (Con todo, no siempre el recurrir al velo o al pañuelo en público es signo de patriarquía; hoy puede significar también devoción religiosa; y hasta puede utilizarse como una forma de coquetería "aceptable".)

Una joven que aparece en público con chicos de su edad está deshonrando la reputación familiar. No digamos si llegara a quedar embarazada. Lo equivalente en el varón sería la adicción a la bebida, el juego o a comer alimentos prohibidos, aunque hay que admitir que también se ejerce bastante presión sobre su sexualidad. Pero como muestra la ambigua permisividad hacia el adulterio masculino frente a la intransigencia con el femenino, está claro que el peso de estas nociones recae sobre todo en las mujeres.

Algunos ven en todo ello nociones de claro origen islámico.[26] Otros piensan que hay muchas pruebas que muestran que ya en los primeros siglos de nuestra era las mujeres de alta casta de la India no tenían acceso al espacio público.[27] Da lo mismo. Es cierto que el "lenguaje" actual de la *pardā* tiene acento islámico, pero ha sido integrado con tanta facilidad por las hindúes que lo de menos es conocer su origen.* Tampoco podemos pasar por alto que la práctica de ocultarse ante varones extraños es una estrategia que ha ido refinándose en zonas de conflicto permanente (como el "gran Punjab", vía de entrada de casi todas las invasiones al Sur de Asia). No sólo se trata de una cuestión de recatamiento, sino también de una manera de protegerse de conquistadores que, con frecuencia, eran violadores y capturaban a las mujeres.[28] Ni podemos olvidar –como recordaremos cuando tratemos del islam– que la *pardā* otorga estatus social [véanse págs. 343-344].

* Aunque la *pardā* es mucho más palpable en el norte que en el sur, las apariencias externas engañan. Si bien es indiscutible que una mujer de Uttar Pradesh (norte) tiene aproximadamente el doble de posibilidades que una de Karnataka (sur) de ver restringida su movilidad en público, cuando abordamos las decisiones que se toman *dentro* del hogar, tanto las mujeres hindúes como las musulmanas de Uttar Pradesh poseen más autoridad y capacidad de acción que sus contrapartidas en Karnataka. Las diferencias entre el norte y el sur son hoy menos significativas que hace dos o tres generaciones.

Sólo los colectivos bajos y empobrecidos están obligados a destapar a sus mujeres y mandarlas a trabajar. La *pardā* distingue a la élite del populacho. Como intuía la periodista Elisabeth Bumiller, tras vivir un año en un pueblo en el corazón de Uttar Pradesh, la *pardā* está entretejida con la casta:

> «Si una mujer pertenece a una de las castas altas o medias, es virtualmente una rehén, confinada dentro de los muros de su hogar a una vida de aislamiento y duro trabajo doméstico [...] Si pertenece a una de las castas bajas, es libre de salir de la casa; por lo general para trabajar en el campo como jornalera temporal».[29]

La educación social de la niña se preocupa por cómo la joven se mueve, camina, se sienta, habla o se relaciona con los demás. Siempre debería exhibir modestia, elegancia y pudor. La joven ha de mostrar su capacidad de autocontrol. Si cuando era niña no había problema para que jugara con otras niñas y niños del vecindario, a partir de la pubertad se tiende a recluirla en el espacio seguro, privado y aislado del hogar.

Muchos hogares extensos de la India están delimitados por áreas. Las exteriores son dominio de los varones; las interiores (por lo general alrededor de la cocina) son territorio femenino. De ahí la protección de la cocina de forasteros y personas ajenas al círculo familiar íntimo (amén de otras reglas de polución).

La incorporación a la patrilínea

Idealmente, poco después de la primera menstruación debería llevarse a cabo el matrimonio. Mientras es una niña, es considerada pura (por su virginidad) pero no auspiciosa (por su incapacidad de procrear). Cuando ya puede tener hijos pasa a ser impura (al menstruar) pero auspiciosa, ya que es capaz de prolongar el clan. De ahí la práctica del matrimonio infantil, que tenía lugar antes de ese tránsito. Edward Blunt publicó un inmenso listado de castas que a principios del siglo XX practicaban el matrimonio infantil, para concluir que «el matrimonio adulto era raro» entre las castas bajas [FIG. 9].[30] En muchos casos, la familia pactaba el matrimonio al nacer la niña, o durante su tierna infancia, si bien no iría a vivir a casa del chico hasta que se celebrara la boda o hasta que tuviera la edad de procrear.

La sociabilización de la adolescente tiene un punto de mira nítido: que el día de su matrimonio pueda abandonar su familia, su localidad, su hogar de

9. Matrimonio infantil de una pareja dalit recién casada. El niño tenía 14 años, la niña sólo 7. Bombay (Maharashtra). Foto: Margaret Bourke-White para la revista *Life*, 1946.

la infancia y juventud, y entre en un nuevo mundo, el de su marido y sus suegros, donde no conoce a nadie y donde tendrá que competir con otras mujeres. Esta transición puede ser bastante traumática, ya que la recién llegada –muchas veces una adolescente– entra en la que va a ser su familia por la "puerta trasera". En palabras de la feminista Nivedita Menon, la institución del matrimonio, tal y como se ha constituido en la India, «implica una violenta remodelación del sí mismo de la mujer».[31] Apenas tiene relación con un marido a quien casi no conoce, hace de "sirvienta" de sus cuñadas y de la suegra (quien, a su vez, está más preocupada de que su hija, que ha partido a otra casa, quede embarazada o venga a visitarla). Se dedica tanto al cuidado de sus sobrinos como a hacer la comida o limpiar la casa. En la jerarquía doméstica, la recién casada ocupa el escalafón más bajo. Ella es la más susceptible de sufrir algún tipo de violencia. Con los nuevos familiares masculinos (en especial, el hermano mayor de su marido) ha de tener extremada cautela, hasta el punto de evitarlos (salvo a los niños y al hermano menor de su marido).* Nunca comerá antes que su marido o parientes masculinos, ya que sería considerado una falta de respeto. La *pardā* más estricta debe realizarse ante el suegro, cuyo nombre jamás debe pronunciar y a quien nunca sirve la comida.

En realidad, dada la centralidad del eje padre-hijo en la familia tradicional india, el eje marido-esposa queda relegado a un segundo término, al menos durante los primeros años de matrimonio. De ahí que la familia vigile siempre que la nueva esposa no distraiga demasiado al marido y desatienda

* Ahí no existe riesgo ya que estos varones, al ser más jóvenes que ella (por tanto, impensables para el matrimonio), no representan "peligro". De donde la clásica buena relación entre la mujer y su cuñado más joven. O los chistes y bromas que circulan sobre esa relación.

su trabajo o sus deberes como hijo, padre, tío o sobrino. Cualquier signo de gran apego en la pareja (o de favoritismo del marido hacia su esposa) va a ser vigilado. El agente de control suele ser la famosa "suegra", que tratará de prevenir que surja una cédula "extranjera" en el cuerpo familiar, como gráficamente exponen Sudhir y Katharina Kakar.[32] Incluso cuando la relación con la suegra tiene la apariencia de ser buena, muchas nueras dicen sentirse controladas y espiadas.[33] Téngase en cuenta, además, que el hogar extenso indio –donde la intimidad es nula– es un permanente foco de erotismo; un mundo repleto de cuñadas, cuñados, suegros, sobrinos y sobrinas potencialmente tentadores.

Como impera una clara jerarquía de edad (los niños obedecen a sus padres, que a su vez obedecen al patriarca), no es nada infrecuente que se recurra al castigo físico. Igual que el padre da un cachete a sus hijos (aunque rara vez a sus hijas), el marido puede golpear a su esposa [FIG. 11]. En el paradigma de la familia extensa, el recurso a la violencia se considera tolerable si sirve para mantener la autoridad de la patrilínea.

La mayor parte del tiempo, la recién casada lo pasa con otras mujeres de la familia extensa, y es con ellas con quienes intimará o será susceptible de tener problemas. Vive en un pueblo o un barrio seguramente desconocido. (Y no está demasiado bien visto que intime con vecinas ajenas al círculo familiar.) El entorno puede ser hostil y emocionalmente perturbador. La incorporación a la patrilínea del marido representa una época muy difícil para la joven. Quizá todo esto explique la fortaleza y madurez de la mujer india. Lo mismo que la cierta indulgencia maternal que la joven recibe cuando va de visita a su hogar natal. Considerada entonces una "huésped", es tratada –o debería ser tratada– con toda la cortesía que exigen las reglas de hospitalidad. Su madre en particular (conocedora por experiencia propia de los conflictos emocionales que su hija debe de estar pasando) suele mostrarse cariñosamente comprensiva.

Como ya hemos mencionado, la transferencia de la mujer a la familia del marido refuerza la preferencia por el niño varón. Lo decía un informante al antropólogo S.C. Dube: «Criar a una niña es como regar una planta en el jardín de otro».[34] Antes de los 20 años, la niña partirá (y consigo también se irá una suculenta dote). La vulnerabilidad de las mujeres procede en gran parte de este hecho: son sólo miembros temporales de su familia natal. Las familias que sólo tienen hijas son vistas con lástima por los demás. No es que las niñas sean despreciadas. De hecho, el psicoanalista Sudhir Kakar ha resaltado que, a pesar de no ser el sexo preferido, las hijas reciben suficiente atención de sus madres y parientes y se sienten amadas y seguras. La niña india *no se siente* discriminada o tratada injustamente respecto a su hermano.[35] Esta percepción subjetiva –que no se corresponde con la realidad estadística– indica que la preferencia por el varón no menoscaba la psique de la niña. La patriarquía queda atenuada por el filtro de la familia. Al crecer en círculos femeninos muy compactos, las hijas pueden disfrutar de cierto grado de autonomía y poder. La discriminación hacia la mujer en una sociedad claramente patriarcal ha reforzado mucho el vínculo madre-hija. El cuidado que las madres y otros miembros femeninos de la familia otorgan a las niñas es muy profundo. Y por el mismo motivo, los padres también tienen una especial ternura hacia sus hijas. Todos estos factores tienden a mitigar el daño a la autoestima que puede sufrir la niña cuando descubre que en su sociedad ella es considerada inferior al niño. Un trabajo con estudiantes de la ciudad de Pune mostró que las niñas se sentían más aceptadas por los dos padres que los niños.

Todo esto es sin duda así. Pero como Leela Dube ha señalado, «el mensaje que se comunica es el de la inmutabilidad del sistema social y que la estadía de una hija en la casa paterna es corta».[36] Su hogar natal pronto se convertirá en la "casa de sus cuñadas".

Insistamos en que este recuento es ideal, quizá ya inaceptable para muchas mujeres de la clase media urbana actual, pero es un modelo que ilustra cómo la patriarquía de la familia extensa todavía se inscribe en muchas mujeres de la India de hoy... y, desde luego, del pasado.

El *strī-dharma*

Históricamente, el mecanismo para controlar el comportamiento de las mujeres quedó magníficamente expuesto en las nociones de *strī-dharma* o *pativrata-dharma*, el deber específico de la esposa hindú.

Las colecciones de himnos védicos más antiguas, las del *Ṛig-veda* o del *Atharva-veda*, por ejemplo, dibujan una sociedad bastante igualitaria en lo que a relaciones de género atañe. Había cierta reciprocidad y autonomía en las esferas de actividad respectivas. La subordinación de las mujeres parece ir asociada al desarrollo de la propiedad privada, algo que ya era palpable hacia el -500, época en la que el *Veda* empezó a cerrarse y en la que aparecieron las primeras formaciones políticas territoriales. El *strī-dharma* se elaboró en los *Dharma-śāstras* (-300/+1200) y, sobre todo, en las epopeyas del *Mahābhārata* y el *Rāmāyaṇa*. Ahí aparece una batería de códigos, prescripciones y tabúes diseñados para mantener a las mujeres en el sistema patriarcal de relaciones. Los modelos que más han influido son los de algunas protagonistas de las epopeyas: Savitrī, Draupadī, Yaśoda y, por encima de todas, Sītā. Aunque podrían haberse escogido caracteres de mujeres poderosas e independientes –¡que abundan en la mitología hindú!–, se prefirió la imagen de Sītā, que encarna la quintaesencia de la devoción, entrega y fidelidad al marido. Su propia existencia va ligada al destino de Rāma, su marido. Como decía Ananda Coomaraswamy, en el matrimonio, «más que expresarse "uno mismo", el propósito es ser un hombre como Rāma y una mujer como Sītā».[37]

Empero, hay que admitir que estos modelos no siempre han sido tan interiorizados por las mujeres como a la tradición patriarcal le hubiese gustado. En las versiones populares del *Rāmāyaṇa* (y las hay a cientos, que recogen tradiciones vernáculas que han sido transmitidas por las mujeres), Sītā aparece como un personaje mucho menos sumiso, se encara con el sabio Vālmīki (supuesto autor de la versión sánscrita de la epopeya) y reniega del *dharma* de su marido. Como dice Uma Chakravarti, «una subcultura femenina es muy evidente en las versiones del *Sitayana* accesibles a través de las canciones de las mujeres».[38] La poeta bengalí Chandravati dibujaba en su "Sītāyaṇa" una Sītā desde la perspectiva y la sensibilidad femeninas: una mujer víctima de los valores patriarcales y la injusticia de su marido.

Desde el punto de vista brahmánico, sin embargo, la mujer siempre debe estar sujeta a la autoridad masculina. El *Manu-smṛiti* enseña que como niña estará bajo la tutela del padre, como adulta bajo la de su marido y como viuda bajo la de sus hijos.[39] Es cierto que en otras ocasiones se expresa una actitud muy laudatoria. Las mujeres encarnan a la diosa Śrī o Lakṣmī. El mismo texto exhorta a padres, hermanos, maridos y cuñados a venerar a las mujeres, porque cuando son reverenciadas «los dioses se regocijan».[40] De hecho, la mujer es una pieza clave en los ritos diarios de los hindúes. Todo eso es cierto. Pero también que «la autoridad del marido deriva de la donación».[41] Como ella es el vehículo a través del cual se perpetúa la estirpe, es vista como el campo al que antes aludíamos en el que el varón sembrará su semilla. Por tanto, su sexualidad ha de controlarse. Ante todo, ha de vigilarse la "promiscuidad innata" que se le atribuye. Hasta el punto que, incongruentemente, otro texto clásico llega a decir que si un padre no consigue dar a su hija en matrimonio antes de que hayan pasado tres menstruaciones, la chica podrá desposar a quien desee.[42] De donde las reglas de matrimonio infantil, endogamia, reclusión y hasta el recurso a la violencia física, sin las cuales todo el orden social se derrumbaría.

Estos valores e ideales transmigran en el siglo XXI a través de seriales televisivos, películas de cine y hasta en los mítines de los políticos, con su machacona predisposición a utilizar la imaginería de la mujer para representar la "nación" o la "comunidad".

LA DOTE

Los sistemas de dotes ilustran a la perfección la compleja relación entre casta, clase y género. A lo largo del siglo XX, la dote fue convirtiéndose en una lacra social para muchos indios, y en uno de los principales focos de movilización de las feministas. En el XXI, ya es un problema que nadie sabe cómo detener. Y un tema que encierra mucha miga.

Una boda es una celebración extremadamente onerosa para las familias indias. Los padres de la novia suelen costear el banquete, en el que no se escatimarán gastos, y que incluye varias fiestas a los familiares y allegados del novio, más los gastos de viaje de los invitados. También han de pagar las costosas invitaciones para la boda. Los padres del novio sufragan asimismo el hospedaje de los invitados y un regalo para la novia.

A eso hay que añadir la dote (*dahej*, *dāj*): una transacción de la familia de la novia a la del novio. Suele empezar a pagarse el día de la petición de mano, sigue el día de la boda y puede continuar meses después. La dote incluye siempre las joyas y saris de la novia, más algún automóvil, motocicleta o electrodoméstico importante para la familia del novio; y el efectivo que haya sido estipulado. Entre las familias adineradas pueden participar *brokers* que reciben comisiones de ambas partes. Pavan Varma pone ejemplos vertiginosos del "mercado matrimonial", que van desde los 30 millones de rupias (medio millón de dólares) por un novio del alto funcionariado, hasta los 2 millones (35.000 dólares) por un simple doctor.[43] ¡Una ruina! Meses después de las nupcias aún puede llegar una petición de última hora para añadir una joya o un aparato a la lista de la dote. Cuán tristemente cierto es aquel dicho panyabí que admite: «Cuando el hijo crece, la pobreza desaparece».[44]

La pérdida de poder de las mujeres

Las dotes desorbitadas constituyen un fenómeno reciente; de finales del siglo XIX y principios del XX.[45] Es un buen ejemplo de la introducción de valores consumistas, ligado a la monetización, la competición por el estatus y, por sorprendente que parezca, resultado de las acciones fiscales y económicas ejercidas por el Estado moderno.

Los textos clásicos no mencionan la dote. Es cierto que cuando hablaban de la "donación de la novia" se entendía que la doncella llegaba al sacramento "adornada" con joyas y vestidos.[46] Pero las joyas y bienes que recibía de sus familiares eran y serían siempre de su exclusiva propiedad. Aparte, se ofrecía algún presente simbólico (*dakṣiṇā*) a la familia del novio. Al mismo tiempo, la novia recibía el *vari*, que era un presente –también de joyas y ropas– de la familia y círculo de amistades del novio; un regalo que podía llegar incluso a superar el valor de la dote. El conjunto recibido es lo que se llamaba *strī-dhana* o "propiedad de la mujer". El *Manu-smṛiti*, que no es precisamente un texto "feminista", declaraba que era derecho de una mujer el poder controlar y disponer de todos sus bienes, incluidos los recibidos de su familia o de la de su marido. Y cuando ella muriera, esos bienes pasarían a sus hijas e hijos, aun cuando el marido estuviera vivo.[47] Está claro que en la India precolonial la dote no era ningún problema. Casi lo contrario: un amparo para las mujeres (al menos, entre las castas altas).

M.N. Srinivas ya nos urgía a distinguir la dote moderna de estas viejas prácticas asociadas al *kanyā-dāna*.[48] Digámoslo bien alto: la dote no es ni *strī-dhana* ni *dakṣiṇā*. Hacer pasar la dote por estas fórmulas tradicionales es intentar legitimar una dudosa práctica ligándola a una costumbre antigua y respetada. Como señala Catherine Clémentin-Ojha, el abandono de la dote tradicional por estas sumas de "compra de novio" muestran que hoy ya no es con la donación de la hija con lo que la familia busca obtener prestigio, sino "comprando" para ella un buen partido.[49] En la actualidad, las alianzas matrimoniales y las dotes se regulan y negocian según las prospectivas de ingresos del novio, su estatus potencial y las conexiones sociales de su familia. Casarse con un buen partido significa que la chica y su familia ascenderán socialmente (en especial, sus hermanos, que se beneficiarán de las conexiones de sus nuevos parientes). No es de extrañar, pues, que sea entre la nueva clase media urbana donde la inflación de dotes es más acusada.

Hasta principios del siglo XX, el costo de una boda india recaía en una red de familiares (de la novia y del novio) que incumbía prácticamente a todo el pueblo. La madre de la novia era la voz cantante, pero por el principio de reciprocidad de la *biradārī*, todos los clanes de la casta participaban en la colecta de bienes para el *strī-dhana* y los presentes de boda. Los sistemas de dotes constituían redes tradicionales de sostén para las mujeres en su futura vida alejada de su aldea natal.[50] Esos aspectos de reciprocidad y amparo escaparon a la mirada colonial, que entendió la dote como una carga privada asumida exclusivamente por el padre de la novia.

Hasta finales del siglo XIX, en toda la zona noroccidental de la India la tierra era comunitaria, controlada y compartida por una serie de familias patriarcales. En estas aldeas, denominadas *bhāīcharas* ("relaciones fraternales"), la noción de "derecho individual" sobre la tierra como propiedad privada era inconcebible. Nadie poseía "su" campo. La acción colonial rompió con este modelo tradicional y se decretó que toda propiedad tenía que pasar a una mano masculina. Los amos coloniales querían recolectar impuestos directamente de los "propietarios" con un canon fijo. Esa acción político-económica acabó por producir un nuevo tipo de campesino, que ahora era propietario individual de un minifundio. Ello catapultó su vulnerabilidad. En los primeros años de la reforma agraria, un 40% de los agricultores perdió sus tierras o recurrió a las joyas y dinero de las mujeres para rescatarlas.[51] El campo indio se inundó de usureros y especuladores de grano. Algunos oficiales coloniales admitieron que el nuevo sistema fiscal era «demasiado rígido»,[52] sordo al calendario estacional y falto de elasticidad. Una sequía podía llegar a arruinar incluso a un gran terrateniente. De donde la necesidad de asegurarse un porvenir en un mundo inestable con muchos hijos y buenas dotes y alianzas matrimoniales.

Al hacer del varón indio el sujeto legal principal, las mujeres perdieron sus derechos consuetudinarios y quedaron a merced de sus padres, esposos o hijos. Los derechos de propiedad femenina contemplados en los *Dharmaśāstras* o la *sharī'a* fueron relegados a los márgenes. En cierto sentido, los británicos proyectaron la propia posición de la mujer occidental en lo que concernía a los derechos de propiedad (que entonces eran nulos) sobre la colonia. La construcción de canales, líneas ferroviarias y carreteras no hizo más que masculinizar la economía agraria, favoreciendo la preferencia por el hijo varón. Los hijos (y no las hijas) pasaron a ser la clave de la supervivencia y la prosperidad. Y desde entonces, los hermanos se consideraron los propietarios individuales de las tierras, sin necesidad de repartir la "legítima" de un cuarto que podría corresponder a su hermana no casada. Como ha expuesto Veena Talwar Oldenburg, a quien hemos seguido de cerca, los efectos colaterales de la acción colonial para las mujeres fueron desastrosos: las mujeres se quedaron sin recursos legales y seguramente sin su dote.[53]

La necesidad de una familia repleta de varones se incrementó a lo largo del siglo XIX y la mayor parte del XX. De ahí, el infanticidio de niñas [véase más adelante]. El problema de la mirada colonial es que explicaba el fenómeno del infanticidio de forma estrictamente culturalista. Se adujeron motivos religiosos o culturales y se "olvidaron" del propio efecto que la política colonial estaba operando en amplias zonas de la India.

La manía (¿o fantasía sexual?) de que el hombre blanco ha de ir al rescate de la mujer morena y liberarla de las bárbaras costumbres de los hombres morenos,[54] tropo todavía muy presente en la mente occidental, acabó por ignorar la autoridad de las mujeres; cuando lo cierto es que su agencia era patente en el asunto de las dotes, los gastos de bodas o en el escabroso tema del infanticidio de niñas. De hecho, la mujer india apenas aparece en el retrato colonial. Y cuando lo hace, es pintada como una analfabeta tan sumisa que precisa del socorro del hombre blanco en su *mission civilisatrice*.[55]

No es la dote la causante de la preferencia por los hijos varones. Ni siquiera los recuentos coloniales la mencionan como causa de endeudamiento de las familias indias. Dado que siempre había sido un bien susceptible de ser empeñado en tiempos de penuria, sucedió que las dotes fueron absorbidas en una tremebunda espiral inflacionaria. En el nuevo contexto de inestabilidad, sirviendo a su viejo acometido de recurso en caso de extrema necesidad, las dotes «tuvieron que elevarse en su valor para ajustarse al aumento de los precios de la tierra», como ha señalado Oldenburg.[56] A medida que el dinero en efectivo fue entrando en las dotes, estas se convirtieron en activos circulantes capaces de comprar bienes inmuebles, y por tanto, definitivamente, bajo control masculino.

Los derechos consuetudinarios de las mujeres fueron los grandes perjudicados por la transformación de una economía agraria no monetizada en una economía capitalista moderna y tasada de forma rígida. La nueva élite de intermediarios, banqueros, joyeros, usureros y profesionales urbanos (hasta entonces en posición de subordinación a la casta dominante de la región) logró adaptarse a las nuevas reglas del juego capitalista. Los nuevos ricos pasaron a ofrecer dotes mucho mayores, organizar bodas mucho más pomposas y mostrar públicamente su nuevo poder.

Muertes por dote

La pregunta clave es: ¿por qué en el mismo período en que las dotes iban desapareciendo en Europa se multiplicaban por diez en el Punjab y otras partes de la India? Para Marion Kaplan, «sólo cuando las mujeres empezaron a reincorporarse a gran escala en la economía en forma de trabajadoras asalariadas en las sociedades capitalistas avanzadas, declinaron las dotes».[57] Y ese no fue el caso de la India, donde hasta hace muy pocas décadas no estaba bien visto que la mujer trabajara.

En 1961, el Estado indio prohibió la práctica de la dote (ley enmendada por la Ley de Prohibición de la Dote de 1984). Desde entonces, todo se mantiene en secreto y ha dejado de haber control social. Hoy, aquellos bienes y regalos simbólicos se han convertido en inmensas dotes, que forman una parte ya "obligatoria" del matrimonio. La dote no constituye ningún presente, sino una *demanda*. No es ningún legado "tradicional", sino un crimen de la economía moderna; un paradigma anclado en ideas como el consumo, la competitividad, la productividad... que no sólo feminiza la pobreza, sino que hace de la mujer un ser más vulnerable.

De ahí el creciente número de atrocidades y asesinatos contra esposas que no habrían podido aportar el plus que por sorpresa se añadió en el transcurso del primer año de matrimonio. En el 2011, la cifra "oficial" alcanzó a la friolera de 8.618 muertes al año según el National Crime Record Bureau.* (En Pakistán la proporción es incluso peor.) Es cierto que bajo la cabecera "muerte por dote" o "violencia de dote" muchas veces se esconde otro tipo de violencia. Pero aún más que bajo la cabecera "suicidio" o "accidente doméstico" se esconde una atroz "quema de novia" o muerte por dote [FIG. 10]. Estimaciones más realistas proponen alrededor de 23.000 muertes al año.[58] El asesinato se lleva a cabo en la cocina, prendiendo la típica estufa de queroseno que rápidamente inflama el sari de la víctima. En numerosas ocasiones es la suegra quien comete el crimen (exculpando así a su hijo, que podrá volver a casarse como desdichado viudo), y todo queda camuflado como un desafortunado accidente. Estas cifras tampoco muestran algo más extendido que el asesinato por dote: la presión y el sufrimiento al que están sometidas a diario cantidad de muje-

* Las cifras en la India deben cualificarse para hacerlas conmensurables con países de menor peso demográfico. 8.618 muertes anuales equivaldrían a unas 305 muertes en un país como España. Lo desalentador de las muertes por dote en la India es que en 1983 sólo fueron 427.

res en la India. Muchas de las muertes por dote que actualmente se registran son suicidios genuinos; es decir, mujeres que no quisieron seguir soportando la violencia psicológica y física y optaron por quitarse la vida. La violencia de género representa uno de los principales problemas sociales de la India de hoy. Y uno que atraviesa barreras de clase, casta, religión o lengua. Estamos ante un verdadero "ginocidio".

Pero ¡ojo!, como Madhu Kishwar ha visto, al colgar a este tipo de agresión el rótulo de "muerte por dote", la violencia doméstica de la India se nos presenta como un fenómeno local, tercermundista y exótico. Como si los hombres indios fueran los únicos en el mundo que recurren a la violencia. Ana García-Arroyo nos advierte de que a finales de los 1970s, cuando se produjeron las primeras manifestaciones contra la dote, el término "dote" era un simple eufemismo para aludir al abuso y maltrato de la novia.[59] Tras 30 años de experiencia en afrontar la violencia doméstica en la India, Madhu Kishwar no ha encontrado un sólo caso que se debiera *únicamente* a que se hubieran incumplido las demandas de dote adicionales.[60] La muerte por dote es el síntoma de una enfermedad más profunda: la violencia de género.

Y otra cosa queda clara: una muerte de este estilo sería impensable para el marido. Porque él –y no ella– permanece en su hogar, en su aldea, rodeado de los suyos. La patrifocalidad crea en hombres y mujeres destinos

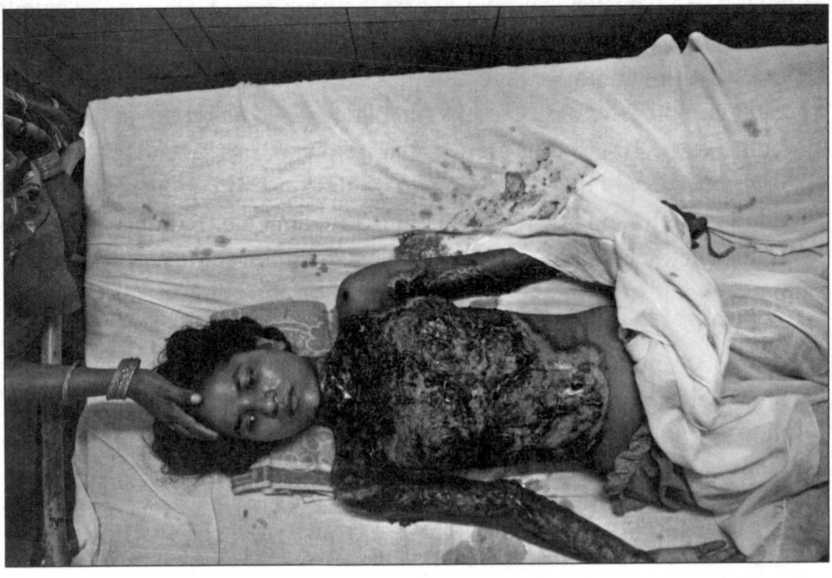

10. Mujer quemada. Hospital gubernamental de Kabir Chaura, Benarés (Uttar Pradesh). Moriría poco después de tomarse la instantánea. Foto: Ángel López Soto, 2009.

opuestos. La mujer, en especial en un contexto urbano (que es más anónimo que el vecindario rural), es mucho más vulnerable y susceptible de sufrir la violencia.

La dote no es la única responsable de esa violencia (algo que el feminismo indio ya acepta), pero contribuye cada vez más a acrecentarla.

Dote y pago-de-novia

Los pagos que marcan el establecimiento de relaciones familiares son comunes en muchas culturas. En el Sur de Asia se dan las dos fórmulas básicas: la dote (la transferencia de bienes de la familia de la novia a la del novio) y el pago-de-novia (de la familia del novio a la de la novia), también llamado *mul*.

Las sumas y bienes donados en la fórmula de pago-de-novia son y han sido siempre muy pequeños. Esta modalidad de donación ha sido extremadamente popular en el sur de la India, practicada incluso por las castas más altas, a pesar de que los tratados brahmánicos desaprueban este tipo de enlace, que denominan demónico (*asura*).[61]

Asimismo, entre castas bajas el pago-de-novia todavía subsiste. El pago puede variar según la edad o la apariencia de la joven, pero rara vez se superan las 30.000₹ (unos 450€). En realidad, entre los grupos más pobres puede que ni exista dote o pago-de-novia, en especial cuando hay isogamia estricta, ya que se espera que la familia que entrega a la novia reciba recíprocamente en el futuro una novia de la familia del novio. Tampoco suele haber transacciones en comunidades –como la chaudharī, la paṭel o la prajāpāti de Gujarat y Rajasthan– que practican el *āta-sāta*, por el cual una hija es dada en matrimonio sólo si el candidato también tiene una hermana que pueda casarse con su hermano. Es decir, hermano y hermana de una familia desposan a hermana y hermano de la otra. (Claro que ahí puede argumentarse que ¡las chicas en sí mismas son la dote!)

Los estudios antropológicos suelen considerar el pago-de-novia como un reconocimiento del estatus femenino, ya que se piensa que es una forma de compensación a la familia de la mujer por quitarle una trabajadora. En cambio, se dice que las culturas asociadas a la dote tienden a rebajar el valor de las mujeres, ya que estas acaban por ser un engorro económico y ninguna ventaja. No obstante, un análisis más profundo revela que este diagnóstico es simplista (heredero de algunos prejuicios de la mirada colonial).

El trabajo de Maya Unnithan-Kumar con los girāsiyās de Rajasthan,[62] una comunidad que practica con orgullo el pago-de-novia, critica convincentemente la idea de que este sea un reconocimiento de la contribución femenina al hogar o un pago por la pérdida de un miembro productivo. Unnithan-Kumar sugiere que «las transacciones de pago-de-novia de los girāsiyās son similares en función y significado, si es que no en la forma, a los pagos de dote».[63] El pago viene a ser una compensación para el padre y su grupo agnaticio por los gastos de manutención de la chica en el pasado. Ni las mujeres girāsiyās tienen control sobre estos pagos ni tienen derechos sobre las propiedades conyugales o natales. El *mul* nunca va a la novia (lo que casi sería *strī-dhana*), sino a su familia natal. No olvidemos que en la fórmula de la dote la novia también recibe el *vari* de la familia del novio. Como sentencia Ursula Sharma, «la oposición que tradicionalmente los antropólogos han realizado entre dote y pago-de-novia puede no ser tan importante».[64]

Las comunidades que practican la dote critican el *mul* como una venta de niña; y una mujer que ha sido "comprada" pasa a ser un "bien familiar" que siempre puede ser vendido o "compartido". Lo acredita el caso, muy común en Haryana o Punjab (donde hay escasez de mujeres casaderas [véase más adelante]), de maridos que compran a mujeres de regiones empobrecidas como Bihar, Assam, Odisha o incluso Nepal. Con frecuencia, estas mujeres –que ni siquiera hablan panyabí o hindi– pasan a ser verdaderas "esclavas" laborales o sexuales de la familia que las compró (y hasta tienen dificultades en demostrar su matrimonio). Quizá esta asociación del valor de una mujer con la suma pagada por ella explique el paulatino desplazamiento de pago-de-novia a dote en la India (como confirma el caso de los mīzos en Mizoram, los bhotiās en Sikkim, los kaḷḷars en Tamil Nadu[65] e infinidad de comunidades más) y la repulsa que el *mul* suscita en muchas mujeres. Los pagos al estilo de la dote también se están extendiendo entre los musulmanes, cuyas comunidades realizaban hasta hace muy poco un discreto pago-de-novia (*mahr*). (Y es que las costumbres e instituciones sociales de los musulmanes del Sur de Asia suelen ser más indias que islámicas.)

Dote, hipergamia y herencia

Como mencionamos, cuando un matrimonio es estrictamente isogámico (cuando los estatus son idénticos) la dote puede ser "simbólica", como antaño. Este sería el caso de casi todo el sur de la India donde la mayoría de los enlaces han sido y son simétricos. De ahí, quizá, la preferencia histórica por el pago-de-novia. No obstante, a medida que dentro de la casta se acentúan las diferencias económicas, o a medida que las restricciones endogámicas van erosionándose (especialmente entre ciertas clases medias urbanas) y se tiende a formas de hipergamia, la competencia por acceder a los mejores novios ha traído también la dote al sur.

Cuando el matrimonio es hipergámico y la mujer se casa con alguien de casta superior o de una sección superior de su misma casta, las dotes son insoslayables. Para M.N. Srinivas «la dote forma parte integral de la hipergamia».[66] Ya hemos visto, no obstante, que fue la acción del Estado y no sólo la hipergamia la principal causa de la inflación de las dotes.

Según el antropólogo cingalés Stanley Tambiah, la dote representaría «un tipo de herencia pre-mortem».[67] Es decir, la dote y los costos de la boda vendrían a ser un sustituto anticipado de la herencia; transferido a la mujer con ocasión de su boda. Es una práctica común a varias sociedades euroasiáticas. Y lo cierto es que cuando la joven entra en la que va a ser su nueva casa la dote es lo único que puede considerar de "su" propiedad. En una proposición posterior, Tambiah plantea que la dote asimismo pretende aumentar los recursos de la familia del novio, de la cual la pareja –y, por tanto, la mujer– podrá tener su parte.[68] Es decir, los padres de la chica invierten para que su hija tenga su parte en la propiedad del marido.

Sin embargo, otros estudiosos creen exactamente lo contrario. La dote sería un sustituto de la herencia y, por tanto, un buen ejemplo de que las mujeres no tienen derecho a heredar. Ursula Sharma argumenta que la dote no representa una parte proporcional de una propiedad divisible, sino una cantidad fijada en referencia a la situación del mercado matrimonial.[69] Además, la dote ya no se paga a la novia, sino a la familia del novio. Como puntualiza Sharma, la dote no va *a* la mujer, sino *con* la mujer.[70] Hoy, la mujer no tiene idea de lo que pasa con su dote una vez deja el hogar parental. Como lo normal es que vaya a vivir a la casa de sus suegros, la dote en seguida se funde con los bienes del nuevo hogar. Así que ni siquiera el marido tiene control sobre lo que sucede con la dote de su esposa. Todo lo relacionado con joyas, vestidos, electrodomésticos y demás objetos será controlado por la suegra. Si hay efectivo, lo controlará el suegro.

Como sea, para muchas mujeres –de clase media urbana, en especial– la dote es algo inevitable. Aparte del aspecto emocional unido a tener las joyas de la familia, mientras las leyes de herencia no se ejecuten y las mujeres sigan sin heredar su parte, la dote es uno de los poquísimos recursos de los que dispone una mujer para presionar tanto a su familia natal como a la conyugal. Como pone Madhu Kishwar, bajo la estructura familiar actual, «abandonar la dote no conlleva ninguna ventaja alternativa para las mujeres. Pierde lo poco que podría conseguir y, literalmente, no gana nada».[71] Si la dote donada ha sido generosa, ello le reportará seguridad y respeto. (Claro que si no lo ha sido...) Tampoco olvidemos que el prestigio ritual de la dote es profundo, porque la imaginación popular la asocia al tipo de enlace preferido por los textos clásicos: el *kanyā-dāna*. De ahí que tantas campañas feministas de boicot a las bodas con dote hayan fracasado.

En lo que todas las feministas están de acuerdo es en que hay que ir contra la "violencia por dote" (y no necesariamente contra la dote en sí) y en la necesidad de fortalecer la posición de las mujeres facilitando su acceso a los recursos productivos. Sólo con la emancipación económica de las mujeres podría atajarse la violencia de género en la India. La herencia de su parte de la propiedad familiar es un paso crítico. A medida que las hijas heredan tierras y propiedades, los patrones de residencia también tienden a modificarse (puede que sea el marido el que vaya a vivir a la propiedad heredada por su esposa, haciendo de la aldea un espacio menos homogéneo).

Ocurre que, por el momento, perdura la extendida noción de que ellas ya reciben su parte en joyas y regalos de boda, de modo que la propiedad familiar queda en manos de los varones. De ahí que no suela existir conflicto entre hermanos y hermanas en la India. Puesto que ellas "renuncian" a cualquier pretensión de herencia a cambio de la seguridad de la familia natal si las cosas no les van bien en su matrimonio (cosa no tan factible como algunas creen), eluden la responsabilidad de cuidar de sus padres cuando son ancianos (¡aunque no evitan cuidar de sus suegros!)

Algunos estudios revelan que cuando una sociedad entra en el modo de producción capitalista y adopta un estilo más individualista, los derechos de las mujeres aumentan. Sin embargo, hemos visto que en el caso indio la entrada en una economía de mercado conllevó un incremento de las dotes, y que las mujeres sigan sin heredar. La situación actual de la mujer en India no es una prolongación de tradiciones premodernas; resulta más bien la hibridación de las viejas patriarquías indobrahmánicas con las nuevas patriarquías capitalistas. Como vimos, el Estado (colonial e independiente), bien que indudablemente otorgó libertades a las mujeres, eliminó muchos de los derechos que tenían sobre la propiedad. En su cruzada contra las "dotes abusivas", los británicos tomaron la extravagancia de unos caudillos (en realidad, se trataba de los suntuosos matrimonios –que funcionaban como *alianzas políticas*– de unos pocos aristócratas) por un síntoma de mal gobierno. De esta forma podían justificar su actuación colonial y anexión de territorios.

En su proceso de expropiación de las leyes indias, los dirigentes coloniales, con la inestimable ayuda de los reformadores indios, eliminaron cualquier agencia económica que las mujeres hubieran tenido[72] y los pocos recursos económicos y simbólicos de los que disponían, como el *strī-dhana* o el *mahr*. Bina Agarwal señala que la intervención del Estado colonial y moderno transformó una sociedad virtualmente sin clases y de relativa igualdad de género, como la gāro de Assam, en una sociedad mucho más diferenciada en términos de clase y género.[73] Lo mismo sucedió con otros pueblos del noreste, como los khāsis o los jaintiyās. También los cambios en la estructura matriarcal de Kerala fueron en gran medida el resultado de la intervención del Estado colonial[74] y los reformadores indios. K. Saradamoni[75] y Praveena Kodoth[76] han estudiado cómo el contexto colonial y reformista de finales del siglo XIX y la primera mitad del XX introdujo unos formalismos legales de corte occidental que marginaron la costumbre y la matrilinealidad, eliminando el derecho femenino a la propiedad. En esta región, la violencia de género y la dote han ido infiltrándose a medida que se ha ido imponiendo un nuevo modelo de enlace: el matrimonio connubial estable y monógamo.[77] Ahora, la dote se ha convertido en el precio que las familias económicamente vulnerables han de pagar para aspirar a los marcadores modernos de respetabilidad. Por ello se expande tan rápidamente entre comunidades –como las dalits– que hasta hace muy pocas décadas la desconocían.

Los movimientos feministas han abandonado la ingenua pretensión de "convencer" a políticos, policías y jueces; que no sólo son ineficaces, corruptos y alejados del sentir popular, sino que, en tanto extensión del Estado, forman parte de la misma patriarquía que quieren combatir. Leyes, haberlas haylas, pero como comenta Veena T. Oldenburg, «cuando se trata de aplicarlas, el Estado desaparece».[78] (Leyes, por otra parte, que sorprendentemente criminalizan tanto a los solicitantes de dote como a los dadores.) La maniobra pasa ahora por apoyar a las mujeres en momentos de crisis y en concienciar a los familiares y vecinos. En prácticamente todos los casos de violencia por dote en que la chica ha recibido apoyo familiar, ha podido rehacer su vida. Si bien en los últimos 30 o 40 años, la "familia extensa" ha pasado a ser el blanco de todas las críticas; es esa misma familia «la fuente más importante de apoyo, protección y plenitud para la mayoría de las mujeres», en palabras de Madhu Kishwar.[79] Y recordemos que la familia india puede ser muy muy extensa [FIG. 8].

LA MADRE

En la sociedad patriarcal, el ideal de "madre" es mucho más importante que el de "esposa". Como dice una bendición muy popular en la India: «¡Que seas la madre de cien hijos!»

El día en que la mujer da a luz a su primer bebé, su posición en la familia mejora considerablemente. Es más, durante los primeros años de matrimonio, las relaciones marido/esposa son tenues y distantes. No es raro que duerman en habitaciones separadas o que no mencionen el nombre de pila del otro. Como dice Susan Seymour, la intimidad emocional se desarrolla de forma gradual y no debería expresarse demasiado abiertamente.[80] Se sospecha del amor romántico –aunque se ensalza en la literatura, en las baladas populares o en el cine de Bollywood–, porque es excesivamente individualista, demasiado dependiente del apego o la pasión, emociones bastante dudosas para la idiosincrasia surasiática.

Para muchas mujeres indias, la noción de que la relación esposa-marido pueda ser el eje del matrimonio no tiene demasiado sentido. El centro de interés para la mayoría de ellas es la felicidad "familiar", sobre todo de los niños. No es que no se reconozca ni se valore el amor conyugal o sensual. La historia de enamoramiento sigue siendo un sueño para muchas mujeres –y hombres– ya que captura la noción de un amor libre de tabúes sociales y culturales. Precisamente porque la suegra puede truncar ese amor conyugal, el eje suegra-nuera suele ser el más conflictivo de la familia. No pocas canciones de la India popular lo reflejan.[81]

La pasión erótica y el cariño conyugal son universales y han estado bien presentes en la India (tierra del *Kāma-sūtra* o los templos de Khajuraho, no lo olvidemos). Pero la realidad factual –que el matrimonio pactado refuerza– es que la mujer llega al matrimonio con unas expectativas bastante elementales: que el marido no la pegue ni beba demasiado; quizá tengan esperanzas algo mayores las mujeres de clase social más elevada (pero nimias si las comparamos con las de las mujeres de Occidente). Como han señalado los Kakar, en ningún momento se le pasa por la cabeza que el marido tenga que satisfacer *todas* sus aspiraciones y necesidades emocionales.[82]

Lentamente, la relación conyugal irá cobrando relevancia, incluso incorporando dosis de amor, ternura, erotismo, respeto mutuo y hasta romanticismo. Pero, tal y como expresan Sudhir y Katharina Kakar, «el amor no se busca *antes* del matrimonio, sino que idealmente surge... *después*».[83] En la ideología del hogar extenso se espera que esas emociones se queden en la trastienda y, si es necesario, se sacrifiquen en beneficio de la solidaridad del clan. En la India profunda, todavía pueden encontrarse parejas que no se hablan en público, siquiera frente a niños pequeños. Muchos indios e indias definen el amor como un compromiso a largo plazo y devoción a la familia.[84] Algo que corroboran los estudios sociológicos, que muestran que a partir del segundo año de relación marital el amor romántico asciende en los matrimonios pactados (mientras que desciende a partir del quinto en los matrimonios por amor).[85] La opinión generalizada en la India es que no sólo su fórmula funciona, sino que sus matrimonios tienen más éxito que los de Occidente. Algo tampoco improbable. Un estudio realizado por Tulika Jaiswal entre la clase media urbana de Allahabad (Uttar Pradesh) muestra que, en términos generales –y contradiciendo el estereotipo que pinta el matrimonio pactado como un acuerdo pragmático sin pizca de emotividad–, los marcadores de satisfacción marital de los matrimonios pactados de India son similares a los de matrimonios por amor de Europa o EE.UU.[86]

Eso no impide que los roles de esposa y de madre puedan entrar en conflicto (como también los de hija y esposa). Es interesante ver –dice K.R. Sundararajan– «que tan pronto como una esposa asume el rol de madre, su lealtad se desplaza de su marido a sus hijos».[87] Hasta el día de la maternidad, ella no era más que una "cuñada" del resto de mujeres de la familia; o aún más crudamente: "una hija que no es de esta casa". Cuando ya es "madre", su esfera de responsabilidad e influencia aumenta. Asume un rol nuevo, mucho más poderoso; en especial cuando tiene un hijo varón. Lo que más teme la esposa india es la esterilidad. Numerosos ritos, votos y peregrinaciones de los indios tienen que ver con la necesidad de procrear.

La realización femenina

Para muchas mujeres, la autorrealización no tiene que ver con el trabajo o su emancipación personal. En el mundo tradicional está mal visto que una mujer trabaje (excepto en el caso de familias pobres, donde no hay más remedio; o en familias urbanas “modernas”, donde rigen otros ejes). Como expresa Rosa Maria Perez, «cuanto mayor es la capacidad que tiene la familia en liberar a la mujer de actividades domésticas extras, más aguda es la reclusión».[88] Es decir, cuanto más alto es el nivel social de una familia, mayores son los tabúes en este sentido.

En el momento en que la mujer india es madre y dirige su hogar, se considera a sí misma realizada y siente que su labor en el hogar complementa el rol del marido, que es básicamente económico. Ahora sus visitas al hogar materno se espacian más (aunque nunca pierde el contacto con este, con el que posee profundos lazos afectivos) porque ya forma parte del corazón doméstico de la familia extensa. Un núcleo que la nueva etnografía feminista ya no califica tanto de patriarcal cuando tiene en cuenta los deseos reales de las mujeres.

Su ascenso en la jerarquía doméstica tiene su correlato en las normas de comensalía. Cuando es una joven recién casada come después de las demás mujeres. Luego, ya come con ellas (pero sin mirarlas). Más adelante, ya se sentará frente a las otras mujeres, o junto a ellas. Y hasta puede que llegue un día en que coma del mismo plato que su anciana suegra.

Ella es ahora la piedra angular de la felicidad de *su* hogar. Y en la India es la familia, y no el individuo, el verdadero cimiento de lo social. Una mujer que mantiene un hogar “puro”, es decir, donde se cocinan los alimentos prescritos, que acude frecuentemente al templo y realiza ayunos ocasionales, que vigila la castidad de sus hijas, que interactúa poco con individuos “impuros”, etcétera, es la base del éxito y del reconocimiento social.

Si bien de puertas afuera es el *pater familias* la cabeza visible del sistema, *dentro* del hogar (desde la alimentación, la educación de los niños, el presupuesto doméstico), quien tiene el control es casi siempre una *mater familias*. Cuando el primogénito sucede a su padre y asume el rol de cabeza del hogar y la familia extensa, su esposa se convierte gradualmente en la matriarca. Los ancianos suegros se van retirando de los asuntos mundanales, pasan cada vez más tiempo yendo a templos, realizando votos y ayunos religiosos, o visitando a hijas en lugares distantes. Los ancianos pasan a la “periferia” del hogar, ocupándose de los nietos (aunque también se espera que sus hijos cuiden de ellos). Desde su propia perspectiva, pues, la mujer india no está tan oprimida como lo parece si la miramos bajo un prisma euroamericano. Werner Menski opina que las mujeres hindúes no han estado tan subyugadas como algunos textos (indios u occidentales) nos han querido hacer ver.[89] Aunque –a mi juicio– al precio del sufrimiento y la resignación, valores plenamente integrados por muchas madres y esposas indias.

Esto es todavía más verdad en el caso de las familias pobres. Como dice Susan Seymour, si una es pobre, es difícil cumplir con ciertos ideales de la patriarquía.[90] Una mujer de clase baja está preocupada por la supervivencia. Las demás cuestiones son secundarias. La mayoría de las mujeres de clases bajas tiene que trabajar (¡y mucho!) y contribuir en los ingresos familiares. Por tanto, no pueden recluirse; ergo, su honor y comportamiento sexual pueden ser puestos en duda. Tampoco en una vivienda de escasos metros cuadrados tiene sentido hablar de segregación por género. La ironía del asunto es que la igualdad que hoy muchas mujeres "modernas" buscan a través de la educación y el trabajo es algo que las mujeres de bajo rango –en cierto sentido– siempre han tenido.[91]

Nada de ello ha de ocultar los graves problemas de género que azotan a la sociedad surasiática. Prosigamos.

EL HOLOCAUSTO DE NIÑAS

La violencia doméstica es un problema tan extendido en India que un análisis del 2009 la reportó en un 37% de los hogares.[92] Está tan "integrado" que otro estudio del 2002 destapaba que el 56% de las mujeres indias llegaba incluso a aprobarla.[93] Las muertes por "honor" (por transgresión de las normas de exogamia o endogamia) es otra de esas lacras. Como las "muertes por dote", que ya hemos tocado. O el descuido intencionado de la salud y bienestar de niñas y mujeres; o el tráfico sexual de mujeres; y un largo y triste etcétera.

Aunque valiosos, los esfuerzos legales por proteger a las mujeres son sólo explotados a medias (reflejando, en parte, el valor que la sociedad percibe que posee una mujer.) Si bien, tras las oleadas de protestas del 2012 y el 2013 a propósito de una espantosa violación en Delhi (un suceso, por otra parte, que no puede leerse únicamente en clave de género), las penas por violencia doméstica o acoso sexual se han endurecido y la sociedad exige una acción más contundente por parte de la policía, el Estado indio es todavía reacio a entrometerse en los intríngulis familiares. Y es ahí, en la intimidad del hogar, donde pueden darse las formas más duras –e invisibles– de violencia. De todas las deficiencias sociales, quizá ninguna sea tan triste como la sangría de niñas que el entramado económico y patriarcal de la sociedad está generando. Ahondemos en ello para acabar de ilustrar el actual problema de género en la India.

Ya sea por el viejo método del infanticidio de la niña recién nacida o por el más sofisticado –y demoledor– del aborto selectivo de fetos de niñas, que es el hegemónico desde los 1980s, el caso es que hoy la India posee un gravísimo déficit de mujeres. Este problema tampoco conoce barreras de clase social, casta o religión.

Como hemos visto, las mujeres son educadas para creer que su valor va ligado al de los hombres presentes en sus vidas (padre, hermanos, marido, suegro, hijos, etcétera). De hecho, en determinadas zonas de la India, la idea de que la esposa *se adquiere*, ya sea como regalo (con *dāj*), o por pago (tras *mul*), es la que hace que los tomadores-de-esposas se sientan superiores a los dadores-de-esposas y devalúa considerablemente la apreciación que se tiene de la mujer. Sólo cuando ella ha interiorizado de forma profunda este sesgo de género puede entenderse que permita matar a su hija recién nacida. (Normalmente, el infanticidio recaía en manos de la comadrona o la suegra.) Por esto, la nueva legislación india trata de no criminalizar a la madre (y acusarla de homicidio) y, en cambio, empieza a verla también como una víctima de la patriarquía.

Por lo general, en el mundo nacen más niños que niñas. La proporción "promedio" mundial en la franja de 0-6 años es de 950 niñas por cada 1.000 niños (950‰). En la franja de los 15-64 años, las ratios se igualan dada la mayor mortalidad de varones. Y pasados los 65, la proporción es de 1.210 mujeres por cada 1.000 varones (1.210‰). Dado que el promedio mundial en el 2011 era de 983‰, los expertos consideran que se da una merma antinatural de mujeres. Casi todas las mujeres que "faltan" en el mundo pertenecen a países asiáticos, con China e India a la cabeza, tanto en números absolutos como en proporcionales.

En el censo de 1901, la India tenía una ratio de 972‰. Las estadísticas fueron cayendo hasta la alarmante cifra de 927‰ en el censo de 1991. Desde entonces ha habido una cierta mejoría (933‰ en el 2001 y 940‰ en el 2011), pero dado el imponente peso demográfico de la India, eso significa que aún hay un déficit de unos 30M o 35M de mujeres. Y lo peor del caso es que si bien en cifras absolutas la tendencia ha mejorado levemente, si nos mantenemos en la franja 0-6 años, el cuadro ha empeorado. Se ha pasado de 927‰ niñas en el 2001 a 914‰ en el 2011. Es decir, aunque más mujeres se mantienen vivas (gracias a la mejora general de la salud), nacen menos niñas (debido a los abortos selectivos). Existen distritos de la India donde las cifras toman el cariz de un holocausto [véase Cuadro 1]; en el mundo únicamente comparables a los de alguna provincia de China. (Países europeos como Italia, España o Grecia tienen ratios de 941, 940 y 939‰, respectivamente.)

Es muy significativo que las peores cifras se den en medios urbanos y en estados prósperos como Haryana, Punjab, Maharashtra o Gujarat. La capital del país, con una gran población de gente bien alfabetizada, posee uno de los índices más fatídicos del país. Y dentro de la ciudad, el sur de Delhi, corazón de la élite rica y cosmopolita, obtiene los peores resultados. Por tanto, no estamos ante un problema de falta de educación y tradicionalismo confinado a remotas áreas rurales. De esas asimetrías no escapan ni los indios de la diáspora. Un estudio reveló que el índice de nacimientos de niñas en la comunidad india de Nueva Jersey, en Estados Unidos, era tan malo como en Punjab o Haryana.

La práctica del infanticidio de niñas es antigua en la India. Sabemos que algunas comunidades marciales lo practicaban hace siglos. Entre los bedīs y los jāṭs del Punjab, los kaḷḷars de Tamil Nadu o los rājputs de Gujarat, el asesinato de niñas o de mujeres era común. Antes de que cayeran víctimas de enemigos o conquistadores, los guerreros preferían matarlas.

A principios del siglo XIX, los británicos reportaron infanticidio de niñas entre los rājputs, como los rājkumārs del valle del Ganges o los jadeja de Gujarat. Una técnica extendida consistía en sedar a la bebita con opio y enterrarla viva en una tinaja. Las autoridades coloniales se autoimpusieron la tarea de rescatar a la desgraciada *mujer hindú* de la barbarie de su religión

Cuadro 1: Peores ratios de género. Franja 0-6 años (censo 2011)

Estados	‰	*Distritos*	‰
Haryana	830	Jhajjar (Haryana)	774
Punjab	846	Mahendragarh (Haryana)	778
Jammu & Kashmir	859	Rewari (Haryana)	784
Delhi	866	Samba (Jammu & Kashmir)	787
Chandigarh [cap. Haryana/Punjab]	867	Sonipat (Haryana)	790
Maharashtra	883	Jammu (Jammu & Kashmir)	795
Rajasthan	883	Bid (Maharashtra)	801
Gujarat	886	Ambala (Haryana)	807
Uttarakhand	886	Rohtak (Haryana)	807

(cruzada a la que pronto se unió el grueso reformador indio de alta casta educado en inglés). Estos abanderados de la *mission civilisatrice*, empero, pasaron por alto que entre los jāṭs musulmanes (campesinos), los bedī-khatrīs sikhs (comerciantes) y hasta entre castas bajas, la práctica también era habitual. El fenómeno traspasaba barreras de religión o casta.

Veena Oldenburg se pregunta por qué razón los jāṭs (que entonces eran pagadores-de-novia) o los musulmanes (que no daban dote) tenían que matar a sus hijas. Lo cierto es que el infanticidio selectivo de niñas constituía un método primitivo, brutal si se quiere, para conseguir la proporción de hijos e hijas que las familias del Punjab o el valle del Ganges consideraban apropiada para sus necesidades existenciales (y no espirituales o culturales).[94] Se trataba de una práctica que todos condenaban por igual, pero considerada pragmáticamente necesaria. Ya conocemos por qué [véanse págs. 69-70]. Las mujeres eran las responsables del bienestar familiar, así que era competencia suya decidir si una tercera hija, por ejemplo, debía sobrevivir o no. Dada la altísima mortalidad infantil por causas naturales, en la India un bebé no era considerado realmente "persona" hasta el décimo tercer día, cuando se realizaba el sacramento de la imposición del nombre y se aceptaba al recién nacido en la familia.[95]

Hoy, la preferencia por el hijo varón se ha aliado de forma letal con la tecnología (que facilita la determinación prenatal del sexo). Dado que estas pruebas son esenciales para detectar malformaciones, las campañas en contra de su prohibición no han sido fructíferas. En cambio, ha generado una industria clínica y pseudoclínica muy lucrativa. En un estudio realizado en Bombay (hoy Mumbai) en 1985 se descubrió que un 96% de los abortos eran femeninos. Como decía un eslogan popular en aquella década: "Pague hoy 500 rupias y ahórrese 50.000 en el futuro";[96] las de la dote que tendría que satisfacer por casar a su hija. Puesto que desde 1994 esa industria es ilegal, el negocio ha pasado a la clandestinidad.

El problema es de compleja solución. No basta con crear un marco legal adecuado, pues mientras las mujeres sientan que tener hijas es una carga no dudarán en transgredir la ley. Ni es una mera cuestión de pedagogía de masas (como el ambiguo subsidio en efectivo al nacimiento de hijas)[97] o de educación, ya que las estadísticas muestran que las zonas con altos índices de alfabetización presentan las peores ratios. Un detallado estudio realizado en maternidades de Delhi durante 10 años (1993-2002) mostró que la peor proporción de niñas se daba entre padres en los que ambos tenían un alto nivel de educación (llegando hasta la escalofriante cifra de 690‰ nacimientos), mientras que cuando ambos progenitores tenían menos de 7 años de educación la ratio era de un "saludable" 934‰ (recordemos que el promedio mundial es de 950‰). La peor ratio se daba entre aquellos progenitores cultos en los que el padre tenía un puesto de trabajo elevado y la madre permanecía en casa.[98] Cuando la mujer trabajaba, los índices mejoraban.*

El obstáculo es la patriarquía que considera a las mujeres como meros bienes, máquinas productoras de niños y repositorios de la "tradición". El impedimento es también el negocio que médicos, clínicas y multinacionales proveedoras de tecnología están realizando –con campañas publicitarias muy agresivas– a costa del sesgo en favor del hijo varón. El problema es la patriarquía que frena el empoderamiento femenino y la participación de la mujer en la cadena productiva. Como decía una mujer paṭel de Gujarat:

> «No tenemos nada contra nuestras hijas [...] Las hijas son más dulces, estudian mejor, cuidan de sus padres más que sus hijos; pero no somos ricos; no podemos permitirnos más de una hija».[99]

Este sentimiento tiene hoy mucho calado en la India. Si el primogénito es un varón, a nadie le preocupa demasiado el sexo del segundo. Pero si es una primogénita, definitivamente irán a determinar el sexo del segundo embarazo. De ahí que cada vez sea más infrecuente una segunda hermana.

Incluso el sur de la India, tradicionalmente ajeno a las costumbres de dote, asesinato por honor o infanticidio de niñas, está adquiriendo los comportamientos del norte. En la otrora igualitaria sociedad de Kerala, el único estado –junto a Puducherry– donde las ratios de población son favorables a las mujeres (1.084‰ en el 2011), cuando se analiza su población entre 0-6 años, la estadística refleja una desalentadora convergencia con la realidad del resto del país: 959‰. Los patrones de matrimonio y las antiguas ideas sobre

* Entre los dalits, las ratios son mejores porque una mayoría no posee propiedades que pasar (a sus hijos) ni dotes que pagar (por sus hijas). Entre las capas más desfavorecidas, más criaturas significa más manos para traer comida y dinero. A la vez, en las comunidades con menores niveles de educación, no es que los progenitores no tengan prejuicios en contra de las niñas, sino que tampoco tienen verdadero control sobre los niños que procrean y no han diseñado ningún método "tradicional" de eliminar a las niñas (y no poseen el dinero para realizar los ilegales y caros test de determinación de sexo).

el poder y la autonomía de las mujeres en Kerala tienden a esfumarse. (Con todo, Chhattisgarh, Kerala, Jharkhand, Assam, Bengala, Tamil Nadu, Karnataka, Andhra Pradesh y Bihar, por este orden, con una ratio mejor que la española, escapan de la zona "catastrófica" del norte y el oeste.)

La ironía es que la escasez de mujeres en amplias zonas del "gran Punjab" ha portado a una verdadera crisis de la masculinidad. En distritos como Rohtak, el 44% de los varones entre 15 y 44 años estaba soltero en 1991.[100] Para una sociedad agraria esto es aberrante. Un "hombre" de verdad ha de tener bigote, esposa, hijo, nieto y empleo. Con la crisis estructural que sufre el campo indio, a muchos jóvenes de Haryana únicamente les queda el mostacho.

Numerosas transformaciones políticas, legales, económicas, culturales, sociales y hasta mentales han de producirse para invertir esta grave deficiencia social. Algo no tan imposible, sin embargo, si pensamos que en la tradición europea, apenas hace 100 años, un marido aún podía fustigar con impunidad a su mujer siempre y cuando la vara no fuera más gruesa que su pulgar. Chantal Maillard nos recuerda asimismo que, en la década de los 1950s, en España el marido aún podía *exigir* la dote al padre de la novia.[101]

MUJERES CON PODER

Aunque no hay que tener reparos en denunciar estas lacras y tratar de hacer algo para detenerlas, coincido con Susan Seymour en que es importante tratar de contrarrestar los estereotipos que nos presentan a las mujeres indias como víctimas impotentes de su sociedad,[102] o como seres sin empoderamiento o personalidad. Al destacar *únicamente* las muertes por dote, el infanticidio de niñas, la autoinmolación de la viuda en la pira funeraria del marido (*satī*) y otros aspectos de la patriarquía, corremos el riesgo de exotizar por enésima vez la sociedad india y contribuir a dar una imagen amarillista y desenfocada de esta.* Como dicen Diane Mines y Sarah Lamb, estos temas no constituyen la norma en el Sur de Asia. No son más

* Es bastante sorprendente que aún se saque a relucir el tema de la *satī*, uno de los tropos preferidos del colonialismo (que justificaba así la *mission civilisatrice*), cuando su incidencia en la actualidad es de ¡menos de un caso por año! sobre una población que representa casi a la quinta parte del planeta. El verdadero problema no es la *satī*, sino el maltrato a las viudas que todavía se da en ciertos círculos sociales de la India [véase pág. 219].

prototípicos de los surasiáticos que los tiroteos en las escuelas entre los americanos.[103]

El Sur de Asia ha proporcionado primeras ministras de un poder indiscutible. La primera jefe de estado del mundo fue la cingalesa Sirimayo Bandaranaike en 1960. Y la segunda fue la india Indira Gandhi en 1966. A las que seguirían más tarde Benazir Bhutto en Pakistán (1988) o Khaleda Zia de Bangladesh (1991), dos países islámicos del Sur de Asia. Es cierto que todas llegaron al poder de "rebote", por circunstancias familiares o históricas, pero también que supieron manejar ese poder con diligencia y sin ninguna oposición por el hecho de que fueran mujeres. Al fin y al cabo, la India siempre ha considerado que la capacidad de mando tiene que ver con el linaje y la casta.

El estado de Uttar Pradesh, el más poblado de la India (¡con más de 200M de habitantes!), ha visto como una mujer, Mayawati Kumari, y además de una casta dalit, lo ha gobernado durante varios años [FIG. 96]. También una mujer (Sonia Gandhi, nacida fuera de la India y de una religión "minoritaria") lo ha manejado en la sombra durante años. Los estados de Tamil Nadu y Bengala son periódicamente dirigidos por mujeres de incuestionable poder (Jayalalithaa Jayaram y Mamata Banerjee, respectivamente).

El Sur de Asia posee una de las mitologías e iconografías más ricas del principio femenino (*śakti*, Devī). El culto al poder femenino tiene allí miles de años de antigüedad; y cientos de millones de devotos y devotas siguen hoy venerando a la Diosa, ya sea en sus formas más domesticadas (Sītā, Lakṣmī) o en sus manifestaciones más independientes (Durgā, Kālī). La sociedad india está repleta de matriarcas y mujeres de una incuestionable autoridad y poder. De hecho, la importancia del rol de la "madre" en la cultura india (y no como esposa-de) está fuera de toda duda. En muchos más casos de los que suponemos, la mujer india es lo más alejado a una víctima pasiva de prácticas patriarcales [FIG. 12]. Para Ruth Vanita, la narrativa de la Diosa recuerda permanentemente a las indias y a los indios que «la Diosa reside en las mujeres y que puede levantarse en todo momento».[104] Consúltense los tratados genuinamente śāktas. Lo saben también los cooperantes que trabajan con mujeres en la India y se topan con unas personas de incuestionable agencia. Me viene a la mente el caso de Sampat Pal, lideresa de la banda de los "saris rosas" de la paupérrima región de Bundelkhand (Uttar Pradesh), que ya son más de 20.000: mujeres que ayudan a mujeres víctimas de la patriarquía y la violencia de género y castigan a los maridos, padres o hermanos que las oprimen. Y qué decir de agrupaciones feministas como Vimochana, Manushi, Chipko... y un kilométrico etcétera.

Como decíamos con anterioridad, la identidad femenina no puede reducirse a una única categoría "mujer" (subordinada a una igualmente monolítica categoría "hombre"), sino que debe reflejar contextos y estadios diversos con diferentes grados de poder y autonomía.

Signos de cambio

Lo que hemos estado dibujando en este capítulo es la *ideología* y el *código de conducta* del hogar extenso (y algunas de sus dolorosas lacras). Sin olvidar que muchos de estos rasgos pueden encontrarse en hogares nucleares, pero también a la inversa. En algunos hogares extensos se están produciendo cambios sustanciales, en especial en los medios urbanos modernos de la nueva clase media.

Por ejemplo, la institución de la reclusión (*pardā*) se ha relajado, lo mismo que la noción de polución de la mujer menstruante. Como veremos en el Epílogo, en estos círculos "modernos" se valora mucho a la mujer con estudios. La investigación de Sara Dickey en la ciudad de Madurai (Tamil

11. Un funcionario bengalí le da una paliza a su esposa con un pelador. Pintura popular de Kalighat (Bengala), 1880s. San Diego Museum of Art.

12. Una mujer le da una paliza a su esposo con una escoba. Pintura popular de Kalighat (Bengala), 1875.

Nadu) concluía que los padres de las nuevas clases medias veían en la educación de sus hijas el aspecto más importante con vistas a la mejora de las expectativas de vida de sus hijas.[105] La mujer con estudios y trabajo de la nueva clase media está revolucionando el paisaje sociológico indio. En un estudio realizado en el 2003 con 4.600 mujeres de 26 ciudades, dos terceras partes manifestaron que no les hacía ni pizca de gracia convertirse en el "ama de casa perfecta", ya que era importante contar con una labor profesional.[106] Puesto que la familia urbana moderna tiende a ser más "conyugal", todo el universo de relaciones –con otras mujeres, suegra, sobrinos, etcétera– tiende a enfriarse. La mujer india "moderna" en este contexto se asemeja mucho más a la occidental.

Una buena noticia es que la edad de acceso al matrimonio sigue aumentando y que la tasa de fertilidad desciende, con lo que las mujeres empiezan a poseer mayor control sobre sus ciclos reproductivos. (Con todo, la capacidad de las mujeres indias pobres en dirigir sus vidas y hasta controlar sus cuerpos sigue siendo desesperantemente baja.) Y, aunque pueda parecer paradójico y, desde luego, irónico, el incremento de la violencia doméstica puede reflejar un cambio positivo: la recién casada puede ya no ser una adolescente sumisa, sino una adulta que se autoafirma ante su suegra y su esposo (de suerte que puede acabar sus días envuelta en una bola de fuego). Cuanto mayor es su control sobre su vida y su cuerpo, más confrontación y actos de violencia.[107]

Dado que su adolescencia se ha prolongado, la niña india de hoy puede mantener unos vínculos más estrechos con sus hermanos y hermanas; y seguir estudios superiores. Llega al matrimonio como una mujer más madura, independiente y culta. La relación con el marido seguramente será más estrecha. Muchas mujeres, en especial si lograron casarse a una edad ya algo más avanzada, rechazan ir a vivir con sus suegros y cuñados. En cualquier caso, es más fácil que una recién casada de 24 años contradiga a su suegra, o se oponga a realizar el trabajo de criada, que una de 14. De ahí la preferencia por la familia nuclear entre la clase media urbana; donde, por ejemplo, las viejas reglas de reclusión o segregación espacial por género han desaparecido. Asimismo, las mujeres en hogares nucleares poseen un grado de satisfacción sexual claramente superior a las que viven en hogares extensos (donde la privacidad es muy limitada). De forma similar, en una familia reducida, los niños reciben una atención más individual (centrada en su desarrollo físico, social o psicológico *personal*).

En contrapartida, puede que la mujer en este tipo de familia se sienta más sola. La familia nuclear tiende a aislar a las mujeres y a recortar su esfera de influencia. Si económicamente la cosa no va bien, añorará la seguridad del hogar extenso, que es un sistema casi "comunitario". Hasta hace muy poco, no era raro que una pareja que no lograba tener descendencia adoptara el hijo de otro miembro de la familia extensa.

Con todo, muchos rasgos característicos de la familia extensa que hemos visitado se mantienen: el modelo sigue siendo esencialmente patrifocal y patrilocal, el matrimonio es pactado y la idea de pureza del hogar sigue viva.

3. LA OCUPACIÓN TRADICIONAL

Tras las reglas matrimoniales, el segundo punto que parece caracterizar a toda casta es su asociación con una *ocupación tradicional*. Hay castas de médicos, de escribas, de ganaderos, de sacerdotes, de barberos y de multitud de oficios y profesiones.

Para algunos expertos, esta exclusividad hereditaria en ciertas profesiones y oficios generó en la India una división del trabajo esencialmente no competitiva, orientada a las necesidades del conjunto. Por tanto, si la endogamia separa claramente a los grupúsculos, su asociación hereditaria con una ocupación tendería a conectarlos, pues en la comarca todas las profesiones están obligadas a cooperar. En palabras de Edmund Leach:

> «La sociedad de castas en tanto un todo, es un sistema orgánico [...] de división del trabajo en el que el elemento de competición entre los trabajadores ha sido grandemente excluido».[1]

Esta apreciación es claramente más teórica que factual, y algo tautológica (todos los sistemas sociales son "orgánicos"), pero es ilustrativa –de cierta escuela de indología y– de un modelo *ideal*. Y este patrón ideal exigiría que los herreros se casaran entre herreros (endogamia) y tuvieran hijos que se dedicaran a la herrería (ocupación tradicional); y así con todas las castas. Algo de ello todavía perdura en la India, sin duda. Mencionábamos en la Introducción [véase pág. 13] que nueve de los diez hombres más ricos de la India pertenecían a alguna casta "baniā" de comerciantes. Y aún podríamos afinar más: la especialización puede ser tal que 3 de los 4 indios que han recibido un premio nobel en ciencias han sido brāhmaṇs tamiles de la subcasta iyer.[2] Los miembros de una casta tienden a considerar su ocupación tradicional como la "natural" para ellos. Dedicarse a otra tarea sería impropio y contrario a su *adhikāra* o predisposición innata. Y todas se enorgullecen de su pericia en tal ocupación. A resultas, consideran su trabajo un monopolio natural de casta. Volveremos sobre la cuestión [véanse págs. 184-185].

¿MONOPOLIOS OCUPACIONALES?

Muchos nombres de casta tienen, en efecto, un origen ocupacional. Por ejemplo, la casta lohār, que se ha dedicado tradicionalmente a la herrería, toma el nombre de *lohār*, que significa "hierro". *Kumhāra* quiere decir "alguien que hace potes"; de modo que la casta de los alfareros recibe el nombre de kumhār (o kumbāra, o kumbhār, etcétera). El nombre de baniā (o baniyā, o vāṇiyā, o baṇajiga, etcétera), típico de las castas comerciantes, proviene de la sánscrita *vāṇija*, que significa "mercader". En el Punjab, *jāṭ* significa "agricultor", lo mismo que *vēḷḷāḷa* en Tamil Nadu u *okkaliga* en Karnataka. Lógicamente, estas son tres denominaciones de grandes castas agrícolas de esas zonas. *Telī* significa "alguien que prensa aceite o porta sésamo"; de modo que la casta de los aceiteros recibe la apelación telī. Y así con infinidad de castas.

Una misma ocupación puede recibir nombres de casta distintos según las variantes regionales, especializaciones o características culturales. Los médicos (vaidyas) pueden ser tamiles (vaidiyars) o bengalíes (baidyās). En Tamil Nadu hay vaidiyars que se dedican a la medicina āyurveda, a la medicina yūnānī, a la medicina alopática, a la medicina ciṭṭar, médicos ambulantes que venden amuletos (koratis), cantantes nocturnos con poderes ocultos (rāpāḍis), exorcistas (mantravāḍis), herbolarios (nāṭu vaidiyars), y nos detenemos ya. ¿Significa esto que todos los que profesen la medicina han de ser vaidyas o pertenecer a alguna casta o subcasta que se ha dedicado a la medicina? No, ni por asomo. Como en seguida veremos, la correlación entre casta y ocupación es hoy en día francamente tenue.

Sin embargo, es cierto que existen oficios y profesiones que se han mantenido bastante estables dentro del radio de una casta a lo largo de los siglos; en especial, ciertas ocupaciones propias de los brāhmaṇs (sacerdotes para rituales domésticos, maestros del *Veda*), algunas ocupaciones artesanales (orfebres, barberos, carpinteros) y las consideradas más degradadas (incineradores, curtidores, lavanderos, basureros).

A pesar de lo ganado con la abolición de la "intocabilidad", trabajos como los de limpiador de letrinas o retirador de carroña continúan siendo tabú para quien no proceda de una casta muy baja (aunque también es cierto que hoy bastantes dalits rehúsan realizar estas tareas que hasta la fecha constituían el signo más flagrante y visible de su subalternización). De hecho, uno de los problemas de la comunidad ex-intocable es el desamparo en el que se encuentran ciertos colectivos que históricamente se han dedicado a la limpieza de basuras, letrinas y alcantarillas. Este penoso trabajo todavía es "monopolio" de una de las castas más degradadas de toda la India: la bhangī [véanse págs. 287-288], llamada también –dependiendo de la región o la religión– chūhṛā, mazhabī, vālmīki, tōṭṭiyaṉ, mehtar, methar, etcétera. Todavía el 95% de los basureros y limpiadores de alcantarillas de la ciudad de Chennai, capital de Tamil Nadu, son chakkiḷiyars o ādi-āndhras de habla telegu (nombres locales que reciben los bhangīs).

Asimismo, el submundo de bardos, músicos y genealogistas está monopolizado en cada región de la India por una serie de castas particulares. En Rajasthan, por ejemplo, los ḍhāḍhīs (subcasta de los ḍoms) son músicos y cantantes ambulantes que recitan baladas tradicionales o cantan con ocasión de bodas y otros eventos auspiciosos. En el oeste de Nepal tenemos a la casta de bardos ḍholī que ejerce similar función. Entre las castas de genealogistas (genéricamente conocidas como bhāṭs) de Rajasthan o Gujarat sobresalen los jāgās, los chāraṇs, los barōṭs o los turī-barōṭs [FIG. 13]. En el Punjab indio o paquistaní, también muchas castas de músicos y bardos son

13. Un grupo de barōṭs. Del libro de W. Johnson, *Photographs of Western India*. *c*. 1855/1862.

14. Jardineros (mālīs). Del libro de W. Johnson, *Photographs of Western India*. *c*. 1855/1862

musulmanas. Destacan los mīrāsīs o los qavvāls (estos últimos especializados en la música mística *qavvālī*).

En cambio, y a diferencia de lo que tiende a pensarse, la ocupación de sacerdote no es patrimonio de los brāhmaṇs. Ciertamente, los grandes templos de divinidades panindias (en realidad, en aquellos donde la liturgia requiere del sánscrito) tienen siempre sacerdotes de alguna casta brāhmaṇ. El templo de Śiva Naṭarāja de Chitamparam (Tamil Nadu), por ejemplo, está controlado por la diminuta casta brāhmaṇ de los dīṭcitars [FIG. 65]. Ellos son los propietarios del famoso templo. Y cumplen la función ideal de todo brāhmaṇ: la liturgia. Pero si nos desplazamos a templos de menor enjundia, podemos encontrar una gran variedad de sacerdotes. Tejājī, por ejemplo, es un héroe divino muy popular entre los jāṭs de Rajasthan y Madhya Pradesh. En la región rajasthani de Malwa posee varios templos. Y, como ha observado Isabelle Rémignon, el sacerdote puede ser de cualquier casta: «En Kharnal es un brahmán, en Paner [...] un kumhār (alfarero), en Sursura es un mālī (casta de jardineros)».[3] Esto es típico de muchos cultos locales. De hecho, barōṭs o mālīs hindúes hacen de sacerdotes en la mayoría de los templos jainistas del norte del país [FIG. 13; FIG. 14].[4] Pero hay que notar tam-

15. Barberos de Calcuta (hoy Kolkata), Bengala Occidental, región donde han solido tener cierto prestigio social. Foto: Claude Waddell, 1945/1946.

bién que en casi todas las castas existe alguien que hace de sacerdote. Porque un sacerdote es únicamente aquel que conduce el culto (*pūjā*) diario o semanal en el templo de los antepasados del clan, o quien dirige una *pūjā* especial con ocasión del festival de las divinidades que protegen el linaje.

Ha de quedar claro, por tanto, que dentro de una casta grande se han dado diferentes "ocupaciones tradicionales". Y que el título de "ocupación tradicional" puede esconder insospechadas actividades. Véase el caso del barbero (nāī, valand). El nāī afeita semanalmente a sus clientes y les corta el cabello. También realiza la manicura, la pedicura, hace masajes, pequeñas intervenciones quirúrgicas o perfuma los oídos. En Bengala, donde recibe el nombre de nāpita, hace también de médico [FIG. 15]. En muchos lugares del norte de la India, el barbero hace de recadero, de mensajero y de cocinero. También participa en el sacramento de nacimiento, en la primera tonsura del cabello y en la iniciación. Asimismo actúa en los períodos de duelo. Y lleva el fuego a la pira funeraria. Su ayuda en ceremonias como el matrimonio es indispensable, ya que regula las negociaciones maritales entre las familias. En su estudio sobre Chhattisgarh, Saurabh Dube menciona que un rito de paso sin el barbero que realice las invitaciones «es impensable».[5] No extrañará, entonces, que existan importantes castas de barberos en zonas del Punjab de predominancia sikh (la mayoría de sus varones no se corta el cabello ni se afeita la barba). La mujer del barbero hace los trabajos equivalentes para las mujeres de las mismas casas.

Los mahārs, representantes de una macrocasta de la India central, se han dedicado a tareas tan variadas como la de porteros, guardianes, ayudantes de la policía, porteadores, guías para viajeros, árbitros en disputas fronterizas, recolectores de carbón y leña (para crematorios), mensajeros de noticias de decesos, oficiales de recaudación de impuestos o a retirar animales muertos. Ciertamente, los mahārs que se dedican a recolectar impuestos o a arbitrar en disputas de propiedad poseen ocupaciones más respetables que los que se dedican a hacer de barrenderos y –ocasionalmente– a recolectar la carroña del pueblo o tocar el tambor en los festivales. Dentro de una misma casta pueden existir grandes desniveles de clase. El punto a retener, sin embargo, es que casi todas estas ocupaciones tradicionales de los mahārs han sido patrimonio de las castas consideradas "intocables". Y eso es lo que confiere cierta unidad a tan variada gama de oficios y trabajos.

Ocupación tradicional y *varṇa*

En teoría, esta división laboral reproduciría la división de funciones del sistema de los cuatro *varṇas* [véanse págs. 166-172]: función espiritual (brāhmaṇs), función soberana y protectora (kṣatriyas), función productora (vaiśyas) y función servil (śūdras). Sin embargo, la asociación de una casta con un *varṇa* u otro es un asunto que depende de múltiples factores y no sólo del ocupacional. Lo comprobaremos en otro capítulo. Hace 200 años, el sanscritista Henry T. Colebrooke, después de citar a un informante –sin duda brāhmaṇ– que declaraba que la profesión era hereditaria e inquebrantable, y tras describir el sistema ideal de los *varṇas*, señaló:

> «La observación cotidiana muestra que incluso los *brahmens* ejercen las profesiones serviles de un *sudra* [...] Con muy pocas excepciones, toda profesión está abierta a cualquier tipo de personas».[6]

Hace muchísimos siglos que los brāhmaṇs, por poner el ejemplo de la casta más quisquillosa en estas cuestiones, se han dedicado a menesteres bien distintos a los que tienen asignados por *varṇa* (sacerdocio, liturgia, enseñanza...). La historia nos ha dado generales brāhmaṇs, reyes brāhmaṇs, agricultores brāhmaṇs, taxistas brāhmaṇs, mercaderes brāhmaṇs y hasta brāhmaṇs marxista-leninistas.

LA DISOCIACIÓN ENTRE CASTA Y OCUPACIÓN TRADICIONAL

Hoy en día, la asociación entre casta y ocupación tradicional se ha relajado de forma considerable, en parte por la aparición de profesiones nuevas. Pero, como hemos visto, la cosa viene de lejos.

Ya en la década de los 1910s se calculó que menos de un 20% de los brāhmaṇs trabajaba como sacerdotes y menos del 10% de los trabajadores del cuero (chamārs) seguía su ocupación tradicional.[7] En 1921, sólo un 13% de los mahārs se dedicaba a las profesiones tradicionales de su casta que antes mencionábamos.[8] Frederick Bailey señalaba, a propósito de la aldea de Odisha que estudió a mediados de los 1950s, que «los destiladores no tocan el licor; los alfareros no saben hacer un cántaro; los pescadores no pescan; los guerreros son agricultores».[9]

El universo rural agrario

La cosa tiene su lógica. A lo largo de la historia, ha ocurrido con frecuencia que existían demasiados miembros de castas no agrícolas en un pueblo. Entonces, o bien cambiaban de ocupación o emigraban a otra aldea, donde podían emprender una nueva profesión o dedicarse a la tradicional. Este tipo de movilidad ha llevado a la formación de nuevas castas, o a que se abandone la ocupación tradicional y se adopte la agricultura.

Este punto es sumamente importante, pues sin la alternativa de la agricultura, el "sistema" hace siglos que se hubiese derrumbado. Y eso es algo que incluso los textos clásicos admitían.[10] Desde hace mucho tiempo, la agricultura (y en menor medida también el ejército y el comercio) ha sido una ocupación alternativa para cualquier casta, desde las más bajas hasta las más altas [FIG. 16]. Los mālās constituyen una de las más importantes castas ex-intocables de Andhra Pradesh. Tradicionalmente, se habían dedicado a asistir al cabeza del pueblo y al recolector de impuestos. Además, como otras castas intocables, han hecho frecuentemente de peones de campo, de criados, se han dedicado a tocar el tambor en diferentes ceremonias, retirar carroña, limpiar letrinas, comunicar decesos a familiares, cavar tumbas, etcétera. (Compárese con las "ocupaciones tradicionales" de los mahārs de

16. Agricultores dalits en la aldea de Kalli Thanda (Andhra Pradesh). Foto: Ángel López Soto, 2011.

Maharashtra que antes mencionábamos.) Sin embargo, a principios de los 1990s, un 87% de los mālās del distrito de Chitoor se dedicaba a la agricultura.[11]

Desde luego, el estereotipo que dice que aquel que sigue una ocupación diferente a la hereditaria ha de ser expulsado de la casta debe rechazarse con total rotundidad. Siempre ha existido bastante flexibilidad y libertad a la hora de escoger la ocupación.

En su famoso estudio de campo de Rampura, un pueblo cercano a Mysore (Karnataka), llevado a cabo entre 1948 y 1952, M.N. Srinivas notó que a excepción de 4 castas (lavanderos, cesteros, porqueros y algunos pescadores), las 14 restantes se ocupaban en mayor o menor medida de la agricultura.[12] Esto atañía incluso a las tres castas de brāhmaṇs (que según los textos clásicos lo tendrían prohibido) y a los liṅgāyats, un grupo shivaísta surgido en el siglo XIII, muy influyente en Karnataka. Sólo algunos miembros de esas familias hacían de sacerdote doméstico o de templo. Por supuesto, la casta más poderosa del pueblo era la de los agricultores (okkaligas), que poseían las tierras. La mayoría de los aldeanos eran labriegos, peones de campo, siervos, terratenientes… o pertenecían a castas artesanales de una forma u otra ligadas a la agricultura.

Al mismo tiempo, miembros de todas las castas abrían tiendas y se dedicaban a tareas nuevas, no tradicionales y no agrícolas. Ninguno de los pescadores podía vivir de su ocupación tradicional; por lo que algunos eran costureros, otros hacían de peones de campo o de porteadores (*coolies*). La mitad de los holeyas (ex-intocables) eran peones de campo, y la otra mitad hacía de *coolie*. Algunos de los labriegos intocables eran también *chākaras*, siervos hereditarios, cuya tarea consistía en ayudar al cabeza del pueblo o terrateniente principal y a su contable a recolectar los impuestos. La mitad de los musulmanes de Rampura eran agricultores. La otra trabajaba como peón o en el comercio. Una serie de oficios mal vistos por los hindúes, como el de carnicero, estaba –y sigue estando– en sus manos.

Las nuevas ocupaciones

Los modernos cambios tecnológicos y en las comunicaciones han convertido en obsoletos algunos de los trabajos tradicionales. Y muchas de las nuevas ocupaciones son “ritualmente neutras”. Personas de cualquier casta pueden desempeñar un cargo en la oficina. Desde luego, eso no significa que no posean un rango social, pero su posición en la jerarquía se basará en criterios "seculares". Cada vez más es la educación, y no la casta u otra filiación por nacimiento, la que determina la ocupación (y los ingresos).

La industrialización no sólo atrajo a especialistas de casta que se habían quedado en situación precaria (carpinteros, herreros, riberiegos), sino a muchos jóvenes que, de otra forma, hubiesen desempeñado la ocupación familiar tradicional. Hoy en día, un joven puede aspirar a dejar de ser lavandero, barbero o pastor de ovejas y tratar de conseguir un empleo en un banco, en una agencia de viajes o en el gobierno. Este último trabajo otorga mucho prestigio, en especial en las aldeas, con independencia del puesto y el nivel de renta. Incluso tareas como el curtido de pieles (ocupación históricamente considerada de bajo rango y todavía presentada como degradante) están liberándose del estigma de la polución gracias a los nuevos cambios en la tecnología del curtido (muchos de los cuales fueron iniciados precisamente en la India).

La movilidad ocupacional se ha dado en todas las castas (aunque quizá menos en las históricamente asociadas a tareas deshonrosas). Pero el que uno de los pilares del sistema ya no se sostenga no dinamita la sociedad de castas. Tan sólo la modifica.

Aunque las modernas ocupaciones urbanas sin carga ritual han atraído a miembros de todas las castas, es cierto que algunas castas están desproporcionadamente representadas en determinadas ocupaciones. Una de las características de la casta es una cierta camaradería entre sus miembros. Cuando una persona se introduce en una nueva ocupación tiende a informar, enseñar y promocionar a los de su grupo. Por tanto, la casta continua siendo un elemento importante en la infraestructura económica de la India.

Un reciente estudio con 315 redactores-jefe y editores indios reveló que no había ni un solo miembro de una casta dalit entre ellos; mientras que un 85% pertenecía a alguna de las castas altas (la mitad eran brāhmaṇs). En otro estudio sobre los consejos de administración de diversas empresas, se comprobó que un 90% de los consejeros pertenecía a castas altas (en este caso, los brāhmaṇs ligeramente superados por los baniās), mientras que sólo había un 3,5% de dalits y ādivāsis (que constituyen más del 24% de la población del país). De hecho, en la gran mayoría de los consejos de administración no existía variación alguna, ya que en el 70% de los mismos, ¡*todos* sus miembros pertenecían a la misma casta![13]

❖ ❖ ❖

Hoy, entre los ex-intocables mahārs encontraremos abogados, mecánicos, agricultores, tenderos, paletas o sociólogos. Si existe un cambio importante en la India de hoy, es la galopante disociación entre la casta y la ocupación tradicional. Ya nadie puede deducir la casta de una persona a partir de su trabajo u ocupación. Ni a nadie le extrañará ver a un brāhmaṇ comerciando con productos de cuero, o a un dalit abrir un negocio de informática. Cada vez menos personas consideran que estos casos representan un comportamiento desviado.

Pero aunque uno puede ser de la casta de los mahārs y dedicarse a la informática, a labrar el campo o a la venta de lunguis, eso no le eximirá de seguir siendo un "mahār", puesto que nació de padre y madre mahārs. Ahí parece radicar la principal o más visible diferencia entre casta y clase. La casta es una comunidad; la clase, una categoría. En la sociedad de clases, cuando un albañil se convierte en contable, deja su antigua clase social y entra en una nueva. En la sociedad de castas, un cambio en la ocupación no presupone un cambio de casta. Un agricultor brāhmaṇ sigue siendo un brāhmaṇ, y un ex-intocable mahār, aunque sea el propietario de un próspero concesionario de *rickshaws*, seguirá siendo un mahār. Puede que se le muestre el respeto que un hombre de negocios despierta, pero seguramente también –en el universo más casteísta del campo– la burla por su origen humilde o la suspicacia de hasta qué punto un mahār es capaz de ser un buen hombre de negocios.

4. RASGOS CULTURALES

Tras la endogamia [véase capítulo 1] y la tenue asociación con una ocupación tradicional [véase capítulo 3], el tercer aspecto característico de toda casta tiene que ver con una serie de *costumbres culturales* propias.

Los miembros de una casta suelen adorar a las mismas divinidades, participan en festivales muchas veces únicos de la casta, siguen ritos específicos, poseen sacerdotes y templos de casta, tienen mitos y crónicas que explican el origen del grupo, asociaciones o concilios de casta; a veces pueden vestir de manera característica y exhibir ornamentos propios, suelen tener dietas particulares, apoyar a órdenes religiosas definidas y hasta quizás hablen un dialecto propio. En cierto sentido, cada casta es cual grupo étnico o comunidad cultural diferenciada. De ahí –y este punto es fundamental– que nadie quiera renunciar a su casta. La casta es uno de los marcadores fuertes de la identidad en el Sur de Asia. Lo proclamaban los mahānāyaka-śūdras, una casta rural de Odisha: «La lealtad a la propia casta debe preservarse incluso al precio de la propia vida».[1]

Uno no sólo es hindú y gujarati hablante, por caso, mas también de casta paṭṭīdār, muchos de cuyos miembros se dedican al cultivo del algodón, son estrictamente vegetarianos, seguidores del Swaminārāyaṇa *saṃpradāya*, etcétera. De donde el carácter extremadamente multicultural de los distritos y estados del Sur de Asia. La casta ha mostrado ser una de las mejores instituciones para incluir y preservar las identidades. La India no constituye un *melting pot*, sino un *tutti fruti*.

UNA DIMENSIÓN VISIBLE

En cualquier pueblo, un aldeano sabe a la perfección a qué castas pertenecen sus vecinos. Y si por algún motivo no lo supiera, seguramente podría deducirla por la vestimenta o la dieta, quizá también por la profesión, y hay quien afirma que hasta por la forma de caminar de la persona en cuestión.

Un divertido episodio del novelista Bankimchandra Chattopadhyay lo plasma. Nos encontramos en un juzgado de Calcuta a finales del siglo XIX:

> «ABOGADO: ¿De qué *jāti* es usted?
> KAMALAKANTA: ¿Soy yo de alguna *jāti* [clase]?
> A: ¿A qué *jāti* pertenece usted?
> K: A la *jāti* hindú.
> A: ¡Venga, ya! ¿A qué *varṇa*?
> K: A un *varṇa* [color] muy oscuro.
> A: ¡Pero qué demonios está pasando aquí! ¿Por qué he tenido que llamar a un testigo como este? Insisto, ¿tiene usted *jāt*?
> K: ¿Es que alguien me la puede sacar?
> Al ver que el abogado no iba a ninguna parte, intervino el juez:
> JUEZ: Usted sabe que hay muchas clases de *jātis* entre los hindúes, del estilo de brahmán, kayastha, kaibarta. ¿A qué *jāti* de estas pertenece usted?
> K: ¡Dios mío! Esto es culpa del abogado. Él puede ver que llevo el cordón sagrado alrededor de mi cuello. Dije que mi nombre era Chakravarti. ¿Cómo podría adivinar yo que él no sería capaz de deducir que soy un brahmán?
> El juez escribió: "Casta: brahmán"».[2]

En los espacios públicos, normalmente los indios identifican las castas con más facilidad que el abogado. La casta no es algo abstracto. Como escribe Christopher Fuller, «la casta es una dimensión visible de la vida cotidiana».[3] De hecho, en el pasado, algunas castas tendían a vivir en un barrio específico de la aldea. Es en el anonimato de la ciudad moderna donde hallamos barriadas multicasta y donde resulta bastante más difícil deducir la casta por la apariencia. Pero incluso allí, si un nuevo vecino viene a instalarse en la colonia, no pasará mucho tiempo antes de que se sepa su *jāti*. Eso si no se ha inferido al instante por su forma de expresarse. Jules Bloch escribía a principios del siglo XX que todos sus informantes aseguraron poder reconocer la casta de otra persona con los ojos vendados y sólo escuchando su forma de hablar.[4] Y no hay que remontarse a tiempos tan pasados. El escritor Patrick French conversaba en el aeropuerto de Lucknow (Uttar Pradesh) con un hombre que había vivido toda su vida en la ciudad. Le aseguró que sólo con observar un rostro era capaz de adivinar la casta y la región de Uttar Pradesh de procedencia de la persona. Lo probaron con tres individuos al azar y el hombre acertó con los tres.[5] (Por cierto que sólo en la India uno puede preguntar el nombre, el salario, la casta o el lugar de origen de un pasajero sin que ello suponga una irrespetuosa intromisión.)

Por lo general, los miembros de una casta poseen los mismos apellidos (o incluyen el genérico de *jāti* o *gotra* en el apellido). La casta no se oculta. Cuando uno dice que se apellida Bhattacharyya o Chakravarty, como en el episodio anterior, todo el mundo sabe que pertenece a una *jāti* de brāhmaṇs de Bengala. Y si el apellido es Agrawal, se inferirá que nació en alguna de las diferentes secciones –hindúes o jainistas– de la casta baniā agarvāl. Claro que existen también apellidos neutros (Kumar, Singh, Prasad, Gupta, Khan, etcétera) y otros que han ido variando.

Ocurre que la mayoría de los indios están familiarizados con los apellidos de su región y, en cambio, tienen dificultades en reconocer la casta en apellidos de regiones diferentes a la suya. Cuando menciono mi apellido en Nueva Delhi, muchos lo toman por maharashtri (ya que bastantes apellidos de esa región terminan en *-kar* o *-ker*), pero cuando lo pronuncio en Kerala todo el mundo capta de inmediato que es uno de los títulos de la casta nāyar.

Conocer la *jāti* de alguien diferente de su región lingüística tampoco permite saber gran cosa de dicha persona. Los apellidos de la casta kumhār de Chhattisgarh, por ejemplo, dicen mucho acerca de la subcasta o la posición de sus miembros. Si uno se apellida Pade, que es el término chhattisgarhi para "alfarero" (ocupación tradicional de los kumhārs), indica un estatus relativamente bajo. En cambio, si se apellida Pande, una deliberada sanscritización de Pade que coincide con un típico apellido brāhmaṇ (y significa "erudito"), denota mayor estatus y, posiblemente, que la familia en cuestión ya no se dedica a la alfarería. Alguien de otra región, al ver el apellido Pande puede hacerse un buen lío, pero los kumhārs y sus vecinos chhattisgarhis saben detectar los matices.

Desde que uno nace, es identificado como miembro de una *jāti*. Exceptuando a los indios "modernos", los amigos más próximos de un indio o una india seguramente serán miembros de su propia casta. Las relaciones con miembros de otras castas son siempre más formales. K.S. Singh lo expresaba con cierta exageración: «Cada comunidad tiene su identidad, su visión del mundo, su frontera y, en muchos casos, un fuerte sentido de solidaridad y diferencia cultural».[6] Este punto es clave: la casta es casi una asociación de ayuda mutua. Octavio Paz, que fue embajador de México en la India, decía que las castas son «grupos solidarios, verdaderas fraternidades. Cada individuo está seguro casi siempre de encontrar ayuda en los otros miembros de su casta»;[7] si bien, a medida que los miembros de una casta empiezan a diferenciarse del resto, tanto a nivel económico como en modo de vida, el tradicional igualitarismo dentro de la casta puede dislocarse.

Es cierto que en las modernas ciudades las marcas diacríticas de la casta –como el apellido, el atuendo y hasta el porte– son cada vez más irreconocibles y neutras, y uno podría camuflarse bajo la guisa de una casta diferente a la propia. Algunos ex-intocables han sentido la necesidad de hacerlo [véanse págs. 243-244]. Pero, por lo general, incluso cuando un jāṭ se convierte al sikhismo o un nāḍar lo hace al cristianismo no deja de ser jāṭ o nāḍar. Como comprobaremos en repetidas ocasiones, la conversión no borra el sentido de identidad de casta.

Con ocasión de bodas, funerales, festivales, los miembros de una misma casta se reúnen. Los festivales sirven para integrar las *jātis* y conectar a sus miembros (y establecer nuevas amistades, enlaces matrimoniales, negocios, etcétera). También los rituales funerarios fortalecen la solidaridad de la familia y la casta.

Casi la mitad de los templos de la India son, en verdad, templos de casta (donde los sacerdotes suelen ser de la casta en cuestión o de una subcasta sacerdotal especializada en el ritual de la casta). De los 44 santuarios de Ramkheri, la aldea de Madhya Pradesh estudiada por Adrian Mayer, 16 eran exclusivos de castas particulares. Una deidad muy popular allí es Bheru (forma local de Bhairava, una manifestación feroz de Śiva). En Ramkheri había 13 templitos de Bheru: uno de los barberos, otro de los brāhmaṇs, otro de los rājputs, otro de los tejedores, otro de los tamborileros, etcétera.[8] Por si esto fuera poco, cada casta (y más aún, cada subcasta o linaje dentro de la casta) suele poseer su diosa o divinidad de clan, que recibe el culto únicamente de miembros de la *jāti*. Ya decía Govind S. Ghurye que «las castas son pequeños mundos sociales completos en sí mismos».[9]

Dieta y comensalidad

Quizá el aspecto que –después de las reglas de endogamia– mejor delimite las fronteras de casta sea la comensalía o *comensalidad*. Eso quiere decir que, en teoría, los miembros de una misma casta sólo comerían los alimentos cocinados y servidos por miembros de su misma clase o superior y con comensales de rango parejo. Hasta hace pocas décadas, el criterio de la comensalidad era la expresión más visible del estatus ritual.[10] El punto que debía evitarse a toda costa era sentarse a comer en línea (*paṅgat*), es decir, contiguo a alguien de casta diferente. (Nótese que en los eventos tradicionales de la India, la gente no se sienta a la mesa, sino en estas hileras sobre el suelo.) En consecuencia, el acceso a restaurantes públicos, *tea-shops*, hoteles o a los pozos de las aldeas estaba hasta hace relativamente poco restringido por tabúes de casta. (Cualquier discriminación en este sentido es hoy ilegal, pero eso no significa que haya desaparecido.)

Las prohibiciones dietéticas (propias de cada casta) y las reglas de "etiqueta" han gobernado las relaciones entre castas durante siglos. Aceptar comida cocinada por alguien de otra casta requería, y aún requiere, una serie de juicios y valoraciones –acerca de la cualidad ritual de los alimentos– muy complejos. Un sacerdote brāhmaṇ, por ejemplo, puede aceptar comer en compañía de gentes no brāhmaṇs con ocasión del festival del pueblo o de ciertos ritos. En realidad, eso forma parte de su trabajo como clérigo. En otras circunstancias actuará imitando al dios que recibe la ofrenda de cualquier feligrés. Pero si los alimentos tienen que ser cocinados, será imperativo que hayan sido preparados por otro brāhmaṇ o por miembros de su familia [FIG. 33].

Puesto que los brāhmaṇs tienden a comer sólo alimentos cocinados por otro brāhmaṇ existe en la India casi una "subcasta" de cocineros brāhmaṇs y un alto número de restaurantes regentados por miembros de esta clase. En el sur de la India, el rótulo "Vegetarian Restaurant" es virtualmente indicativo de que el cocinero es brāhmaṇ. Al ver el rótulo, cualquier hindú leerá entre líneas: "pase usted y consuma nuestros platos aquí porque no corre ningún riesgo de polucionarse; el cocinero es brāhmaṇ".

Hay que decir que –como en el caso de la ocupación tradicional– este aspecto se ha relajado mucho en los medios urbanos modernos [FIG. 17]. Incluso en el hogar pueden sentarse a la mesa amigos e invitados de estatus rituales diferentes. En los espacios públicos, ya casi nadie se preocupa de quién ha cocinado los alimentos o con quién tiene que compartir mesa en una comida de negocios. (Aunque sólo hasta cierto punto, como muestra el pertinaz recurso al servicio de los *dabba-wallahs* de Mumbai: los mensajeros que reparten diariamente cientos de miles de almuerzos preparados por las esposas en el hogar hasta las oficinas donde trabajan sus maridos.)

No es que la comensalidad sea hoy ignorada, sino que ha sido circunscrita a espacios y contextos más reducidos. La comensalía, por ejemplo, todavía supone una frontera fuerte en eventos tradicionales.

17. La cafetería de Infosys, importante empresa de informática de la India, donde los tabúes de comensalidad son cosa del pasado. Bengaluru (Karnataka). Foto: Zondor, 2003.

Los tabúes se mantienen incluso en contextos aparentemente inocuos, bajo formas más veladas. Un estudio realizado por la Universidad de Lucknow (Uttar Pradesh) en el 2011 detectó que en un 40% de las escuelas muestreadas, maestros y estudiantes rechazaban tomar los almuerzos gratuitos subvencionados por el estado ya que habían sido preparados por dalits. Martine Bulard habla también de profesores dalits y brāhmaṇs de universidades de Bombay o Delhi. Gente leída, moderna y que mantenía muy buenas relaciones de trabajo. No obstante, los dalits confesaron no haber sido nunca invitados a comer por los profesores brāhmaṇs, y menos aún a comer en sus casas.[11]

En realidad, los prejuicios afloran hoy si se da una diferencia simultanea de casta *y clase*. Es decir, cuando el peón pobre de casta baja va a casa del terrateniente de casta alta. O bajo alguna de las formas de exclusión que todavía perviven en la India de hoy. Aunque la intocabilidad fue abolida en 1950 por la Constitución, cualquiera que vaya a un pozo rural del norte de la India podrá ver a la mujer bhangī suplicando: «Mā-Bāp [madre-padre], ¿podría sacar un poco de agua para mí?»; ya que no se le permite extraer agua, ni siquiera del pozo de los “intocables”.[12]

MITOS DE ORIGEN

Todas las castas se sienten orgullosas de sí mismas. Y bromean y hacen chistes acerca de las demás. Que si de los herreros no puede fiarse uno, que los brāhmaṇs son unos glotones materialistas, o que los pastores siempre están discutiendo entre sí. Lo mismo que pueden mofarse de su propia casta.

Cada casta posee su crónica (*jāti-purāṇa*) o mito en el que se relata su origen. De esta forma se insertan en la sociedad que las envuelve y las valida socialmente.

Por supuesto, estos textos no narran los hechos históricos, sino que relatan la percepción que el grupo tiene de sí. Se trata de narraciones que revelan los valores, ideas y ardides utilizados por las distintas castas. Desde hace tiempo sabemos que los mitos no sólo explican, sino que moldean y modifican nuestra *experiencia* de la vida.

La crónica puede tener múltiples objetivos: destacar la peculiaridad y diferencia del grupo (la identidad), legitimar la dinastía (típico de genealogías de las realezas), reclamar un rango superior, etcétera. En la antigüedad, toda una serie de castas de bardos y genealogistas –como los jāgās, los chāraṇs o los bhāṭs– se encargaba de transmitir estas historias. Cada casta poseía su casta de genealogistas asociada (¡incluso existían castas de genealogistas para las castas de los genealogistas!) Una aldea de veintitantas castas podía tener hasta una docena de genealogistas trashumantes, cada uno asociado a una casta, que visitaban regularmente a sus patronos. Los libros que narran la genealogía de la casta tienen también su utilidad legal en disputas y herencias y pueden ser consultados a la hora de ajustar pactos matrimoniales. Hoy, son las asociaciones de casta (*sabhās*), de las que hablaremos más adelante, las que se encargan de transmitir esas historias.

Estos mitos presentan casi siempre a unos ancestros humanos o divinos que constituyen el origen de la casta. Estos antepasados y protectores de la casta son propiciados regularmente por los distintos linajes, clanes o subcastas.

El más famoso recuento mítico es, sin el menor género de dudas, el conocido "Himno del Hombre Primigenio" (*Puruṣa-sūkta*), que relata el origen de las cuatro clases sociorrituales (*varṇas*) desde el punto de vista de los brāhmaṇs. Dada la centralidad que posee esta narrativa, que aparece en el *Ṛig-veda*, la tocaremos a fondo en el capítulo 6. Lo importante que debemos retener es que igual que los brāhmaṇs tienen que remontarse a la división original del *Puruṣa-sūkta*,* cada casta tiene su propia teoría que explica su origen.[13] Aunque algunas de estas historias no tienen más de 100 o 150 años, no por ello son menos significativas para sus miembros que los mitos sanscríticos de los brāhmaṇs. No puede colegirse, siguiendo a Dipankar Gupta, «que el mito brahmánico de origen que fue añadido al *Rig Veda* sea superior a los otros».[14] Y como ahora comprobaremos, la inmensa mayoría de las castas explica su origen de forma bien distinta a los recuentos clásicos de la tradición brahmánica.

La casta chamār es la casta ex-intocable más grande de toda la India. Es normal, pues, que las distintas secciones de los chamārs tengan diferentes mitos de origen. Una de sus leyendas relata que el antepasado de los chamārs era el menor de cuatro hermanos brāhmaṇs. Se cuenta que los cuatro fueron a bañarse a un río y se toparon con una vaca sagrada que trataba de escapar de las arenas movedizas. Los hermanos enviaron al menor al rescate, pero antes de que pudiera salvarla, la vaca murió. Sus hermanos le obligaron a retirar el cadáver. Luego, lo expulsaron de la casta y le dieron el nombre de "chamār". El curtido de pieles, la fabricación de sandalias y el retirado de carroña que los preceden han constituido las ocupaciones tradicionales de los chamārs [FIG. 18].

Recuentos, como el anterior, de castas bajas o ex-intocables que se jactan de un origen brāhmaṇ son bastante comunes. No pocos explican la degradación de la casta por la mala fe de algún sacerdote o por un craso e injusto error. Los etnógrafos y administradores coloniales recogieron infinidad de leyendas de este tipo.

La bhangī, considerada una de las castas más apaleadas de todas (tradicionalmente dedicada a limpiar letrinas, recoger basura y retirar carroña), también posee el mito de que en su origen habían sido brāhmaṇs. La casta rāval de Gujarat, encargada del transporte con carro de personas y bienes, sostiene que un antepasado suyo brāhmaṇ, perdido en las montañas, accidentalmente recibió alimento de un intocable de la casta de los bardos chāraṇs.[15] Los pastores kuṟubas de la India central ligan su origen al gran poeta Kālidāsa, considerado el mayor escritor en lengua sánscrita, y que algunas tradiciones reclaman como pastor.[16]

* A matizar, porque el *Puruṣa-sūkta* no es el mito de origen de las distintas *jātis* de brāhmaṇs, sino del brāhmaṇ-varṇa. La mayoría de las castas y subcastas brāhmaṇs tienen un origen territorial y tienen su crónica o *purāṇa* que, como el resto de castas, narra el origen de la *jāti*.

Todavía más común entre castas bajas o medias es el mito que propone un origen kṣatriya (real, aristocrático, terrateniente, guerrero y noble). Por ejemplo, el nombre de la casta baja "pāsi" parece derivar de la sánscrita *pāśin* ("que tiene un lazo", con el que subir a las palmeras para recolectar el *tāṛī*, la savia con la que se fabrica el licor del *arrak*, se entiende). Sin embargo, la mayoría de los pāsis prefiere derivarla de la hindi *pāsin*, que significa "sudor". Según la leyenda, los pāsis nacieron del "sudor" de Paraśurāma, sexto *avatāra* de Viṣṇu.[17] Su leyenda luego se superpone a la de los raghubanśīs. Y como estos, los pāsis dicen ser los legítimos gobernantes del actual Uttar Pradesh, ya que descienden del linaje del rey Raghu, que perdió su reino a manos de los ṭhākurs (rājputs).

Los noniyās, por su parte, dicen ser descendientes de Pṛithavīrāj Chauhān, el último rey "hindú" de Delhi (antes de las invasiones turcoafganas). Los ahīr-yadavs mantienen que son descendientes del dios-rey Kṛiṣṇa. La crónica que narra el origen de la casta koḷī la asocia a los rājputs. El título de casta rājbanśī, una de las mayores castas ex-intocables de Bengala, literalmente significa "gente de linaje real". Y así un larguísimo etcétera. Muchos de estos mitos son producto de aryasamajistas (reformadores hindúes) de finales del siglo XIX que buscaban otorgar a las castas bajas su lugar dentro del sistema social hindú.

De hecho, el recurso por parte de muchos colectivos intocables al prefijo *ādi-*, que significa "original", "primero", "primigenio" (como los ādi-dharmis, los ādi-drāviḍas, los ādi-karṇāṭakas, etcétera), implica cierto orgullo de casta y es un reclamo de posición superior a la que parecen tener. Da a entender que ellos son los habitantes "originales" de la India. Y, por tanto, sus legítimos amos.

Grupos tribales como los khoṇḍs de Odisha reproducen el mismo patrón. En su origen eran una casta dominante de guerreros, asociados a los reyes. Cayeron debido a una idiotez y a la mala suerte.[18]

Es significativo el alto número de castas mercantiles (que normalmente valoran la contención, el vegetarianismo, la ascesis y la no-violencia) que también reclaman un origen guerrero. Los agaravāls, los śrīmālīs o los osavāls son buenos ejemplos. Se trata de castas de alto rango, muy poderosas en Rajasthan y Gujarat. Algunas secciones de estas castas son hindúes, otras, jainistas. Curiosamente, establecen enlaces matrimoniales entre sí, ya que comparten un mismo estilo de vida, ocupación y posición económica. Lawrence Babb relata la fascinante crónica de origen de los osavāls jainis-

18. Un grupo de chamārs de la India occidental fabricando sandalias y zapatos, *c*. 1873. Del libro de J. Forbes Watson y J.W. Key, *The People of India*, 1868/1875.

19. La horizontalidad de la casta. Un grupo de prabhus (conocidos como kāyasthas en Bengala), casta de escribas y funcionarios de la región de Bombay, con sus atuendos característicos. Foto: Hurrichund Chintamon, 1867.

tas y su transformación de guerreros rājputs en comerciantes jainas, seguidores de la no-violencia.[19] En otro estudio, Babb ha mostrado la existencia de temas comunes en los mitos de origen de los khaṇḍelavāl-vaiśyas, los māheśvarīs y los khaṇḍelavāl-jains.[20] Y volvemos a encontrar la transformación de un kṣatriya –o un brāhmaṇ– en un comerciante. En todos los casos, la casta en cuestión parece adquirir su identidad al rechazar la violencia sacrificial.

Esta multiplicidad de mitos de origen y jerarquías puestas en entredicho constituyen una de las claves de la complejidad de la sociedad de castas. Porque señalan la existencia de jerarquías múltiples.

EL PRINCIPIO DE LA DIFERENCIA

La peculiaridad de mi enfoque sobre la casta respecto a los de otros autores radica en el valor que otorgo a estos rasgos culturales propios de cada grupo. En otras palabras, a la importancia que veo en el principio de la *diferencia*. Como ya expuse en una obra anterior, a través de la casta la civilización índica ha sido capaz de integrar simultáneamente a las tropecientas comunidades lingüísticas, culturales y étnicas que la componen.[21] La sociedad de castas es una dinámica que facilita el multiculturalismo o la plurirreligiosidad. (Aunque hago una autocrítica a este aspecto más adelante.)

En ello también entra en juego el carácter ecléctico e inclusivista de las tradiciones índicas. Gracias a cierta cerrazón en sí mismas, las distintas comunidades han podido conservar su identidad, a la vez que competir e interactuar con las demás. Hace ya décadas, Nirmal K. Bose lo plasmaba:

> «El respeto que gracias a la casta tradicionalmente se ha mostrado por las diferencias culturales ha desempeñado también un papel importante en mantener la separación de los grupos étnicos [...]
>
> Aunque Calcuta es el centro de la cultura bengalí, un bengalí desea que un rajasthani permanezca como es, en lugar de pedirle que se ajuste a las formas de los bengalíes».[22]

Bose observó que cada comunidad étnica de Calcuta (hoy Kolkata), fuera lingüística, religiosa o de casta, formaba un mundo social independiente y poseía su propia red de asociaciones y relaciones. Ahí se encuentra una de las claves de la peculiar segmentación de la India. La conciencia de que los grupos sociales son inherentemente *diferentes*. Esto es típico de los sistemas de estratificación cerrados (de los cuales el indio es el paradigmático), en contra de los abiertos (como el euroamericano), donde las diferencias se dan entre individuos y, donde, al mismo tiempo, se persigue una cierta homogeneización (el *melting pot*), asimilación o integración; para que todos seamos "iguales". La India tiende a aborrecer esto. Es cierto que, *simultáneamente*, existe hoy una fuerte tendencia a aglomerar una identidad panindia de clase media urbana que difumina diferencias de casta [véanse págs. 636-637]. Lo expresa M.V. Kamath, un veterano periodista:

> «Cuando llegué por vez primera a Bombay, en 1939... representaba un rico mosaico de culturas. Cada comunidad, ya fuera parsi, bohra, kutchi, gujarati o marwadi, parecía distinta y era fácilmente identificable.
>
> El caballero parsi llevaba pantalones blancos... El kutchi, el marwadi o el brahmán de Pune llevaban cada uno un tipo de turbante diferente que los diferenciaba del resto. Las mujeres de cada comunidad también vestían el sari de forma diferente.
>
> Hoy, reto a cualquiera a que diferencie una comunidad de otra a partir de las ropas que visten».[23]

La clase media urbana descarta los marcadores de casta y se adhiere a una panindianidad de clase: quiere vestir prendas occidentales de marca, el *salvār kamīz* panindio o tener la piel más blanca. Pero a la vez que se da esta ecualización, sigue en boga la contraria: el rajasthani no ha de convertirse en bengalí, el comerciante en terrateniente... Nótese que la mayoría de los intentos de transformar, resistir o boicotear la sociedad de castas han estado dirigidos a cuestionar las *jerarquías* (la verticalidad), pero apenas nadie ha cuestionado las *diferencias* (la horizontalidad) de las castas [FIG. 19].

En su trabajo de campo con los kumhārs de Chhattisgarh, Balmurli Natrajan recoge esta esclarecedora conversación:

> «ANTROPÓLOGO: ¿Por qué no intercambian alimentos e hijas con otros *kumhar* [alfareros]?
> KUMHĀR: Porque ellos son de otro *samaj* [asociación de casta].
> A: ¿Pero no son también *kumhar*? ¿Acaso no trabajan con la rueda [de ceramista]?

K: Sí, son *kumhar* que utilizan la rueda, pero ellos utilizan un palo para hacerla girar, a diferencia de nosotros [que utilizamos las manos]. Ellos son chaklautiya kumhar mientras que nosotros somos jhariya kumhar [dos castas kumhārs locales].

A: De modo que si dejaran de utilizar ese palo ¿tendrían relaciones [de comensalidad y connubialdad] con ellos?

K: No. Somos de diferente *phirke* [círculo matrimonial].

A: ¿Y qué hay de esos kumhar que acuden a la convención anual de vuestra *samaj* [asociación de casta]?

K: No. Son originarios de otra región. Nosotros somos chhattisgarhis, ellos no. Son diferentes. ¿Son kumhars? Ni siquiera trabajan con la rueda. He oído que trabajan con vestidos y negocios de marfil.

A: Cierto. Son de Rajasthan y Gujarat.

K: De cualquier manera, ¿por qué querrían ellos intercambiar alimentos e hijas con nosotros? Somos pobres. A ellos no les agrada nuestra forma de vida.

A: ¿Como qué?

K: Por ejemplo, que nuestras mujeres vayan a vender tiestos por la calle. No les gusta. Sus mujeres se quedan en sus hogares.

A: De acuerdo. ¿Qué hay de esos otros kumhars [que viven en un barrio cercano]?

K: Estos desde luego no son kumhars. Cuidan y comen cerdos. Nosotros no.

A: Pero se llaman a sí mismos chakradhari kumhar.

K: Sí [de mala gana]. Sólo en el nombre. Como he dicho, no son kumhar. No saben cómo utilizar la rueda. Sólo hacen ladrillos... Tampoco son de Chhattisgarh [sino inmigrantes de Madhya Pradesh].

A: ¿Pero no son también kumhar?

K: Tal vez. Pero si empezáramos a casarnos con ellos, ¿cuál sería la diferencia entre nosotros?

A: Pero, ¿por qué tiene que haber diferencia? Todos son kumhar al fin y al cabo, ¿no es así?

K: Sí, pero ellos son de menor estatus que nosotros, aunque ellos piensen lo contrario. De hecho, nosotros consideramos a los chakradhari como harijan [intocables]».[24]

En esta riquísima conversación, el kumhār deja bien claro que "su" comunidad no es la de los alfareros (*kumhārs*), ni la de aquellos que se denominan kumhār, sino su pequeño grupo de jhariya-kumhārs. Su *jāti* posee sus mitos de origen, sus normas de dieta y endogamia, el rol de sus mujeres..., es decir, una serie de diferencias culturales que le parecen esenciales y complementan las diferencias étnicas (como la región de origen o la lengua). Y no tiene ningunas ganas de renunciar a su particularidad [FIG. 20].

Este aspecto de la casta es hoy más sobresaliente que la jerarquía. Corresponde a lo que los sociólogos llaman etnicización, substancialización o culturalización de la casta [véase capítulo 24]. Para Christopher Fuller, la substancialización significa que «cada casta posee su cultura distintiva propia».[25] Y concluye que «las castas se están convirtiendo en grupos étnicos».[26] Al estudiar a las castas mercantiles de Gujarat, también John Cort ha notado que el principio de la separación y la diferencia se ha impuesto claramente al de la jerarquía.[27]

❖ ❖ ❖

Un repaso a las diferentes denominaciones de casta arroja un extraordinario cuadro de la diversidad social de la India. Muchas castas toman el nombre de la profesión (brāhmaṇ, vaidya, okkaliga...) o el oficio (lohār, kāyastha...). Otras remiten claramente a un etnónimo (gūjar, bhīl...) o a un origen tribal (gōṇḍ, mīna...). Algunas castas equivalen a sectas religiosas (jogī, liṅgāyat, gosāin, bīśnoi...). Existen castas que toman el nombre de algún rasgo peculiar (bhangī, kaḷḷar...). La cosa se complica todavía más con las subcastas.

20. Un alfarero (kumhār) y su esposa. Jaura (Madhya Pradesh), 2010.

La casta māheśvarī es una importante comunidad comerciante de Rajasthan. La mayoría de sus secciones o subcastas se basan en el lugar de origen: la subcasta ḍīḍū es originaria de Didwana, la pokrā proviene de Pushkar, la tūnkvāl de Tonk, los meṛtvāl-māheśvarīs de Merta, etcétera. Esta segmentación basada en criterios geográficos es también típica de muchas *jātis* de brāhmaṇs. En Maharashtra, por ejemplo, los brāhmaṇs se dividen entre los koṅkaṇasthas (originarios de la costa Konkan, como los chitpāvans o los karhāḍās) y los deśasthas (que provienen de las montañas y del interior).

Es seguramente la subcasta, el círculo más estrecho o *jāti*, la que marca de forma más acusada la identidad del individuo. Algunas subcastas de los telīs se distinguen entre sí basándose en si utilizan uno o dos bueyes para arar. Recordemos que nuestros alfareros jhariya-kumhār se distinguían de otros kumhārs por cómo utilizaban la rueda. La lista de diferencias entre subcastas podría extenderse hasta el infinito.

Las *jātis* se diferencian por las joyas que utilizan las mujeres, las formas de matrimonio peculiares de cada sección, las costumbres de herencia, los vestidos, los diseños, la decoración y hasta los colores [FIG. 21].

La casta no sólo preserva las identidades, sino que da seguridad y cobijo a sus miembros, y ofrece una cierta impermeabilidad ante influencias foráneas. Y esto es así tanto para los que se perciben arriba como para los que son situados abajo. Comentaba el periodista Mark Tully que la élite india está tan cegada por los ideales de igualitarismo que es «incapaz de ver ningún bien en la única institución que provee un sentido de identidad y dignidad a aquellos que carecen desde el nacimiento de la oportunidad de competir en igualdad de condiciones: la casta».[28] Un líder de la casta ex-intocable jāṭav de Uttar Pradesh lo decía muy claro: «No queremos ser absorbidos por otros y perder nuestra identidad».[29]

21. Una mujer māṛvāṛi (de Marwar, región de Rajasthan), con su atuendo y joyas características. Década de los 1910s.

Es cierto que esta sociedad, quizá la más plural que haya existido, ha sido también la más radicalmente jerárquica (pronto entraremos en ello). Podríamos decir, con André Béteille, que la tradición cultural india ha sido pluralista pero no liberal.[30] Se ha permitido –y alentado– la coexistencia de numerosas castas, sectas, religiones y comunidades, cada una con diferentes modos de vida, pero la capacidad de elección individual o la disensión individual ha estado muy restringida. Casi que el precio por la preservación de un estilo de vida propio (la diferencia) ha sido la jerarquía. Pero, en cualquier caso, pienso que es importante no evaluar la sociedad de castas sólo en términos de injusticia social.

Una larga tradición multicultural

La propia élite india ha alentado este grado de pluralismo. Hace 2.000 años, la tradición brahmánica que emergió del vedismo se caracterizó por un formidable ímpetu integrador. Adoptó centenares de divinidades locales que germinaron en un abigarrado panteón panindio; admitió un sinfín de costumbres no brahmánicas; institucionalizó una red de lugares sagrados de peregrinación; asimiló ideas, prácticas y rituales del budismo y el jainismo; etcétera. Como escribió el historiador Damodar D. Kosambi, en todas partes «los brahmanes se pusieron a escribir *Purāṇas* para hacer respetables los rituales aborígenes».[31] Esto es lo que, un tanto confusamente, los indianistas han llamado arianización, sanscritización o hinduización de la tradición. Aunque estos conceptos no son sinónimos, por regla general dibujan un mecanismo de apropiación gracias al cual cultos, tradiciones, mitos o ideas locales entran en la corriente principal, y viceversa. Esto es lo que, visto desde otro ángulo, se ha llamado "tolerancia" hindú. En lugar de eliminar, la India ha tendido a incluir. Idealizando un pasado armonioso, hasta un mordaz crítico como Rabindranath Tagore, no dejó de resaltar este punto:

> «Desde el principio la India toleró diferentes razas, y este espíritu de tolerancia ha actuado a lo largo de su historia. Su sistema de castas es el producto de este espíritu de tolerancia».[32]

Por supuesto, y como buen nacionalista, Tagore pasa luego a criticar la "fosilización" de la casta. Tendremos ocasión de abordar estas posturas reformistas [véase capítulo 21]. Pero algo de cierto hay en que los infinitos grupos sociales indios aprendieron hace mucho a convivir. Y uno de los principales vehículos de expresión de este pluralismo ha sido la casta. Una comunidad étnica que llega a una región, un grupo especializado en un oficio, una nueva secta religiosa, una tribu vecina que va aproximándose a los valles agrícolas, miembros de una religión perseguidos en otro país..., todos pueden mantener su identidad y su diferencia (con sus normas, mitos, ritos, templos, atuendos o lenguas) convirtiéndose en castas o subcastas.

De hecho, el propio Estado, tal y como fue concebido por el nacionalismo indio, tiene que *representar* a una miríada de identidades lingüísticas, religiosas y de casta. No hay forma de que una persona sea *solamente* india y nada más. Uno no puede ser un indio sin ser al mismo tiempo de una religión, una casta, una región, etcétera. El Estado indio opera sobre individuos lo mismo que sobre comunidades. Si en cuestiones de derecho criminal sólo se reconoce a los individuos, en el derecho civil el Estado admite como sujetos legales a las comunidades. Como señala el politólogo keralita Thomas Pantham, sólo un Estado democrático, federal y "secular" podía contener y ser sostenido por una nación compuesta tan rica.[33]

La casta etnicizada

El antropólogo neoevolucionista Marvin Harris mantenía que las castas «se asemejan mucho a las minorías culturales, étnicas y raciales de otras sociedades».[34] Una casta, lo vimos, no es muy distinta de un grupo étnico.

A nivel popular, se imagina que cada casta está constituida por substancias físicas diferentes [véanse págs. 197-199]. La práctica de la endogamia refuerza la idea. Se cree que si la madre y el padre no comparten la misma "substancia" (corporal o sanguínea) se va "contra natura" (*adharma*), y niños con malformaciones o raras enfermedades podrían nacer. Las parejas sin hijos que acuden a los bancos de esperma de la India no cesan de exigir que se clasifique a los donantes por castas (aún sabiendo que los donantes han de permanecer por ley en el anonimato). Una mujer de casta bhūmihār decía que no le preocupaba la altura, los rasgos físicos, ni siquiera el cociente de inteligencia del padre, pero que su marido «pensaba que si el donante de esperma era de una casta diferente, el bebé no tendría los genes correctos».[35] Esta noción tiene una larga historia en la India. Pandurang V. Kane sacó a relucir la *Sūta-saṃhitā*, un tratado medieval, donde expresamente se dice que «un hombre pertenece a una casta por nacimiento y ninguna acción en esta vida puede alterar este hecho, ya que las diferentes castas son como especies animales y cada casta se adhiere al cuerpo y no al espíritu».[36] La corporalidad de la casta luego se apelmaza por marcadores étnicos como la vestimenta, la lengua, la religión o la dieta.

También André Béteille tiene al sistema de castas como un tipo particular de diferenciación étnica, no muy desemejante de la que encontramos en Estados Unidos.[37] La gran diferencia estriba en que en India los diferentes grupos están integrados en un orden jerárquico, y en el mundo anglosajón el concepto de etnicidad todavía está muy impregnado de la noción de "raza". Pero igual que en los Estados Unidos, las castas etnicizadas de la India desempeñan un rol político –como veremos al final del libro– parecido al de los grupos étnicos en Norteamérica. Para Gopa Sabharwal, que realizó su estudio de campo en la zona fronteriza entre Karnataka y Maharashtra, castas como los brāhmaṇs, los kṣatriyas, los bunts, los marāṭhas, los mahārs y los chambhārs, grupos regionales como los māṛvāṛīs, o grupos religiosos como los jainistas, los sikhs, los liṅgāyats, los parsis, los ismaelitas o los khojas, pueden concebirse como grupos étnicos.[38]

Conceptualmente, la idea de considerar las castas indias como *quasi* grupos étnicos tiene el valor de desexotizar la cuestión. Si uno mira a su alrededor en una ciudad cosmopolita como Singapur, París o Chicago, se percatará de la cantidad de personas de diferentes orígenes, costumbres, vestimentas, dietas, lenguas o religiones. Aunque las ciudades indias aparentan mayor homogeneidad, en realidad poseen tanta diversidad cultural, lingüística o étnica como las más cosmopolitas urbes del planeta. Y en este aspecto, la casta –aunque no sólo ella– ejerce un papel esencial.

Quizá fuera esta relevancia de los marcadores culturales la que alentó a los británicos a entender y clasificar a los indios según su "casta" o "tribu", y no por su localidad. (Porque está claro que un barbero panyabí comparte más rasgos con otros panyabíes de diferente casta y religión que con un barbero tamil.) Al escoger la "casta" como marcador sobresaliente, la mirada colonial le otorgó una relevancia aún más importante de la que ya poseía. Lo comprobaremos [véase capítulo 20].

FRONTERAS FLUIDAS

El que cada casta represente un microcosmos en toda regla no ha de hacernos pensar que la sociedad india está compuesta por moléculas impenetrables que se repelen las unas a las otras. La frontera de casta es menos rígida de lo que aparenta.

La práctica de la hipergamia lo delata. Rājputs, marāṭhas, nāyars, kāyasthas, paṭṭīdārs…, todas castas muy extendidas y poderosas, se saltan las reglas de estricta isogamia, por lo que se abren permanentemente a otras castas. Estas macrocastas no forman una comunidad homogénea; continuamente se ven infiltradas por "abajo". Además, las divisiones de clase, hoy mucho más acentuadas que antaño, favorecen la movilidad y la flexibilidad. Es importante seguir una recomendación de Chris Fuller y «distinguir entre la rígida estructura y los patrones de comportamiento menos rígidos que pueden existir dentro de esa estructura»;[39] es decir, la teoría de la práctica. De ahí que a lo largo de los siglos la sociedad ha ido moviéndose y transformándose a la vez que aparentaba un inmovilismo estricto.

Algunos casos ilustrativos de esta indefinición y fluidez los proporcionan castas "compuestas" de forma un tanto sorprendente.

Una de las principales castas de la India occidental es la koḷī. El término puede ser incluso derogatorio, ya que los británicos la incluyeron en su infame lista de "castas criminales". En zonas rurales de Gujarat o Maharashtra, los koḷīs retienen ese estigma y se les considera muy dados a la "quema-de-novia", por ejemplo, cuando las dotes no han sido las que se esperaban. En otras zonas tienen la reputación de ladrones. En contraste, en la misma región, el término *paṭel* es sinónimo de poder político y económico. El cabeza del pueblo suele ser designado *paṭel*. De modo que el título ha sido asimilado por la poderosa casta paṭṭīdār, la principal casta terrateniente de Gujarat. Lo interesante es que así como hoy tenemos la denominación paṭṭīdār-paṭel, también tenemos la koḷī-paṭel. Esta designación, aparentemente contra natura, ilustra a la vez una estrategia de alianzas matrimoniales hipergámica y la relatividad del estatus, que siempre es local y depende de múltiples factores.

Como veremos, incluso quienes parecen respetar escrupulosamente la práctica de la endogamia pueden acabar saltándose las fronteras religiosas. Khatrīs hindúes y khatrīs sikhs no tienen inconveniente en desposarse, aun perteneciendo a "religiones" distintas, lo mismo que śrīmālīs hindúes y śrīmālīs jainas. (Como veremos, muchas castas comerciantes poseen secciones que profesan diversas religiones.) Aunque el sikh, el hindú o el jaina no reniegan de su identidad religiosa, como casta las cosas pueden ser diferentes.

La historia de los mēos, un grupo islámico de Mewat (Rajasthan), ofrece un cuadro fascinante de una comunidad que en el siglo XVIII podía ser considerada śūdra por los funcionarios del reino, pero que reclamaba para sí estatus de kṣatriya; y las castas que vivían bajo su jurisdicción (brāhmaṇs incluidos) así la consideraban,[40] sin dejar nunca de ser musulmana.

La India está repleta de estas comunidades fronterizas y liminales. Aún en el censo de 1911 cientos de miles de indios se declararon "hindúes musulmanes"[41] o "hindúes cristianos", para la sorpresa de los agentes censales. Hoy, la comunidad religiosa bīśnoi de Rajasthan (conocida por su dedicación a la no-violencia) es considerada "hindú", pero todavía en el censo de 1891 fue clasificada como "musulmana". Y eso que Jambeśvara, fundador del grupo religioso, declaraba –al estilo de Kabīr o Gurū Nānak– que él no era ni hindú ni musulmán. Los musulmanes del Punjab indio continúan venerándolo hasta nuestros días.[42]

CASTA, *JĀTI* Y SUBCASTA

En suma, la casta es una unidad bastante homogénea con un fuerte sentido de "comunidad", "etnia", "clan" y hasta de "familia", pero con fisuras y mecanismos de apertura. Existe una doble tendencia entre las castas a atomizarse en entidades cada vez menores (subcastas, subsubcastas, etcétera), a la vez que a amalgamarse en grandes bloques (o macrocastas). Al primer proceso suele llamársele "fisión"; al segundo, "fusión".

Un brāhmaṇ tamil puede ser de la subcasta smārtha, de la śrīvaiṣṇava, etcétera. La subcasta smārtha puede subdividirse en las subsubcastas vaḍamā, brihacharaṇam o astaśahāśram. La subsubcasta brihacharaṇam a su vez puede subdividirse en malanāṭṭu o kandramaṇikya. Todavía pueden darse subdivisiones regionales, como las que dividen a los vaḍamās en chōḷa-deśa o vāda-deśa (si nacieron o no en la zona del antiguo reino Chōḷa). Una vez llegamos al círculo estrictamente endogámico (*jāti*), las castas brāhmaṇs se dividen en linajes míticos (*gotras*), familias (*kulas*), ramas (*śākhās*) y hogares.

La enemistad entre estas subcastas brāhmaṇs es legendaria. Hasta hace relativamente poco, en los pueblos de Tamil Nadu los smārthas (también llamados aiyars o iyers) y los śrīvaiṣṇavas (o iyengars) no permitían enlaces matrimoniales entre sí, no compartían mesa, vivían en zonas separadas del barrio brahmánico, seguían a órdenes religiosas diferentes (Śaṅkara y Rāmānuja, respectivamente) y algunos ni siquiera osaban poner los pies en los templos de los otros. Incluso dentro de una misma subcasta, la rivalidad podía ser inaudita. Patrick French pone el ejemplo de un juicio que duró ¡70 años! para dilucidar si el elefante de un templo de Kanchipuram era iyengar *theṅkalai* o iyengar *vadakalai*. Finalmente, se decidió que durante seis meses al año el animal sería *vadakalai* (y le pintaban las pertinentes marcas en la frente en forma de "u") y los otros seis meses sería *theṅkalai* (y le pintaban las marcas sectarias en forma de "y").[43] Empero, dado el contexto político –antibrahmánico– de Tamil Nadu a lo largo del siglo XX, las diferencias de casta, subcasta y divisiones menores han tendido a diluirse *simultáneamente* en favor de una superidentidad "brāhmaṇ". O, como ha escrito André Béteille:

> «Antiguamente existía una rivalidad entre brahmanes smārtha y brahmanes śrīvaiṣṇava [...] Hoy está en gran medida olvidada [...] Los brahmanes definen en la actualidad su identidad en términos de su distinción de los no-brahmanes y basándose en sus subcastas».[44]

De modo que cuando a alguien le pregunten por su *casta* pueda contestar de formas diversas. Uno es a la vez kandramaṇikya, brihacharaṇam, smārtha o brāhmaṇ. Y podrá referirse a cada una de estas identidades como *casta*. Y eso es lo que en muchas ocasiones confunde a los legos. Frente al grueso de la población puede que enfatice que es de la "casta" brāhmaṇ (aunque quizá frente a un musulmán ponga por delante que es un "hindú"); pero frente a otros brāhmaṇs seguramente destacará que es un smārtha; y al conversar con otro smārtha dirá que es un brihacharaṇam; mientras que a la hora de buscar pareja matrimonial lo más probable es que se subraye –y se busque– la identidad kandramaṇikya. Para un no brāhmaṇ, el individuo en cuestión es simple y llanamente un brāhmaṇ (a lo sumo un brāhmaṇ tamil) y desconoce las intrincadas subdivisiones menores. El Cuadro 2 trata de arrojar un poco de luz.

Todo esto muestra que "brāhmaṇ" es sólo una categoría panindia. Y una casta brāhmaṇ es, simplemente, aquella que reclama un estatus de clase (*varṇa*) brāhmaṇ y es reconocida por los demás como tal.[45] Para complicar más el asunto, una casta en la que bastantes de sus miembros se dediquen a cuestiones sacerdotales puede ser fácilmente designada "brāhmaṇ" por los que la rodean, aunque no ser reconocida como tal por las castas que se proclaman con pedigrí "brāhmaṇ".

Algo parecido pasa con la categoría "rājput". Ahí lo que cuenta es el linaje (que hace de subcasta). No es lo mismo ser un rājput del linaje solar,

Cuadro 2: *Varṇa*, casta, subcasta y *jāti*

Clase (*varṇa*)	*Casta*	*Subcasta 1*	*Subcasta 2*	*Subcasta 3* (*jāti*)
		śrīvaiṣṇava (o iyengar)	…	
			vaḍamā	…
brāhmaṇ	tamiḻ-brāhmaṇ (o drāviḍa-brāhmaṇ)	smārtha (o iyer)	*brihacharaṇam*	*malanāṭṭu* *kandramaṇikya*
			astaśahāśra	
		viṣva	…	

como el rāṭhaur (aristocracia de Jodhpur y Bikaner), o el kachvāhā (aristocracia de Jaipur), que un rājput del linaje lunar, como el bhāṭī (aristocracia de Jaisalmer), o que un rājput del linaje del fuego, como el chauhān, que durante siglos combatió a los turcoafganos [FIG. 41; FIG. 71]. Cada uno de estos linajes y clanes tiene subdivisiones menores. Pero al ser "rājput" simplemente un título honorífico marcial (literalmente: "hijo de reyes"), muchos grupos pueden reclamarlo.

En realidad, los contornos de la casta o la subcasta dependen en gran medida del ángulo desde el cual se mire. Un labriego analfabeto de la casta okkaliga puede considerar que otras secciones de okkaligas del distrito no pertenecen a su *jāti*, mientras que un okkaliga con estudios de la ciudad puede desechar las divisiones de subcasta y considerar al resto de okkaligas apropiados para el matrimonio de su hija o de su hijo.[46]

Existen *jātis* distintas cuyos miembros se casan entre sí, comparten alimentos y fuman conjuntamente. Aparte el nombre, nada hay que las distinga. Obviamente, son *jātis* candidatas a fusionarse en una *casta*. En otros lugares, en cambio, las diferencias entre subcastas o *jātis* pueden ser tan grandes que no se entiende por qué se engloban bajo un mismo denominador de casta. En Kerala, por ejemplo, la casta nāyar contiene a nobles y guerreros lo mismo que a barberos, siervos y lavanderos. (De hecho, con frecuencia estas macrocastas ¡contienen dentro de sí verdaderos subsistemas de castas!)

En cualquier caso, cada individuo pertenece simultáneamente a una familia, a una unidad endogámica (*jāti*) y a una casta (que en ocasiones puede no estar subdividida y coincidir entonces con la *jāti*). Aunque el resto lo identifica con la casta (porque es la unidad de relación con otras castas), posiblemente él o ella sienta que pertenece a la *jāti* particular. Este punto es importante para no perderse en el asunto. La distinción entre casta y subcasta se basa en las diferencias de percepción internas y externas. La casta es lo que la sociedad reconoce; la *jāti* es lo que la casta particular y el individuo reconocen. Adrian Mayer lo reitera. Si se le pregunta a alguien por cuál es su casta, contestará según el contexto: «Si nunca se ha encontrado contigo, dará el nombre de casta; pero si piensa que ya conoce su casta, dirá el de la subcasta».[47] Además, como muchos indios no educados en inglés siquiera entienden la palabra *caste*, dependiendo de cómo perciban lo que su interlocutor conoce acerca del tema, pueden remitir incluso al *varṇa*.

Las macrocastas

Existen castas de unos millares de individuos circunscritas a una pequeña comarca, mientras que otras son inmensas, con varias decenas de millones de personas, diseminadas por varios estados. Por ejemplo, los llamados genéricamente brāhmaṇs (sacerdotes), chamārs (trabajadores del cuero), baniās (comerciantes), ahīr-yadavs (agricultores y ganaderos), jāṭs (agricultores), kumhārs (alfareros), lohārs (herreros), kāyasthas (escribas), etcétera. Todas estas apelaciones de casta abarcan a decenas de millones de individuos [véase Cuadro 3]. De hecho, estas castas suelen ser resultado de una aglomeración de decenas de pequeñas *jātis*.[48] Es obvio, pues, que estas denominaciones genéricas están pasando por alto formas y niveles de vida muy distintos dentro de una misma designación. No es lo mismo un baniā de un pueblito de la India central, que a lo mejor tiene una pequeña tienda de "todo a cien", que un baniā urbano de Jaipur, que puede ser un banquero o un joyero multimillonario.

Alguna de estas macrocastas puede ser claramente hegemónica en una región o estado. Se calcula que los marāṭhas constituyen el 22% de la población de Maharashtra, seguidos muy de lejos por los mahārs (6%). Los rājputs alcanzan el 28% en Himachal Pradesh. Los kāpus/reḍḍis forman casi el 30% en Telangana. En Kerala, tres macrocastas representan dos terceras partes de la población: los māppiḷas el 24%, los nāyars el 16% y los īḻavars el 13%. Los ahīr-yadavs deben rondar el 12% de la población de Bihar, seguidos por los kurmīs, con un 8%. Los jāṭs sikhs son el 28% del estado del Punjab. Los jāṭs hindúes representan el 14% en Haryana, y el 15% en Rajasthan. En Karnataka, los liṅgāyats constituyen el 11% y los okkaligas, el 9%.

Cuadro 3: Macrocastas del Sur de Asia (en millones)

Comunidad	*Sur Asia*	*India*	*a*		*b*		*c*	
brāhmaṇ	62,440	57,970	12,780	UP	6,260	Bi	4,250	Ra
ahīr-yadav	58,440	57,160	13,870	UP	12,680	Bi	7,430	AP
chamār	52,780	52,250	23,970	UP	5,540	MP	4,250	Bi
rājput-hindū	43,650	43,550	11,360	UP	5,720	MP	5,560	Ra
jāṭ-musalmān	30,430	420	**30,010**	**Pk**	130	UP	50	Be
baniā	27,740	27,420	5,000	Ra	4,780	UP	3,220	Ma
marāṭha	27,570	27,570	24,120	Ma	1,740	Ka	380	MP
rājput-musalmān	18,220	2,490	**15,700**	**Pk**	1,570	UP	200	JK
telī	18,140	17,250	3,100	UP	2,480	Bi	2,100	Ch
kurmī	17,700	17,410	6,780	UP	3,380	Bi	1,990	MP
jāṭ-hindū	17,380	17,310	5,030	Ra	3,900	Ha	3,360	UP
paṭṭīdār	16,110	16,100	7,590	Gu	6,080	Ma	880	MP
kumhār	15,270	14,880	3,160	UP	1,990	Ra	1,180	AP
kāpu (reḍḍi)	15,030	15,030	13,700	AP	510	TN	240	Od
koḷī	14,940	14,890	7,880	Gu	2,440	UP	1,880	Ma
bhīl	14,930	14,540	5,130	MP	3,770	Gu	3,530	Ra
dhobī	14,320	12,960	3,690	AP	3,060	UP	**1,060**	**Pk**
ādi-drāviḍa (paṟaiyaṉ)	13,700	12,310	10,200	TN	**1,390**	**SL**	1,000	Ka
gōṇḍ	13,550	13,540	5,300	MP	3,960	Ch	1,610	Ma
vāṇiyar	11,670	11,670	9,900	TN	540	Ka	410	Po
nāi	11,660	11,520	2,490	UP	1,500	AP	970	MP
jāṭ-sikh	11,100	11,080	7,830	Pu	760	Ha	570	UP
mahiśya	10,090	9,410	6,050	Be	2,170	Od	**670**	**Ba**
mālī	9,200	8,990	2,680	Ma	1,890	Ra	800	MP
kāyastha	9,160	7,260	2,300	Be	1,890	UP	**1,830**	**Ba**
lohār-hindū	9,110	8,790	2,010	UP	930	Bi	770	MP
liṅgāyat	9,090	9,090	5,920	Ka	2,170	Ma	400	AP
mahār	9,090	9,090	7,580	Ma	850	MP	300	Ch
mādiga (ādi-āndhra)	9,080	9,080	8,190	AP	630	Ka	80	TN
māppiḷa	8,990	8,990	8,200	Ke	410	Ka	110	TN
santāl	8,980	8,290	3,050	Jh	2,830	Be	1,010	As
kahār	8,100	7,860	4,340	UP	1,810	Bi	450	Jh
viśvakarma	8,080	7,950	2,700	TN	2,630	AP	1,180	Ka
nāmaśūdra	8,060	4,900	3,650	Be	**3,160**	**Ba**	690	As
koerī	7,760	7,460	4,590	Bi	1,970	UP	680	Jh
nāu-bauddha	7,710	7,710	6,430	Ma	380	Ka	330	UP
pāsi	7,530	7,520	6,450	UP	710	Bi	70	Jh
sonār	7,420	7,200	1,240	AP	1,140	Ma	1,120	UP
gūjar-hindū	7,110	6,850	2,720	Ra	1,220	UP	1,090	MP
nāyar	6,980	6,980	5,510	Ke	1,100	TN	150	Ka
kuṇbī	6,910	6,890	4,070	Gu	2,580	Ma	50	MP
badhai	6,810	6,120	2,900	UP	810	Bi	800	Ma
lodhā	6,640	6,630	3,940	UP	1,760	MP	280	Ra
rājbanśī	6,610	4,880	3,960	Be	**1,610**	**Ba**	480	Bih
gadaria	6,380	6,350	4,310	UP	910	MP	460	Ra
īḻavar	6,340	6,340	4,090	Ke	2,030	TN	70	Ka
mālā	6,180	6,180	5,880	AP	100	TN	-	

Notas: No entran las comunidades musulmanas aśrāf ni los grupos étnicos, salvo las STs reconocidas. Telangana incluida en AP. Las poblaciones son estimadas. No se incluyen las secciones estatales o nacionales menores a 0,050M.

Fuente: Agustín Pániker; a partir de estimaciones de la web *www.joshuaproject.net* (septiembre 2013).

d	*e*	*f*	*g*	*h*	*i*	*j*
4,200 Ma	3,950 MP	3,740 Be	**3,700 Ne**	2,270 Ka	2,270 Ka	2,210 TN
4,180 Be	3,360 Od	2,840 TN	2,550 Jh	2,460 MP	1,810 Ch	**1,060 Ne**
3,240 Ra	2,460 Ha	2,000 Pu	1,960 Ch	1,540 Ma	1,300 Be	1,250 De
4,150 Bi	3,070 Ut	2,540 Gu	1,970 HP	1,800 Ha	1,160 De	1,010 JK
50 JK	-	-	-	-	-	-
3,060 AP	2,400 Gu	1,900 MP	1,190 Be	1,040 As	820 Ha	750 Bi
310 AP	260 Gu	180 Go	150 TN	-	-	-
190 Ha	110 Ra	70 Gu	-	-	-	-
1,500 Be	1,450 MP	1,250 Ma	1,210 Od	1,130 Jh	710 Ha	540 Ra
1,850 Jh	1,290 Be	730 AP	690 Ch	280 As	**220 Ne**	**70 Ba**
1,940 De	1,730 Pu	220 MP	**70 Pk**	-	-	-
480 Ra	240 AP	220 Go	140 Ka	140 Od	50 TN	-
1,040 Bi	980 Be	980 Gu	950 MP	820 Od	650 Jh	650 Ma
200 Ka	190 Ma	-	-	-	-	-
710 MP	510 HP	510 Ra	120 Ka	70 AP	70 Ha	**60 Pk**
1,910 Ma	**390 Pk**	-	-	-	-	-
860 Bi	840 TN	740 Od	650 MP	610 Ka	480 Be	330 Ch
410 Ke	310 AP	150 Po	-	-	-	-
970 Od	590 As	310 UP	300 AP	80 Bi	60 Jh	-
380 AP	140 Ke	-	-	-	-	-
960 Be	910 Bi	850 Ra	710 Ma	550 TN	470 Gu	320 Jh
520 Ra	330 De	170 JK	120 Ma	110 MP	-	-
620 As	200 Jh	120 Tr	-	-	-	-
720 UP	690 Ch	570 Od	400 Bi	320 Ha	280 Be	130 De
1,120 Bi	610 As	400 MP	280 Tr	210 Jh	110 Od	80 Ut
640 Od	590 Jh	560 AP	540 Ma	480 Ha	430 Ra	370 Gu
400 TN	50 Gu	-	-	-	-	-
90 Ka	-	-	-	-	-	-
-	-	-	-	-	-	-
80 Ma	-	-	-	-	-	-
890 Od	**610 Ba**	400 Bi	**70 Ne**	-	-	-
340 Be	260 MP	160 Ha	130 Pu	**120 Pk**	120 Ut	**90 Ba**
1,040 Ke	220 Ma	**130 SL**	-	-	-	-
210 Tr	150 Od	60 Bi	-	-	-	-
300 Ne	130 Be	-	-	-	-	-
70 Ch	-	-	-	-	-	-
50 MP	-	-	-	-	-	-
650 Bi	550 MP	430 Ra	360 Be	340 Gu	330 TN	250 Ka
730 Ha	480 De	240 Ma	130 Pu	90 Ut	-	-
50 Ma	-	-	-	-	-	-
50 Ka	-	-	-	-	-	-
660 MP	530 Gu	280 AP	260 Jh	90 Od	80 Ut	**80 Pk**
260 Ch	110 Ma	100 Be	-	-	-	-
140 As	**120 Ne**	120 Jh	-	-	-	-
360 Bi	70 Ch	60 Ut	50 De	-	-	-
-	-	-	-	-	-	-
-	-	-	-	-	-	-

Abreviaturas: AP: Andhra Pradesh; As: Assam; Ba: Bangladesh; Be: Bengala; Bi: Bihar; Ch: Chhattisgarh; De: Delhi; Go: Goa; Gu: Gujarat; Ha: Haryana; HP: Himachal Pr.; Jh: Jharkhand; Ka: Karnataka; Ke: Kerala; Ma: Maharashtra; MP: Madhya Pradesh; Ne: Nepal; Od: Odisha; Pk: Pakistán; Po: Pondy; Pu: Punjab; Ra: Rajasthan; SL: Sri Lanka; TN: Tamil Nadu; Tr: Tripura; UP: Uttar Pradesh; Ut: Uttarakhand.

Los brāhmaṇs (casi 58M en la India) tienen una fuerte presencia en estados del norte como Uttarakhand (donde representan el 12%), Himachal Pradesh (10%), Delhi (9%), Jammu & Kashmir (9%) o el populoso Uttar Pradesh (7%). Aunque históricamente han sido muy poderosos en Tamil Nadu, apenas constituyen el 3% de la población. El brāhmaṇ-varṇa es, no obstante, el único que está representado en *todas* las regiones del país.

Todas las macrocastas poseen subdivisiones menores. Hasta tal punto pueden estar fragmentadas que sir Edward Blunt reportó –a partir del censo de 1901– ¡1.700 secciones de los ahīrs![49] La macrocasta o clase brāhmaṇ está dividida en más de 800 segmentos, según S.V. Ketkar.[50] Esas subdivisiones, normalmente llamadas subcastas, forman –o formaban– las verdaderas unidades endogámicas. En otras palabras, las castas que no están segmentadas forman una *jāti* o unidad endogámica. En las que sí lo están, la *jāti* o unidad endogámica es la subcasta.

El asunto es un tanto lioso y requiere una cierta concentración. Los antropólogos sociales europeos y algunos indios como G.S. Ghurye llaman "casta" a los grandes grupos y *jāti* o "subcasta", a las unidades endogámicas.[51] Por su lado, entre los antropólogos norteamericanos y surasiáticos se tiende a nombrar *jāti* a la unidad más pequeña y *jati-cluster* o *caste-cluster*, a la mayor.

No es que queramos fijar aquí lo que la casta *es*, porque está claro que significa cosas diferentes según cada cual y según cada contexto; pero una alternativa que estimo pedagógica es la que ofrece Pauline Kolenda y que seguimos mayoritariamente en esta obra: utilizar *jāti* –a la americana– para la unidad más pequeña (la subcasta) y *casta* –a la europea– para un conjunto de *jātis* que comparten nombre, ocupación tradicional e historia.[52] Eso no quita que –para liarlo todo un poco más– en determinados contextos utilicemos *jāti* como sinónimo de casta. En eso no hacemos más que seguir la costumbre índica. Porque estas categorías son contextuales y variables.

LA CASTA ES LOCAL

En los estudios demográficos del mundo, la India destaca por un porcentaje extremadamente bajo de flujos migrantes.

¡Ojo! Sabemos de muchas migraciones hacia la India (desde los que se llamaron a sí mismos āryas, hace 4.000 años, pasando por persas, griegos, escitas, árabes, afganos, parsis, judíos, cristiano-sirios, armenios, tibetanos, etcétera). Durante siglos, el continente índico ha ido absorbiendo –con la notable excepción de los modernos europeos– cantidad de flujos migratorios. También sabemos de las emigraciones de indios hacia Sri Lanka o el Sudeste Asiático; o de la todavía poco aclarada diáspora romā (gitana), que tocaremos más adelante [véase capítulo 15]; y la "forzada" hacia plantaciones coloniales en Fiji, Mauricio, Trinidad, Sudáfrica o Guyana; o la más reciente a la angloesfera (EE.UU., Canadá, Reino Unido, Australia) y a los países del Golfo Pérsico. Los avatares políticos también han precipitado flujos masivos de refugiados (como durante la "Partición" de 1947 o las diásporas de tamiles, sikhs o cachemires).

Y, sin embargo, también sabemos que «más del 95% de todos los indios vive en los estados en los que han nacido», en palabras de Myron Weiner.[53] La India es un país de gente de su localidad, de su pequeña comarca. (Si bien este es un aspecto que está cambiando en la actualidad.)

La migración a las ciudades va a ritmo más lento en la India que en otras partes, a pesar de lo que megápolis como Bombay, Calcuta o Delhi puedan hacer pensar. Y, para nuestra sorpresa, es en el mundo rural donde se da el porcentaje más elevado de población inmigrada. Un 30% de la población rural india está compuesta por migrantes. La explicación a este entramado de paradojas se encuentra en la casta.

La endogamia de casta combinada con la exogamia de aldea o linaje obliga a las mujeres del campo a cambiar de pueblo o distrito (aunque rara vez de estado). Así, el grueso de ese 30% de migración rural son mujeres que han emigrado hacia su nuevo hogar marital.

Precisamente porque la casta es local, la migración a otra región lingüística o a otro país es rara. Por descontado, dada la larguísima historia del continente índico, conocemos muchos casos de comunidades que han emigrado a otras zonas y regiones de la India. Lo interesante es que la endogamia de casta los ha convertido en pequeños enclaves sociales, capaces de mantener muchas generaciones después su identidad cultural. Puede que sean bilingües o plurilingües, como lo son un 65,5% de las comunidades índicas,[54] pero el matrimonio con alguien de fuera de la comunidad es raro.

La casta es siempre un fenómeno local, circunscrito a una región. Las reglas de parentesco exigen que los matrimonios sean pactados por familias de la misma casta y que hablen la *misma lengua*. Se ha calculado que en cada región lingüística de la India (y hay algo más de un centenar de ellas, si bien únicamente 20 o 25 son de tamaño relevante) existen entre 50 y 200 grandes castas.[55]

Una casta es un universo de relaciones sociales y rasgos culturales siempre confinado a una aldea, comarca o pequeña región. Salvo las gigantescas macrocastas (muchas coaguladas en tiempos recientes), la mayoría de las castas son específicas de una región. Por ende, las jerarquías son asimismo regionales. Sólo en referencia a otras castas de la localidad puede percibirse el estatus.[56]

Cada región lingüística o cultural posee su "sistema" peculiar. En Tamil Nadu existen las llamadas castas de la "mano derecha" (*valaṅkai*) y las de la "mano izquierda" (*iṭaṅkai*). Su enemistad está atestiguada ya en el siglo XI. Gujarat es único en aspectos como la etiqueta social, los tabúes de polución, la modesta posición otorgada a los brāhmaṇs y hasta la separación entre "casta" y "tribu". El conocimiento de una casta es asimismo local. Ser "marāṭha" posee su significado únicamente en Maharashtra. Fuera de esa región, se desconocen las historias, los mitos, los estereotipos, las rivalidades o las resonancias.

En la zona de Ludhiana, en el Punjab, más del 50% de la población es de casta jāṭ (sikh o hindú), macrocasta eminentemente agrícola. Este punto es importante de retener. Si en una comarca existe una casta agrícola preponderante, las otras castas agrícolas serán casi inexistentes. En la costa de Andhra, los más numerosos son los kammas. En la zona rajasthani de Jodhpur dominan los mālīs. En el este de Uttar Pradesh, los bhūmihārs son muchos y poderosos. En Tamil Nadu, por ejemplo, los vāṇiyars son mayoritarios en los distritos de North Arcot, South Arcot, Salem y Chingleput; mientras que los nāḍars lo son en el distrito de Tirunelveli. Etcétera.

Cada una del centenar de castas que habita una región lingüística puede estar subdividida a su vez en varias docenas de subcastas, linajes o pequeñas *jātis*. Por tanto, si el Anthropological Survey of India se hubiera dedicado a enumerar subcastas, no hubiese llegado a sus 4.694 "comunidades" [véase pág. 31], sino a alguna cifra de cinco o seis dígitos. De hecho, en la mastodóntica serie *People of India*, el Survey ya llegó a la cifra de 79.280 divisiones sociales, contando apellidos, clanes y linajes de casta,[57] ¡que hablan 321 lenguas diferentes y utilizan 25 alfabetos distintos!

La casta, sin embargo, sería algo distinto de la "tribu" que, más allá de la ambigüedad del término, suele remitir a un colectivo que ocupa un territorio bastante delimitado y forma un sistema cultural más o menos compacto [véanse págs. 310-319].* (Aunque téngase en cuenta al respecto la crítica de Maya Unnithan-Kumar.)[58] Tampoco es la “clase social” que se define por características principalmente económicas. Lo que más se asemeja es el “grupo étnico”; pero haríamos bien en tampoco exagerar este aspecto.

LA CULTURALIZACIÓN DE LA CASTA

Porque las cosas son siempre complejas, llegados aquí conviene sacar a relucir el abordaje de Balmurli Natrajan, que nos hace ver lo problemático y arriesgado de exagerar el aspecto etnicista o cultural de la casta. Natrajan advierte de que «las castas *no* se han substancializado (o independizado del sistema de castas) lo suficiente para ser consideradas grupos étnicos».[59] Según Natrajan, la visión de la casta etnicizada nos presenta a las comunidades de castas como sanamente “diferentes”; grupos que buscan el reconocimiento de sus diferencias en una sociedad multicultural, en un mundo que celebra la diversidad.[60] La tesis de Natrajan es que:

> «El fenómeno de la casta-como-cultura es en sí mismo una adaptación ideológica estratégica de la casta, y no un avatar benigno de la casta en el siglo XXI que aparentemente tiene que ver con la diferencia y no con la desigualdad y la jerarquía».[61]

Estimo, con Natrajan, que es importante no despolitizar la casta –como ya tendremos ocasión de ver a lo largo de la obra–, so pena de caer en una visión que camufla las desigualdades de casta, la opresión de casta (o de patriarquía) y el vínculo de la casta con el poder. Como hemos visto, las castas poseen rasgos culturales propios y una clara tendencia a facilitar y acomodarse a la diferencia, pero de ahí no hay que inferir que sean grupos “naturales”. Como pone la historiadora Uma Chakravarti:

> «Cada *jati* tiene sus tradiciones culturales, con sus costumbres de alimentación, rituales, códigos de vestimenta y hasta formas de arte propios, y así pueden “aparentar” funcionar meramente en un eje de diferencia».[62]

* Tampoco los etnógrafos coloniales diferenciaban entrambos. Y es que hoy no existe gran diferencia entre la forma de vida de un tribal y la de un labriego hindú “de casta” [véanse págs. 329-332].

Pero no olvidemos que el poder (económico, político o ritual) produce las distinciones culturales y las jerarquías. Las diferencias étnicas que encontramos en una sociedad occidental, por ejemplo, no son meramente culturales. Las diferencias étnicas se producen en las relaciones sociales y políticas. Si lo que ha sucedido en India es que se ha pasado de un sistema de castas a un sistema de grupos étnicos, el sistema sigue siendo, en cualquier caso, jerárquico. La casta existe como sistema de poder y se camufla como la cultura y la tradición de comunidades específicas.[63]

Ver la casta sólo como cultura, como algunas corrientes hoy tienden a subrayar, es una manera deliberadamente "positiva" de ver el asunto. Las castas devienen diversidades culturales en el contexto de la globalización. Esta visión tiende a ver las desigualdades como si fueran únicamente diferencias culturales. Como pone V. Geetha, a propósito de los dalits:

> «Aunque se les "permite" elaborar y seguir sus propias formas de culto y organizar sus propios festivales culturales, eso no les garantiza un lugar en el espacio público mayor del pueblo [...] Ese permiso es de poca consolación ya que es también la fuente de su miseria».[64]

Lo que hoy parece estar sucediendo es una adaptación de la casta bajo la forma de una comunidad cultural. Como veremos en el siguiente capítulo, transformándose las *jātis* en *samājs* (asociaciones culturales) la casta transmigra en el siglo XXI. La casta "culturalizada" puede sobrevivir como una minoría, grupo étnico o comunidad religiosa. En otras palabras, más que haberse transformado en grupos étnicos, «las castas han *reivindicado* la "cultura" como su modo de reproducción y de estabilidad esencial», en palabras de Balmurli Natrajan.[65] Son sobre todo las élites de la casta las que invocan estos rasgos culturales para legitimar y renovar la casta. Se trata de convertir la *jāti* histórica en una nueva forma de asociación (*samāj*). El nuevo discurso político aprueba esta culturalización de la casta porque de esta forma puede acomodarla a la democracia parlamentaria.

El proceso de etnicización o culturalización, que para algunos representaba virtualmente el fin del viejo sistema de castas, ha otorgado nueva fuerza a la identidad de casta.

5. EL "SISTEMA" DE CASTAS

El "sistema" de castas siempre se circunscribe a una localidad o comarca reducida. Desplacémonos unos kilómetros y hallaremos otro subsistema, con otras castas, diferentes relaciones, distintas jerarquías y nuevos protagonistas. Lo pertinente es hablar de *los sistemas* de castas.

Cada región lingüística posee "su" sociedad de castas [véase pág. 128]. En Gujarat, por ejemplo, sorprende la gran cantidad de castas dedicadas al comercio (genéricamente conocidas como baniās o vāṇiyās) y la altísima posición que ocupan. En Karnataka, en cambio, apenas existen castas que entren en la clásica categoría "comerciante" (vaiśya). El panorama está dominado por dos castas agrícolas poderosas: los okkaligas y los liṅgāyats. Pero si del centro de Karnataka nos desplazamos a la costa, veremos que estas dos castas desaparecen y otras tienen mayor preeminencia. En Himachal Pradesh, las llamadas "castas altas" representan el 56% de la población; en Tamil Nadu, sólo el 3%. En Sri Lanka, cada grupo social de la isla (cingaleses budistas, tamiles esrilanqueses o tamiles indios) tiene sus castas, sus jerarquías y formas de discriminación. Las relaciones entre las castas en Assam, Cachemira o Andhra Pradesh pueden ser muy dispares. Los que en un lugar dominan en otro puede que no; y los tabúes que encontramos en una región desaparecen en otra. Además, las diferencias entre las grandes ciudades y las aldeas son considerables. En un país de más de 600.000 poblados las variaciones pueden ser notables. Existen aldeas compuestas por una sola *jāti*, mientras que en otras conviven 60.

Como estos diferentes subsistemas regionales se solapan, interseccionan y entrecruzan, ha cuajado la idea de un sistema único y panindio de castas. Varios elementos, además, parecen tener una presencia destacada y refuerzan la sensación de unicidad. Los antropólogos suelen invocar tres instituciones sobresalientes: la casta dominante, el cabeza de aldea y el concilio de la casta.

LA CASTA DOMINANTE

Las soberanías históricas de la India se han caracterizado por una intensa fluctuación e indefinición de sus fronteras. Con frecuencia, los reinos han estado compartimentados en regiones y comarcas controladas por una casta o una coalición de castas poderosas.

La existencia y protagonismo de estas *castas dominantes* parece ser uno de los rasgos característicos de la sociedad india. En ocasiones han coexistido dos castas dominantes en una región, lo que inevitablemente conlleva tensiones, pugnas y rivalidad en pos del dominio. La casta dominante no ha creado nada parecido a una organización feudal (aunque puede haber alumbrado alguna dinastía). Fundamentalmente, posee y controla la tierra. El sociólogo M.N. Srinivas, que es uno de los padres de la noción, la definía así:

> «Una casta puede llamarse "dominante" si es numéricamente preponderante en relación a otras castas y si ejerce también un poder político y económico preponderante».[1]

Por supuesto, el número no es el único factor. Sabemos de pueblos demográficamente dominados por intocables pero *de facto* subordinados a castas más poderosas. Conocemos castas insignificantes en número pero en posición de dominio. Ello llevó a Srinivas a añadir:

> «Un grupo de casta numeroso y poderoso es más fácilmente dominante si su posición en la jerarquía local no es demasiado baja».[2]

Contra Srinivas, no obstante, en términos de *varṇa* pocas de estas castas dominantes son de alto rango. (Tampoco suele tratarse de castas artesanales, ya que estas suelen estar territorialmente dispersas.) La gran mayoría son castas de agricultores-terratenientes. Casos claros de castas dominantes son los de los jāṭs en el Punjab y Haryana, los rājputs en Rajasthan, Himachal Pradesh y Uttar Pradesh, los okkaligas y los liṅgāyats en Karnataka, los paṭṭīdārs en Gujarat, los nāyars y los īḻavars en Kerala, los bhūmihārs y los kāyasthas en Bihar, los vēḷḷāḷas en Tamil Nadu, los reḍḍis y los kammas en Andhra Pradesh, los marāṭhas en Maharashtra, etcétera. Ninguna de estas castas pertenece al brāhmaṇ-varṇa, bien que en zonas de Himachal Pradesh y Uttarakhand sí encontramos a brāhmaṇs en posición de casta dominante.

Esto ilustra que el viejo adagio (propio de los antiguos tratados brahmánicos) que sitúa invariablemente a los brāhmaṇs en la cúspide social nunca ha sido descriptivo. En términos de *varṇa*, la mayoría de estas castas caería en la categoría "śūdra" (aunque pocas se reconocerían como tal).

Este punto es importante, pues muestra que las nociones de jerarquía vertical ceden el paso a las de *centralidad* de los dominantes. En otras palabras, puede que los que dominan la localidad no estén en la cúspide ritual, pero están claramente en el centro económico. La casta dominante del poblado o la región no sólo posee las tierras, sino que controla los lazos comerciales y financieros (con frecuencia gracias a la usura y el préstamo). De ahí que, hasta hace relativamente poco, cuando uno le preguntaba a un lugareño del norte de la India por el nombre de su pueblo, con frecuencia añadiera: "un pueblo de jāṭs" o "un pueblo de gūjars".[3] Es decir, es un pueblo dominado por tal casta [FIG. 22].

Naturalmente, las castas dominantes ejercen cierto control político. Los notables de esa casta arbitran en las disputas de otras castas, y el jefe del pueblo suele pertenecer a esa casta.

La naturaleza, la forma y el grado de dominio que ejerce una casta dominante puede variar considerablemente. M.N. Srinivas notó que las castas

22. Terratenientes (*zamīndārs*) de casta jāṭ, dominante en amplias zonas del norte de la India, fumando y jugando al *pachīsi* (parchís). Provincia de Rajpootana (hoy Rajasthan), 1874.

dominantes cada vez recurrían más a un nuevo aspecto de la dominación: la alfabetización.[4] Y luego añadía que una casta también es dominante cuando es capaz de recurrir a la violencia para lograr sus fines.[5] En cierto sentido, la casta dominante reproduce a nivel local la función y dimensión de la realeza. Y, como sucede en palacio, diferentes clanes o secciones de la casta dominante pueden competir en pos del poder. Con todo, y a pesar del faccionalismo de las comunidades índicas, una casta dominante depende bastante de su propia solidaridad interna (y de la solidaridad y tamaño de las otras castas, claro está).

Por supuesto, la noción de casta dominante ha sido siempre mucho más débil en las grandes ciudades. Hoy más que nunca. Oliver Mendelsohn va más lejos y sugiere que cuando Srinivas articuló la idea de casta dominante, a mediados de los 1950s, estaba identificando algo en el momento en que empezaba a declinar y volverse menos significativo.[6] La abolición en 1950 de los *zamīndārs* ausentes (propietarios que no trabajan sus tierras), y el establecimiento del derecho a la tierra para quien la trabaja, menguaron considerablemente la supremacía de las castas dominantes. Gradualmente, la élite rural ha ido perdiendo preeminencia y, en cambio, asciende una nueva clase de campesinos, llamados por Lloyd y Susanne Rudolph «capitalistas de bueyes»,[7] muchos de los cuales habían sido peones de los grandes *zamīndārs* y son ahora propietarios de pequeñas parcelas. Esta gran masa silenciosa ya no sigue tan dócilmente los dictados de sus antiguos patronos, que se han empobrecido de forma considerable (dado el olvido al que está sometido el mundo agrario del país).

Como veremos en la última Parte, estos factores son cruciales en la moderna transformación de la sociedad de castas. Si la India está repleta ahora de pequeños labriegos –y no tanto de poderosas castas dominantes u oligarcas–, e incluso en el campo ya un 40% de la población se dedica a trabajos no agrarios, eso implica que las relaciones de dependencia han cambiado y tienden a la relajarse las relaciones asimétricas de antaño.

Pero el que una de las patas del "sistema" se tambalee no significa que en la India rural de principios del siglo XXI la existencia de castas dominantes no se palpe. Los ṭhākurs (rājputs), aunque sólo representan el 7,5% de la población de Uttar Pradesh, controlan el 50% de sus tierras.[8] Para muchos de estos ṭhākurs, el liderazgo del pueblo se siente –y es– todavía una competencia y atributo de casta.

EL CABEZA DE ALDEA

Históricamente, la función de gobierno a nivel local ha recaído en la figura del cabeza del pueblo (*jajmān*), antiguamente conocido como *grāmaṇī* o *grāmapati*, y en persa como *muqaddam*. En algunos lugares, dicho cabeza era designado por el propio rey. En otros, el *jajmān* era un terrateniente respetado de la casta dominante.

Esta figura adquiría mayor peso y relieve en los poblados donde no dominaba claramente una casta. En algunos pueblos con mucha actividad fiscal podían existir hasta dos cabezas de aldea.

El nombre del cargo puede variar según las regiones. En la cuenca indogangética son frecuentes los de *chaudharī* y *ṭhākur*. En la India occidental es típico el de *paṭel* o *paṭil*. En Bengala se conoce como *barua, malik* o *pradhan*. También *mukhī*. En Kerala puede llamarse *dēśavāḻi*. Etcétera. El clásico de *jajmān* deriva de la sánscrita *yajamāna*, el término que recibía el instigador del antiguo ritual védico; que en el mundo tamil se torna *ejamāṉ*.

Aunque no tenía un estatus ritual en virtud de su cargo, una de las tareas del *jajmān* era dirigir los rituales públicos de la aldea. En ciertas localidades era incluso costumbre pedir permiso al cabeza de aldea antes de celebrar ritos de paso personales (tonsura del cabello, matrimonio, funerales, etcétera).

En muchas zonas de la India, el puesto de cabeza de aldea fue hereditario. En los pueblos grandes, el *jajmān* o *paṭel* tenía a su cargo a un contable (*kuḷkarṇī, paṭvārī*), un supervisor y varios recaudadores. La entrada de la recaudación directa a los campesinos por parte de la administración colonial menguó considerablemente el papel del cabeza de aldea. Otra tarea importante fue el mantenimiento del orden público, función para la cual se rodeaba de figuras como el guarda o el sereno.

Algunas fuentes dibujan al *jajmān* como un tirano, pero a menudo aparece como alguien respetado, pues no en vano una de sus misiones ha sido defender el pueblo y hacer de su portavoz ante los gobernantes.

Existen zonas donde se ha apreciado un perfil ascético y sapiencial para el *jajmān*; alguien que supiera arbitrar y que fuera él mismo ejemplo de corrección. En otros casos, el arquetipo guerrero (rājput) parece estar más presente, y así encontramos a un caudillo más marcial, capaz incluso de reunir y adiestrar en las armas a los aldeanos. Cuando ha dominado esta figura se ha valorado mucho más la capacidad de autoridad, y hasta el coraje.

Aunque esta figura no ha desaparecido, el entramado administrativo, político y judicial moderno ha hecho menguar muchísimo el poder del *jajmān*, de ahí mi recurso al tiempo pasado. Sus acometidos se llevan hoy a cabo en el marco de la asamblea de aldea o *grām-pañchāyāt*.

Otra pata del "sistema", pues, se tambalea.

EL *PAÑCHĀYĀT*

Otro componente clásico en los sistemas de castas es el del *pañchāyāt*. La palabra designa genéricamente a una asociación cuyo fin es arbitrar. Normal, pues, que se dé cierta confusión con el uso de este término. Por lo general, suele remitir a tres instituciones.

Asamblea de aldea (*grām-pañchāyāt*)

En primer lugar, todo municipio indio posee un *pañchāyāt* elegido democráticamente y que, cual alcaldía, posee ciertos poderes legales, administra fondos municipales y cumple determinadas funciones gubernamentales. Hoy, cuando a un indio le preguntan por el *pañchāyāt* pensará en este cuerpo administrativo, a veces referido como *pañchāyāti-rāj* (gobierno asambleario) o *grām-pañchāyāt* (asamblea de aldea). Cada municipio indio (que suele abrazar varios pueblos) tiene su *grām-pañchāyāt*, compuesto por una decena o veintena de miembros, elegidos por cuatro años mediante sufragio universal. Desde hace unos años, estas asambleas han de estar compuestas, como mínimo, por un 33% de mujeres (en algunos estados hasta por un 50%) [FIG. 23]. También tienen puestos reservados los ex-intocables y los tribales en proporción a su peso demográfico en el municipio. Aunque dispone de amplios poderes, la falta de recursos hace que el *grām-pañchāyāt* haga la mayor parte de las veces de intermediario entre los intereses de la comunidad y los del Estado. Cada *pañchāyāt* posee su presidente (*sarpañch*), elegido por la propia asamblea o –según los estados– por sufragio universal. Hoy es el *sarpañch* –y no el *jajmān*– quien ejerce de "alcalde" del pueblo.

Este nuevo sistema de gobierno local ha otorgado un mayor grado de descentralización a las aldeas indias. (El problema de la descentralización, sin embargo, es que el poder local va a parar con frecuencia a los miembros de las castas dominantes, con lo que se da la paradoja de que el Estado tiene que intervenir más para controlar los poderes locales.) Con todo, la experiencia asamblearia llevada a cabo en diversos estados ha mostrado que la planificación descentralizada puede dar resultados muy positivos.

Concilio de aldea

Un segundo sentido de la palabra *pañchāyāt* remite al viejo concilio del pueblo (*pariṣad*). A diferencia del anterior, que es reciente y estrictamente político-administrativo, este *pañchāyāt* posee siglos de antigüedad, no era elegido democráticamente y no tenía respaldo legislativo. La ideología nacionalista dibuja a los *pariṣads* de la antigüedad como la cristalización de una "democracia" hindú. Pero eso tiene bastante de tradición inventada. Es el moderno *grām-pañchāyāt* el que de verdad representa una hibridación democrática de los concilios "tradicionales" de aldea.

Posiblemente, en los pueblos del norte, el concilio del pueblo habría estado compuesto por cinco (*pañch*; de donde deriva el nombre) ciudadanos respetables de la casta dominante, entre los que solía incluirse el cabeza de la aldea. Aunque las reuniones de este *pañchāyāt* fueran públicas y aunque se invitase a algún notable, lo cierto es que el concilio del pueblo era con frecuencia el de la casta más poderosa.

Su máxima competencia era resolver las disputas judiciales locales, en especial todo aquello que no estuviera claramente contemplado por la jurisdicción del reino. En casos enrevesados de disputa podía recurrirse también a la presencia de un letrado brāhmaṇ (*paṇḍit*). En muchas zonas, el concilio también se ocupaba de la recaudación de impuestos y de negociar las tasas con los recaudadores del gobierno. Los terrenos públicos de la aldea le pertenecían, y podía venderlos, arrendarlos o utilizarlos para trabajos públicos (irrigación, carreteras, etcétera).

Hoy en día, que los jóvenes de las aldeas indias han adoptado las prácticas y modos consumistas del tipo de vida urbano (percibidas como contrarias a la "tradición" por los ancianos del *pañch*), o que el pueblo está mucho más dividido en facciones que antaño, los *pañchāyāts* gozan de cierta autoridad cuando logran hablar en nombre de la "comunidad".

Concilio de casta

En tercer lugar, un *pañchāyāt* remite a un concilio de *jāti* o de *birādarī*. Por eso podemos designarlo como *jāti-pañchāyāt* o concilio de casta. Muchas *jātis* del pueblo poseían –y bastantes aún poseen– dicha asamblea que regula los asuntos de su comunidad, tanto rituales como seculares. También se trata de un concilio "tradicional". Históricamente, a través del *jāti-pañchāyāt* se ha ejercido el control sobre los miembros de la casta o se ha promovido la solidaridad de casta.

Estas tres acepciones del término *pañchāyāt* no son tan dispares como aparentan, ya que con frecuencia el *jāti-pañchāyāt* de la casta dominante ha tendido a convertirse en el *pañchāyāt* del pueblo, y hoy tiende a dominar el *grām-pañchāyāt*. Puesto que el *grām-pañchāyāt* es elegido democráticamente y la casta dominante del pueblo suele ser la demográficamente más poderosa, existe cierto solapamiento entre ambas instituciones. Eso es un truismo en las aldeas pobladas únicamente por una casta.

Aunque los *jāti-pañchāyāts* tradicionales están declinando con rapidez y es el *grām-pañchāyāt* o asamblea democrática del pueblo el que adquiere relevancia, para nuestro estudio conviene detenerse en esta institución que gravita alrededor de la casta.

En muchas aldeas del norte de la India, el concilio de casta recibe el nombre de *chaupār*, que remite a un grupo de hombres (y niños) reunidos para discutir. Un *pañchāyāt* de una casta puede tener una "jurisdicción" de varios pueblos. Los jāṭs del Punjab, por ejemplo, poseen *pañchāyāts* (denominados *khaps*) que abarcan 15 o 20 aldeas [FIG. 24]. Los rājbanśīs de Bengala reúnen periódicamente a sus cabezas de casta (*maliks*) de toda una comarca en una macroasamblea de casta.

23. Sesión del *grām-pañchāyāt* de Khaal Khandvi (Madhya Pradesh), presidido por la *sarpañch* Vandana Bahadur. Foto: UN Women/Gaganjit Singh, 2012.

En casos donde no existe una casta claramente dominante (o donde, por alguna razón, el concilio de la casta dominante no está bien organizado), los líderes de los distintos *jāti-pañchāyāts* se reúnen con cierta frecuencia para afrontar los problemas que afectan a todo el pueblo. Sin embargo, este tipo *pañchāyāt* ha sido más bien raro. En estos casos, la figura del cabeza de aldea ha sido crucial para administrar la autoridad.

No sólo la dominante, sino el resto de castas importantes de la aldea posee su *pañchāyāt* que regula y castiga el comportamiento de su comunidad. Normalmente, el concilio de casta atañe –en el norte de la India– a la *birādarī*, es decir, al segmento de la casta en el que los chicos y chicas no pueden casarse entre sí porque son como "hermanos" y "hermanas". Por tanto, siempre que se habla del concilio de casta, se sobreentiende que es de la *jāti*, subcasta o unidad endogámica más estrecha. Este es el cuerpo que vigila las reglas de exogamia de *gotra* y territorio, o las de endogamia de subcasta, o las de comensalidad en los eventos tradicionales. También organiza los festivales de la comunidad, o recomienda estrategias para tratar con la casta dominante, la policía o el gobierno.

Algunos *jāti-pañchāyāts* pueden estar bien organizados y poseer su propio cabeza. Otros son mucho más fluidos. Normalmente, el puesto de cabeza del *jāti-pañchāyāt* recae en un anciano respetado, alguien capaz de conciliar dos facciones enfrentadas, pero también apto para imponer su au-

24. Un *khap-pañchāyāt* de la casta jāṭ debate un controvertido caso de "honor" que acabó en homicidio. (Compárese la masculinidad de esta asamblea con la de la FIG. 23.) Haryana, 2012.

toridad. En bastantes casos, el puesto de cabeza de casta es hereditario, en especial si el *jāti-pañchāyāt* tiene un radio de jurisdicción amplio.

Por lo general, los concilios de castas bajas están mejor organizados que los de las altas. Bernard Cohn señalaba que, de forma inversamente proporcional a la autoridad de los *pañchāyāts* de los poderosos ṭhākurs, que ha ido decreciendo, la organización de casta de los ex-intocables chamārs ha ido fortaleciéndose.[9] Salvo en Gujarat, los brāhmaṇs han carecido históricamente de concilios de casta. Pareciera que las castas más bajas son la únicas que se esfuerzan en dirimir sus disputas entre sí o que necesitan de este cuerpo para defenderse. Los *pañchāyāts* de los mālās de Andhra Pradesh, por ejemplo, son instituciones de gran prestigio. Su *pañchāyāt* siempre incluye al cabeza de casta, el terrateniente más anciano, un sacerdote y un mensajero.[10]

Algunas castas poseen su concilio en una ciudad sagrada (Haridvar, Ujjain, Nasik, etcétera) donde se yergue el templo principal de la comunidad. El *pañchāyāt* básicamente se encarga de administrar el templo, que hace también de albergue para los peregrinos de la casta. Otros *jāti-pañchāyāts* organizan festivales a las divinidades.

Igual que el viejo concilio de aldea, los *jāti-pañchāyāts* son instituciones que van a la baja. Oliver Mendelsohn menciona el caso de Behror, una aldea de Rajasthan. La casta dominante es la ahīr. Y, sin embargo, está hoy fuera de su capacidad arbitrar en disputas internas de otras castas. Entre otras cosas, porque los ahīrs de la zona no actúan ya como bloque, no tienen una comunidad de intereses clara y siquiera poseen un *pañchāyāt* reconocible.[11]

Puesto que el concilio de casta suele ser un cuerpo bastante conservador (no en vano su misión consiste en respetar la *traditio*), suele darse un choque generacional con las secciones más jóvenes de la *jāti*. Es importante, en todo caso, no confundir estas viejas instituciones con las modernas asociaciones (*sabhās*) de casta, de las que hablaremos más adelante.

La justicia a nivel local

La mayor parte de litigios inter- o intra-casta ha tenido que ver con riñas entre familias, costumbres de matrimonio, dotes o problemas de acoso sexual. En la lista de litigios, antiguamente también era frecuente hallar infracciones relativas a la comensalidad, sobre la muerte de una vaca o acerca de conductas inmorales. Quizá el aspecto en el que más vigilante está el *pañchāyāt* de casta sea el de las reglas de matrimonio. Incluso el Estado y su aparato judicial (y policial) deja que sea el *grām-pañchāyāt* el que se encargue de dirimir litigios no resueltos. Ocurre que el *grām-pañchāyāt* democrático dejará que los *jāti-pañchāyāts* zanjen la cuestión internamente. Sólo en muy raras ocasiones un cabeza de aldea o un *grām-pañchāyāt* actuará en contra de un *jāti-pañchāyāt* o *chaupār* tradicional.

Las disputas de cierta seriedad han recaído en el *pañchāyāt* de la casta dominante. Esta asamblea tiende a erigirse en árbitro en casos de litigios intercastales relativos a la propiedad de tierras, deudas, usurpación de clientela, cuestiones de protocolo ritual, robo, etcétera. Obviamente, en zonas donde la casta dominante no esté en posición tan hegemónica, existirá mayor tendencia a resolver la cuestión dentro de la propia casta o en el tribunal de la capital del distrito. Pero incluso cuando estas disputas van al moderno juzgado, las castas dominantes pueden ser consultadas.

Al administrarse la justicia de forma pública, y a falta de una autoridad singular, se entenderá que el sistema legal indio haya tendido al arbitrio y la reconciliación. O dicho de otra forma, en lugar de buscar una decisión rápida con un ganador y un perdedor (como sucedería en un juzgado moderno en la ciudad), en el pueblo tradicional indio se preocupan mucho por llegar a un consenso.[12] Se trata de zanjar la disputa llegando a un compromiso de cierta equidad. (Se parecería más al tribunal de arbitrio o juzgado de paz de la tradición legal occidental.) Incluso cuando esto no es posible se mira que los que salen perjudicados no pierdan su honor y, en el caso de las disputas entre castas, «al menos mantener la ficción de un compromiso», en palabras de Bernard Cohn.[13] De donde la importancia de la oratoria, el buen temple y la ecuanimidad del cabeza del concilio. Incluso los *mahilā-pañchāyāts* o *mahilā-samitis*, esto es, los comités de justicia y empoderamiento para las mujeres (alternativos a los *jāti-pañchāyāts*, siempre controlados por los varones y con un claro sesgo a favor de los varones y los poderosos) buscan la aceptación y el consenso de toda la comunidad.[14]

Los textos antiguos, lo mismo que los escritos de los europeos en la época moderna, hablan bastante de la expulsión de la casta o excomunión (con o sin posibilidad de reinserción, dependiendo de la infracción). Sin ir más lejos, el joven Gandhi fue expulsado de su casta en 1888 cuando el *pañchāyāt* de su casta, la moḍh-vāṇiyā, se enteró de su pretensión de viajar a Europa a estudiar.[15] Lo mismo le sucedió a Motilal Nehru, padre de Jawaharlal, por negarse a realizar una ceremonia de purificación por haber cruzado los polucionantes océanos.[16] O al *svāmī* Vivekananda, cuatro años después de regresar del famoso Parlamento de las Religiones del Mundo de Chicago, en

1897 [FIG. 83]. Sin embargo, estos casos ya han pasado a la historia. Una situación hoy más prototípica podría ser la de unas relaciones adúlteras entre una mujer de casta alta y un varón dalit. Básicamente, la expulsión busca preservar la reputación de la casta. Una acción individual "contagia" a la casta entera, así que se actua contra el foco infectado. La excomunión puede incluso afectar a toda la familia del transgresor. El repudio afectará a la posibilidad de elección matrimonial para los hijos/as del expulsado/a, por lo que funciona como mecanismo de autopreservación de la *jāti*. Como señala Morton Klass, esta posibilidad de impedir que uno pueda compartir pareja con miembros de su círculo matrimonial dota de autoridad a la *jāti* y la hace funcionar como grupo corporativo.[17] Téngase en cuenta, pues, que es siempre el círculo matrimonial estrecho o *jāti* el que tiene el poder de expulsar.

Normalmente, eso se llevaba a cabo haciendo circular notas entre todos los pueblos de la región pidiendo el boicot al transgresor por parte de sus correligionarios de casta. Eso equivalía a no comer, beber o fumar con él; y claro está, no dar a sus hijos o hijas en matrimonio a los suyos. Hoy, que las cartas de expulsión ya no se envían (ya que la Constitución del país no permite la discriminación por razón de casta), el asunto se lleva más en privado. Pero ello no impide que los correligionarios boicoteen al transgresor, ya que todo el mundo es libre de invitar o no a sus colegas. Una de las formas más eficaces de condenarlo al ostracismo es tratarlo como un a "intocable": no comer con él, no dejarle utilizar el pozo, etcétera.[18]

Aunque hace ya décadas que acciones drásticas como la excomunión apenas ocurren, siguen dándose con matrimonios que han transgredido los principios de endogamia o exogamia. Un caso es el de la pareja de amantes de castas o subcastas que no deberían de tener vínculos maritales que es pillada *in fraganti*. En alguna ocasión, los dos jóvenes han llegado a ser quemados vivos por sus propios familiares (u obligados a convertirse en "hermanos/as", o han sido humillados públicamente, se ha boicoteado a las familias, etcétera). Cuestión de "honor" (*izzat*). Esto muestra que los litigios intracastales pueden ser mucho más intensos que los intercastales. El caso de una pareja que no respeta la exogamia de pueblo, por ejemplo, puede ser considerado como un gravísimo caso de incesto en las zonas rurales del Punjab.[19] Puesto que los casos de incesto familiar tienden a ocultarse públicamente y dado que los *pañchāyāts* de casta tienden a esquivar las cuestiones familiares (si es que no a apoyar abiertamente el "honor" y la "tradición"), resulta que son las cuestiones que atañen a la casta las que tienden a realzarse y vigilarse.

En cualquier caso, hay bastante consenso en que los asuntos de casta no deberían llevarse a los tribunales, en los que se sigue sin confiar. Incluso personas amenazadas de muerte o de expulsión del pueblo rechazan dar ese paso, ya que dudan de que la ley pueda protegerlos de la coacción y la amenaza del *khap-pañchāyāt*.[20] Ir al tribunal supone una nueva transgresión de las normas de la comunidad. Los aldeanos piensan que los juzgados de la capital, controlados por jueces y abogados que no tienen ni idea sobre las normas de la comunidad (lo cual sin duda es cierto), se oponen a la casta y sus costumbres. Por contra, los *jāti-pañchāyāts* son mucho más rápidos, baratos y conocen las normas de la comunidad. El *pañchāyāt* tradicional se erige, así, en una institución que reafirma el poder de los varones de edad de las castas dominantes sobre las mujeres, los jóvenes y las secciones más débiles.

Con todo, el poder de los *jāti-pañchāyāts* a la hora de castigar, excomulgar o demás acciones ligadas a la ideología tradicional de la casta ha disminuido considerablemente. Con el desarrollo del sistema judicial angloindio, los *pañchāyāts* de casta o aldea fueron perdiendo peso. Con la Constitución de 1950, los *jāti-pañchāyāts* quedaron definitivamente privados de todo poder legal y judicial.

Así, ya van tres patas del "sistema" que se tambalean.

EL SISTEMA *JAJMĀNĪ*

La casta dominante, el cabeza de aldea, los concilios de casta y el concilio de aldea han sido piezas indisociables del universo rural, no monetario y no capitalista en el que las castas interactúan; o casi mejor, interactuaban. Este entramado de relaciones es el que ha otorgado esa poderosa sensación de "sistema" a la sociedad india de castas.

Las castas no son moléculas endogámicas o étnicas aisladas, sino comunidades interrelacionadas socioeconómicamente de una peculiar forma. Los antropólogos coloniales acuñaron un término para describirla: sistema *jajmānī*. Pauline Kolenda lo definía así:

> «El *jajmānī* es un sistema de distribución en los pueblos indios por el cual las familias terratenientes de alta casta, llamadas *jajmāns*, son proveídas de servicios y productos por castas bajas, como las de los carpinteros, los ceramistas, los herreros, los barrenderos y los lavanderos».[21]

Idealmente, cada casta desempeña su ocupación tradicional y ofrece sus servicios a otras castas a cambio de alimento, productos y servicios. La principal moneda de cambio ha sido el grano de la colecta. Está claro, entonces, que quien posea las tierras estará en posición ventajosa. Esta es precisamente la situación de la casta o castas dominantes, que utilizan parte de su grano para pagar a las otras castas. También los terratenientes pagan en especie a sus labriegos, quienes a su vez les pagan en grano la tasa por lo cosechado. El patrono garantiza el trabajo al sirviente-cliente, le paga por ello y, en teoría, le asegura el monopolio de la ocupación.

Hay que advertir que este sistema, hoy virtualmente extinto, era propio del norte y el centro de la India. Si nos desplazamos hacia el oeste, hallaremos variantes de parecido "familiar", como el *hali*, el *balutedarī* o el *bhāīchara*.* Si viajamos al sur, la correlación sería ya muy forzada. Por tanto, no podemos proyectar el sistema *jajmānī* sobre toda la India; ni tampoco es lícito proyectarlo muchos siglos atrás (porque hay evidencia de que no tiene tantos siglos de antigüedad como aparenta). El *jajmānī* es, simplemente, un buen ejemplo de *una* de las formas que los sistemas de castas pueden adoptar en una región de la India. Dada su centralidad durante los siglos XIX y XX en una amplia zona del país, conviene echarle un vistazo, siempre como ilustración de un modelo "ideal".

Las castas proveedoras de servicios se llaman *kamīns*. Típicas son las de los lavanderos, barberos, alfareros, carpinteros, herreros, riberiegos (portadores de agua) o los sacerdotes. Estas castas artesanales y proveedoras de ser-

* El *hali* era el sistema clásico de Gujarat, donde se establecía una relación de servidumbre que duraba varias generaciones. El *hal* o agricultor-siervo al servicio de un amo "de casta" hacía muchos de los trabajos que en otros lugares realizaban intocables. El amo estaba obligado a alimentar, vestir, cobijar y costear parte de los gastos de la familia del *hal*; y hasta puede que dejara al *hal* cultivar para su consumo en una pequeña parcela. Para las castas dominantes, tener *halis* era más una cuestión de prestigio. El *balutedarī* era el sistema propio de Maharashtra. Una serie de castas (el *paṭil* o cabeza de aldea, su contable o *kuḷkarṇī*, el astrólogo, los carpinteros, herreros, ceramistas, barberos… hasta los intocables chambhārs, māṅgs o mahārs) ofrecían sus servicios de forma hereditaria a la aldea en lugar de hacerlo al cabeza de la aldea. Las castas proveedoras de servicios recibían su pago en "especie" (*baluta*). El *bhāīchara* es el sistema de la poderosa comunidad jāṭ del "gran Punjab". Aquí se enfatiza el control de la comunidad (*bhāīa*), que divide la tierra en partes iguales entre los linajes fundadores. Las comunidades que forman un *bhāīchara* engloban a varias aldeas, supervisadas por unos concilios de clan (*khaps*), administrados por un consejo que presidía el cabeza hereditario del clan (*chaudharī*). Estos *khaps* [FIG. 24], que en el pasado tuvieron hasta ejércitos propios (como los *misls* de los sikhs), siempre se opusieron a las tendencias centralizadoras de los imperios. En la actualidad existen aún casi 400 *khaps*.

vicios conforman el eje del sistema junto con determinadas castas intocables ligadas a tareas específicas [véase pág. 95]. Pero, cualquier peón agrícola, pastor o labriego que trabajara para un *jajmān* pasaría a ser un proveedor de servicios. Este sistema económico fue bautizado en los 1930s por el sociólogo William Wiser como sistema *jajmānī*.[22] Como en el caso del cabeza del pueblo, el nombre *jajmān* proviene del antiguo instigador y pagador del ritual védico, lo que delata cierto sesgo brahmánico.[23] Toda persona o familia que da y retribuye es llamada *jajmān*. Las familias de la casta dominante son los *jajmāns* por excelencia. El sistema no se articula, pues, alrededor del brāhmaṇ, mas alrededor del gran terrateniente.

Otra de las peculiaridades del sistema es que es hereditario. Cada hogar tiene asignada una familia de especialistas para cada tarea. Y la retribución no se otorga por servicios concretos, sino según un canon anual. Realmente, pues, los lazos se dan entre familias.[24]

Como observó Clarence Maloney, aunque se diga que este sistema puede ser explotador y produzca desigualdades de clase (lo que es incuestionable), también puede argumentarse que en ciertos aspectos los terratenientes pueden ser explotados por los especialistas, y estos gozan de cierta seguridad.[25] Maloney pone el caso del foráneo que compra una casa en el pueblo. En seguida recibirá la visita de un barrendero, un lavandero, un herrero, un jardinero... y le será francamente difícil, si no imposible, prescindir de sus servicios o reemplazarlos por otros. Puede darse que los especialistas se conchaben para boicotear a algún cliente. M.N. Srinivas señala que «la calidad del servicio realizado por el herrero, el alfarero, el lavandero y el barbero dependerá de si el cliente paga anualmente en grano o no y en la cantidad de grano pagado».[26] Los lazos entre las familias que dan y las que reciben servicios no son, pues, únicamente hereditarios, sino que asimismo son de *exclusividad*.

Como sabemos, los miembros de una misma casta siempre han desarrollado fuertes lazos dc solidaridad entre sí. Ahora bien, como por tradición puede que se hayan dedicado a una misma ocupación, la rivalidad también ha existido. Acorde al sistema *jajmānī*, cada familia ejerce un pequeño monopolio de clientes. Muerto el orfebre, sus hijos se repartirían la clientela del padre. Lo mismo harían los de otra familia de orfebres [FIG. 25]. Pero en estas podía ocurrir que uno de ellos mirara de captar al cliente que no le pertenecía. En ese caso se acudía al *pañchāyāt* de la casta dominante. Esta solución ha sido más habitual que llamar al consejo de la propia casta.

También F.G. Bailey notó que, a la hora de captar clientes, la lealtad de casta era limitada.[27]

Todo proveedor de servicios puede ser a su vez –aunque de forma más ocasional– el patrón de otros proveedores, incluso de los brāhmaṇs que conducen los rituales domésticos. Todo el mundo es, en mayor o menor grado, empleado y patrón. El alfarero deberá proveer de las vasijas necesarias a la familia del barbero, que tendrá que afeitarle gratis. Claramente, pues, el sistema es no capitalista y no competitivo. Los estudios de la casta han tendido a olvidar esta especie de reciprocidad e interdependencia entre las castas. Como dice Álvaro Enterría, «una *jāti* no tiene sentido en sí misma, sino sólo en relación a las demás».[28]

Como se observa, en este sistema virtualmente no hay "mercado". Nadie paga ni vende, sino que todo se intercambia. Como señaló Morton Klass, «sea lo que sea la *casta* en el nivel sociológico o ideológico, en la economía es claramente el elemento crucial».[29] La endogamia, pues, no sólo funciona para perpetuar la casta o la estirpe, sino para mantener un sistema socioeconómico que precisa de que existan fronteras –razonablemente– definidas entre distintos proveedores de servicios. (Aunque tampoco debe sobredimensionarse este aspecto. Al estar basado en la agricultura, que es un territorio neutro y no es monopolio de una casta en particular, el sistema económico no depende sólo de la casta.)

25. Orfebres (sonārs) proveedores de servicios (*kamīns*). Cuttack (Odisha), 1873.

Lo importante es que la casta dominante muestra precisamente su posición al donar (grano, dinero, *dāna*) a los sacerdotes, los barberos o los cesteros. Quien da tal vez no esté en la cima, pero desde luego está en el centro. De ahí que el brāhmaṇ familiar (el *purohita*) pueda ser considerado en muchos lugares un mero *kamīn* o proveedor de servicios más. Casi que el poder de una *jāti* depende de la necesidad del servicio que provee. Y quien da de comer ocupa el centro.

En el sistema, pues, el rango está claramente marcado y las relaciones de dependencia acentuadas, bien que también otorga cierta seguridad a los más desfavorecidos. (Cuando ocurre una catástrofe en el pueblo se espera que los poderosos actúen de acuerdo a su estatus y acudan paternalmente en favor de los especialistas; *noblesse oblige*; lo que no siempre es el caso.) Un agricultor chamār (ex-intocable), por ejemplo, puede trabajar para varios terratenientes ṭhākurs, pero siempre tendrá un lazo económico especial y duradero con la familia ṭhākur sobre cuyo terreno él o sus antepasados construyeron su casa. El señor ṭhākur es responsable del bienestar de sus arrendatarios, en especial en tiempos de necesidad o en caso de enfermedad. Se espera que el ṭhākur defienda a "sus" chamārs de los ṭhākurs y castas dominantes de aldeas vecinas, de la policía y de cualquier interferencia externa. Los ṭhākurs ancianos pueden designar a los chamārs como "sus niños". Por su parte, el labriego mostrará respeto por su "señor" ṭhākur. Le cederá el paso en el camino y, simétricamente, puede que lo llame "abuelo" (*bābā*). Entre castas de posición más parecida la relación es menos paternalista. Y como vio Bernard Cohn, de quien hemos tomado el ejemplo, un anciano chamār respetado en su casta puede ser tratado incluso con deferencia por personas de casta más alta.[30]

Todavía en los años 1960s, en una encuesta realizada por Irawati Karve y Y.B. Damle en cinco aldeas de Maharashtra, dos tercios de la población afirmó que el sistema *jajmānī* (*balutedarī*) era conveniente.[31] Siendo la negación del sistema competitivo de mercado, las castas cooperaban en lugar de competir. Aquí es donde se pone de manifiesto la diferencia entre casta y clase. Según Edmund Leach:

> «Es una característica de las sociedades organizadas en *clases* que los derechos de propiedad sean una prerrogativa de los grupos minoritarios que forman las élites privilegiadas. La capacidad de la minoría de clase alta de "explotar" los servicios de la mayoría de clase baja depende

> de forma crítica del hecho de que los miembros del grupo menos privilegiado deben competir entre sí para recibir los favores de la élite. La naturaleza específica de la sociedad de *casta* invierte esta posición. Los roles económicos están situados por derecho en los grupos cerrados minoritarios de estatus social bajo; mientras que los miembros de la "casta dominante" de alto rango, a la cual los grupos de menor estatus están ligados, forman una mayoría numérica y deben competir entre sí por los servicios de los miembros individuales de las castas bajas».[32]

Llegados aquí habría que matizar y no sobredimensionar el carácter no competitivo del sistema. El trasvase de una ocupación a otra no ha sido raro, en especial la movilidad campesina. Aunque este sistema –ideal, recordémoslo– parece estar diseñado para favorecer a la colectividad más que al individuo, no es menos cierto que permite formas de esclavitud o servidumbre individual o familiar que, si bien se han relajado en los últimos 50 años, todavía pueden ser espantosamente crudas en la India. Esta es precisamente la crítica marxista que recibió el modelo de Wiser. Si para este y una escuela de antropología los intercambios entre *jajmāns* y *kamīns* eran "recíprocos" y, en cierto sentido, "simétricos", la crítica de izquierdas advirtió que los terratenientes eran grupos política y económicamente poderosos y dominantes, con mayores privilegios, y que, en cualquier circunstancia, favorecían una relación "asimétrica" y "coercitiva".

Del mismo modo que el "señorito" de otras latitudes, los terratenientes y *jajmāns* han utilizado el sistema para perpetuar y legitimar relaciones de servidumbre muy fuertes [FIG. 39]. Como nos recuerda Joan Mencher, «aunque es verdad que los [intocables] paṟaiyaṉs siempre han tenido un lugar seguro dentro de la estructura social tradicional, esa "seguridad" no significa que a ellos les *gustara* su rol o incluso que lo aceptaran».[33] Como también ha remarcado B.B. Chaudhuri, poner demasiado énfasis en la diferenciación de las ocupaciones basadas en castas «tiende a ignorar las relaciones de clase en la aldea».[34] De ahí que resulte exagerado afirmar, con Wiser, que «cada uno sirve al otro. Cada uno tiene el turno de maestro y el turno de siervo».[35] La reciprocidad del sistema puede ser muy explotadora.

El ocaso del sistema *jajmānī*

El mayor cambio social ejercido por el colonialismo fue la destrucción de estas formas de producción de la economía aldeana. Algo que el proceso de modernización ha acelerado década tras década. La implantación del pago en efectivo, la accesibilidad a los bienes de consumo en tiendas o bazares cercanos, más los adelantos tecnológicos en agricultura (la "revolución verde"), han hecho innecesarios muchos de los servicios tradicionales. Como escribió Pauline Kolenda, «el sistema de castas local, caracterizado por una solidaridad orgánica, como en el sistema *jajmānī* y en el sistema *hali*, está en declive».[36] El barbero que regularmente visitaba las casas de sus clientes para afeitarles abrió una barbería e, *ipso facto*, las relaciones rituales históricas cambiaron drásticamente. Ahora, las transacciones se hacen en dinero. Por tanto, el patrón ni garantiza el trabajo ni el monopolio en la ocupación, ni paga en bienes; y el trabajador especializado se encuentra en una situación mucho más inestable. Hoy, nadie se asegura la subsistencia con su ocupación tradicional. La vieja interdependencia del sistema *jajmānī* da paso a una cruda competencia entre grandes bloques de casta. A la vez, empero, viejas formas de subalternización tienden a desaparecer.

Oliver Mendelsohn señala que «incluso cuando algo semejante a las viejas relaciones del sistema *jajmānī* parece perdurar, ha disminuido su intensidad y cada vez es más forzado».[37] La inmensa mayoría de las transacciones son monetarias. Las relaciones son de patrón a empleado. Como la actividad económica hoy trasciende con más facilidad los límites de la aldea, ya no ha lugar para un sistema de economía tan local como el *jajmānī*. Muchos aldeanos trabajan en las ciudades cercanas. Dipankar Gupta puntualiza que el sistema *jajmānī* es «una idealización que funciona de forma digamos que pura sólo en una pequeña minoría de casos».[38] Hoy, los terratenientes han vendido sus tierras a las multinacionales agroalimentarias, de modo que los lazos de reciprocidad y dependencia se han truncado. Aunque eso ha creado nuevas oportunidades, es también cierto que cantidad de castas artesanas de la India rural (carpinteros, alfareros o herreros) se encuentra en una situación patética. Ahora dependen de un sistema de capitalismo que no ha acabado de destruir sus viejas relaciones de dependencia, pero que no permite que esas relaciones sean hoy por hoy rentables.

Es cierto que algunos aspectos de este modelo siguen operando de forma encubierta, ya que algunas prestaciones se salen de la economía monetaria. Una familia de carpinteros, por ejemplo, trabaja para ciertas casas de agricultores; les repara los utensilios de labranza y los carros a cambio de parte de la cosecha. Pero si el patrón quiere que el carpintero le haga algún trabajo que se sale de lo estipulado, entonces le paga con moneda.

La emigración también ha trastocado este universo. Aquellos grupos que no estaban directamente ligados a la agricultura han ido emigrando a las ciudades. Hace décadas que los riberiegos, los cesteros o los zapateros han abandonado las aldeas. Su pericia ya no es necesaria. Pasan a engrosar los suburbios de las ciudades. Allá puede que encuentren nuevas posibilidades de trabajo, pero rara vez relacionadas con su oficio o profesión.

En suma, la mecanización de la agricultura, indisociable de la penetración del capitalismo en las áreas rurales, la mejora en la educación entre los grupos históricamente analfabetos, la creciente tendencia a abandonar la ocupación tradicional, la abolición de los latifundios de *zamīndārs* o *jagirdārs*, más la introducción de la lógica de la política democrática, todo ello ha provocado la desintegración de esos viejos sistemas de dependencia como el *jajmānī*. El "sistema", en tanto modelo socioeconómico de carácter holístico, está tocado de muerte.

Hoy, los líderes de la casta dominante –que otrora tenían una gran influencia– ya no son necesarios para contactar con los políticos y burócratas. Al menos, no lo son tanto como los nuevos emprendedores locales –en muchos casos originarios de castas históricamente bajas– que saben cómo hacer para que los programas de ayuda gubernamentales lleguen a la comarca. Por ello, el sistema *jajmānī* es una reliquia del pasado.

EL UNIVERSO RURAL INDIO

Algunos autores han planteado que la idea de una aldea autárquica regida por un sistema atemporal como el *jajmānī*, carente de mercado libre, de propiedad privada, de espíritu competitivo, de moneda... es un constructo colonial y antropológico.[39] No es que las transacciones no monetarias que acabamos de describir no hubieran existido. De lo que algunos se quejan es de la idea de hacer de estos rasgos una esencia inmutable de la aldea india.[40] Hoy sabemos que esta nunca ha estado aislada, ni ha sido económicamente autosuficiente. Yo mismo me he encargado de deconstruir este viejo cliché.[41] La India contemporánea se aleja más y más de este mundo rural de relaciones de dependencia.

Lo que sí puede aceptarse es que, históricamente, la sociedad india ha tendido a estructurarse alrededor de un Estado bastante marginal. El Estado se sitúa en el centro (y recoge impuestos), pero se vincula a los ciudadanos por una serie de círculos de casta, de comunidades regionales y hasta de secta. Como ha visto Sudipta Kaviraj, a los gobernantes se les otorgaba el mayor respeto y obediencia pero al coste de cierta marginalidad;[42] es decir, a condición de que no interfirieran en los procesos cotidianos de esas comunidades y no legislaran en los asuntos vitales de las comunidades. No es que se diera una devaluación del Estado, sino que este ha estado siempre abierto a tendencias centrífugas (con pretensiones de realeza o soberanía), ladeado por contrapoderes (como los concilios de casta o los gremios mercantiles) y con fronteras indefinidas (dados los continuos cambios de alianza de las castas dominantes y poderes locales). Mientras que los regímenes políticos han respetado estas reglas del mundo rural, a las comunidades locales poco les ha importado quién manejaba el cotarro de la política.

La organización de la aldea en castas ha sido cual minirreino que ha funcionado *de facto* de forma bastante independiente –pero en modo alguno en contra– del *mahārāja*, el sultán o el virrey de turno. Lo cual no deja de ser sorprendente: que una entidad que cuenta con tropecientas comunidades que han alzado barreras de endogamia, de comensalía y, con frecuencia, de ocupación, pueda simultáneamente operar como una unidad. A mi juicio, esto tiene dos explicaciones. Por un lado, existe un poderoso vínculo aldeano, que más allá del principio de la diferencia, tiende a unir a todos sus habitantes. Aunque la aldea haya estado jerarquizada, el faccionalismo entre castas ha sido más bien raro y es un fenómeno reciente.[43] Todos comparten una misma lengua, todos sufren las mismas catástrofes y bonanzas del ecosistema, participan del festival, etcétera. No cesaremos de repetir que la identidad, solidaridad y rivalidad de casta es sólo uno de los ejes en acción. Por otro lado, está claro que los concilios de aldea y de casta han operado en muchas ocasiones como *agentes políticos* a escala local. Las castas no dominantes han estado representadas por estos concilios. En las ciudades, las castas y gremios mercantiles han desempeñado un rol similar. Hay que insistir en que estas asociaciones no se han opuesto al rey, mas eran contiguas al Estado. O, como dice Ronald Inden, «en lugar de haber sido excluidas de la vida política india, han participado activamente en ella».[44] La casta nunca ha sido ajena a la política. La jurisdicción entre las instituciones judiciales del pueblo (*pañchāyāts* de castas, cabeza de aldea, concilio de la casta dominante) ha tendido a estar bien delimitada. Sólo la irrupción del poder colonial fracturó este modelo de círculo de círculos.

¿HA MUERTO EL "SISTEMA" DE CASTAS?

Las transformaciones más importantes en la moderna sociedad india van ineludiblemente ligadas a la pérdida de importancia de los viejos *pañchāyāts* de aldea y de casta y a la caída de sistemas como el *jajmānī*.

Ahora son las asambleas de aldea (*grām-pañchāyāts*) elegidas democráticamente quienes ejercen el poder. Si el antiguo mecanismo de control social de los *pañchāyāts* estaba en manos de las castas dominantes, ahora el control ha pasado a manos del partido político que esté en el poder.

Sin autoridad por parte de los *pañchāyāts* de casta (aunque con importantes excepciones, como es el caso de los *khaps*), ni un sistema ritual y económico como el *jajmānī* que las interconectaba e insertaba en la economía local, ¿tiene sentido seguir hablando de un "sistema" de castas? G.K. Karanth es concluyente: «Puede que no sea apropiado ya seguir refiriéndonos a las castas en la India rural como un "sistema"».[45] D.L. Sheth es todavía más claro:

> «Puesto en términos más fuertes: el sistema de castas indio, durante tanto tiempo concebido como un sistema de estatus ritual se ha desintegrado, aunque las castas en tanto que comunidades individuales conscientes de sí mismas sigan sobreviviendo».[46]

El llamado "sistema de castas" ya no existe. Tenemos la paradoja de unas castas sin sistema o de una práctica del casteísmo sin su legitimación tradicional. Lo que hay es un conglomerado de castas que, por un lado, sobreviven –gracias al principio de la diferencia– más o menos como linajes o grupos étnicos y, por otro lado, compiten unas contra otras como comunidades político-culturales. Pero aunque el "sistema" orgánico puede que ya no exista, sí perdura la sociedad segmentada en castas. La casta se adapta; se acomoda a los nuevos contextos.

De *jāti* a *samāj*

Una de las adaptaciones más importantes que tiene lugar hoy en la sociedad india es, como señala Balmurli Natrajan, el paso de la casta como grupo endogámico (*jāti*) a la casta como grupo cultural (*samāj*).[47] Ya lo vio Christopher Fuller, para quien *samāj* era «un eufemismo para *jāti*».[48] Este deslizamiento revela transformaciones profundas.

Dos marcadores importantes del llamado sistema de castas, como los tabúes y prácticas de la jerarquía ritual (comensalía, intocabilidad) y la asociación entre casta y ocupación hereditaria, están en proceso de evaporación. Como sabemos, eso no significa que no se den divisiones horizontales entre las castas. Aun cuando la potencia de la casta haya declinado, ha crecido el de la "identidad de casta", tanto en la vida social como política. Asociaciones de casta florecen por doquier, muchas de las cuales hacen de la casta uno de los principales ejes de la movilización política. La casta como asociación (*sabhā, samāj*), tal y como la reencontraremos al final del libro, funciona como un *lobby* político [véase capítulo 24]. Y, como vamos a ver ahora, funciona asimismo como "comunidad cultural". O mejor, como ya adelantamos en el capítulo precedente [véanse págs. 129-131], las asociaciones de casta *producen* las identidades y culturas que dicen representar.

Para operar, las castas ya no necesitan de un sistema integrado al estilo del *jajmānī*. Como señala Adrian Mayer, «la morfología dominante de la casta ya no es principalmente la jerarquía, sino la separación; y su base normativa es menos la de la pureza y más la de la diferencia».[49] Mayer realizó esta observación al volver a visitar a principios de los 1990s el pueblito que había estudiado en los 1950s. Y detectó que las distinciones de casta que previamente eran de rango vertical se estaban transformando en distinciones culturales horizontales.

El proceso de hacer de la casta una "unidad cultural" –a pesar de su heterogeneidad interna– se realiza desde *dentro* del grupo.[50]

Balmurli Natrajan ha estudiado el caso de la asociación (*sabhā*) de los kumhārs de Chhattisgarh (CKS). Desde su creación, en 1969, la *sabhā* ha ido desplazando a los antiguos *pañchāyāts* de casta de los kumhārs. En lugar de componerse de ancianos, la asociación fue incorporando a los miembros más cultos de la comunidad. Poco a poco, el CKS fue alentando importantes transformaciones culturales. Entre ellas, lideró una verdadera cruzada contra los matrimonios infantiles. Gradualmente, la asociación se fue erigiendo como representante "oficial" de la comunidad kumhār. Es decir, la asociación de casta (*sabhā*) ya no sólo representa los intereses de la casta, sino que se pone a trabajar para reconstruir la casta como una "comunidad" (*samāj*) y moldear su identidad. En otras palabras, refuerza la etnicización y culturalización de la casta [véase capítulo 24].

La asociación posee su presidente, vicepresidente, tesorero, oficiales comarcales, de distrito, de región, etcétera. Cada año celebra su convención anual, estructurada como un ritual, con *pūjās*, sermones en los que se enuncia el "progreso" de la comunidad y la eliminación de muchas costumbres "atrasadas", se habla de las finanzas de la asociación y se reparten libritos y folletos donde se explica la organización de la asociación y las "reglas para la comunidad" (*niyamavālis*). Es en estas reglas donde se "prohíben" prácticas consideradas degradantes, o se "estandarizan" las consideradas correctas. Los *niyamavālis* también incluyen las multas para los transgresores, las regulaciones políticas de la asociación, o cómo gestionar la justicia en casos de conflicto entre individuos o familias. Como dice Natrajan, en estas normas los tropos del "progreso" y del "cambio" son una constante.[51] De ahí, por ejemplo, la prohibición del CKS a la práctica del *gauna* (mantener a la niña "casada" en casa hasta su primera menstruación), lo que implica que los matrimonios ya sólo son tolerados con niñas postpúberes. En la misma tesitura, el CKS prohibió el pago-de-novia (*sukh*), muy común entre castas bajas de Chhattisgarh, y que –como sabemos [véanse págs. 73-75]– se opone a la más "moderna" práctica de la dote. El CKS también reguló el *bihat*, que es la cantidad de dinero que debe devolverse al marido –que pagó el *sukh*– en caso de que la esposa se separe de él. Al entrometerse en todo este tipo de cuestiones, la *sabhā* de los kumhārs ha acabado por eliminar cualquier poder que tuvieran los viejos *pañchāyāts*.

Los debates que estas asociaciones promueven a propósito de la "cultura de la casta" son estelares. Unos defienden que los kumhārs tienen sus canciones de boda, rituales o procesiones de matrimonio distintivas. Pero otros apuestan por una identidad más amplia: "chhattisgarhi"; o todavía más: "hindú". De ahí que los segundos quieran acabar con prácticas tradicionales de los kumhārs y ceñirse a las recomendaciones panindias (que no son otras que las sanscritizadas).

Aunque las reglas del CKS no tienen respaldo legal, su sistema de multas, ostracismo y excomunicación es tan efectivo como el de los *pañchāyats* tradicionales (y, por cierto, muy parecido). Y, a diferencia de aquellos, estas asociaciones sí poseen una legislación escrita en estos *niyamavālis* impersonales.[52]

El CKS está operando una profunda transformación entre los kumhārs. Está vaciando de poder a los pequeños concilios de ancianos y lo transfiere a un conjunto de reglas impersonales que deben ser ser aplicadas de forma uniforme entre todo el cuerpo social kumhār; esto es, entre la comunidad proyectada o *samāj*. El proceso es panindio. Los viejos *pañchāyāts* de casta están siendo substituidos por estas *sabhās* que están reconfigurando poderosamente las castas, haciendo de la diferencia cultural la razón de existir de la casta, y perpetuando, así, las jerarquías y asimetrías de casta.

La paradoja de esta "construcción" de la comunidad y la cultura kumhār es que al tratar de reformar viejas prácticas de los kumhārs y alinearlas con formas más sanscritizadas de la nueva clase media hindú, ello acaba por erosionar la peculiaridad de la cultura kumhār. Aunque quizá eso sea secundario, porque el proceso de crear la "comunidad cultural" es la forma en que la nueva élite de kumhārs usurpa el poder de los ancianos de antaño. Esta élite porta los distintivos de la nueva clase media (y no de la identidad tradicional de los kumhārs). Estos líderes no adquieren su autoridad de la organización jerárquica del *ancien régime* (que privilegiaba a los ancianos cabeza de familia varones) y su autoridad moral, sino que la consiguen por su conocimiento del Estado moderno. Los nuevos líderes son abogados o funcionarios que dicen saber cómo reformar la comunidad para subirla al tren del "progreso" y la "modernidad".

Del ejemplo de los kumhārs ha de quedar claro que, si bien las castas poseen cultura, la cultura no constituye la base de la casta. En muchas ocasiones, los rasgos culturales son el efecto y resultado de las castas tratando de reconstruirse a sí mismas como comunidades culturales.[53]

Hoy, la pertenencia a un *samāj* conlleva cierta tensión con la identidad de *jāti*. Aunque en el discurso político o social de la India puedan utilizarse ambos términos de forma indistinta, son lo suficientemente diferentes como para decir –con Balmurli Natrajan– que *samāj* está a medio camino entre *jāti* y grupo étnico.[54]

A medida que las élites del *samāj* tratan de expandir las fronteras de la casta, están debilitando a la vez el crucial aspecto de parentesco que acarrea la noción *jāti*. Una de las demandas del CKS, común a muchísimas asociaciones de casta modernas, es la ampliación del círculo matrimonial, de modo que se trascienda la barrera de la subcasta y hasta de la casta. Porque sólo de esta forma el *samāj* puede convertirse –como veremos al final de la obra– en un verdadero *lobby* o grupo de presión.

II

EL PRINCIPIO DE LA JERARQUÍA

Dice un conocido estereotipo que la India (aunque, en verdad, el cliché se refiere al hinduismo) es tan dúctil y tiene tanta capacidad de integrar (ha sido comparada a una esponja) que nadie tendría que sentirse realmente excluido. Lo cual, aunque en modo alguno gratuito, es una visión sesgada, porque dicha integración se da casi siempre de manera jerárquica.

Como decía Louis Dumont, donde otras sociedades «condenan y excluyen, la India jerarquiza e incluye».[1] Así parece haber funcionado durante siglos. De esta forma se han integrado formas de vida, de dieta, de culto... asombrosamente diversas. Todo el mundo puede mantener su rasgo diferencial, pero al precio de la *jerarquía*. O dicho de otra forma, lo que podría ser una mera compartimentación horizontal conforma también una pirámide vertical.

Si queremos tener una visión completa de la sociedad de castas, al principio de la diferencia hay que superponerle el de la jerarquía. (Curioso es, no obstante, que en ninguna lengua india encontremos un término que pueda traducir este concepto.)

Si al comenzar la anterior Parte mencionábamos que el principio de la diferencia había hecho de la India un espacio abonado para el juego democrático, tenemos también sobrados argumentos para decir, con el líder dalit B.R. Ambedkar, que «la democracia es sólo un condimento sobre el suelo indio, que es esencialmente no democrático».[2] El historiador K.M. Panikkar aún iba más lejos cuando afirmaba que la casta era más una religión que no un orden social; y una religión cuya dureza y rigidez incluso avergonzarían a la Santa Inquisición.[3]

Nos adentramos, pues, en una dimensión controvertida. Un principio jerárquico que, al entremezclarse con el principio de la diferencia, viene a complejizar substancialmente el universo de la sociedad de castas.

Penetramos tanto en el mundo religioso, ritual e ideológico de la tradición letrada por excelencia de la India, la de los brāhmaṇs (y sus importantes nociones de *varṇa* [foco del capítulo 6] y *dharma* [capítulo 7]), como también en el mundo secular y político de los reyes, los terratenientes y los poderosos; el mundo de los rājputs y las castas dominantes. El lenguaje brahmánico de la pureza [capítulo 8], unido al lenguaje político del poder [capítulo 9], otorga las variadas jerarquías de la sociedad india [capítulo 10]. Su acción conjunta, contrariamente a la creencia popular de que la sociedad india es inmutable, ha otorgado movilidad a los sistemas de castas [capítulo 11].

6. *VARṆA*

Sumerjámonos en la visión textual, clásica, sánscrita, religiosa, ideal y sistémica de la casta. Aquella que está profundamente enraizada en la ideología de los brāhmaṇs y en la religión hindú. Louis Dumont era categórico: el sistema de castas «es en su esencia religioso».[1] A buen seguro, esa es también la visión que la mayoría de los lectores familiarizados con la India ha tenido ocasión de leer o escuchar en alguna parte.

Aunque los escritos brahmánicos tienden a excluir cualquier referencia al contexto social, político o religioso de sus autores, y siempre presentan un esquema ideal y holístico, eso no quiere decir que esos textos fueran producidos en un vacío histórico.[2] Huelga decir, además, que en ningún momento la tradición brahmánica ha sido uniforme. Y aún cabe señalar que cuando hablamos de visión o ideología brahmánica podemos estar remitiendo a colectivos y géneros variados: a la casta de los brāhmaṇs, a la tradición letrada e intelectual de la India, a la ortodoxia hindú, a los textos en sánscrito, etcétera. Su nexo es el vago concepto "brāhmaṇ". Pero vale la pena recordar que bajo esta etiqueta encontraremos diferentes sensibilidades y tendencias. Si los brāhmaṇs han representado la ortodoxia del hinduismo, muchas veces también han liderado –como veremos en otros capítulos– las voces disidentes y autocríticas. Para despejar malentendidos recordemos que, a pesar de su incuestionable poder, la clase de los brāhmaṇs nunca se ha organizado internamente. No hay Iglesia o pontífice. Cada escuela, familia o casta de brāhmaṇs ha sido independiente de las demás. Mientras haya aceptado la autoridad del *Veda* y respetado los rituales, cada corriente ha tenido plena libertad de opinión. En favor de la claridad, esbozaremos un cuadro general de ideas, enfoques y prácticas comunes a los distintos grupos que hemos llamado "brahmánicos" y a eso que en la India una mayoría reconocería como "ortodoxia". Pero ha de quedar bien claro que cuando hablamos de la dominación brahmánica nos referimos al discurso sobre la casta, no a los brāhmaṇs en sí mismos.

Y para este entramado de textos, ideas y prácticas, el elemento clave en lo que nos toca es el concepto *varṇa*, que literalmente significa "color". Si bien es frecuente y lioso –aunque en modo alguno injustificado– volcar *varṇa* por "casta", nos alineamos con los que lo traducen por "clase".[3] Aunque aquí nos centraremos en las clases o *varṇas* de la sociedad, hay que advertir que *varṇas* los hay entre la flora, la fauna, las divinidades, el espacio o el tiempo.[4]

Desde luego, la "clase" a la que remite el *varṇa* no es la moderna clase social, sino algo así como clase "sociorritual" o "socioespiritual". Puede ser "casta" pero siempre en el sentido de "grupo con rango ritual". Según lo ha entendido la ideología brahmánica, el rango social se mide en términos rituales y sólo parcialmente en términos de riqueza material. El pensamiento social brahmánico se basa en el concepto de *varṇa*, y no en los de *jāti* o *clase* al uso moderno.

Aunque más adelante nos encargaremos de revisar y deconstruir ciertos aspectos que se derivan de esta visión, no puede negarse que ha contribuido a conjuntar la sociedad y a crear un marco panindio de corte brahmánico de hondo calado. Un marco que dice remontarse al *Veda*.

UNA COSMOGONÍA VÉDICA

Existe en el *Ṛig-veda* (el compendio de himnos sagrados de mayor antigüedad de la India) un famoso canto que los poetas llamaron "Himno del Hombre primigenio" (*Puruṣa-sūkta*). Aparece en el Libro 10, que es seguramente un añadido tardío, pero aun así puede que tenga 3.000 años de antigüedad. El canto dibuja una cosmogonía sumamente interesante y a la postre influyente, bien que no sea la única que aparece en el *Veda*. El himno loa a un gigante primordial, el "Macho", la "Persona", el "Hombre primigenio" (Puruṣa). Él es la totalidad de lo real:

> «Este Puruṣa, él solo es todo lo ya concebido y lo que todavía está por venir. Es el señor sobre lo inmortal y sobre lo que sigue creciendo mediante alimentos [lo mortal].
>
> [...] Un cuarto de él son todas las criaturas, tres cuartos de él es lo inmortal en el Cielo».[5]

El Puruṣa engendra una energía femenina (*virāj, śakti*) y se une a ella para darse paso a sí mismo como mundo. Todo lo que existe forma parte del macrántropo trascendental. Esta Persona se autoinmola en un sacrificio primigenio y de sus diferentes miembros surgen las fuerzas cósmicas, los himnos védicos, los aires, los dioses refulgentes, los humanos, las cosas, etcétera. El universo es una proyección del cuerpo sacrificado del Ser Cósmico. La idea de sacrificio (*yajña*) es, plausiblemente, la más importante de la antigua teología brahmánica. El grueso del aparato sacrificial del vedismo –que por su dimensión, complejidad e importancia no ha tenido parangón en ninguna otra civilización– consistirá en reactualizar, emular, volver a sacrificar de nuevo el cuerpo cósmico del Puruṣa; una figura que pronto también llamaron Prajāpati, el "Progenitor", y siglos más tarde iría transformándose en un conocido dios del hinduismo: Brahmā.

Otro de los principios centrales de la religión védica, y uno que ha quedado muy arraigado al pensamiento índico, es la idea de correspondencia. La especulación védica podría definirse como un gigantesco sistema de equiparaciones, correspondencias, homologías, conexiones y espejos. Todo lo que cabe bajo la voz sánscrita *bandhu*.[6]

En el *Veda* se insiste una y otra vez en que las esferas macrocósmica y microcósmica tienen cada una de ellas homologías en la otra esfera. Por tanto, el orden social debe reflejar por fuerza el orden cósmico. Por el *bandhu* o principio de analogía, el individuo y la sociedad humana tendrían que reproducir la misma estructura fundamental del universo. Exactamente como continua el *Puruṣa-sūkta*:

> «El brāhmaṇa fue hecho de su boca; de sus dos brazos fue hecho el rājanya [kṣatriya]; de sus muslos el vaiśya; de sus pies nació el śūdra».[7]

Este es el primer lugar en toda la literatura brahmánica en el que se da una explicación de las cuatro clases sociales –aunque el himno todavía no emplea el término *varṇa*–, y también el primero donde se utiliza la palabra brāhmaṇa en su sentido clásico de "sacerdote", "liturgista" o "brahmán".* ¡Ojo!, tengamos muy presente que en época rigvédica tardía la llamada so-

* De entre los múltiples liturgistas de la religión védica (*hotṛi, udgātṛi, adhvaryu*, etcétera), en un período incierto comenzó a destacar un sacerdote peculiar, encarnación viva de "lo sagrado" (*brahman*), la potencia sacrificial. En silencio, permanecía sentado en un lugar preeminente y supervisaba el funcionamiento del ritual. Por sus amplios conocimientos se convirtió en el epicentro del ritual y acabaría otorgando el nombre a toda la clase sacerdotal: brāhmaṇa.

ciedad de castas estaría en un estadio muy –pero que muy– embrionario. De hecho, para el mundo védico sólo existirían dos clases de personas: la propia, que llamose "noble" (ārya), y la de los "enemigos" o dāsas (posiblemente, otra rama de pueblos de habla indoirania con tradiciones cúlticas diferentes). No había vaiśyas o śūdras hace 3.000 años. La sociedad védica era tribal y relativamente igualitaria. En todo el *Ṛig*, sólo se mencionan una vez las palabras "vaiśya" y "śūdra", precisamente en este himno,[8] lo que delata que se trata de una interpolación tardía. Pero aunque el *Puruṣa-sūkta* simplemente recrea la metáfora de la interpenetración de los niveles (y el Puruṣa no es más que la imagen mitológica para describir el *ṛita* o flujo armónico del cosmos), está claro que la tradición brahmánica legitimaría más tarde la sociedad dividida en castas sobre esta cosmogonía.

Desde esta perspectiva, las clases sociales no serían meros grupos funcionales, sino un orden de la creación, el reflejo del curso armonioso del universo. La idea que debemos retener es que el "sistema de castas" representa un orden divino y sagrado. Los *varṇas* no son producto de la cultura o la inventiva humana; son substancias cósmicas. Por ello, Madeleine Biardeau prefería traducir *varṇa* por "clase sociocósmica".[9] En realidad, no sólo el sistema de *varṇas*, sino todo el aparato religioso de la sociedad védica, replicaría la estructura del orden cósmico a nivel social y ritual. Igual que el respeto del orden social reflectaba la cadencia del cosmos, los sacrificios védicos emulaban y hasta *constituían* el ordenamiento del universo. Según la exégesis brahmánica tradicional, el cosmos depende de la exactitud de la acción sacrificial [FIG. 26]. Hasta tal punto que los textos antiguos auguraban que el Sol no se levantaría si el sacerdote no ofrecía en la madrugada el sacrificio al fuego.[10]

Aunque el aparato sacrificial védico irá cediendo paso a formas más simplificadas de ritual (o más espirituales, como muestran los últimos textos védicos: las *Upaniṣads*), la imaginería del sacrificio retendrá un lugar de privilegio en el esquema hindú.

El *Puruṣa-sūkta* será invocado una y otra vez siglos más tarde para otorgar legitimación escritural tanto a la separación de funciones entre los *varṇas* como a su interdependencia. Véase el popular *Bhāgavata-purāṇa*.[11] Olvidados los conceptos de Puruṣa o Prajāpati, los brāhmaṇs del hinduismo clásico mantuvieron el mismo modelo sustituyendo al demiurgo por alguno de los dioses ascendidos a lo más alto: Brahmā, Viṣṇu o Śiva.

Por lógica, había dos formas de enfocar la cuestión. Como ha notado

26. Sacerdotes de la casta nampūtiri-brāhmaṇ realizan el complejo sacrificio (*yajña*) del agnichayana (la construcción del altar de fuego), siguiendo instrucciones védicas de 3.000 años de antigüedad. Panjal (Kerala), 2011.

Subhash Kak, «si el hombre está hecho a imagen del Ser Cósmico de cuyo cuerpo surgieron las castas, entonces evidentemente cada ser humano tiene un elemento de todas las castas en sí mismo».[12] En otras palabras, todos poseemos boca, brazos, muslos y pies; por tanto, las cualidades del brāhmaṇ, el kṣatriya, el vaiśya o el śūdra están en toda persona (*puruṣa*). Sin embargo, los poetas védicos prefirieron la otra fórmula: espejar el Puruṣa en la sociedad, y no en el individuo. Es el cuerpo social el que queda concebido a imagen del Ser Cósmico. Esta concepción poseía la ventaja de naturalizar las diferencias sociales.

Este es, claro está, el aspecto que los modernos defensores de la ideología de *varṇas* no han cesado de remarcar.[13] Para Richard Lannoy, «ninguna porción del todo puede jactarse de superioridad o importancia exclusiva sobre las demás; colaboración e intercambio forman la esencia de esta teoría organicista».[14] Raimon Panikkar también subrayaba «la unidad de las cuatro castas como diversas funciones de la sociedad».[15]

Para sus detractores, en cambio, que el śūdra sea equiparado con los pies del Ser Cósmico es malintencionado; ya que el pie es la parte más baja e innoble del ser humano [véanse págs. 202-203]. De modo que –sentencia el doctor Ambedkar– «al śūdra se le coloca el último en el orden social y se le otorga la función más degradante: servir como criado».[16]

LOS CUATRO *VARṆAS*

Con el paso de los siglos, las especulaciones del *Ṛig-veda* fueron cuajando en una ideología muy elaborada, propia de unos textos explicativos del *Veda* necesarios para la correcta ejecución de los ritos. El corpus que recoge las consideraciones sobre los *varṇas* suele considerarse "recordado" (*smṛiti*) en lugar de "revelado" (*śruti*).* Entra aquí el vastísimo material de los *Dharma-sūtras* y los *Dharma-śāstras*.**

La exégesis brahmánica interpretó que tres de las cuatro clases corresponden a la parte del Puruṣa que emerge de la Tierra. Los miembros pertenecientes a estos tres *varṇas* (brāhmaṇs, kṣatriyas y vaiśyas), son los "dos-veces-nacidos" (*dvijātis*, *dvijas*), una vez han recibido el *upanayama* o rito de iniciación a la religión védica. Ellos forman la sociedad "noble" (ārya) y portan el "cordón sagrado" (*yajñopavīta*) que denota su rango. Por debajo, quedaría el grueso de los "una-vez-nacidos" (*ekajas*), como los śūdras. En realidad, en el *Ṛig-veda* el concepto *varṇa* se aplica casi siempre para contrastar la sociedad ārya con los que quedan fuera de su mundo ritual y lingüístico; es decir, los dāsas (enemigos) y los mlecchas (extranjeros). El ārya encarna las verdades eternas del *dharma*, desciende de los videntes y poetas que "captaron" el *Veda* y es el custodio de la lengua sagrada en la que se transmite. Son las tres clases superiores de āryas o *dvijas* las que realmente incumben a los tratados brahmánicos. Y aún podríamos reducir el espectro a la primera clase, la de los brāhmaṇs; ya que como Madeleine Biardeau y Charles Malamoud han detectado, «una lectura atenta de los primeros ca-

* Ambas categorías son más flexibles de lo que a veces se lee. Para este libro puede dejarse como "revelado" (*śruti*) a las colecciones de himnos (*Saṃhitās*), los textos litúrgicos (*Brāhmaṇas*), los tratados esotéricos (*Āraṇyakas*) y las enseñanzas filosóficas (*Upaniṣads*) del *Veda*. Este vasto material de máxima autoridad fue compuesto antes del -400. La parte *smṛiti* es todavía más amplia. Comprende textos auxiliares del *Veda* (como los *Dharma-sūtras*, *Dharma-śāstras* y otros), las epopeyas (como el *Mahābhārata* y el *Rāmāyaṇa*) o las crónicas mitológicas (*Purāṇas*). *Grosso modo*, este material fue configurándose entre el -500 y el +1000. Se le considera "tradicional", basado en la memoria de un sabio. Pero, aunque no posee el pedigrí de la *śruti*, la autoridad de la *smṛiti* ha llegado a ser igual que aquella.

** Es difícil dar con una traducción fiel a los conceptos *dharma-sūtra* o *dharma-śāstra*. Suelen verterse por "ciencia del *dharma*" o "tratado sobre el deber". Los *Dharma-sūtras* más importantes se atribuyen a sabios como Āpastamba, Gautama, Baudhāyana o Vasiṣṭha. Entre los cientos de *Dharma-śāstras* hallamos el célebre *Mānava-dharma-śāstra* o *Manu-smṛiti*, conocido como las "Leyes de Manu", compuesto hacia el siglo I. Algunos compendios de estos materiales todavía tenían vigencia en los tribunales angloindios a finales del siglo XIX.

pítulos del *Manu-smṛiti* [...] revela que el "dos-veces-nacido", para quien los mandatos están dirigidos, es en realidad el brāhmaṇ».[17]

Y este mismo texto dice que «para proteger la creación, el Resplandeciente asignó actividades distintas a cada uno de los que emanaron de la boca, brazos, muslos y pies».[18] Como toda enseñanza "tradicional" (*smṛiti*) el *Manu* ha de fundamentarse en lo "revelado" (*śruti*) en el *Veda*. Siguiendo el mismo procedimiento, el *Viṣṇu-smṛiti*, otro importante *dharma-śāstra*, describe la misión de cada clase:

> «Los deberes son: para el brāhmaṇa enseñar [el *Veda*]; para el kṣatriya, la práctica de las armas; para el vaiśya, el trabajo con el ganado; para el śūdra, servir a los "dos-veces-nacidos". Para todos los "dos-veces-nacidos", sacrificar y estudiar [el *Veda*].
>
> Sus modos de vida son: para el brāhmaṇa sacrificar para los demás y recibir limosna; para el kṣatriya proteger el mundo [y recibir compensación, en forma de impuestos]; para el vaiśya, el cultivo, la ganadería, el comercio, la usura con intereses y la agricultura; para el śūdra, todas las ramas del arte y la artesanía».[19]

De esta forma, la explicación hindú ortodoxa sobre el origen y la función de las castas queda encapsulada en el himno del Puruṣa y la exégesis realizada por el *Manu-smṛiti*, el *Viṣṇu-smṛiti* y textos similares. Y para la ortodoxia, estas cuatro grandes clases forman una estructura social piramidal e inalienable. Es el llamado orden de las "cuatro clases" (*chāturvarṇa*).

La posición del brāhmaṇ

Los brāhmaṇs están en la cúspide porque fueron creados primero, son más completos, son conocedores del *Veda* y dirigen el sacrificio [FIG. 27]. Ellos son los responsables de la transmisión, preservación y enseñanza del conocimiento sagrado. Por ello, el brāhmaṇ de prestigio es fundamentalmente el depositario, transmisor y estudioso del *Veda*. Casi que para el brāhmaṇ docto y puro el conocimiento del *Veda* es conocimiento de sí mismo. Por ello lo cultiva y lo recita a diario. Los brāhmaṇs son ontológicamente los más perfectos y completos representantes de la especie humana. Sin escatimar elogios, en una sentencia clásica se afirma que:

«Existen dos clases de dioses; pues los dioses son dioses, y aquellos brāhmaṇas que han estudiado y enseñan el *Veda* son dioses humanos».[20]

Si todo tiene sus equivalencias y correspondencias, está claro que los brāhmaṇs constituyen la contrapartida terrestre de Prajāpati. Su fuerza tiene el mismo origen que los dioses: *brahman* (la potencia sacrificial). Idealmente, el brāhmaṇ guía a la sociedad por la fuerza de su poder espiritual, como los antiguos sabios-poetas (*ṛiṣis*) que escucharon el *Veda*.

A pesar de los privilegios que posee en virtud de su nacimiento, los textos declaran que el brāhmaṇ debe mantener la disciplina moral y la pureza inherente a su clase. De donde, como veremos, la cantidad de tabúes a los que está sujeto de por vida. Si el brāhmaṇ incumpliera sus obligaciones de *varṇa*, no se convertiría en kṣatriya, sino directamente en śūdra o en algo incluso peor. Al menos, así lo entendería una línea de pensamiento. Para otra, en cambio, un brāhmaṇ será siempre «el más elevado entre los dioses».[21]

Esta visión ideal e idealizada, no obstante, tiene que matizarse considerablemente si queremos aplicarla a la sociedad factual. En primer lugar, no todos los brāhmaṇs han sido –o son– sacerdotes o expertos en el conocimiento sagrado. (Ni todos los sacerdotes han sido o son brāhmaṇs [FIG. 37].) Los *Dharma-śāstras* son más pragmáticos y flexibles de lo que aparentan.

27. Retrato de un sacerdote havik-brāhmaṇ de Karnataka. Foto: Hurrichund Chintamon, 1867.

Y nunca dejaron de recomendar cómo un miembro de una clase debería de ganarse la vida y actuar en tiempos difíciles [véase pág. 187]. De ahí que hayamos encontrado a brāhmaṇs desempeñando cargos en la administración, en la educación y hasta en la agricultura, muy a pesar de las declaraciones del *Manu-smṛiti*, que desaprueba enfáticamente el arado para los brāhmaṇs.[22] Eso no les ha convertido en śūdras. Serán brāhmaṇs pobres, pero –igual que con las *jātis*– habrá sido su nacimiento de padre y madre brāhmaṇ lo que les otorga su rango en el brāhmaṇ-varṇa.

Por mucho que los autores de los *Dharma-śāstras* nos quieran hacer creer que los brāhmaṇs eran los elementos más importantes de la sociedad y que su vida ejemplificaba el modelo de conducta ideal, la persistencia en la India de costumbres y reglas muy poco brahmánicas muestra que había secciones importantes de la población para quienes los brāhmaṇs han sido de importancia ritual o política relativas.

El kṣatriya

La función adjudicada a los kṣatriyas o *rājanyas* es la defensa y protección de la población [FIG. 41]. Si el brāhmaṇ está investido de *brahman*, que es el poder sacrificial, el kṣatriya lo está de *kṣatra*, la potencia y la fuerza. El kṣatriya por antonomasia es el rey (*rāja*) o gran rey (*mahārāja*). Aquel dignatario que emula el ideal del monarca universal (*chakravartin*) resume la esencia kṣatriya. La voz *kṣatriya* está emparentada con la irania *ksathryō* o la vieja persa *kšasapāvam*, de la que procede nuestro "sátrapa". Y la de *rāja* con la latina *rex*. Hay que advertir que, al igual que con los brāhmaṇs, muchos grupos tenidos por kṣatriyas se situaban o se sitúan en parcelas de la sociedad distintas a su función ideal.

La relación kṣatriya-brāhmaṇ

Lo importante es que según el discurso brahmánico, el rey necesita legitimar su autoridad por los brāhmaṇs, que son quienes conocen los misterios últimos. Los brāhmaṇs son capaces de conceder al rey un estatus trascendente para que pueda involucrarse en la esfera mundanal del gobierno y capear el mundo del conflicto. De ahí los ritos de entronización (*rājasūya, abhiṣeka*), que tendrán que ser periódicamente actualizados. Por ello, el monarca se asesora por un capellán brāhmaṇ, el *purohita*, que hace a la vez de *guru* real, le aconseja en distintos asuntos de Estado y participa activamente en los rituales de entronización.

Por descontado, el brāhmaṇ goza de una serie de privilegios que la literatura shástrica nunca deja de mencionar. A destacar, por ejemplo, que los castigos más severos no pueden aplicársele. Dada su posición aventajada, el brāhmaṇ se aseguraba del monarca una serie de puestos en el gobierno y –como reconocimiento a su sabiduría y mérito religioso– recibía gratuitamente tierras (*brahmadeyas*, *agrahāras*) exentas de impuestos. En el sur de la India, el brāhmaṇ ha sido con frecuencia un poderoso terrateniente (*mīrasdar*). (Ello explicaría, en parte, por qué los movimientos antibrahmánicos de finales del siglo XIX se originaron en el sur [véanse págs. 512-514].) Por supuesto, el brāhmaṇ ha de recibir una salutación respetuosa. Las reverencias podrían llegar a ser tales que algunos miembros de castas bajas ni siquiera pisarían la sombra de un brāhmaṇ.

El brāhmaṇ instruido o *śrotriya* (versado en la *śruti*, predecesor del *paṇḍit*), estaba también exento de impuestos. Este punto revela un aspecto no siempre resaltado. Aquel brāhmaṇ que –en tanto que sacerdote doméstico o de templo– se dedica a las funciones rituales, verá rebajado su rango ya que ha de servir a castas más bajas (que le remuneran). En cambio, el brāhmaṇ que se aísla de la función sacerdotal y no acepta donaciones ni pagos, como el *śrotriya*, posee rango más elevado.[23]

La función estelar del rey sería proteger el cumplimiento de este orden social o *varṇa-dharma*, motivo por el que tantos monarcas hindúes portaron el título de "rey del *dharma*" (*dharma-rāja*). Para ello, el gobernante hace uso de la "coerción", el "castigo" o la "fuerza militar", conceptos todos retenidos en el término *daṇḍa*.

Muchos autores piensan que en la India el poder político ha estado permanentemente sometido al *dharma*, que es la esfera de dominio del brāhmaṇ. La atomización de la sociedad en castas impidió la fusión del poder vertical y el poder horizontal. Y lo cierto es que en la India no se ha prodigado demasiado la noción del rey-divino, propia del antiguo Egipto, de Mesopotamia, de China e incluso del *ancien régime* europeo. Dicho esto, también debe insistirse en que se da una cierta solidaridad y necesidad recíproca entre el par kṣatriya-brāhmaṇ. El primero necesita del otro para legitimarse; y el segundo, del rey para su sostén material. Y, como veremos en otro capítulo, tenemos muchos motivos para pensar que la cúspide de la sociedad india ha estado casi siempre *de facto* coronada por el rey (mientras que el brāhmaṇ la culminaría religiosa e idealmente).

Serían los consejos de casta (*pañchāyāts*) o las asambleas de notables (*pariṣads*) de la aldea las instituciones que, más que el rey, habrían supervisado lo relativo al orden de castas. La institución de estas asambleas es añeja ya que puede rastrearse hasta la *Chāndogya-upaniṣad*,[24] que es anterior al Buddha.

Vaiśyas y śūdras

Según el modelo brahmánico de la sociedad, los vaiśyas representan la función productora. Una mayoría de indoeuropeanistas derivan la palabra de *viś*, que significa "clan"; emparentada, por ejemplo, con la latina *vicus* ("barrio", de donde surge la castellana "vecindad"). Otros la derivan de *viśva*, "todo el mundo". En el contexto de los *varṇas*, *viś* es el poder del trabajo. Así, los vaiśyas se encargarían de la ganadería, la agricultura, algunos oficios y, por encima de todo, el comercio [FIG. 44]. A este colectivo habría que atribuir el nacimiento de los gremios (*śreṇis*). Aunque en comparación con las dos clases anteriores el vaiśya-varṇa posee un rango más bajo, pertenece todavía a la sociedad ārya; y queda claramente desmarcado del śūdra-varṇa. Con todo, los vaiśyas han constituido un grupo tan indefinido que, tal vez con la excepción del genérico "baniā", pocos colectivos se han reconocido como tales. Y, como comprobaremos más adelante, históricamente han estado próximos a los śūdras.

Según los textos clásicos, el śūdra-varṇa estaría compuesto por los grupos que habrían rehusado aceptar las costumbres y tradiciones de los āryas. Por eso su deber es "servir" a los āryas.

El *Ṛig-veda* menciona una sola vez la palabra "śūdra", en el tardío himno del Puruṣa. Pero a medida que vamos transitando de la vieja sociedad védica al tiempo de los *Dharma-śāstras*, la figura del śūdra va apareciendo con más frecuencia y va adquiriendo los rasgos que otrora tuviera el dāsa (el "enemigo" u "otro" respecto al ārya), como muestra que al final de la época védica los términos *dāsa* y *śūdra* fueran casi intercambiables. De donde la prohibición de que el *Veda* fuera recitado en presencia de śūdras; y la negativa a que conociera el *dharma* (entendido como las obligaciones rituales de los āryas) y llevara a cabo los sacrificios y ritos. Esta es la principal diferencia entre los *dvijas* y los śūdras: sólo a los primeros les está permitido el uso de los *mantras* védicos.[25]

Los peores castigos recaerían sobre aquel brāhmaṇ que enseñare el conocimiento sagrado a un śūdra.[26] Como ha visto Sheldon Pollock, esta postura, propia de la escuela mīmāṃsā,[27] delata que el intento de monopolizar el conocimiento védico debería estar sujeto a disputas, ya que no se prohíbe algo que uno nunca hace.[28] Con todo, lo más probable fuera que, siguiendo una máxima muy querida por la tradición brahmánica, a los grandes colectivos que quedaban "fuera" de la sociedad ārya se les dejara que se autorregularan por sus leyes, costumbres y ritos, siempre que no interfirieran con el aparato sacrificial védico y utilizaran los *mantras* védicos.

Dado su elevado número, los śūdras pasarían a desempeñar distintas funciones, y no sólo la servil. Dícese que la mayoría de los agricultores, pequeños tenderos, artesanos y obreros provenían de esta clase. Su posición en el esquema ideal de las cosas era fundamental, pues las demás clases tendieron a definirse por oposición a los śūdras.[29]

LA MEZCLA DE CLASES

Curiosamente, el *Manu-smṛiti* y otros *Dharma-śāstras* reconocen que en la sociedad existen muchas *jātis*, y no sólo cuatro *varṇas*. Así que en un ejercicio asombroso de taxonomía, los autores brahmánicos se pusieron a indagar de dónde surgían las múltiples *jātis*.

La explicación brahmánica tradicional dice que las *jātis* proliferaron por los matrimonios cruzados –que no respetan la endogamia– entre miembros de distintos *varṇas*.[30] El esquema conceptual es muy sencillo: todas las castas se incluyen en el sistema de los cuatro *varṇas* y se producen por diferentes combinaciones de enlaces *anuloma* (hipergamia) y *pratiloma* (hipogamia).

Así, la casta de los carpinteros, la de los tallistas o la de los chaṇḍālas surgirían respectivamente de la unión de un hombre śūdra con una mujer vaiśya, kṣatriya y brāhmaṇ. A mayor diferencia de rango, peor resultado. El *Manu* dice que los ābhīras (predecesores de los ahīrs), por ejemplo, son fruto de la unión de un brāhmaṇ y una āmbaṣṭha (que es, a su vez, descendiente de la mezcla entre un brāhmaṇ y una mujer vaiśya). Un pulkasa (casta bajísima) nace de la unión de un niṣāda (*ídem*) y una mujer śūdra.[31] La taxonomía puede sofisticarse mucho.* Otras castas surgieron de personas ex-

* Los primeros *Dharma-sūtras* mencionan entre 10 y 15 castas, el *Manu* postula 61 castas mezcladas y los *Purāṇas* (siglo IV en adelante) ya hablan de más de un centenar. La lógica se asemeja a la que los ibéricos realizaron en las Américas, con sus combinaciones entre mestizos, castizos, mulatos, moriscos, chinos, albarazados, lobos, calpamulatos, noteentiendos, sanbaigos, etcétera.

pulsadas de la casta o de hijos ilegítimos (nacidos por adulterio o de una viuda). Etcétera. Nótese que –salvo alguna excepción– la denostada "mezcla de clases" (*varṇa-saṃsarga*, *varṇa-saṃkara*) a la que se refieren los *Śāstras* es la hipogámica (*pratiloma*: en contra del orden natural), cuando la esposa es de casta superior al esposo [véase pág. 35].

Los *Dharma-śāstras* forman la *traditio* o *smṛiti*, es decir, el recuerdo de verdades antiguas. La verdad es fija. No puede alterarse ni mejorarse. De ahí que la ahistoricidad de estos textos no sea una ausencia de sentido histórico, sino «su negación deliberada», como expresa Mikael Aktor.[32] El *dharma* es más que el flujo ordenado del cosmos; es el "deber" o cumplimiento ritual. Y lo fundamental es respetar el mandato védico (*vidhi*) que impide el matrimonio cruzado. Por ello, el rey debe vigilar que no se dé la mezcla de clases en su reino. Ningún tratado basa la inferioridad del śūdra o del chaṇḍāla en un origen tribal o en una oposición étnica. Lo basa en la ruptura del sacrosanto mandato de endogamia várnica. Lo curioso e interesante de esta visión es que si las *jātis* surgieron precisamente de romper con la regla de la endogamia, las *jātis* serían entonces el reverso de los *varṇas*.[33]

En cualquier caso, la teoría del *varṇa-saṃsarga* es un ardid para explicar la confusión del orden de clases que para la mentalidad brahmánica impera en estos tiempos corruptos; porque la realidad parece haber sido distinta a la "mezcla de clases" que estos textos dicen haber detectado. Sabemos que en época védica las personas podían cambiar su identidad de *varṇa*. Incluso algún tratado de leyes brahmánico aceptaba el matrimonio entre varón brāhmaṇ y mujer śūdra.[34] Conocemos el origen tribal de muchas castas. El hecho está corroborado porque el nombre de muchas de ellas es idéntico al de tribus en proceso de arianización (o empeñadas en no asimilarse a la corriente ārya), pero no necesariamente mestizadas. Los āndhras, niṣādas, vaidehakas, ābhīras o ambaṣṭhas son nombres históricamente documentados de pueblos que han vivido en el Sur de Asia, y no el producto de la unión impura entre personas de distintos *varṇas*. Otras castas puede que se hubieran originado en gremios. Las hay que debieron surgir de homologaciones regionales de los *varṇas*. Los *Śāstras*, simplemente, tratan de explicar en el lenguaje brahmánico de la pureza la obvia diferencia entre sus cuatro –y sólo cuatro– "clases" (*varṇas*) y las centenares de "castas" (*jātis*) de la sociedad. Los autores de los tratados eran muy conscientes de que la realidad social no se ajustaba al patrón de los cuatro *varṇas*. Así, inventaron una teoría de la fisión de castas. Como cada grupo tenía que homologarse a un *varṇa*, se dice que la mayoría de los subgrupos nacen de los matrimonios cruzados que, al no “respetar” la endogamia várnica, entran obligatoriamente con un estatus ritual bajo. Pero los historiadores rechazan la teoría del matrimonio inter-*varṇa* como explicación del desarrollo de las *jātis*.[35]

En ningún lugar de la literatura budista se menciona este aspecto. Más bien lo contrario: los hijos o hijas de matrimonios cruzados se asimilan al grupo social de uno u otro de los progenitores.[36] Incluso un experto tan tradicionalista como Pandurang V. Kane admitía que la teoría de los matrimonios cruzados puede que fuera hipotética y especulativa y simplemente reflejara la impresión general que se tenía acerca del estatus de castas particulares en diferentes localidades.[37] El *Vasiṣtha-dharma-sūtra* reconoce con franqueza que sólo por la conducta y la ocupación pueden deducirse algunas *jātis*.[38]

7. *DHARMA*

El concepto central de la práctica "ortodoxa" o brahmánica del hinduismo, tanto a nivel personal como social, es *dharma*. La palabra puede traducirse por ley, deber, conducta apropiada, moralidad, religión, virtud, orden, enseñanza, etcétera. De hecho, es todas esas cosas *a la vez*. Porque si algo caracteriza al *dharma* es su condición polisémica. Deriva de la raíz sánscrita *dhṛi*, que significa "sostener", "mantener" (emparentada con la latina *fir*, de donde procede *firmus*, "firme").

En la antigüedad, dos sentidos del concepto tenían preeminencia. Por un lado, un sentido llamémosle "legal" (que es el que en el futuro conocerá un mayor desarrollo). *Dharma* como soporte y fundamento de la autoridad real. Este parece ser el significado más antiguo. Por otro lado, posee un sentido cosmológico. *Dharma* como principio que ordena y sostiene el buen curso del universo. El mundo tal y como debería funcionar para conformarse a su verdadera naturaleza. Este aspecto del *dharma* tiene su correlato en el viejo concepto védico de *ṛita*, el flujo o armonía del cosmos. Por el *dharma*, el Sol brilla y es el *dharma* del Sol brillar. El *dharma* hace que los ríos fluyan y es el *dharma* del río fluir. El *dharma* es el orden omniabarcante que incluye a la sociedad, la naturaleza, los dioses e incluso aquello que lo niega (el *adharma*).

Hoy parece claro que el concepto no proviene de *ṛita*. Está ligado al sacrificio del vedismo (si bien es un concepto todavía secundario en el *Ṛig-veda*). Lo más posible es que el concepto surgiera del vocabulario asociado a la realeza. Dice Patrick Olivelle que el «*dharma* remitía al orden social y a las leyes de la sociedad que el rey estaba obligado a hacer cumplir».[1] Acabaría por ser una fuerza cósmica que se alza por encima del rey al convertirse en la ideología que mantiene unidas a todas las castas y comunidades en un todo. Porque es el *dharma* el que asigna a cada casta su lugar, la forma de relacionarse con las demás, su dependencia (o repulsa), etcétera. Ahí radica la fuerza del *dharma*. Gracias a esta superestructura ideológica, el sistema de castas posee semejante cohesión interna y ha sido capaz de desarrollarse durante siglos.

LAS FUENTES DEL *DHARMA*

En los primeros *Dharma-sūtras* se palpa que el origen del *dharma* o comportamiento apropiado es la "costumbre" (*āchāra*). Lo demuestra la importancia que se otorga a las normas de cada país (*deśa*), casta (*jāti*) o familia (*kula*). El *Āpastamba-dharma-sūtra*, que es quizá el más antiguo, acepta incluso que el *dharma* puede aprenderse de las mujeres y de hombres de todas las castas.[2] Como pone Patrick Olivelle:

> «El *dharma* enseñado en los *Dharma-śāstras* tiene poco que ver con el *Veda* y, en cambio, refleja las prácticas de grupos locales. Los *Dharma-śāstras* en sí mismos no son más que la textualización de esa práctica».[3]

Su deliberado idioma de intemporalidad les otorga un aire de inmutabilidad, pero como dice Richard Lariviere, «todo el corpus del *dharma* puede verse como un registro de la costumbre».[4] O, al revés: la costumbre «es el *dharma* en la práctica», en palabras de Donald Davis.[5]

Gradualmente, empero, la tradición exegética de la mīmāṃsā –que tendría una hondísima influencia en la tradición brahmánica más ortodoxa– fue remontando las diferentes fuentes del *dharma* a un solo origen: el *Veda*. En el *Gautama-dharma-sūtra* se canoniza ya la idea de que «el *Veda* es la fuente de la ley sagrada [*dharma*]».[6] Con ello, tal vez querían combatir la apropiación budista del *dharma*.

En efecto, el Buddha se adueñó de diversos símbolos de la realeza para definir a su nuevo grupo ascético y articular su enseñanza espiritual. Su primer sermón fue precisamente el "Sutra que pone en marcha la rueda del *dharma*". Para el budismo, un pronunciamiento o un texto son válidos si se remontan a la palabra del Buddha histórico.* La hipótesis de Patrick Olivelle es que fue en el budismo antiguo donde el concepto *dharma* dejó de ser una idea periférica y se convirtió en un concepto filosófico clave.[7] Según Olivelle, una vez el *dharma* tomó ese lugar central en el discurso budista, y una vez empapó el vocabulario de la ética (y fue adoptado por el em-

* La apropiación del término *dharma* (sobre todo bajo la formulación de *sad-dharma*, "el verdadero *dharma*") es un premeditado intento de redefinir aquello que el budismo rechazaba con más vehemencia: el *dharma* como conjunto de deberes y rituales del *Veda*.

perador Aśoka para su teología imperial), los teólogos brahmánicos no tuvieron otra opción que redefinir su propia religión, su ética y su forma de vida en términos de *dharma*.[8] Y eso es exactamente lo que gradualmente realizaron los *Dharma-śāstras* y la tradición *smṛiti*. Está claro que, más allá de la enconada rivalidad entre brahmanismo y budismo –por conseguir el mecenazgo real–, ambas corrientes se influenciaron mutuamente durante siglos. Así, para contrarrestar la experiencia trascendental del Buddha (y otros yoguis), los sabios brahmánicos propusieron una fuente de autoridad "superior": el *Veda*. Como sostiene Olivelle, la emergencia de la literatura de los *Dharma-śāstras* fue una consecuencia directa de las reformas budistas y ashokianas.[9] En cierta manera, pues, los modelos del *dharma* que aparecen en el *Mahābhārata* y el *Rāmāyaṇa* (encarnados en reyes modélicos como Yudhiṣṭhira y Rāma) o en la tradición de los *Dharma-śāstras* son una forma deliberada de contrarrestar al "otro" rey del *dharma* (o sea el Buddha) tal y como fue concebido por Aśoka.

Hacia los siglos -II y -I, la actitud "liberal" de los primeros *Dharma-sūtras* fue cambiando en paralelo con la aparición de dos conceptos novedosos: la tierra sagrada (Āryāvarta) y la comunidad de brāhmaṇs virtuosos (*śiṣṭas*).[10] Ahora era la conducta, las tradiciones y las convenciones de estos brāhmaṇs doctos las que iban a conformar la noción de "ortodoxia". Y se constituían incluso como tercera fuente del *dharma* [FIG. 28]. Si un problema surgía a propósito del *dharma* que no estaba explícitamente contemplado en la *śruti* o la *smṛiti*, uno podía recurrir a la gente de sabiduría y conducta virtuosa, a los *śiṣṭas* que hablan perfecto sánscrito y habitan la región noble (Āryāvarta); es decir, la región que queda entre el desierto del Thar (al oeste), la ciudad de Allahabad (al este), los Himalayas (al norte) y los montes Vindhyas (al sur).[11] Esta es la tierra de los *śiṣṭas*; un centro cultural, lingüístico y ritual –más que étnico– que coincide, no obstante, con bastante exactitud con los contornos del Imperio śuṅga,[12] la dinastía (-185/-73) inaugurada por un general brāhmaṇ y que acabó con la probudista dinastía Maurya. Al delimitar una comunidad y región de autoridad lingüística y religiosa, los autores de los *Dharma-śāstras* excluían deliberadamente a grupos que habitaban otras regiones. Ahora la "tradición" dejaba de ser la costumbre local –aunque nunca se perderá del todo ese contacto– y pasaba a ser una práctica ritual y un comportamiento social determinados. Los mīmāṃsākas se emplearon a fondo para establecer que la costumbre de los brāhmaṇs virtuosos fuese normativa. Por eso, el *Manu-smṛiti*, que refleja a la perfección la culminación de esta trayectoria, podía afirmar que *smṛiti* y *dharma-śāstra* son lo mismo.[13]

Es importante destacar estos desarrollos del concepto *dharma* para no caer en la tentación de proyectar sobre tiempos antiguos una lectura moderna –a la luz del concepto *sanātana-dharma* o "*dharma* eterno"– de un *dharma* inmutable.

LA PROXIMIDAD AL *VEDA*

La ideología de los *Dharma-śāstras* y la mīmāṃsā, la más "ortodoxa" de las escuelas filosóficas brahmánicas, entiende que la sociedad está ordenada en función de su proximidad al *Veda*. Los brāhmaṇs están en la cúspide por su conocimiento de *brahman* y su participación en los ritos, que es el tema central del *Veda*. La comunidad ārya es básicamente aquella a la que se le permite realizar los sacrificios, gracias a los cuales la armonía cósmica, social e individual se mantiene [FIG. 26].[14]

28. Dos sabios conversan en un claro del bosque. Ilustración de un manuscrito del *Devī-māhātmya*. Estilo Pahari (Uttar Pradesh), *c*. 1750. San Diego: San Diego Museum of Art.

Una porción extensa de los *Dharma-śāstras* trata de los deberes y privilegios de cada *varṇa*. E, invariablemente, se cita el estudio del *Veda*, la ejecución de los ritos y la donación de presentes como los deberes de los tres *varṇas* āryas o *dvijātis* (brāhmaṇs, kṣatriyas y vaiśyas). Aquellos que no se guían –o no les está permitido guiarse– por el *Veda* se sitúan en lo más bajo de la jerarquía social (o completamente al margen).

Ya que la clase está ordenada según su acceso y participación en el *Veda*, es imprescindible seguir sus recomendaciones rituales y conocer qué tipo de acciones son dhármicas y cuáles adhármicas. Si el individuo se comporta en desacuerdo a este orden prescrito, le aguardan funestas consecuencias. Y si es la sociedad la que tampoco se conduce de acuerdo al *dharma* (donde, por ejemplo, el rey no protege el ordenamiento social), es el mundo entero el que peligra.

Ahora estamos en condiciones de comprender mejor el alcance de los *Dharma-śāstras*, pues no son otra cosa que "enseñanzas sobre el comportamiento" correcto. Es en estas compilaciones sobre el deber donde se adscriben a cada *varṇa* los códigos morales y rituales pertinentes, donde se define lo puro y lo impuro, o se indica qué acciones son más susceptibles de producir una pérdida de casta. El peligro es enorme, como dice el *Gautama-dharma-sūtra*:

> «Ser un descastado significa quedar desprovisto del derecho de acceder a las ocupaciones de los "dos-veces-nacidos" y quedar desprovisto tras la muerte de las recompensas por las acciones meritorias. Algunos llaman a esto [a esta condición], infierno».[15]

Respetar el *dharma* significa cumplir con lo establecido por el *Veda* y los textos auxiliares. El tratado (*śāstra*) enseña los ritos y sacrificios que deben ser realizados, por quién y en qué momentos. Trata de las consagraciones o ritos de paso en la vida de una persona. Regula las relaciones entre hombres y mujeres, padres e hijos, maestros y pupilos. Enumera los crímenes y sus posibles expiaciones. Habla de los votos, ayunos, festivales, etcétera. Se tocan temas de herencia, propiedad o las regulaciones reales. Todo queda idealmente estipulado. Ahí es donde se manifiesta, por ejemplo, que todo varón de alta casta deberá estudiar los *Vedas* transmitidos por los antiguos *ṛiṣis*, y adorar a las divinidades o *devas* que sostienen el universo, y honrar a los manes o *pitṛis* a través de la perpetuación del linaje. Estos deberes rituales todavía son respetados por millones de hindúes "de casta" [FIG. 29]. Además, se dan prescripciones específicas para cada clase: desde los estudios adecuados, el tipo de comida, la pareja más conveniente para el matrimonio, hasta los más ínfimos detalles (cómo enjuagarse la boca tras la comida, o en qué dirección mirar al orinar).

Lo peculiar de la antigua sociedad védica es que restringió el conocimiento sagrado. Los śūdras y gentes de casta inferior no tenían acceso a la educación védica y, por ende, quedaban incapacitados para seguir las recomendaciones prescritas a los āryas (o para participar en el concilio de aldea). Por ello, algunos autores modernos abominan de esta religiosidad discriminatoria y legalista. Circunscritas las acciones por los tabúes rituales, presionados los individuos por el castigo de la autoridad, vigilados por el consejo de casta, el *dharma* así concebido puede "degenerar" en un tipo de religión totalitaria.[16] Qué duda cabe. Pero, al mismo tiempo, se dio una cierta "democratización" de la vía a la ultimidad. Si, actuando de acuerdo al *dharma* uno puede –como pone Paul Hacker– «alcanzar la salvación última, igual que el teísta a través de su veneración a dios o el monista por la

29. El *tarpaṇa* o sacramento de ofrenda de agua a los manes forma parte del *dharma* de las castas altas. Jagannath Ghat, Kolkata (Bengala). Foto: Biswarup Ganguly, 2012.

realización gnóstica de la unidad total»,[17] entonces se puede concebir –con Albrecht Wezler– esta piedad dhármica o "dharmismo" como una democratización soteriológica.[18] Para alcanzar la meta más elevada, ya no es necesario el viejo y costoso sacrificio público del vedismo, sino que es accesible al hombre-del-mundo con el cumplimiento de los deberes de clase y progresión espiritual.

Así, el deber individual (*sva-dharma*), es decir, el deber que incumbe a cada persona en función de su nacimiento en determinada clase social (*varṇa*) y en relación a su grado de progresión espiritual (*āśrama*) –lo que el brahmanismo conoce como *varṇa-āśrama-dharma*–, se constituyó como el principal distintivo de la sociedad que se llamó a sí misma ārya. *Varṇa-āśrama-dharma* sería lo más parecido dentro de la tradición clásica a lo que luego hemos llamado *hinduismo*;[19] y formaría la estructura por la que se expresa el *dharma*.*

EL *DHARMA* COMO MODELO IDEAL

El vastísimo cuerpo de los *Dharma-sūtras*, los *Dharma-śāstras* y sus comentarios no ha constituido nunca un derecho positivo hindú. Ni el *Manu-smṛiti* equivalía a una "Constitución" india, como imaginaban los viejos orientalistas europeos. Este corpus es el esfuerzo de una élite preocupada por preservar y legitimar ciertas conductas y ofrecer criterio a los jurisconsultos indios. Como expresa Werner Menski:

> «[El *dharma*] es la forma ideal de comportamiento al que todo individuo (o, al menos, todo buen hindú) debería apuntar. Más que un conjunto de reglas y normas factuales, es una noción ideal y holística de "ley" en un sentido cósmico amplio».[20]

* Conviene, sin embargo, no equiparar el "brahmanismo" (esta concepción de la religión y de la sociedad en la que los brāhmaṇs son sus agentes principales, como es el caso del modelo del *varṇa-āśrama-dharma*) con la religión hindú –por mucho que la haya moldeado–, ya que en la configuración del hinduismo han intervenido otras fuerzas y dinámicas menos entretejidas con las tradiciones de los brāhmaṇs.

De hecho, el *Āpastamba-dharma-sūtra* es claro al afirmar que no hay fundamento último para el *dharma*. Este sólo puede definirse como «lo que los hombres de honor alaban; [y] *adharma*, lo que condenan».[21] Ni siquiera los dioses han expuesto el *dharma*. Como expuso Paul Hacker, «el concepto hindú de *dharma* es radicalmente empírico».[22]

La justicia tradicional de la India nunca cayó en la ingenuidad de pensar que la ley es fija y real. Ni siquiera existe en sánscrito una palabra para "ley".[23] Como propone Richard Lariviere, los antiguos indios tenían la intuición de que «ningún escrito legal pretendía ser válido en o por sí mismo, mas sólo tal y como era entendido por aquellos miembros de la sociedad que eran dignos de confianza».[24] Y esos dignos de confianza entendieron el *dharma* siempre según su *contexto*. Para la India, el universalismo de una ley (válida en todo momento y circunstancia) es una ilusión. Valgan unas consideraciones que ya realicé en otro lugar a propósito de esta cuestión.[25]

La misión de los *Śāstras* era identificar costumbres, valores y tradiciones; o sea, mostrar el *dharma*. Más que fijar reglas, la antigua literatura legal de los indios pretendía generar unas actitudes ejemplares, un modelo ideal de rectitud. Como apuntó el experto en derecho hindú J. Duncan Derrett, el *śāstra* simplemente ofrecía al juez criterio.[26] Y este disponía de un alto margen de maniobra y grado de flexibilidad. Eso casa mal con los métodos occidentales de administrar la justicia. De ahí que los colonizadores consideraran estos rasgos de la tradición shástrica como deficiencias. Los primeros orientalistas y traductores europeos no entendían la actitud de los expertos hindúes. Para un juez británico, la elasticidad del *paṇḍit* o del *śāstrī* eran signo de ignorancia. Pero estos estaban acostumbrados a interpretar la ley según el contexto y las consecuencias de la resolución [FIG. 30]. Para la India clásica, dos crímenes o transgresiones nunca eran iguales; de modo que no había lugar para obsesionarse con los precedentes. Cada juicio es único y lo que requiere es un conjunto de guías maestras para el procedimiento. Y eso es exactamente lo que proporcionaba el *dharma-śāstra*.[27] Está claro, como ha notado el matrimonio Rudolph, que la mayoría de los *paṇḍits* concebía los *Dharma-śāstras* como un cuerpo más amplio, menos literal y más dinámico de lo que la empresa colonial intuía.[28]

En Europa es dogma que la ley sea idéntica para todos. La justicia ha de ser ciega, reza el mantra. En el pequeño mundo de la aldea india, ¿qué necesidad hay de reglas impersonales a tan alto nivel de generalidad? Para las tradiciones índicas, el contexto es fundamental. Tanto, que las diferencias entre las personas se tienen muy en cuenta a la hora de concebir sus derechos, responsabilidades y hasta los castigos. No es tanto el individuo aislado lo que cuenta como la red de relaciones sociales en la que está inserto.

El *dharma* es contextual

Una noción crucial en la ideología brahmánica es que el *dharma*, en su sentido restringido de "deber" o "comportamiento" que rige en la sociedad, no es universal. Existe, ciertamente, un modelo genérico (*sādhāraṇa-dharma*), formado por valores como la no-violencia, la veracidad, la pureza, el control de los sentidos, etcétera. Pero en paralelo se postulan unos deberes particulares de clase (*varṇa-dharma*) o ley específica (*viśeṣa-dharma*). Aunque se admiten unos principios espirituales y morales eternos (*sanātana-dharma*), luego se postulan unos principios históricamente contingentes (*yuga-dharma*). Es el reconocimiento de que, más allá de la sensación de inmutabilidad, la moral y conducta apropiada cambian según las épocas. Aunque tal vez las ideas de moral universal y principios eternos hayan gozado de prestigio (por ejemplo, la promulgación de una no-violencia universal), la tradición se decantó por el particularismo (la circunscripción de la no-violencia a contextos específicos). De ahí que por correcta conducta la tradición brahmánica entienda que es algo propio y específico de cada cual (*sva-dharma*). La idea de una multiplicidad de *dharmas* se halla también en el *Artha-śāstra*.[29] Hay el *dharma* de los ascetas, el del rey, el de las mujeres [véanse págs. 65-67], etcétera. El *dharma* no es igual para todo el mundo. El comportamiento de cada persona debe ajustarse a su clase socioespiritual, la edad, el género, la tradición familiar, la regional, el estadio de la vida y las ordenanzas reales. El conjunto conformará el *dharma* propio o *sva-dharma* de cada persona. Y si cada uno cumple su *sva-dharma*, la armonía social fructificará.

30. *Paṇḍit* leyendo los *Śāstras*. Madrás (hoy Chennai), 1860s.

Según esta perspectiva, cien por cien brahmánica, para que una persona progrese espiritualmente lo importante no es lo que haga, sino si actúa en conformidad con *su dharma*. Esto conduce al acusado particularismo y contextualismo índicos (en contraposición con el universalismo de otras latitudes). Un hombre debe seguir el *dharma* propio de los hombres, y no el de las mujeres. Un brāhmaṇ no puede comportarse como un siervo. Un aldeano no puede guiarse como un ciudadano. Uno de Bengala como otro de Kerala. Etcétera. La percepción brahmánica de la sociedad es resueltamente no igualitaria. Las personas son distintas. Los modelos de rectitud también. Un *purāṇa* nos presenta incluso un *dharma* propio para las deidades (*devas*), otro para los músicos celestiales (*gandharvas*), otro para los titanes (*rākṣasas*), etcétera.[30] Ya que el *gandharva* posee una aptitud diríase que "innata" por la música, su *dharma* consiste en ejecutarla. En virtud de su nacimiento, cada ser del cosmos posee una ética que cumplir que es armónica con su naturaleza propia. Esta naturaleza, manifiesta en la composición corporal y espiritual de cada individuo, otorga unas predisposiciones, cualidades y aptitudes innatas (todo lo que engloba el término *adhikāra*) para determinadas profesiones o metas. Por ello, la *Bhagavad-gītā* proclama que la calma, el autocontrol o la pureza son el "deber" del brāhmaṇ, ya que son congruentes con su propia naturaleza; mientras que la valentía o la habilidad en el combate son prerrogativa del kṣatriya.[31]

A nivel popular, *adhikāra* significa "predilección"; de suerte que la gente nace con una predilección u otra en función de su nacimiento (*jāti*). Lo que implica que distintos tipos de personas están más capacitados y encajan mejor en determinadas ocupaciones. De ahí que la división de la sociedad en *varṇas* siga un patrón funcional. Para la mentalidad brahmánica existe una naturaleza (física, psíquica y espiritual) inherente a cada individuo que lo capacita para ciertas ocupaciones y menesteres. Naturaleza y comportamiento tendrían que ser intercambiables. La literatura en sánscrito está repleta de ejemplos que muestran lo absurdo de algunos individuos que tratan de llevar a cabo profesiones incongruentes con su naturaleza. Como en aquella famosa cita del *Manu-smṛiti*:

> «Es mejor realizar el deber propio, aun de forma incompleta, que el deber ajeno, aun de forma completa; pues aquel que vive de acuerdo al *dharma* de otra casta queda automáticamente excluido de la suya».[32]

La *Bhagavad-gītā* también lo expresa al pie de la letra.[33] A nivel religioso, *adhikāra* significa "cualificación"; y en particular, la aptitud para estudiar el *Veda* y llevar a cabo los rituales védicos. En el lenguaje brahmánico, la cualificación que todo brāhmaṇ posee debido a su nacimiento kármico en lo más alto se explica a veces como una "cualidad de sangre". O como articulará la filosofía mīmāṃsā, uno es brāhmaṇ en la medida en que la brahmanidad (*brāhmaṇatva*) es inherente a la persona.[34] Esta propiedad esencial no puede adosarse después, sino que aparece en el momento del nacimiento. Pertenece al linaje [aunque véanse págs. 198-199 para una visión alternativa; y págs. 416-419 para conocer la crítica budista y jainista]. Por su constitución sanguínea, por decirlo así, el brāhmaṇ no puede tener relaciones maritales y sexuales con miembros más bajos (que engendrarían hijos impuros), ni puede compartir alimentos o líquidos con gentes impuras. La endogamia asegura la permanencia de las marcas físicas de pureza de la casta. Por ello, para la mentalidad brahmánica hay grupos de gentes permanentemente polutos, mientras que otros colectivos son en esencia puros.

Incluso las filosofías no dualistas brahmánicas, que con frecuencia manifiestan que el sabio está allende las castas, no han cuestionado este punto. La estrategia será formular dos niveles de verdad [véanse págs. 422-423]. Desde el punto de visto absoluto no hay distinciones de casta. Pero desde la realidad convencional, la casta es relevante.

Clasificar la sociedad fue, así, una cuestión de asignar rasgos fijos a cada clase y representarlos como manifestaciones de fuerzas metafísicas,[35] pues la estructura de la sociedad refleja la estructura de la realidad en todas sus dimensiones. El brāhmaṇ tiene su "réplica" divina en Agni, su punto cardinal en el este, su escritura es el *Ṛig-veda*, el animal que lo espejea es el macho cabrío, la métrica la *gāyatrī*, etcétera. Todo el universo puede clasificarse en *varṇas* porque cada uno de sus componentes tiene un parecido "familiar" con componentes de las diferentes dimensiones. El sistema de *varṇas*, guste o disguste, posee una consistencia impresionante.

Claro que uno puede renegar de su naturaleza y rechazar comportarse según aquella. La India brahmánica considera ese conflicto algo antinatural (*adharma*), por lo que deberá resolverse. La equivalencia perfecta entre comportamiento y naturaleza constituye el ideal que las tradiciones brahmánicas denominan *ṛita*: el curso ordenado del cosmos.

Precisamente porque el *dharma* es particular, la posición del rey es crucial. La India brahmánica ha insistido en que una sociedad sin rey es una sociedad sin ley, sujeta al código del pez grande que se come al chico.[36] La tarea del rey y el Estado consistirá en hacer respetar los códigos de cada comunidad: que cada especie actúe de acuerdo a su naturaleza, y evitar la mezcla de clases. De su *dharma* como gobernante, de su *sva-dharma*, depende que se mantenga el equilibrio cósmico. Un *dharma* que le permite establecer nuevas leyes, aun cuando contradigan los textos de ciencia legal.[37] Gracias a esta doble articulación de una pluralidad de fuentes de autoridad, por un lado, y la misión del rey y del Estado, por el otro, las comunidades locales han tenido en la India una espacio de autonomía mayor que en otras partes, sin que ello las desgajara del reino. Y es en este sentido en el que el *dharma* puede ser considerado algo parecido a un derecho positivo; no porque se aplicase a rajatabla, sino porque podía ser utilizado por las diversas fuentes de autoridad que gobernaban en la sociedad.

❖ ❖ ❖

En los *Dharma-śāstras* se palpa de forma muy clara un tema recurrente en el pensamiento índico: la irremisible degeneración de los hombres y mujeres de la época. Esta noción será desarrollada en la clásica concepción de los *yugas* o eras cósmicas de paulatino deterioro de la virtud. Está claro que los compiladores de estos textos ya tenían la sensación de que se encontraban en la era de *kali*, la Edad Corrupta, la más ruin, aquella en la cual ya ningún vidente o *ṛiṣi* puede nacer. Para el *Āpastamba-dharma-sūtra*, los *ṛiṣis* del pasado incluso podían desobedecer las normas, pues tal era su grandeza y sabiduría que trascendían toda ley.[38] En cambio, el *avara*, el hombre del presente que quisiera emular los mismos actos, caería sin remedio. Se trata de un perfecto ejemplo de *yuga-dharma*, ya que al *avara* se le prescribe explícitamente no seguir el ejemplo de los sabios de la antigüedad. Aquellas reglas (llamadas *kalivarjyas*) han cesado de ser válidas debido al paso de los *yugas*. El *dharma*, en otras palabras, depende también de la época. Precisamente, buena parte de la labor reformista del siglo XIX se fundamentó en la idea de *yuga-dharma*. Ishvarachandra Vidyasagar, por ejemplo, ancló su campaña en favor del matrimonio para las viudas en el argumento de que no era el *Manu-smṛiti*, sino el más liberal *Parāśara-smṛiti*, el texto adecuado y relevante para la era de *kali*.[39] La flexibilidad de la tradición shástrica puede dotar del margen adecuado para la transformación.

Los *Śāstras* llegan incluso a aconsejar sobre cómo actuar en tiempos tumultuosos (*āpad-dharma*): cuando uno debe improvisar una respuesta moral ante una situación anormal. Para evitar la inanición, incluso comer carne de perro de manos de un chaṇḍāla, como tuvo que hacer Viśvāmitra, es tolerable.[40] O que un padre mate a su hijo, como Ajīgarta.[41] O que un brāhmaṇ se dedique el comercio, la usura o la agricultura. Este aspecto es crucial para entender la flexibilidad entre el ideal brahmánico y lo factual.[42] *Āpad* es una concesión al realismo. Como ha dicho Donald Davis, la ley hindú «exige un compromiso con la "vida real", una aceptación de la propia cotidianeidad de la vida».[43] Puesto que esta tiene altibajos y situaciones "de emergencia", cada norma tiene su excepción, en muchos casos detallada de forma más minuciosa que el *sva-dharma*.

Hasta se exponen casos en los que –a falta de una recomendación en la *śruti* o en la *smṛiti*– una persona debe guiarse por su intuición y corazón. Es el principio llamado *ātmatuṣṭi*, bien conocido por aparecer en el drama *Śakuntalā* de Kālidāsa. El rey duda de si su amada Śakuntalā puede ser una esposa adecuada para alguien de su casta. Y decide guiarse por el *ātmatuṣṭi*. Él se considera una buena persona, es un ārya que posee la substancia-*dharma* en él. Si se siente atraído por Śakuntalā es que ella debe ser adecuada para el matrimonio.[44]

Si a la noción de *sva-dharma* le añadimos la de *āpad-dharma* más la flexibilidad de la de *yuga-dharma*, y hasta la de *ātmatuṣṭi*, prácticamente no queda nada para un *dharma* común o moral universal. Sólo cabría invocarlo como último recurso. Puesto que, como sabemos, una de las fuentes del *dharma* es la "costumbre", ello inevitablemente implica que el *dharma* debe adaptarse a los contextos y es susceptible de distintas interpretaciones. Esta excepcional flexibilidad permitió que el sistema social prescrito por los *Śāstras* fuera mucho menos rígido en la práctica de lo que aparenta en la teoría. Gradualmente, costumbres y normas de castas periféricas pasaron a engrosar las "leyes" de los *Śāstras*. Seguramente, gracias a esta deliberada intención de no codificar un *dharma* universal y, en cambio, respetar la diversidad, los brāhmaṇs fueron aceptados como árbitros de la "ley".

EL *KARMA*

El mecanismo que rige el curso de las transmigraciones del espíritu corporeizado en un *varṇa* u otro es la conocida fuerza del *karma*.

El concepto es otro de los más importantes y recurrentes en las tradiciones índicas. Significa "acción", pero abarca también conceptos asociados: consecuencia, mérito, demérito, renacimiento. Si en las porciones más antiguas del *Veda* el *karma* se refería a la acción ritual, en las secciones más gnósticas de las *Upaniṣads* ya equivale a toda acción (e intención) y sus consecuencias. Es una metáfora de la historicidad, contingencia y causalidad. Paulatinamente, se fue formando la idea de que las voliciones y acciones en esta vida afectan a las condiciones de una nueva existencia tras la muerte. El *karma* se concibió como la fuerza que hace girar la rueda de las reencarnaciones y determinará el destino del espíritu y su condición en la siguiente vida.[45] El *karma* es inseparable de la transmigración (*saṃsāra*).

De acuerdo a la misteriosa aritmética kármica, el alma individualizada *renace* allá donde el cómputo de sus acciones –físicas, mentales o verbales– en vida determina que debe hacerlo. El *karma* da forma a las coordenadas de la nueva existencia: la complexión, el sexo, las aptitudes, la longevidad, y factores externos como la casta o la familia. Como dice el *śāstra*:

> «La acción produce las condiciones [de nacimiento] humanas, desde las más elevadas, las intermedias y las más bajas».[46]

Aunque las condiciones del nuevo nacimiento vienen determinadas por la cualidad de las acciones cometidas, hay espacio para el libre albedrío: los naipes vienen dados, pero el jugador es libre de jugar la partida como quiera. De ahí que la concepción del *karma* no desemboque en un absoluto fatalismo.

Esta formulación mecanicista elimina la necesidad de cualquier intervención divina. Es responsabilidad nuestra determinar en esta vida el estatus de nuestro nacimiento en una vida próxima. Si actuamos acorde al *dharma*, nos espera un renacimiento elevado. Si nos comportamos adhármicamente o contravenimos el orden, nos esperan renacimientos innobles. Como observó David Kinsley, «la doctrina del *karma-saṃsāra* explica y otorga coherencia racional a las desigualdades del sistema social hindú».[47] Al menos, la explica desde el punto de vista brahmánico (porque –como comprobaremos [véanse págs. 296-297]– poca gente de casta baja considera que las ideas de *karma* o *dharma* tengan que ver con su condición). Gracias a la teoría de la retribución kármica, los miembros de las castas altas no han sentido remordimiento alguno por sus privilegios. Y para los de casta baja, siempre hay la esperanza de que una vida ejemplar conduzca a un renacimiento auspicioso. Como dice el *Manu*, cuando el śūdra «se mantiene puro, sirve obedientemente a la clase más alta, es humilde y habla con dulzura, y siempre busca el refugio con los brāhmaṇs, alcanza un nacimiento superior», en la próxima existencia.[48]

La idea de que la cualidad moral de la acción condiciona la nueva existencia invita a no rechazar el sistema, sino a cumplir el *dharma* de casta porque de esta forma se mejora la posición en la próxima vida. Así, la doctrina del *karma* queda redefinida a su vez por la ideología del *varṇa-dharma*. Es decir, matar a un enemigo es una mala acción para un sacerdote, pero es buena para un guerrero. Por tanto, lo que es correcto o incorrecto (dhármico o adhármico en el lenguaje brahmánico), moral o inmoral, depende de su conformidad con unas reglas de comportamiento que son distintas según la clase social y espiritual. Para cosechar renacimientos preciados, uno ha de seguir el modelo de acción inherente a su clase. El cumplimiento del *varṇa-āśrama-dharma* es la forma más segura de armonizarse con la naturaleza propia de cada uno y que sus acciones sean, por tanto, meritorias.

La desigualdad social queda así crudamente justificada por la ley kármica, que alcanza a todas las formas de existencia. Dice una *upaniṣad* tan antigua como la *Chāndogya* que «quienes sean de conducta pura en este mundo tienen gran probabilidad de entrar en un vientre puro, el vientre de una brāhmaṇī»; mas quienes sean de conducta impura tienen muchos números para entrar en «el vientre de un perro, el vientre de un cerdo o el vientre de un descastado chaṇḍāla».[49]

Los que actúan en consonancia con los deberes de su casta y respetan el orden social y ritual pueden lograr –en el transcurso de una o varias vidas– la mejora de *varṇa*.[50] Desde el punto de vista ortodoxo, para alcanzar la meta final (*mokṣa*, *mukti*) uno deberá ascender de los *varṇas* inferiores hasta el brāhmaṇ-varṇa y, cumpliendo impecablemente el *dharma* del brāhmaṇ (varón), eventualmente podrá paladear la ventura de la liberación (*mokṣa*).

A decir verdad, la tradición shástrica ha antepuesto el dharmismo o cumplimiento del *dharma* al ideal del *mokṣa* o liberación. Serán las tradiciones de renunciantes (vedāntins, yoguis, budistas, jainistas, tantrikās, etcétera) las que verán en el *dharma* la mejor forma de mantenerse en la ignorancia y perpetuar indefinidamente los renacimientos en el *saṃsāra*. De ahí su *renuncia* al mundo ritualmente construido (la casta, la familia, los sacramentos, los ritos, la perpetuación del linaje, el trabajo, etcétera); es decir, al mundo de las responsabilidades dhármicas [véanse págs. 420-424]. Por contra, el *Manu-smṛiti* no oculta su predilección por el hombre de familia que cumple su *sva-dharma* sobre el renunciante que anhela la liberación.

¿TEÓRICO O FACTUAL?

Debemos insistir en que estas enseñanzas fueron concebidas más como pauta ideal que no como códigos legales. Aunque el derecho brahmánico se sostiene en los *Śāstras*, como hemos visto, estos siempre han preconizado el respeto de la costumbre, otorgan mucha flexibilidad al jurisconsulto y recurren constantemente a nociones como el *dharma* propio de una casta, un gremio, una región. Eso ya lo advirtió Auguste Barth, cuando decía que los *Dharma-śāstras* fueron «más respetados que obedecidos».[51] No está claro, por ejemplo, hasta qué punto se aplicaron los severos castigos que los textos mencionan para aquel que transgrediera las pautas. Uno de los clásicos apremia a cortar el miembro al śūdra que se acueste con una mujer de casta alta, y la lengua al śūdra que recitara el *Veda*;[52] pero... ¿de verdad se cortaron muchas lenguas y penes? Robert Lingat dice que todo parece indicar que «la casta, tal y como aparece en los *Dharma-sūtras*, no estaba tan cerrada ni sujeta a reglas tan severas como en la India moderna».[53]

Todo este material está repleto de indicaciones acerca de lo perverso de comer carne, por ejemplo, o del execrable matrimonio entre ciertas castas dispares, o de lo deplorable de las segundas nupcias para una viuda. Pero, *simultáneamente,* los mismos textos declaran –sin recurrir necesariamente al *āpad-dharma* o conducta en tiempos tumultuosos– que un brāhmaṇ no debería rechazar carne que le fuera ofrecida, y pragmáticamente tratan de dilucidar las partes de la herencia que le tocarían a un hijo producto de un matrimonio "impropio", o propone el tiempo que la viuda debería dejar pasar para volver a casarse. Como señala Robert Lingat, uno de los mejores conocedores del mundo legal brahmánico, está claro que:

> «El autor de las "Leyes de Manu" era hostil al matrimonio entre un *dvija* y una śūdra, al acto de comer carne [...] o a las segundas nupcias de las viudas, pero estaba rodeado de costumbres demasiado arraigadas para que la prohibición fuera eficaz».[54]

Si uno pregunta a un hindú de a pie acerca de la doctrina del *karma*, lo más probable es que entre en crasa contradicción con los postulados clásicos. No es que los desconozca, pero no les presta demasiada atención y tiende a ver los sucesos de su vida como consecuencias de acciones cometidas *en esta* vida. Importantes textos clásicos como el *Artha-śāstra* o el *Kāma-sūtra* se interesan francamente poco por las clases y las castas. El último siquiera considera la casta cuando habla del matrimonio (salvo en un verso). Puesto que tampoco existe *pañchāyāt* de *varṇa*, Morton Klass llegó a la conclusión de que el *varṇa* «es de poca utilidad real para el analista del sistema social actual».[55] El historiador Kavalam M. Panikkar iba más lejos:

> «Esta división en cuatro clases *es únicamente ideológica* y de ninguna manera se basa en los hechos del sistema social».[56]

La idea de que el sistema de *varṇas* nunca se ha correspondido con la realidad es vieja. Sociólogos de la escuela francesa como Émile Senart o Célestin de Bouglé ya la habían planteado hace mucho. Este último nos advertía de no «exagerar el poder de la religión en la construcción de la civilización hindú».[57]

Uno de los más fieros detractores de la visión textualista de la casta basada en el modelo de los *varṇas* ha sido el profesor M.N. Srinivas. Para el sociólogo kannadiga siempre han sido las *jātis*, y no los *varṇas*, las unidades operativas del sistema social indio:

> «Manu sería un mal guía para los trabajadores de campo. Los sociólogos urbanos y de casta alta de la India han de tener esto siempre presente».[58]

De la teoría de los *varṇas* se percibe y se desprende constantemente que el único *varṇa* que cuenta es el brāhmaṇ-varṇa. El resto vendría a representar algo así como a la masa no brāhmaṇ. Además, la teoría de los *varṇas* deja fuera la categoría del renunciante (*saṃnyāsin*), que ha sido y es fundamental para la estructura del hinduismo.[59]

Coincido bastante con estas recomendaciones. Pero una cosa es tratar de no confundir los viejos textos brahmánicos con tratados de sociología –como nos hemos esforzado en no hacer–, y otra concluir que esos mismos tratados no han moldeado muchos de los aspectos de la sociedad de castas. Sería miope devaluar el alcance del sistema de *varṇas*. Creo que la teoría de los *varṇas* no es una «ficción sociológica», como proponía K.M. Panikkar.[60] El *Veda* y los textos que dimanan de esa revelación delinean un modelo de cómo tendría que ser la sociedad y las relaciones humanas. Es un corpus ritual, litúrgico e ideológico (y no un tratado de antropología, sin duda), pero nunca olvidemos que la ideología sirve para persuadir, para delinear y mostrar modelos de virtud en la vida y la organización. El autor del *Manu*, que pragmáticamente debe aceptar prácticas que desaprueba, no deja de ser crítico con la costumbre. Y muchos hindúes lo siguieron al pie de la letra.

Uno de los *Dharma-śāstras* clásicos, el *Nārada-smṛiti*, dice –en un tono muy liberal– que «hay cinco catástrofes por las que una mujer puede desposar de nuevo: si desaparece el marido, si muere, si se convierte en renunciante, si es un eunuco o si es un descastado».[61] Esta afirmación resultó francamente molesta para los comentadores medievales. Medhātithi y sus continuadores rechazaron frontalmente la costumbre, o bien tratando de calificarla como *yuga-dharma* (aplicable en eras cósmicas anteriores), o aduciendo que valía únicamente para las vírgenes, etcétera. Aunque el texto es clarísimo en la aceptación del segundo matrimonio para las mujeres, los comentadores medievales lo criticaron y utilizaron cantidad de recursos hermenéuticos para descalificarlo. De ahí se desprende que muchas de las reglas procedían de la costumbre y mucho esfuerzo se realizó en tratar de domesticar esa costumbre y ajustarla a un patrón ideológico o *Weltanschauung* brahmánico.

El modelo social del *Veda* o de los *Śāstras* no es una representación de la sociedad, pero recoge prácticas y normas que eran de uso corriente. Y, en cualquier caso, tiene razón Gavin Flood en que los ejemplos que se proporcionan han tenido un «impacto retórico» potente.[62] O como dijera Wilhelm Halbfass, «el sistema de *varṇas* es, de hecho, el prototipo de importantes aspectos de las castas "reales"».[63] Por eso, el sistema de *jātis* ha buscado siempre legitimarse por el de *varṇas*. De esta forma adquiere pedigrí brahmánico y sánscrito.

Es cierto, por ejemplo, que si uno pregunta en Gujarat por las grandes castas, le remitirán a categorías como vāṇiyā, paṭel, brāhmaṇ y koḷī. Aunque se conocen las denominaciones de *varṇa*, por lo general sólo se utilizan para englobar la miríada de castas de brāhmaṇs. Dicho lo cual, está claro que vāṇiyā equivale al vaiśya-varṇa, el paṭel vale por el kṣatriya y el koḷī por el śūdra.

La obsesión india por la endogamia está fuertemente respaldada por los textos brahmánicos. Una y otra vez, leemos que el matrimonio ha de ser entre *savarṇas*, es decir, isogámico (entre miembros del mismo estatus). Los brāhmaṇs han de casarse con brāhmaṇs y los śūdras con śūdras. De ahí que haya sido tan frecuente verter *varṇa* por "casta". Otra cosa, por supuesto, es la realidad. Las castas –lo sabemos ya– son menos homogéneas de lo que los textos brahmánicos quisieran. Pero ello no quita que el discurso social brahmánico sobre los *varṇas* ha sido durante siglos uno de los fundamentos de la sociedad de castas. No olvidemos que el modelo tuvo que competir con otros enunciados (budistas, jainistas, materialistas) y ha tenido que ir ajustándose permanentemente.

Es un esquema diseñado para acomodar la diversidad de la India, sin duda, pero también para jerarquizarla. Puede que el horror con el que el *Manu* concibe a los parias no sea un reflejo de las actitudes de la sociedad india en conjunto (no confundamos, una vez más, la tradición letrada con la India *in toto*), pero sin duda lo ha sido de la sección brahmánica y de alta casta de la India. Y esa porción ha sido, a lo largo de su historia, extremadamente influyente.

8. EL LENGUAJE DE LA PUREZA

Para la ideología dhármica y brahmánica, las ideas de jerarquía y de pureza son los aspectos realmente relevantes en el asunto de las castas. En contra de Wiser, Bailey y otros sociólogos que veían el "sistema" de castas como un tipo de intercambio *económico*, tal y como se deducía de sistemas como el *jajmānī*, una notoria corriente de indianistas ha visto el tema en términos esencialmente *religiosos* y rituales.

LO PURO Y LO IMPURO

A principios del siglo XX, el sociólogo maharashtri Sridhar Ketkar señalaba que «el sistema de castas se sostenía [...] en las ideas de pureza y polución».[1] Quien mejor recogió su testigo fue el sociólogo Louis Dumont:

> «La oposición de lo puro y lo impuro [...] subyace a la jerarquía (la superioridad de lo puro sobre lo impuro), subyace a la separación (porque exige separar lo puro y lo impuro), subyace a la división del trabajo (porque las ocupaciones puras e impuras tienen que estar a su vez separadas)».[2]

Hasta tal punto la oposición entre lo puro (*śauca, śuddhi*) y lo impuro (*aśauca, aśuddhi*) parece crucial que Dumont encontró en este rasgo la contrapartida de lo que en otros lugares es la oposición sagrado/profano. Un tránsito como la muerte, que en cualquier parte del mundo –en tanto estado liminal– conlleva "peligro", en la India comporta "impureza".[3]

Por descontado, muchas culturas y tradiciones religiosas cuentan con nociones acerca de la impureza ritual de determinados tránsitos, alimentos, contactos o partes del cuerpo. (Y eso atenúa la singularidad que la escuela dumontiana atribuye a la India.) Sabido es que los judíos consideran impuro comer cerdo, marisco, reptiles, caracoles o anfibios. Un musulmán no comería carne que no hubiera sido sacrificada por desangramiento. Un sintoísta se escandalizaría por entrar con zapatos en un hogar. Un zoroastriano al contacto con un cadáver. Y eso es sólo una parte irrisoria de la infinidad de tabúes y consideraciones respecto a la pureza ritual que encontramos por el mundo. Pero, posiblemente, ninguna tradición ha elaborado un conjunto tan detallado de normas como la hindú; sobre las cuales se aposenta, además, gran parte de su mismísimo tejido social.

Aunque ninguna de las castas situadas en los peldaños inferiores del escalafón social acepta las razones que los demás esgrimen para explicar su degradación (es decir, no admiten que sus miembros sean impuros), todas coinciden en que *otras* castas sí son polucionantes. Lo señalaba Steven Parish a propósito de la comunidad newār de Bhaktapur, en Nepal: «La pureza es uno de los idiomas clave en el rango: las castas más altas son relativamente más "puras" que las bajas».[4] No en vano los portugueses escogieron la ibérica *casta* para designar un sistema social donde las ideas de pureza son tan prevalentes.

La pureza del brāhmaṇ

La lógica de la pureza mantiene que cuanto más elevado se considere un grupo social, más puro es física y espiritualmente; ergo, más puras han de ser sus acciones y más debe evitar el contacto con personas con poder polucionante. Como dice un viejo texto brahmánico:

> «En caso de tocar a un descastado, un chaṇḍāla, una mujer que ha dado a luz, una mujer en su período menstrual, una persona que haya tocado un cadáver, uno debería purificarse con un baño con las ropas puestas».[5]

Como sabemos, los textos clásicos proclaman que el brāhmaṇ es una verdadera divinidad humana. Pero ¿por qué el brāhmaṇ –y no el rey u otro– es el más puro de los hombres? Para la ideología brahmánica (y conviene recordar que nos movemos dentro de la visión que los propios brāhmaṇs tuvieron de sí mismos), el brāhmaṇ es un ser puro porque nació de «la boca, la porción más pura del Puruṣa».[6]

Por ello es el conocedor de lo sagrado (el *Veda*) y es el liturgista por excelencia. El estado de pureza es la condición necesaria para aproximarse a lo sagrado. Cuando lleva a cabo la acción ritual y reza a los dioses, el brāhmaṇ se encuentra en el estado más puro concebible, al menos teóricamente. De hecho, tendría que estar en una condición muy cercana a la luminosidad (*sattva*) de las divinidades (*devas*). Su estado mental ha de ser puro, por ello el brāhmaṇ medita y se concentra antes de ejecutar el rito. Su estado físico también; por ello comienza el día con sus abluciones.

Buena parte del lenguaje de la pureza con el que se expresa la sociedad de *varṇas* parece gravitar alrededor de este hecho. Idealmente, el sistema estaría diseñado para permitir que una serie de individuos (brāhmaṇs varones) mantuvieran el estado de pureza necesario para que las divinidades que preservan el mundo estuvieran bien servidas. El culto hindú (*pūjā*) es un acto simbólico de servicio a la deidad: se la baña, se la da de comer, se la limpia... acciones todas que comportan traspaso de impureza. Sólo los más inmaculados pueden hacerlo sin contaminar a los dioses. De ahí que a los impuros extranjeros o intocables se les negara –y a los primeros aún se les niegue– el mismísimo acceso a los templos (de liturgia brahmánica), pues su sola presencia mancillaría a la divinidad. (Y aunque hoy denegar la entrada a un templo a un ex-intocable es ilegal, es una discriminación que tampoco ha desaparecido.) Si la deidad fuera polucionada, ese agravio podría poner el cosmos en peligro. En suma, para el buen funcionamiento de la sociedad y el mundo, la pureza del brāhmaṇ es imprescindible.

Pueden ponerse algunos "peros" a esta visión, ya que el estado de pureza al realizar los ritos es requerido a *todos* los devotos y no sólo a los brāhmaṇs. Además, la mayoría de los brāhmaṇs pronto dejaron de ejecutar tareas sacerdotales o litúrgicas. No obstante, dejamos los "peros" para más adelante y proseguiremos con este discurso ideal. Lo que debemos captar es la lógica que subyace: la *ideología*.

La jerarquía social está definida por su relación con el ritual. Y los brāhmaṇs nacieron en el más alto *varṇa* debido al mérito o *karma* adquirido por sus acciones rituales y su proximidad al *Veda*. Hay que insistir en que el concepto de *varṇa*, que vertemos como "clase social", no debe entenderse en su sentido socioeconómico moderno. Las gentes en la cima de la pirámide son las *ritualmente* más puras, con independencia de su posición económica.

Ahora comprendemos por qué en el rango de *varṇas* el sacerdote está por encima del rey. Lo que equivale a plantear que el rey y su poder material (*artha*) están supeditados al brāhmaṇ y el ritual (*dharma*). Así lo entendió la tradición brahmánica, y así lo recogió la antropología dumontiana. El que esta visión sea sólo parcial –como veremos en el próximo capítulo– no le resta relevancia.

LA CASTA ADHERIDA AL CUERPO

Siguiendo una visión llamémosla "émica" (lo que los nativos piensan de sí mismos), determinados antropólogos han ofrecido alguna variante a la posición dumontiana. Es importante que podamos simultanear ambas concepciones. Para McKim Marriott y Ronald Inden, el meollo del asunto está en el concepto de "persona" y sus interacciones:

> «Se piensa que los miembros de cada especie humana –y, por consiguiente, de cada casta– poseen y comparten en conjunto una substancia específica [...] que incorpora su código de conducta (*dharma*) [...] Las castas se relacionan las unas con las otras no por substancias compartidas hereditariamente, sino por el intercambio de substancias no hereditarias».[7]

Es decir, el hindú de a pie sentiría que las personas poseen algo así como un código sociogenético o substancia específica propia de cada *jāti*. Los cuatro *varṇas* constituirían casi especies biológicas distintas. Un carpintero de Kangra planteaba que las castas eran como las especies de árboles y que la sangre de los miembros de una casta difería de la de otra.[8] Partha Chatterjee lo pone aforísticamente: «La casta se adhiere al cuerpo».[9] Y sabido es que *jāti* remite también a los conceptos de "especie" o "raza".* De esta forma, las cuatro clases surgidas del Puruṣa quedan "naturalizadas" en diferentes tipos humanos.

Lo interesante es que –según esta visión– la substancia personal física es susceptible de mezclarse con los alimentos, los líquidos y otros factores que se utilizan en las relaciones y transacciones interpersonales. Por tanto, las personas estarían intercambiando constantemente esta substancia codificada, que las modificaría sin cesar. En lugar de un individuo, Marriott e

* A pesar de su extraordinaria diversidad étnica (o quizá, gracias a ella), la India no ha conocido problemas raciales serios. La disputa suele gravitar alrededor de la religión, la secta, la lengua o la casta; pero las diferencias físicas no son causa de conflicto social ni aparecen en la agenda política. Compárese con otras sociedades multirraciales como EE.UU., Australia, la Unión Europea o Sudáfrica. Tal vez una explicación a la aparente poca importancia de la raza se encuentra precisamente en el casteísmo. Puesto que la endogamia hace de barrera para las relaciones entre los grupos, no hay necesidad de colocar otras formas de distancia social entre los grupos racialmente distintos. Si bien la apariencia física es importante en la India [véase pág. 47, o págs. 397-398], no hay demasiado espacio para el racismo. Habría racialismo pero no racismo.

Inden proponen un "dividuo". La gente estaría, por tanto, vigilante de no absorber partículas peores que las de su propia composición. La endogamia tendría que ver con la idea de transmitir a la prole la misma substancia codificada de los progenitores.

Una implicación de esta visión "émica" es que las personas podrían alterar su substancia codificada; por ejemplo, alimentándose de dieta sáttvica (pura [véase a continuación]), realizando trabajos sáttvicos o desposando a una persona sáttvica. Algo de ello hay en los enlaces hipergámicos. Para la percepción popular de Kerala, por ejemplo, la clásica unión hipergámica entre varones naṃpūtiri-brāhmaṇs y mujeres nāyars significa que los nāyars son "un poco" brāhmaṇs.[10]

El orden sociorritual de pureza (Dumont) y la idea de substancia sociogenética (Marriott e Inden) se entrelazan con la vieja teoría panindia de los constituyentes o cualidades (*guṇas*) de la existencia. Estas cualidades de la naturaleza han sido aplicadas a la cosmología, la medicina, la poética o, a nivel popular, a los humanos. El componente *sattva* (cualidad luminosa y espiritual) es predominante en los brāhmaṇs. *Rajas* (cualidad activa y emotiva) predomina en los kṣatriyas y vaiśyas. Mientras que *tamas* (cualidad densa y oscura) es predominante en las clases inferiores.[11] Estos tres *guṇas* son atributos espirituales, psíquicos y físicos. Los miembros de una misma clase comparten idéntica substancia corporal y predisposición mental.

Por esta razón –contra Marriott e Inden–, la casta individual sería teóricamente inalienable. Uno nace sáttvico (hecho mayoritariamente de *sattva*), rajásico (de *rajas*) o tamásico (de *tamas*). Así lo expresa el *Mahābhārata*:

> «Ignorancia [*tamas*] predomina en el śūdra; oscuridad [*rajas*] en el kṣatriya; y bondad [*sattva*], que es lo más elevado, en el brāhmaṇa».[12]

Como a cada uno de estos *guṇas* o constituyentes se asigna un color, la clasificación de los *varṇas* –que literalmente significa "color"– remitiría a un simbolismo del color que refleja la jerarquía social y las cualidades asociadas (y no a la pigmentación de la piel). Los brāhmaṇs se asocian al blanco, color de la pureza, los kṣatriyas al rojo, color de la pasión y la energía, los vaiśyas al amarillo, color de la tierra, y los śūdras al negro, color de la inercia, la pesadez y la oscuridad.

Ahora bien, una conversación del mismo *Mahābhārata* revela un ángulo diferente:

> «–La lujuria, la rabia, el miedo, el amor, la pena, la ansiedad, el hambre [...] se encuentran en todos los hombres. ¿Cómo pueden distinguirse los humanos por esos atributos? [...]
> –De hecho, no hay diferencia entre las distintas clases. Al principio, todo el mundo era brāhmaṇa [...] Los brāhmaṇas que cayeron de su propio orden pasaron a ser miembros de las otras clases. Las cuatro clases, por tanto, han tenido siempre el derecho de llevar a cabo los rituales y los sacrificios».[13]

Como muestra la ambigüedad del pasaje citado (y forma parte del libro más espiritual y profundo del *Mahābhārata*), cuidémonos de no totalizar en exceso la teoría de los *guṇas*. Desde tiempos antiguos han existido corrientes que ponen de manifiesto que los grupos considerados inferiores (incluidas las mujeres) participaban en el ritual. En otra parte de este monumental texto se dice que «el śūdra que siempre lucha por el autocontrol, la veracidad y el *dharma* es en mi opinión un brāhmaṇa, ya que un brāhmaṇa lo es por carácter».[14] Esta corriente entiende que el *karma* no es inflexible, ya que puede ser modificado por la conducta, el conocimiento, los rituales, la devoción y, naturalmente, por los matrimonios mixtos y la mezcla de clases.

Existe mayor fluidez, por tanto, de la que la propia teoría aparenta. De ahí la importancia de que las cualidades atribuidas sean reforzadas ritualmente. Un brāhmaṇ no lo es únicamente por el mero hecho de haber nacido brāhmaṇ. Exige una práctica o conducta congruente. De donde la importancia de la iniciación (*upanayama*) o segundo nacimiento, sin el cual incluso el más puro brāhmaṇ no sería más que un śūdra. Y precisamente por ahí vendrá parte de la crítica budista y jainista a la "naturalización" brahmánica de las castas [véanse págs. 416-419].

Sea como sea, el que los brāhmaṇs sean sáttvicos no quiere decir que todo su cuerpo sea refulgente ni que esté en permanente estado de luminosidad. El cuerpo, como microcosmos, posee partes más puras y partes más impuras. Los *Dharma-śāstras* establecieron unas jerarquías de estados de pureza intrínseca y delimitaron una serie de fuentes de contaminación que todo "dos-veces-nacido" (léase brāhmaṇ varón) debería evitar.

LA POLUCIÓN CORPORAL

Toda actividad que comporte contacto corporal y traspaso de substancias corporales es susceptible de polucionar.

Para los *Śāstras* todo lo que crece, se mueve o sale del cuerpo es polucionante. Esto quiere decir que las heces, la orina, el sudor, las uñas, el cabello, el semen, la sangre menstrual y hasta la saliva son polucionantes. (La significativa excepción es la leche materna.) Todos los orificios corporales (nasales, auditivos, esfínteres, incluso las uñas) pueden ser polucionantes si no se limpian cuidadosamente cada día. Puesto que para el rezo el cuerpo debe estar en el mayor estado de pureza posible, la "higiene" llega a convertirse en una obsesión para el hindú "de casta". Algunos brāhmaṇs muy ortodoxos pueden mudarse después de defecar. Hasta que no se cambie de ropas estará pendiente de no entrar en su habitación, tocar objetos de la casa... e incluso si llegara a tocar a una persona de baja casta, ¡aquella quedaría contaminada! Muchos brāhmaṇs realizan el rito de sorber un poco de agua purificadora (*āchamana*) después de haber realizado alguna acción susceptible de polucionar. De ahí también la cantidad de baños, libaciones y abluciones de los hindúes [FIG. 31]. Así lo dicen los tratados:

> «Cuando [el brāhmaṇa] ha lavado los rastros de orina y heces después de evacuar, los rastros de alimentos [después de comer] [...] los rastros de semen, y cuando también se ha lavado los pies, y después de haber sorbido agua, entonces está puro».[15]

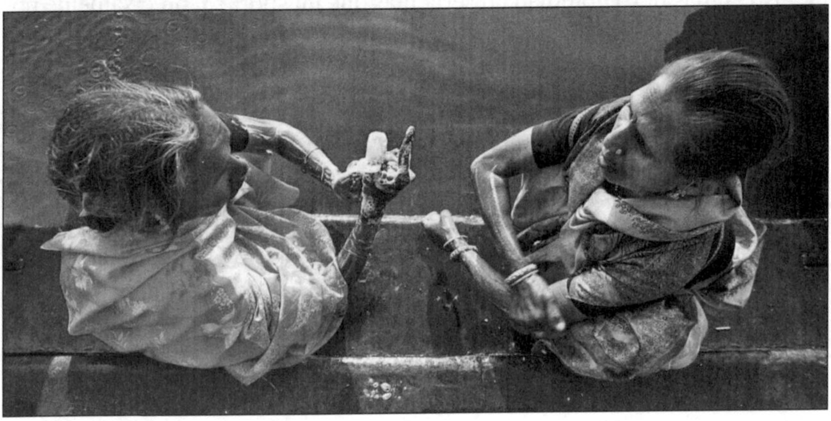

31. Dos mujeres conversan mientras se lavan en las frías aguas del Ganges. Benarés (Uttar Pradesh). Foto: Jorge Royan, 2003.

Esta visión puede matizarse. Como expresan Veena Das y J.P.S. Uberoi, «un hindú toma un baño antes de comer no porque tenga que estar en un estado puro, sino porque no debiera comer en un estado impuro».[16] Pero sea una cosa o la otra, para el brāhmaṇ o el hindú en general la limpieza corporal no es un asunto meramente higiénico. O sí lo es, siempre que entendamos que la higiene tiene que ver con el cuerpo, la mente y el espíritu. Como plasma Òscar Pujol, la palabra sánscrita para "baño", *snāna*, «está tan cargada de connotaciones religiosas, que se hace difícil separar el baño de la ablución».[17]

Ahora se comprenderá que quien trate con el cabello, la sangre menstrual, la suciedad de la ropa o de la calle está absorbiendo la impureza inherente a estos objetos o excreciones. Del mismo modo que Occidente se ha preocupado mucho en intentar camuflar la suciedad *interna*, en la India el esfuerzo se ha encaminado a sacar la suciedad *afuera*. Esto queda muy patente en el contraste entre la pulcritud de los hogares indios y la porquería que inunda los espacios públicos del país.[18]

Entenderemos ahora ciertas costumbres de los indios. A principios del siglo XIX, el abad Dubois escribió tres páginas enteras sobre reglas para defecar de los brāhmaṇs del sur de la India.[19] Lo correcto es hacerlo al despuntar el día y fuera de la casa.[20] Todavía hoy un indio estreñido se siente terriblemente mal (y el estreñimiento es considerado en la India una enfermedad). La costumbre occidental de situar un gran cuarto de baño en el *centro* del hogar se ve con incredulidad.[21] Por descontado, para la limpieza se prefiere el agua; y la costumbre europea del papel higiénico se extiende sólo a medias. De ahí no debe colegirse que estas actividades "impuras" se lleven en secreto. No. La gente habla con bastante naturalidad de los procesos corporales. En la India rural no es –o era– raro que un hombre pida a otro que le acompañe al descampado próximo y se sienten los dos a defecar, fumar *bidis* y conversar.[22] Esta respuesta congregacional a la llamada de la naturaleza es incluso más acusada entre las mujeres.* De la misma forma, tanto hombres como mujeres hablan con absoluta naturalidad acerca de si tal chico o chica ya ha llegado a la pubertad; si necesita hacer el amor;

* Si bien hoy uno de los campos de batalla de las mujeres indias es persuadir a maridos, suegros y cuñados para que construyan retretes en el hogar (de los que no disponen ni la mitad de hogares del país), ya que los "paseos" cotidianos al descampado cercano se han convertido en un peligro para su integridad.

incluso se habla de si fulanita está en su período menstrual.[23] Por descontado, en un medio urbano cosmopolita –donde rigen simultáneamente distintos códigos y normas de etiqueta– todo esto puede sonar "exótico" o "anticuado", pero en modo alguno estos hábitos han desaparecido.

Por lo general, en el Sur de Asia no se estrecha la mano al saludarse (aunque esta costumbre tiende a imponerse) y mucho menos se besa. Lo correcto es hacer la salutación con las palmas de las manos juntas, de forma parecida a como se adora a la divinidad. (No obstante, y a diferencia de Occidente, los amigos o amigas del mismo género tienen bastante contacto corporal.) Mucha importancia también se otorga a la limpieza nasal. Las mucosidades deben descargarse directamente sobre el suelo y nunca en un pañuelo (¡y menos aún guardar esa tela con mocos en el bolsillo!)

Con lógica, ciertas partes del cuerpo se consideran más impuras que otras. Hay consenso en que los pies son la porción más impura. De ahí que cuando un indio quiere mostrar respeto por otra persona le toque los pies y luego lleve las manos a su cabeza (la parte más pura de uno mismo). Se trata de un acto de polución voluntaria con el expreso deseo de mostrar respeto, sumisión o inferioridad de rango. Siempre que una relación de desigualdad quiera enfatizarse vistosamente (por ejemplo, frente a una deidad o ante el maestro), la persona de rango inferior se postrará a los pies de la de grado superior. Se entenderá que las reliquias del Buddha y de otros hombres santos que se guardan en santuarios y *stūpas* sean con frecuencia pelos, uñas, dientes o huesos. Incluso tenemos un pelo de Muḥammad custodiado en la mezquita de Hatzralbal en Cachemira. Tratándose del Buddha o de Muḥammad, aquellas partes del cuerpo que normalmente le mancillarían a uno resultan extremadamente purificadoras.

De forma pareja, comer las sobras del plato de alguien implica aceptar su polución, ya que esos alimentos han estado en contacto con los labios de la persona. Y eso es algo que –si bien ahí también operan otros factores– se espera de toda fiel esposa de un brāhmaṇ ortodoxo una vez su marido ha finalizado de comer.* Es más, como ha visto Charles Malamoud, después de comer, uno mismo está poluto, transformado en "sobra" (*ucchiṣṭa*).[24] Hasta que

* En este caso, como en el de las "sobras" de las ofrendas a las divinidades que uno recibe en el templo (*prasāda*), se está compartiendo la "calidad" del marido o la "cualidad" de la divinidad. Es bueno y auspicioso comer esas sobras, aunque se está marcando claramente una jerarquía. También los niños pueden comer de los mayores.

no se lave las manos y enjuague la boca, el brāhmaṇ no puede siquiera evocar el *Veda* con la mente. Y es que debe quedar claro que cuando se habla de pureza o impureza se incluye también la mente. No se trata sólo de una cuestión de fluidos corporales, sino de estado total del ser. Precisamente, la *pureza de mente* a través de la concentración (*dhyāna*) ha sido una de las constantes de la espiritualidad hindú. Cuando los *Śaṅkarāchāryas*, posiblemente los mejores representantes de la "ortodoxia" en el hinduismo, sermonean a los devotos, el tema central es la pureza de mente y no ningún tópico filosófico.[25] Incluso el budismo dice que su enseñanza no es más que «el abandono del mal, el cultivo del bien y la purificación de la mente».[26]

CONTAMINACIÓN POR CONTACTO

Como decíamos, en la jerarquía socioespiritual cuanto más elevada es la clase más pura se considera y más susceptible es de polucionarse. Para las castas altas, esto significa evitar el contacto con lo "tamásico" (de *tamas*), lo que se traduce en no aceptar comida o agua de gentes consideradas impuras y hasta no entrar en contacto físico con ellas. Para las clases inferiores consiste –siempre desde el punto de vista brahmánico– en evitar el provocar a lo "sáttvico" (de *sattva*), lo que se traduce en vivir alejados de los puros, o no entrar en sus templos y casas.

Segregación espacial

En muchas partes de la India, la segregación de castas por barriadas ha sido habitual. En Tamil Nadu o Kerala era frecuente que la aldea se dividiera en una zona ocupada por la casta dominante, otra destinada a los intocables, otra a los śūdras y, finalmente, la barriada de los brāhmaṇs (casi siempre próxima a un gran templo). La calle principal del barrio de los brāhmaṇs se denomina *agrahāram*. Como expresa el sociólogo indio André Béteille, el *agrahāram* «es una comunidad y una forma de vida».[27] Hasta hace muy poco, casi ningún no brāhmaṇ había vivido jamás en estos barrios.

Ha sido esta preocupación de los brāhmaṇs más ortodoxos por preservar su pureza a través de la distancia social la que ha otorgado a las castas altas muchos de los modales y conceptos que han regulado su contacto con los considerados inferiores.

Los mahārs y los māṅgs, dos castas ex-intocables de Maharashtra, estaban excluidos de las puertas de Pune entre las 3 de la tarde y las 9 de la mañana, pues en esa franja su sombra podría cruzarse con un brāhmaṇ y polucionarlo.[28] Se dice que los guerreros nāyars podían llegar a decapitar a un intocable cheṛumar que simplemente se cruzara por su camino.

El caso más espectacular, no ya de intocabilidad, sino de algo así como "inaproximabilidad" se daba en Malabar (Kerala), todavía en la década de los 1920s. La casta más baja del escalafón local, la de los mendigos nāyāḍis, tenía que mantenerse siempre a una distancia de 30 metros de un naṃpūtiri-brāhmaṇ [FIG. 3]. Sólo la visión del nāyāḍi contaminaba al brāhmaṇ.*

La interacción cotidiana

La lógica de la pureza exige que el brāhmaṇ se autoexcluya de interaccionar con gentes de otras clases en determinados momentos y cuestiones. Una clase alta se poluciona por el contacto con una más baja dependiendo de la intimidad del contacto y de los rangos relativos de sus castas. La polución siempre pasa de la clase más impura a la más pura (nunca a la inversa). Un brāhmaṇ, por ejemplo, no tiene problemas en interactuar socialmente con otro brāhmaṇ. Existe una relativa libertad de movimientos para los iguales en pureza. Pero si el mismo brāhmaṇ debe interactuar con alguien a quien él considera śūdra, entonces debe mantenerse vigilante. La polución inadvertida se purga con el baño cotidiano. (¡Ahora sabemos por qué la moderna costumbre de la ducha diaria procede de la India!) El agua y el baño son los grandes agentes purificadores [FIG. 29; FIG. 31]. Pero nótese que el agua ha de circular (a ser posible vertida con un cuenco o con las manos). Si la contaminación es más seria, por ejemplo por el contacto físico con un intocable, a los baños rituales el brāhmaṇ debería añadir recitaciones de *mantras*

* Es curioso que la que es hoy quizá la sociedad más igualitaria de la India, la keralita, fue en el pasado la que mantuvo prejuicios más duros. El grado de impureza de los grupos se calculaba por la distancia que tenían que mantener respecto al naṃpūtiri. El nāyar no podía tocarlo (lo que no impedía que varones naṃpūtiris mantuvieran relaciones sexuales con mujeres nāyars). El īḻavar tenía que mantenerse a 10 metros; el cheṛumar (pulaiyaṉ) a 20 (ergo, tenía que mantenerse él a su vez a 10 metros del īḻavar). Hasta el nāyāḍi. ¡Ojo!, hablar de metros a propósito de la "distancia de polución" transmite la extraña impresión de que los keralitas andaban todo el día con una cinta métrica por la calle. Las distancias simbólicas remiten a lugares del hábitat cotidiano. Pongamos el ejemplo de la casa de un nāyar de la subcasta illam. Otro illam puede entrar ahí y comer. Un nāyar de una subcasta de menor rango puede entrar, pero no comerá. Un cristiano-sirio podrá acercarse a la galería; un artesano īḻavar sólo llegaría hasta el patio; un cheṛumar se detendría en el portal de entrada. Etcétera.

y el brebaje de cinco productos de la sagrada vaca: leche, manteca clarificada (*ghī*), cuajada, orina y estiércol de vaca, mezclados con miel y azúcar.*

Con todo, los *Dharma-śāstras* nunca cesan de ofrecer alternativas o excepciones a la norma ideal. Así, no hay falta (ni necesidad de expiación) si uno entra en contacto con intocables en una procesión nupcial, en un festival de templo, en el campo de batalla, en la carretera que porta al mercado, incluso dentro del templo (observación interesante ya que implica que en el lejano pasado el intocable podía entrar en los templos).[29] En la India, todo acaba dependiendo del contexto. Cuenta el escritor William Dalrymple que un bailarín de *theyyam* (danza extática propia de santuarios populares del norte de Kerala), que invariablemente pertenece a alguna casta ex-intocable, puede ser venerado por un quisquilloso brāhmaṇ como una divinidad viviente durante el baile ritual (y postrarse ante él y tocarle los pies), y al mes siguiente ser despreciado como un ser impuro cuando alquila sus servicios como peón para que le cave un pozo en su finca.[30]

Existen contactos tan polucionantes que la mentalidad brahmánica no concibió purga alguna. De entre todos, el sexual y el contacto por comensalidad (compartir los alimentos) fueron considerados los más intensos y peligrosos. El transgresor debería morir socialmente, lo que equivale a perder la clase y ser expulsado de la *jāti*. De otra forma, todo el clan se vería afectado. Una antigua leyenda recogida en la literatura budista relata la historia de un joven brāhmaṇ hambriento que, después de haber comido sobras de alimentos de un intocable, debe retirarse desesperado al bosque a morir.[31]

Empero, estos casos han sido excepcionales, pues existe en la práctica toda una serie de reglas que dificultan que la impureza del śūdra o del intocable contaminen al brāhmaṇ. Básicamente, las fronteras intercastales se han mantenido gracias a las estrictas regulaciones matrimoniales y la vigilancia en la comensalidad. En todo esto podemos apreciar que la ideología de los *varṇas* ha desempeñado un rol importante a la hora de dar forma a la endogamia de *jātis* o la comensalidad.

* Cuando el antropólogo M.N. Srinivas inició su trabajo de campo en una aldea tuvo que dormir en el establo. Los ancianos del pueblo pensaron que –tratándose de alguien de casta brāhmaṇ– dormir en las casas de la gente común lo contaminaría, mientras que en el auspicioso cobertizo para vacas su pureza se mantendría intacta.

La alimentación, de nuevo

La comida (*anna*) y el alimentarse (*bhojana*) forman uno de los principales tópicos de conversación entre los hindúes. Después del matrimonio, el tema de la dieta y la alimentación es el que más importancia recibe en los *Dharma-śāstras*.[32] Es en este ámbito donde la oposición de lo puro y lo impuro emerge con más claridad. Seguramente porque «aquello que está cocinado, pertenece a los dioses», como decía el *Śatapatha-brāhmaṇa*.[33] De ahí que la cocina llegara a considerarse una extensión del altar védico.

Los alimentos no son meras substancias materiales para la ingestión. Los alimentos se homologan a la vida. Forman uno de los niveles que reviste la realidad.[34]

Quizá esto explique la asombrosa preocupación por la comida y la cantidad de reglas, tabúes y rituales que tienen que ver con la comida. La India posee una "gastrosemántica" riquísima.[35] Para muchos indios, el manipulado correcto de los alimentos sigue siendo un asunto ritual de primer orden. Con sus ideas de los *guṇas* (que ligan al individuo a la misma textura del universo) o de los *doṣas* del āyurveda, en la India es un *a priori* aquello de que "somos lo que comemos". Lo decía hace 3.000 años un viejo texto: «Todo es alimento».[36]

Los tabúes alimenticios tienen que ver con quién prepara la comida, qué tipo de comida, quién la sirve, en qué recipientes, quiénes son los comensales o con quién se comparte el agua.

M.S. Pandian pone el ilustrativo ejemplo de una delegación de brāhmaṇs tamiles que, a principios del siglo XX, viajaban a Calcuta para asistir a la conferencia anual del partido del Congreso. El viaje en tren duraba cinco días. La delegación de brāhmaṇs llevaba su propio cocinero y obtuvo el permiso para cocinar "a la manera de los brāhmaṇs" a determinadas horas. Estas comidas se servían únicamente en los compartimentos de los brāhmaṇs, lejos de la polucionante mirada de otros. Había incluso un brāhmaṇ śrī-vaiṣṇava que se trajo consigo la comida para los cinco días y la consumía ¡al amparo de la mirada o la compañía de los otros brāhmaṇs![37]

Dada la centralidad de la alimentación, las mujeres son las más vigilantes en lo que tiene que ver con el lenguaje de la pureza. Ellas son las que preparan y sirven la comida y las que tienen que estar ritualmente puras al manejar los alimentos. De hecho, cocinar y servir los alimentos es uno de los roles más valorados de una mujer india [FIG. 32]. En dicho papel se homologa a Annapūrṇā, "la que da alimento en abundancia", una popular diosa

32. Una mujer prepara *kuzhi paniyaram* (pan de arroz típico del sur de la India) en la cocina de su casa. Tamil Nadu. Foto: Thamizhpparithi Maari, 2011.

33. Un brāhmaṇ sirve los alimentos a su mujer e invitados de la misma *jāti*. Foto: Margaret Bourke-White para la revista *Life*, 1946.

de la fertilidad y las cosechas y que es la deidad que preside sobre los alimentos.

La cocina podría describirse como el corazón del sistema pureza/impureza. Hasta el punto de que en muchas casas se prohíbe la entrada de extraños o invitados a este espacio, que es el más "protegido" del hogar. En realidad, la comida *participa* de la *esencia* de la familia que la ha preparado [FIG. 33]. Es algo más íntimo y con un valor ritual y social mucho más acentuado que la vestimenta o la decoración del hogar. Las mujeres, de nuevo, desempeñan un rol fundamental a la hora de mantener la pureza del hogar.

Como dijimos, no pocos restaurantes de la India tienen un cocinero brāhmaṇ (de forma que todo el mundo puede comer los platos preparados por un ser puro). Y muchas familias acomodadas tradicionalistas, también.

La jerarquía alimenticia viene clasificada en términos de su pureza intrínseca y resistencia a la polución, así como por las características que cada alimento encarna (pasión, rabia, calma, fuerza, espiritualidad, etcétera). La dieta vegetariana se considera más sáttvica (compuesta de *sattvo-guṇa* o cualidad luminosa, etérea y espiritual) que la carnívora. Desde hace muchos siglos, los vegetarianos han estado considerados en la India social y ritualmente por encima de los carnívoros. Al menos, desde que el *Mahābhārata* loara las virtudes de la no-violencia (*ahiṃsā*), tal y como las habían venido encapsulando las tradiciones de renunciantes.[38] Hasta los primeros siglos de nuestra era, la dieta carnívora y el sacrificio animal formaban parte del *dharma* brahmánico. Gradualmente, se fue imponiendo el modelo ascético y monástico, en especial entre las castas de brāhmaṇs (si bien el vegetarianismo nunca se ha impuesto al cien por cien en la macrocasta). Desde entonces, para un hindú vegetariano comer carne es como comer un cadáver.[39] Por todo ello, algunos hindúes que comen carne lo hacen a hurtadillas. Las castas bajas, en cambio, no han podido permitirse el lujo de ser vegetarianas. Han tenido que comer carroña y cazar lo que pudieran. Pero, significativamente, a la que generan un superávit económico, tenderán a alejarse de la carne. En la India, el vegetarianismo sirve de criterio de distinción social y hasta de vehículo de ascensión social. Me temo que las consideraciones dietéticas son secundarias.

Entre las carnes, el orden decreciente es el siguiente: cordero, pollo, cerdo y buey. Aunque comer carne es típico de castas bajas, muchas castas ex-intocables se abstienen de la carne de vaca y hasta de la de cerdo. Y pueden convertirse en vegetarianas estrictas durante el mes del Baisākhī o durante ciertas lunas llenas o nuevas.[40] Sólo unos pocos grupos de dalits comen las vacas sagradas, aunque sólo cuando el animal haya muerto de forma natural. En Nepal y en no pocos estados de la India, matar a las vacas está prohibido. Obviamente, los musulmanes de todos los países del Sur de Asia sí comen carne de bovino, pero aborrecen del cerdo (que tampoco es del agrado de muchos hindúes). También es síntoma de bajo rango beber alcoholes (razón por la cual pocos admiten hacerlo, si bien la actitud es hoy más relajada).

Ocurre que en la India siempre hallaremos variaciones y excepciones a las normas. Mientras que muchos brāhmaṇs de Uttar Pradesh prescinden hasta del ajo, las cebollas, las patatas, las zanahorias o los champiñones, algunos brāhmaṇs de Bengala o Cachemira pueden poner un pedacito de pescado o huevo en el menú. Hay brāhmaṇs de Benarés que beben licor. Los baniās de Gujarat, aun sin pertenecer al brāhmaṇ-varṇa, son estrictísimamente vegetarianos, como corresponde a muchos de los considerados de "alta casta". De hecho, hoy se tiende a pensar que el vegetarianismo constituye más un valor del hinduismo vishnuista y el jainismo que no una práctica exclusiva de los brāhmaṇs. Y un claro signo de estatus.

Como sea, y aunque muchas de estas prácticas, tabúes y costumbres tiendan hoy a expresarse en la jerga científica (sea el comer carne, que da más calorías y fuerza física, o no comerla, que es más saludable y previene enfermedades), el trasfondo es claramente ritual y social. Los alimentos continúan siendo la substancia corporal, interpersonal, social y espiritual más estrechamente vigilada.

Por supuesto, también existe una jerarquía en los utensilios y recipientes con los que uno cocina, bebe o come. Los que transmiten menos polución son los de oro; les siguen los de bronce (obligados en banquetes de boda, por ejemplo); luego los de metal, y, finalmente, los de arcilla.

En el norte de la India (salvo Gujarat y Bengala), la jerarquía de castas podría deducirse, teóricamente, según se dan y se reciben tres tipos de alimentos o platos.

En primer lugar, los alimentos crudos (*sīdhā*). Cualquier fruta, los dulces o el *ghī* (*ghṛita* o mantequilla clarificada) son aceptables por y para todo el mundo. Son ritualmente inocuos; no polucionan.

En segundo lugar, tenemos los alimentos "perfectos" (*pakkā*). Han sido cocinados en aceite o en *ghī* y casi no transmiten polución. Por tanto, esta comida es la idónea para ofrecer a los dioses y, en general, a cualquier huésped o invitado de honor. Aunque literalmente *pakkā* significa "crudo", el sentido que la gente le otorga es el de cocinado con el protector *ghī*. Es el auspicioso *ghī* el que hace que la comida *pakkā* sea resistente a la polución.

En tercer lugar, los platos hervidos, cocinados sin *ghī* o "imperfectos" (*kacchā*). Algunos currys baratos, tortas de cebada, pepinillos en escabeche y otros platos cocinados sin *ghī* son considerados vulnerables. El clásico menú de lentejas, arroz y pan (*dāl, bhāt, roṭī*) de infinidad de hogares del norte de la India es el mejor ejemplo de comida *kacchā*. Es la comida que las mujeres cocinan en sus casas con todo el cuidado ritual del mundo.

Aún existen dos niveles más de alimentos. El cuarto sería el de las sobras o restos (*jūṭhā*), que reciben indigentes o animales. El quinto serían las heces (*gū*), que tradicionalmente el bhangī pasaba a recoger por la noche y con las que, entre otras cosas, alimentaba a sus cerdos o gallinas.

En cualquier caso, es fundamental conocer cómo se ha cocinado el plato: agua, aceite o mantequilla clarificada. Y téngase en cuenta que si la comida *pakkā* entrara en contacto con la *kacchā* o hervida, automáticamente se convertiría en *kacchā*.

Un brāhmaṇ ortodoxo puede recibir alimentos crudos de cualquiera (excepto, tal vez, de un intocable), alimentos *pakkā* de ciertas castas por debajo de él y comerá *kacchā* únicamente si ha sido preparada en su hogar. En Bengala Occidental, muchas castas sólo aceptan comida *kacchā* de miembros de su propia casta; ni siquiera de un brāhmaṇ.

De todas las fuentes de polución, la comida *kacchā* aparece siempre como la primera. Luego viene la *pakkā*, compartir la pipa de agua, tocar los recipientes de cocina, tocar cuencos de agua, penetrar en la cocina o el contacto físico con la persona.[41] Casi que la cocción hace desaparecer la esencia del alimento, lo desacraliza y lo torna peligroso. De ahí que la comida *kacchā* esté reservada a la familia y al grupo endogámico.

En el sur de la India, empero, la diferencia entre comida *kacchā* y *pakkā* está mucho menos pronunciada.

La comensalidad es, después de las reglas de matrimonio, el segundo gran marcador jerárquico entre los grupos. Compartir los alimentos con otra persona significa considerarla un igual. Hay un dicho muy popular en la India que dice que dondequiera que vivan siete brāhmaṇs hallaremos siete fuegos de cocina distintos, pues cada uno de ellos se creerá más puro que los demás y rehusará comer los alimentos de los otros.[42] Recordemos a los brāhmaṇs que viajaban en tren con sus cocineros [véase pág. 206]. Idealmente, el brāhmaṇ debería comer solo y evitar todo contacto, incluso con miembros de su propia familia.

El famoso estudio de McKim Marriott en un poblado de Uttar Pradesh a mitad de los 1960s mostró cuán compleja puede ser la transacción alimenticia y la comensalidad. De las 24 castas del pueblo, las 11 más altas podían invitar al resto a un festín siempre que los platos fueran *pakkā*. En el caso de alimentos *kacchā*, los brāhmaṇs sólo podían tomarlos de manos de otros brāhmaṇs. Las sutilezas y consideraciones jerárquicas eran tan complejas que Marriott anotó:

> «A una persona pudiente de baja casta que desea demostrar su poderío no le está prohibido invitar a personas de alta casta siempre y cuando emplee camareros y cocineros de alta casta y no pretenda servir él mismo la comida a sus invitados. Pero en ningún caso de los que investigué los miembros de alta casta estaban dispuestos a asistir (y por tanto, a aceptar una subordinación financiera indirecta) a menos que se asegurara que algún miembro de la casta del anfitrión mostraría de forma clara la inferioridad de la casta durante el banquete, por ejemplo, retirando los platos con las sobras de los invitados de alta casta».[43]

Este punto ha llevado a algunos a cuestionar la centralidad de las ideas de pureza. No es la substancia de la persona, ni siquiera el contacto físico; es el rango lo que cuenta. Y el rango, según Marriott, no se establece por un orden de pureza, sino por el mantenimiento de unas subordinaciones a través de las relaciones (de comensalidad, de servicios, préstamos, etcétera). Volveremos sobre esto en el próximo capítulo.

En un festín de boda (donde la comida es siempre *pakkā*), los invitados estarán muy pendientes de quién se sienta junto a quién. Como dice R.S. Khare, «la mayoría de los hindúes todavía jerarquiza y mide la distancia entre castas al observar cuidadosamente y calibrar quien puede dar y/o recibir diferentes alimentos de diferentes castas».[44]

Insistamos, sin embargo, en que las jerarquías basadas en la comensalidad son hoy teóricas.[45] No es que no tengan su traducción palpable en la vida cotidiana (hemos visto ejemplos), sino que son más contextuales y actúan de forma menos mecánica de lo que se supone.

En efecto, como en la India la identidad de la persona es contextual, los comportamientos, tabúes y jerarquías que se observan en el pueblo pueden variar mucho si nos desplazamos unos pocos kilómetros. Como mostró el famoso estudio de Adrian Mayer en Ramkheri, un pueblo de Madhya Pradesh, el rājput y el agricultor, que no podían siquiera sentarse juntos para comer en su propia aldea, cuando fueron invitados a una fiesta en el pueblo vecino, no tuvieron ningún reparo en sentarse juntos y compartir alimentos; y es que, tal y como confesaron al antropólogo, «comeremos en la misma hilera, y eso no será de incumbencia para los concilios de casta de Ramkheri, porque esta es la costumbre en este pueblo».[46] Y la costumbre local permitía que estas dos castas comieran juntas.

No cesaremos de repetir que la India es muy sensible al contexto.[47] Muchos hindúes, que jamás comerían carne de vaca en un restaurante, y que incluso se sienten incómodos si su comensal lo hace, no parecen tener ese problema cuando viajan al extranjero. La explicación que dan, y no siempre en broma, es que ¡sólo la vaca india es sagrada![48] Existe una gran flexibilidad a la hora de cambiar los registros y los códigos, según el contexto.

Esta ambigüedad posee su sanción ortodoxa, ya que los textos brahmánicos no cesan de advertir que en tiempos difíciles (*āpad-dharma*) incluso el brāhmaṇ puede comer las sobras del plato de un no brāhmaṇ.[49] A pesar de la retórica de rigidez, la tradición de los *Dharma-śāstras* se ha destacado por un calculado pragmatismo [véase pág. 187].

Incluso cuando uno pregunta a los lugareños acerca de sus consideraciones sobre quién puede recibir alimentos *pakkā* o *kacchā*, suelen tildar el asunto de trivial y que concierne, en la mayoría de las ocasiones, a situaciones hipotéticas en las que están poco interesados. Como advertía Gloria Raheja, los aldeanos dirían que «sí, suponemos que podríamos aceptar alimentos *kacchā* de un brahmán, pero la verdad es que no tomamos nada de los brahmanes».[50]

Por descontado, las reglas también pueden variar mucho de una región a otra. Los estudios etnológicos de los británicos a principios del siglo XX mostraron que mientras en el norte los brāhmaṇs podían llegar a aceptar agua de miembros de castas inferiores, en el sur no sólo se exigía que fuera de la propia casta, sino también de la subcasta. Castas consideradas bajas, como los kumhārs, pueden ser tan rígidas como los brāhmaṇs en lo que a tabúes alimenticios respecta. Los telīs de Odisha son particularmente quisquillosos en asuntos de alimentación. Hasta el punto de que la lógica de la pureza se desmorona cuando el principal etnógrafo colonial, Herbert Risley, mencionaba que el campesino kurmī no osaba tomar alimento de un brāhmaṇ a menos que se tratara de su maestro espiritual.[51] Todas estas excepciones (la lista sería interminable) ponen nuevamente en tela de juicio la idea de una jerarquía monolítica. No se trata de anomalías. Es que el "sistema" no es unitario. Como ya sabemos, existen varias jerarquías e ideologías enfrentadas.

Las normas relativas al agua son muy semejantes a las de la comida *pakkā*. Aunque el líquido es el elemento purificador por antonomasia, puede convertirse en vehículo de impureza cuando se lo ha apropiado (tocado) otra persona. Algo parecido podría decirse de fumar la juca o pipa de agua. En el norte sólo se fuma con iguales.

Puesto que la saliva es impura, está claro que deben respetarse ciertas normas de etiqueta. De ahí que los indios nunca mordisqueen un pedazo de comida. Lo que hacen es cortar un pedazo de *chapātī*, remojarlo en la salsa de curry y comerlo entero. Bastantes indios todavía rehúsan beber tocando el vaso con los labios. Incluso hay quien fuma sin tocar el cigarrillo con los labios. En el sur de la India, la corrección exige que se coma sobre una hoja de palmera. El camarero o el propio cliente la limpia –más simbólicamente que otra cosa– vertiendo un poquitín de agua antes de servir el arroz. Al final, la hoja se tira a la basura.

Como es sabido, en la India se come con las manos. No por desconocimiento de los cubiertos de mesa (cada vez más extendidos), sino porque, tal y como notara el abad Dubois hace dos siglos, «a los indios les cuesta entender que después de haber llevado un cubierto a la boca y haberlo impregnado de saliva, aún osemos utilizarlo una segunda vez».[52] Siempre se come con la mano derecha. La izquierda puede utilizarse para cocinar e incluso para servir, de modo que se evita al comer por razones rituales (y no higiénicas). La izquierda es ritualmente impura porque se utiliza para limpiarse con agua después de evacuar.

Contaminación sexual

El contacto sexual es el otro gran canal de contaminación. Si la relación es la estrictamente conyugal, la sexualidad no está ni mal vista ni conlleva polución. Pero el contacto sexual entre personas de "substancia" dispar es considerado altamente polucionante (salvo las excepciones de hipergamia). En este punto, la posición de los *Dharma-śāstras* sobre los *varṇas* coincide bastante con las costumbres sociales de las *jātis*.

El contacto sexual es susceptible de contaminar mucho más a la mujer que al varón. A diferencia de los hombres, que pueden lavar sus genitales, las mujeres quedan contaminadas internamente por el semen. Esto nos lleva a un punto interesante: la diferencia que se establece entre la polución interna (la que se produce al "absorber" substancias polucionantes, como el semen o la comida) y la polución externa. Como ha advertido Chris Fuller:

> «La fisiología del acto sexual inevitablemente implica polución interna para la mujer y sólo polución externa para el hombre. La pureza del varón se pone más en riesgo cuando come alimentos de una persona de casta baja».[53]

De ahí la aceptación de la hipergamia. No sólo es una práctica habitual entre ciertas castas, sino que tampoco ha sido infrecuente que los hombres poderosos del pueblo tuvieran relaciones sexuales con mujeres intocables por una módica cantidad de dinero. Incluso los puntillosos brāhmaṇs, donde han sido dominantes, han tenido concubinas de castas inferiores. Es casi una máxima de los poderosos la de respetar con rigidez la endogamia al casarse pero, a la hora de buscar el placer, fornicar con impunidad. Lo curioso es que este mismo varón jamás aceptaría comida de una mujer de casta inferior. Lo expresa Premchand, uno de los más importantes novelistas en hindi del siglo XX. La madre de una joven intocable reprueba al amante brāhmaṇ de su hija: «Te crees muy piadoso. Te acuestas con mi hija, pero no osarías tocar la comida que ella cocina».[54] Lo mismo decía un anciano rājput que había tenido una amante chamār durante más de 20 años. Cuando le preguntaron sobre cómo reconciliaba su ortodoxia con el poder polucionante de la intocable, el caballero contestó que nunca había sentido escrúpulos ya que ¡jamás aceptó un vaso de agua de sus manos![55]

Por el contrario, el máximo ostracismo aguarda a una mujer de alta casta si se descubre que mantiene relaciones con un varón de baja casta. Para preservar su pureza, la mujer "de casta" debería tener una única pareja de por vida. De donde la extendida noción de que las *jātis* que no permiten segundas nupcias a las mujeres son de mayor rango que las que sí las autorizan. Como también sabemos de otro capítulo, la obsesión por mantener la pureza de la mujer y controlar su sexualidad está detrás de la vieja costumbre del matrimonio prepúber.

Para las mujeres, el período menstrual es un momento de máxima capacidad de polución. [Véase la cita de la pág. 195.] El clásico estudio de Edward Harper con la casta havik-brāhmaṇ de Karnataka mostró que durante esos días las brāhmaṇīs estaban virtualmente al nivel de un intocable (aunque a diferencia de este, cuya impureza ha quedado fijada de forma permanente y se hereda generación tras generación, la brāhmaṇī únicamente lo está durante su período). La brāhmaṇī de familia quisquillosa ni visita la cocina ni sirve alimentos ni va al templo en cuatro días. De hecho, no realiza tarea doméstica alguna.

CONTAMINACIÓN POR LA OCUPACIÓN

Los desechos orgánicos (heces, basuras) o los cadáveres (humanos, animales) constituyen un foco de polución inmediato. Consecuentemente, toda tarea que implique el contacto con estas fuentes sólo es permisible para los más impuros [véanse págs. 287-288].

Un brāhmaṇ, que no es otro que aquel que por tradición reza a los dioses, no podría dedicarse a su "vocación natural" o *adhikāra* en un estado impuro. Un brāhmaṇ que se encargara de afeitar a los demás, de manipular el cuero... no podría adorar –privada o públicamente– a los dioses. Esa polución se controla adjudicando a determinados grupos trabajos como el de basurero, enterrador, curtidor o barbero.

Si esto es así, no obstante, resulta incomprensible que los tratados clásicos no hayan incluido al intocable en algún lugar en el mundo de los *varṇas*. Pero insistamos en que lo que aquí diseccionamos es el punto de vista *ideal*; y el que posee sanción religiosa. Como veremos más adelante, existen otros ejes que cuestionan el discurso brahmánico. Pero desde este, queda claro que la impureza de las castas bajas es permanente. No sólo su composición corporal espejea su rango socioespiritual, sino que al trabajar con fuentes de impureza absorben constantemente la suciedad. Aquellos que lavan las ropas (con excreciones corporales), que limpian las calles (de basura, excrementos y demás desperdicios), que tratan con animales muertos (sea en los crematorios, o con carroña animal)... todas estas personas están en un permanente estado de polución [FIG. 34]. (Si bien está claro que no es necesariamente el trabajo, sino la persona en sí, la que suele considerarse poluta. Lo demuestra que cuando el intocable se dedica a otra profesión, no deja de ser intocable.) Como sea, la ejecución de tareas impuras por parte de unos es necesaria para mantener la pureza de los otros. Como proponía

Louis Dumont, la "pureza" del brāhmaṇ es conceptualmente inseparable de la "impureza" del intocable.[56]

Los actos de violencia, y en especial los que acarrean derramamiento de sangre, son considerados asimismo impuros. Un corolario es que el antiguo sacrificio védico (que implicaba el sacrificio animal) vio rebajado notablemente su estatus. Fue el triunfo de la "no-violencia" (*ahiṃsā*) y el respeto por toda vida animal. De ahí que al brāhmaṇ se le desaconseje –puede que por influencia jainista– el arado, que hiere a las criaturas de la tierra.[57] No es su responsabilidad, su prerrogativa, ni está en su *adhikāra* ni su naturaleza sáttvica hacerlo.

Los renunciantes del ámbito brahmánico pronto hicieron suyo el valor y la práctica ascética de la *ahiṃsā* y se abstuvieron de comer cualquier alimento cárnico. Luego, las clases altas los emularían. La dieta vegetariana fue considerándose como la apropiada, pues su elaboración no conlleva actos impuros (violentos) como matar o descuartizar a un animal. El *Manusmṛiti*, texto fundamental de la ideología brahmánica, institucionalizó que

34. Lavanderos (dhobīs), realizando su "impuro" menester en Dhobi Ghat, Mumbai (Maharashtra). Foto: Siddharta Kandoi, 2012.

«después de considerar cómo se obtiene la carne y cómo se atan y matan a las criaturas, habría que abstenerse de comer carne».[58]

Desde hace 15 o 20 siglos, prácticamente todos los brāhmaṇs han sido vegetarianos y sus vacas han pasado a abanderar la tradición de la no-violencia y la sacralidad de toda vida. Por tanto, todo aquel que trabaje con sus desechos o con sus pieles se convierte en un ser inherentemente impuro. La casta chamār, que se dedicó durante siglos a trabajar con el cuero, adquiriría su rango "intocable" –siempre desde el punto de vista ideal, recordemos– por la impureza inherente del curtido de pieles de vaca y otros animales [FIG. 18].

De manera inversamente proporcional, aquellas prácticas asociadas a los brāhmaṇs (vegetarianismo, prohibición de segundas nupcias, no-violencia...), tiñen de pureza a quien las emula y las hace suyas (lo que técnicamente se llama "sanscritización" [véanse págs. 251-254]).

CONTAMINACIÓN POR PARENTESCO

Determinados tránsitos de vida son tenidos por muy polucionantes. La muerte de un familiar conlleva 10 o 12 días de máxima impureza para la familia. Este "luto" se llama *pātak*. En consecuencia, el culto en el templo está estrictamente prohibido para sus miembros. Los brāhmaṇs havik de Karnataka [FIG. 27] se consideran a sí mismos "intocables" durante los días de duelo. Por supuesto, la impureza varía según el grado de parentesco con el fallecido. Pero la asunción básica es que cada componente de una familia comparte "holográficamente" la pureza/impureza de sus miembros. Casi que lo auspicioso o lo inauspicioso circula entre las personas de un mismo linaje a través de una invisible "conexión corporal". Los havik-brāhmaṇs llegan a estipular que cualquier pariente que comparta un ancestro común con el fallecido hasta ¡21 generaciones! debería tomar un baño purificador al recibir la noticia del deceso.

No obstante, resulta hasta cierto punto sorprendente comprobar que en la ceremonia funeraria el sujeto impuro por antonomasia (el cadáver) es tratado casi de forma idéntica a los sujetos puros por excelencia de la ceremonia nupcial (los novios). Tanto a los novios como al cadáver se les baña antes de la ceremonia, se les viste de nuevo, se les vierte arroz, se realizan circunvalaciones, etcétera. Esto llevó a Veena Das y J.P.S. Uberoi a desenfatizar algo la centralidad de los conceptos de pureza/impureza. Estos autores mantienen que los dos rituales pertenecen a la esfera de lo sagrado: «El matrimonio cae en la subdivisión de la sacralidad positiva y la muerte, en la subdivisión de la sacralidad negativa».[59]

Algo de cierto hay en esta crítica, ya que de otra forma no se entiende que el "impuro" barbero (nāī, nāpita) tenga tantas funciones rituales que cumplir en la ceremonia "pura" del matrimonio, mientras que al "puro" brāhmaṇ se le requiera participar en la ceremonia "impura" de la cremación. Tal es el caso de la famosa casta de los mahā-brāhmaṇs, especializada en los rituales de cremación. Aunque ellos se jactan de estatus brāhmaṇ, en el siglo XIX eran considerados tan impuros que en los pueblos del Punjab no se les permitía la entrada. Eran *de facto* intocables. Hoy, algunos mahā-brāhmaṇs de ciudades santas (Benarés, Allahabad, Gaya... donde muchos fieles precisan de sus servicios para los ritos funerarios o en memoria de los ancestros) pueden ser inmensamente ricos. Pero como Jonathan Parry advirtiera:

> «A pesar de su inequívoco estatus brāhmaṇ, en muchos contextos son tratados como se trataría a un intocable. He oído cómo eran descritos con la palabra hindi *achchut*, que significa exactamente eso, y ningún maniático de casta limpia osará comer con ellos».[60]

El nacimiento es el otro tránsito considerado inherentemente *aśauca*. A la impureza por nacimiento se la denomina *sūtaka*. (Algo parecido sostenía el cristianismo antiguo, que exigía una purificación ritual tras dar a luz.) Hasta hace poco era costumbre que el parto tuviera lugar en el porche o la habitación donde se recluían las mujeres durante su período. A diferencia de la muerte, no obstante, la impureza sólo atañe a la madre. En realidad, para la mentalidad más tradicional, el neonato es cual impureza que surge de un orificio biológico. Hasta que no sea ritualmente construido a lo largo de su vida a través de los sacramentos y ritos de paso que jalonan su vida, y muy en especial el que se lleva a cabo unas semanas después del nacimiento, la persona no adquiere su genuina predisposición.

La viudedad

Como básicamente el lenguaje de la pureza es un idioma brahmánico, las preocupaciones por la pureza femenina suelen ser más palpables cuanto más alta sea la casta. Entre los grupos más bajos, las diferencias de género son menos acusadas y el control masculino sobre la sexualidad femenina es menor.

A diferencia del mundo occidental antiguo, no ha existido en la India la noción de inferioridad de lo femenino. La mujer simboliza la bondad, la prosperidad, la belleza, la pureza, la fortuna, la diosa Lakṣmī, epítome de lo auspicioso. Incluso el período prepúber es considerado de máxima pureza. La adoración de la niña-virgen (*kumārī-pūjā*) en festivales como el Navarātri está muy extendida, en especial en Nepal y el este de la India.

La reclusión de la mujer de alta casta, por tanto, no implica una evaluación inferior de lo doméstico, ya que ese es el espacio precisamente vital para el mantenimiento de la pureza de casta.[61] No obstante, sobre ella recae buena parte del peso de las reglas y prohibiciones del lenguaje de la pureza y la patriarquía indobrahmánica. Y si la esposa encarna el principio de lo auspicioso, la viuda encarna lo inauspicioso.[62] Por ello, se espera que las viudas "de casta" sean más escrupulosas con las cuestiones de pureza ritual. Los símbolos de la mujer casada son eliminados: los brazaletes, los aros de los tobillos, el punto bermellón en la frente, etcétera. Esto se da incluso entre aquellas comunidades que permiten las segundas nupcias para las viudas (si bien estos emblemas le son devueltos con ocasión del segundo matrimonio). Aunque no es raro que la viuda se convierta en una poderosa matriarca, libre de toda autoridad masculina, lo cierto es que en la cultura índica la viudedad femenina (nunca la masculina) acarrea un simbolismo negativo fuerte.

Una viuda es una mujer que ha decidido "permanecer" en este mundo sin su marido. Idealmente, al rechazar la *satī* (la vieja práctica de autoinmolarse en la pira funeraria del difunto marido), ella escoge la dura senda ascética de una renunciante-viuda. Por ello se despoja de sus adornos y posesiones. Para los textos clásicos no hay otra alternativa: o *satī*, o la vida de una asceta dentro de la casa. (Y en algún caso extremo, incluso afuera, en lúgubres "monasterios" para viudas.) De ahí que en los textos brahmánicos a la mujer que comete *satī* nunca se la llame "viuda", porque precisamente la *satī* es «la esposa que ha escogido no convertirse en viuda», como ha comentado Julia Leslie.[63] Ella es quien mejor encarna el ideal del *strī-dharma* [véanse págs. 65-67]. Una práctica, sin embargo, hoy virtualmente extinta.

9. EL LENGUAJE DEL PODER

De la mano de Louis Dumont hemos visto en el capítulo anterior la consistencia de un sistema holístico, un mundo donde la jerarquía se alza en absoluto contraste con el individualismo que caracteriza a la sociedad occidental. Un sistema que «ignora la igualdad y la libertad como valores, pero que posee una idea colectiva del hombre».[1] Un universo dominado por la ideología y la religión, en el que los aspectos político-económicos quedan relegados.[2]

CRÍTICA A LA INDOLOGÍA

Estoy plenamente de acuerdo con la escuela dumontiana en que todas las cuestiones asociadas al discurso brahmánico (ideas de *varṇa*, *dharma*, pureza, polución...), como las que hemos visto en los capítulos anteriores, han sido muy importantes en el desarrollo de la civilización surasiática. Pero quizá han sido algo menos estelares de lo que hasta ahora se pensaba; y, desde luego, hoy están en claro retroceso.

Pienso que el equívoco de la escuela dumontiana de indología (con el debido respeto que nos merecen los que nos han precedido) ha sido proyectar el binarismo pureza/polución sobre 3.000 años de sociedad surasiática; lo que comporta otorgar a lo religioso un peso descomunal en detrimento de factores políticos, económicos o culturales.

Esta perspectiva sufre un poco del síndrome que aqueja al turista, que toma lo que es *diferente* de la sociedad que visita y lo erige como lo *esencial* de dicha sociedad. Mary Searle-Chatterjee y Ursula Sharma ponen el ejemplo del "plato típico" de una región que resulta ser aquel que es más diferente del de otras regiones, y no el que se come con más frecuencia.[3] Dumont hizo algo parejo al proyectar la peculiar ideología de la pureza sobre 3.000 años de civilización hindú. No es que las ideas de pureza no sean importantes (¡acabamos de ver tropecientos ejemplos!), sino que está por probar que formen esa esencia de una ideología que se habría replicado inalterada durante tantos siglos. La intemporalidad del sistema es, a mi entender, el punto más flojo de la visión dumontiana. Lo curioso es que tras haber identificado con gran finura el espacio de la estabilidad (el espacio del *dharma* o deber religioso-ritual), Dumont también pudo haber deducido el espacio del cambio (el del *artha* o provecho político-económico). Pero mientras otorgó gran relevancia al espacio de la estabilidad, despreció el de la transformación. A pesar de la retórica de inmutabilidad de la tradición brahmánica, los documentos históricos desmienten un sistema tan estático.

Tampoco insinúo que la ideología no sea importante. [Véase mi defensa en págs. 192-193.] Muchos aspectos de la sociedad contemporánea son un reflejo de ideas y principios que pueden rastrearse en los textos clásicos. Pero en modo alguno considero que la casta ha conformado el elemento más relevante de la civilización india. La búsqueda de la línea maestra o esencia de una supuesta "sociedad tradicional" es siempre reduccionista.

Coincido con los críticos en que la casta no es ningún superviviente inalterado de la India arcaica o de un universo rural de aldeas autárquicas. No puede pasarnos desapercibido que el carácter "rural" de la casta deriva en gran medida de que la inmensa mayoría de los investigadores que ha escrito sobre el tema escogió realizar su trabajo de campo en aldeas diminutas, que son mucho más manejables que las grandes áreas urbanas.

De hecho, existen zonas del Sur de Asia donde la organización por castas ha sido históricamente poco relevante. Está claro que la sociedad de castas india nace, se nutre y se consolida en las fértiles cuencas fluviales del Ganges y el Yamuna (en el norte) o el Kaveri (en el sur). En los desiertos y en las zonas montañosas, la casta desaparece. Declan Quigley observa que los sistemas de castas requieren de cierto grado de centralismo en regiones capaces de soportar una forma compleja de organización social. En Nepal, por ejemplo, la casta se evapora entre los 1.500 y los 2.000 metros de altura.[4] En el Punjab, por poner otro caso, las nociones de jerarquía están mucho más atenuadas que en el valle del Ganges. De hecho, allí los brāhmaṇs ocupan una posición "discreta" en el orden social. Los khatrīs, que pueden ser hindúes o sikhs, están claramente por encima. Aunque reclaman estatus kṣatriya, se dedican al comercio, lo propio de un vaiśya. A finales del período colonial, Prakash Tandon, un famoso hombre de negocios khatrī, decía que los brāhmaṇs de su aldea nativa del Punjab llevaban una vida muy frugal, era raro ver a alguno con dinero y muchos eran tratados como miembros de las castas bajas.[5] En suma, los brāhmaṇs eran en el Punjab una casta insignificante.

Algunas reflexiones sobre los textos brahmánicos

La trampa en la que quizá han caído orientalistas e historiadores ha sido tomar como factuales las recomendaciones de los *Dharma-śāstras* y otros textos de la tradición brahmánica. Como señaló David Kinsley, esta literatura está escrita por brāhmaṇs para ser leída por brāhmaṇs y con el fin explícito de mantener a los brāhmaṇs en la cúspide de la sociedad.[6] No son un reflejo de la misma [véanse págs. 190-191].

En la India precolonial existían multitud de fueros locales o jurisdicciones que se yuxtaponían y solapaban las unas con las otras. Muchos grupos disfrutaban de autonomía para autorregularse y aplicar la ley según sus propios criterios y costumbres. El poder político ni quería ni estaba en condiciones de unificar la ley. Los *paṇḍits* tampoco. Como ya dijimos, existe abundante material en los *Dharma-śāstras* donde se encomienda al rey a tolerar y mantener las prácticas y usos peculiares de regiones, aldeas, castas, familias, sectas o gremios.[7] El gran tratado de politología del *Artha-śāstra* lo suscribe.[8] El *Baudhāyana-dharma-sūtra* admite que, si bien muchas prácticas son contrarias a los preceptos védicos, no puede culparse a quienes las sigan puesto que «la costumbre local merece respeto».[9] Por supuesto, en otra región distinta de donde son costumbre, esas mismas prácticas serían condenables. Como dice un verso del *Bṛihaspati-smṛiti*:

> «Las costumbres inmemoriales de cada país, casta y familia deberían de preservarse intactas. De otra forma, la gente se alzaría en rebelión, dejaría de estimar a sus dirigentes y el ejército y el tesoro serían destruidos».[10]

Acto seguido menciona que en el sur los *dvijas* desposan entre primos, que en el Decán comen carne de vaca, que en el este se alimentan de pescado, en el norte las mujeres beben alcohol... para concluir que estas gentes no deberían estar sujetas a ningún castigo. No es que la antigua India situara a la "costumbre" en un pedestal [véase pág. 176]. Para la tradición legal es el texto védico (*śruti*) el que posee máxima autoridad. Ocurre que, con flexibilidad, esos mismos textos pueden admitir que una práctica virtuosa en otra era ya no lo es en estos tiempos del *kali-yuga* [véanse págs. 183-184]. Con estos ardides, la tradición hindú ha fomentado un soberbio relativismo de tocar-de-pies-en-el-suelo.[11] De ahí que buena parte de la tradición legal haya tendido a otorgar valor jurídico a la costumbre aun cuando entre en claro desacuerdo con los textos sagrados.[12] La tradición insiste en que la acción moral no debe guiarse únicamente por las prescripciones shástricas.[13]

La imagen de una legislación escrita, codificada y vigilada por el Estado no se ajusta a cómo los indios se organizaron durante siglos. Tal vez en la India se dieron cuenta antes que en otros sitios de que la "ley" no es algo fijo, natural y dado. La ley y la sociedad se retroalimentan mutuamente. Quizá los *śāstrīs* se percataron de las numerosas contradicciones y diferencias de opinión entre los textos y los *śiṣṭas* u hombres de sabiduría, y desarrollaron una conciencia decididamente pluralista.

En suma, la "ley" de los *Dharma-śāstras* ha servido para legitimar la ortopraxia más variada de las que existen en cualquiera de las religiones conocidas. Basándose en el principio de *autoridad*, y aprovechándose al máximo del espacio para la *flexibilidad*, el sistema legal hindú demostró ser adecuado para un espacio tan diverso y complejo como la India.

Como argumenté en otra obra, pienso que la lectura colonial del corpus brahmánico es la que ha creado en buena medida el estereotipo de que la civilización hindú es injusta, dogmática, irracional, casteísta... visión reforzada al tomar *Śāstras*, como las "Leyes de Manu" y similares, como los referentes fijos e implacables del derecho tradicional hindú.[14] De opinión similar es Uma Chakravarti, para quien la literatura de los *Dharma-śāstras* «refleja simplemente la ideología de la casta; pero apenas se preocupa de su funcionamiento real».[15]

Una visión de la India basada en los antiguos textos da un falso sentido de unidad y armonía. El recurso a los textos es necesario, pero debe de hacerse con discernimiento. De lo contrario, caemos en la ilusión –muy del agrado, por cierto, de la tradición brahmánica– de que el pensamiento, los valores y las ideas permanecen básicamente inalterados. «Nada cambia en el plano de los valores para la mentalidad hindú tradicional», escribía Louis Dumont.[16] «El cambio, allí donde ocurre, no es más que superficial y remite siempre a un fundamento sagrado», señalaba Madeleine Biardeau.[17] A mi juicio, ambos autores caen en la trampa del esencialismo (dotar a una sociedad de una esencia inmutable) o del culturalismo (hacer de la cultura estudiada un mundo cerrado e inconmensurable). Y lo expreso con suma admiración por su contribución.

La deformación textual lleva consigo una deformación de la visión de alta casta. Punto capital en la ordenación teológica según los antiguos textos es la supremacía de los brāhmaṇs y la idea de que «el rango social se determina a partir de ellos», como decía Max Weber.[18] Hasta el punto de que el resto de *varṇas* no son comparables con el brāhmaṇ-varṇa, sino que vendrían a representar algo así como a la masa no brāhmaṇ. Pero, si en lugar de leer textos en sánscrito uno lee –o escucha– la literatura popular en las modernas lenguas indias, entonces se sorprenderá de la cantidad de proverbios, chistes y pasajes en donde los brāhmaṇs aparecen como tipos codiciosos, glotones, cobardes o embusteros. Lo contrario de la imagen de dioses sobre la Tierra que proyecta la literatura brahmánica. En cualquier pueblo indio, el sacerdote es un personaje claramente de este mundo (como el cura de otras latitudes). Se habla de sus tarifas o su modo de vida con la misma naturalidad con que se habla de la del *jajmān* o el comerciante. Sólo el hombre santo o renunciante es el que suscita reverencia (o temor).

Dicho de otra forma, los indólogos han escuchado con mucha atención a los brāhmaṇs, pero han sido bastante sordos frente a otras formas de ver el asunto. En palabras de Gerald Berreman, la visión dumontiana se ajusta bastante bien «al ideal de los de alta casta acerca de cómo debería de ser el sistema de castas de la India hindú según los que lo valoran positivamente».[19] Dumont incurre en el clásico error elitista de tomar la cima o la cúspide del sistema por todo el sistema. En realidad, participa de una tradición (no brahmánica en este caso) que durante siglos ha proyectado la ideología y la cosmovisión brahmánica como representantes de *toda* la sociedad. Eso es lo que en términos generales se denomina "orientalismo": la idea de que la civilización india es un todo unitario basado en la tradición shástrica (textual) y brahmánica (religiosa). Su visión es convincente porque representa la visión desde arriba. Y para los brāhmaṇs y otras castas de elevado rango los conceptos de *dharma* y pureza son muy importantes. Pero la vista de pájaro debería de complementarse con la vista de la lombriz[20] (como tendremos ocasión de hacer en otro capítulo). No se trata de compensar el discurso de los brāhmaṇs con el de los de baja casta a modo de acción política; es que la visión brahmánico-dumontiana contiene lagunas y fallas notables.

Una de las simplificaciones más flagrantes es que, tal y como ha señalado Patrick Olivelle, «no existe un único término en sánscrito ni para los sustantivos "pureza/impureza" ni para los adjetivos "puro/impuro"».[21] Los comunes de *śuci* (o *śauca*) y *śuddhi* reflejan más bien la transición dinámica de la impureza a la pureza.[22] Los únicos colectivos de personas tildados de impuros son los que han sido expulsados de la casta. Suelen agruparse conceptualmente con los chaṇḍālas, allende el sistema de *varṇas*. Pero en ningún lugar de los *Dharma-śāstras* puede extraerse la conclusión de que el brāhmaṇ sea un ser más puro que los demás. Todo lo relativo a la impureza está ligado al aparato ritual, y no a una ideología social. Olivelle es concluyente:

> «No pienso que la pureza sea la causa histórica del sistema de *varṇas* o castas, ni que sirviera como teodicea para justificarlo».[23]

Lo demuestra la histórica aversión que han tenido a casarse entre sí y mezclar sus identidades las castas o subcastas de igual pureza. Incluso hoy, con la inexorable ampliación del círculo matrimonial, muchas castas brāhmaṇs son reacias a desposar otras casas brāhmaṇs que no sean las "toleradas" por sus costumbres y reglas de endogamia.

La visión dumontiana dibuja un falso binarismo Oriente/Occidente al contraponer una India bajo el sino del *homo hierarchicus* frente a un Occidente que viste al *homo aequalis*. Como tendremos ocasión de ver, cada casta (sobre todo las más bajas) ha funcionado internamente como una comunidad igualitaria [véanse págs. 301-304]. Es decir, la noción de jerarquía tiene que simultanearse con otra de reciprocidad y hasta de igualdad cuando se trata de las relaciones *intra*-castales. Para Dumont, sólo el renunciante se aproxima a la noción de individualidad. De ahí que acabe postulando que el indio pertenece a un orden humano distinto: el del *homo hierarchicus*. Sin embargo, el propio Robert Deliège, que en muchos puntos le sigue de cerca, nos hizo ver que «los valores igualitaristas existen en todas las castas y que el *homo hierarchicus* sólo existe en un nivel teórico, abstracto».[24] Diez años después, Deliège todavía es más contundente: «Hoy, podemos afirmar que la idea de "individuo" no solamente está presente en la India, sino que, además, es fundamental».[25] De hecho, William H. Wiser, el primer sociólogo en detallar el sistema *jajmānī*, estaba sorprendido del grado de servicios recíprocos de las castas bajas [véase pág. 149].[26] ¡Ojo! Por supuesto que la jerarquía desempeña un papel clave en la India (¡le estamos dedicando una Parte al completo!). Pero hay que desenmascarar el cliché de que el hindú es un *homo* de la especie *hierarchicus*, pues lleva implícita la idea de que la casta es algo aberrante. Aunque "casta" implica "desigualdad", como viera T.N. Madan, «no debe interpretarse como el opuesto de "igualdad", y por tanto como una anomalía, o peor, como una perversión».[27]

En cualquier caso, las ideas de impureza ritual hoy preocupan relativamente poco a los indios. Son importantes para conocer las ideologías y marcos que han operado en la India, pero bastante secundarias para describir los focos de interés de los indios del siglo XXI.

El trabajo de Dumont estimuló una serie de contrarréplicas (a destacar la de la antropóloga Veena Das, la del etnosociólogo McKim Marriott, la del historiador Ronald Inden o la del indianista Jan Heesterman) que destacaron otras oposiciones y tríadas, todas sumamente interesantes y que han sofisticado los binarismos estructurales de Dumont (puro/impuro, hombre-en-el-mundo/renunciante, rey/brāhmaṇ...), pero estimo que también pecan de cierto reduccionismo. La enormidad y complejidad del continente índico, ¿permiten subsumir sus sociedades en un único modelo?

Esta crítica a la jerarquía basada *solamente* en el lenguaje de la pureza nos sirve para introducir otra jerarquía, basada en el lenguaje del poder. Y es en esta *superposición* de lenguajes y jerarquías donde nos apartamos del discurso clásico del sistema de castas. Y de donde, según entiendo la cuestión, brota el dinamismo y la complejidad de la sociedad de castas india.

EL PESO DEL PODER POLÍTICO

Una inconsistencia que salta inmediatamente a la vista al reducir la complejidad de las relaciones de castas al solo lenguaje de la pureza, es el alto rango que poseen los rājputs. En la mayor parte del norte de la India, "rājput" y "kṣatriya" son equivalentes. Y si juzgamos por los estándares de pureza a una gente que se dedica a la caza [FIG. 35], a la guerra [FIG. 36], a beber alcohol y fumar, a comer carne, que posee harenes, etcétera, está claro que los rājputs o ṭhākurs tendrían que estar muy abajo en la jerarquía. Que no es el caso. Así, el etnosociólogo McKim Marriott sugirió hace décadas que otros principios *además* del de pureza-y-polución operan como criterio para gradar las castas. Marriott concedió menos importancia a las *cualidades* o atributos y puso de relieve la importancia de las *transacciones*.

«La circulación de alimento es la sangre que da vida al rango de castas», afirma Marriott.[28] Dicho de otro modo, quien tiene el grano y es servido está por encima del sirviente que es pagado en alimentos. Como vio Marriott, las

35. El ideal del "kṣatriya", encarnado en el *mahārāja* Pratap Singh II de Mewar (Rajasthan), cazando jabalíes. Pintura, *c.*1760. Nueva York: Brooklyn Museum.

36. Un ṭhākur (rājput) combatiendo a los europeos. Pintura de Marwar (Rajasthan), primera mitad del siglo XIX. San Diego: San Diego Museum of Art.

sobras de una comida no son únicamente substancias impuras. Aquellos que tienen que retirarlas reciben la dominación intrínseca que conlleva esa transacción.[29] Para Marriott, el rango en la sociedad de castas deriva de quién sirve y quién es servido (y no de la pureza o impureza). Su visión se ajusta más a los protocolos del sistema *jājmanī*, que no gravita alrededor del brāhmaṇ en la cúspide, sino de los *jajmāns* y castas dominantes [véanse págs. 144-149] que poseen el grano.

Invariablemente, el resto de réplicas al modelo dumontiano –como las de Dirks y Raheja, a finales de los 1980s, o las de Berreman y Quigley, de principios de los 1990s– elevan el lenguaje del poder y el principio caballeresco (del kṣatriya) por encima del lenguaje de la pureza y el principio ritual (del brāhmaṇ). El pionero de este abordaje fue Arthur M. Hocart, que destacó –a mediados de los 1940s– la importancia del modelo real y kṣatriya en las relaciones y jerarquías de la sociedad de castas. Hocart quería contrarrestar la máxima colonial de que la casta era una aberración india. Con razón, señalaba que la jerarquía también formaba parte de la sociedad británica, cuya Constitución divide a la gente entre los lores y los comunes.

Quizá la réplica más contundente al abordaje dumontiano haya provenido de Nicholas Dirks, que acusó a Dumont de haber desestimado mucha evidencia etnográfica (e incluso textual) que habría reducido la importancia de los brāhmaṇs y los valores brahmánicos en la vida y el pensamiento hindú. Contra Dumont, que concluía su estudio afirmando que los aspectos político-económicos eran «relativamente secundarios y aislados en el sistema de castas»,[30] Dirks sostiene que la jerarquía de las castas dependería mucho más de lo que se piensa (o admite el discurso brahmánico) del poder político:

> «Hasta la emergencia del gobierno colonial británico, en el sur de la India la corona no era tan hueca como generalmente se nos ha hecho creer. Los reyes no eran inferiores a los brāhmaṇs. La esfera política no estaba supeditada a la esfera religiosa».[31]

En otras palabras, el poder político ha desempeñado un rol estelar en la organización social de la casta y en los procesos de jerarquización. Para Dirks, el sistema de castas está imbricado en el contexto político de la realeza; lo que significa que la ideología prevalente no tiene que ver tanto con la pureza y la polución, «mas con la autoridad real y el honor y sus nociones asociadas de poder, dominio y orden».[32] Siguiendo a Hocart, Dirks acaba por invertir la clásica noción dumontiana que supedita lo político a lo religioso. El rey llevaba a cabo los rituales para asegurar y mantener la "vida" de su pueblo, de modo que el sistema de castas pasaba a ser "una organización sacrificial", como había intuido A.M. Hocart.[33] El rey no era una persona secular.

Desde esta óptica, es el rey y aquellos que ejercen el poder y poseen las tierras y bienes materiales quienes se sitúan en lo alto del orden. Los *Purāṇas* y los *Itihāsas* están repletos de menciones del origen divino de la realeza, o que el deber de los brāhmaṇs es obedecer al rey.[34] El texto de politología por excelencia de la India, el *Artha-śāstra*, lo deja bien claro:

> «Es sólo el poder material [*artha*] el fin más alto, pues el deber espiritual [*dharma*] y los placeres sensuales [*kāma*] dependen del poder material».[35]

Los títulos, emblemas, honores, tierras y privilegios que *dona* el rey convierten al jefe local que los recibe en un pequeño monarca. Las castas se organizaban alrededor de principios de honor, disciplina, derechos en el culto, rango real, etcétera. Como resume Dirks, «el sistema de castas como un todo se ordenaba en relación al rey».[36]

En realidad, la tendencia orientalista-dumontiana a ver que lo político ha estado siempre subordinado a lo religioso sólo pudo formularse una vez los británicos hubieron eliminado toda capacidad de actuación a las estructuras políticas precoloniales. Pero hoy parece claro que las ideas brahmánicas de pureza han interactuado más de lo que se pensaba con las fuerzas de cambio económico y político. Históricamente, cuando se ha percibido que el poder y la riqueza de un grupo no se correponden con su estatus ritual, los propios brāhmaṇs se han encargado de reajustar las jerarquías, como tendremos ocasión de comprobar [véanse págs. 258-259]. Lo confirma también el que la propia superioridad de los brāhmaṇs se deba más a su capacidad de movilizar los recursos políticos y económicos que no a su estatus ritual.[37] Allí donde han ejercido el mero sacerdocio, su rango es relativamente bajo. Por ello, los *Dharma-śāstras* nunca olvidaron mencionar los privilegios sociales y económicos de los que podían disfrutar los brāhmaṇs.[38]

En la India, como en muchas otras partes, quien da (o paga) se sitúa por encima de quien recibe. Esto hacen del rey y la casta dominante instituciones superiores al brāhmaṇ en numerosas ocasiones. Al propio Dumont no le pasó desapercibido que el europeo fumador, carnívoro y bebedor de licor no fuese percibido como un intocable. Es más, Dumont afirmaba, con tino, que «en teoría, el poder está subordinado al sacerdocio, pero de facto es el sacerdocio el que está subordinado al poder».[39] Es una lástima que Dumont no prosiguiera por ahí. En cualquier caso, la conclusión es clara: quien ejerce el poder, se encuentra arriba. Dipankar Gupta destaca que es precisamente en la esfera del poder y la economía donde «la jerarquía se presenta de forma más cruda».[40]

Hoy, muchos analistas piensan que el lenguaje de la pureza está supeditado al lenguaje del poder. Lo demuestra el que «un intocable rico y poderoso no es verdaderamente un intocable»;[41] si bien la inversa tampoco es del todo exacta, como admite el propio Deliège. Un miembro de alta casta que vive en la pobreza no debe sufrir las mismas discriminaciones a las que son sometidos los ex-intocables.

Por mucho que los brāhmaṇs se jacten de una pureza ritual superior y que muchos no brāhmaṇs acepten sus pretensiones, cualquiera que conozca un poco la India habrá notado la poca estima y lo mal considerados que suelen estar los sacerdotes de templo. Un brāhmaṇ que alardee de alto abolengo jamás se rebajará a la impura tarea –o innoble, por no contradecir el capítulo anterior [véanse págs. 195-196]– de oficiar en un santuario. Los sacerdotes que trabajan en los grandes templos están permanentemente expuestos a la polución de fieles de hábitos desconocidos. Incluso los templos de castas jainistas del norte y oeste de la India emplean a sacerdotes hindúes porque ningún jaina quiere rebajarse tanto como para desempeñar tan poco respetable profesión.[42] Peor parados salen incluso los numerosos brāhmaṇs que subsisten de la astrología, la medicina, o que hacen de cocineros, más aún si sus clientes son de castas bajas o intocables. Algo mejor considerados están los sacerdotes de familia o *purohits*, que ofician regularmente para diferentes clientes. Pero incluso a ellos los ven con desdén por tener que oficiar en ritos de gente de bajo rango y aceptar un impuro pago por sus servicios. En cierto sentido, el sacerdote que oficia en este tipo de rituales parece absorber el demérito de su patrono. De ahí que admita –tal y como señalara Jonathan Parry– que la donación (*dāna*) que recibe sea tan «difícil de digerir».[43]

En efecto, Gloria Raheja vio que los sacerdotes que prestan servicios a la casta dominante (en la aldea estudiada por ella, la casta gūjar) recibían su parte de la cosecha como cualquier otra casta proveedora de servicios.[44] Sin embargo, se dice que el brāhmaṇ está *obligado* a aceptar esta donación o *dāna*. No es que tenga derecho a ella (como los otros prestadores de servicios), ni es la "propina" (*dakṣiṇā*) que muchos brāhmaṇs reciben con ocasión de determinadas liturgias, es que parte de su trabajo como sacerdote consiste en recibir *dāna*. Gloria Raheja define el *dāna* como «la transferencia de lo inauspicioso del dador al recipiente».[45] Cuando se dice que el sacerdote, el basurero o el barbero aceptan la donación de los *jajmāns* no se habla de impureza, sino de lo maligno (*pāpa*) y lo inauspicioso. En cambio, la casta dominante se enorgullece de no aceptar *dāna* de nadie.

Raheja menciona que los brāhmaṇs admitían el peligro de aceptar esa donación y del veneno y la maldad que esas prestaciones contenían y que ellos tenían que aceptar a diario.[46] Como dijera A.M. Hocart, «el sacerdote, el lavandero y el tamborilero son tratados por igual, puesto que todos son sacerdotes; sólo el brāhmaṇ es un tipo de sacerdote más elevado y es remunerado más espléndidamente».[47] Jan Heesterman rastreó este rasgo hasta la época védica. El *Pañchaviṃśa-brāhmaṇa* ya asociaba hace 2.500 años las donaciones al veneno.[48] Y llegó a una conclusión pareja: el brāhmaṇ-sacerdote es el recipiente de la maldad.

La noción de que se puede limpiar lo inauspicioso a través de determinados rituales (y transferirlo a través de donaciones) parece ser antigua y muy extendida en el Sur de Asia. Si el brāhmaṇ ha estado ciertamente preocupado por la pureza, lo auspicioso ha sido vital para el rey y la casta dominante.[49] Para muchos indios tendría más sentido hablar de una dicotomía de lo auspicioso/inauspicioso que no de lo puro/impuro, ya que los arreglos matrimoniales, los diagnósticos de salud o la buena fortuna tienen que ver con lo auspicioso/inauspicioso. La pureza –vía el baño ritual, la ablución, etcétera– forma parte del preliminar de muchos rituales y consagraciones, pero nunca constituye la meta de ningún sacramento. La impureza por el nacimiento y la impureza generada por el fallecimiento simplemente deben dejarse pasar.

En resumen, la idea de que el lenguaje de la "pureza" es cardinal en la sociedad india y de que este coloca al brāhmaṇ en la cúspide no sale del todo bien parada.

Es más, agrupar en un bloque a varias decenas de millones de personas que pertenecen a los cientos de *jātis* del brāhmaṇ-varṇa es cuestionable. Poco tiene que ver un genealogista de casta (*paṇḍā*), un astrólogo (*jyotiṣ*), un exorcista (*ojhā*), un ritualista familiar (*purohit*) o un sacerdote de templo (*pūjārī*) con un maestro religioso (*āchārya*), un letrado (*śāstrī*) o un experto en gramática (*paṇḍit*). Entre los brāhmaṇs "seculares", enormes diferencias separan al brāhmaṇ agricultor del Punjab del brāhmaṇ terrateniente de Tamil Nadu. Hay brāhmaṇs en Karnataka, Bengala o Gujarat considerados ritualmente bajos.[50]

El hecho de que muchos sacerdotes no sean de casta brāhmaṇ complica todavía más la cuestión. En muchos lugares, los barberos desempeñan actividades rituales para las castas bajas estrictamente análogas a las que los brāhmaṇs realizan para las castas superiores;[51] y hasta puede que sean llamados por los de casta alta cuando no encuentran un sacerdote brāhmaṇ.

Todo eso por no hablar de los impuros mahā-brāhmaṇs, que realizan los rituales funerarios en el norte de la India. Aunque, como ya dijimos [véanse págs. 217-218], son llamados "brāhmaṇs", están considerados una casta "intocable". Como Christopher Fuller ha notado, los propios brāhmaṇs que se dedican a menesteres distintos de los sacerdotales se consideran de estatus superior a los sacerdotes.[52] Por encima incluso del brāhmaṇ letrado (*śrotriya*) está el brāhmaṇ que es económicamente independiente, ya que no tiene necesidad de aceptar donaciones de ningún tipo.[53] En este sentido, el brāhmaṇ ideal no dista tanto del terrateniente poderoso o el rey. El tropo de que la función sacerdotal está por encima de la función política es difícil de sostener. Jan Heesterman nos ha proporcionado cantidad de ejemplos en los que el sacerdote compromete su pureza precisamente cuando se ejercita como liturgista.[54]

A pesar de lo que digan los *Dharma-śāstras*, los brāhmaṇs han estado ofreciendo sus servicios en los sacramentos esenciales (matrimonio, funerales, ofrendas a los ancestros, etcétera) a las castas más bajas; por lo menos desde el siglo XVIII. Los tan vilipendiados chamārs (los charmakāras de los textos clásicos) utilizaban los servicios de maithili-brāhmaṇs (una *jāti* brāhmaṇ de elevado estatus y reconocida por su erudición y ortopraxis).[55] Los recuentos coloniales del siglo XIX registraron que castas bajas como los telīs utilizaban deśastha-brāhmaṇs, los khaṭiks tenían a havik-brāhmaṇs, los kumbhārs de la costa Konkan a chitpāvan-brāhmaṇs, etcétera. En la actualidad, castas bajas como los koerīs, los bhāṛs, los dosadhs o los pāsis poseen asimismo sacerdotes brāhmaṇs para oficiar en sus rituales.[56] Estos sacerdotes no son siempre reconocidos por los brāhmaṇs ortodoxos (los que oficiaban para los ḍoms y los nāmaśūdras de Bengala, por ejemplo, eran llamados chāṇḍala-brāhmaṇs o barṇa-brāhmaṇs), pero sí lo son por las castas a las que sirven. Y eso es lo que vale. En el caso de que un sacerdote brāhmaṇ rechace oficiar para alguna casta baja, automáticamente esta genera su propia sección y hasta subcasta de sacerdotes. Véanse los casos de los liṅgāyats, los chamārs, los goālās, los vaḷḷuvars, etcétera. En otras palabras, los grupos subalternos no sólo poseen mitos de origen que cuestionan las leyendas brahmánicas, sino que ponen en entredicho el principio sobre el que se sostiene todo el edificio de la pureza/polución: la inherente pureza del sacerdote que se comunica con los dioses. Como escribía sir Edward Blunt a principios de los 1930s:

> «Si el sistema de castas fue concebido con el objeto de preservar la pureza de la creencia y del ritual, entonces ha sido un completo fracaso».[57]

El lenguaje brahmánico de la pureza compite simultáneamente con otros lenguajes que dibujan un cuadro de jerarquías o relaciones distinto. Lo demuestra el que los dalits realmente no crean que las castas superiores sean mejores o más puras que ellos. Muchas castas no consideran el vegetarianismo o la prohibición de segundas nupcias a las viudas (rasgos típicamente brahmánicos) como criterios relevantes para jerarquizar las castas. Por el contrario, pueden llegar a decir cuán miserable es el brāhmaṇ por rebajarse a vivir de la limosna de los fieles.

Cada vez más autores consideran la casta como una estructura de poder (una organización política), que se reguló y perpetuó históricamente por su santificación en términos religiosos (brahmánicos). Más o menos la inversa de lo que se pensaba hasta los años 1970s, cuando –siguiendo a la escuela dumontiana– se supeditaba lo político a lo religioso.

Los koḍagus (o coorgs), por ejemplo, comen cerdo, consienten las segundas nupcias a las viudas, no practican la reclusión menstrual…, es decir, siguen pautas consideradas muy bajas en el lenguaje brahmánico de la pureza. Pero los koḍagus son la casta dominante en su región, al oeste de Mysore (Karnataka). Como el trabajo clásico de M.N. Srinivas mostró, son poderosos terratenientes y guerreros que desechan el modelo ascético y ritualista de los brāhmaṇs, poseen sus propios sacerdotes [FIG. 37] y suscriben el modelo caballeresco y marcial de los rājputs.[58] Por ende, poseen un elevado rango. Un caso todavía más extremo es el de los rāj-gōṇḍs de la India central, estudiado por S.C. Dube. Los rāj-gōṇḍs forman una *jāti* de origen tribal (gōṇḍ). Todavía en la década de los 1950s practicaban sacrificios rituales de vacas y comían carne de bovino. Este mero hecho los tendría que situar en lo más bajo de la jerarquía social, pero en la aldea estudiada por

Dube casi todas las *jātis* hindúes aceptaban agua de ellos. El hecho es que los rāj-gōṇḍs constituían la casta dominante de la región. En otras palabras, los gōṇḍs son virtualmente "intocables" menos cuando son terratenientes. Entonces, como rāj-gōṇḍs adoptan los símbolos rituales y de conducta que justifican su rango.

Nicholas Dirks pone el ejemplo de los kaḷḷars, que llegaron a ser reyes de Pudukkottai (Tamil Nadu), pero que en ciertas fuentes eran considerados allende la sociedad brahmánica y fueron considerados "casta criminal" por los británicos.[59] Aunque el brāhmaṇ pudiera ser importante para la ideología monárquica, la dinastía Kaḷḷar de Pudukkottai ni dependía de brāhmaṇs ni de los principios brahmánicos.[60] Los reyes no eran inferiores a los brāhmaṇs, ni lo político estaba subordinado a lo religioso. Las castas o subcastas kaḷḷars se definían esencialmente según su *proximidad* al rey [FIG. 38], y no bajo ninguna abstracta ideología de la pureza. El rey era quien fijaba los privilegios de casta; no en vano, los textos clásicos reconocen que él mantiene el *dharma*. El brāhmaṇ es un especialista respetado, pero a sueldo del patrón kṣatriya. (Lo demuestra, nuevamente, que en cuanto el brāhmaṇ puede, deja su rol sacerdotal y aspira a ser él patrón y terrateniente.) De hecho, en un estudio en cierto sentido similar al de McKim Marriott, que establecía el ránking de las castas a partir de las transacciones de alimentos, Nicholas Dirks estudió los protocolos de precedencia y honores en el festival de un pueblo en la zona de Pudukkottai. En el orden de honor, el primer rango correspondía al rey (*rāja*), el segundo correspondía a los brāhmaṇs (primero a los *śrotriyas*, luego a los que se dedicaban a cuestiones seculares, por detrás los sacerdotes de templo), lo seguían los empleados del gobierno, el cabeza de familia representante de los kaḷḷars (casta dominante de la región)... hasta los intocables pallars y paṟaiyaṉs.[61] Es cierto que en otros reinos y épocas era el brāhmaṇ –y en especial el capellán del reino– quien desfilaba por delante del rey. En cierta manera, como ponía Srinivas, «el kṣatriya le concede el lujo de tener la ilusión de que él, el sacerdote, es el más alto».[62] Porque el rey necesita que su sacerdote sea ultrapuro, próximo a los dioses que protegen el reino, alguien respetado, de forma que refuerce su propio poder y autoridad.

Aun mucho tiempo después de la caída del Imperio mogol el continente índico estaba poblado de grupos marciales y pastoriles que sabían bien poco de los brāhmaṇs, las normas de pureza y las prácticas de endogamia matrimonial.[63] Muchos de los términos que vendrían a ser designados como

37. Sacerdotes koḍagus (o coorgs). Suroeste de Karnataka. Foto: Nicholas & Curths, 1860s.

38. Su alteza el *rāja* Ramachandra Tondiman, rey kaḷḷar de Pudukkottai (Tamil Nadu), y sus ministros. Foto: Linnaeus Trippe, 1858.

"títulos de casta" eran políticos, tanto en su origen como en su significado. La casta –escribe Dirks– «aparece como la sedimentación de sistemas políticos más antiguos».[64] Ronald Inden coincide en que la casta puede ser descrita como una forma de organización política.[65] Declan Quigley es de opinión similar.[66]

A diferencia del lenguaje de la pureza, que es básicamente ritual, el idioma del poder es político-económico. (¡Ojo! Hay que reiterar que la religión y el ritual también constituyen una forma de *poder*. Sin duda. Cuando hablamos del lenguaje del "poder" sobreentendemos aquí el poder político-económico basado en la demostración de fuerza y la consecución de logros materiales.) No fue el "poder" de la ideología sacerdotal, sino este poder más prosaico, el que permitió a macrocastas como la jāṭ, la gūjar, la paṭel o la marāṭha, tenidas por śūdras hace pocos siglos, obtener su actual rango de kṣatriya. En seguida comprobaremos cómo [véase capítulo 11].

La desaparición de los principados durante el British Raj y la India independiente no invalidan esta tesis, ya que las formaciones políticas indias han poseído –y todavía poseen– círculos locales donde el caudillo, el jefe comarcal, el *boss* del pueblo y hasta los hogares de las castas dominantes reproducen a su escala particular las configuraciones y relaciones de la corte. Por ello, en los festivales y procesiones los *jajmāns* dominantes –ajustándose por partida doble al lenguaje de la pureza ritual y al del poder político– se sientan protocolariamente *junto* al brāhmaṇ, emulando el antiguo eje brāhmaṇ-kṣatriya en el que se sostenía la sociedad.

Nótese que Quigley, Dirks o Raheja no están hablando –como Bailey, Berreman, Béteille y otros– del dominio *económico* y la explotación. Si la casta surgiera únicamente de esta dominación, habría plena coincidencia entre el estatus ritual y el nivel económico (que no es el caso). El propio Frederick G. Bailey, admitía que, si bien había un alto grado de coincidencia entre el rango político-económico y el orden ritual de la casta, «la correlación no es perfecta, ya que en cada extremo de la escala se da una peculiar rigidez en el sistema».[67] (Aunque pobre, el brāhmaṇ siempre posee alcurnia.) Y por encima de todo, resultaría francamente difícil diferenciar entre un sistema de castas y cualquier otro sistema de dominación de clases.

Y llegados aquí, debemos resaltar precisamente este punto. No podemos ignorar que la casta, *además*, posee su dimensión de lucha de clases. Si bien no podemos reducir casta a clase (como hace gran parte del público occidental que lo desconoce casi todo de India y proyecta las ideas de clase sobre las de casta), tampoco podemos divorciarlas. Existen factores socioeconómicos importantes que han permitido que, en determinados aspectos, casta y clase coincidan.

Lo vuelve a demostrar el caso del brāhmaṇ de templo que vive de las donaciones de los fieles y que invariablemente se sitúa por debajo del brāhmaṇ que trabaja en un alto cargo de la administración. No es la ideología la que sitúa a uno por encima del otro, mas el dinero, que es una faceta del poder. Ya lo advertía el *Mahābhārata*:

> «El śūdra ha de servir a las demás castas. No debe acumular riquezas bajo ningún concepto, ya que si obtuviera riqueza, sometería a las castas superiores por debajo suyo».[68]

Más claro imposible. En Rajasthan, por ejemplo, no es el par brāhmaṇ-kṣatriya el que domina la sociedad, tal y como gustaría a los *Dharma-śāstras*. La realidad es que el tándem fundamental puede bien ser el del kṣatriya (rājput) y el comerciante (baniā), con el brāhmaṇ desempeñando un rol importante pero menos central. Como advierte Lawrence Babb, de quien hemos tomado el ejemplo, «parece que hemos recorrido un largo trecho desde el clásico sistema de *varṇas*».[69] Y, en cambio, hemos introducido un elemento invisible en aquella ideología: el dinero.

Sabido es que cuando una tribu se desintegra y entra a formar parte de la sociedad de castas, no suele hacerlo en bloque. Las familias pudientes y nobles de la tribu con frecuencia se hacen un sitio entre los brāhmaṇs, los rājputs y la nobleza de la sociedad de casta, mientras que la mayoría, que no comparte sus privilegios políticos o rituales, mantiene una identidad separada, normalmente con estatus de śūdra[70] o incluso inferior. A nadie le importa la pureza de sangre o cuestiones ideológicas, sino el acceso a los recursos económicos y al poder.

DOS LENGUAJES SUPERPUESTOS

Yo sospecho que –la hipercomplejidad de lo social obliga– *varios lenguajes* se superponen. Si, por ejemplo, la distinción entre el brāhmaṇ y el intocable parece aposentarse en las ideas de pureza/polución o auspicioso/inauspicioso, aún más si ambas van ligadas,[71] los rangos de la gran masa de castas intermedias parecen estar determinados por otros lenguajes y criterios, en especial los del poder político y económico.

En otras palabras, si bien la institución de la casta es panindia –puesto que los miembros de la mayoría de las castas se ven a sí mismos dentro de un único sistema–[72] y es reconocida por todos gracias a un fuerte léxico brahmánico, está claro que la sintaxis y la gramática de este idioma pueden variar considerablemente. El lenguaje brahmánico es cual argot que todo el mundo parece entender, pero no constituye una descripción empírica de la sociedad india. No existe una jerarquía consensuada de castas –siquiera a nivel comarcal–, ni unos valores aceptados por todos. La sociedad de castas de Assam es mucho más relajada que la del casi vecino Bihar. Cada sistema de castas funciona a nivel local [véanse págs. 126-129 o pág. 132]. Dicho de otra forma, no existe una única ideología de casta, sino múltiples. Que también fluctúan en el tiempo.

Este punto es doblemente importante, pues estamos en cierta manera cuestionando la pretendida universalidad del *dharma*. (Bien, ya sabemos que el *dharma* aprecia lo contextual; pero cuestionamos la noción de que el *varṇa-āśrama-dharma* se erigiría como superestructura ideológica en cualquier rincón de la India.) La existencia de críticas "internas" a la casta, de "contraculturas", de visiones "desde abajo", que repasaremos en otros capítulos, muestran –como expresa Partha Chatterjee– «que la propia universalidad del *dharma* como el ideal de la casta no es reconocida por todas las partes del sistema de castas».[73]

Nótese, pues, que nos apartamos de Hocart, Dirks, Raheja o Quigley, que han sustituido al brāhmaṇ por el rey y el lenguaje de la pureza por el del poder. Me parece erróneo sustituir uno por el otro y replicar un mismo esquema monolítico. Desde mi óptica, no existe un único eje o lenguaje que mantenga en pie los sistemas de castas. Pienso que en la India las jerarquías se han establecido de acuerdo al lenguaje brahmánico de la pureza *y* al lenguaje llamémosle "kṣatriya" del poder. Esto es incluso explícito en el país Tamil, donde históricamente las castas se dividen en las de la "derecha" y las de la "izquierda". Las primeras enfatizan la pureza y el modelo brahmánico. Las segundas subrayan el dominio y el modelo de la realeza.[74] Varias ideologías y jerarquías comparten puntos en común, pero se articulan de formas diferentes, según lenguajes que no pocas veces se contradicen entre sí. Aunque la articulación brahmánica del *dharma* ha ganado amplísima aceptación, no lo ha sido tanto por su factualidad como por su eficacia como forma de legitimar la subordinación. Pueden haber existido momentos históricos en los que el tándem brāhmaṇ-pureza-*dharma* ha dominado, y otros en los que destaca el tándem rey-poder-*artha*. Y la mayor parte de las veces me parece que este doble poder religioso y secular ha estado astutamente conchabado para mantenerse en la cumbre de su respectiva esfera.

En India, la jerarquía se asienta por lo menos en dos lenguajes; dos gramáticas que, enroscadas cual caduceo de Hermes, se retroalimentan, se oponen e influencian mutuamente.

10. JERARQUÍA

La doble acción del lenguaje ritual de la pureza y el lenguaje secular del poder ha hecho del pueblo indio uno de los más preocupados por el estatus. Dice Jonathan Parry que la ideología de la jerarquía abarca todas las esferas de la vida social: las relaciones entre hombres y mujeres, castas receptoras-de-esposas y castas dadoras-de-esposas, ancianos y jóvenes, dioses y humanos, etcétera.[1] Puede que el indio no sea un *homo* de la especie *hierarchicus* [véase pág. 225], pero qué duda cabe que el asunto es omnipresente. Es cierto (y esta reflexión debería planear sobre las siguientes páginas) que el poder de las jerarquías de casta se ha dulcificado mucho en los últimos años, pero hay que admitir que, diacrónicamente, la noción de jerarquía ha sido cardinal en el Sur de Asia.

Aunque las jerarquías tradicionales se estén evaporando con rapidez, ello no ha eliminado una "intuición inconsciente" en la mente de los indios: que toda persona ocupa un rango. Puede que en la nueva jerarquía de hoy un brāhmaṇ tenga que trabajar de camarero en un restaurante y quizá su cliente sea un ex-intocable. Pero, como ha señalado con agudeza Anand Giridharadas, de quien he tomado el ejemplo, «el cliente aún le hablará al camarero de la forma que sus roles –porque ya no son sus castas– han requerido por tradición: con socarronería, despectivamente, sin empatía».[2] Cada vez que se encuentran dos indios se ponen en marcha una serie de mecanismos culturales y psicológicos para determinar quién de ellos ocupa un rango superior. Estudios comparativos en el mundo empresarial (realizados en más de 60 países) concluyen quc es en el Sur de Asia donde se da la mayor *distancia de poder* entre un directivo y un peón.[3] (Claro que también es en el Sur de Asia donde se detecta una *orientación más humana*.)

El *quid* de la cuestión en el entramado de la sociedad de castas consistiría en establecer qué relación hay entre las decenas de miles de *jātis*, los cinco millares de castas y los cuatro *varṇas*. Esto es: ¿cómo casar la estructura piramidal que hemos abordado en los capítulos sobre los *varṇas* con la composición concéntrica que tratamos en los dedicados a las *jātis*?, ¿qué dialéctica se establece entre el principio de la jerarquía y el de la diferencia?

LA RELACIÓN ENTRE *JĀTI* Y *VARṆA*

Es en este punto donde historiadores y sociólogos deberían sentarse juntos a deliberar. Porque no existe una clase (*varṇa*) teológica y una casta (*jāti*) sociológica independientes la una de la otra. Históricamente, las *jātis* han tomado muchas de sus prácticas de endogamia, comensalidad o pureza de la ideología de los *varṇas*. (Da lo mismo si la cosa fue al revés y los *Dharma-śāstras* simplemente dieron contorno religioso a costumbres ya extendidas.) Por mucho que hoy sepamos que la descripción de los textos brahmánicos no reflejaba la realidad de la antigua India, sería un grave error –como ya comentamos [véanse págs. 192-193]– considerar el discurso sobre los *varṇas* como una ficción. Cuando los antropólogos señalan que el modelo de *varṇas* corresponde a la "visión textual" de la casta, mientras que el de *jātis* representa la "realidad factual", aunque en gran medida estén en lo cierto, están devaluando sobremanera el papel desempeñado por la ideología brahmánica. Puestos a conceder que ha existido un "sistema indio de castas", este fue el sistema *varṇa-jāti*. Por tanto, la sociedad de castas podría haberse forjado de un diálogo y mezcla de ambas fuerzas. Y la idea más extendida, en palabras de Rajni Kothari, es que:

> «El referente del *varṇa* [...] suministra un "marco panindio en el cual una miríada de *jātis* de cualquier área lingüística puede encajar"».[4]

En efecto, según la concepción clásica del tema, toda *jāti* debería legitimarse por el *varṇa*. El referente *varṇa* representa una "escala de valores" conocida por todos y provee de un simbolismo védico poderoso. Recurriendo al *varṇa*, cualquier indio puede ubicar una *jāti* desconocida dentro de un croquis general. O cuando en el pasado existieron discrepancias acerca de la posición de una casta, el conflicto se expresaba en términos de *varṇa*. Esta macroestructura ha sido un marco de referencia para poder identificar toda comunidad migrante y otorgarle un estatus ritual.

En cualquier ciudad de la India se identifica a un brāhmaṇ con el brāhmaṇ-varṇa, a un rājput con el kṣatriya-varṇa, a un baniā con el vaiśya-varṇa, a un herrero, un agricultor, un orfebre o un jardinero con el śūdra-varṇa y a un trabajador del cuero o un barrendero con la categoría "sin clase" (avarṇa) o "quinta clase" (pañchama). Aunque casi nadie habla de *varṇas* en el siglo XXI, sigue siendo un referente conocido por todos. El *varṇa* es una categoría panindia; la *jāti* es local.

Debido a la necesidad de homologación entre *jāti* y *varṇa* existe una cierta confusión entre ambos conceptos.[5] Incluso en los textos clásicos podía utilizarse *jāti* en el sentido de *varṇa*.[6] Sabido es que los antiguos textos budistas con frecuencia utilizan *jāti* para describir a los brāhmaṇs, los śūdras, los kṣatriyas..., grupos que en la tradición brahmánica son siempre llamados *varṇas*.

Parte de los malentendidos que en Occidente se tienen acerca de la sociedad india se debe a que también en lenguas europeas se utiliza indistintamente la palabra "casta" para traducir *varṇa*, *jāti* o *birādarī*. De forma didáctica distinguimos aquí entre ambas, de modo que vamos traduciendo *varṇa* por "clase", *jāti* por "unidad endogámica" o "subcasta" y *casta* para designar a un "conjunto de *jātis*".

LAS JERARQUÍAS

Debido a la necesidad de asimilarse con los *varṇas*, que conforman una pirámide, de alguna forma las miles de castas estarían jerarquizadas. Recordemos que el lenguaje ritual de la pureza y el lenguaje político del poder con los que se articulan las jerarquías recurren al *varṇa*. De ahí que exista una clara noción de castas *superiores* y castas *inferiores* (o, en su defecto, castas *centrales* y castas *periféricas*).

Como vimos, para Louis Dumont la jerarquía de castas tiene como base la pureza/impureza de las personas y sus costumbres.[7] Según McKim Marriott remite a las relaciones de dependencia (laborales) y las transacciones (alimenticias) que se establecen entre las castas.[8] Para Nicholas Dirks la jerarquía se establece según la proximidad al poder político.[9]

A mi modo de ver, la cosa podría ser una combinación de todas. Y el cuadro resultaría más ambiguo, complejo y contradictorio de como suele pintarse. A la hora de jerarquizar las castas y homologarse con la jerarquía várnica, entran en juego factores como el poder económico, la posesión de la tierra, la relación de dependencia, amén de los criterios brahmánicos de pureza y accesibilidad al *Veda*. De otra forma, no podría concebirse el ya mentado caso del rājput, que es invariablemente carnívoro, guerrero, bebedor y cazador (parámetros todos altamente impuros según el criterio brahmánico), y siempre ha sido considerado un noble kṣatriya [FIG. 35; FIG. 36]; mientras que el frugal, vegetariano, ascético y piadoso baniā (más "brahmánico" que muchos brāhmaṇs) queda por debajo.

Es en el norte de la India, en el llamado "cinturón hindi", donde la jerarquía de castas se asemeja más al modelo de *varṇas*. En el censo de 1931, las "castas altas" formaban un significativo 24% de la población de Rajasthan (8% brāhmaṇs, 9% rājputs y 7% baniās), mientras que sólo representaban un 4% en Andhra Pradesh, en el sur del país.

En mi esquema, donde múltiples ejes y distintos lenguajes se superponen, cabe que en zonas donde una gran casta agrícola domina, sus valores y normas rituales tiendan a imponerse; mientras que en los lugares donde dominen terratenientes brāhmaṇs, seguramente las ideas de pureza estarán más acentuadas. Hay que sospechar de una única jerarquía lineal o rígida.[10]

El *passing* o la casta oculta

Por supuesto, un individuo puede tratar de camuflarse en una casta superior o distinta a la suya. En una ciudad, un dalit educado y bien vestido puede aparentar pertenecer a una casta alta. No pocos ex-intocables han cambiado su apellido –por alguno neutro– para evitar problemas en el trabajo, a la hora de alquilar una casa o al viajar.

No obstante, siempre hay el riesgo de ser descubiertos. Los nuevos vecinos pronto querrán saber quiénes son los parientes del recién llegado y cuál es su *jāti*. En la India, un individuo solitario todavía lo tiene difícil para sobrevivir. Tanto en lo emocional, lo económico, lo identitario... el indio depende de la familia, la *jāti* y el grupo social. Sobre todo, en el momento de la elección matrimonial para sus hijos e hijas, necesitará de su grupo endogámico para la elección; y de sus familiares y compañeros de casta para las ceremonias. Un individuo puede hacerse pasar por un brāhmaṇ, un parsi o lo que sea, pero no puede camuflar a toda su familia. Si el nuevo vecino no es convincente acerca de su origen, ¿quién querrá darle una hija como nuera o esposa? No es imposible, pero sí muy difícil.

Para quien no emigra es virtualmente imposible cambiar el estatus. Tendría que modificar drásticamente sus hábitos alimenticios, su forma de hablar y expresarse, la ocupación, las divinidades que adora, sus vestimentas, su apellido... Y, de nuevo, su posibilidad de elección matrimonial será prácticamente nula. La casta, se dijo, no se oculta [véanse págs. 101-104]. La práctica del *passing* (cuando algunos ciudadanos norteamericanos con algo de sangre de color camuflaban su genealogía y se hacían pasar con éxito por blancos) no es aceptable para un indio. Por muy degradada que sea su *jāti*, pocos quieren hacerse pasar por un miembro de otro grupo. Puede que uno no acepte el estatus que los demás le otorgan, sin duda, y reniegue de los inconvenientes que le acarrea, de ahí ciertos casos de *passing*,[11] pero todo el mundo gusta de mantener la *diferencia* con sus rituales, reglas de matrimonio o mitologías de origen.

El ránking de castas

Así las cosas, la jerarquía parece más o menos clara por lo que respecta a los extremos. Nadie cuestiona en la India que un experto en sánscrito, un letrado (*paṇḍit*) o versado en el *Veda* (*śrotriya*) es un brāhmaṇ –miembro de alto rango de una de las 600 o 700 *jātis* de esta clase–, por pobre que sea (y muchos, de veras, lo son). Ni nadie duda de que un "barrendero" bhangī o methar es un intocable –miembro degradado de alguna de las 1.200 castas de ex-intocables–, aunque sea un potentado industrial (bien que, dicha sea la verdad, contados son los bhangīs que acceden a niveles altos de riqueza).

Sin embargo, el asunto está muchísimo menos claro en los vastos niveles intermedios. La existencia de una jerarquía no implica que la posición en la escala esté consensuada. Y más cuando sostengo que existen varios ejes jerárquicos actuando simultáneamente. A principios del siglo XX, un comisionado censal británico se lamentaba de constatar que «un sonār (orfebre) de Maharashtra puede proclamar que su casta es brāhmaṇ; y el mismo sonār de Assam que su casta es harijan (intocable)».[12] Aun así, la idea generalizada entre los británicos (y entre quienes no conocen la India) es que la posición en el sistema es fija. Si el ránking hubiera sido fijado a perpetuidad habrían existido listas en registros de aldeas y cortes, en especial entre las comunidades letradas. En otras palabras, se pretende que la sociedad de castas haya estado desprovista de todo significado político. Lo cual no es admisible.

Esto es todavía más cierto en pleno siglo XXI. Castas tradicionalmente consideradas śūdras reclaman incluso rangos superiores al brāhmaṇ o el rājput. Grandes castas agrarias como la jāṭ, la ahīr-yadav, la gūjar o la kurmī empiezan a dominar la política india. Las castas mercantiles rechazan ser consideradas inferiores a los brāhmaṇs o a los kṣatriyas. Los dalits, durante siglos tenidos por dóciles, están tomando conciencia de su peso demográfico y político. La idea de un orden de castas nítido y rígido, además de que nunca ha sido la norma, es hoy aún más anacrónica. El ránking de *jātis* es un desbarajuste. Muchísimas castas están socialmente muy próximas entre sí. Los antropólogos se quejan de que la presumida jerarquía en cuestiones de dieta, ocupación o ritual no se correlaciona con los datos observados *in situ*. En realidad, no sólo el orden de precedencia social es imposible de consensuar, sino que la idea que los indios se hacen sobre este asunto es ambigua.

Un ránking sólo podría realizarse a nivel estrictamente local. Y aun en una pequeña aldea puede haber serias discrepancias a la hora de evaluar la posición de una casta en la jerarquía. En su estudio, en un pueblo de Gujarat, Rosa Maria Perez detectó, por un lado, una gran indiferencia de las castas consideradas intermedias acerca de la jerarquía. Por otro lado, se daba una gran irregularidad a la hora de jerarquizar. Preguntados sobre el ránking de cierto grupo, tres miembros de la misma casta koḷī-paṭel dieron tres gradaciones diferentes. En general, se notaba una crasa falta de consenso a la hora de determinar el estatus social de unas castas respecto a otras. Y a la hora de identificar las castas del pueblo, casi todo el mundo omitió algunas.[13] Aunque nadie parece dudar de su propia posición en el sistema (por muy en desacuerdo que se esté con la percepción de los demás), está claro que una jerarquía lineal es una quimera.[14]

En determinadas zonas de Uttar Pradesh o de Haryana, por ejemplo, donde los brāhmaṇs son numerosos, pueden quedar bastante por debajo de las grandes castas agrícolas y terratenientes y tienen que recurrir a trabajos manuales no demasiado bien vistos. En Rajasthan, el brāhmaṇ trabaja en el campo como el śūdra y no tiene reparos en ofrecer sus servicios a hacendados más afortunados.[15]

Como ya vimos, es problemático hablar de la superioridad del brāhmaṇ-varṇa ya que existen cientos de *jātis* de brāhmaṇs cuyos miembros se disputan permanentemente el rango. La afirmación de Louis Dumont de que tanto el sistema de *jātis* como el de *varṇas* culminan con el brāhmaṇ[16] no es exacta. Parece derivarse exclusivamente de la opinión que los brāhmaṇs cultos han tenido de su pedigrí.

Si, como sabemos, algunos brāhmaṇs poseen un elevado estatus y otros uno realmente bajo, no se entiende muy bien por qué se ha utilizado indiscriminadamente el *varṇa* como único criterio para la jerarquía. Como estudiaremos, todo parece indicar que fue la visión de los brāhmaṇs la que permeó los a prioris y las dudas que tanto dirigentes coloniales como antropólogos han tenido a la hora de establecer jerarquías [véanse págs. 467-470].

Así, salvo en ciertos extremos, no hay consenso en las jerarquías. En gran medida, porque todo el mundo parece atribuirse un estatus superior al que le otorgan sus vecinos. Incluso cuando –entre las castas intermedias– se dice públicamente que son iguales, internamente se piensa lo contrario. En su estudio clásico sobre las castas de la región de Kangra, en Himachal Pradesh, Jonathan Parry detectó que muchas castas cuyo *varṇa* era considerado por las otras como śūdra se veían a sí mismas como kṣatriyas e incluso brāhmaṇs.[17] Y esto parece ser una canción muy repetida. El misionero holandés Abraham Rogerius, que vivió en el país Tamil en los 1630s, habla de la casta "wellala" (vēḷḷāḷa) y, a continuación, añade:

> «No he puesto aquí el orden de las demás castas, ya que no hay unanimidad entre ellas acerca de la precedencia, mientras que cada una clama para sí el mayor rango y pretende que la suya es la mejor».[18]

Gerald Berreman observó que ninguna de las castas bajas y de intocables de una aldea de Uttar Pradesh admitía ser la más baja. Los ḍoms señalaban a los chamārs, pero estos decían que eran los bhangīs de los llanos o los musulmanes y cristianos. Ilustrando a la perfección la ambigüedad de la cuestión, un aldeano intocable comentó al antropólogo:

> «Los ingleses y los musulmanes son intocables porque tienen una religión extranjera y comen carne de vaca; y, en cambio, a nosotros también nos tratan como intocables. Esto no es correcto. Deberían otorgarnos un estatus más alto».[19]

Es precisamente aquí donde se observa como, a pesar de su ambigüedad, el modelo várnico de la pureza ha sido importante a la hora de jerarquizar. El intocable que protesta por su posición (ya que según la lógica de la pureza un carnívoro de religión extranjera debería quedar por debajo de él), suele esgrimir que su ubicación se debe a un error, normalmente un accidente de la historia. Creo que Dipankar Gupta está en lo cierto cuando sentencia:

> «La jerarquía del sistema de castas puede verse como uniforme y universal siempre que uno asuma los prejuicios de la casta particular que

> está elaborando esta jerarquía. Lo cierto es que no hay acuerdo sobre quién debería ocupar qué posición en la jerarquía».[20]

Como podrá imaginarse, las variaciones regionales son la norma. Un jāṭ hindú del estado de Rajasthan puede ser considerado de estatus relativamente bajo por su vecino brāhmaṇ o rājput. Pero un jāṭ hindú o sikh del Punjab puede mirar por encima del hombro a un brāhmaṇ. En el Punjab, la jerarquía tiende a exaltar al mercader khatrī, al terrateniente rājput o al agricultor jāṭ en detrimento del brāhmaṇ. No es igual el estatus de un barbero en el norte de la India que en el sur (donde, además de las funciones rituales típicas de los barberos, también se ocupa de los funerales). Puesto que la jerarquía es local, no hay forma de comparar los rangos relativos de las castas salvo con el ambiguo recurso a la categoría *varṇa*. Y aun así, el parámetro brahmánico de *varṇas* y el lenguaje de la pureza no han sido ni mucho menos hegemónicos. Los aludidos vēḷḷāḷas, catalogados de śūdras por los brāhmaṇs, rechazan ser considerados como tales. Aunque, efectivamente, muchos son agricultores, el rango de un agricultor en la sociedad tamil del sur de la India ha sido siempre distinto de la posición de un agricultor en el norte. La palabra "vēḷḷāḷa" deriva de *vēḷir* que significa terrateniente-agricultor. Estos *vēḷirs* se transformaron en la casta vēḷḷāḷa de la que dimanó el gran Imperio chōḷa. En la antigua sociedad tamil, un agricultor, un guerrero y un caudillo local se fundían con frecuencia en la misma persona. A diferencia de la literatura sánscrita del norte que rebaja al campesino a la categoría śūdra, en el *Caṅkam* tamil se escucha que el reino no prosperará a menos que el rey rinda homenaje a los agricultores, la gente más importante del reino.[21] En la década de los 1860s, cuando se ensayaba el primer censo de la India, los vēḷḷāḷas ya querían ser registrados en un *varṇa* superior al que la opinión popular les concedía.[22]

En realidad, en el sur de la India las categorías de *varṇa* son inoperantes. Como el trabajo de André Béteille mostró, en Tamil Nadu se habla de brāhmaṇs, de no brāhmaṇs (śūdras desde el punto de vista de los anteriores) y de intocables (o, por respeto, ādi-drāviḍas).[23] También en Karnataka las grandes divisiones son entre brāhmaṇs, no brāhmaṇs e intocables.[24] Por ello, cuando menciono mi apellido en Kerala, cualquier no brāhmaṇ detecta de inmediato que se trata de un título nāyar de guerreros y terratenientes de casta alta, merecedor de respeto, mientras que para un escrupuloso brāhmaṇ keralita, un paṇikkar no tiene nada de kṣatriya, es simple y llanamente un no brāhmaṇ, alguien apenas por encima de la "línea de polución". Todo depende, como decía Gupta en la cita anterior, de «los prejuicios de la casta particular que está elaborando la jerarquía».

Las jerarquías se establecen a partir de diferentes criterios, que muchas veces se contradicen entre sí. Por ejemplo, la ocupación de una casta puede ser considerada elevada, pero, en cambio, sus costumbres dietéticas tenidas por bajas. Un peso importante a la hora de otorgar estatus tiene que ver con el volumen demográfico de la casta y los acres cultivables que posee. Razón por la cual muchas castas agrícolas son dominantes. Aunque en términos de *varṇa* los agricultores ocuparían un puesto bajo (serían śūdras), exigen el respeto de los demás, incluidos los brāhmaṇs. En consecuencia, las relaciones entre un agricultor rico y el intocable peón o el intocable recolector de impuestos son completamente distintas, gobernadas cada una por ejes económicos, políticos o rituales superpuestos.[25]

39. Un *jajmān* "de casta" paga a sus siervos y peones de forma que la jerarquía quede ostentosamente resaltada. Foto. Margaret Bourke-White para la revista *Life*, 1946.

Además hay que tener en cuenta los factores "transaccionales" [véanse págs. 210-211]. Las relaciones vitales son aquí las de terrateniente/arrendatario, patrón/siervo y acreedor/deudor. Este tipo de relaciones conlleva "obligaciones". Quien invierte en la gente (prestando dinero, arrendando tierras, hablando a funcionarios del gobierno en su nombre o por la mera generosidad) posee a más personas bajo "obligación" [FIG. 39]. El *jajmān* o el "rico" del pueblo se convierte así en el *boss*, una persona también muy codiciada por los partidos políticos (pues puede hacer votar al poblado masivamente por una designación u otra).

Por tanto, en cualquier comarca puede haber varias crestas en la pirámide. Una, basada en el estatus ritual, donde invariablemente hallaremos a castas de brāhmaṇs en lo alto. Otra cresta se basará en el poder político y económico; y es aquí donde encontraremos a las castas dominantes de cada región.

Sin olvidar la jerarquía dentro de la propia casta. En el seno de las grandes castas tenemos linajes (*gotras*) o subcastas (*jātis*) que están asimismo jerarquizadas. Cuando se habla de la hipergamia de casta, en muchas ocasiones se refiere a que una sección más baja de una casta se vincula –vía un pacto matrimonial– a una sección más alta. Hay quien considera la «estratificación interna de las castas como el mejor seguro en contra de la destrucción total del sistema de castas».[26]

Casi que este cuestionamiento permanente de la posición fija en la jerarquía es el que ha facilitado que las castas convivan unas junto a otras. Si todo fuera tan exacto como pretende cierta visión indológica, hace tiempo que la sociedad de castas habría saltado en pedazos. En realidad, el error de ciertos sociólogos ha sido el de no percatarse de que las castas, cualquiera que sea el rango que los demás les asignen, tienen una buena imagen de sí mismas. Por tanto, hablar de "castas bajas", de "castas intermedias" o de genéricos parecidos es problemático. Numerosas castas consideradas por muchos como "bajas" se tienen a sí mismas en gran consideración (y parecen haberse sentido orgullosas de sí desde hace siglos). Dependerá de nuestro ángulo de visión, o del marco de referencia escogido (brahmánico, rājput, dalit, tribal...) para que establezcamos un orden u otro. En último término –concluye Dipankar Gupta–, «no existe una única ideología de casta, sino múltiples ideologías que comparten algunos principios, pero que se articulan de forma reñida –y hasta en oposición– las unas con las otras».[27]

11. MOVILIDAD

Una de las imágenes tópicas acerca del mundo de las castas ha sido la de su inmovilidad. Parece como si desde que se compuso el himno del Puruṣa, hace 3.000 años, la sociedad india se hubiese quedado petrificada en una miríada de segmentos estancos. En la Parte IV veremos cuán distinto es el cuadro que nos ofrecen hoy antropólogos e historiadores. Lo que en este capítulo nos interesa avanzar es que siempre ha habido movimiento, cambio y conflicto en los distintos sistemas de castas. No puede ser de otra forma si, como sostenemos, no sólo lo religioso, sino lo político (la historia, en último término) también cuenta.

Lo demuestra el hecho de que cuando los británicos decidieron censar las castas y tratar de jerarquizarlas, el asunto acarreó una avalancha de protestas y hasta disturbios [véanse págs. 488-490]. El hecho es que si –como hemos visto en el capítulo anterior– un *individuo* no puede mejorar el rango, sí puede hacerlo la *jāti* o un segmento de la casta en bloque.

Ahí se encuentra una de las principales diferencias entre la sociedad india, que desarrolló un sistema de estratificación cerrado, y una sociedad como la euroamericana, cuyo cimiento social es una estratificación abierta. En el primer caso, que no alienta la movilidad, son los grupos los que suben o bajan. En el segundo, donde la movilidad es un rasgo apreciado, son los individuos los que suben o bajan. Las sociedades de estratificación cerrada tienden a resaltar y valorar la diferencia; lo contrario de las abiertas, donde se exagera la similitud. La India ha sido el paradigma del primer modelo: estratificación social cerrada sin aprecio por la movilidad (y respeto por la diferencia). Pero el que no se aliente la movilidad no significa que no haya existido. Contra los que piensan que la sociedad india equivale a fatalismo kármico, la competencia por el estatus y la mejora social ha sido una constante; casi que es consubstancial al sistema de castas.[1]

Conceptualmente, pueden postularse tres mecanismos de movilidad social ascendente (por abreviar, obviaremos la descendente): la sanscritización, la rajputización y la baniyización (o vía del comerciante de éxito).

LA SANSCRITIZACIÓN

Una de las formas de las castas y *jātis* para mejorar su estatus en las jerarquías locales es cambiando la opinión general que se tiene de ellas. El asunto fue investigado a fondo por el sociólogo M.N. Srinivas, que lo llamó sanscritización. Lo definió como:

> «El proceso por el cual un hindú de casta "baja", o tribal u otro grupo, cambia sus costumbres, su ritual, su ideología y su forma de vida apuntando en la dirección de una casta alta, frecuentemente de "dos-veces-nacido"».[2]

En otras palabras, la sanscritización sería el esfuerzo realizado por los de rango menor en emular el estilo de vida del brāhmaṇ, los comportamientos "ortodoxos" asociados a los valores brahmánicos, tal y como los ha recogido la tradición transmitida en sánscrito.

La cosa podría ir así. En un momento dado, un grupo o parte de un grupo renuncia a unas prácticas consideradas degradantes e impuras según el lenguaje brahmánico. Pasa a homologar sus ritos con los de la tradición sánscrita, se vuelve vegetariano, abstemio, prohíbe las segundas nupcias para sus viudas, adopta nuevos votos y privaciones purificadoras, comienza a dejar de relacionarse con los considerados muy impuros y hasta puede que modifique el nombre de casta. En otras palabras, el cambio o la mejora social se da por emulación de los códigos de conducta y estándares de estatus de las castas altas y, muy en particular, de los brāhmaṇs. El hecho es que, tras *algunas generaciones*, estarán reclamando un rango superior al que los demás les otorgaban. Por lo general, el cambio de rango prospera si simultáneamente ha habido una mejora económica por parte del grupo y una participación política más activa.[3] Es decir, si, además de ajustarse a la gramática de la pureza, se participa al mismo tiempo del lenguaje del poder.

El nuevo estatus necesita publicitarse. Tradicionalmente, la fórmula preferida era rechazando aceptar alimentos de castas consideradas inferiores. También sirve de "bendición" el que sacerdotes brāhmaṇs acepten oficiar los ritos del grupo en cuestión [FIG. 40]. A partir de ese momento, sus miembros pasarán a ser considerados kṣatriyas, por ejemplo, en vez de śūdras, y sus miembros llevarán el distintivo "cordón sagrado" de los "dos-veces-nacidos". Las otras secciones del grupo que, en el lenguaje de Srinivas, no sanscritizaron sus costumbres, serán consideradas ritualmente más bajas. La sección de la casta que se ha desolidarizado del resto se ha transformado en una nueva *jāti* (o se ha agregado a otra de rango superior). Como el trabajo de Srinivas ha mostrado, este proceso de fragmentación y fisión ha sido una constante de la sociedad india.[4]

Srinivas observó que la sanscritización se daba en todos los rincones del continente y hasta entre castas muy bajas. Por ejemplo, los ex-intocables chamārs, estudiados por Bernard Cohn en la década de los 1950s, dejaron de sacrificar y comer cerdos para sellar sus enlaces matrimoniales, introdujeron la dote, empezaron a alquilar los servicios de sacerdotes brāhmaṇs para algunos de sus ritos de paso, dejaron de venerar a santos y maestros musulmanes (*pīrs*) y acudieron a astrólogos brāhmaṇs.[5]

Como suele ocurrir, la casta ascendente puede llegar a ser muy exagerada en su escrupulosidad con las normas brahmánicas. F.G. Bailey sacó a relucir el caso de la casta de los destiladores de licor de las montañas de Odisha, que a lo largo del siglo XX fue ascendiendo en poder y estatus. Más papistas que el papa, los destiladores no aceptaban agua de los pastores (mien-

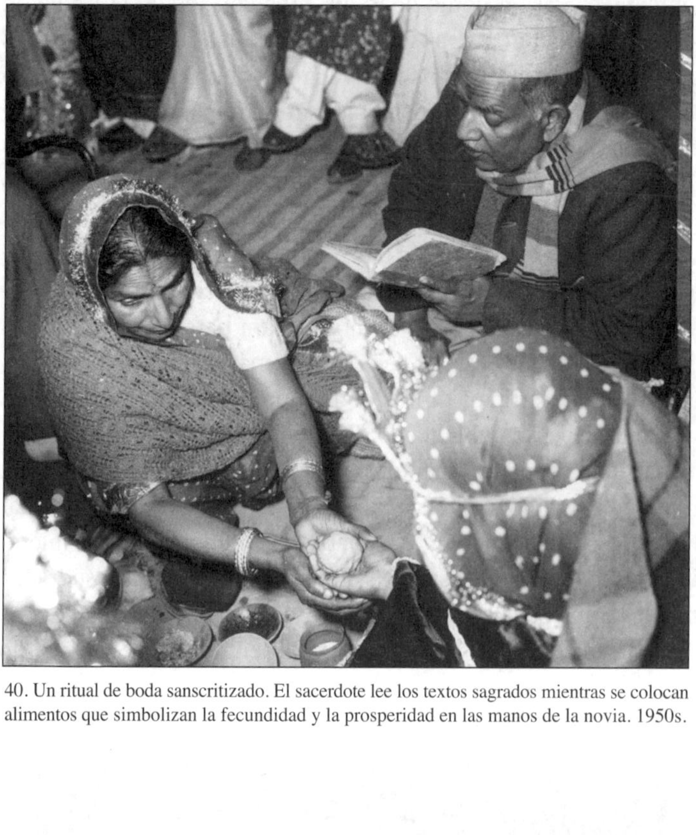

40. Un ritual de boda sanscritizado. El sacerdote lee los textos sagrados mientras se colocan alimentos que simbolizan la fecundidad y la prosperidad en las manos de la novia. 1950s.

tras que los brāhmaṇs sí lo hacían). Su consejo de casta decidió que ningún destilador trataría con alcohol; ¡ni para beberlo, destilarlo o comercializarlo![6]

No ha de interpretarse este proceso como que las castas bajas que sanscritizaron sus costumbres estuvieran avergonzadas de su identidad. Todo indica que la sanscritización es una forma de expresar externamente lo que internamente se sentía desde hacía tiempo: el rechazo a la posición dada en la jerarquía. Y es lógico, entonces, que se recurra a la ideología panindia y de prestigio por excelencia: la brahmánica.

Se entiende, así, que la sanscritización nada tiene que ver con promover la igualdad o incitar a la rebelión, sino que se trata siempre de elevar la percepción que los demás tienen de la casta en particular. Por este proceso, ciertas castas han sido capaces de convertir poder secular (político) y prosperidad (económica) en estatus ritual. No olvidemos que el ascenso sólo es factible si, *además* de adecuarse a los cánones rituales del lenguaje de la pureza, la casta se ajusta a los cánones del lenguaje del poder.

Una mera reforma de prácticas "impuras" de una *jāti* no la hacen más respetable. S.C. Dube mencionaba el caso de los mālās de Andhra Pradesh, que dejaron de comer carne de cerdo, como solían hacer las otras castas intocables de la región, y, sin embargo, esto no les reportó ningún beneficio.[7] De hecho, la sanscritización no acaba de funcionar con las castas consideradas intocables. Tiempo después de ser estudiados por Cohn, los antes mencionados chamārs, cuya sanscritización resultó problemática, optaron por otra línea de ascenso social: la movilización política [véanse págs. 610-617].

Esto es así, en parte, porque con frecuencia las castas altas *no* se dejan emular alegremente. (Aspecto que pone el propio concepto de sanscritización en aprietos.) De hecho, una de las formas clásicas de resaltar la intocabilidad consiste en prohibir el uso de símbolos de estatus (como turbantes, corpiños o materiales como la seda o el lino) a los de rango inferior. La casta dominante siempre trata de evitar que una más baja copie sus costumbres. Famosos fueron los disturbios en Kerala y Tamil Nadu cuando a mediados del siglo XIX las mujeres śāṇārs de casta baja quisieron emular a las de casta alta cubriéndose el pecho [véase pág. 354]. Srinivas también pone el ejemplo de los anāvil-brāhmaṇs de Gujarat, que eran la casta dominante de la región de Surat, y que no permitían que la casta bhatela dejara de realizar el pago-de-novia y adoptara la costumbre sanscritizada de la dote, ¡aún cuando los anāvils pobres aceptaban dotes de padres ricos de chicas bhatelas con quienes desposaban![8]

Asimismo, grupos ādivāsis que han adoptado costumbres de los hindúes "de casta" (vegetarianismo, abstinencia de alcohol, etcétera) lo han hecho sin exigir un estatus de casta. El punto clave, como ha visto David Hardiman, es que «sería fútil para los ādivāsis pedir un estatus superior o una posición de igualdad sin poner políticamente en cuestión al mismo tiempo el dominio de las comunidades superiores».[9] Ādivāsis, intocables, artesanos o castas de labriegos son conscientes de la relación entre valores y poder. Determinados valores brahmánicos han permitido a las clases dominantes subordinar a las inferiores trazando una fatídica "línea de polución" sin necesidad de recurrir a la fuerza física.

El ascenso social, repitámoslo, precisa de cierto poder político o económico compartido por un número crítico de familias de una *jāti*. De ahí que tantas castas de orígenes diversos hayan mirado de incluirse en las macrocastas de agricultores (jāṭs, okkaligas, vēḷḷāḷas, kurmīs, etcétera), que han solido ser las dominantes en el mundo rural. En realidad, estas castas se han ido formando por el proceso de *fusión* de una miríada de castas. Hace cien años, Reginald Enthoven señalaba que:

> «Si le preguntaran a un brahmán de Poona [Pune] por la distinción entre un maratha y un kunbi diría *Kunbi majla Maratha jhala*; es decir, "cuando un kunbi se vuelve próspero se convierte en maratha"; por ejemplo, prohibiendo un segundo matrimonio a las viudas, portando el cordón sagrado, forzando a la *purdah*».[10]

En el censo de 1911, los kuṇbīs lograron ser incluidos en la categoría "marāṭha". Las castas se mueven. Un caso todavía más reciente de sanscritización fue el de la casta agrícola kaṇbī, numerosa en Gujarat (y que equivale a la kuṇbī de Maharashtra). Los kaṇbīs recibieron apoyo de los británicos, comenzaron a sanscritizar sus costumbres y, dado su innegable peso político y económico, lograron que en 1931 se les designara con el título más honorífico de paṭṭīdār (o paṭel), hoy considerado del rango de un vaiśya.

El cambio en la denominación es una forma muy gráfica de simbolizar la nueva identidad sociorritual. Los kaṇbīs pasaron a ser paṭṭīdārs, los kuṇbīs se convirtieron en marāṭhas, los ahīrs lograron también ser denominados honoríficamente yadavs, los lohārs recurrieron a la mitología y se autodenominaron viśvakarma-brāhmaṇs, incluso los ex-intocables chamārs optaron por llamarse –durante algunas décadas– harijan-ṭhākurs.

Deshificación o sanscritización inversa

El problema con el concepto de sanscritización, no obstante, es que asume que los valores sanscríticos o brahmánicos no cambian. Pero la tradición hindú está formada por complejas dinámicas de intercambio y apropiación. No sólo los de abajo emulan a los de arriba, sino que la tradición sánscrita se apropia de formas de culto o mitologías de "abajo", en un proceso inverso. De ahí que la misma idea de "sanscritización" haya sido criticada. Como bien señaló Lawrence Babb, los textos en sánscrito han «absorbido muchos elementos que casi con toda seguridad no eran sanscríticos».[11]

Ello muestra el carácter heterogéneo y móvil de la propia tradición brahmánica. Y, al revés. Cuando decimos que el dios tamil Murukaṉ se convierte en el brahmánico Skanda, podemos tanto afirmar que ha sido sanscritizado, como que el dios sanscrítico y brahmánico Skanda se ha "tamilizado" y ha tomado los atributos de Murukaṉ. Para Wendy Doniger «es Murukaṉ quien está absorbiendo a Skanda y no al revés».[12]

Este proceso ha sido llamado "deshificación" (de *deś*, "país"). Gracias a él, las tradiciones tribales, de las castas bajas y otros colectivos periféricos han ido impregnando e infiltrándose en la tradición sánscrita. Hay que reconocer el peso de estas tradiciones populares en la construcción de las costumbres y tradiciones de la civilización índica en su totalidad.

Puede que en estos procesos algunos grupos hayan adquirido gran respetabilidad. Los maga-brāhmaṇs, por ejemplo, asociados a los cultos solares traídos por los reyes śakas (siglos III/IV), estaban muy mal considerados en la Edad Media, pero gradualmente fueron adquiriendo respetabilidad. Lo mismo que los āmbaṣṭha-brāhmaṇs o los ābhīra-brāhmaṇs, con toda probabilidad sacerdotes de tribus como los ābhīras (tribu que iría transformándose en la casta pastoral de los ahīrs), que al sanscritizarse adquirieron su lugar en el brāhmaṇ-varṇa.

Estos procesos de ósmosis y préstamo son los que han hecho de las tradiciones índicas universos tan cromáticos y fascinantes. Y son los que explican la durabilidad de ritos, costumbres y valores. Lugares de peregrinación tan importantes como Pandharpur (Maharashtra) o Puri (Odisha), donde se encuentran dos de los templos más conocidos de la India, eran lugares sagrados tribales, y sus divinidades (Viṭhobā y Jagannātha, respectivamente) eran dioses de castas bajas y de los tribales. Infinidad de diosas locales fueron aceptadas por el brahmanismo e identificadas con la "Gran Diosa" sánscrita, como Durgā o Kālī. El hinduismo brahmánico, siempre dúctil mientras no se trastoque el orden ritual, las acepta y se enriquece. El resultado, como viera Günter-Dietz Sontheimer, es que el culto de Jagannatha de Puri, presumiblemente un dios de la tribu śabara, «combina el mundo tribal, la mitología de los *Purāṇas* y el ritual Pañcharātra».[13] En otras palabras, se da una «continuidad casi ininterrumpida desde las creencias tribales a la filosofía más elaborada». Lo confirma el que la clase sacerdotal de Puri se jacte con orgullo de descender de sacerdotes tribales.

LA RAJPUTIZACIÓN

El profesor Srinivas se autocriticó por haber focalizado en exceso el proceso de sanscritización en los brāhmaṇs (podría haberlo llamado "brahmanización") y abrió posibilidades a otros tipos de emulación, como la del kṣatriya.[14]

En realidad, la formulación del proceso de sanscritización se enmarca en la era dorada (1950s/1960s) de los estudios de la aldea india, dominados por ideas como las de "gran tradición" (letrada y supralocal) y "pequeña tradición" (oral y local). Como ha visto Ishita Banerjee-Dube, la teoría de la sanscritización otorgaba el marco teórico que ligaba la investigación en las pequeñas comunidades de las aldeas indias con el campo de la indología y la "gran tradición" sánscrita de la India.[15]

Pronto los antropólogos también se dieron cuenta de que no sólo era la pureza del brāhmaṇ la que quería ser emulada, sino también –y quizá por encima– el poder del *rāja* local o de la casta dominante. Esto es lo que Surajit Sinha llamó en 1962 "rajputización" (el mismo año en que Srinivas desarrollaba el concepto de sanscritización) y que más tarde Hermann Kulke denominó "kshatriyización".[16]

A diferencia de la sanscritización, la rajputización no sólo consiste en imitar al kṣatriya, sino que suele tratarse de un tipo de cambio iniciado desde "arriba", por los jefes de áreas tribales, *zamīndārs* y otros caudillos que así buscan fortalecer su posición y legitimarse como *rājas* hindúes en sus sociedades. De hecho, la propia categoría "rājput" nació así.

En efecto, entre los siglos VII y XII una gran cantidad de linajes gobernantes, algunos de oscura procedencia (colectivos guerreros de origen centroasiático, kṣatriyas indígenas, caudillos de clanes tribales, miembros de otras *jātis*), fueron hibridándose, ascendiendo y, gradualmente, se fueron consolidando como aristocracia feudal, apelmazada a través de una compleja red de alianzas matrimoniales hipergámicas y pactos políticos. Los "hijos de reyes" (*rāja-putras*) se transformaron en la gigantesca casta "rājput", con numerosos linajes [FIG. 41].

Algunos de sus linajes reales más famosos serían los pratihāras, los chāhaṃanas, los guhilas, los solaṅkīs, los paramāras, los gāhaḍavālas, etcétera, todos ubicados en la zona de Rajasthan, Uttar Pradesh, Madhya Pradesh y Gujarat. Las formaciones estatales de estos rājputs fueron de la mano de donaciones de tierra y la construcción de templos o monasterios en beneficio de los brāhmaṇs. Estas concesiones fortalecían los lazos entre el poder real y la autoridad sagrada. Más aún cuando algunos de estos linajes eran de extracción baja y necesitaban de los brāhmaṇs para otorgarles un origen "noble".[17] Tal parece haber sido el caso de la dinastía Chandella –que construyó los templos de Khajuraho, en Madhya Pradesh–, a la que se le supone un origen tribal entre los gōṇḍs de la India central.[18]

Durante mil años han sido estos clanes rājputs –y no los brāhmaṇs– los modelos culturales para muchos grupos del área de habla hindi. Y ha sido el modo de vida de estos hacendados, guerreros y príncipes el que ha sido emulado por los grupos en ascenso social.

41. Rājputs del clan chauhān, con sus armas tradicionales. Delhi. Foto: Studio Shepherd & Robertson, 1868.

De hecho, la forma más sencilla por la que una casta puede llegar a ascender en la jerarquía local ha sido –como en el propio caso de los rājputs– por la conquista o el control político. Cada vez que un miembro de una casta determinada alcanza el poder, tenderá a ascender en la jerarquía social. Sabido es el origen relativamente bajo de Śivājī, el caudillo que inauguró el poderoso Imperio marāṭha [FIG. 42]. Aunque pertenecía a la casta campesina kuṇbī-marāṭha, una aglomeración de *jātis* considerada śūdra, el famoso *paṇḍit* Gāgābhaṭṭa y otros sacerdotes le encontraron una genealogía apropiada y lo elevaron al nivel de kṣatriya gracias a un ritual de consagración del cordón sagrado. Fue coronado rey en 1674.[19] Al elevar su rango, todos los de su casta, los marāṭhas, accedieron automáticamente al rango de kṣatriya. (O no todos, ya que otras secciones de la macrocasta que no pudieron demostrar una conexión genealógica con Śivājī quedaron relegadas al estatus de śūdra y retuvieron la designación kuṇbī a secas.)[20] Hablando en términos de *varṇa*, se observa, pues, que las fronteras entre las categorías "śūdra" o "kṣatriya" han sido más porosas de lo que una rígida visión textual ofrece. Como dice Theodore Benke, Śivājī tenía el poder y la autoridad para escoger su estatus de *varṇa*.[21] Para aquellos con influencia social, el rango de casta ha sido negociable.

Aunque entre los indianistas y los antropólogos se tiende a aceptar como kṣatriyas "auténticos" sólo a aquellos grupos que pueden atestiguar que su asimilación al sistema de *varṇas* es antigua, y a considerarlos "falsos" si es reciente,[22] sabemos que este proceso de rajputización es añejo. A lo largo de la historia india, los nuevos caudillos no han cesado de obligar a los brāhmaṇs a invertir sus premisas y enunciar que aquellos que detentan el poder deben de ser tratados como kṣatriyas. El nacimiento no lo es todo. El historiador K.M. Panikkar señaló que desde el siglo -V, «toda familia real conocida ha venido de una casta no kṣatriya».[23]

42. Śivājī, fundador del Imperio marāṭha, representa un buen ejemplo de movilidad ascendente. Retrato de finales del siglo XVII. Londres: British Museum.

Dícese del gran Chandragupta, fundador de la dinastía Maurya (-320/-185), que era un moreya, es decir, de una casta considerada śūdra. Sabido es que Puśyamitra Śuṅga, que inauguró la dinastía de su nombre (-185/-73), fue un brāhmaṇ. La siguiente dinastía del norte, la Kānva (-73/-30), también surgió de una familia de brāhmaṇs. Los Gupta (320/550) decían ser vaiśyas. La dinastía Pāla de Bengala (750/1174) era de origen śūdra. El aludido Śivājī era un marāṭha (śūdra); y la dinastía que le sucedió, la Peśvā (1720/1817), fue de chitpāvan-brāhmaṇs. Una vez desintegrado el Imperio marāṭha de los chitpāvans, las dinastías reinantes en Gwalior, Baroda o Nagpur volvieron a ser marāṭhas. La de Indore pertenecía a la casta pastoril de los dhangars. Los poderosos reyes nāyak de Thanjavur y Madurai eran balijas (comerciantes). Las grandes dinastías tamiles Chōḷa (848/1279), Chēra y Pāṇṭya fueron vēḷḷāḷas (agricultores). Etcétera. Las castas de genealogistas y mitógrafos se encargaron de otorgarles genealogías que los conectaban con los kṣatriyas emblemáticos que aparecen en los *Purāṇas*, el *Mahābhārata* o el *Rāmāyaṇa*.

Las castas dominantes del sur de la India (marāṭhas, reḍḍis, vēḷḷāḷas o nāyars) han reclamado rango de kṣatriya simplemente por el hecho de ejercer el poder. Burton Stein sostenía que la capacidad de otorgar a los gobernantes –cualquiera que fuera su casta– un rango “limpio” o kṣatriya es una de las razones de la durabilidad y longevidad de la civilización india.[24] Incluso los tribales pueden lograr un estatus de *varṇa* cuando entran en la sociedad de casta hindú. Conocidos son los casos de los gōṇḍs de la India central y los koḍagus de Karnataka, que fueron y son reconocidos como kṣatriyas.

También puede mejorarse el rango por el contacto prolongado con los dirigentes. Sabemos que los reyes keralitas de Kochi y Kozhikode concedieron rango de nāyar a castas bajas.[25] El caso de los kāyasthas es tal vez el prototípico. Se trata de una casta bastante extendida por todo el norte de la India, cuya ocupación tradicional ha sido la de escriba. En un contexto brahmánico no podían progresar demasiado ya que los brāhmaṇs siempre valoraron el conocimiento y transmisión orales (dejando la escritura en manos de funcionarios y mercaderes). En el siglo IX se les otorgaba estatus de śūdra. Hacia el siglo XI, diversas secciones de kāyasthas fueron prosperando al servicio de dinastías como la Gahaḍavāla o la Chandella. Algunos se convirtieron en importantes funcionarios, tenían tierras exentas de impuestos y patrocinaban la religión. Con el auge del Sultanato de Delhi (siglos

XIV/XV) y, sobre todo, con el Imperio mogol (siglos XVI/XVIII), los kāyasthas fueron catapultados a la cima. Los mogoles basaron su administración en documentos escritos. De modo, que muchos kāyasthas aprendieron persa y pasaron a trabajar para los gobernantes indoislámicos. Su pericia todavía se hizo más necesaria con la llegada del aparato colonial. Así, una casta relativamente baja en el siglo XII accedió al rango de "dos-veces-nacidos" en el XIX [FIG. 19; FIG. 78].

El modelo marcial es tan popular que cuando los británicos realizaron el censo de 1931, recibieron 175 reclamaciones de castas que exigían estatus más elevado: 80 pedían rango de kṣatriya, 34 de brāhmaṇ y 15 de vaiśya.[26] Estos números muestran que la simbología brahmánica y el modelo sanscrítico no son del agrado de todos.

Las gigantescas y poderosas castas jāṭ y rājput no sólo reclaman una posición superior al brāhmaṇ, sino que sus modelos marciales y caballerescos contienen un expreso rechazo y hasta desprecio por la austeridad del brāhmaṇ. En ningún caso hay que pensar que la rajputización es una sanscritización de segunda. Lo muestra el hecho de que los brāhmaṇs de áreas rurales en las que domina una casta más marcial se ven empujados hacia una doble orientación, sanscrítica por un lado (que les permite desempeñar su rol de brāhmaṇs), y la tendencia a imitar a las castas dominantes por el otro (y jugar la carta del lenguaje del poder).

De hecho, puede hablarse hoy de una cierta desanscritización de la sociedad (brāhmaṇs incluidos) en favor de una rajputización.

EL COMERCIANTE DE ÉXITO Y EL LENGUAJE DEL PROVECHO

Las teorías sobre la casta han tendido a olvidar a los colectivos de comerciantes; en gran medida, porque estos grupos suelen contradecir las narrativas de la pureza o el poder. Siempre se habla de brāhmaṇs, de reyes y de intocables. Pero ¿dónde ubicamos a las castas mercantiles?

Es significativo que, a lo largo de los siglos, el comerciante o mercader indio haya tenido un rango ambiguo dentro de la sociedad de castas. Algunos han comparado su posición con la de los grupos nómadas de la India occidental o con la de los tribales de las zonas boscosas y montañosas.[27] Todos habitan los márgenes del sistema. Es sabido que la ideología brahmánica nunca miró con buenos ojos el comercio. Pero siempre dejó que los gremios y asociaciones de mercaderes se autorregularan.[28] Y sabemos que la India fue uno de los espacios pioneros en el comercio de larga distancia.

Ya en el siglo I, la India conoció una frenética expansión de su comercio marítimo, una pujanza que llevó a Plinio a quejarse de la sangría anual en la balanza comercial entre Roma y la India.[29] Luego vendría el intercambio con Asia Central y China; a la vez que los puertos surasiáticos recibían a comerciantes persas, fenicios o javaneses. Los gremios mercantiles de cheṭṭiārs estaban implantados en Malaca y en la provincia china de Fujian. Léase al viajero luso Duarte Barbosa para palpar el ambiente mercantil de Cambay (Gujarat) en el siglo XVI.[30] El activo comercio interregional se sostenía en un sistema de créditos y de letras de cambio que impresionó profundamente a los europeos. Por ello, Tomé Pires comparaba a los baniās con los mercaderes italianos. Su presencia en puertos africanos (Malindi, Zanzíbar, Mombasa) y de otras partes del Índico (Adén, Hormuz) era notoria. Los magnates de Surat (Gujarat) eran auténticos multimillonarios; tanto, que un solo comerciante indio del siglo XVII podía "pesar" tanto como toda la East India Company.[31] Pires recomendaba «a aquellas personas que quieran ser contables [...] que fueran y aprendieran» de los indios de Cambay, porque allí «el comercio es una ciencia en sí misma».[32] Aún a principios del siglo XIX, Inglaterra tenía un desequilibrio comercial con la India, y se quejaba de la competitividad y calidad de las exportaciones indias.

Tal vez debido a que el sistema *jajmānī* prescindió de la moneda y estuvo inmerso en la economía agrícola, la figura del mercader ha estado bastante ligada a los grupos "heterodoxos" (notablemente los jainistas y los cristianos) y minorías venidas de ultramar (como los parsis, los musulmanes o los judíos). No obstante, la mayoría de los mercaderes de la India se mantiene dentro del universo hindú, en especial dentro de castas de orientación vishnuista de la India occidental. En toda ciudad india existe una comunidad comerciante conocida –algo incorrectamente– como māṛvāṛī, que es la región de origen (Marwar, en Rajasthan) de muchos de ellos, aunque no pocos proceden de otras partes de la India occidental. Para el resto de indios, estas gentes son baniās, māṛvāṛīs o vaiśyas, que son grandes genéricos para designar al hombre de comercio [FIG. 43; FIG. 44]. Un poco al estilo de la palabra "judío" en Europa, no es raro que se emplee el término "baniā" con connotaciones peyorativas. Dice un proverbio rajasthani que «el mango, el baniā y el limón sólo dan su jugo si se les aprieta fuerte por el cuello».[33] Dado el estereotipo negativo, muchos comerciantes prefieren referirse a sí mismos por la casta específica en la que han nacido (śrīmālī, māheśvarī, agaravāl, etcétera). Si hay que recurrir a un genérico, mahājan ("gran persona") o seṭh ("jefe") son los preferidos.

El modelo de ascensión social del comerciante de éxito posee paralelos con el modelo brahmánico, no en vano el baniā o mahājan es vegetariano, ascético, piadoso (preocupado por la contención, la veracidad o la no-violencia) y hasta sáttvico. La figura de Gandhi, que era un baniā –con rasgos de renunciante– lo ilustra.

Para sus negocios, enlaces matrimoniales e inversiones, el baniā precisa de prestigio (*pratiṣṭhā*) y honor familiar. Y esta reputación tiene que mostrarse públicamente. La piedad ética de los mahājans consiste en seguir una dieta estrictamente vegetariana, mantener siempre un tono temperado y equilibrado, no hacer ostentación indebida, no incurrir en escándalos, evitar inmiscuirse abiertamente en política y regular las alianzas matrimoniales con cuidado. Por otro lado, parte de la fortuna tiene que transformarse en donación religiosa (*dāna*); por ejemplo, para construir un templo (hindú, jain, parsi), financiar una peregrinación colectiva, una *pūjā* especial, un festival u obras de carácter filantrópico y caritativo en general.[34] ¿Quién va a confiar en un banquero cuyo hogar no es modelo de corrección religiosa, donde no se cocinan los alimentos prescritos o donde las mujeres no ayunan ni van al templo con frecuencia?

Por su poder económico, en regiones como Rajasthan o Gujarat el baniā (o el cheṭṭiār en Tamil Nadu) puede equipararse al kṣatriya. Si recorda-

43. Un joyero en su tienda. Hyderabad (Sindh), hoy en Pakistán. Foto: Martin Hurlimann, 1928.

44. Dos baniās haciendo las cuentas del día, 1920.

mos, muchas leyendas de origen de castas mercantiles reclaman un origen rājput (y en modo alguno vaiśya) [véanse págs. 109-111]. Los apasionantes estudios de Lawrence Babb acerca de los mitos de origen de las castas comerciantes –hindúes o jainistas– de Jaipur reflejan un patrón bastante recurrente: la historia de cómo unos guerreros rājputs se van transformando paulatinamente en pacíficos y vegetarianos māheśvarīs, osavāls o vijaivargīyas. Es decir, aun cuando en el pasado estos agaravāls, śrimalīs, osavāls o khaṇḍelavāls fuesen reyes o rājputs (o se jacten de tal origen), la mayoría rechazó el modelo kṣatriya (y algunos cortaron completamente los lazos con el brahmanismo, al convertirse al jainismo) y aborreció el estilo de vida opulento, agresivo y poco espiritual del kṣatriya; y se convirtieron en abanderados de la *ahiṃsā* o "no-violencia".

La asociación del comerciante con la no-violencia exige una pequeña reflexión. Más allá del evidente potencial ascético de la doctrina de la no-violencia, en el contexto antropológico de este libro no hay que caer en el error de proyectar una vez más el mito de la India espiritual, que venera a la vaca y cultiva pacíficamente el yoga y la meditación. La India no es menos violenta (ni tampoco más, como también gustan de proclamar estereotipos inversos en boga) que otros espacios del mundo. Existe una larga tradición de no-violencia jainista o vishnuista, lo mismo que gallardas tradiciones marciales de guerreros rājputs. Pero lo interesante del caso es que ambas identidades pueden ser, como ha visto Lawrence Babb, «las dos caras de una misma moneda».[35]

La clásica no-violencia del mercader indio parece una adaptación política y social para convivir con colectivos que son o fueron violentos.[36] Para un comerciante baniā, el vegetarianismo no sólo significa abstenerse de comer carne o pescado (y hasta determinados vegetales), sino rechazar toda una serie de actividades que se asocian a los estilos de vida marciales: alcohol, caza, deporte, burdeles, etcétera. Exactamente, las actividades o los valores idealizados por los rājputs. El vínculo con la no-violencia y el vegetarianismo es, ante todo, simbólico.

Baniā es aquel comerciante, tendero o usurero que puede profesar una religión distinta y cuyo *dharma* es, desde que amanece hasta que se acuesta, generar dinero y provecho. Desde pequeños, a los niños de estas clases se les inculca un hondo espíritu comercial y conocimiento de cómo sacar utilidad de cualquier situación. De ahí los prejuicios negativos. No es que el ganar dinero haya estado mal considerado en la India. A diferencia del mundo cristiano o islámico, tampoco la usura ha estado estigmatizada. Más bien lo contrario: se ha considerado una ocupación respetable, y, desde luego, el usurero (*sahukar*) ha desempeñado un rol capital en el desarrollo de la economía india. Igual que el amor sensual (*kāma*) es un fin permitido y recomendable, el provecho material (*artha*) es otro de los fines legítimos del hombre (*puruṣārthas*). Con lógica, el *Artha-śāstra* lo considera el fin supremo.[37] El que a uno le vayan bien los negocios es signo de buen *karma*, es auspicioso y la ganancia se asocia a la diosa Lakṣmī. Hay quien sostiene que los indios han promovido deliberadamente una imagen ultramundana y espiritual, pero que lo que de verdad les caracteriza es un pragmático y realista entusiasmo por el mundo material.[38] Por eso Gaṇeśa, la divinidad que remueve los obstáculos, es tan popular.

Ocurre que el comerciante paga un precio por su modo de vida austero y no violento: es físicamente vulnerable y depende de otros para su protección. De ahí el cliché de que el comerciante es cobarde y avaro. Exactamente el reverso del rājput, sobre quien pesa el cliché de que su temperamento lo incapacita para los negocios o para controlar sus gastos. Además, existe una brecha entre su respetable estatus y los métodos que han utilizado comerciantes y usureros para beneficiarse.*

En un país que ha hecho de la apertura al gran capital internacional su nueva doctrina, hoy es este modelo de movilidad el que más sube en atractivo y respeto social. El club más exclusivo de Jaipur, capital de Rajasthan, otrora un feudo de rājputs, está hoy dominado por los baniās. Incluso símbolos kṣatriyas como el deporte del polo y el consumo de alcohol están siendo copados por los comerciantes. No es que los comerciantes se hayan convertido en rājputs, como señala Babb;[39] entre otras cosas, porque su participación en política sigue siendo callada. Pero está claro que, aunque no tratan de publicitarla, los baniās posen un inmensa influencia política.

Es sobre todo en Gujarat donde predomina el modelo baniā (vāṇiyā en gujarati). Precisamente allí, la práctica, la ideología y la jerarquía de las castas contrastan con otras zonas de la India.

Desde siempre, esta región ha sido uno de los principales focos del co-

* Aunque en momentos de crisis (inundaciones, sequías, enfermedades o hambrunas) el usurero puede ser crucial para la comunidad, también puede aprovecharse de las calamidades y exigir todo tipo de pagos a intereses desorbitados. De ahí que en la India occidental se asocie al usurero con la magia negra y poderes sobrenaturales que le permiten controlar las lluvias y cosechas.

mercio indio. Muchos hombres de negocios provienen de las castas mercantiles de Gujarat. Allí, un baniā está por encima de un kṣatriya. Hasta el punto que la casta kaṇbī-paṭṭīdār (o paṭel), que como vimos páginas atrás logró el estatus de kṣatriya en la primera mitad del siglo XX, y empleó mucha energía en generar genealogías kṣatriyas, pasó a emular luego el modelo del baniā y, en el siglo XXI, los paṭṭīdārs prefieren ser considerados vaiśyas. La casta brāhmaṇ más prestigiosa de Gujarat, la de los nāgar-brāhmaṇs, obtiene su estatus y prestigio de sus actividades *comerciales*. Los baniās tienden a mirar por encima del hombro a los brāhmaṇs que se dedican a cuestiones litúrgicas. Su dependencia de las "limosnas" de otros hacen del brāhmaṇ en Gujarat casi un caso de casta baja. John Cort pone el ejemplo ilustrativo de un nāgar que en una conversación informal insiste en que su casta es simplemente nāgar y *no* nāgar-brāhmaṇ.[40]

Para los baniās, los criterios de mayor importancia para el ránking de castas son el provecho económico, el lugar de residencia, el prestigio social y el modo de vida. Las cuestiones de pureza –brahmánicas– vienen en segundo lugar. Y como el poder no se mide en hectáreas, la mayoría de las expresiones jerárquicas de la nobleza están ausentes entre los comerciantes. Por tanto, podríamos hablar perfectamente de un nuevo lenguaje: el del provecho.

Al depender menos de las normas dhármicas de los brāhmaṇs, a este mecanismo de ascenso "comercial" pueden apuntarse gran número de castas no hindúes. Mercaderes jainistas, musulmanes, sikhs, cristianos, judíos o parsis pueden ajustarse al modelo del comerciante de éxito. Y este es, desde luego, el lenguaje más reconocible de los indios de ultramar. En numerosas ciudades de África o Europa los indios son pequeños o prósperos comerciantes. En los Estados Unidos, ya forman la comunidad migrante más rica del país.

Entrelazado con el mundo del lenguaje del provecho, podría hablarse hoy de otro eje o vector de movilidad: el de las convenciones euroamericanas (lo que solemos llamar "occidentalización"). En modo alguno se trata de un simple calco de Occidente. Consiste en adoptar los valores consumistas y tomar referentes más cosmopolitas, no muy distintos de los que también operan en Los Ángeles, Madrid o Dubái. Pero de esta nueva clase media, esencialmente urbana, que se distingue del piadoso baniā tradicional en múltiples aspectos (como en su tendencia a la ostentación), hablaremos al final del libro [véase Epílogo].

❖ ❖ ❖

Hay que insistir en que estos procesos de sanscritización, rajputización o baniyización no representan un rechazo de la identidad de casta. Al contrario, representan la afirmación última del orgullo de casta. Ninguno de los colectivos que sanscritiza, rajputiza o baniyiza prácticas deja de enfatizar *simultáneamente* sus propias ideologías, costumbres y estilos de vida. Castas medias o bajas de Bihar y Uttar Pradesh, como los koerīs, los chamārs o los ahīr-yadavs, hoy lo suficientemente poderosas como para sanscritizar o rajputizar sus costumbres, ya han optado por no hacerlo (o sólo en aspectos menores). Poseen sus propias divinidades, sacerdotes, rituales y cultos de casta, no llevan el cordón sagrado (de los *dvijas*) y, en muchos aspectos, son abiertamente antibrahmánicos.

En resumen, desde los trabajos de Srinivas o los de los Rudolph resulta muy difícil hablar de la casta como algo estático e impermeable a los acontecimientos políticos y económicos. En contra de la rigidez que se desprende de sus textos más normativos, la sociedad de castas «ha sido comparativamente elástica», en palabras de Robert Hardgrave.[41] Cuando un grupo mejora económicamente se da una tendencia a reajustar su rango y su posición, de suerte que se tiende a un cierto equilibrio entre el estatus económico y el estatus ritual. Como glosa un refrán tamil, casi calcado del maratha: «Kaḷḷars, maṟavars y akampaṭaiyaṉs, pasito a pasito, se convierten en vēḷḷāḷas».[42]

El cliché de una sociedad estancada proviene tanto del modelo ofrecido en los *Dharma-śāstras* brahmánicos, y su peculiar combinación de flexibilidad adaptativa factual y retórica de inmutabilidad,[43] como de la percepción colonial. Y no podemos pasar por alto que gracias a ello los europeos pudieron justificar su política imperial y la siempre esgrimida superioridad moral. Hace ya varias décadas que Bernard Barber lo advirtió:

> «Enfatizando las diferencias absolutas entre la estratificación india y la de Occidente, describiendo una condición de desigualdad radical y completa ausencia de movilidad en la India, los occidentales podían afirmar una superioridad moral sobre los indios, una superioridad que ayudaba a justificar sus políticas imperialistas en la India».[44]

Esta estrategia, combinada con la mirada ciertamente estática de la tradición brahmánica, nos ha legado una visión bastante desenfocada de la sociedad india.

III

EN LOS MÁRGENES DEL SISTEMA

Históricamente, la India ha sido un modelo de pluralismo. En pocos lugares se ha aceptado con tanta naturalidad la heterodoxia intelectual, la diversidad de creencias o formas de vida. Lo hemos comprobado.

Los que gustan de dar una visión positiva de la India tienden a resaltar la tolerancia india y su asombrosa diversidad cultural. Pero, como sabemos, la sociedad india es, al mismo tiempo, una de las que ha desarrollado unas formas de exclusión social más duras, elaboradas y longevas. Los que gustan de ofrecer una visión negativa de la India, invariablemente sacan a relucir este lado oscuro o "sombra" del pluralismo índico. Porque las formas de subordinación que se han dado en la India constituyen algunas de las más implacables que jamás se hayan concebido.

La jerarquía no sería inherentemente negativa si no fuera porque es capaz de producir estas formas de exclusión y subordinación tan flagrantes. Por supuesto, existen muchas formas de discriminación o exclusión social. En India, juegan simultáneamente los ejes de la casta, la clase, la tribu, la religión o el género. Si bien los otros ejes también se encuentran en muchas sociedades del mundo, el de la casta parece único del Sur de Asia. La exclusión por razón de casta suele denominarse "intocabilidad" y a los colectivos excluidos, "intocables" o "dalits" [foco del capítulo 12]. Es incuestionable que la India está haciendo grandes esfuerzos por corregir estas prácticas de exclusión o por atenuar las flagrantes desigualdades sociales, pero, a pesar de los logros conseguidos, la intocabilidad sigue formando parte de la experiencia de ser un dalit en buena parte de la India [capítulo 13].

Otro grupo, el de los "tribales" o "ādivāsis", ha sufrido asimismo potentes formas de exclusión [capítulo 14]. A estos dos colectivos, que hoy ya representan a una cuarta parte de la población de la Unión India, vamos a dirigir nuestra mirada en los primeros capítulos de esta Parte.

Luego, nos adentraremos en microcosmos y minorías allende la sociedad "hindú" (bien, algunas no tan "micro"); para comprobar la existencia de "castas" entre musulmanes, cristianos, sikhs o judíos del Sur de Asia; colectivos todos evidentemente poco imbuidos de valores brahmánicos, pero en modo alguno ajenos al universo de las *jātis* y castas [capítulo 15].

Trascendiendo ya el ámbito surasiático, profundizaremos en sociedades de indios de ultramar y, muy en especial, en una sociedad de origen índico: la etnia romā, también conocida como "gitana" [capítulo 16]. La incursión en la sociedad romā resultará muy útil para entender en mayor profundidad el enrevesado mundo de las castas y, lamentablemente también, para conocer formas no índicas de exclusión e intocabilidad.

12. LOS EXCLUIDOS

La India copa los noticiarios cada vez con más frecuencia como emergente potencia económica. Pero su imagen como espacio de la pobreza, la injusticia y la catástrofe sigue siendo honda. Y, sin duda, esta es la India que muchos no indios tienen en mente cuando se les menciona a los intocables. Una India de chabolas, donde cientos de millones de personas viven misérrimamente, soportando con estoicismo su mal *karma*, con la única esperanza de que una oenegé pueda sacarlos de su condición.

Y, sin embargo, el asunto es mucho más complejo. Ni los dalits son tan pasivos como los imaginan ciertos medios de comunicación, ni siquiera podemos generalizar acerca de sus condiciones de vida. Si alrededor del 42% de la población de la India (unos 508M) está por debajo de lo que se considera nivel de pobreza tolerable (BPL: *Below Poverty Line*), entonces está claro que la pobreza en la India trasciende el ámbito de los dalits, que en el 2011 representaban un 16,6% de la población. No podemos reducir los serios problemas de la India en pobreza, malnutrición o analfabetización únicamente a un problema de casta.

Hoy, no pocos ex-intocables viven en condiciones de vida similares a sus vecinos "de casta". Aunque es incuestionable que una mayoría pertenece a los estamentos más bajos de la sociedad india, se trata de un colectivo muy *heterogéneo*. Hay intocables hindúes, budistas, sikhs, cristianos... Unos hablan hindi, otros gujarati, otros tamil, otros bhojpuri... Pueden ser tenderos, astrofísicos, labriegos, enfermeras... Etcétera.

Los movimientos sociales y las políticas igualitaristas del último siglo han logrado que los ex-intocables superaran barreras regionales y de casta y hayan podido establecer políticas unitarias a nivel nacional. Desde los años 1920s, y sobre todo a partir de los 1950s (favorecidos por la introducción de la aritmética democrática), muchos grupos subalternos empezaron a tomar conciencia de su poder demográfico y, por ende, de su fuerza política. Pero eso ha sido así para las comunidades dalits más aventajadas, como los jāṭavs o los pāsis de Uttar Pradesh, los mahārs de Maharashtra, los rājbanśīs de Bengala, los mālās de Andhra Pradesh o los mahyāvanśīs de Gujarat. Ahí radica uno de los mayores "problemas" de esta gigantesca y heterogénea categoría. Pueden existir enormes diferencias entre un mahar de Maharashtra (que posee una tasa de alfabetización incluso por encima de la media india) y un bhangī de Uttar Pradesh (la mayoría de los cuales es analfabeta y no puede salir de la deshonrosa ocupación de limpiar váteres). La disparidad económica entre los distintos grupos de ex-intocables está generando profundas brechas entre ellos. Como las que se dan entre los partidos dalits y las asociaciones dalits.

Esta heterogeneidad es lógica si visualizamos que el censo del 2001 contó 166,6M de ex-intocables [véase Cuadro 4]. En el 2011 ya llegaron a los 201,4M, representantes de 1.208 castas.

Durante los últimos 50 años, la movilidad social entre los ex-intocables ha sido notable. Aunque eso no significa que no exista un solapamiento entre el atraso socioeconómico y la exclusión histórica por razón de casta, también es indiscutible que en el siglo XXI buena parte de los valores y relaciones del *ancien régime* mueren. No insinúo que los ex-intocables hayan logrado borrar el estigma de la intocabilidad, ni que ya no sufran atrocidades o actos de humillación (¡lejos de ello!, lo comprobaremos en el próximo capítulo), sino que han pasado a depender menos de las castas dominantes, se han organizado políticamente y no pocos se han liberado de muchas de las ingratas tareas consideradas polucionantes.

Igual que el término "brāhmaṇ" no conforma una casta, sino que es una categoría que engloba a cientos de castas y *jātis* con grandes diferencias entre sí, pero que dicen pertenecer al brāhmaṇ-varṇa, el concepto "intocable"

CUADRO 4: POBLACIÓN DE SCHEDULED CASTES (EX-INTOCABLES). CENSO 2001

en millones		*en porcentaje (%)*		*castas principales (est. 2013)*	
Uttar Pradesh	35,1	Punjab	28,9	chamār	52,2
Bengala Occidental	18,5	Himachal Pradesh	24,7	dhobī	12,9
Bihar	13,0	Bengala Occidental	23,0	mahar, nāu-bauddha	16,7
Andhra Pradesh	12,3	Uttar Pradesh	21,1	ādi-drāviḍa, paraiyan	12,3
Tamil Nadu	11,9	Haryana	19,3	bhangī, chūhṛā, mazhabī	10,1
Maharashtra	9,9	Tamil Nadu	19,0	mādiga	9,0
Rajasthan	9,7	Uttarakhand	17,9	pāsi	7,5
Madhya Pradesh	9,2			mālā	6,1
Karnataka	8,6			nāmaśūdra	4,9
Otros estados India	38,4			dosadh	4,9
Nepal	3,5			rājbanśī	4,8
Pakistán	1,5			ādi-karṇāṭaka, holeya	3,4
Bangladesh	1,5			pallar	3,2

(o ex-intocable [véase pág. 27]) aglutina a 1.208 castas con estatus variables. En términos demográficos, la casta ex-intocable más grande es la chamār; con una población superior a la de España, representa a más de una cuarta parte de todos los ex-intocables de la India.

¿CHAṆḌĀLA, INTOCABLE, HARIJAN O DALIT?

Hasta hace poco, no existía un único término para nombrar al colectivo "intocable". Los *Dharma-śāstras* utilizaban genéricos como apasada (excluido), antyaja (último nacido), chaṇḍāla (al parecer, el nombre de una casta) o śvapāka (cocinero de carne de perro) para denotar lo que luego hemos llamado "descastado" o "intocable". Para designar al "bárbaro" o "extranjero" se recurría a mleccha. Pero estos términos de exclusión o subordinación han sido –como dice Aloka Parasher-Sen– «parámetros contextuales»[1] y no etiquetas inmóviles. La flexibilidad en la terminología utilizada para describir a diferentes grupos imposibilita su fijación en compartimentos estancos. Fue a lo largo del siglo XVIII cuando se fijó una "línea de polución" más rígida [véanse págs. 454-465]. El aparato colonial desempeñó un papel decisivo a la hora de delimitar esas categorías que hasta entonces habían sido más fluidas. Y, en buena medida, la crítica misionera y colonial a la casta acabó por dar contorno al "problema" de la intocabilidad. Pero por lo que a los textos brahmánicos antiguos se refiere, está claro que no existió un discurso de poder monolítico. Las concepciones modernas y las lecturas que la modernidad ha hecho del pasado indio han distorsionado nuestro entendimiento de las formas de jerarquía, de exclusión, de negociación y de inclusión de la antigua India. No podemos extrapolar indiscriminadamente las nociones modernas de opresión o dominación a la India antigua.

¡Ojo! No es mi intención exculpar a la antigua India –o a la tradición brahmánica– de las durísimas formas de exclusión que ha conocido este país [véase el próximo capítulo]. Más bien busco plasmar la movilidad, el contexto y la ambivalencia de las viejas concepciones. Y para ello, un breve repaso histórico a las designaciones puede arrojar bastante luz.

El gramático Patañjali, que debió vivir hacia el siglo -II, menciona cinco tipos de śūdras. Por un lado, los śākas y los yavanas (escitas y griegos, respectivamente), que viven allende el país de los āryas. En segundo lugar, los chaṇḍālas y los ḍoms [FIG. 45], que viven en los pueblos de los āryas, pero cuyos alimentos los āryas tienen terminantemente prohibido tomar. Luego, existen los grupos como los lavanderos, los carpinteros o los herreros, cuyos alimentos sí pueden comerse, pero que no pueden participar en los rituales y sacrificios de los āryas. En cuarto lugar, Patañjali menciona a una serie de grupos (aunque no da sus nombres), que se infiere son śūdras "limpios", ya que incluso pueden participar en los ritos de los āryas (aunque sin pronunciar los *mantras* védicos). Finalmente, había aquellos que vivían más allá de los límites de las aldeas āryas.[2]

La interesante cita de Patañjali muestra que empezaba a diferenciarse entre el extranjero (mleccha), el intocable (chaṇḍāla), un śūdra de bajo rango (asat-śūdra), un śūdra de estatus mucho más alto (sat-śūdra) y el tribal (ādivāsi). Aunque el término śūdra todavía parece englobar a la gran masa no ārya, el *Artha-śāstra*, que es algo posterior, pero que recoge una tradición de politología antigua, considera a los śūdras como āryas.[3] Y está claro que el chaṇḍala (nombre que pronto subsumirá a todo aquel que luego hemos llamado "intocable") todavía podía vivir en la aldea. Pero ya comienza su exclusión, como muestra una indicación del *Śāṅkhāyana-gṛihya-sūtra*, que pide al brāhmaṇ que evite mirar al chaṇḍāla, porque eso es un impedimento para el estudio del *Veda*.[4] Pocos siglos después, en la época del *Manu-smṛiti*, los chaṇḍālas ya han sido desterrados del pueblo.[5] Según la lógica brahmánica, representan el peor ejemplo de la mezcla de castas: un chaṇḍāla es, o bien el hijo de una mujer soltera, o surge de la unión de una mujer brāhmaṇ y un hombre śūdra, o de una unión *sagotra* (incestuosa) contraria a las reglas de exogamia.[6]

45. Ḍom o ḍūm, casta tradicionalmente empleada en los crematorios. Bengala oriental (hoy Bangladesh o Assam), principios de los 1860s.

La principal tarea del chaṇḍāla parece haber sido el transporte de cadáveres y la vigilancia de los espacios de cremación.[7] Es posible, como indica el *Viṣṇu-smṛiti*, que también tuviera que dedicarse a ejecutar criminales condenados a muerte.[8]

En los primeros siglos de nuestra era, ya no hay duda de que el śūdra constituye un cuarto *varṇa*. De alguna forma, el genérico "śūdra" se habría divido conceptualmente en dos: los componentes de la sociedad "no excluidos" (aniravasitas), y aquellos, tan degradados, que quedaban fuera de ella y pasaron a ser considerados "excluidos" (niravasitas) o "descastados" (*avarṇa*). Es a estos segundos "śūdras" (en realidad, ya intocables) a quienes se prohíbe aprender, recitar o escuchar el *Veda* y hasta practicar el ascetismo. El *Parāśara-smṛiti* indica que un śūdra que tenga relaciones sexuales con una mujer brāhmaṇ, que beba de la leche de una vaca marrón o recite el *Veda*, se convierte en chaṇḍāla.[9] En un famoso –y hoy controvertido– episodio del *Rāmāyaṇa*, el rey Rāma decapita al śūdra Śambūka por haber osado experimentar la ascesis (*tapas*), una práctica espiritual reservada a las castas superiores.[10]

Lo que está claro es que "śūdra" cada vez más deja de ser un término de exclusión. Como los estudios históricos han mostrado [véanse págs. 429-433], en diferentes épocas y regiones, distintos grupos sociales llamados "śūdras" han formado parte de las élites o las castas dominantes y, por tanto, no pueden considerarse como un colectivo oprimido.[11] Lo sabemos del capítulo anterior [véanse págs. 258-260]: no existe posición o designación inamovible.

A partir del *Manu*, los *Dharma-śāstras* prohíben que los chaṇḍālas tengan contacto con los āryas y desaprueban con contundencia cualquier enlace matrimonial con ellos.[12] El nombre ya se utiliza como genérico para el impuro y el degradado.

En teoría, estas personas no tendrían cabida en el sistema de clases socioespirituales o *varṇas*. De ahí que se les califique de *avarṇa*, que solemos traducir confusamente por "descastado". En algunos textos se les identifica con los perros,[13] que es al hindú lo que el cerdo es al semita.

Los recuentos de viajeros europeos de los siglos XVI y XVII hablan de ciertos "poleas" (poleyas) o "parias" (paṟaiyaṉs) considerados malditos y que tenían que mantenerse incluso a cierta distancia de la visión de un hombre de casta limpia. La última designación tendrá una fructífera carrera en el Extremo Occidente.

Estos "parias" eran tan polucionantes que muchos indios no osaban aproximarse y tener contacto físico con ellos. De ahí que en la década de los 1900s se acuñara el término "intocable" (*untouchable*) para designar a estos "impuros". El padre de la apelación fue Herbert Risley. Su universalización le debe mucho al *mahārāja* de Baroda y al sociólogo Sridhar Ketkar.[14] En la siguiente década, la expresión "intocabilidad" se utilizaba ya de forma corriente como designación colectiva a la "falta de pureza" y "degradación económica", y como característica del sistema de castas.

No obstante, los términos sánscritos *aspṛiṣṭa* o *aspṛiśya* ("intocable") casi no se mencionan en las fuentes originales. No aparecen hasta *Dharmaśāstras* tardíos, como el *Viṣṇu-smṛiti*, que es posterior al siglo VI.[15] Todo parece indicar que *untouchable* es una traducción moderna y libre de palabras vernáculas como *achchut*, que literalmente significa "intocable" en hindi.[16] Siguiendo a Narasiṃha Mehta, un santo gujarati del siglo XVI, Gandhi trató de rebautizarlos de modo paternalista con el neologismo "hijos de Dios" (harijans), hoy caído en desuso.

El gobierno colonial se refería a ellos a veces como "descastados" (Outcastes), "castas exteriores" (Exterior Castes), "castas deprimidas" (Depressed Castes) o "castas atrasadas" (Backward Castes). Fue en el censo de 1911 cuando por vez primera se pudo calibrar su volumen. El gobierno de la India independiente los agrupa bajo la apelación "castas clasificadas" (Scheduled Castes). La clasificación en cuestión tiene como objetivo adjudicarles unos escaños parlamentarios y, de forma similar a los tribales (Scheduled Tribes), sirve para definir una política de discriminación positiva en la educación o el empleo público [véase capítulo 23].

En ciertas regiones son denominados con genéricos como nāmaśūdra [FIG. 81], ati-śūdra o poleya. Algunos de ellos se llaman a sí mismos ādi-drāviḍas o ādi-hindūs (el prefijo *ādi-* significa "original", "primero", con lo que se enfatiza que ellos son los habitantes originales del continente índico, subyugados por los invasores āryas). Otros subrayan su identidad religiosa (bauddhas [budistas], satnāmīs). La mayoría descarta su nombre de casta (chamār, bhangī, paṟaiyaṉ, māṅg, dheḍ, etcétera) ya que posee una carga despectiva grande. Aquellos que han tomado consciencia de su subalternización y luchan en pos de unas metas políticas desechan todas estas apelaciones y prefieren autodenominarse "oprimidos" (dalits), un término marathi –de origen sánscrito– aparentemente introducido por Jotiba Phule a finales del siglo XIX y que ganó ascendencia en los 1970s.

Cada una de estas denominaciones implica un universo completamente dispar: dalit, ādi-drāviḍa, harijan, intocable, atiśūdra o chaṇḍāla remiten a categorías de exclusión diferentes.

¿DESCASTADOS?

Como mencionamos, llamar descastados a los intocables es confuso. Proviene de traducir *varṇa* como "casta" y tomar su negación (*avarṇa*) como "sin casta" o descastado, lo cual es impropio. En su sentido estricto, un "descastado" es alguien que ha sido expulsado de la casta. Pero este es un caso muy excepcional, ligado a la conducta extraviada de un *individuo* y su familia.[17] Cuando los textos brahmánicos hablan de los avarṇa por nacimiento se refieren a grupos enteros.

¿Y qué dicen estos textos? Sorprende, de nuevo, que la posición del *Veda* no sea unitaria. Los textos más antiguos son mudos acerca de la cuestión. Lo cual es bastante extraño si, como algunos piensan, el intocable representa el reverso del brāhmaṇ. Las primeras menciones detalladas acerca del chaṇḍāla son tardías. Se dan en *Dharma-śāstras* como el *Manu-smṛiti* o en los *Jātakas* budistas, fechados entre los siglos -I y +II. Incluso el *Manu* es ambiguo al respecto. En ocasiones da a entender que los chaṇḍālas forman una "quinta clase" (pañchama) contigua a la de los śūdras,[18] pero en otras dice que «no hay quinto *varṇa*».[19] Cuando son mencionados, son tratados como seres del mismo nivel que un animal. Sin embargo, está claro que los chaṇḍālas formaban una casta o un cúmulo de castas. A pesar de la marginalidad y del peligro de polución que encarnan, la sociedad no existiría sin ellos: y es que forman parte del orden esencial de las cosas.

Mlecchas y chaṇḍālas

Un repaso a la distinción que el ārya fabricó entre el intocable (chaṇḍāla) y el extranjero (mleccha) puede arrojar luz. Ambos son los colectivos más fuertemente "alterizados" de la literatura brahmánica.

Vamos primero con el mleccha. Lo que salta a primera vista es que su exclusión no es racial, sino cultural. El principal criterio para definir la arianidad es el lenguaje. Todo el orden ritual (*dharma*) depende del sánscrito, que es el vehículo a través del cual se expresa. La comunidad ārya está homogeneizada por la lengua. Esta asociación será capital en el desarrollo de la gramática o la filosofía del lenguaje.

Aunque la etimología de la palabra "mleccha" no está clara, todo hace pensar que está ligada al lenguaje. El verbo *mlech* significa "balbucear";[20] y el gramático Pāṇini describía hace 2.500 años la palabra *mliṣṭa* como «aquello que es hablado mal o de forma bárbara».[21] Un digno sucesor suyo, el también gramático Patañjali, decía explícitamente que uno debería estudiar la gramática sánscrita para no convertirse en mleccha.[22] Si el lenguaje es el principal criterio que define al ārya, es entonces esencial preservarlo de los impuros y los extranjeros. El sánscrito no es una más entre las lenguas (de hecho, posiblemente nunca fuera una lengua "hablada"), es el vehículo por el cual se expresa el *Veda*. Por esta razón, a los chaṇḍālas les estaba prohibido el estudio del sánscrito y su gramática.

Sin embargo, el lenguaje no puede ser el único criterio para definir al mleccha. El *Manu-smṛiti* dice que:

> «Todas las castas que están excluidas [de la comunidad] de los nacidos de la boca, los brazos, los muslos y los pies [del Puruṣa], son llamadas extranjeras [dasyus], ya hablen lenguas de los mlecchas o de los āryas».[23]

Los excluidos no lo son por razón de lengua, o no principalmente por ello. Seguramente, con los siglos el concepto mleccha se desplazó del barbarismo lingüístico al barbarismo cultural. El mleccha pasará a ser, ante todo, aquel que no lleva a cabo los rituales de los āryas. Razón por la cual los misteriosos vrātyas de los que habla el *Atharva-veda*, una orden religiosa disidente –pero dentro de la sociedad ārya–, tuvieron un estatus de casi mlecchas. Mleccha es aquel que tiene extrañas costumbres, no respeta el orden de los *varṇas,* no posee *jāti*, queda fuera del mundo civilizado. Es la inconformidad con el *varṇa-āśrama-dharma* la que define su patrón de comportamiento.

Por estos motivos, los pueblos "extranjeros" son tildados de mlecchas, ya fueran tribus de las junglas –como los śabaras, los niṣādas o los kirātas–, las gentes del sur –como los āndhras o los drāviḍas– o sociedades lejanas –como los kāmbojas, los chīnas (chinos), los hūṇas (hunos) o los yavanas (griegos)–.* Su origen nunca está ligado a la mitología del Puruṣa, aunque a veces lo está a la mezcla de *varṇas*.[24] El término es un paraguas para designar

* También en el sur tamil se mencionan colectivos de extranjeros, como el vaṭavar o el moriyar (indios del norte) o el yavaṉar (griego). Aunque en ocasiones se utiliza el término *milīccar* (tamilización de mleccha), hay menor propensión a utilizar genéricos que denoten la alteridad. La sánscrita yavana o la tamil yavaṉar pasarán de designar a los griegos (vecinos de los indios tras la campaña de Alejandro, hacia el -320) a denotar a cualquier extranjero de origen occidental, desde los afganos hasta los europeos.

a grupos que hablan lenguas foráneas, a tribus atrasadas, a pueblos extranjeros, o a gentes que no llevan a cabo el ritual ārya.

Según la historiadora Aloka Parasher-Sen, el mleccha fue fuertemente alterizado entre los siglos -I y +I, justo después de la desintegración del Imperio maurya y la llegada de invasores indogriegos (yavanas), escitas (śakas) y centroasiáticos (kuṣāṇas).[25] Es el tiempo en que un forastero podía ser representado como un verdadero *extranjero* destructor del orden brahmánico, tal y como por ejemplo aparece en el *Yuga-purāṇa*. En este texto, a la descripción del ataque de los yavanas a Pāṭaliputra (antigua capital imperial) le sigue una "profética" descripción de las maldades de los yavanas y de la Edad Corrupta (*kali-yuga*). Es un momento que para la India tiene resonancias similares a la caída de Roma para los occidentales. Se habla de la desmoralización general, la mezcla de castas, lo que refleja la ansiedad y el temor de los brāhmaṇs a que su autoridad estuviese siendo cuestionada. Por eso, el *Manu-smṛiti* entiende que el mleccha no es ningún ser impuro, sino ¡un kṣatriya! que al no seguir los mandatos de los brāhmaṇs ha caído al nivel de los śūdras.[26] Es en estos contextos en los que el mleccha representa ya al incivilizado "bárbaro" y no es considerado un ārya.

De ahí también la cierta connivencia de los brāhmaṇs con algunas de estas dinastías, cuyos orígenes mlecchas son a veces deliberadamente ignorados. Porque los brāhmaṇs del norte de la India no podrían haber mantenido su posición sin el patrocinio de estos nuevos monarcas. De ahí que cuando el mleccha alcanza el poder (por invasión o por ascenso), como ha sucedido con frecuencia en la historia de la India, el brāhmaṇ se vea forzado a legitimarlo. El ardid consistirá en dotarle de un lugar en el orden de los *varṇas*, como kṣatriya caído o degenerado (vrātya-kṣatriya); de suerte que ahora podrían volver a ser kṣatriyas de nuevo, aunque –como matiza Parasher-Sen– «a los ojos de los brāhmaṇs pudieran haberse comportado como mlecchas».[27] Así sucedió con pueblos invasores como los yavanas (griegos), los śakas (escitas) o los pahlavas (persas), incorporados en el mundo de las castas como kṣatriyas.

Ello significa que si el mleccha llega a obedecer el *dharma* de los *Śāstras* puede ser admitido en la sociedad ārya. Léanse las instrucciones que ofrece el *Mahābhārata*.[28] Incluso cuando el mleccha tribal entra a formar parte de la sociedad ārya (por absorción) y sus costumbres son toleradas, tendrá su lugar en el sistema. Cotéjese también a Medhātithi, el más importante comentador del *Manu*.[29]

De hecho, muchos grupos tribales o etnias originalmente consideradas mlecchas (como los medas, los niṣādas o los kirātas) pasaron a engrosar las capas bajas y de intocables de la sociedad ārya. E incluso otros (como los puṇḍaras o los ābhīrās) lograron ser incorporados en los estratos altos o medios del mundo de las castas.

Por tanto, existe una clara divergencia entre la lógica brahmánica de que todo aquel que queda allende el sistema de los *varṇas* es un mleccha, y la realidad histórica de que numerosos pueblos "extranjeros" establecieron lazos comerciales, culturales y sociales con la India; y hasta algunos de ellos la invadieron y se convirtieron en amos políticos de vastas áreas del continente.

Si para la línea más ortodoxa del brahmanismo el mleccha puede haber sido el "bárbaro", está claro que no siempre ha sido así; ni mucho menos que su alterización conllevara –como en el caso del chaṇḍāla– una opresión. (¡Que se lo pregunten a los mlecchas anglosajones!) El gran Varāhamihira, autor de uno de los más importantes tratados de astrología de la India, decía que:

> «Los griegos [yavanas] son mlecchas; entre ellos esta ciencia [de la astrología] está bien establecida; por tanto incluso ellos [a pesar de ser mlecchas] son venerados como *ṛiṣis*».[30]

Vamos ahora con el chaṇḍāla. Wilhelm Halbfass propone que, en vez de visualizar la actitud xenológica india de modo jerárquico, utilicemos círculos concéntricos. Desde el centro, ocupado por el brāhmaṇ, nos vamos alejando gradualmente hacia la periferia social. El intocable (chaṇḍāla) constituiría la transición al extranjero (mleccha). Acto seguido, Halbfass nota la gran diferencia entre ambos. Aun estando excluido de los rituales y de la tradición sagrada, el intocable forma parte del sistema dhármico.[31] No en vano los intocables eran –y en gran medida todavía son– los que ejecutaban buena parte de los ritos funerarios de los āryas. Puesto que la muerte es un momento de máxima polución es el impuro ḍom quien atiende en la pira de cremación. También es el intocable el que bate los tambores en muchos de los festivales de templo y de aldea [FIG. 46]. Incluso el *paṭel*, el cabeza del pueblo y los hacendados rājputs se acercan a los intocables vankars de Gujarat para implorarles que hagan caer las lluvias cuando el monzón no llega. Su función de hacedores-de-lluvia los hace indispensables en el mantenimiento del orden social, del que normalmente el vankar está excluido.[32] Está "excluido" pero no del todo, ya que forma parte integral de la economía y el ritual. Tacharlo de "descastado" no se corresponde con los hechos.

Insistamos, una vez más, en la ambigüedad al utilizar estas designaciones. En ciertos contextos un chaṇḍāla forma parte de los márgenes de la sociedad, pero está claramente dentro del ámbito de los śūdras, mientras que en otras coyunturas se le agrupa con colectivos que representan a la más baja de las categorías. Por tanto, nos enfrentamos a un sinfín de nomenclaturas y contextos.

Tomando la posición más extrema, un avarṇa es tan indispensable para el sistema como el brāhmaṇ, ya que sin su participación (sin su misma existencia, puestos a cargar las tintas), la pureza del brāhmaṇ no podría ni preservarse ni destacarse. Por tanto, el avarṇa o chaṇḍāla es indispensable para el funcionamiento de la sociedad. Desde el punto de vista brahmánico es un ser impuro y polucionante, pero no descastado. Queda allende las clases (*varṇas*), pero retiene su casta (*jāti*). Es alguien socialmente oprimido, pero necesario para los sistemas de castas, bien que desterrado de por vida a los márgenes. Su papel ritual (con ocasión de festivales o funerales) es vital. Y

46. Un grupo de músicos –con frecuencia considerados avarṇa–, posiblemente de la zona de Darjeeling (Bengala), a principios de los 1890s.

en la economía agraria, industrial o artesana es sencillamente *imprescindible*. Además, está sujeto a sus propias normas de comportamiento y exclusión. Incluso le incumbe la noción de *sādhāraṇa-dharma* o deber moral universal.[33] Por tanto, la posición del chaṇḍāla es mucho más compleja que la del mleccha porque está en permanente contacto con una sociedad que lo necesita, pero lo degrada y subordina al mismo tiempo. Siguiendo la lógica brahmánica de la "mezcla de clases" [véanse págs. 172-174], en el siglo XVI el *paṇḍit* Kriṣṇa Śeṣa lo describía así:

> «El llamado chaṇḍāla es el hijo de una mujer brāhmaṇ y un hombre śūdra. Subsiste de los harapos y enseres personales de los condenados [...] Retira la basura del pueblo por la mañana, no vuelve a entrar durante el resto del día y habita en las afueras de la aldea. Si no tiene su vida allí, ha de ser severamente castigado».[34]

Quizá la exclusión de los chaṇḍālas se institucionalizó cuando se consideró que la observancia de ciertas normas y tabúes de pureza ritual portaba mérito kármico y poderes especiales. Posiblemente, esto se diera con el ascenso de la filosofía mīmāṃsā y la literatura de los *Dharma-śāstras*, durante los primeros siglos de la era común. A partir de entonces, el número de castas consideradas polucionantes fue aumentando, de forma paralela a la obsesión de los āryas o *dvijas* por la pureza ritual.

Este proceso de subordinación, exclusión y degradación es lo que se conoce como intocabilidad. Y eso, la "sombra" de la sociedad índica, es lo que vamos a tratar en el próximo capítulo.

13. LA INTOCABILIDAD

El significado de "intocabilidad" puede remitir a situaciones, contextos, prácticas y personas variadas.[1] Pero en el tema que nos incumbe podríamos definirla didácticamente como:

> «Una institución social peculiar de la India que legitima e impone prácticas de discriminación contra personas nacidas en castas particulares y legitima prácticas que son humillantes, excluyentes y explotadoras».[2]

Las formas de discriminación y explotación por razón de casta se han suavizado considerablemente gracias, en buena medida, a los esfuerzos del gobierno indio por hacer ilegal la práctica de la intocabilidad. El artículo 17 de la Constitución india reza:

> «Se abole la intocabilidad; y su práctica, en cualquiera de sus formas, queda prohibida. Llevar a cabo cualquier tipo de discriminación ligada a la intocabilidad se considerará un delito castigable por Ley».[3]

Nótese que no se abole la casta (eso es imposible), como aún se lee cuando alguien que desconoce el tema escribe sobre la cuestión. Lo que es ilegal es la práctica de la intocabilidad. Es decir, formas de discriminación como: negar el acceso a templos o lugares de culto público, negar el acceso a restaurantes, cafés (*teashops*) u hoteles, negar el acceso a las fuentes públicas de agua potable, negar el servicio de barbería o lavandería, negar la participación en ceremonias públicas, negar el acceso a las asambleas municipales, discriminar en instituciones educativas o centros públicos de salud, discriminar en el uso de utensilios en hoteles y restaurantes, forzar a realizar ocupaciones como el retirado de carroña o la limpieza de letrinas, negar la utilización de lugares de cremación o entierro, negar el uso de carreteras o pasos públicos, impedir la construcción o la compra de residencias, negar el acceso a hospedajes y albergues o negar el uso de joyería y ornamentos.[4] Todas esas prácticas constituyen lo que se entiende por "intocabilidad". Y aunque esto ha quedado legalmente abolida (al menos la permanente, ya que la temporal –como la de una partera, una mujer en su período menstrual o alguien de luto– no queda contemplada por la ley), tendrán que pasar décadas hasta que los prejuicios sobre el intocable desaparezcan.

EL GUETO INTOCABLE

Tradicionalmente, la exclusión del intocable ha tomado la forma de una prohibición de residir, entrar o circular en ciertas calles, secciones del pueblo y otros lugares públicos [véanse págs. 203-204].

En muchas zonas del sur de la India, los intocables siguen habitando barriadas o colonias (*chēris*) separadas del pueblo (*ūr*) y, muy en especial, de la sección donde habitan los brāhmaṇs (*agrahāram*). Cada barrio posee templos, crematorios, lavanderías y pozos propios. Todavía en los 1970s, cuando los intocables paṟaiyaṉs de Tamil Nadu hablaban del *ūr* o pueblo, se excluían a sí mismos y su área de residencia. Un dicho marathi señala que: «allí donde haya un pueblo, hay un *mahārvaḍa*», la barriada de los mahārs, señalada por un tamarindo.[5] Louis Dumont ya definió la intocabilidad como «la segregación en aldeas –o barrios– distintos».[6] Igual que los criminales tenían que exiliarse del pueblo (o la mujer menstruante recluirse en un área especial de la casa), el intocable debería apartarse de los lugares en los que actúa el varón "de casta".[7]

Aunque en otras zonas de la India la segregación espacial puede ser menos exagerada, muchas castas (o combinaciones de unas pocas castas) siguen confinadas en barriadas (*vaḍas, bastis*, *mohāllas*) concretas. Para el líder dalit Bhimrao Ambedkar, la característica fundamental de la intocabilidad también era la segregación:

> «No se trata de una separación social [...] Se trata de una segregación territorial y de un *cordón sanitario* que ubica a la gente impura tras un alambre de púas; un tipo de cárcel. Cada pueblo hindú tiene su gueto. Los hindúes viven en la aldea y los intocables, en el gueto».[8]

Seccionados de los intocables, también los indios "de casta" tienen la sensación de vivir en un poblado diferente de los dalits. Lo comentaba el antropólogo Nirmal K. Bose, que llevó a un visitante de Calcuta a visitar el pueblo en el que realizaba su trabajo de campo. El amigo preguntó a uno de los aldeanos que les mostraba el lugar por la población del pueblo. El aldeano dio una cifra, que el antropólogo Bose corrigió rápidamente, ofreciendo un número mucho mayor en el que incluía la población de los barrios de intocables y tribales. El aldeano aceptó la cifra diciendo: «Ah sí, será más o menos eso si ustedes incluyen el *etcétera*».[9] El caso ilustra que los límites, la estructura y hasta la población de una aldea son "relativos", por decirlo suavemente.

Desalienta comprobar que el propio Estado perpetúa estas prácticas de segregación. En la tarea de reacomodación de los afectados por el devastador terremoto de Gujarat en el 2001, el Estado –con la participación de diversas oenegés– otorgó a los intocables residencias separadas. Lo mismo sucedió en Tamil Nadu tras el tsunami del 2004.

OCUPACIONES "IMPURAS" DE LOS INTOCABLES

Desde el punto de vista brahmánico, la característica que distingue al intocable es que sólo él lleva a cabo las más innobles tareas de limpieza material y ritual; ocupaciones que lo dejan en estado de polución permanente. Es sobre todo –siempre desde el lenguaje de la pureza– su contacto con el mundo inauspicioso de la muerte y el mundo de las basuras y desechos orgánicos lo que lo convierten en intocable.

El intocable y la muerte

La muerte es el evento inauspicioso por antonomasia. De todos los estigmas ligados a la intocabilidad, quizá el más evidente –y todavía manifiesto– es la función del intocable en los rituales mortuorios [FIG. 47]. Tradicionalmente, la ingrata tarea de comunicar el fallecimiento a los familiares y al vecindario recaía en los intocables del pueblo. Los que tocan los tambores en el cortejo fúnebre y los que trabajan en los crematorios siguen siendo en su mayoría intocables. En Tamil Nadu, por ejemplo, uno de los *deberes* históricos de los paṟaiyaṉs ha sido tocar el tambor *paṟai* (de donde procede el nombre de la casta) durante los funerales. Entre los paṟaiyaṉs del norte de Tamil Nadu, por ejemplo, la subcasta veṭṭiyar escoge a una serie de miembros que, rotativamente, se ocupan de los funerales de cada pueblo. Estos músicos reciben el nombre de tōṭṭiyaṉs.[10]

La asociación de la muerte con la intocabilidad explica por qué el barbero posee en el sur de la India un estatus netamente más bajo que en el norte. En el sur, el barbero se ocupa del ritual funerario. En el norte, donde no se dedica a ello, su posición es más elevada. En el Punjab, donde además de afeitar participa como mensajero en las negociaciones de boda entre las familias [véase pág. 95], su rango es incluso holgado. Existen, pues, notables diferencias según la región.

Ya que la muerte animal es igualmente impura, cuando fallece una vaca, un cerdo o un perro en una granja o en una casa, se espera que vengan los intocables a llevarse la carroña. Los intocables no sólo retiran los animales muertos, sino que curten la piel y trabajan el cuero, con el que fabrican sandalias o tambores. Esta ha sido la ocupación "tradicional" de la macrocasta chamār [FIG. 18].

Naturalmente, algunos intocables pueden llegar a ganarse bien la vida con sus oficios. Pero no es nada raro, especialmente en pequeñas aldeas de la India profunda, que estos trabajos "naturales" de la condición de intocable (portar las noticias del fallecimiento, tocar el tambor durante los fune-

47. Uno de los crematorios de Benarés (Uttar Pradesh), lugar impuro por excelencia, donde la mayoría de los trabajadores pertenece a castas consideradas "intocables". Foto: Jorge Royan, 2005.

rales, retirar la carroña, incluso fabricar sandalias) no sean remunerados. A lo sumo, reciben alguna propina, grano o ropas viejas.

Los intocables y los desechos orgánicos

Por supuesto, quien trate con heces, excreciones humanas y basuras es considerado una persona altamente impura.

Esta innoble tarea es "monopolio" de la casta más degradada de toda la India: la bhangī. En el Punjab, la casta es conocida como chūhṛā (su sección cristiana), mazhabī (su sección sikh) o vālmīki (su sección hindú). En Tamil Nadu se conoce como tōṭṭiyaṉ (que acabamos de reencontrar en los cortejos funerarios) o chakkiḷiyar. En Rajasthan o Madhya Pradesh es llamada mehtar. En Bengala, methar, que es una subcasta de la hāḍi. También castas como los ḍoms, los bhuiṅmālis, los mādigas, los mālās o los paṟaiyaṉs se han dedicado –aunque en menor medida– a la limpieza de letrinas. Los indios educados los llaman *scavenger* (en inglés) o *safaī karmachari* (en hindi), "empleados de limpieza", eufemismos que designan a aquellos intocables que pasan a vaciar las "letrinas secas" (es decir, letrinas sin drenaje –que son las que poseen un 48,9% de los hogares indios que disponen de aseo–, por lo que deben limpiarse a diario), ya sea de las casas de "cas-

48. Protesta para erradicar la limpieza manual de letrinas. La mayoría de los trabajadores pertenece a la casta chakkiḷiyar. Chennai (Tamil Nadu), 2005.

tas limpias" o de los váteres públicos de barrios donde no hay mejor alternativa. El trabajo suelen realizarlo a mano mujeres, con la ayuda de una escobilla y una canasta, que se transporta en la cabeza al vertedero en las afueras del pueblo o la ciudad. Es una tarea infame y –desde la "Abolition of Manual Scavenging Act" de 1993– hasta "ilegal" (papel mojado, claro). Aunque existen movimientos que persiguen la erradicación de esta práctica, como el del partido ATP de los chakkiḷiyars de Tamil Nadu [FIG. 48], todavía hoy es raro que alguien que no pertenezca a una de estas castas se encargue de la limpieza de letrinas.

Esta "ocupación tradicional" es relativamente reciente. Más o menos data de cuando los europeos empezaron a construir letrinas públicas y aseos en casas privadas. No es que debamos culpar al colonialismo de esta durísima forma de degradación. Pero en el mundo rural no hay necesidad de limpiar letrinas, ya que el descampado más próximo o la playa del pueblo han hecho tradicionalmente de retrete natural. (¡Todavía un 60% de los indios defeca al aire libre!) Con el desarrollo urbano, tecnológico e ideológico de la modernidad, los más desfavorecidos quedaron atrapados en esa nueva e indigna ocupación. Hoy, muchos indios educados y urbanitas piensan que la limpieza manual de mierda y transporte en la cabeza al vertedero más próximo es cosa del pasado. Pero aún en 1989 se calculó en 7,5 millones el número de "letrinas secas" en la India.[11]

Los bhangīs todavía viven en barriadas separadas, marginados incluso por otros intocables. No pueden compartir plato o mesa con los indios "de casta". En los *teashops*, hoteles y hasta casas privadas no faltan las tazas llamadas *rāmpatras* ("copas de Rāma"), que se utilizan exclusivamente para servir a estos intocables entre los intocables. Y, si no las hay, se espera que el bhangī porte la suya.[12]

Incluso la administración pública perpetúa el estigma al contratar como funcionarios encargados de la limpieza (barrenderos y basureros) a bhangīs. Asimismo, la limpieza del alcantarillado público (que requiere sumergirse completamente para desatascar junturas) sigue adjudicándose a varones de casta bhangī (o vālmīki, chakkiḷiyar, tōṭṭiyaṉ, chūhṛā...).

Los intocables y la *ahiṃsā*

La razón por la que otras ocupaciones fueron consideradas impuras podría tener que ver con el avance de la doctrina de la no-violencia (*ahiṃsā*). Pero aquí las explicaciones ideológicas resultan muy forzadas.

Sabemos que hasta el final de la época védica los brāhmaṇs no eran vegetarianos. Todo lo contrario: en los grandes ritos públicos se sacrificaban muchos animales. La noción de impureza de la piel de animal es un desarrollo tardío, ya que un texto védico como el *Pañchaviṃśa-brāhmaṇa* menciona que la leche utilizada en el sacrificio se transportaba «en bolsas de cuero».[13] Pero, gradualmente, y sin duda espoleados por el énfasis que los grupos de renunciantes (hinduistas, budistas y jainistas) pusieron en la *ahiṃsā* (y su colofón: el vegetarianismo), todo lo relativo a la muerte del animal pasaría a considerarse impuro.

A medida que la *ahiṃsā* ganó ascendencia entre los brāhmaṇs, los miembros de determinadas profesiones y oficios pasaron a engrosar las capas de excluidos. Tal habría sido el caso de los cazadores (niṣādas), los pescadores (kaivartas) [FIG. 80], los carniceros (hoy, mayoritariamente musulmanes), los trabajadores del cuero y la piel (kārāvaras, predecesores de los chamārs) o los fabricantes de instrumentos musicales (pāṇḍusopākas).

Con el auge del vegetarianismo y la abstinencia de alcohol, los recolectores de ponche o fabricantes de licores pasaron a ser considerados impuros. Quizá esto explique por qué gran cantidad de castas del centro y el sur de la India dedicadas a la recolección de *tāṛī* y fabricación de *arrak* (los pāsis de Madhya Pradesh, los śāṇārs de Tamil Nadu, los īḻavars de Kerala o los iḍiggas de Andhra Pradesh y Karnataka) han sido consideradas intocables o casi intocables [FIG. 84].

Otros factores

Sin embargo, la mera lógica de la pureza no puede explicar la subordinación de inmensos colectivos de labriegos dalits, ni siquiera de las ocupaciones mencionadas anteriormente. Oficios como el de cestero (veṇa) o constructor de carros (rathakāra), hoy tenidos por intocables, son de difícil explicación; todavía más en el caso de los últimos, que en tiempos rigvédicos eran considerados gente respetable.

Tampoco sabemos por qué los músicos han sido considerados intocables con tanta frecuencia. No nos referimos a los que tocan los tambores (cuyo contacto con la piel animal los "poluciona"), sino a las bandas ambulantes de viento. Quizá por la limosna que piden. O porque hacen bailar a sus mujeres. Tal vez no sea el oficio en sí lo considerado impuro, sino las extravagantes costumbres de una comunidad.

En todo caso, si el lenguaje de la pureza se llevara a su conclusión lógica, el barbero tendría que ser siempre un intocable; que no es el caso. En su *Śūdrāchāra-śiromaṇi*, Kṛiṣṇa Śeṣa detectaba la incongruencia:

> «[El barbero] afeita la barba y es hábil cortando las uñas. En la ciudad sirve a todas las castas haciendo este trabajo. El barbero es ruin y deshonesto, pero es considerado [por el *Manu-smṛiti*] de más alto rango que los śūdras».[14]

Buen ejemplo de cómo la tradición brahmánica se acomoda para reflejar el estatus social *real*.

Eso explica por qué la inmensa mayoría de los intocables son sencillos labriegos o peones del espacio rural y no retiradores de polución. No es ningún criterio ocupacional ligado al lenguaje de la pureza el que hace de la casta vankar de Gujarat –tradicionalmente dedicada a la sastrería, aunque como la mayoría de castas, hoy principalmente empleada en el campo– la casta intocable por antonomasia en la región. El estudio de Rosa Maria Perez muestra que incluso los bhangīs, cuyas ocupaciones tradicionales son las peor consideradas de todas, y que en Gujarat se encuentran en una situación económica más deficiente que los vankars, pueden llegar a considerarse por encima de estos.[15] Por tanto, ni la lógica de la pureza, ni siquiera la del poder económico, pueden explicar esta aparente paradoja.

El nombre de *vankar* significa "tejedor". La designación para la casta es bastante reciente, ya que sólo aparece de forma sistemática en el censo de 1931, sustituyendo al viejo término *dheḍ* (que en gujarati significa, peyorativamente, "sucio", "bajo", "ruin" [FIG. 49]). ¿Cómo es que una casta de "sastres" que se dedica a la agricultura ocupa un lugar tan bajo en el escalafón social? Todo parece indicar que en tiempos relativamente recientes grandes masas de campesinos pobres y sin tierras fueron situados por debajo de la "línea de polución" por otros grupos en ascenso [véase capítulo 19]. Fue la acción del crudo lenguaje del poder la que atrapó a grandes masas campesinas y las estigmatizó. Se recurrió entonces a la gramática brahmánica, pero generando estas claras inconsistencias.

El intocable, digámoslo ya de una vez, es sencillamente aquel que ha sido *doblemente* oprimido por el lenguaje religioso de la pureza y el lenguaje político-económico del poder.

SUCIO, IMPURO, OSCURO Y DEMÓNICO

Invariablemente, se asocia al intocable con la suciedad, el lenguaje vulgar, la piel oscura, el mal olor y la brujería. Sus alimentos, su vestimenta, su forma de hablar, de moverse, todo lo relativo a su cuerpo repele al indio "de casta". Como reconocía una mujer de casta "limpia" al antropólogo R.S. Khare, a propósito de las chamārs de Lucknow que vivían frente a su casa:

> «Cuando nos cruzamos con ellas en el barrio recogemos nuestra indumentaria para evitar el contacto físico. Sé que no debería ser así, especialmente en la India de hoy, pero con frecuencia así es».[16]

Desde pequeño, un niño o una niña "de casta" aprende a ver al intocable como a un ser permanente e irremisiblemente sucio. Los niños *sienten* las reacciones corporales, emocionales o verbales de su madre, de su padre o de su tía cuando se aproxima un dalit. Registran sus expresiones de asco, de recelo o de temor. Como puntualiza el psicoanalista Sudhir Kakar:

49. Mujeres intocables (dheḍs, hoy llamados vankars). Del libro de W. Johnson, *Photographs of Western India*. c. 1855/1862.

50. Mujer dalit, asociada por el indio "de casta" a lo impuro y lo demónico. Bombay (Maharashtra), 1942.

> «El conocimiento del niño no es antropológico o religioso-textual sino un *conocimiento-sensación* que es preverbal y, por decirlo de alguna forma, ha entrado en los mismísimos huesos del niño».[17]

Una de las razones por las cuales poquísimos hindúes de casta alta se convirtieron al islam o al cristianismo fue por la perspectiva de tener que codearse con conversos intocables en la misma congregación. En muchas partes de la India, el intocable ha de generar su propia subcasta de lavanderos, barberos, sastres, genealogistas o sacerdotes, ya que muchos proveedores de estos servicios les niegan su trabajo.

Todo esto es difícil de borrar constitucional o políticamente, aunque en público nadie exprese de forma abierta tales ideas. Lo confesaba a Christopher Fuller un abogado naṃpūtiri-brāhmaṇ que fue diputado comunista en el Parlamento de Kerala. A pesar de que él nunca discriminaría a personas de diferente casta, a pesar de su total rechazo al sistema de castas, no podía impedir sentirse raro e incómodo si una persona de casta baja se le acercaba demasiado o lo tocaba.[18]

En la famosa novela de Arundhati Roy *El dios de las pequeñas cosas*, cuando la madre se entera de que su hija tenía relaciones con un intocable paravar, exclama: «¿Cómo es posible que haya aguantado su olor? ¿No os habéis dado cuenta de que los paravar tienen un olor especial?».[19] Para muchos indios "de casta", el intocable está íntimamente ligado a las heces y la suciedad. Por eso al intocable no se le ha permitido portar símbolos que denoten limpieza, poder o riqueza y se le "exige" cumplir con el estereotipo que le ha sido asignado. Nada de ropas caras, ni joyas de oro, ni utilizar instrumentos de metal para cocinar. No pocas atrocidades se cometen en la India –aún hoy– contra dalits recién salidos del barbero (símbolo de estatus) que "osan" lucir estas prerrogativas de los indios "de casta". Parece como si al intocable se le negara la individualidad, y es tratado siempre como un representante de una *comunidad*.

Este aspecto tiene claras analogías con los estereotipos americanos del "sucio negro", los europeos del "sucio judío", los del "sucio árabe" para el israelita o los del "sucio tibetano" para el chino han. Y todavía más próximo es el caso del "sucio gitano". El intocable en la India y el gitano en Europa o América son descritos de forma muy parecida por los indios "de casta" o los "payos": son ladrones, embusteros, de poco fiar, dados a la brujería y la adivinación, sucios, impuros, oscuros de piel, maleducados, promiscuos, etcétera. Si bien las castas son un fenómeno intrínsecamente indio, el estigma de la intocabilidad es –reconozcámoslo– universal [véanse págs. 380-382].

Como cuando en Europa un gitano comete un crimen y se organiza una batida en el pueblo o en el barrio para "dar a los gitanos una lección", en la India sucede algo semejante con el dalit. Lo que debería ser un crimen individual, investigado y juzgado por el Estado, se convierte en una afrenta de los gitanos (o los moros, o los dalits...) contra la comunidad paya, que necesita dar en revancha una lección en términos étnicos.

E, igual que las palabras "gitano", "judío", "moro" o "negro" pueden ser altamente insultantes, los nombres de castas intocables en la India pueden poseer feas connotaciones. Para regañar a un niño rājput no es raro llamarlo por nombres denigratorios como "chamār" (trabajador del cuero) o "bhangī" (barrendero), nombres de dos de las castas históricamente consideradas intocables. Es muy significativo que casi nadie perteneciente a una casta ex-intocable quiera que le llamen por su nombre de casta debido a la connotación despectiva que esos títulos acarrean. De hecho, cuando se dan altercados entre indios "de casta" y dalits, invariablemente se "insulta" al dalit con el nombre de casta correspondiente.

La identificación del dalit con la piel oscura refuerza más el estereotipo de que es un ser "intocable". En la India, la piel clara es "tocable". Por ello se invierten tantos esfuerzos cosméticos para blanquear la piel (el equivalente índico a los productos antiarrugas o antienvejecimiento de Occidente). Y por ello el impuro y bárbaro extranjero de piel clara posee un estatus ambiguo. Si, por ser consumidor de porquerías, como la carne o el tabaco, se aproxima al intocable, su piel clara (asociada a la realeza, la limpieza y la riqueza) lo distingue claramente de aquel.

La asociación a tareas impuras y el seguimiento de extrañas costumbres alimentará la extendida idea de que el intocable es un ser asociado a los poderes demónicos. La mujer intocable, en especial, puede provocar el mal de ojo, trae lo inauspicioso y domina los conjuros mágicos [FIG. 50]. En determinados lugares de la India se piensa que los intocables pueden portar sequías o enfermedades; aunque también los remedios para tales catástrofes.[20] Para la mentalidad popular, un intocable es casi un espíritu demoníaco a nivel local. Por ello, se le considera indispensable para mediar con estos seres malévolos que infestan los márgenes del pueblo.

Todos estos factores hacen que algunos intocables (en especial, los de cierta edad) hayan integrado hasta tal punto las costumbres de subordinación que aún no es infrecuente que el intocable hable al forastero con la mirada clavada en sus pies. Aunque la conversación prosigue, el hombre no levanta la mirada del suelo. Igual que el hijo de casta "limpia" nota las emociones de sus progenitores, los hijos de hombres y mujeres intocables captan asimismo la actitud de inferioridad en la manera de dirigirse a otros, el tono de la voz, la mirada, la oquedad de la exclusión.

¿ACEPTAN LOS INTOCABLES EL SISTEMA?

Huelga decir que en el seno de las castas designadas como intocables existen las jerarquías. Aunque, desde afuera, todos se engloban bajo un genérico uniforme como "dalit" o "intocable", el mencionado caso de los paraiyaṉs muestra que sólo una subcasta (veṭṭiyar) está a cargo de la tarea funeraria. El resto de paraiyaṉs se siente superior.

En un estudio de campo realizado en 1935, M.G. Bhagat advirtió que en Maharashtra «un mahār está muy poco dispuesto a tomar leche de un māṅg y un chamār nunca la toma de un bhangī».[21] Este patrón aún se reproduce por doquier. Un viejo dicho bengalí se ríe de la proclividad de las castas más bajas a afirmar su superioridad entre sí: «El ḍom piensa que es más puro que el hāḍi y el hāḍi piensa que es más puro que el ḍom».[22]

Los niveles superiores de los intocables pueden incluso mantener una exclusión ritual y hasta ciertas prácticas de intocabilidad frente a colectivos muy degradados como el bhangī. Incluso entre estos se discrimina entre aquellos que retiran las heces de hogares privados y aquellos –más degradados– que limpian las letrinas públicas.[23] Siempre parece existir *otro* colectivo que está en permanente y mayor grado de polución. Este persistente trazo llevó al etnólogo Michael Moffat a concluir que los intocables «participan de buena gana en lo que podría llamarse su propia opresión».[24] Para Moffat, «el sistema cultural de los intocables no cuestiona ni pone en entredicho el orden social dominante».[25] También Wilhelm Halbfass consideraba que el intocable –a diferencia del mleccha– «acepta su exclusión»[26] y, por ende, el sistema. Razón por la cual la India aparece realmente exótica y hasta ininteligible para gran parte del mundo.

Lo constataría el esfuerzo por sanscritizar costumbres y mitos de origen de castas intocables, que se jactan de un origen kṣatriya o brāhmaṇ [véanse págs. 108-109]. A diferencia de lo que han propuesto algunos antropólogos, que sostienen que los intocables adoran a divinidades "inferiores" (semidioses, demonios o diosas coléricas), muchas comunidades dalits poseen un panteón altamente sanscrítico. El trabajo de Rosa Maria Perez ha mostrado que los intocables pueden ser sumamente estrictos con las cuestiones de pureza, vigilando los alimentos que cocinan, tomando un baño antes de la comida, impidiendo el acceso a la cocina a los foráneos u observando los tabúes de polución por nacimiento y muerte. En otras palabras, «cuando supuestamente llegamos a la impureza suprema del sistema, lo que encontramos no es una impureza extrema»;[27] más bien un meticuloso cuidado en evitar la contaminación ritual.

En suma, los intocables recrearían entre sí «todo el complejo de instituciones y relaciones jerárquicas del que han sido excluidos por las castas altas», en palabras de Moffat.[28] Algo de ello hay. Y Moffat tiene el mérito de habernos hecho ver que los ex-intocables no son tan distintos del resto de indios. Pero sostengo que eso es sólo una parte, y nublada, del lienzo.

No sólo una cuestión de impureza

Como es natural, esta visión sistémica ha sido muy criticada. Por un lado, es sorda a las protestas y periódicos levantamientos de los dalits. Sobre todo, no tiene en cuenta que a la mayoría de los intocables –que parecen aceptar pasivamente su mal *karma*– en realidad no les queda más remedio que funcionar dentro del sistema porque no disponen de alternativas factibles. Como explica David Lorenzen, el problema con esta línea argumentativa es que no tiene en cuenta que la sociedad india no es sólo jerárquica, sino también autoritaria.[29] Los sistemas de castas no pueden entenderse sin una referencia a sus contextos económicos y políticos. Y en todos los casos hallamos que quienes se sitúan en la cima poseen un poder político y económico considerable; y que no han tenido ningún reparo en recurrir a la violencia para mantenerlo.

Históricamente, algunos intocables llegaron a ser esclavos, propiedad de los señores terratenientes. En tiempos de penuria, los excluidos no tenían más remedio que vender a hermanos, hijas o a sí mismos. En Tamil Nadu no era raro que, a cambio de la manutención de por vida, intocables pallars o paṟaiyaṉs se dejaran comprar.

Como todo colectivo marginado, en muchas ocasiones el intocable no ha tenido otra alternativa que dedicarse a las ocupaciones y trabajos de baja estima social. Eso lo sabe cualquier migrante contemporáneo en cualquier punto del globo. Un "subalterno" no es otro que aquel que «ha sido forzado a reproducir en su práctica cotidiana las mismas condiciones que lo oprimen, dominan y/o explotan», como nos dice Balmurli Natrajan.[30]

En la mayoría de los contextos, los subalternos no sienten o son conscientes de que estén reproduciendo esas condiciones de su opresión. Suvira Jaiswal tiene razón cuando plantea que «el efecto es confundido por la causa».[31] No es que trabajar con excrementos le convierta a uno en intocable; es que sólo los que ya están muy degradados pueden aspirar a realizar la tarea que nadie quiere. El solapamiento entre casta y clase es revelador. La exclusión impide el acceso a los recursos económicos y políticos. (Un pez que se muerde la cola.) El intocable ha estado durante siglos en una condición de esclavitud económica porque no ha tenido derechos cívicos o políticos. Por ello apenas ha podido cuestionar el orden establecido.

Sabido es que muchos tribales comen carne, sacrifican animales y siguen otras costumbres muy objetables para cualquier hindú "de casta". Y, sin embargo, eso no los convierte en intocables. En cambio, las castas intocables no pueden ser reconocidas como "limpias" aún después de haber sanscritizado sus costumbres [véanse págs. 252-254]. Incluso el tribal de estatus puede mirar al intocable con desprecio.

Por todos estos motivos, hoy muchos pensamos que la visión brahmánica sólo conforma una parte del cuadro.

LA VISIÓN DESDE ABAJO

Está claro que concentrarse en las castas altas de un área determinada y, desde allí, mirar todo el sistema que se abre hacia abajo no es accidental. Al sociólogo le es infinitamente más sencillo aclimatarse a los entornos de casta alta, no sólo por comodidad lingüística o idiosincrática, sino porque la visión brahmánica posee el soporte textual que la sociedad de abajo carece. Una vez uno se ha familiarizado con una forma de ver el asunto, es muy difícil cambiar de ángulo. Pero estimo, con Joan Mencher y Raman Unni, que este esfuerzo ha de intentarse.[32]

Mencher llegó a esta conclusión al estudiar dos de los casos más extremos del sistema: el de los naṃpūtiri-brāhmaṇs de Kerala y el de los paṟaiyaṉs de Tamil Nadu. Al contrastar las visiones desde ángulos tan dispares, Mencher concluyó que «las cosas no se veían igual desde abajo del sistema jerárquico que desde arriba».[33]

La visión desde arriba debe matizarse. Porque lo cierto es que si uno le pregunta a un intocable por la razón de su degradación, jamás hablará de impureza o *adhikāra,* sino de las relaciones de dependencia establecidas con los de castas poderosas. Puede que alguno aluda con resignación al "destino", pero está claro que ni las ideas de impureza ritual o de mal *karma* aparecen en el horizonte del intocable.

Pauline Kolenda mencionaba que los barrenderos de un pueblo de Uttar Pradesh se negaban a admitir que la gente de casta baja como ellos hubiera sido en vidas anteriores menos virtuosa que los que se encontraban por encima. En realidad, rechazaban la idea misma de jerarquizar las castas.[34] Y explicaban su situación actual con argumentos que, en todos los casos, ignoraban la doctrina del *karma*. Expresado por un dalit actual:

> «Ninguno de los dalits que he conocido –y he conocido a muchos, de todos los rincones de la India– piensa siquiera remotamente que los otros sean superiores a ellos. Puede que envidien la prosperidad o el nivel de educación de otros, pero todavía no he encontrado un dalit que crea que la gente nazca superior o inferior».[35]

En una encuesta realizada por Mark Juergensmeyer entre intocables del Punjab, únicamente un 39% de sus encuestados creía en el renacimiento, y apenas un 29% consideraba que su situación presente derivaba de acciones de vidas pasadas.[36] De hecho, los grandes temas de la "espiritualidad hindú" (léase en, verdad, brahmánica), como el *karma*, la liberación (*mokṣa*) o la renuncia (*saṃnyāsa*), son tratados con parsimoniosa indiferencia por muchas personas de castas bajas.

Mitos de origen reveladores

Los etnógrafos coloniales recogieron gran cantidad de historias y leyendas de origen de muchísimas castas. Lo interesante del caso, como ya señalamos [véanse págs. 108-111], es que las castas consideradas bajas niegan el pedigrí inferior que los demás les atribuyen. Muchas historias comparten tantos puntos en común que casi puede hablarse de un "mito general intocable".[37]

Dipankar Gupta menciona, por ejemplo, el caso de los kahārs, una casta atrasada de Bihar, que utiliza el simbolismo del *Puruṣa-sūkta* (la cosmogonía fundacional del sistema de *varṇas*) para ¡elevarse por encima de los brāhmaṇs! Dicen las historias que relatan el origen de los kahārs que son descendientes de las dinastías lunares. Y la Luna no es otra cosa que el ojo del Puruṣa o Ser Cósmico.[38] La moraleja es clara: los kahārs están hechos de substancias más sutiles y puras que los brāhmaṇs (la boca del Puruṣa) o los kṣatriyas (los brazos).

Chamārs, bhangīs, holeyas... y demás castas consideradas intocables poseen mitos que relatan cómo fueron degradados al estado en el que ahora se encuentran. Incluso los más apaleados, como la casta de mendigos nāyāḍis de Kerala, poseen sus leyendas en las que aparecen como descendientes de un brāhmaṇ expulsado de su casta.[39] Como resume Dipankar Gupta, lejos de participar en su propia subyugación, las gentes de baja casta «sostienen que son tan buenas, si es que no mejores, que las llamadas "castas altas"».[40] Los casos de castas bajas que han ascendido y tomado el poder [véanse págs. 499-502] muestran que las cuestiones de pureza van siempre entrelazadas con las de poder material y político. Cada vez que una casta baja ascienda a posiciones de poder, tenderá a imponer su ordenamiento social e incluso llegar a subordinar a aquellas comunidades que previamente la sometían.

Uno puede aducir que el que un intocable reclame un rango superior a un brāhmaṇ es absurdo; o una mera estrategia de consuelo. Ocurre que entonces nos situamos en un punto de vista *distinto* al del intocable y, así, lo deslegitimamos. Pero si nos ponemos en su perspectiva, su reclamo de superioridad es absolutamente real, más allá de que pueda demostrarlo o ponerlo en práctica.

El caso de los jāṭavs de la ciudad de Agra (Uttar Pradesh), una escisión de los chamārs que prosperó durante el siglo XX, es muy revelador. A mitad del siglo, muchos empezaron a gravitar alrededor del neobudismo propulsado por el líder dalit B.R. Ambedkar y adaptaron su mito de origen como budistas que fueron sometidos por brāhmaṇs convertidos al vegetarianismo [véanse págs. 541-544]. Como vio Owen Lynch, volvemos a encontrar el clásico tropo de que la situación de degradación actual es una injusticia y una usurpación brahmánica de los derechos legítimos de los aborígenes jāṭavs de la India. Lejos de participar en su propia subyugación, el mito «niega la legitimidad del sistema de castas en sí mismo».[41]

Muchos de estos mitos de origen, es cierto, son relativamente recientes, producto de misioneros neohinduistas del Arya Samaj [véanse págs. 497-498] o de intocables que accedieron a una educación superior a finales del siglo XIX o principios del XX. Pero eso también es propio de los mitos de origen o las prácticas de muchas castas altas.[42]

❖ ❖ ❖

La visión desde abajo exige que abordemos la situación del intocable o el sistema de castas desde el doble ángulo del lenguaje de la pureza y del lenguaje del poder.

Es más que posible que la subordinación de una serie de grupos comenzara con su dependencia económica y, gradualmente, fuera plasmándose una segregación –espacial, ocupacional, cultural– según el lenguaje ritual de la pureza. O como expresa Ghanshyam Shah y su equipo, «los dalits saben que su estatus en lo más bajo de la jerarquía social y de la jerarquía económica se debe al dominio de los brahmanes y otras clases altas».[43] De lo contrario, no puede explicarse que 200M de personas desciendan de aquellos diminutos grupúsculos que hace siglos se dedicaban a tareas consideradas polucionantes.

En muchas zonas de la India es la propiedad de tierras (característica de la casta dominante), y no ningún abstracto grado de pureza, la que otorga el estatus. En Haryana, un brāhmaṇ con algo de tierras preferirá identificarse a sí mismo como *zamīndār* antes que como brāhmaṇ. En el mundo rural (que en la India ha representado siempre a más de tres cuartas partes de su población), lo que caracteriza al dalit es que no posee tierras y es empleado –y a menudo explotado– por los grandes terratenientes.

En otro capítulo veremos cómo en los últimos 400 años la llamada "línea de polución" fue elevada conscientemente por ciertos segmentos de la población de forma que una gran masa campesina y artesana pauperizada quedó atrapada y encasillada bajo esta fatídica categorización [véanse págs. 453-464].

Aun así, la movilidad ascendente de grandes castas otrora intocables como los śāṇar-nāḍars, los mahārs, los jāṭavs o los iḻavars muestra que la distinción entre unas castas "limpias" y otras "polucionantes" es asimismo relativa y contextual. Constantemente, los grupos en ascenso tratan de demoler la "línea de polución", mientras que los que están justo por encima no cesan de exagerarla. Lo corrobora el hecho de que cuando se reportan ataques contra dalits, en numerosas ocasiones los agresores son miembros de castas medias, ritualmente próximas a las castas intocables.

El intocable puede definirse, por tanto, como alguien estigmatizado ritualmente y alguien dependiente económica y políticamente.

UNA ALDEA INTOCABLE DE TAMIL NADU

Una forma didáctica de ilustrar estas cuestiones es recurriendo a un trabajo de campo. La visión de la lombriz ha de compensar la vista de pájaro. Tratemos de escuchar al dalit. Y es que en casi toda la literatura que se ha escrito sobre la casta, la figura del intocable se utiliza para explicar las grandes teorías (estructuralistas, shástricas, marxistas, postmodernas...), pero rara vez se presta atención a su visión del mundo.

Vayamos a la aldea de Valghira Manickam, una población intocable de Tamil Nadu, estudiada por el antropólogo belga Robert Deliège a principios de los 1990s. Asimismo, intercalaremos reflexiones tomadas de otros casos.

El pueblo está casi enteramente habitado por paṟaiyaṉs (o ādi-drāviḍas), una de las mayores castas intocables del sur de la India (de donde proviene la castellana "paria"). Bastantes paṟaiyaṉs se han convertido al catolicismo, pero la mayoría gravita en la órbita del hinduismo.

Como ya conocemos, la exclusión espacial en un barrio o aldea es propia del sur de la India, y es la forma más palpable de simbolizar la inferioridad del intocable. En su colonia o aldea, el paṟaiyaṉ tiene sus templos, lugares de cremación, barberías y pozos. Por tanto, su presencia polucionante queda desgajada del resto de la comunidad.

Aunque los paṟaiyaṉs sitúan a los brāhmaṇs en la cúspide social, lo cierto es que apenas tienen contacto con ellos. La superioridad ritual del brāhmaṇ es irrelevante para el paṟaiyaṉ ya que en la región donde se encuentra Valghira Manickam apenas hay brāhmaṇs y no desempeñan ningún papel en la escena rural. Incluso en pueblos donde los brāhmaṇs sí tienen un rol importante, el desconocimiento mutuo puede ser craso. Un ayudante de Joan Mencher notó con sorpresa que los paṟaiyaṉs desconocían la diferencia entre brāhmaṇs vishnuistas (śrīvaiṣṇavas) y brāhmaṇs shivaístas (smārthas). Tampoco eran conscientes de que el *agrahāram* (barrio de los brāhmaṇs) estaba dividido por subcastas.[44] Ese mundo era ajeno a su realidad cotidiana; lo cual no impide que los paṟaiyaṉs suelan reírse de las extrañas costumbres de los brāhmaṇs y consideren que si un inauspicioso brāhmaṇ (sí, inauspicioso) visitara su poblado, portaría esterilidad y desgracia y tendrían que romper sus utensilios de cocina.[45]

Esta débil presencia de brāhmaṇs, sin embargo, no comporta una dulcificación de la intocabilidad. Por tanto, la máxima dumontiana de que la pureza del brāhmaṇ es inseparable de la impureza del intocable, queda como un concepto teórico.[46]

La casta verdaderamente poderosa en la zona es la cheṭṭiār. Hasta el punto de que esta gran casta comerciante (equiparable al genérico baniā en el norte de la India) solía designar a la región con el nombre de Cheṭṭināṭu o "País de los cheṭṭiārs". Puesto que los cheṭṭiārs son urbanitas, su contacto con los labriegos paraiyaṉs es también limitado. La otra casta importante de la zona es la kaḷḷar. Se trata de otra gigantesca casta, eminentemente agrícola, que en las últimas décadas ha mejorado su posición. Su estatus ritual ha sido tradicionalmente bajo (incluso los británicos llegaron a considerarla "casta criminal"; y la palabra *kaḷḷar* significa "ladrón" en tamil), si bien llegaron a crear su propio reino [véanse págs. 234-235]. Hay consenso en que los kaḷḷars se han ganado merecidamente la reputación de "casta marcial" y de gente que no se anda con chiquilladas. Es la casta más antintocable de la región y no desaprovecha la ocasión (ritual, social o política) para mostrar su superioridad. Es a los kaḷḷars a quienes realmente temen los paraiyaṉs.

El pueblito de Valghira Manickam está pegado a otra aldea, habitada por otra casta intocable, en este caso enteramente hindú. Se trata de la casta pallar. Como describe Deliège, viven unos junto a otros, pero «sin ningún sentido de comunidad».[47] Aunque pueden darse casos de amistad entre las dos castas, y hasta es posible que se dé algún raro enlace matrimonial, suele tratarse de casos aislados. Porque lo cierto es que los pallars se sienten por encima de los paraiyaṉs, aunque en la actualidad apenas tienen ocasión o motivo para expresar su sentimiento.

Lo interesante es que si bien las relaciones de los paraiyaṉs con las otras castas están caracterizadas por la desigualdad y la distancia, «claramente este no es el caso de las relaciones sociales dentro de la casta», en palabras de Deliège.[48] Pese a que la casta está dividida entre hindúes y católicos, todos viven juntos, comen en los mismos lugares y los niños se mezclan al jugar. Como expresa Robert Deliège, «no sería una exageración decir que [ambas secciones] viven en perfecta armonía».[49] El único "pero" que plantean los informantes es que «no nos casamos con los de la otra sección... pero, aparte de eso, somos como hermanos». Y es un hecho que el paraiyaṉ utiliza términos de parentesco cercano (hermano, cuñado, tío materno) para presentarnos a cualquier miembro de la comunidad, sea hindú o católico.

La subalternización del paraiyaṉ ni lo "excluye" del sistema ni tiene que ver con nociones de "pureza", sino con cuestiones de "dominio". En pueblos multicasta, el servicio de los paraiyans a las castas dominantes, por ejemplo, se traduce en tocar los tambores junto a la casa de un difunto, barrer las calles, dar la inauspiciosa noticia del fallecimiento de un familiar a los parientes, cremar el cadáver, decorar el pueblo para el festival, decorar las casas con ocasión de una boda, tocar los tambores en ambas ocasiones, etcétera. Cuando uno pregunta a un miembro de una casta alta acerca de estos servicios rituales, invariablemente dirá que se considera un honor tener a sirvientes intocables en todas estas ocasiones. Como aclara Nicholas Dirks, si no se tienen intocables a su servicio, significa que no se tiene posición de dominio en el pueblo. Casi que el intocable forma parte de la parafernalia que ha de desplegarse en las ocasiones rituales.[50] Por tanto, es necesario que se muestre claramente una jerarquía de dominio. El festival no tiene que ver únicamente con la pureza, sino que está íntimamente ligado al honor, el privilegio, el servicio y el poder.

Si las relaciones dentro de la casta son muy igualitarias, todavía suelen serlo más dentro de la familia (lo que no significa que reine la armonía). De ahí la clara tendencia entre los paraiyans hacia la familia nuclear. Al faltar la propiedad, los hermanos muestran poco interés en vivir juntos y, a la que pueden, se independizan. A diferencia de una norma muy extendida en la India, dentro de la familia paraiyan la edad no posee demasiado prestigio. Al "patriarca" no se le profesa un respeto excesivo; como tampoco tiene privilegios el "primogénito". Por contra, se valora la capacidad de trabajar duro (que la juventud facilita) y la educación (de los jóvenes). Interesantemente, cuando una familia *da* una hija en matrimonio a otra familia, espera una cierta reciprocidad y que una hija de esa familia sea *dada* en un futuro. Por tanto, las dotes (o mejor, los pagos-de-novia) son ínfimos entre los paraiyans. También se da una proporción de matrimonios "por amor" bastante elevada. Deliège tantea la cifra del 20%,[51] que es muy alta para los cánones de la India.

La idea generalizada de que la mujer intocable goza de un alto grado de libertad e independencia,[52] queda confirmada en el caso de Valghira Manickam.[53] Como nos dice R.S. Khare, a propósito de las mujeres chamārs de Lucknow (Uttar Pradesh), «tradicionalmente han disfrutado de más opciones sociales frente al control masculino. Por costumbre, pueden huir de casa, divorciarse y volver a casarse».[54] A efectos prácticos, disfrutan de mayor libertad de comportamiento que las mujeres "de casta".

Las hijas son tan bienvenidas como los hijos. Puesto que un día ella se irá de casa, el padre paraiyan insiste en que debe recibir el máximo de cariño. Este fuerte vínculo con su familia es un recurso que la mujer paraiyan puede utilizar en caso de que le vaya mal el matrimonio. Siempre puede volver "a casa". Y no es infrecuente que la mujer paraiyan se rebele contra sus cuñadas, suegra o cuñados, y hasta contra su marido. Se tolera que las viudas contraigan segundas nupcias. Y los divorcios (pedidos por cualquiera de las dos partes) se dan tanto entre los hindúes como entre los católicos (a pesar de que estos insisten en que no lo permiten). Como resume Robert Deliège:

> «El comportamiento de la mujer harijan es, en general, bien diferente del de la mujer de alta casta. Va al pueblo sin compañía, habla con los hombres, contradice públicamente a su marido, grita y perjura».[55]

Aunque puede que tolere que su marido le pegue, tiene el seguro de su casa paterna, donde exigirá al marido que le implore públicamente a volver. También puede que concuerde con la máxima india de que una mujer no debería pronunciar el nombre de su esposo, pero en la práctica esa convención es puramente formal. La mayoría de las mujeres paraiyan trabaja (de *coolie*, picapedrera o en el campo) y su salario –aunque menor que el del varón– es fundamental para la economía doméstica. No es nada inusual en el hogar paraiyan que el hombre vaya a recoger agua al pozo, se cuide de los hijos y, desde luego, que los entretenga. Estudios en el norte de la India también muestran que la mujer chamār es esencial en la economía doméstica, ya sea como sirvienta en la casa de los "señores", o como labriega en los campos. Todo esto explica la mayor libertad de la mujer de baja casta con respecto a la de alta. La mujer dalit es imprescindible en la economía familiar y del grupo. La *pardā* no funciona a su nivel [véase pág. 62]. Las mujeres trabajan se mueven libremente por el pueblo y la casa y no tienen un comportamiento recatado.

En definitiva, la casta retiene su importancia entre los paraiyans de Tamil Nadu. Y como este breve repaso ha mostrado, las ideas de igualdad, que con tanta insistencia se nos ha dicho que son ajenas a la India, están bien enraizadas dentro de la comunidad. Por contra, las de pureza e impureza son francamente marginales.

LAS CIFRAS DE LA INTOCABILIDAD, HOY

Aunque en el imaginario no indio el intocable es el chabolista urbano, lo cierto es que sólo constituye el 14,4% de la población urbana y, por el contrario, representa el 20,5% de la rural. Es precisamente ahí, en el campo, donde la práctica de la intocabilidad sigue más viva y donde la situación de los excluidos es peor.

Si uno hurga en los indicadores de la "línea de la pobreza" de la India del año 2000, podrá comprobar que la jerarquía "clásica" de castas se reproducía bastante bien. Eso significa que en niveles de analfabetización, desnutrición o precariedad de la vivienda, el porcentaje de intocables (y tribales), especialmente en la India rural, es muy superior al de otras comunidades, a excepción de la musulmana. Aunque, como decíamos en el capítulo anterior, es imperativo reconocer la heterogeneidad del colectivo intocable, al mismo tiempo hay que subrayar que las cifras muestran que en términos estadísticos los ex-intocables siguen en la cola. Esto es lo que dibuja con nitidez un estudio muy completo realizado en 2001-2002 en 565 aldeas de 11 estados de la Unión. Cotejémoslo.

En la parte positiva del cuadro (las prácticas de intocabilidad hoy en día menos frecuentes) tenemos la prohibición de entrada en cines, la prohibición del uso de bicicletas en carreteras, la obligación de pedir permiso a un miembro de casta alta para contraer matrimonio, el tratamiento discriminatorio en clínicas privadas o la negación a utilizar el transporte público. Como se observa, las prácticas de intocabilidad hoy menos prevalentes son las que tienen que ver con la esfera pública. A la hora de ir a votar, acudir a las oficinas del *grām-pañchāyāt* o a la escuela del pueblo, la práctica de la intocabilidad ha desaparecido.

Pero la parte negativa del cuadro es desalentadora. Bastantes décadas después de la abolición de la intocabilidad, todavía en un 47% de los pueblos de la India rural se prohíben las procesiones de boda de los intocables en las calles principales de la aldea (algo que todas las castas realizan), y en un 28% de las comisarías de policía (que es un cuerpo del Estado) los intocables ¡no pueden entrar! y son atendidos en el portal. Una de las prácticas clásicas de la intocabilidad, la prohibición de utilizar los pozos de agua potable, todavía se practica en más del 48% de los pueblos. Y lo que las estadísticas no reflejan es que allí donde puede que no haya discriminación a la hora de sacar agua, es muy probable que las mujeres intocables tengan que esperar a que las de casta superior hayan llenado primero sus cántaros. No extrañará, como señala el informe del equipo de Ghanshyam Shah, que la fricción en este asunto lleve a disputas mayores.[56]

En casi un 36% de los pueblos, los dalits todavía no pueden entrar en las tiendas. Y la discriminación con el servicio de lavanderos y barberos es prevalente en un 47% de las aldeas. También en los hoteles, *teashops* y restaurantes de la India profunda los dalits son discriminados (obligados a utilizar cubiertos especiales dispuestos para ellos). En un 70% de los pueblos, todavía prevalecen los tabúes de comensalidad con los dalits.

Las prácticas de intocabilidad más arraigadas son todavía las rituales. En un 64% de los templos de la India rural, los intocables no pueden entrar; a pesar de que este aspecto ha sido –como veremos en otros capítulos– una de las banderas de la lucha contra la intocabilidad y uno en el que el Estado y los gobiernos estatales más se han implicado. Igualmente, casi la mitad de los pueblos posee campos de cremación o cementerios separados para los intocables.

El triste récord lo tiene la prohibición de entrar en las casas de los *savarṇas*, es decir, de los hindúes "de casta", practicado en un 73% de las aldeas. Uno puede aducir, con razón, que el dejar entrar o no a alguien en su casa es un asunto privado. No obstante, las prácticas sociales no se dan en un vacío cultural, sino que se asientan en inercias que las moldean constantemente. El Estado tiene la capacidad de estimular y configurar nuevos valores. Eso es lo que persiguen los activistas dalits.

Cada año se reportan alrededor de 33.000 *atrocities* ("atrocidades"; nombre que en la India recibe el conflicto de casta en el que el dalit es víctima de la intocabilidad). Por lo general, suelen ser las castas dominantes y las que están justo por encima de los dalits las que menos escrúpulos tienen en practicar la intocabilidad o recurrir a la violencia [véanse págs. 607-608]. La cifra sigue aumentando, lo que refleja una creciente conciencia entre los ex-intocables de que ahora sí pueden pedir justicia por las infracciones a la Scheduled Castes and Scheduled Tribes (Prevention of Atrocities) Act.

EN CONCLUSIÓN

Puede que Robert Deliège esté en lo cierto cuando dice que, «en conjunto, la intocabilidad *strictu sensu* no es una preocupación mayor para la mayoría de los indios y su abolición legal ha producido sus frutos».[57] Quizá en la Kerala y el Punjab rurales, los tabúes y prácticas de intocabilidad se hayan relajado y se aproximen a los estándares urbanos. Y el viejo régimen por el cual hasta el amo de la casa podía disponer del cuerpo de la trabajadora intocable va retrocediendo. Pero como las cifras acaban de mostrar, el camino por recorrer es todavía largo. Buena parte de las violaciones de mujeres que se cometen en la India poseen mucho de *atrocity*. La intocabilidad sólo se eliminará con «la reducción de la pobreza y la desigualdad».[58] Un intocable que trabaje como alto funcionario en una ciudad rara vez sufrirá el estigma de la intocabilidad que padece un labriego dalit o un barrendero.

Se da una pertinaz incapacidad en erradicar la intocabilidad. Parece como si ahora la "línea de polución" se hubiera "rebajado" substancialmente, pero aún situada por encima de colectivos como el bhangī (chūhṛā, vālmīki, tōṭṭiyaṉ, mazhabī...), que se ven forzados a realizar los trabajos que nadie quiere. Pese a que muchos prejuicios en contra del intocable no se expresan abiertamente, todavía persisten, y no sólo a nivel inconsciente. En numerosas aldeas de la India, los intocables todavía viven en suburbios separadas, con sus propios pozos y templos. Aunque puede que algunos (uno de cada cuatro, como sabemos) entren en las casas de los indios "de casta", seguramente ya será mucho más excepcional que les ofrezcan un vaso de agua.

Quizá está sucediendo lo mismo que pasa en Europa, Norteamérica, Latinoamérica y otras sociedades pluriétnicas y plurirreligiosas. Se valora la igualdad, al mismo tiempo que existen profundos prejuicios y brotes de intolerancia contra negros, gitanos, moros, indígenas o, simplemente, "inmigrantes". Todos somos iguales, sí, pero la cultura de unos es superior a la de otros. En la India, la intocabilidad existe a pesar de las declaraciones en su contra del gobierno y la intelectualidad, lo mismo que existe en Estados Unidos el racismo, en Europa el antisemitismo y en España la gitanofobia.

14. LOS ĀDIVĀSIS

El colectivo que se encuentra más en los márgenes de la sociedad surasiática es el que de forma genérica llamamos "ādivāsi" ("habitante original") o "tribal". Su tipo de exclusión ha sido cualitativamente diferente al del intocable [que conocemos del capítulo anterior], pero no menos tangible.

Viejas etiquetas coloniales como "tribu de las montañas", "tribu de los bosques", "animista" o "aborigen" se corresponden, más o menos, con la actual de "ādivāsi". Equivale asimismo a lo que en Latinoamérica y otras latitudes suele denominarse "indígena".

¿QUIÉNES SON LOS ĀDIVĀSIS?

El censo del 2011 contabilizó 104,5M de ādivāsis; un 8,6% de la población de la Unión India. Esto hace de la India el país con mayor población indígena del mundo. Uno de cada cuatro indígenas del planeta es un ādivāsi indio.

A diferencia de los dalits, que están esparcidos por todo el Sur de Asia, los tribales se concentran en áreas más reducidas. Son muy numerosos en todos los estados del noreste y en estados como Chhattisgarh, Jharkhand, Odisha, Madhya Pradesh, Andhra Pradesh o Gujarat [véase Cuadro 5]. También hay tribales en Nepal y en el área montañosa de Pakistán.

Estos 104,5M de personas representan a un total de 645 tribus (461 si no incluimos sus segmentos). Algunas son minúsculas. El censo de 1981 registró 5 tribus con un solo individuo y 42 tribus con menos de 50.[1] En cambio, tribus como la bhīl, la gōṇḍ o la santāl poseen millones de personas y se extienden por varios estados [véase Cuadro 5].

Conceptualmente, habría que diferenciar dos grandes bloques de ādivāsis. Por un lado, el de las grandes tribus de la India central y del sur. Además de los tres grupos mencionados, otros colectivos importantes son el mīna, el lambāḍa (bañjāra), el khāṛiā, el orāon, el juāng, el kol (ho), el khoṇḍ, el kharwār, el naikdu (nāyaka), el muṇḍā, el śabara o el koḍagu. Por

Cuadro 5: Población de Scheduled Tribes (tribales). Censo 2011

en millones		*en porcentaje (%)*		*tribus principales (censo)*	
Madhya Pradesh	15,3	Laquedivas	94,8	bhīl	12,7
Maharashtra	10,5	Mizoram	94,4	gōṇḍ	10,9
Odisha	9,6	Nagaland	86,5	santāl	5,8
Rajasthan	9,2	Meghalaya	86,1	mīna	3,8
Gujarat	8,9	Arunachal Pradesh	68,8	naikdu (nāyaka)	3,3
Jharkhand	8,6	Dadra & Nagar Haveli	52,0	orāon	3,1
Chhattisgarh	7,8	Manipur	35,1	lambāḍa (sugalī, bañjarā)	2,1
Andhra Pradesh	5,9	Sikkim	33,8	muṇḍā	1,9
Bengala Occidental	5,3	Tripura	31,8	nāga	1,8
Karnataka	4,2	Chhattisgarh	30,6	khoṇḍ	1,4
Assam	3,9	Jharkhand	26,2	boḍo	1,4
Meghalaya	2,6	Odisha	22,8	kolī	1,2
Nagaland	1,7	Madhya Pradesh	21,1	khāsi	1,1
Otros estados	10,7	Gujarat	14,8	kol (ho)	1,0

otro lado, tenemos a las tribus del noreste. Aquí los grupos tribales importantes son el mīzo, el boḍo, el gāro, el khāsi, el nāga, el tripurī o el maṇipurī. En la vecina zona himaláyica (Bhután y Nepal incluidos), tribales importantes son los lepchas, los tāmāngs, los bhoṭiyās, los gurūngs o los newārs. Las peculiaridades culturales, lingüísticas, geográficas e históricas de estas comunidades hacen de los tribales de las regiones del noreste un colectivo muy diferente de los ādivāsis del centro de la India. Incluso el empleo del término sanscrítico *ādivāsi* es raro en el noreste, donde es más frecuente el inglés *tribal*. La principal diferencia es hoy administrativa y demográfica, ya que los tribales del noreste constituyen la mayoría de la población en sus respectivos estados [véase en el Cuadro 5 su porcentaje en estados como Mizoram, Nagaland, Meghalaya o Arunachal Pradesh], por lo que son *de facto* los gobernantes de sus tierras.

Este punto es fundamental para entender la relativa prosperidad material, educativa y social de muchas sociedades tribales del noreste, comparada con la precaria situación de la mayoría de los ādivāsis de la India central. Christoph von Fürer-Haimendorf mantenía que una de las principales causas del rápido desarrollo de los grupos tribales del noreste radicaba en haber estado relativamente libres de la opresión de otras comunidades.[2] Además, cuando las regiones del Himalaya y zonas contiguas quedaron bajo el control del gobierno de la India independiente se tuvo bastante cuidado en no dislocar el orden social tradicional. La aparición en los 1970s de los nuevos estados del noreste (como Nagaland, Manipur, Mizoram o Meghalaya) se debió en buena medida a la cohesión identitaria de sus comunidades tribales. En pocas generaciones, y con la ayuda de la política de discriminación positiva, los tribales del noreste han alcanzado cotas de bienestar muy superiores a las de tribus de la India central.

Un colectivo heterogéneo

Como es lógico, al tratarse de una designación que reúne a más de 100M de habitantes y que comprende más de un centenar de lenguas, el colectivo ādivāsi resulta sumamente heterogéneo.

Como en el caso de los ex-intocables, entre los tribales hallamos grandes diferencias. Existen grupos (los koḍagus de Karnataka, por ejemplo) que son reconocidos como miembros de pleno derecho, e incluso elevado estatus, dentro de la sociedad india o hindú. Mientras que otros –como los bhīls– han perdido sus tierras, buena parte de su cultura y son considerados de lo más bajo de la sociedad india [véase más adelante]. Los chenchus de Andhra Pradesh son, con toda posibilidad, el colectivo más pobre en posesiones materiales de toda la India [FIG. 51]. En cambio, los mīnas de Rajasthan pueden ser grandes terratenientes y políticos de peso. Algunos tribales practican la "primitiva" técnica de la "agricultura de rotación" para evitar que la capa freática se agote. Otros son industriales agrícolas que cultivan con modernos transgénicos. Sociedades como la apa-tanï de Arunachal Pradesh poseen una rígida estratificación social, mientras que la chenchu no distingue clases.

51. Chenchu cazando en los Ghats Occidentales (Andhra Pradesh). Foto: Edgar Thurston, 1909.

Nada de esto ha de extrañar si recordamos, una vez más, que estamos hablando de más de 600 grupos humanos, la mayoría de los cuales posee lengua propia, sistema de creencias particular, estructura social diferenciada, rituales específicos, etcétera. De ahí se desprende que forman un grupo tan heterogéneo que resulta complicado hablar de los ādivāsis en bloque; incluso dentro de un mismo grupo. Entre los gōṇḍs, por ejemplo, con una población de casi 11M diseminada por 4 o 5 estados, hay muchas diferencias entre sus secciones. Junto a los abuj māṛiās, que emplean la arcaica agricultura de rotación, encontramos la élite de los rāj-gōṇḍs, que dirigió grandes reinos y cuyo estilo de vida, fortalezas y esplendor no eran inferiores al de muchos *rājas* hindúes. Durante siglos, los rāj-gōṇḍs tuvieron un poder político considerable. Sus reyes no sólo gobernaban sobre vastas regiones y una gran población gōṇḍ, sino sobre no tribales, que los reconocían como señores feudales. Ni el emperador marāṭha (siglo XVIII) ni el *nizam* de Hyderabad (siglos XVIII/XIX) osaron interferir con su sistema.

Es en los marcadores de bienestar social donde se insinúa un común denominador. En casi todos los baremos, los ādivāsis aparecen a la cola, sea en alfabetización, acceso a clínicas o en ingresos per cápita.

CARACTERÍSTICAS DE LOS ĀDIVĀSIS

Aunque es virtualmente imposible hallar otro común denominador para el ādivāsi, si uno repasa los tratados de antropología, notará que varios rasgos aparecen con frecuencia a la hora de definirlo. En primer lugar, se dice que el ādivāsi vive en una *tribu* de pequeña escala. En segundo lugar, dicha tribu posee un cierto grado de *atraso* o primitivismo. En tercer lugar, la comunidad está geográficamente *aislada* y es tímida al contacto con otros grupos. En cuarto lugar, el tribal habita en *simbiosis* con el mundo natural; por lo general, en terrenos montañosos y boscosos. En quinto lugar, posee una cultura distinta; en especial, la religión, de corte claramente *animista*. En sexto lugar, la sociedad tribal se distingue de la sociedad de casta al faltarle precisamente los componentes *jāti* y *varṇa*. Finalmente, el ādivāsi puede reclamar ser el "habitante original" de la India, que es el sentido exacto de la palabra *ādivāsi*. Todos estos rasgos son muy citados. Y, sin embargo, los veo problemáticos.

El concepto "tribu" y el "atraso" ādivāsi

Parece tautológico decir que los tribales viven en tribus, pero es significativo que no exista un término para "tribu" en sánscrito u otras fuentes vernáculas de la India precolonial. Es un concepto importado de Europa, muy ligado –a mi entender– a obsoletas visiones colonialistas.

Para los etnólogos victorianos, las "tribus" de la India (o África) –ya fueran caracterizadas de "salvajes" o "nobles", que no altera la concepción– estaban a medio camino evolutivo entre las primitivas "hordas" de los aborígenes de Australia y las sofisticadas "naciones" de Europa. Como señala André Béteille, «la visión del siglo XIX era que la tribu no sólo representaba un *tipo de sociedad* particular, sino también un *estadio de evolución* particular».[3] Esa carga semántica sigue presente en nuestra concepción de "tribu".

El axioma principal de este tipo de antropología presupone que la evolución de la humanidad es unidireccional. Pero mientras que unos han recorrido un largo trecho, las tribus de los trópicos encallaron en diferentes grados de salvajismo.

La antropología victoriana decía estar en condiciones de gradar las culturas. Las más alejadas de la concepción eurocéntrica de "progreso" o "civilización" representarían el punto de partida de la humanidad. Como apuntaba en una obra anterior, al lado de una Europa ilustrada el etnólogo produce un África salvaje. Para resaltar la racionalidad occidental se construye una irracionalidad oriental.[4] Clásica es la idea de que las sociedades de cazadores-recolectores (en el Sur de Asia, únicamente los chenchus de Andhra Pradesh, los önges de Andamán o los väddas de Sri Lanka podrían encajar en esta etiqueta) representan los estadios más primitivos de la evolución humana. El chenchu vive en el Paleolítico [FIG. 51], mientras que el observador occidental vive en el presente. Se le niega la contemporaneidad.[5]

En cualquier caso, ¿cómo podía ser –se preguntaban los etnólogos victorianos– que una sociedad tan pigmentada como la india hubiera sido capaz de lograr grandes avances en campos como las matemáticas, la gramática o la filosofía? La distinción entre una sociedad ārya de "castas" y otra aborigen de "tribus" solucionaba el dilema. Aunque en muchas ocasiones la antropología colonial utilizaba "casta" y "tribu" de forma intercambiable, gradualmente fue distinguiéndose entre la sociedad hindú "de casta", responsable de la civilización "clásica" de la India, y las "tribus" de las montañas o selvas que practicaban el animismo.

De esta forma, una sección de la India cayó en el mundo de lo salvaje y lo exótico. Igual que con los conceptos "indígena", "nativo" o "aborigen", el de "tribu" ha sido sinónimo de primitivo, pagano, caníbal y atrasado. Hasta tal punto estos términos parecen intercambiables que Edward B. Tylor, gigante de la vieja antropología evolutiva, afirmaba que «un conjunto de salvajes es igual que cualquier otro».[6] Porque todos comparten idéntico subdesarrollo y primitivismo. Por eso, el profesor Virginius Xaxa declara con contundencia que «la categoría tribu es parte de la consciencia moderna traída por el Estado colonial».[7]

Estos clichés sólo han sido abandonados a medias, como muestra el que buena parte del trabajo de algunas misiones y oenegés busque sacar a los tribales de su "atraso", que todavía se mide por estándares establecidos por los no ādivāsis, ya sea en aspiraciones en la vida, recursos materiales, prendas de vestir, o formas de culto.

El aislamiento del tribal

Otro de los rasgos asociados a la tribu ha sido su aislamiento. Ciertamente, muchas tribus han vivido alejadas de los grandes centros económicos y culturales, en remotas áreas boscosas o de montaña. Todavía un 92% de la población catalogada de "tribal" vivía a mediados de los 1990s en bosques y áreas rurales. Se trata del colectivo menos urbanizado de la India. Pero en modo alguno los ādivāsis han estado diseccionados de las formaciones estatales ni de las sociedades vecinas. A propósito de los bhīls y los gōṇḍs, los dos principales grupos tribales de la India, Sumit Guha dice que las tierras que dominaban «no eran apacibles ciénagas aisladas de la turbulencia política de la península»,[8] ni se trataba de poblaciones obstinadas en preservar estilos de vida arcaicos, sino que estaban plenamente integrados en la economía de la India antigua.

Ni siquiera los grupos más diminutos de cazadores-recolectores han vivido aislados. Si, como demuestran los trabajos del arqueólogo Gregory Possehl, los habitantes de la civilización del Indo necesitaban de cazadores-recolectores hace 4.000 años[9] y, como enseña Kathleen Morrison, el comercio de la pimienta de hace 500 precisaba de grupos similares,[10] entonces no sólo su supuesto aislamiento es anacrónico, sino que la propia idea de "civilización" o de sociedad agraria debería replantearse. Existe toda suerte de continuidad-y-ruptura entre la vida del "tribal" y la del labriego o urbanita de "casta". El etnoarqueólogo M.L.K. Murthy nos da un cuadro diametralmente opuesto al de la antropología evolucionista: una sociedad chenchu opulenta, con realeza incluida, y una rica historia en formaciones gubernamentales desde el siglo V en adelante.[11] Contra von Fürer-Haimendorf y otros antropólogos que consideran que el ādivāsi fue arrinconado hacia los territorios más remotos, Murthy muestra la continuidad de los tribales en sus hábitats actuales desde tiempos prehistóricos. Sea una cosa u otra (posiblemente se hayan dado ambas), es hora de restaurar una dimensión histórica a las sociedades tribales. Los tribales siempre han estado integrados en la economía y la política regionales.

Vida simbiótica con la naturaleza

De forma similar, habría que abandonar ya el cliché romántico que ve al tribal como a un ser que vive allende la modernidad, posee una visión de unidad con la naturaleza y la expresa tanto en pensamiento como en comportamiento.[12]

Esta visión ideal del "buen salvaje" que deliberada y sabiamente escogió no dominar la naturaleza es difícil de sostener [FIG. 52; FIG. 64]. Puede que algún minúsculo grupo de los Ghats o las islas Andamán encaje en la definición de Roy Burman, pero la mayoría de los tribales ha sido desplazada de sus bosques de forma irremisible. Ello no quita que muchas culturas tribales posean un extraordinario respeto por la naturaleza, pero la supuesta simbiosis con el hábitat no existe. Ya no hay presas que cazar, ni bosques y montañas inexpugnables. El régimen colonial catapultó un proceso de deforestación que pulverizó cualquier simbiosis que pudiera exis-

52. La mirada colonial. Una familia de la tribu toda, epítome del "buen salvaje" indio. Montañas Nilgiri (Tamil Nadu). Foto: Samuel Bourne, 1896.

tir entre el bosque y la sociedad tribal. Hoy, son las grandes empresas mineras, agroindustriales, farmacéuticas, madereras o hidráulicas las que marcan las reglas del juego económico, según unos intereses que se deciden a miles de kilómetros de las montañas o las junglas de la India.

El control monopolístico que el Estado y el gran capital han ejercido sobre los bosques ha sido una de las principales fuerzas de marginación de las poblaciones tribales. Para los ādivāsis, la pérdida de su forma de vida no es tanto por exclusión como por una pésima integración en el sistema capitalista. Y vale la pena recordar que este proceso ya era palpable en el siglo XVIII, con los Imperios mogol y marāṭha; un proceso que el aparato colonial no hizo sino exagerar. En la década de los 1820s, muchos pueblos llamados tribales se vieron obligados a abandonar sus prácticas de cultivo (seminomádicas, por barbecho, etcétera) y fueron marginados a lo más hondo de los bosques, donde, en algún caso, recurrieron a la caza-recolección. Las leyes de finales del XIX ya impedían el libre movimiento de los ādivāsis por los bosques. Amputados de su forma de vida y subsistencia tradicional (y obligados a utilizar el arado, que para algunos tribales era el mejor símbolo del desprecio a la tierra), muchos ādivāsis se vieron obligados a dejar sus hábitats. Aunque fueron contratados como proveedores de resinas, caucho o madera por las multinacionales europeas, los ādivāsis quedaron a su merced, como mera mano de obra barata. E, ironías de la historia, a medida que el ādivāsi fue quedando privado de su base material, su identidad tribal fue fortaleciéndose. Esto queda bien reflejado en la actitud antibritánica de algunos grupos.[13]

El sarcasmo es que el Estado colonial simpatizaba con la causa tribal y optó por una política entre el paternalismo y la no interferencia. No obstante, dado que varios grupos tribales fueron catalogados de "tribus criminales", la obsesión colonial por la "ley y el orden" permitió la apertura de amplios territorios tribales a comerciantes, usureros y colonos, amparados por las nuevas reglas del juego de la administración colonial.

La degradación de la población tribal continuó con la India independiente, en 1947, cuando grandes áreas del noreste entraron también en el sistema administrativo moderno, lo que precipitó los levantamientos (algunos todavía en curso) de comunidades como los santāls, los bhīls, los nāgas, los boḍos o los mīzos. La participación de los tribales en la actual insurgencia naxalita (maoísta) forma parte del mismo proceso de levantamiento frente a la intromisión del Estado moderno [véanse págs. 609-610].

En los 1970s, el gobierno indio tomó una serie de medidas para paliar el problema de la escalofriante deforestación del país. La más drástica decretaba que todos los bosques serían declarados parques nacionales, reservas biológicas o reservas de animales y quedarían al margen de cualquier intrusión humana. Los decretos atajaron parte del problema ecológico, pero ello significaba que los tribales que vivían en esos espacios tendrían que ser desahuciados para permitir que la naturaleza se regenerara. Se ponía en marcha un intenso debate, todavía vivo, entre los "exclusionistas" (una mayoría de ecologistas y agentes forestales) y los "integracionistas" (una minoría de ecologistas y los líderes tribales), mientras «la gran masa tribal queda como espectadora muda de su inminente etnocidio», en palabras de Pradip Prabhu.[14]

La mayor amenaza, sin embargo, viene del hecho de que un 80% de los recursos minerales y un 72% de las reservas de agua y de especies botánicas del país están en tierras tribales. Para colmo, el ejército también dispone de muchos de estos lugares estratégicos. El único y triste aspecto en el que la sociedad ādivāsi está verdaderamente sobrerrepresentada es en la categoría de "desplazados". Un 55% de los desalojados por la construcción de grandes represas es población ādivāsi.[15]

Las campañas ādivāsis de resistencia a la construcción de las presas del río Narmada inspiraron otros movimientos de protesta contra nuevas represas, prospecciones mineras, habilitación de Special Economic Zones y deforestaciones industriales. Porque de las familias tribales desahuciadas en las décadas de los 1950s y 1960s, sólo un 25% habían sido rehabilitadas, ¡40 años después![16] La sempiterna justificación dice que estas minorías deben sacrificarse en beneficio de la mayoría o del "progreso" del país (como cuando el Tribunal Supremo anunció en el 2000 que las "presas son buenas para la nación"). Lo que lleva a preguntarse si estas personas pertenecen de verdad a la "nación". La contradicción del Estado es flagrante, porque dice actuar en favor de los menos privilegiados, pero utiliza todos sus recursos legales, administrativos y hasta militares para alienar a esos mismos colectivos.* Si el desarrollo y el progreso tienen que ver con potenciar las liber-

* La lucha en contra del proyecto de presas del Narmada salió perdedora en el 2000, pero obtuvo un innegable apoyo público. De modo que en el 2003, en el caso de la presa de Tehri (Uttarakhand), los jueces dictaminaron lo contrario: los intereses generales no pueden servir de excusa para privar a una minoría de sus derechos fundamentales. El proyecto hidroeléctrico ha podido completarse, pero con restricciones impuestas por el Tribunal Supremo y hasta por el propio estado de Uttarakhand.

tades humanas y la calidad de vida, entonces el "progreso" no puede desgajarse de la preocupación por el medio ambiente.

Todo esto no significa que los pueblos tribales ya no dependan de sus bosques para la subsistencia. Muchos grupos todavía extraen del bosque sus alimentos, sus medicinas, su combustible o los productos que venden en los mercados vecinos (miel, frutos secos, etcétera). Ni significa que sus creencias y prácticas religiosas no sigan ligadas a los espíritus de los bosques, a los árboles sagrados o a los animales totémicos. Ocurre que, al mismo tiempo, es un hecho el que la expansión de la agricultura, la penetración de las fuerzas del mercado, la construcción de carreteras y presas o la inmigración de poblaciones no tribales han arrinconado y condenado a un sinfín de ādivāsis.

Hoy, los hábitats muchos pueblos tribales están tan sometidos a las fuerzas de la globalización económica, cultural o demográfica como el resto de hábitats del mundo. Por ende, decenas de miles de ādivāsis emigran cada año a las ciudades. O mejor, deambulan entre las ciudades y sus aldeas. Dado su bajísimo nivel económico, falta de autoestima y prejuicios sobre su alteridad, su situación socioeconómica es muy precaria.

No obstante, es ese vínculo histórico con una tierra y un espacio natural el que proporciona al ādivāsi cierta ventaja sobre el dalit a los ojos de la sociedad hindú "de casta", ya que ello le otorga una distinción humana y cultural que el intocable no puede reclamar. Lo demuestra el hecho de que las atrocidades contra los dalits son mucho más violentas y las líneas de distancia social están mucho más marcadas. Además, puesto que la sociedad ādivāsi ha sido positivamente catalogada de no competitiva, poco materialista, espiritual y simbióticamente insertada en la naturaleza, estas consideraciones "estéticas" acaban por favorecer la visión que tienen los indios educados –en especial a la inglesa– acerca de los ādivāsis.

Cultura distinta y religión "animista"

Los ādivāsis no sólo parecen habitar remotas zonas boscosas, sino que suelen poseer una lengua propia, una tecnología simple, determinadas características físicas, su dieta es no vegetariana, domina el hogar nuclear, el papel de la mujer en la cadena de producción es mucho más relevante que entre los hindúes "de casta", etcétera. Estos factores se aluden para distinguir las tribus de las castas. Pero eso son grandes generalizaciones.

Quizá el rasgo distintivo más citado del ādivāsi –con permiso de la lengua– es la religión. A pesar de la ferocidad con la que las misiones cristianas se volcaron sobre muchas tribus, no pocos etnólogos coloniales advirtieron de la potencia de los sistemas de creencias ādivāsis. En los censos coloniales, todo tribal no converso fue considerado "animista"; lo que es, por supuesto, un cajón de sastre para cualquier persona que no se adhiera a una religión reconocida. En los censos posteriores apareció la categoría religión "sarna" que identifica a los sistemas de creencias de varios millones de ādivāsis, pero lo cierto es que el sarna es únicamente representativo de la espiritualidad santāl-muṇḍā de la zona de Jharkhand.

Si lo que llamamos "hinduismo" abraza a la más variada gama de mitologías, cosmovisiones, éticas o prácticas rituales, y es quizá más parecido a una "familia de religiones" índica que no a "una religión",[17] capaz de adaptarse a todo tipo de contextos lingüísticos, sociales, culturales, económicos o políticos, está claro que por ser ex cazador-recolector, tener una estructura de parentesco peculiar y unas prácticas religiosas poco brahmanizadas, uno no tiene barrado el paso ni al hinduismo ni a la sociedad de castas ni a la indianidad. Si lo que caracteriza a muchas religiones tribales es su borrosa separación entre una esfera sagrada y otra profana,[18] eso mismo también puede postularse de las religiosidades hindúes. De hecho, existen entre los bhīls, los orāons o los gōṇḍs movimientos religiosos (el Bhagat, el de la Devī) que preconizan la abstinencia de alcohol y el vegetarianismo, incorporan nociones de pureza o de *karma*, propugnan votos religiosos de corte francamente "vishnuista" y despliegan símbolos –como marcas en la frente, rosarios, cordón sagrado o telas de color azafrán– deliberadamente "hindúes".

Subba Reddy, que vivió años con los chenchus que habitan en los Ghats de Andhra Pradesh –y es considerada una de las tribus más "primitivas" del Sur de Asia [FIG. 51]–, señala al respecto que celebran casi todos los festivales hindúes, veneran a todos los dioses hindúes junto a sus divinidades locales, hablan del espíritu (*jīv*), del Dios supremo (Parāmathmudu), su encarnación en el jabalí (Varāha)... y el Śivarātrī es un festival muy importante para ellos.[19] No insinúo que sean hinduistas que desconocen serlo, pero sí que comparten con sus vecinos multitud de características religiosas.

Los procesos de deshificación [véanse págs. 255-256] (por los cuales divinidades, mitologías, lugares de culto, rituales y valores religiosos del mundo tribal son aceptados e integrados por la tradición principal), lo mismo que los de brahmanización (la absorción tribal de valores, mitos o costumbres rituales de los hindúes "de casta"), tienden a diluir cualquier barrera nítida entre hinduismo y "religión tribal". Pupul Jayakar recogió infinidad de datos de cómo la cultura tribal de la India ha ido impregnando la tradición hindú con divinidades y creencias varias veces milenarias.[20]

Así, parece inadecuado utilizar un criterio como la religión para distinguir entre tribales y no tribales. G.S. Ghurye sostenía que todas las tribus poseían una sección hinduizada; todas habían estado en contacto con la sociedad hindú durante mucho tiempo; la mayoría de ellas tendían a presentarse a sí mismas como "hindúes"; y, precisamente, al afirmarse como "hindúes" solían mejorar su posición social; hasta el punto de concluir que «la única descripción apropiada para estas gentes es que se trata de clases imperfectamente integradas de la sociedad hindú».[21] Quizá Ghurye exagerara –como bien le critica Virginius Xaxa–,[22] pero no falto de argumentos, Ghurye concluía que «los llamados aborígenes que forman el grueso de las Scheduled Tribes [...] pueden concebirse mejor como *backward hindus*».[23]

Sociedad tribal y sociedad de castas

Quizá el punto más destacado sea la distinción entre una sociedad tribal poco estratificada y una sociedad de castas altamente jerarquizada. En otras palabras, lo que verdaderamente distinguiría al tribal es que no acaba de entrar en los sistemas de castas y sus jerarquías basadas en la pureza (ergo, en el brahmanismo), y que mantiene una cierta autonomía al respecto. Según K.S. Singh, sólo un 11,8% de las tribus se otorga un lugar en el sistema de *varṇas*, y únicamente un 31,6% lo conoce.[24] Como la tribu no está dividida en castas, este sería el rasgo que la diferenciaría de la sociedad hindú circundante. Para Virginius Xaxa, un tribal no puede ser un hindú y miembro de una tribu al mismo tiempo.[25]

La tribu se organiza alrededor de una estructura de parentesco, que sirve para perpetuarla. Pero en esto no dista mucho de la casta que, como vimos, se articula principalmente por una serie de reglas de matrimonio (con clara tendencia a la endogamia). De ahí que cuando la tribu se integra en la sociedad panindia, con frecuencia lo hace en forma de casta. Aunque no existe un proceso lineal en esta transformación (terratenientes tribales pasan a ser kṣatriyas, mientras que otros engrosan las capas de intocables), conocemos muchos casos de integración de una tribu en bloque en la sociedad de castas. Christoph von Fürer-Haimendorf pone el ejemplo de los cheṛumars de Kerala, que probablemente en una época constituían una tribu independiente.[26]

Hoy se da en las tribus la estratificación de clase, con terratenientes, clases medias, labriegos y peones. Precisamente, el no aislamiento de grupos como los bhīls, los mīnas o los gōṇḍs (las tres tribus más grandes del país), y la incorporación de movimientos hinduizados como el Bhagat o el de la Devī, han generado esa estratificación social. Como veremos en seguida, resulta difícil encontrar en tribus como la mīna rasgos culturales o sociales que la distingan nítidamente de los hindúes "de casta". A propósito de los bhīls de Rajasthan, Pankaj Jain es claro: «Los bhīls pueden ser considerados... de forma general como una casta "hinduizada"».[27]

Finalicemos con la reflexión de Anthony Walker, gran estudioso de los todas del sur de la India [FIG. 52], quien descarta aplicarles la etiqueta "tribu" y opta directamente por la de "casta" ya que, «en términos sociológicos, ayuda a situar a la casta toda a donde sin duda pertenece; esto es, dentro de la matriz cultural hindú del sur de la India».[28]

¿Son los ādivāsis los habitantes originales de la India?

La etnología colonial concluyó que los tribales serían remanentes de aquellos colectivos que 3.500 años atrás fueron desplazados a la periferia y sometidos por las poblaciones de lengua indoeuropea llegadas de Asia Central y que se autodenominaron a sí mismas āryas ("nobles"). Este punto [sobre el que volveremos en el capítulo 17] es de gran importancia política y cultural, ya que la mayoría de las narrativas tribales reclaman para sí el precioso pedigrí índico. De ahí, el recurso a la denominación ādivāsi: "primer habitante", "habitante original".

No obstante, esta argumentación, aunque en modo alguno gratuita, es vaga. André Béteille sostiene que los llamados "tribales" de la India no son necesariamente más indígenas que los llamados indios "de casta".[29] El estudio del Anthropological Survey of India muestra que de los colectivos censados como tribales, 163 hablan lenguas indoarias, 143 lenguas de la familia tibetanobirmana, 107 de la dravídica, 30 de la austroasiática y 4 de la inclasificada familia andamanesa.[30] Nada hay en la forma de vida, la religión, la lengua o la biología de los supuestos tribales que los distinga con nitidez de los no tribales [a matizar en págs. 400-404].

Una denominación política

Lo cierto es que muchos grupos hoy designados como tribales no poseen las características que se le suponen a una tribu (aislamiento, atributos raciales distintos, animismo, tecnología simple...). Al parecer, son y han sido considerados "tribus" porque han existido durante mucho tiempo al margen de la "civilización", ya fuera definida esta por criterios brahmánicos, o por las modernas concepciones occidentales.

Una forma de visualizar a los ādivāsis quizá menos cargada de resonancias coloniales es a través del término "grupo étnico". Igual que la "tribu", la "etnia" define a un grupo con un común legado cultural y social y un acusado sentido de identidad. Pero, a diferencia de la primera, la "etnia" no se percibe como un estadio particular de evolución, ni mucho menos como un residuo de formas arcaicas, primitivas o salvajes de sociedad.

Ocurre, y este es el punto esencial del debate, que el propio gobierno indio utiliza la categoría "Scheduled Tribes" para referirse a estas comunidades. Está claro que el concepto "tribu" no tiene en la India el sentido peyorativo que posee en África. De modo que –teniendo en cuenta las reflexiones anteriores– no resulta despectivo ni inapropiado el recurso al término "tribal". O dicho con otras palabras: a pesar de la implacable deconstrucción a la que términos como "tribal", "indígena" o "ādivāsi" han sido sometidos por el mundo académico (incluido este autor), la nomenclatura no ha sido descartada y posee una realidad social y política tangible. Como dice Amita Baviskar, apoyado en la legislación nacional e internacional, el término "ādivāsi" ha recibido una legitimidad que resulta difícil de ignorar: «Una vez creado el concepto "ādivāsi", ha adquirido vida propia».[31] Y estoy con Baviskar en que respetar su peso político no significa suscribir la noción culturalista de diferencia esencial.

Todo ello nos obliga a postular que el asunto de la identidad tribal guarda relación principalmente con la percepción que tienen de sí mismos los tribales (en interacción con la que de ellos tienen los no tribales). Aunque los observadores "sabemos" que los tribales no viven ni vivieron en simbiosis con la naturaleza o aislados en la selva, hoy muchos de ellos basan sus exigencias políticas en argumentos esencialistas de este calibre. La lucha tribal ya se da en el terreno de la ecopolítica. Y si los tribales deben mejorar su situación y, al mismo tiempo, el Estado debe proteger los ecosistemas boscosos, se deduce que ello sólo puede hacerse con la participación de los ādivāsis. Hay que integrar ecología e igualdad. Tal vez, la solución consista –como proponen Madhav Gadgil y Ramachandra Guha– en transferir el control de los recursos naturales de las burocracias corruptas a la gente que depende de esos recursos.[32]

En último término, es una cuestión política; reforzada por la intervención del Estado que cataloga a determinados grupos como *tribes*. Este punto es clave. Ya que los tribales disponen de discriminación positiva y hasta reclaman soberanía territorial (dentro de la Unión India), ello exige una cosificación y fijación de la identidad. El concepto de soberanía precisa de fronteras étnicas o territoriales bien delimitadas. Por ello tantos grupos persiguen la denominación "Scheduled Tribe" (o "Scheduled Caste").

A mitad de los 1990s, el Parlamento indio aprobó una serie de medidas que dotaban a las Scheduled Tribes de un cierto grado de autonomía dentro de unas Scheduled Areas. Este paso es un reconocimiento de que los tribales han de poseer cierto grado de autogobierno. (En las aldeas y comarcas donde son mayoría, el *grām-pañchāyāt* está facultado para controlar los bienes naturales y permite el recurso a las tradiciones consuetudinarias para zanjar disputas.) En el 2000 se crearon los estados de Jharkhand y Chhattisgarh, en gran medida gracias a las movilizaciones de su gran población tribal. En el 2014 nació el estado de Telangana (diseccionado de Andhra Pradesh) y no pasará mucho tiempo para que quizá surjan estados como Vidharbha, Gorkhaland, Bodoland o Tulu Nadu. Es importante resaltar este aspecto a fin de contrarrestar también el estereotipo que ve al ādivāsi como a una víctima pasiva del capitalismo globalizado. No sólo los ādivāsis cuentan con una larga historia de rebeliones a sus espaldas [véase más adelante], sino que además no cesan de intervenir en todo tipo de demandas.

Obviamente, estas concesiones no han quedado sin respuesta. Algunas asociaciones hinduistas o partidos políticos (como el RSS o el VHP), amparándose en los viejos estudios de antropólogos como Hutton o Ghurye, que mantenían que la sociedad de casta y la sociedad tribal no constituían dos mundos aparte, cuestionan la peculiaridad tribal y la reclaman como "subsistema" dentro del hinduismo. El problema de estos enfoques absolutistas es de corte ideológico. Tienden a cosificar un tipo de "hinduismo sindicado", según la expresión de Romila Thapar,[33] que desatiende factores históricos, lo que los propios ādivāsis piensan de sí mismos y hasta lo que tradicionalmente la ortodoxia hindú ha pensado de los ādivāsis. Aunque yo pueda compartir ciertas conclusiones acerca de la porosidad de las fronteras, mi recorrido para concluir que los ādivāsis no constituyen un mundo aparte respecto a la sociedad hindú sigue exactamente el recorrido opuesto al de los nacionalistas hindúes. No sostengo que los ādivāsis sean hindúes, sino que el hinduismo ha sido polifacético, flexible y diverso; que es exactamente el reverso de la versión de este abanderada por el nacionalismo hindú. Además, este debate margina un punto esencial. Al desgranar que la identidad ādivāsi ha sido inventada y hasta reinventada por los colonizadores y las categorías modernistas, se olvida de que esa identidad ha sido adoptada por los propios tribales, para significar, no ya el habitante *ādi-* u original de la India, sino a los desposeídos, a los deprimidos de una región de la que en un tiempo fueron amos y de la que fueron desplazados por una casta o grupo dominante. La reinvención de una identidad sarna, por ejemplo, en el momento en que ciertas fuerzas niegan su estatus "tribal", muestra que estamos ante un problema político y no tanto cultural. Solamente subrayando su peculiaridad sarna puede el tribal lograr determinadas metas políticas. Si se deja engullir por la etiqueta "hindú" (sobre todo, la versión de *hindutva* de esta) y perder hasta el estatus "tribal", su futuro no será mejor que el de un intocable.

UNA HISTORIA DE EXCLUSIÓN

La dificultad a la hora de expresar la relación entre tribu y sociedad de casta (o entre tribu y civilización) ya era patente para los antiguos indios; como refleja el que la literatura sánscrita no posea términos específicos para designar el concepto "tribu" o plasmar dicha relación.

El término más utilizado para referirse a lo que hoy llamamos tribal seguramente ha sido mlecchа [véanse págs. 277-278]; sobre todo cuando se quería destacar su alteridad respecto a la sociedad del *varṇa-āśrama-dharma*. Pero no era nada infrecuente hablar de los colectivos de cazadores de las montañas con su etnónimo y el sufijo *-jāti* (niṣāda-jāti, pulkasa-jāti, etcétera). Y, como sabemos, *jāti* es la palabra más utilizada para designar a lo que llamamos "grupo endogámico", "casta" o "subcasta". En la antigua literatura índica se daba un cierto baile entre conceptos como estirpe (*jana*), casta (*jāti*) o clase (*varṇa*), dependiendo del contexto.

Desde el punto de vista brahmánico, puede establecerse una geografía de la arianidad (y, por exclusión, de la tribalidad). Inicialmente, consistiría en una región relativamente pequeña de los llanos del Punjab y la región gangética; más o menos centrada en la actual Delhi. Paulatinamente, la región noble (Āryāvarta) iría expandiéndose hacia el norte hasta las faldas del Himalaya, hacia el este a lo largo de la cuenca del Ganges (en el actual Bihar), hacia el oeste por los desiertos de Rajasthan, y hacia el sur hasta los montes Vindhya [véase pág. 177]. Los habitantes de los lindes eran tildados de mlecchas.

A lo largo de la historia, estas tribus y etnias de los márgenes fueron entrando en la sociedad de castas. Ya el etimologista védico Yāska citaba a la tribu de los niṣādas (quizá un genérico para tribus no āryas) junto a los cuatro *varṇas*. Los niṣādas podían llegar a ser necesarios en determinados sacrificios védicos.[34] Siglos después, en los *Dharma-śāstras*, los niṣādas emergen como una casta intocable.[35] Siguiendo la lógica del lenguaje de la pureza, se les otorga un lugar como casta mezclada y se les asigna casi siempre la ocupación de cazador o pescador.

Otros tribales caracterizados de mlecchas, es decir, de gentes de lenguas ininteligibles y ajenas al ritual de los āryas, fueron los kirātas. El *Mahābhārata* deja entrever que son pueblos cazadores que viven en las laderas del Himalaya,[36] pero algunas inscripciones medievales los sitúan en la India central. Es posible que se utilizara el término "kirāta" como genérico para describir a cazadores.[37]

Si en la antigua literatura védica los tribales podían constituir una *jāti*, en los *Dharma-śāstras* ya nunca se incluyen entre las *jātis*. Básicamente, el tribal queda como aquel colectivo alejado en los bosques y las montañas, de modo que nunca parece integrarse en el sistema *varṇa-jāti*. La literatura budista y jainista confirma su exclusión.

Al mismo tiempo que el discurso brahmánico contrasta al civilizado ārya con estos salvajes tribales, tampoco deja de asombrarse por el recóndito mundo de los bosques que rodea la sociedad agraria. La antigua sociedad ārya dividía el mundo habitable entre el poblado (*grāma*) y el bosque (*āraṇya*). También la sociedad dravídica fraccionó el paisaje entre el bosque (*kāṭu*) y la tierra habitada (*nāṭu*). El poblado no sólo designa una concentración humana, sino toda la red de instituciones políticas, sociales, económicas, rituales y culturales asociadas al mundo civilizado. En otras palabras, en el *grāma* reina el *dharma*. El *āraṇya* representa el mundo ajeno a los ritos, la lengua, la economía o las instituciones de los āryas. Puede ser un bosque, pero también la montaña, el desierto, la jungla o las frondosas selvas; aquellos espacios habitados por los moradores de los bosques (*vanavāsins*). Como pone Charles Malamoud, el *āraṇya* designa al "otro" respecto al poblado.[38]

Allí moran seres semidivinos como los *gandharvas*, los *yakṣas*, los *rākṣasas*, las *āpsaras* o los *nāgas*. Ya en un viejo himno del *Ṛig-veda*, el sabio ofrece su plegaria a la misteriosa Āraṇyanī, el espíritu del bosque.[39] La literatura brahmánica no escatima elogios a la belleza y sutileza del mundo de la naturaleza, habitado por estas fuerzas.

A este espacio allende la rigidez del *dharma*, se retiran los sabios para impartir las doctrinas secretas "del bosque" (*Āraṇyakas*), que luego se transforman en las enseñanzas gnósticas de las *Upaniṣads*. El *āraṇya* es casi una imagen de lo Absoluto.[40] En el esquema ideal de progresión espiritual del brahmanismo, después de haber cumplido con los deberes rituales y sociales del hombre-en-el-mundo, uno se retira primero al bosque para convertirse en ermitaño y, eventualmente, en renunciante. De ahí que en algunas fuentes antiguas el bosque se asocie también al *dharma* [FIG. 28].

Pero el *āraṇya* es también un mundo potencialmente hostil y peligroso. A medida que los bosques van vaciándose de duendes y genios maravillosos –como ya atestigua el *Rāmāyaṇa*–, el mundo de los bosques pasa a encarnar el incivilizado espacio de las fuerzas malignas y los bárbaros; un espacio que debe ser arianizado. O lo que es lo mismo: el Estado (el *grāma*, el *janapada*) necesita de los servicios y los productos de los habitantes de los bosques, pero los integra subordinándolos. De esta forma, aquellos *vanavāsins* o moradores de los bosques, que fueron asimilados a la sociedad ārya, pasaron a engrosar las distintas capas de la jerarquía social, principalmente las bajas. Los que se resistieron, se mantuvieron como mlecchas.

Un conocido episodio del *Rāmāyaṇa* nos ofrece un elocuente diálogo entre el rey-mono Vālin (el morador del bosque por antonomasia) que acaba decapitado por el rey-humano Rāma (símbolo del *dharma* u orden brahmánico).[41] El episodio podría mostrar cómo el Estado interfiere y se apropia del mundo del bosque para imponer sus normas y valores. Como atestigua la epopeya, esta prerrogativa tiene una larga historia.

El caso de los bhīls

Un caso clásico de degradación es el de los bhīls, el grupo tribal más numeroso del país, disperso en un área inmensa de la India central (Gujarat, Rajasthan, Madhya Pradesh, Maharashtra y Chhattisgarh).

En la literatura brahmánica y épica, los bhīls (o bhīlas) aparecen con frecuencia como prototipo del indómito y salvaje morador de la jungla.[42] Los bhīls se veían a sí mismos como un pueblo poderoso, dueño de los bosques y montañas. Pero a lo largo de los siglos, sus tierras fueron conquistadas o pasaron a estar bajo el control de distintos clanes rājputs, khaljis, mogoles o marāṭhas. Como consecuencia, los bhīls tienen una larga historia de insurrecciones, revueltas y guerras contra quienes trataron de subyugarlos (también entre sí). Las cosas empeoraron con la industrialización y la pe-

53. Mujeres de la tribu bhīl portando tinajas de agua. Kathiawar (Gujarat), 1880s.

netración del capitalismo. Sus áreas boscosas se convirtieron en fuentes para explotación comercial. A finales del período colonial, los bhīls ya constituían una comunidad totalmente marginal [FIG. 53]. Su viejo orgullo de *jāṅgalīs* ("moradores de la jungla") o *vanaputras* ("hijos del bosque") iba desapareciendo. La relación de subordinación con los conquistadores se basaba en un sistema de tributos y servicios llamado *chakranī*, todavía medio vigente. Con la entrada de la economía monetaria y del prestamismo, la relación de dependencia con los usureros llegó a cotas elevadísimas.

Como señala Kumar Sanjay Singh, el bhīl ha sido absorbido en la economía capitalista como mano de obra extremadamente barata y suministrador de bienes a muy bajo coste.[43] Otra consecuencia de esta defectuosa inserción en la modernidad es la creciente estratificación de la comunidad. Existen clanes –como los bhīlalas, surgidos de la unión entre bhīls y rājputs y que hoy repudian cualquier conexión con los bhīls– que son claramente más influyentes.

Desde hace algunas décadas, los grupos nacionalistas hindúes han alentado una política de proselitización y reforma social (prohibición del alcohol, las apuestas o el pago-de-novia) entre grupos ādivāsis como los bhīls, en parte como contrapeso a la incansable acción misionera cristiana en muchas –por no decir todas las– áreas tribales del Sur de Asia. Significativamente, este proceso no es considerado como una "conversión" a una nueva religión. Lo único que ha de hacer el converso –con un rito llamado "vuelta a casa"– es reconocer que ya se era un hindú; es decir, reconocer su "verdadero espíritu original". Nótese, sin embargo, que –como ha visto Nandini Sundar– estas asociaciones no tratan de convertir a la gente simplemente al hinduismo, sino a *hindutva*,[44] que es más una ideología política que no una afiliación espiritual. El motivo de esta proselitización no es realmente religioso: se espera del converso que sea un promotor activo de determinada *ideología política*.

Los dos aspectos más notables en los disturbios comunales de Gujarat en el 2002 (en los que casi 2.000 musulmanes fueron masacrados por radicales hindúes, ante la calculada pasividad de la policía), fueron que la violencia no se limitó a las áreas urbanas y que los ādivāsis participaron en los ataques.[45] También entre 1997 y 1999 ādivāsis cristianos fueron atacados en Gujarat y Madhya Pradesh por bhīls en la órbita del nacionalismo hindú.[46]

De todo ello no hay que concluir –como advierte Kumar Sanjay Singh– que el ādivāsi sea un recipiente pasivo del cambio religioso y que este implique el paso de una religión a otra, porque en otros casos se detecta el proceso inverso. El número de ādivāsis que dicen tener una religión tribal (sarna, bhīl, gōṇḍ, etcétera) ha aumentado.[47] La diferenciación religiosa entre los tribales que afirman ser hindúes y los que no es fluctuante.

LA MODERNA CONCIENCIA TRIBAL

En el 2000, el mapa administrativo de la Unión India sufrió una importante modificación al crearse tres nuevos estados: Jharkhand (escindido de Bihar), Chhattisgarh (escindido de Madhya Pradesh) y Uttarakhand (escindido de Uttar Pradesh).

Si en el último caso, la separación se fundamentó en criterios geográficos y sociales, en los dos primeros casos, la reorganización supuso la victoria de reivindicaciones de décadas lideradas por los distintos grupos ādivāsis de los viejos estados de Bihar y Madhya Pradesh.

En la actualidad, otros grupos tribales o regiones con acusado sentido de la diferencia reclaman sus provincias o estados (los boḍos en el noreste, los bhīls en la India occidental, la región de Vidarbha en Maharashtra, etcétera). Dada la compleja realidad plurilingüística y multiétnica de la India, la propia Constitución ampara a las minorías.

El caso de Jharkhand

La creación del estado de Jharkhand es ilustrativa. La demanda de un estado autónomo tiene una larga historia. Por un lado, se asienta en los movimientos sociales y políticos del siglo XIX. Los muṇḍās ya se levantaron contra el poder colonial en 1832 y en 1867. Birsa Munda sería la figura emblemática y la que –con su levantamiento de 1900 y petición de un "Munda Raj"– daría el impulso más poderoso al movimiento [FIG. 54]. Pero no olvidemos el movimiento Kherwar (1874) o el Dubia Gossain (1880) de los santāls que, si bien utilizaron imaginería religiosa, consistieron en protestas contra la política colonial (y sus concepciones legalistas de propiedad de la tierra) y contra la acción de los *dikus* (foráneos), en especial los usureros y terratenientes. Asimismo, la actividad de las misiones cristianas (como la del jesuita belga Constant Lievens) fortaleció la autoestima ādivāsi. Por otro lado, la reivindicación de un *jharkhand* se fundamenta en el desarrollo paralelo de una cultura y una espiritualidad santāl-muṇḍā (los dos grupos tribales más importantes de la zona). A lo largo del siglo XX, no sólo santāls y muṇḍās, sino también tribales como los hos, los khāṛiās y una veintena más de pequeños grupos étnicos de la bolsa tribal de Chhota Nagpur reclamaban su estado.

Este desarrollo sociocultural y político fue adquiriendo la forma de un proceso de santalización (una forma de etnicización alternativa a la sanscritización); es decir, subrayando una serie de hábitos alimenticios, reforzando los vínculos matrimoniales, compartiendo unas creencias y rituales, sistemas de valores e ideas, etcétera. En este sentido, los santāls (uno de los grupos tribales más numerosos y compactos de la India) hicieron de aglutinador; aun más, al desarrollar tempranamente una tradición letrada y culta dentro de la propia sociedad tribal. Gran parte del mérito en la consolidación de esa alta tradición santāl se lo debemos a Raghunath Murmu, el inventor del alfabeto *ol chiki* con el que se transcribe el santali (si bien, no acaba de servir para ajustarse a las necesidades fonéticas de los hos o los muṇḍās). Igualmente decisiva fue la concepción de la llamada religión sarna (o sarna-dharm), considerada la religiosidad santāl. Se trata de un intento, todavía en marcha, de sistematizar una serie de prácticas y

54. Imagen de Birsa Munda, un líder histórico de los ādivāsis de la zona de Chhota Nagpur (hoy Jharkhand). Finales del siglo XIX.

creencias. Y, sin duda, la única alternativa al imperialismo religioso de hindúes y cristianos.[48]

Estas dos corrientes entrelazadas en favor de una identidad separada y de una solidaridad tribal para la región no habrían cuajado de no haber sido por una serie de factores políticos y económicos importantes. A destacar, la inmensa riqueza mineral de la región, que posee un 33% del carbón, un 47% de la mica, un 34% del cobre y un 24% del hierro de toda la India.[49] No en vano, fue allí donde el industrial parsi Jamsetji N. Tata abrió una gigantesca fábrica de acero en el siglo XIX (pionera de la genuina industrialización de la India). La ciudad se llamó Jameshedpur en su honor. Luego vinieron otras fábricas. Entre la élite tribal se tenía la –correcta– impresión de que estaban siendo marginados y alienados de la industrialización y el progreso del país. La minería y la industria no dejaban ningún dividendo a los ādivāsis. De suerte que la sociedad tribal estaba metida en una vertiginosa espiral de deudas. Crecía la sensación de que los *dikus* explotaban y marginaban a los verdaderos "hijos de la tierra" y que desde Patna (capital de Bihar) no existía una voluntad sincera de arreglar la situación de pobreza, endeudamiento y atraso de los tribales.

Aunque el término *jharkhand* ("terreno boscoso") ya figura en fuentes sánscritas del siglo XIII, como concepto político ganó aceptación en los 1940s. Durante esa década, los muṇḍās secundaron un potente movimiento de desobediencia y demanda del control sobre sus tierras. Jaipal Singh, un tribal educado en el extranjero, se aupó como líder. El levantamiento fue capitaneado por los muṇḍās luteranos, pero también participaron asociaciones como el Tana Bhagat, el Adivasi Mahasabha o el Chhotanagpur Unnati Samaj, con secciones hindúes, cristianas y sarnas. El movimiento ganó fuerza al tener los santāls y muṇḍās una *lingua franca* llamada sadri. Un partido de Jharkhand nació en 1949 (aunque sería engullido por el partido del Congreso en 1963). Con la reorganización de los estados del noreste en los 1970s, la demanda de Jharkhand ganó mucha fuerza. Aunque los dirigentes de Bihar se opusieron con tenacidad (famosa es la frase del jefe de estado Lalu Prasad Yadav [FIG. 95] que afirmaba que Bihar sólo se dividiría sobre su cadáver), Jharkhand (finalmente secesionado sólo de Bihar, sin incluir distritos colindantes de los vecinos Odisha, Madhya Pradesh y Bengala Occidental) vio la luz en el 2000.

El caso de los mīnas

Con casi 4M de personas, los mīnas constituyen el cuarto grupo tribal más numeroso de la India. Su caso nos ilustrará a la perfección la ambivalencia y complejidad de la antropología y la política indias.

Hasta el ascenso de los principados rājputs, ya patente en los siglos XII y XIII, los mīnas habían gobernado vastas zonas de Rajasthan, Madhya Pradesh y Gujarat. Luego, fueron sometidos por los caudillos rājputs. Con frecuencia, el trato que recibieron de los rājputs (quienes, gracias a su alianza con los emperadores mogoles, supieron perpetuarse en el poder) fue inhumano. Aunque algunos mīnas lograron establecer lazos con los rājputs, la mayor parte de la comunidad se vio abocada al bandidaje, en especial en la zona oriental y meridional de Rajasthan. En el período colonial, los mīnas fueron catalogados como "tribu criminal" [FIG. 55]. A mediados del siglo XX, algunas secciones de los mīnas estaban en una situación muy degradada. Sin embargo, en pocas décadas su ascenso ha sido espectacular.

Cuando uno topa hoy con un mīna por la calle resulta virtualmente imposible deducir que es un tribal. Por su apariencia física, su forma de vestir, su acento, sus modales… nada hay que lo delate como ādivāsi. Existen

55. Un grupo de "purriar meenas" de Rajasthan, ataviados de forajidos para la sesión fotográfica. Foto: Eugene Clutterbuck Impey, principios de los 1860s.

mīnas que son poderosos comerciantes (de mostaza) o administradores públicos, con niveles de vida que la inmensa mayoría de los ādivāsis de la India ni siquiera puede imaginar. Los mīnas poseen incluso unos niveles de alfabetización superiores a la media nacional. Su grado de estratificación social se asemeja a los de la sociedad "de casta". Siguen rituales y votos religiosos más parecidos a los de los hindúes que a los de otros tribales "animistas" de zonas adyacentes. Un mīna está mucho más próximo a un rājput o a un jāṭ que a un bhīl, y eso que todavía en el censo de 1921 los mīnas (*meenas*) fueron catalogados como *bhils*. Igual que los bhīlalas, los mīnas han repudiado esa identidad.

En Rajasthan, todo el mundo sabe que los mīnas poseen un peso considerable en la administración pública. En tanto Scheduled Tribe han acaparado muchísimos de los beneficios que la discriminación positiva les otorga (en detrimento de otros tribales, como los bhīls o los girāsiyās). La cuestión que debemos debatir en este apartado es la inapelable continuidad que existe entre la sociedad hindú "de casta" y la sociedad "tribal" de los mīnas. Tanto, que en estados contiguos a Rajasthan, como Uttar Pradesh, Haryana, Madhya Pradesh o Punjab (donde los mīnas no poseen el mismo peso demográfico, político y económico) no han logrado el preciado estatus de Scheduled Tribe.

De hecho, los antropólogos los consideran hinduistas en toda regla; con patrones de comportamiento muy parecidos a los hindúes "de casta". A diferencia de la mayoría de tribales, no siguen la costumbre de pago-de-novia y, en cambio, han adoptado la tradición de la dote. Las viejas prácticas de la poligamia o del matrimonio infantil (propias de los rājputs) han sido abandonadas por casi todas las secciones de la comunidad mīna. Es muy común que las mujeres mīnas sigan la práctica de la *pardā*. Igual que los hindúes de alta casta, rara vez practican el divorcio y las segundas nupcias para las viudas son poco frecuentes. La noción de polución de la mujer durante su período menstrual está extendida.

Sus mitos de origen dicen que provienen de guerreros rājputs que gobernaban el reino de Mīnadeśa (ligado a la mitología de Viṣṇu), con capital en la actual Amber. Si se repasan sus leyendas, uno no duda en situarlos dentro del sistema de *jātis* y *varṇas*. Los mīnas reconocen la autoridad de los brāhmaṇs (que ofician en sus rituales nupciales). No suelen tener problemas de comensalidad con castas altas (rājputs, ṭhākurs, jāṭs, mahājans o gūjars). Tratan a ciertas castas como polucionantes, y a otras como intocables. Sus aldeas siempre poseen un templo de Viṣṇu, más otros dedicados a Balaji (Hanuman), Sītā o Mahādeo (Śiva). Si uno repasa las crónicas históricas y legendarias, en ningún lugar se designa a los mīnas como "tribu". Y si se les pregunta a ellos, se situarán bastante arriba en la jerarquía social y se identificarán con los rājputs (a pesar de sus rivalidades históricas) y con los "dos-veces-nacidos". Nada hay en la forma de vida o la cosmovisión de los mīnas que los distinga como "animistas".

Visto todo lo anterior, ¿qué es lo que hace del mīna un tribal y no un hindú "de casta"? Como expresa S.L. Sharma, «para fines oficiales, los minas son una tribu, pero según sus costumbres tradicionales son una casta hindú».[50] Jan Breman habla abiertamente de "castas tribales".[51] Los mīnas podrían ser un buen ejemplo. Y, ciertamente, lo son de un grupo que tiende a la hinduización; aspecto rentabilizado por las asociaciones nacionalistas hindúes y hasta por la política del BJP en Rajasthan.

Como toda "casta" o "tribu" india, los mīnas poseen rasgos distintivos (las mujeres portan un tipo de brazaletes que son únicos de los mīnas), y como todo grupo de cierto tamaño, posee subdivisiones internas (la "tribu" está dividida en treinta y pico *pals* o unidades geográficas culturalmente distintas). Aunque suelen hablar un tipo de braj (la modalidad de hindi propia del área de Mathura), cada *pal* tiene su dialecto. Dentro de la tribu existen jerarquías, como los zamīndār-mīnas (terratenientes), los parihara-mīnas (descendientes de rājputs), los dheḍia-mīnas (intocables), etcétera. Estos subgrupos pueden funcionar como subcastas, ya que en muchos *pals* o aldeas no se dan matrimonios cruzados. El *pañchāyāt* de los mīnas sigue siendo importante para afrontar las disputas internas.[52] En resumen: con el paso de los siglos, los mīnas han ido aproximándose más y más a la sociedad de castas. Constituyen un buen caso –más que de sanscritización– de modernización, ya que no son tanto los rasgos sanscritizados los que definen al mīna de hoy como su inserción en la economía capitalista, la industrialización, las reglas de juego del Estado burocrático y el consumismo. Como señala S.L. Sharma, es una pena que las comunidades tribales siempre hayan sido estudiadas desde la perspectiva de la sanscritización, la hinduización o la rajputización.[53] Es la modernidad la que realmente ha transformado a los tribales; al menos a los de la India central. Y es en parte la catalogación oficial como Scheduled Tribe la que ha otorgado semejante poder y afluencia a algunos mīnas.

Por ello tenemos mīnas en el Parlamento o mīnas compitiendo con jāṭs o rājputs por el poder (desplazando a castas altas como los baniās o los brāhmaṇs). Y como siempre, una vez que se entra a formar parte de la modernidad, topamos también con algo tradicionalmente ajeno a las sociedades tribales: una fuerte jerarquización. La "revolución verde" (la aplicación de la tecnología industrial a la agricultura) ha creado profundas desigualdades entre los mīnas. Ahora existe una minoría de magnates más una élite de altos funcionarios, a la vez que una gran cantidad de mīnas mucho más pobres. (Y un alarmante grado de alcoholismo entre estos.)

De ahí que algunos autores se pregunten, con razón, ¿por qué "tribus" como los mīnas o "secciones" como los rāj-gōṇḍs, que han alcanzado elevadas cotas de desarrollo y se han beneficiado largamente de la política de discriminación positiva –en detrimento de otros tribales–, no han sido "descatalogados" (*de-scheduling*)?[54] ¿Por qué no se siguen criterios de clase a la hora de implementar la discriminación positiva? De esta forma, las secciones desfavorecidas de los mīnas seguirían recibiendo ayuda, pero no los aventajados. La explicación para estas cuestiones es muy sencilla. Los mīnas se han convertido en bancos de votos muy requeridos y codiciados por todos los partidos políticos. Nadie se atreve a "desclasificar" a millones de votantes potenciales. En toda la historia de la India independiente, ningún colectivo (tribal o intocable) ha sido "desclasificado".

A resultas, y como veremos en otra Parte, las provisiones de discriminación positiva otorgadas a los tribales han demostrado ser ambiguas. La política de reservas ha creado una élite entre algunas tribus, que es la que realmente se ha beneficiado de la mayoría de ventajas [véase pág. 577]. Esta élite tribal se aleja del resto de la tribu y de la idiosincrasia tribal, aunque suela erigirse en su portavoz.

15. CASTAS NO HINDÚES

Un axioma clásico dice que la casta es un fenómeno inherente y enfáticamente hindú.[1] En un moderno manual de hinduismo, John Hinnells y Eric Sharpe lo dicen tajantemente: «Un hindú es hindú, no porque acepte ciertas doctrinas o filosofías, sino porque es miembro de una casta».[2] La propia ortodoxia brahmánica se encargó de promover esta idea.[3]

En realidad, esto podría ser así si la casta fuera únicamente una institución religiosa. Homologar la esfera religiosa y la estructura social es una tentación que acarician tanto brāhmaṇs ortodoxos, antropólogos sociales o indianistas. Pero como hemos visto, la casta abraza también lo cultural, lo político y lo económico.

Además, el axioma homologa la tradición brahmánica con el hinduismo en su totalidad; y da por sentada la existencia de una religión y una identidad hindúes ininterrumpidas y nítidas, cuando lo cierto es que las etiquetas de "hinduismo"[4] o "hindú"[5] son más resbaladizas de lo que aparentan. No es que el hinduismo no exista, pero sí resulta hermenéuticamente pedagógico problematizar la noción de que existe *un* y hasta *el* hinduismo.

LA CASTA MÁS ALLÁ DEL BRAHMANISMO

La casta es un fenómeno realmente surasiático. Es decir, existen castas entre comunidades religiosas no hindúes y en otros países del Sur de Asia, además de India.

Los jainistas de la India se dividen en castas. Los sikhs poseen castas. También los budistas de Nepal caen dentro del sistema de castas. En Sri Lanka, donde el budismo es mayoritario, existen castas en toda regla. Etcétera. Cierto que estas tradiciones son de origen índico y, por tanto, comparten muchos presupuestos con el hinduismo, pero sucede que también existen castas entre los musulmanes y los cristianos del Sur de Asia, ya sea en India, Pakistán o Bangladesh. Hace mucho que sir Denzil Ibbetson lo notó. En el Punjab, la conversión al islam «*no* tenía ningún efecto sobre la casta del converso».[6] Como veremos, también los judíos indios forman una casta con subcastas endogámicas. Ídem para los parsis.

El periodista Edward Luce narra su visita a tomar el té a casa de una famosa escritora católica de Goa, que justo acababa de restaurar su mansión, que era del estilo clásico de los brāhmaṇs de la costa Konkan. Luce le preguntó ingenuamente si había algo de sangre portuguesa en la familia: «Oh, ni hablar, esto es impensable –dijo–, nuestra familia es brāhmaṇ».[7] Algo más al sur, en la costa de Karnataka, existe incluso la casta de los bāmoṇs: la de los brāhmaṇs católicos.

De hecho, muchas castas de la India poseen secciones "hindúes", "musulmanas", "sikhs", "jainistas", etcétera. Esto es típico de las macrocastas (como los jāṭs, los rājputs o los gūjars) y de las castas comerciantes [véase Cuadro 3]. Dentro de la gran casta mercantil agaravāl, por ejemplo, hallamos a hindúes, sikhs, musulmanes y jainistas. Los khatrīs también poseen su sección hindú y su segmento sikh. Lo interesante es que, dado que pertenecen a una misma casta y existe una similitud en las costumbres, el matrimonio cruzado se considera factible. También los enlaces entre los śrīmālīs hindúes y los śrīmālīs jainas son frecuentes. Curiosamente, el matrimonio entre un daśā-śrīmālī y un viśā-śrīmālī (dos *jātis* de la sección jainista de los śrīmālīs) puede llegar a estar reprobado, mientras que se tolera el de un daśā-śrīmālī-śrāvaka (jain) con un daśā-śrīmālī-meśari (hindú). Ello muestra que los lazos de casta pueden ser más fuertes que los religiosos.[8]

Hasta los europeos han tenido su lugar en el sistema, dado el aspecto funcional que desempeñaban y las características –no precisamente "puras"– de su conducta y religión. Únicamente entre los ādivāsis no hallamos una segmentación social en términos de casta;[9] lo que no significa que la distinción entre tribu y casta sea clara, como bien sabemos del capítulo anterior.

Y, sin embargo, es canónico leer que ni el budismo ni el jainismo ni el sikhismo aceptaron el sistema de castas. Por descontado, siempre se ha oído que dicho sistema es ajeno al cristianismo y al islam; e invariablemente se dice que estos grupos quisieron abolir las castas.

Lo cierto, empero, es que nadie ha querido destruir la casta. Al menos, hasta el siglo XX. Desde luego, algunos colectivos han protestado por las discriminaciones –rituales o políticas– por razón de casta. También muchísimos son los que han cuestionado el rango que los otros les atribuyen. Pero en modo alguno se ha querido *abolir* la casta.

La postura de muchas tradiciones no hindúes no difiere en demasía de la de determinados movimientos vishnuustas o shivaístas, que tocaremos en otro capítulo [véanse págs. 433-437]. Los cristianos, los musulmanes o los sikhs han simultaneado un discurso bastante hostil a la ideología de casta con una inserción firme en la sociedad imbuida de prácticas de casta. Algunos aducen que, inmersas en el océano hindú, estas minorías no han tenido más remedio que adaptarse a su idiosincrasia y prejuicios casteístas. Que Max Weber lo dijera a principios del siglo XX[10] es del todo excusable, pero estimo que, cien años más tarde, ya podríamos contemplar la cosa de una forma más cromática.

La pregunta relevante la formuló Edmund Leach hace ya décadas: «¿Cuánto puede diferir un sistema social del prototipo ortodoxo hindú para que siga mereciendo la etiqueta cultural de "casta"?».[11] O lo que es casi lo mismo: «¿Qué hay en la casta que sea específicamente hindú?» Como sabemos, la casta es un marcador identitario decisivo, pero uno no forzosamente brahmánico. Como demuestra la existencia de castas entre los cristianos o los sikhs de la India, la casta puede existir sin las ideas de pureza y polución (o muy atenuadas), y, desde luego, sin las de *dharma* y *varṇa*. Para los jainistas, los sikhs, los musulmanes o los judíos de la India, la casta no es ninguna «aberración, un residuo de los conversos del hinduismo», como insinúa Suvira Jaiswal,[12] mas una realidad tangible y, en algunas ocasiones, imprescindible para mantener la diferencia. La casta refleja la pluralidad de la India y sus variaciones religiosas y culturales. El que algunos trazos de la ideología brahmánica que apelmaza los sistemas de castas puedan faltar en ciertas regiones o en determinados grupos, no impide que la mayoría de los elementos constitutivos de la casta estén presentes entre las minorías religiosas del Sur de Asia. Es *precisamente* este hecho (el que existan castas entre los no hindúes) el que refuerza nuestra tesis de incorporar otros lenguaje (como el político) junto al idioma brahmánico de la pureza.

Dicho de forma un tanto reduccionista: casi todos los grupos no hindúes rechazan la ideología de los *varṇas*, pero aceptan la realidad de las *jātis*. A ningún indio le parece extraña la existencia de un jāṭ sikh, un jāṭ hindú o un jāṭ musulmán, pero no concebiría un brāhmaṇ-musalamān. Y tenemos incluso motivos para cuestionar esto último. Lo muestra la existencia de jaina-brāhmaṇs en el jainismo[13] o de los antes aludidos bāmoṇs católicos.

Muchas de las instituciones rituales y sociales de la India son compartidas por las "minorías" religiosas. Lo vamos a comprobar con cuatro casos: los musulmanes, los cristianos, los sikhs y los judíos.

LOS MUSULMANES

Los musulmanes constituyen la minoría más importante de la India. En el 2001 fueron censados 138M, lo que significa alrededor del 13,4% de la población [véase Cuadro 6]. A uno le resulta difícil concebir que tantos millones de personas (a las que habría que sumar 258M de musulmanes de los otros países del Sur de Asia) puedan formar una "minoría", así que sospecho que bajo esa denominación han de ocultarse otros factores, además de los demográficos. Quizá uno es minoría si no ejerce el poder, pero deja de serlo si lo controla. Nadie osaría decir que los musulmanes fueron una "minoría" en el siglo XVII, cuando el apogeo del todopoderoso Imperio mogol.

Islam surasiático

Una idea muy extendida es que el hinduismo y el islam conforman dos universos –religiosos, sociales o políticos– antagónicos. Esta visión fue secundada, por motivos muy distintos, tanto por las autoridades coloniales (haciendo de la Corona el garante del orden y la estabilidad), por los líderes neoislámicos (que requerían de una atávica enemistad para promover la inevitabilidad de Pakistán), como por ciertos líderes neohinduistas (que culpaban del estancamiento y la pobreza de la India a la conquista y agresión musulmana). Sin embargo, yo sostengo que el islam nunca ha dejado de integrarse en el Sur de Asia, ni la India del "período islámico" puede consi-

CUADRO 6: POBLACIÓN MUSULMANA (2001)

	en millones		*en porcentaje (%)*
Uttar Pradesh	30,7	Laquedivas	95,5
Bengala Occidental	20,2	Jammu & Kashmir	67,0
Bihar	13,7	Assam	30,9
Maharashtra	10,2	Bengala Occidental	25,2
Assam	8,2	Kerala	24,7
Kerala	7,8	Uttar Pradesh	18,5
Andhra Pradesh	7,0	Bihar	16,5
Jammu & Kashmir	6,8	Jharkhand	13,8
Karnataka	6,4	Karnataka	12,2
India	138,0	Maldivas	100,0
Pakistán	137,0	Pakistán	96,2
Bangladesh	118,0	Bangladesh	88,3
Sri Lanka	1,6	India	13,4
Nepal	1,0	Sri Lanka	8,5
Maldivas	0,3	Nepal	4,2

derarse más conflictiva que la del período "pre-", ni tampoco que la expansión del islam supusiera ningún estancamiento de la sociedad. (Lo que no significa que no existieran tensiones y enfrentamientos.) La historia del Sur de Asia está repleta de desencuentros, pero no menos que de diálogos y préstamos, ya sea en literatura, arquitectura, música, economía, política, ritual, gastronomía, pintura, vestimenta o derecho. El peso del islam en la construcción de la sociedad índica no debe subestimarse. El islam, reconozcámoslo de una vez, es una religión *índica*, bien que hoy muchos –islamistas o nacionalistas hindúes– deploren esas convergencias y se esfuercen en exagerar las diferencias.[14]

Por consiguiente, el islam –o mejor: las múltiples fracturas de clase, de casta, de lengua, de etnia o de secta que dan forma a *los* islams del Sur de Asia– posee una clásica doble orientación hacia lo local y hacia lo supranacional. El que el islam viniera de allende el Sur de Asia no lo hace menos índico (como tampoco lo ha hecho menos persa o menos magrebí).

En el sur de la India, salvo la más alta clase de los sayyids, la mayoría de los grupos musulmanes de estatus intermedio son –al uso tradicional de Kerala– incluso matrilineales. Esto vale tanto para la gran comunidad māppiḷa de Kerala, como para los llamados "moros" de Sri Lanka, los marakkāyars de Tamil Nadu o los navāyats de la costa de Karnataka.[15] Y es que, a diferencia de lo que muchos legos piensan, la ley musulmana tradicional (*sharī'a*) es flexible al respecto y es fácilmente adaptable a los contextos. A finales del siglo XVIII, el *Paraśurāma-charitra*, el texto que narra la historia de los brāhmaṇs Peśvā de Maharashtra (considerados por el nacionalismo hindú como el bastión del "hinduismo" de la época), alababa al rey musulmán como a un monarca justo, respetuoso de las castas –que los musulmanes habían aceptado como propias–, que no violaba los lugares sagrados, escuchaba los textos de los brāhmaṇs y el *Mahābhārata*.[16]

Puede que en metafísica y en teología existan grandes diferencias entre el islam y las corrientes principales del hinduismo, pero en lo que a sociedad, a música, a gastronomía, a medicina o a poesía se refiere, las convergencias son muy poderosas. Son precisamente las analogías las que hacen inteligible la historia de dominación islámica en el Sur de Asia.[17]

❖ ❖ ❖

De toda la vasta crítica que el islam vertió sobre el hinduismo, el blanco preferido fue el "politeísmo" hindú. Por sorprendente que parezca, los dirigentes y los pensadores islámicos nunca cuestionaron las desigualdades de casta, ni mostraron especial compasión por la situación de los descastados. Al contrario, como ha señalado José Durán Velasco, «más bien hicieron suyos los prejuicios de las castas superiores».[18] Léase al erudito Ziyā al-Dīn Baranī, miembro de la corte del Sultanato de Delhi en el siglo XIV, para quien las normas de casta deberían tener incluso precedencia sobre las de la *sharī'a* en caso de conflicto.

Los musulmanes del Sur de Asia pertenecen a una hermandad universal que es, como antes decíamos, decididamente transnacional, pero que, al mismo tiempo, forma parte de los contextos locales a los que pertenece. En referencia a los musulmanes de Assam, Monirul Hussain señala que, exceptuando la religión, «son lingüística, cultural, económica y socialmente muy similares a los hindúes assameses».[19] Los musulmanes del Sur de Asia comparten con los hindúes el mismo vocabulario de parentesco, las mismas estructuras de linaje, idénticas reglas de intercambios matrimoniales y de transmisión de bienes. De hecho, los modernos estudios genéticos han mostrado que la expansión del islam en el Sur de Asia fue una transformación esencialmente cultural, con un influjo genético del Próximo Oriente muy limitado.[20] Por tanto, existen castas entre los musulmanes del Sur de Asia, aunque no tengan reconocimiento en el islam.

Las organizaciones musulmanas más ortodoxas tienen una gran propensión a ver las cosas en términos de identidad religiosa más que en otros marcadores de la identidad. Concordando en este aspecto con los hindúes más conservadores, ven a los musulmanes como un bloque homogéneo, cuya principal característica es la adhesión al islam. De forma que tiende a negarse la existencia de la casta entre ellos, ya que el tropo dice que el islam es igualitarista y no reconoce nada parecido a la casta. La retórica del moderno Estado de Pakistán, por ejemplo, utiliza toda la ideología a su alcance para negar la presencia de la casta en su vida social o económica. Sin duda, una necesidad de la élite y la clase media musulmana, que busca distinguirse de la hindú. El discurso de que entre ellos no existen las castas los hace más "islámicos" y los aleja de los hindúes. Pero como todo musulmán sabe, «es un hecho que el principio islámico de igualdad entre los miembros de la fraternidad se observa sólamente durante las oraciones en la mezquita y durante la peregrinación a Meca», en palabras de Rajendra Vora.[21] Aunque la prevalencia de las castas en el islam surasiático no procede de la ideología islámica, sí viene de su historia social, política y económica en el Sur de Asia.

Tanto es así que más de 80 grupos musulmanes de la India están beneficiándose de las cuotas reservadas por el gobierno indio a las OBCs (Other Backward Classes). Puesto que no pueden ser incluidos en la aún más preciada categoría SC (Scheduled Caste), sólo contemplada para ex-intocables hindúes, sikhs y budistas, algunas organizaciones musulmanas están tratando de que *todos* los musulmanes de la India sean considerados *backward*, ya que su nivel económico, educativo o sanitario es substancialmente inferior al de los hindúes. Posición a la que se oponen aquellos colectivos de musulmanes que ya son considerados OBCs y que ven peligrar sus cuotas, o aquellos que, amparándose más en cuestiones de honor y orgullo, objetan que se otorguen cuotas a los musulmanes basadas en su religión. Por tanto, el que la casta exista o no en la sociedad musulmana no es sólamente un asunto antropológico, también es una cuestión legal y política.[22] Y una no pequeña [véase capítulo 23].

Todos estos factores muestran que es demasiado simplista hablar de los 400M de musulmanes del Sur de Asia como un bloque. Los musulmanes del Sur de Asia pueden dividirse en diferentes órdenes y categorías. Por ejemplo, según la escuela de jurisprudencia islámica a la que se adhieren (ḥanafīs o shāfī'īs); o según la secta (sunnitas o chiitas); o, en el caso de los sunnitas (mayoritarios en el Sur de Asia), según la subsecta (barelvi, deobandi, etcétera); o según su filiación a las fraternidades sufíes (chishtī, naqshbandī, suhrawardī, qādirī, etcétera). Muchos de estos colectivos mantienen importantes diferencias rituales, ideológicas o sociales. Ḥanafīs o shāfī'īs no comparten mezquitas. Sunnitas o chiitas no se desposan entre sí. La división que más nos interesa aquí es la que se da entre dos grandes categorías sociales: los aśrāf (plural de śarīf) y los ailaf.

Los aśrāf

Esta categoría comprende las clases de la sociedad islámica surasiática consideradas "nobles" [FIG. 56]. Todo śarīf remonta su origen allende el Sur de Asia.

Entre estos, el rango más elevado lo poseen los sayyids, que dicen ser árabes de origen, descendientes del Profeta vía su hija Fātima. Están divididos en distintos linajes fuertemente endogámicos. En segundo lugar tenemos a los shaykhs, que también se jactan de origen árabe y dicen descender de los compañeros de Muḥammad. Como los anteriores, están subdivididos en linajes como el ansārī, el siddiqī, el alvī o el fārūkī. En tercer lugar tenemos a los mughals, descendientes de nobles y guerreros centroasiáticos de origen uzbeko, tajik o turcomano. Finalmente, los paṭhāns, que descienden de la realeza afgana y se dividen en clanes como el yūsufzāī, el lodī, el ghurī o el kakār.

Los ailaf

Los ailaf o "gente común" son aquellos que no pueden demostrar una genealogía extranjera; de modo que se les considera conversos del hinduismo y –desde la perspectiva aśrāf– todavía influidos por muchas prácticas "hindúes". Aproximadamente, un 75% de los musulmanes de la India entraría en esta categorización.

Existe un estrato superior entre los ailaf constituido por conversos de alta casta (rājputs). A partir de aquí, la nomenclatura ya es típicamente "hindú". Dentro de los escalafones superiores encontramos también a los grandes colectivos campesinos, como los jāṭs o los gūjars. Precisamente, estas macrocastas de rājputs, jāṭs y gūjars forman la espina dorsal de la población paquistaní. Luego vienen los ailaf de oficios "respetables", como los herreros, los carpinteros, los tejedores (julāhās), los alfareros (kumhārs), los algodoneros (piñjāras), etcétera.

56. Un letrado musulmán śarīf con un libro. Bengala oriental (hoy Bangladesh o Assam), principios de los 1860s.

57. Un renunciante musulmán o faqīr de la orden sufí Madaria. Bengala oriental (hoy Bangladesh o Assam), principios de los 1860s.

A continuación vienen los oficios que, como entre los hindúes, son considerados impuros. Justo por encima de la "línea de polución" encontramos a los barberos (naīs; que también realizan la circuncisión, homologándose al barbero hindú, que asimismo participa en distintos sacramentos), los lavanderos (dhobīs), los aceiteros (telīs) o los faqīrs [FIG. 57], que pueden ser tanto mendigos, santos, los que cuidan de pequeños santuarios, como los que realizan ciertos ritos mortuorios (de donde su bajo rango).

Finalmente, tenemos a varios grupos por debajo de la "línea de polución": los curtidores de piel, los músicos y los barrenderos. Zarina Bhatty destaca que las «secreciones humanas (en particular las heces), los animales muertos y los animales que se alimentan de porquería (cerdos) son considerados las mayores fuentes de impureza, de modo que las ocupaciones asociadas ocupan los niveles más bajos».[23] A veces, a esta sección se la llama "excluida" (arzal), aunque no es infrecuente la apelación "Scheduled Caste" en Pakistán y "harijon" en Bangladesh.

Todo, francamente, muy "familiar". Tanto que, a todas luces, la identidad social y religiosa de los ailaf de determinadas zonas de India o Bangladesh está más próxima a sus contrapartidas de casta hindúes que a los aśrāf (si bien la mayor parte de la población bangladeshí es hoy "honoríficamente" considerada "shaykh").

Castas musulmanas

Algunos estudiosos tienen a las cuatro divisiones de los aśrāf por el equivalente funcional de los "dos-veces-nacidos" del hinduismo.[24] Las dos primeras categorías de aśrāf se corresponden con la función letrada, religiosa y clerical de los brāhmaṇs (también por su actitud de proverbial antipatía por todo trabajo físico, con acusado sentido de exclusividad y jerarquía), mientras que las dos últimas podrían homologarse a la función guerrera, soberana y militar de los kṣatriyas. Existe una fuerte tendencia entre estos cuatro grupos a casarse dentro de su "círculo de matrimonio" (*birādarī* o *zāt*). Sus reglas de endogamia pueden ser tan estrictas como las de las *jātis* hindúes.[25] Bien que en países musulmanes como Pakistán o Bangladesh no se admita la existencia de "castas", sí se utiliza la palabra urdu o panyabí *zāt*, que equivale a la sánscrita *jāti* o a la hindi *jāt*. De hecho, en el norte de la India a los aśrāf suele designárseles colectivamente como *ūnchi zāt* (casta alta) y a los ailaf, *nīchi zāt* (casta baja).

Aunque las ideas de pureza y polución no están tan elaboradas entre los musulmanes como entre los hindúes, lo cierto es que también existen.[26] Sabido es que toda mezquita posee su lugar para lavarse antes de las plegarias. Asimismo, ciertos animales (el cerdo) son considerados impuros. En Pakistán y en Bangladesh, el "impuro" trabajo de basurero o barrendero recae en castas intocables, sean hindúes, cristianas o musulmanas. David Mandelbaum señalaba que en las zonas rurales las musulmanas secundaban las ideas panindias de impureza personal en la menstruación o al dar a luz.[27]

Por descontado, el "sistema" no posee la coherencia interna que la ideología brahmánica ha proporcionado a las castas hindúes. La endogamia, por ejemplo, tiende a ser menos rígida. (Aunque un matrimonio cruzado aśrāf y ailaf es inconcebible en el mundo rural.) Y los tabúes de comensalidad, bastante ignorados. Pero la mayoría de los aspectos de los sistemas de castas surasiáticos se mantienen.

Hasta hace poco (hasta hace exactamente lo mismo que en la India hindú), operaba en el Sur de Asia islámico el sistema *jajmānī*. De hecho, este tipo de sistemas no respetan las fracturas religiosas. Zarina Bhatty ha observado que las interacciones entre los *ūnchi zāt* y los *nīchi zāt* han estado reguladas por las convenciones de patrón y cliente típicas del *jajmānī* [véanse págs. 144-151].[28] Las castas bajas poseen su *zāt-pañchāyāt* que regula las relaciones inter- e intra-castales y la conducta personal.

Aunque la noción de impureza permanente también sea más ambigua en la sociedad islámica que en la hindú, eso no quiere decir que la intocabilidad no se dé entre los musulmanes del Sur de Asia. Existe un gran rechazo a compartir mesa con un basurero o un curtidor. El contacto físico con los que se encargan de las tareas degradantes es evitado por los aśrāf. En Sindh, por ejemplo, al sur de Pakistán, la mayoría de aldeas posee su barrio o *mohālla* para los "puros" sayyids, mientras que los grupos impuros tienen que vivir en las afueras del pueblo. Un informante musulmán de una de esas aldeas renegaba de los bagris porque «comen animales muertos, sus cuerpos huelen, y, al final, son bagris y no musulmanes; ¿cómo vamos a dejarlos vivir en nuestro *mohālla*?».[29]

Igual que en la sociedad hindú, a la hora de jerarquizar, en la comunidad musulmana entran en juego ejes y lenguajes diversos que acabarán por dar contorno a los rangos. Pero está claro que si visualizamos la sociedad musulmana de abajo a arriba, no existe ninguna diferencia significativa (salvo la figura del faqīr) entre la jerarquía musulmana y la hindú. Estos grupos, además, suelen designarse por su nombre tradicional de casta. A partir de la categoría aśrāf, desaparece el nombre de casta y se utiliza la persa *musalamān*. Pero el que se pierda cierto contorno de *jāti*[30] no elimina que los aśrāf siguen anclados, a mi entender, en el principio de la jerarquía que se expresa en el lenguaje del dominio y el poder.

Básicamente, el aśrāf es un estilo de vida que –como en el caso de las castas altas hindúes– requiere un determinado nivel político-económico y un pedigrí prestigioso. Aunque la categoría se define de forma cultural, se expresa de forma étnica. Los aśrāf se jerarquizan según su proximidad al Profeta y al país de origen del islam. De ahí que el orden ascendente sea paṭhān, mughal, shaykh y sayyid. Esta progresión está sancionada por el clero islámico.

El símbolo más visible del estatus aśrāf es la práctica de la reclusión femenina (*pardā*) [véanse págs. 60-62]. Cualquier casta que aspire al estatus de aśrāf tenderá a la *pardā*. Ello se traduce en que las mujeres aparezcan lo menos posible en la vida pública y, cuando tengan que hacerlo, utilicen el velo [FIG. 58]. Como resumió Clarence Maloney:

> «La función real de la *pardā*, tanto entre musulmanes como entre hindúes [...] consiste en distinguir claramente a la élite –cuyas mujeres no

58. Mujeres veladas en la boda del hijo del imam de Delhi. Foto: Jorge Royan, 2005.

> tienen que ir a trabajar a los campos– de los labriegos; de modo que se trata de un símbolo visible de terratenientes y gente de ciudad».[31]

También es un marcador de la pureza del linaje, ya que señala una conducta sexual apropiada. En este sentido, el recurso a la *pardā* por parte de los ailaf (tradicionalmente menos severos en cuestiones como el velo, el divorcio o el segundo matrimonio) que emulan las costumbres y la moral de los aśrāf se asemeja al proceso de "sanscritización" entre los hindúes.[32] Como ocurre con el mundo hindú, una vez que el ailaf en ascenso social se ha "islamizado" puede encontrarse con que el aśrāf se ha "modernizado". Ahora, algunas musulmanas de alto rango y de la nueva clase media urbana abandonan la *pardā* estricta, valoran la educación y han empezado a trabajar.

LOS CRISTIANOS

En el censo del 2001 un 2,3% de los indios se declaró cristiano; lo que equivale a unos 24M de personas. La cifra es pequeña si tenemos en cuenta las energías gastadas y los años de dominio de una potencia asociada a esta religión. Es verdad que hasta 1813 el Reino Unido mantuvo una estricta política de no interferencia religiosa y hasta miraba con cierta antipatía a las sociedades cristianas de la metrópoli que exigían la apertura de la India a la evangelización. Pero, luego, el giro llegaría a ser tal, que el historiador Christopher Bayly ha caracterizado la Anglo-India entre 1828 y 1857 «como un Estado confesional».[33] Con la entronización de la reina Victoria como emperatriz de la India (1858), se retornó a una política de no interferencia, si bien de forma más ambigua.

Aun así, los cristianos constituyen la segunda "minoría" religiosa de la Unión India. Más de 5,5M viven en otros países del Sur de Asia.

Al igual que los musulmanes, los cristianos practican una religión de origen no índico con resonancias no siempre positivas. La asociación del cristianismo con el colonialismo europeo todavía supone un lastre. Los "padres" de la nación india nunca ocultaron su animadversión por esa religión asociada al poder del que querían desembarazarse. A pesar de todo, nada de eso hace de los cristianos de la India una comunidad menos índica que otras.

Un 65% de los cristianos indios se encuentran en el sur, repartidos en los estados de Kerala (6M), Tamil Nadu (3,8M), Andhra Pradesh/Telangana (1,2M),

Karnataka (1M) y Goa (0,4M). Un 14% vive en los estados del noreste, en especial en Nagaland (1,8M), Meghalaya (1,6M) y Mizoram (0,8M).* Algo más del 11% habita en zonas tribales del interior, especialmente en los estados de Jharkhand (1,1M), Odisha (0,9M) y Chhattisgarh (0,4M).

Esta división regional, empero, es poco significativa sociológicamente. Desde esta óptica, lo pertinente es hablar de cristianos de origen intocable, cristianos de origen tribal, cristianos de baja casta, cristianos de alta casta y angloindios. Los primeros pueden rondar los 14M, los últimos, unos pocos miles. Los cristianos dalits pueden encontrarse en una situación social y económica muy precaria, mientras que los cristiano-sirios de Kerala forman parte de las capas altas de la India.

Desde un punto de vista eclesiástico, entre un 55 y un 60% de los cristianos indios caen bajo la jurisdicción católica, aunque dividida entre los que siguen el rito latino, el rito sirio-malabar y el rito sirio-malankara. Los católicos son mayoritarios en el sur. Entre un 40 y un 45% son protestantes, repartidos en infinidad de iglesias y agrupaciones eclesiásticas (anglicanos, metodistas, presbiterianos, luteranos, etcétera). La franja tribal del noreste es principalmente protestante.

Generalizando, un cristiano indio es un seguidor de Jesús que participa en la misa semanal a la que acuden hombres y mujeres de distintas castas y en la que se realiza la comunión comiendo y bebiendo el cuerpo y la sangre del Cristo. Los santos y vírgenes tienen muchos devotos (católicos, pero también hindúes). La estructura del culto a María es muy similar a la de una *pūjā* hindú: "visión" (*darśana*) de la imagen, rezo, ofrenda y "gracia" (*prasāda*). Las cristianas casadas portan el *maṅgalasūtra* o *tāli*, que es un símbolo tradicional del estatus marital entre las hindúes. Un punto de unión para las distintas corrientes cristianas es la autoridad de la "Biblia", si bien las versiones pueden variar.

En cuanto a la casta, nada hay entre los cristianos indios que nos haga pensar que han abolido, trascendido ni tan siquiera dulcificado la conciencia de casta. Se da por sentado que el igualitarismo es algo inherente al cristianismo, cuando, en todo caso, lo es a nivel teológico. Ante Dios, todos somos iguales, sin duda. Pero, en lo que a este mundo fenoménico respecta, el cristianismo no sólo ha sido o es la religión de sociedades muy poco igua-

* Aunque en cifras absolutas los estados del noreste no son significativos, en proporción son los más cristianizados: Nagaland (90%), Mizoram (87%), Meghalaya (70%) y Manipur (34%).

litaristas (sociedades feudales, esclavistas, racistas...), sino que en muchos casos las Iglesias cristianas han legitimado estas desigualdades. Cuando han aparecido sectas u órdenes de talante claramente más igualitarista, las Iglesias oficiales las han marginado.

A los primeros misioneros católicos, activos poco después de la llegada de Vasco da Gama a la costa de Malabar (1498), la desigualdad por razón de casta no les pareció un asunto que tuviera demasiado que ver con la religión.

En efecto, la primera gran comunidad en convertirse al catolicismo fue la de los paravars, una casta muy baja de pescadores de la costa de Tamil Nadu. Con la conversión esperaban aproximarse estratégicamente a los nuevos amos del comercio de las perlas (los portugueses). Su conversión en masa se podría entender como una forma de "agradecimiento" al apoyo portugués.[34] Como seis años después de su "conversión" los paravars aún no habían recibido ninguna instrucción religiosa, desde Goa las autoridades portuguesas decidieron enviar al jesuita navarro Francisco Javier. Aparte de traducir las plegarias al tamil, Javier no hizo demasiados esfuerzos por entender la teología hindú o adaptar el catolicismo a la cultura de los nuevos conversos. La estrategia de conversión ibérica exigía abandonar toda ligazón cultural con el pasado.

Obviamente, eso es imposible. Para los paravars, la conversión significaba identificarse con la nueva élite gobernante. Pero, a la vez que construían esa nueva identidad alrededor de los símbolos cristianos, retuvieron muchas prácticas culturales nativas y nunca dejaron de ser una casta. Es más, Susan Bayly sostiene que desarrollaron una identidad de casta más compacta y duradera que cualquier otra *jāti* del sur de la India.[35] Mantienen sus costumbres matrimoniales, sus vestidos distintos, su santuario en Tuticorin (basado en el de un templo hindú), con su santo-patrón (Francisco Javier), muy al estilo del *guru* o el *pīr*, y su virgen-protectora (Nuestra Señora de las Nieves), al estilo de la *grāmadevatā* (divinidad protectora) de todo pueblo indio. El culto católico a los santos, con su profusión de imágenes y práctica de la peregrinación, se asimiló con facilidad al *ethos* índico.

El problema con el que pronto se toparon los misioneros fue que también a los europeos se les fue asignando un estatus de "casta": la de los parangīs ("extranjeros"; la forma tamil de *feringhī*, es decir, *français*). El término, sin embargo, fue adquiriendo connotaciones peyorativas, ya que el parangī, además de profesar un culto devocional a Jesús y María, es un impuro bebedor de licor y comedor de carne de vaca. Adherirse al parangī-mārkkam, o religión de los parangīs, equivalía a convertirse en un parangī o "guiri". Desde entonces, el estigma de religión de casta baja ha sido una losa para la expansión del cristianismo.

Aunque algunos métodos empleados en las conversiones han podido ser agresivos y basados en la coerción,[36] por lo general las misiones han seguido otros métodos. El más común ha sido el trabajo social en educación, salud y, más recientemente, ayuda legal o desarrollo agrícola. Ninguna historia social de la India puede pasar por alto la labor de los misioneros cristianos en la educación de la población, sobre todo a partir del siglo XIX. (Un fenómeno que espoleó algunos de los más importantes movimientos del neohinduismo reformista del siglo XIX.) Asimismo, las sociedades misioneras baptistas, luteranas, presbiterianas, anglicanas, adventistas o las de los modernos pentecostalistas se entregaron con ahínco a traducir la "Biblia" al bengalí, al hindi, al marathi… incluso al sánscrito.

Fueron los misioneros los que, en bastantes ocasiones, otorgaron dignidad y autoestima a colectivos muy marginados por la sociedad circundante. El cristianismo indio ha servido en bastantes casos de lenguaje de protesta y ha expresado el resentimiento de las comunidades de dalits.[37] En seguida lo comprobaremos.

No obstante, en zonas tribales del noreste las diferentes iglesias han tendido a asociarse cada una con un grupo étnico, alentando así el faccionalismo. Quizá el aspecto más negativo ha sido el rechazo a los componentes religiosos tradicionales, una actitud muy acusada entre las misiones protestantes del noreste, que sienten una especial aversión por las antiguas religiones primales. Las misiones cristianas entre los khāsis de Meghalaya han prohibido incluso las danzas y las celebraciones deportivas tradicionales.[38]

Dada la heterogénea composición de los cristianos indios, a modo didáctico nos centraremos en dos colectivos vecinos pero casi opuestos: los cristiano-sirios de Kerala, y los católicos ex-intocables del sur de la India.

Los cristiano-sirios de Kerala

La comunidad cristiana más antigua de la India es la de los llamados cristiano-sirios o cristianos de santo Tomás. Ambas denominaciones son significativas. Se tiende a pensar que el cristianismo en Asia es fruto de la colonización. Así fue, en efecto, con los católico-latinos o los protestantes, pero los cristiano-sirios de Kerala reivindican ser discípulos del apóstol Tomás. La leyenda, basada en un texto apócrifo del siglo III, cuenta que, en sus periplos asiáticos, el apóstol evangelizó a unas familias de naṃpūtiri-brāhmaṇs. Luego, sufriría martirio en Mylapore (barrio de Chennai, en Tamil Nadu), donde se encuentra su supuesta tumba, convertida desde hace siglos en un importante lugar de peregrinación. Aunque esto es legendario, los historiadores no lo descartan por completo.[39] En cualquier caso, la Iglesia de la India puede jactarse de ser una de las más antiguas del mundo. Y la tradición le otorga pedigrí de alta casta, al descender de brāhmaṇs conversos.

Está históricamente probada la existencia en Kerala de una comunidad cristiana muy pujante en el siglo IV. El documento más antiguo acredita claros lazos entre estos cristianos y Siria. De ahí que algunos historiadores hayan propuesto la existencia de dos comunidades: los cristianos de santo Tomás, y los descendientes de comerciantes sirios llegados entre los siglos IV y VIII. Cuando el viajero alejandrino Cosmas Indicopleustes ("navegante de la India") arribó a Ceilán y Malabar, en el siglo VI, ya encontró a cristianos. Posteriormente, los cristianos persas vinieron a sumarse a las comunidades malabares. Su lengua teológica y litúrgica es el siríaco, un dialecto del arameo hablado en Antioquía a partir del siglo II y muy utilizado en las redes comerciales del Índico. También es común referirse a esta comunidad con el nombre siríaco "nasrani" ("nazarenos").

Estos cristianos nada tenían que ver con potencias coloniales o misioneros europeos. Florecieron durante más de mil años, perfectamente imbricados en la sociedad de castas keralita. Casi que el éxito de esta comunidad se debe a su constitución y perpetuación como casta. Y esto es lo que más nos interesa en la presente discusión. De hecho, la comunidad se define a sí misma como *jyāti* o grupo endogámico.

Cuando llegaron los portugueses, a finales del siglo XV, se percataron de que estos cristiano-sirios se dedicaban al cultivo de la pimienta y tenían un peso importante en el comercio de las especias. Tampoco era despreciable su participación en los ejércitos de los *rājas* locales. Hasta el punto de que los cristiano-sirios se consideraban a sí mismos de estatus semejante al de los guerreros y nobles nāyars y utilizaban sus títulos honoríficos. También evitaban el contacto con castas polucionantes y reconocían el rango de los brāhmaṇs.

Como cualquier comunidad de alto estatus, estos cristianos de santo Tomás se beneficiaban de los privilegios que la realeza otorgaba a los grupos protegidos: recibían tierras, estaban exentos de algunos impuestos y sus iglesias –arquitectónicamente keralitas– contaban con el aval del rey. Incluso podían realizar el culto en los templos de los nāyars. Para sus procesiones, alquilaban elefantes de templos hindúes, compartían –con los hindúes– el tabú de la polución tras el alumbramiento, dormían con la cabeza hacia el auspicioso este, participaban en el festival hindú del Oṇam, y un largo etcétera de rasgos compartidos con los hindúes. Hasta hace muy poco daban al hijo –siguiendo una costumbre matrilineal nāyar– el apellido del abuelo materno. El baño posterior a los funerales (anclado en el lenguaje de la pureza) todavía se realiza. Como resume Joseph Tharamangalam, para los cristiano-sirios de la Kerala preportuguesa:

> «No había ningún problema con la casta. Pertenecían a una casta alta, tenían esclavos, seguían las prácticas habituales de casta –incluida la intocabilidad– y tenían poco interés en hacer proselitismo».[40]

Todas estas costumbres compartidas con los hindúes no eran –o son– meros préstamos, como los misioneros europeos tendían a pensar. Como señala Susan Bayly, estos ritos salvaguardan la substancia corporativa de la comunidad y garantizan su estatus dentro de un orden moral compartido.[41] Gracias a estos valores y ritos, los cristiano-sirios llegaron a ser clasificados como *savarṇa*, es decir, gente de "casta limpia", aun a pesar de que suelen comer carne, permiten las segundas nupcias a las viudas y pueden dedicarse al comercio de pescado, licor o de los curtidos (rasgos que los convertirían automáticamente en intocables según el lenguaje de la pureza). Enésimo ejemplo de que el rango de castas no se ajusta siempre a los criterios brahmánicos; porque lo cierto es que la comunidad cristiano-siria es pudiente y pujante.

Históricamente, esta comunidad se agrupó en una única Iglesia, que dependió de forma alternante del patriarca nestoriano de Babilonia y del patriarca de la Iglesia jacobita de Antioquía. Con la llegada de los portugueses, el centro de gravedad del cristianismo surasiático se desplazó hacia Goa. Pero, como en seguida vamos a ver, la Iglesia católica nunca puso en cuestión los principios de la diferencia y la jerarquía de la sociedad de castas.

Con los portugueses entró en escena una política religiosa diferente, dominada por la hostilidad hacia el pagano e infiel "hindú", con un espíritu autoritario y proselitista desconocidos. En 1599 se organizó el sínodo de Diamper –cerca de Kochi– para reformar el ritual de los cristiano-sirios y amputar su lazo con la Iglesia oriental. El arzobispo de Goa anatemizó muchas de las creencias "erróneas" y prácticas supuestamente asociadas a los heréticos nestorianos o a los paganos hindúes. Como señaló Mathias Mundadan, el sínodo consideró que esas prácticas eran contrarias a la tradición católica, cuando lo cierto es que la provinciana Europa del siglo XVI no poseía ni de lejos la experiencia de cohabitación religiosa que había caracterizado a la sociedad de Kerala durante un milenio.[42] Después de tantos años de vivir de forma armoniosa con los hindúes (y minorías de musulmanes, judíos o jainistas), los cristianos indios poseían una experiencia del diálogo y el encuentro religioso mucho más refinada e ilustrada que la de sus contemporáneos europeos. El sínodo ordenó cortar todo vínculo con el patriarca de Antioquía. Se impuso el rito latino y se situó a la comunidad bajo la jurisdicción de la Inquisición de Goa.[43]

En el siglo XVII se formaron dos comunidades de "cristiano-sirios": una aliada a Roma, y otra abiertamente rebelde. Dentro de la primera, existen varias corrientes, siendo la principal la de los romo-sirios (a los que Roma dejó mantener –tras muchas negociaciones– el rito sirio). Dentro de la corriente rebelde, en el siglo XIX se formaron tres tendencias más: los anglicano-sirios (tras la participación de misioneros anglicanos), los Mar Thoma (protestantes) y los ortodoxo-jacobitas (genéricamente conocidos como yakobas). Estos últimos forman el grupo más notable de cristiano-sirios.

Aunque los cristiano-sirios se consideran una única *jyāti* (de unos 4M), lo cierto es que los miembros de sus diversas secciones rara vez establecen lazos matrimoniales entre sí.

La losa de secta de casta baja

Durante mucho tiempo, los cristiano-sirios han mirado con hostilidad el trabajo de los misioneros para convertir a los intocables.[44] En tanto miembros de las capas altas de la sociedad keralita, muchos cristiano-sirios tenían esclavos pulaiyaṉs o paravars (o "siervos" en un tipo de relación estilo *jajmānī*). A medida que la evangelización fue cuajando entre las capas de intocables, los cristianos de santo Tomás trataron de diferenciarse de los recién conversos y evitar la pesada losa que caía sobre el cristianismo: la de una secta de castas bajas.

Por motivos distintos, a principios del siglo XIX, también el abad francés Jean-Antoine Dubois quería hacer del cristianismo una religión respetable y alejarla del parangī-mārkkam. Recomendaba a los traductores de las misiones que simplemente resumieran los Evangelios en un tamil refinado y pasaran por alto que Jesús fue hijo de un carpintero y que vivió y predicó entre pastores, pescadores y demás gentes de bajo rango. Dubois no hacía sino prolongar la línea abierta por el jesuita Roberto de Nobili dos siglos antes. Detengámonos un instante en este interesante personaje y su contexto.

Heredero del trabajo de Francisco Javier, de Nobili [FIG. 59] tenía a su cargo comunidades de castas bajas convertidas por cuestiones principalmente políticas y económicas. Así, cuando de Nobili llegó a Madurai (Tamil Nadu) en 1606 optó por una estrategia totalmente distinta: convertir a los brāhmaṇs. Para ello había que conocer primero sus creencias, sus textos o su forma de vida. De modo que de Nobili aprendió sánscrito, tamil y telegu; estudió los textos clásicos, participó en debates con brāhmaṇs y adoptó el estilo de vida de un renunciante hindú. Quería disociarse de los conversos de baja casta, de modo que pidió que ya no le llamaran más parangī; se tornó vegetariano (una sola comida al día siempre preparada por un cocinero brāhmaṇ), abstemio, tomaba dos baños purificadores al día, se vistió de azafrán (color habitual del renunciante hindú), portando el cordón sagrado, marcas sectarias de pasta de sándalo en la frente, etcétera. Audazmente, de Nobili logró convertir a algunos brāhmaṇs al cristianismo. Para estos conversos de casta alta, nada de malo había en seguir llevando el cordón sagrado, el corte de pelo típico del brāhmaṇ o llamarse a sí mismos *saṃnyāsins*. Recibir el bautismo era como ser iniciado por el *guru*. De hecho, de Nobili era llamado con el título *aiyar* (*guru*). Para los conversos de casta alta, ser católico equivalía a pertenecer a una secta que les impedía ciertos rituales idólatras, pero que les permitía vivir con sus familias y mantener sus símbolos e ideas de casta.[45] Pronto, de Nobili y sus misioneros brāhmaṇs se toparon con el dilema de que algunas gentes de castas bajas empezaban a interesarse por esa religión. Así que los jesuitas idearon una segunda orden de misioneros, reclutados entre la casta de los vēḷḷāḷas, que no tenían por qué saber sánscrito ni ser vegetarianos.

La táctica de de Nobili levantó revuelo entre las autoridades eclesiásticas. Fue arrestado y juzgado por la Inquisición de Goa. Finalmente, el Vaticano se decantó en favor de de Nobili, de-

59. Grabado del jesuita Roberto de Nobili creado por Alfred Hamy, 1893.

cretando que esas cuestiones eran culturales y no dañinas para la evangelización.* Lo interesante del asunto es que de Nobili tuvo éxito al atraer al cristianismo a gentes de casta alta, como brāhmaṇs, maṟavars y vēḷḷāḷas. En 1744, la distinción entre dos tipos de misioneros llegó a ser incluso oficial cuando el papa Benedicto XIV reconoció la formación de unos "misioneros parias". Se construyeron iglesias separadas y la estructura de la Iglesia católica india se basó en ese modelo. De esta forma, los católicos indios retuvieron sus identidades y estatus de casta. Cuando la Compañía de Jesús fue disuelta en 1773 por orden papal, el sistema de dos grupos de misioneros fue abandonado, y la posibilidad de un catolicismo de casta alta se esfumó ya para siempre.

Significativamente, también los luteranos (los siguientes en entrar en escena, a principios del XVIII) toleraron las prácticas de casta. Igual que los católicos, buscaban almas para convertir, pero no pretendían transformar la sociedad. Fueron sobre todo las iglesias protestantes y anglicanas las que arremetieron con más dureza contra el sistema de castas y el hinduismo. El influyente trabajo del reverendo baptista William Ward, publicado en 1820, ya describe la fe de los hindúes como una «fábrica de supersticiones» y «el sistema más completo y absoluto de opresión que quizá nunca haya existido».[46] La casta era la maquinación del diablo. Y es que, como diría el obispo de Madrás, «el mayor obstáculo para la conversión de los estratos superiores de la sociedad es la impenetrable barrera de casta».[47]

Los católicos del sur de la India

Las cifras son elocuentes. Un 60% de los cristianos de la India es de origen dalit. A su vez, un 9% de los dalits es cristiano.

Ha sido entre los colectivos intocables donde las conversiones en masa han sido más frecuentes. No es el individuo quien se convierte, sino la familia, la *jāti* o una sección importante de esta. Por ello no es raro que existan sectas cristianas formadas por miembros de solo una o dos castas. Tal es el caso de la Salvation Army Church de Kerala, que es casi una secta cien por cien pulaiyaṉ-paṟaiyaṉ.[48] Lo cual significa que las costumbres y las relaciones so-

* Sin ánimo de rebajar la altura de de Nobili, no olvidemos que él, como Matteo Ricci en China, operaba en un contexto distinto al de la cristianización de las Américas o Filipinas. Se trataba de hacer proselitismo en naciones no conquistadas, por lo que obligatoriamente los métodos tenían que acomodarse a esa realidad. En América, los jesuitas no fueron tan finos.

ciales se ven poco alteradas. Los cristianos dalits siguen siendo intocables, con la peculiaridad de que ahora siguen un culto devocional distinto.

Dado que el sentido de casta se retiene, en muchos casos se habla de los cristiano-pulaiyaṉs, los cristiano-nāḍars, etcétera. Por supuesto, la jerarquía se mantiene tanto en relación con el mundo hindú o musulmán como entre las castas cristianas entre sí. Un cristiano-sirio pertenece a una casta que está claramente por encima de un cristiano-pulaiyaṉ y, seguramente, no irá al *chēri* o barrio donde viven los intocables (cristianos o hindúes). Los tabúes de comensalidad siguen presentes entre ambas secciones. Hasta hace muy poco, los cristianos de origen intocable (todavía denominados "neocristianos") tenían que cubrirse la boca con las manos en presencia de un cristiano-sirio (llamado muchas veces "cristiano", a secas). Y, desde luego, un enlace entre un cristiano-sirio y un cristiano-dalit es todavía impensable, aunque ambos puedan ser católicos.

Los intocables católicos pueden sufrir discriminaciones de todo tipo. En la iglesia, tienen que sentarse en bancos separados, a veces en capillas reservadas para ellos, reciben la comunión por separado, son enterrados aparte, las procesiones no pasan por sus calles, apenas están representados en el clero (un 92% de cargos pertenecen a sacerdotes "de casta"). No es raro que algún sacerdote católico lleve su propia jarrita de agua para evitar tener que tomarla de los intocables. Incluso existían –hasta los 1970s– dos tipos de ataúdes: uno para los de alta casta, que se mantenía dentro de la iglesia, y el otro para los cristianos-dalits, que se situaba afuera.[49] Aunque algunos de estos tabúes hoy ya no son visibles, se mantienen de forma subrepticia (ya no existe la barrera de ladrillos que separaba los asientos, pero los fieles siguen sin mezclarse).

Para más inri, en tanto cristianos, los intocables no se benefician de la política de discriminación positiva que ayuda a los intocables hindúes, sikhs o budistas (motivo por el cual algunas secciones optaron por una "reconversión" al hinduismo). Únicamente han recibido ayudas –estatales, no nacionales– en estados como Kerala, Tamil Nadu, Andhra Pradesh o Gujarat, donde su número es políticamente relevante.

Dado que la situación social y económica de los intocables cristianos no difiere de la de los intocables hindúes, cabe preguntarse ¿por qué los dalits han seguido convirtiéndose –bien que hoy en número reducido– al cristianismo? Si no ha sido para escapar de la pobreza o mejorar su condición, puede que «la adopción del cristianismo haya permitido a ciertos grupos construir una visión del mundo y de sí mismos más gratificante que la que tenían mientras eran hindúes», en palabras de Catherine Clémentin-Ojha.[50] Sin eliminar cuestiones económicas o vocaciones espirituales particulares, ha sido la búsqueda de la dignidad y cierto reconocimiento de igualdad lo que ha impelido a bastantes grupos a adoptar una nueva identidad religiosa. En este sentido, igual que la islamización, la cristianización tiene algo de sanscritización [véanse págs. 251-254]. Cuando en la década de los 1820s las mujeres śāṇārs conversas (intocables de Tamil Nadu y Kerala) quisieron cubrirse el pecho como las de alta casta, fueron recibidas con mucha hostilidad tanto por la nobleza nāyar como por los cristiano-sirios. (Típica reacción de los de alta casta frente a grupos que pretenden emularlos.) Cuando en los 1850s se decretó oficialmente que sí tenían derecho a hacerlo –aunque ¡siempre que no fuera a la usanza de las mujeres de alta casta!–, ello acarreó muchas conversiones al cristianismo. Como explica Clémentin-Ojha, «no se trata de salirse del sistema de castas, sino de ascender en la jerarquía social».[51] De ahí que, lejos de trascender la casta, el cristianismo en la India ha acabado por reforzarla.

Únicamente en los casos de conversiones individuales (sobre todo si se dan en un contexto urbano), la casta pierde relevancia. Por lo demás, para la mayoría de cristianos dalits la casta o la discriminación por razón de casta sigue siendo una realidad cotidiana y tangible.

Teología de la liberación dalit

Visto lo anterior, no extrañará que entre ciertos círculos cristianos haya cuajado una especie de "teología de la liberación" dalit. Se diferencia de su homóloga latinoamericana en su alejamiento del marxismo.

Es una teología que marca claramente su discontinuidad con la teología cristiana "de casta". Como expresa K.P. Aleaz, a quien seguiremos de cerca en este apartado, «es una contrateología».[52]

Su principal característica radica en que prioriza el término "dalit" frente al de "cristiano", que es el dominante en la teología oficial. Es, pues, una teología "desde abajo", que utiliza el lenguaje, las expresiones, los sentimientos, las canciones, los proverbios y la sabiduría de los dalits. No se nos habla de verdades recibidas del Cielo, sino de experiencias sociales de sufrimiento, resistencia y emancipación.

Para esta teología, Jesús es un dalit supremo. En él, Dios participa del sufrimiento dalit. Y ellos lo conocen a través de su sufrimiento. Dios ha encarnado en ese dalit que ama a los excluidos, los leprosos y los pobres. Su propia genealogía muestra que Jesús vivió las condiciones de los dalits: fue hijo de un humilde carpintero, alguien que experimentó el rechazo, la burla, el desprecio y, al final, la muerte. Su actitud hacia los samaritanos muestra que amaba y se preocupaba por los descastados. Él tomó la opresión y el dolor de los humillados y dio su vida para redimirlos.

La teología dalit de la liberación no sólo ofrece una nueva autocomprensión más digna y denuncia el pecado de la intocabilidad, sino que crea un espacio para que puedan expresarse sus reflexiones. Dado que históricamente a los dalits se les negó el acceso a la palabra escrita y sagrada, su reflexión ha tomado la forma de músicas, danzas, pinturas, telas, etcétera. Como nos dice Aleaz, «en India, la teología ha de incluir la teografía y la teofonía».[53] El caso de los paṟaiyaṉs es revelador.

El tambor es el principal símbolo religioso paṟaiyaṉ. Contiene la particular experiencia de lo Divino del dalit. Está hecho de piel de vaca, y es utilizado por especialistas dalits en diferentes eventos rituales (procesiones, festivales, pero también para proteger, exorcizar, pregonar, etcétera). El tambor hecho de la piel de la sagrada vaca representa la impureza, inauspiciosidad y degradación del paṟaiyaṉ. Pero por mucho que se utilice para resaltar su inferioridad, los paṟaiyaṉs son y serán los sacerdotes (*aiyar*) del tambor (*paṟai*). Al situar el tambor en el centro de la reflexión, la teología está obligada a interactuar con la música como medio de reflexión y constructor de significado.[54] Cristo como tambor es la presencia inmanente de Dios que dirige la creación hacia lo humano, y lo humano hacia la dinámica de la resistencia emancipadora. Cristo es el tambor porque es el medio a través del cual el sonido Divino alcanza la interioridad de las comunidades subalternas.

LOS SIKHS[55]

El sikhismo cuenta con 20M de practicantes en la India. Es la tercera "minoría" religiosa del país (1,9% de la población). Nacida en el Punjab hace poco más de 500 años, la religión sikh está muy enraizada en la tierra, la lengua y la sociedad panyabíes. Con todo, la voluminosa diáspora sikh en otras partes de India y en gran cantidad de países (en especial Canadá, el Reino Unido y EE.UU.) hace del sikhismo un fenómeno al mismo tiempo deslocalizado. Si tomamos las cifras mundiales, los sikhs rondan los 24M.

Al igual que el resto de comunidades indias, la sikh está poblada por distintas *zāts* (la forma panyabí de *jāti*). Cada *zāt* se subdivide a su vez en clanes llamados *gots* (la panyabí para *gotra*). Gurū Nānak, el *guru* fundador del sikhismo a principios del XVI, pertenecía al *zāt* o casta khatrī y al *got* o clan bedī. Es habitual entre los sikhs utilizar el *got* como apellido (al que bastantes añaden el marcador de bautismo en una fraternidad espiritual: "Siṅgh" para los varones y "Kaur" para las mujeres).

Por lo general, la persona se casa dentro del *zāt*, que conforma su círculo de matrimonio, pero evitando su propio *got*. Por tanto, se da endogamia de *zāt* y exogamia de *got*. La exogamia se practica en relación a los *gots* de los cuatro abuelos. Muchos sikhs respetan también exogamia de aldea: uno no se casa dentro de su pueblo o cualquiera de los pueblos contiguos a su municipio. No obstante, se prefieren las parejas de la misma región (*doāb*). De resultas de todas estas reglas, el espectro de novios y novias casaderas se reduce considerablemente. Todo, francamente, muy indio. Y que contrasta poderosamente con el discurso "oficial" sikh.

En efecto, en su labor de codificación de un sikhismo universal, el SGPC (Shiromani Gurdwara Prabandhak Committee), la institución que trata de regular la "ortopraxis" sikh, expresa claramente que un sikh debe «rechazar las distinciones de casta y la intocabilidad».[56] El pronunciamiento del SGPC, que es de mediados del siglo XX, no es nuevo. En su tiempo, los Gurūs sikhs fueron críticos con la sociedad de castas. Gurū Nānak se identificaba con los de baja extracción y los intocables:

> «Donde estén los de casta más baja entre los de casta baja, e incluso por debajo, Nānak está con ellos».[57]

Nānak criticó la arrogancia del brāhmaṇ y la decadente moral del khatrī (su propia casta, colaboradora con la clase dirigente). Los reformadores sikhs del siglo XIX prolongaron el tono anticasta de los Gurūs sikhs, que el SGPC y los líderes contemporáneos no han cesado de subrayar. En otras palabras, en su autoimagen ideológica el sikhismo es una religión sin casta. Pero una cosa es la teoría y otra la práctica. Si bien es cierto que el sikhismo no acepta los cuatro *varṇas* de la ideología brahmánica y la condena de los Gurūs sikhs fue sincera, la realidad es que la sociedad sikh mantiene la mayoría de los rasgos de la sociedad de castas india.

Nānak no rompió con el sistema de castas, tal y como mantienen algunos estudiosos.[58] Su crítica se dirigía especialmente a los privilegios de los brāhmaṇs y a su obsesión por las ideas de jerarquía y pureza. Para los Gurūs sikhs, estas cuestiones no poseen valor alguno en relación con la liberación. Dios (Akāl Purakh) no tiene casta. Por ello, el quinto Gurū sikh, Arjan, incluyó escritos de santos hindúes contemporáneos pertenecientes a castas consideradas bajas (como el chamār Ravidās, el carnicero Sādhan o el barbero Sain) en su edición del Libro sagrado de los sikhs. Gurū Gobind Siṅgh, el décimo y último Gurū personal de los sikhs, nos invitaba a reconocer una única naturaleza humana, igual para hindúes o musulmanes, claros u oscuros, feos o hermosos, «porque todos hemos sido creados a imagen del mismo Señor».[59] Pero en modo alguno los Gurūs quisieron abolir las castas. El propio Gobind comenzó su autobiografía como un *purāṇa* hindú, con las dinastías reales y, via Rāma y Sītā, hasta los clanes de los khatrīs, que emparentó con la palabra "kṣatriya". O sea, Gobind explicaba el origen del sikhismo a través de la casta y dentro de una genealogía impecablemente brahmánica.

Dentro del templo sikh (*gurduārā*), el sikhismo ha eliminado la casta. Dice el *Sikh Rāhit Maryādā*, el código promulgado por el SGPC, que «todos son libres de entrar en una *gurduārā* sin consideración de casta o credo». Sucede que en la práctica, las distintas comunidades tienden a construir sus propias *gurduārās*, sea en el Punjab o en Europa. Y, de todas formas, fuera del templo, la casta y la jerarquía de casta son una realidad en la sociedad sikh. Todo el mundo sabe que en el medio urbano la casta khatrī se encuentra en la cúspide, mientras que en el rural domina la jāṭ. Y existe la discriminación hacia miembros de castas consideradas impuras.

Con todo, hay que admitir que para los parámetros índicos la posición del sikhismo es vocacionalmente igualitarista. Buena parte de las reformas sikhs de los siglo XIX y XX tuvieron que ver con la supresión de los tabúes y las discriminaciones de casta. Los británicos ya advirtieron que el Punjab constituía una importante excepción a la norma de castas de la India. Al fin y al cabo, los Gurūs sikhs –igual que los sufíes– habían establecido la comida colectiva del *laṅgar* con el objetivo de no realizar distinción de estatus ni seguir las estrechas normas hindúes de comensalidad. Durante el *laṅgar*, todo sikh, sin distinción de género o casta, *prepara* y *sirve* la comida. Forma parte de su servicio (*sevā*) a la comunidad. Y todo el mundo, sin distinción de género, edad, religión o casta, se *sienta* en hileras, unos junto a otros, y *comparte* los alimentos. De esta forma, simbólica y tangi-

60. Tres generaciones de mujeres en un *laṅgar* en el Templo Dorado de Amritsar (Punjab). Foto: George Kurian, 2010.

ble, se refuerzan los lazos de la comunidad y se acentúa el valor de la igualdad. Conociendo la carga ritual que tiene en la India el preparado y cocinado de alimentos, y el compartir mesa con otros comensales [véanse págs. 206-213], se entenderá el alcance del *laṅgar* sikh [FIG. 60].

Lo mismo puede decirse de la iniciación en la fraternidad militante de la Khālsā. Cuando se prepara el agua bautismal de la ambrosía, todos beben del mismo recipiente. Por tanto, en los contextos ritual y soteriológicamente relevantes, la casta no desempeña ningún papel.

Pero como las propias vidas de los diez Gurūs muestran, ellos no se opusieron a la faceta social y "secular" de la casta. Los diez fueron khatrīs y desposaron e hicieron casar a sus hijos según los preceptos de los khatrīs. No sabemos que los Gurūs alentaran los matrimonios cruzados. De hecho, un matrimonio entre distintas *zāts* es hoy una fuente de deshonra familiar.[60] Como resume Hew McLeod, los Gurūs «se opusieron a las distinciones *verticales* de la casta, pero la aceptaron en sus relaciones *horizontales*».[61]

Castas sikhs

La khatrī sigue siendo la casta más destacada en el medio urbano. Puede representar un 3% de la comunidad sikh. No obstante, el grueso de este *zāt* es hindú; hecho que no impide el matrimonio cruzado entre khatrīs sikhs y khatrīs hindúes, ya que poseen un nivel social semejante y mantienen costumbres alimenticias o de profesión parecidas. Aunque los khatrīs se jactan de un origen kṣatriya (de donde Gurū Gobind hacía derivar el nombre de la casta), lo cierto es que su elevado estatus proviene de su éxito como comerciantes, funcionarios e industriales.

Otra importante casta mercantil y urbana del Punjab es la aroṛā, asimismo predominantemente hindú pero con una sección sikh (quizá un 2% de la comunidad). También entre ellos se dan matrimonios cruzados.

Los vínculos entre estas castas comerciantes de religiones mixtas pueden ser tan estrechos que entre los aroṛās y los khatrīs hindúes no es infrecuente que se eduque al primogénito como un sikh *keśdharī* (que mantiene los símbolos externos de los sikhs –como la barba, la daga o el turbante–, aun sin iniciarse formalmente). Estas familias se unen a los sikhs en sus templos y tienen en gran estima el Libro sagrado de los sikhs: el *Ādi Granth*.

Históricamente, el segmento urbano del Sikh-panth, aunque minoritario, ha sido muy influyente. Las subcastas khatrīs a las que pertenecieron los diez Gurūs sikhs (bedī, trehaṇ, bhallā y soḍhī) tuvieron unos privilegios y recibieron un trato de respeto especiales. Esta situación fue cambiando a partir del siglo XX gracias al sesgo igualitarista de los reformadores sikhs.[62] No extrañará, pues, que las inclinaciones elitistas y jerárquicas de los khatrīs y los aroṛās no despierten demasiadas simpatías en una comunidad dominada por la gran casta rural de los jāṭs. Tampoco ha favorecido el hecho de que estas castas mercantiles hayan mantenido estrechos vínculos maritales con los hindúes y entre sus costumbres no sobresalga la simbología de las "cinco Ks".[63]

En el mundo rural, la comunidad sikh está dominada por la macrocasta jāṭ. Puede que un 60% de los sikhs sea jāṭ. La casta posee tres secciones: una musulmana, que domina en el estado paquistaní del Punjab, otra sikh, que es la hegemónica en el Punjab indio, y otra hindú, que es numerosa en Rajasthan, Punjab o Haryana [FIG. 24].

Aunque sabemos que el núcleo de los primeros discípulos de Nānak estaba compuesto por miembros de su misma casta, la khatrī, parece verosímil que desde el inicio muchos jāṭs se unieran al sikhismo. Lo confirma la crónica persa del *Dābistān-i Mazāhib*, que señala que a mediados del siglo XVII el grueso de seguidores de los Gurūs eran jāṭs.[64] Según el censo británico de 1881, un 66% de los sikhs pertenecía a esta macrocasta.

Es lógico pensar que si un grupo social adquiere tanta preeminencia en un nuevo movimiento religioso, tenderá a imponer las características y costumbres de su grupo a toda la comunidad. Y los jāṭs son una sociedad peculiar, con sus propios códigos éticos, económicos y sociales. Nómadas hasta hace pocos siglos, poseen una larga tradición marcial y han estado siempre habituados al uso de las armas [FIG. 76]. No en vano han habitado una zona que linda con Persia, Afganistán y Asia Central. En el siglo VIII, cuando se produjo la conquista árabe del Sindh (lugar de origen de los jāṭs), estos clanes nómadas y guerreros eran considerados de bajo rango. El viajero y erudito al-Bīrūnī (siglo XI) aún se refería a ellos como śūdras. En la tiempos de Nānak (siglo XV), los jāṭs, aunque estaban creciendo en importancia y peso económico, eran todavía considerados ritualmente bajos. En época del ministro Abū'l Fazl 'Allāmī (siglo XVI), ya los hallamos en posición de terratenientes. En los censos británicos de finales del XIX, sus clanes representaban a más de la mitad de los jefes locales (*zamīndārs*) [FIG. 22]. Según Irfan Habib, esta disparidad entre su estatus ritual y su nivel económico habría propiciado la "migración en masa" al sikhismo y al islam [véanse págs. 438-439].[65] Dado su origen humilde pero su pujanza social, de buen principio los jāṭs habrían estado bien predispuestos hacia una enseñanza que relajara las distinciones de casta. Además, un rasgo distintivo de la sociedad jāṭ es un cierto igualitarismo de género (a pesar de sus nociones de "honor"), fenómeno que habría atraído a muchas mujeres hacia el mensaje de emancipación de los Gurūs.[66] Encontramos aquí otro de esos casos indios de estrecha asociación entre casta y secta.

Su incorporación masiva al Sikh-panth perpetró un cambio de orientación importante. Si hasta entonces habían sido los khatrīs urbanitas y orientados al comercio quienes dominaban la comunidad, la entrada de una masa de seguidores campesina exigía la integración de sus propios cultos en la nueva religión. Quizá eso explique la proclividad de Gurū Gobind a utilizar simbología hindú y mitología de la Diosa. En la India, la idea de "unirse" –mejor que "convertirse"– a una religión no implica renunciar ni alterar las creencias, comportamientos y hasta filiaciones previas.

Para esta gente, la pertenencia a la comunidad era más una cuestión de lealtad al líder. Gracias a la fraternidad militante de la Khālsā, los jāṭs canalizaron sus tradiciones marciales y formaron la mayoría de ejércitos (*misls*) que a lo largo del siglo XVIII combatieron a los mogoles y afganos. Posiblemente, fue la progresiva influencia de los jāṭs en el grupo lo que habría provocado los temores del emperador mogol y el arresto –y martirio– de Gurū Arjan, el quinto Gurū sikh. Los jāṭs eran la fuente de ingresos más importante para el erario mogol.[67] El Estado no podía permitirse una exención de este calibre. La dureza con la que el emperador mogol y los dirigentes indoislámicos trataron a los sikhs se explica mejor por la amenaza política que percibían de un movimiento popular y vigoroso de jāṭs armados, que no por una hostilidad hacia las doctrinas religiosas sikhs en sí mismas.[68] A la postre, el contrapoder sikh-jāṭ acabaría por crear un imperio en el Punjab; un imperio que sólo sería sometido –a un elevadísimo coste de vidas– por los británicos a mediados del siglo XIX.

Casos similares de ascenso social se dieron con otras castas consideradas bajas según los baremos brahmánicos de pureza. El sikhismo ha servido de canal de movilidad para un buen número de castas artesanales, muchas de las cuales proveían de servicios a los terratenientes jāṭs.

Tal es el caso de una casta hoy bastante influyente (quizá cercana al 10% de la comunidad), la rāmgaṛhīā, originada con un *sardār* del siglo XVIII: Jassā Siṅgh Ṭhokā, renombrado tras sus gestas como Jassā Siṅgh Rāmgaṛhīā. Durante los siglos XVIII y XIX, un conglomerado de subcastas de carpinteros (tarkhāṇs) y artesanos fueron dando forma a esta casta. Con el tiempo, también herreros (lohārs), barberos (nāis) y albañiles (rājs) aceptaron el título "rāmgaṛhīā" y se coagularon para formar esta macrocasta "artesana", que es ciento por ciento sikh. Muchos rāmgaṛhīās emigraron a África y, desde allí, al Reino Unido.

Otra casta de trayectoria muy pareja y que ha eclosionado desde finales del siglo XIX es la āhlūvālīā. Su nombre antiguo era kalāl; y la ocupación tradicional era la destilación de licores (trabajo "innoble", que ya casi nadie sigue dada la animadversión de los Gurūs hacia el alcohol). Un destacado miembro de esta casta fue el jefe de los ejércitos sikhs del siglo XVIII, Jassā Siṅgh Kalāl, originario de la aldea de Ahlu, de donde proviene el nombre actual de la casta. Hoy, de los āhlūvālīās nadie recuerda su origen *quasi*-intocable. Destacan en el comercio, en el funcionariado, en el ejército o entre el profesorado universitario.

Tanto los āhlūvālīās como los rāmgaṛhīās son buenos ejemplos de movilidad social ascendente del estilo de la "rajputización" [véanse págs. 256-260].

Cada casta sikh tiene sus costumbres, tradiciones y rasgos peculiares. Para Opinderjit Kaur Takhar puede que esto explique la existencia de diferentes *gurduārās* basadas en la casta.[69] Como hemos comentado, en determinados aspectos los jāṭ-sikhs están más cercanos de los jāṭ-hindūs que de otros sikhs. Lo mismo sucede con khatrīs y aroṛās. Los sikhs de extracción intocable, como los rāvidāsīs y los mazhabīs, pueden unirse con facilidad a sus contrapartidas hindúes (chamārs y bhangīs) con quienes tienen intereses políticos y sociales en común.

Intocabilidad sikh

Por extraño que parezca, existen castas intocables dentro de la comunidad sikh. La más importante es la de los trabajadores del cuero (rāvidāsī, rāmdasia, ādi-dharmī), que se corresponde con la gigantesca casta chamār.

Los rāvidāsīs son seguidores de Raidās o Ravidās, un poeta y místico del siglo XVI de casta chamār muy respetado por los Gurūs sikhs. Muchos chamārs se unieron al sikhismo a finales del XIX y principios del XX, cuando en su particular pugna con los misioneros cristianos y los aryasamajistas, los líderes de los sikhs hacían proselitismo entre las castas de intocables del Punjab. Durante las décadas de los 1920s y 1930s, los rāvidāsīs participaron en el movimiento Adi Dharm liderado por Mangu Ram, uno de los movimientos de castas bajas más importantes del siglo. Los sikhs rāvidāsīs (a quienes no les suele gustar que los llamen chamār y algunos de los cuales proceden de otras castas, como la julāhā) tienen a Ravidās a la par con los diez Gurūs sikhs. Puede que los rāvidāsīs representen ya un 5 o 6% del Sikh-panth. Sus templos suelen llamarse Ravidās-mandiras. Aparte de situar el *Ādi Granth* en el centro del templo, suelen incluir una imagen del santo Ravidās, de los Gurūs sikhs o del líder dalit B.R. Ambedkar, y tienen su propia bandera. Aunque sus doctrinas son prácticamente idénticas a las de los sikhs "de casta", rechazan el código marcial de la Khālsā y tienen algunos rituales propios. La ironía es que muchos sikhs los tienen por hindúes y no los aceptan como sikhs.

La aproximación de los rāvidāsīs al Sikh-panth tiene mucho de protesta política. Es la manifestación de una ideología sociorreligiosa disidente.[70] En este sentido, su historia ha sido desafortunada.

Como también ha sido la de otro *zāt* de bajo estatus: el de los barrenderos y retiradores de carroña (mazhabīs), que se homologa a la panindia bhangī (hindú) o chūhṛā (cristiana). Ellos prefieren llamarse bālmīkis, nombre que proviene de Vālmīki, el legendario autor del *Rāmāyaṇa*, de quien se oye con frecuencia que provenía de una casta baja. Como en el caso anterior, muchos sikhs niegan que esta casta-secta pertenezca al Sikh-panth. En consecuencia, los mazhabīs están muy aislados del *panth*.

El ostracismo de rāvidāsīs y mazhabīs tiene raíces profundas. Existen zonas del Punjab donde jāṭs, khatrīs y aroṛās, no sólo comparten mesa, sino que empiezan a casarse entre sí. Y, sin embargo, ninguno de ellos visitaría la casa de un mazhabī, compartiría mesa con él y mucho menos tendría vínculos maritales con su familia. En muchos pueblos, los intocables sikhs viven en barriadas separadas, tienen sus propios pozos y, si bien se les invita a los festivales del pueblo, pueden ser segregados en su ubicación. En 41 de 51 aldeas del Punjab estudiadas por el equipo de Ghanshyam Shah, los intocables sikhs tenían templos separados.[71] Aunque no existe impedimento en que los intocables sikhs visiten la *gurduārā* "de casta", los de casta alta nunca se dejan ver por las *gurduārās* de los rāvidāsīs. Incluso algunos se quejan de que en la comida colectiva del *laṅgar* se les pide que se sienten en hileras separadas. Y sólo en raras ocasiones se permite a los intocables participar en el cocinado y servicio del *laṅgar*.[72]

Todas estas formas de discriminación se han replicado al pie de la letra en muchas de las áreas de acogida de la diáspora sikh. En el Reino Unido, los mazhabīs también poseen sus propios templos y muchos sikhs "ortodoxos" niegan que pertenezcan al Sikh-panth.

El caso de los rāvidāsīs de Cataluña estudiados por Kathryn Lum es asimismo revelador.[73] Igual que en el Reino Unido, las *gurduārās* de Cataluña (donde reside la práctica totalidad de los 6.000 sikhs estimados en España) siguen patrones de casta. Hay *gurduārās* de labanas (casta muy numerosa en Cataluña), de jāṭs o de rāvidāsīs. Tras algunos incidentes en el 2002, y el más grave del asesinato de varios líderes y miembros de la comunidad rāvidāsī europea en Viena, en 2009, la mayoría de rāvidāsīs de Cataluña tiende a alejarse hoy del sikhismo. Muchos se identifican con el ambedkarismo y la militancia dalit, y hasta han vuelto a retomar con orgullo la otrora denostada designación "chamār". Consideran que para mejorar su condición deben desarrollar su propia identidad y no dejarse absorber como sikhs de segunda clase. Los rāvidāsīs tienen la sensación de que son sistemáticamente excluidos de los comités de templos y que sus símbolos y hasta su santo (Ravidās) no son tratados con el debido respeto; algo que entra en crasa contradicción con las enseñanzas de los Gurūs. Está claro que en los precarios contextos diaspóricos, resaltar los viejos marcadores de estatus otorga a los de casta superior cierta "seguridad" psicológica.[74] Como resultado, estamos asistiendo en el área de Barcelona y otros lugares de la diáspora sikh a un paulatino alejamiento de los rāvidāsīs del Sikh-panth. Las imágenes de los Gurūs sikhs han sido retiradas de la *gurduārā*, la salutación ha sido modificada y hasta el Libro sagrado de los sikhs ha sido sustituido por el *Amṛitbāṇī*, el texto que recoge la poesía espiritual de Gurū Ravidās.

Al mismo tiempo, sin embargo, los líderes de la comunidad sikh en el Punjab han peleado durante mucho tiempo para que estos colectivos pudieran ser incluidos –junto a los intocables hindúes– en las listas de Scheduled Castes y obtener sus reservas de discriminación positiva en la educación y la administración. Temían que si la política de cuotas no se ampliaba a los sikhs, estos colectivos degradados podían declararse hindúes. En este sentido, el éxito de la comunidad sikh ha sido grande, ya que el Punjab posee el porcentaje más alto en toda la India de intocables con derecho a la discriminación positiva (28,9%). Pero como en otras partes del continente, los sikhs de baja casta aún retienen su estatus plebeyo.

LOS JUDÍOS

Acabaremos esta exposición con el ilustrativo caso de la minoría judía india. En la actualidad, no rebasan las 10.000 personas, concentradas en ciudades como Bombay (hoy Mumbai), Calcuta (hoy Kolkata), Cochin (hoy Kochi) o Ahmadabad. Y siguen menguando, dado su goteo migratorio hacia el Estado de Israel.

La comunidad indojudía más importante es la bene-israel ("hijos de Israel"), implantada en Mumbai y otras partes de Maharashtra. Forma el grueso de los judíos indios. Los llamados baghdadīs (originarios de Irak), muy activos en el comercio internacional, apenas llegan a los 200. La comunidad más antigua, y también la más pequeña, es la de Kerala, que en el 2006 contaba únicamente con 60 individuos.

Puede que unos 80.000 judíos indios, procedentes de estas tres comunidades, se encuentren dispersos por el mundo. La gran mayoría en Israel, con minorías en países de la angloesfera, como Australia y los Estados Unidos.

❖ ❖ ❖

Vamos a centrarnos en la más minúscula de estas comunidades, la de los judíos keralitas de la costa de Malabar, genéricamente conocidos como judíos de Kochi. Esta comunidad «ocupa el rincón más remoto de la diáspora judía y, al mismo tiempo, forma la más microscópica de la miríada de minorías indias», en palabras de los mejores especialistas en esta comunidad.[75]

El caso de los indojudíos es único en la historia del pueblo judío. Desde que sabemos de su existencia (siglo IV), jamás han conocido una persecución o masacre. Al contrario, siempre fueron tratados con afecto y respeto. Como dice un miembro de la comunidad, «la palabra antisemitismo, simplemente, no existe en nuestro diccionario indio».[76]

La historia de los judíos de Kochi es una más entre las muchas historias de acogida de refugiados religiosos que ha brindado la India: cristianos nestorianos, zoroastrianos (parsis), budistas tibetanos, etcétera. La ironía es que, en la larga historia de la diáspora judía, la comunidad que mejor se integró en una tierra de acogida, y que seguramente tuvo una vida más apacible, fue una de las primeras en extinguirse debido a la masiva emigración a Israel.

Para nuestro estudio, lo interesante de los judíos de Kochi es que también ellos se organizaron como casta, con sus propias *jātis* endogámicas.

La inmersión en el mundo circundante hindú se hizo apropiándose de los símbolos de la nobleza nāyar, históricamente la casta más poderosa de Kerala, y tomando los símbolos de los naṃpūtiri-brāhmaṇs, una de las castas de la India más vigilantes en lo que a criterios de pureza respecta. Al tomar prestados del hinduismo determinados elementos, lo que en realidad hicieron los judíos de Kerala fue acentuar las corrientes ascético-clericales y determinados temas rituales *ya presentes* en el judaísmo (como sus estrictos tabúes alimenticios, los ayunos propios del judaísmo, una clase sacerdotal hereditaria, etcétera). Asimismo, se realzó el aspecto soberano de los nāyars. Los judíos poseen costumbres matrimoniales que permiten enlaces entre primos cruzados y primos paralelos, exactamente igual que los nāyars, de quienes tomaron muchos elementos de la ceremonia nupcial. Para ajustarse al lenguaje de la pureza, el judío indio acabó por otorgar un especial valor al ascetismo (en fiestas como Pésaj o Yom Kippur) y a las restricciones alimentarias (*kashér* y *trēfáh*). El resultado es que la identidad de los judíos de Kochi es «a la vez plenamente india y plenamente judía».[77] El caso es idéntico al que vimos con sus vecinos cristiano-sirios [véanse págs. 347-350].

Naturalmente, además de las simetrías rituales entre judíos y nāyars o naṃpūtiris, se daba asimismo una congruencia en sus patrones económicos. Desde el siglo XVII (y hasta las reformas socialistas del gobierno de Kerala, en 1957), el grueso de la comunidad de Kochi vivía de sus campos de cocoteros, propiedad de la sinagoga y de las familias judías más pudientes. Su carácter terrateniente hizo de los judíos de Kochi una casta dominante (distinta en ocupación a los comerciantes judíos de Mumbai o Kolkata y hasta de sus propios antepasados keralitas anteriores al siglo XVII).

David Mandelbaum fue el primer antropólogo que designó a los judíos de Kochi con el término *jāti*.[78] En cuanto grupo aceptado como indio, con lenguaje ritual propio, peculiaridades alimenticias, matrimonios endogámicos, calendario e historias de origen propias, los judíos de Kochi poseen los elementos necesarios para ser considerados como una casta. Es más, tienen subcastas endogámicas con diferentes estatus y sobre las que pesan prejuicios –a la hora de efectuar ciertos rituales en la sinagoga– exactamente como ocurre con las castas de la "derecha" o de la "izquierda", típicas del vecino país Tamil.

Aunque estas divisiones han desaparecido hoy (seguramente por el reducido tamaño de la comunidad), durante siglos los indojudíos se dividieron entre aquellos que podían jactarse de un origen hebreo y aquellos a los que se les negaba este honor. Con la racialización de la cuestión aportada por la colonialidad, esta divisoria se transformó en judíos "blancos" y judíos "negros".

Posiblemente, los llamados "blancos" o "extranjeros" (paradeśīs) provinieran de Europa y Oriente Medio (no pocos sefardíes huidos de la península ibérica) durante el siglo XVI y goteos posteriores. Toparon en India con una comunidad judía bien diferente (en lengua, vestido, dieta), que decía haber llegado a la India muchos siglos antes. Necesitados de un nicho en la nueva sociedad, los recién llegados utilizaron su mejor conocimiento del judaísmo, su familiaridad con las prácticas de comercio europeas y su dominio de las lenguas para desplazar a los "negros" o judíos malabarīs. Con probabilidad, estos malabarīs procedían de lejanas oleadas de comerciantes judíos que habrían tenido descendencia con mujeres locales. Los siervos de estas familias judías también se habrían convertido.

El hecho es que pronto se formaron dos verdaderas castas fuertemente enemistadas. Los paradeśīs argumentaban que los malabarīs eran mestizos, esclavos, conversos o ex musulmanes. Los malabarīs sostenían que ellos habían arribado del antiguo Israel hacía 2.000 años (tras la destrucción del segundo Templo). Decían ser –correctamente– los descendientes de los judíos que ya en el siglo IV construyeron una sinagoga en Kodungallur (o Cranganore, conocida también como Muziris). Esta rivalidad es calcada a la que existía también en Malabar entre los musulmanes árabes o "extranjeros" (paradeśīs), que sólo residían a temporadas en Kerala, y los musulmanes malabares (māppiḷas), de madre keralita y padre árabe.[79]

Incluso dentro de la comunidad paradeśī se fue configurando una verdadera subcasta: la de los llamados “libertos” (meshuchrarim), es decir, esclavos de origen africano que los paradeśīs habían traído de Europa, que fueron luego liberados y se convirtieron al judaísmo. El término también abarca a los mestizos nacidos de un “blanco” y una esclava. Los meshuchrarim podían rezar en la sinagoga paradeśī pero con restricciones rituales. No podían sentarse con ellos, recitar determinados himnos litúrgicos, enterrar a sus muertos en ataúdes, siquiera en el cementerio de los paradeśīs. Por supuesto, meshuchrarims y paradeśīs no establecían enlaces matrimoniales. Con el movimiento de protesta de Abraham Barak Salem, fuertemente inspirado por el gandhismo, las restricciones a los meshuchrarim fueron diluyéndose. Los primeros matrimonios entre miembros de estas dos subcastas se dieron en los 1950s (en una sinagoga baghdadī de Mumbai). Hoy, incluso el término “meshuchrarim” ha dejado de utilizarse. Y debido al debilitamiento de la comunidad indojudía, incluso las relaciones con los malabarīs han mejorado (aunque no se dan matrimonios). En Kochi, todas las comunidades comparten la única sinagoga en uso.

Los paradeśīs prosperaron con la Compañía Holandesa de las Indias; pero con la llegada de los británicos, las alianzas se trastocaron. Además, los puertos de Malabar tenían que competir con los nuevos enclaves comerciales de Bombay y Calcuta. El resultado es que, en pocas generaciones, los paradeśīs se empobrecieron considerablemente. Por contra, los malabarīs, que durante tres siglos habían estado en lo más bajo de la escala social de Malabar, ascendieron muy arriba.

Nathan Katz y Ellen Goldberg han indagado en las razones por las cuales una comunidad tan antigua y bien integrada siguió con tanto fervor el llamado sionista y dejó una tierra hospitalaria. Seguramente jugaron múltiples factores (el mesianismo, la imbricación entre religión y política propia del sionismo sefardí, la posibilidad de mejora económica, la dificultad de adaptarse a un calendario indio que ya no respetaba –como antaño– *śabbāts* y fiestas judías, la falta de parejas para matrimonio, etcétera).[80] El futuro de los judíos de Kochi ya no está en India, sino en Israel, una tierra donde –para sorpresa de algunos– no pueden seguir con tanto rigor sus observancias religiosas, ni se acaban de acostumbrar al permanente estado de tensión y guerra.

El caso nos muestra, una vez más, que la sociedad de castas trasciende con creces la vaga etiqueta de “hindú”; y que la casta puede vivirse de múltiples formas.

16. CASTAS ALLENDE EL SUR DE ASIA

De los dos anteriores capítulos se desprende que la casta no es un fenómeno inherentemente hindú, mas un rasgo *índico*. El hinduismo las refrenda religiosamente, pero castas las hay entre los musulmanes, los cristianos, los sikhs, los jainistas, los budistas o los judíos del Sur de Asia.

No será de extrañar, pues, que allí donde existan comunidades de surasiáticos encontremos castas. Pero ¿son las castas de la diáspora india muy distintas a las del Sur de Asia? No realizaremos un inventario de los países de emigración india, mas esbozaremos ciertas características analizando tres casos bien distintos.

CASTAS EN MAURICIO

Como ocurrió con otros "países-plantación", a isla Mauricio llegaron muchos migrantes indios –no siempre de forma voluntaria– cuando los británicos abolieron la trata de esclavos. A lo largo de los últimos 150 años se ha ido produciendo un *melting pot* entre las distintas etnias, castas y lenguas originarias de la India. Con lógica, uno de los aspectos notorios de los indios de Mauricio (hoy mayoritarios en la isla) es una cierta disgregación del sistema de castas. Ya fuera en los 1850s o en los 2010s, los indios no pudieron –o quisieron– crear un "sistema" de castas reconocible; probablemente por la gran cantidad de castas y subcastas que existían en la isla, muchas de las cuales eran completamente desconocidas para indios de procedencias muy dispares.

Pero no nos precipitemos. En contextos diaspóricos suele ser una estructura mayor a la *jāti* la que sirve de marco de referencia. Como señalaba Steven Vertovec, a propósito de Trinidad, «el *varṇa* viene a sustituir a la casta como unidad endogámica y referente de estatus».[1] Eso también vale para Mauricio.

Aunque las apelaciones y agrupaciones de casta no se ajustan a las normas indias, en Mauricio son discernibles varios grandes bloques. Así, un brāhmaṇ es un "maraza", palabra que probablemente deriva de ¡*mahārāja*! Los rājputs nunca son llamados así (en parte porque muchas castas bajas se han apropiado del título), sino con términos como "babuji" o "grand-nasyon", que equivale a "casta alta" y se contrapone a "ti-nasyon", categoría formada por descendientes de chamārs, dosadhs y otras castas bajas. El segmento más importante es el "vaish", compuesto –no por castas vaiśyas, sino– por descendientes de ahīrs, koerīs o kurmīs. Estos vaishs forman el segmento más grande del país y ejercen el poder político. Hasta el punto de que todos los primeros ministros de Mauricio desde su independencia han sido vaishs y se considera una ¡cualificación indispensable para desempeñar el cargo![2] Pero aunque las apelaciones, asociaciones o jerarquías puedan variar (¿acaso no lo hacen también en la India?), lo importante que debemos retener es que la casta perdura en ultramar. Y, como en la India, posee en Mauricio una valencia política pronunciada.

❖ ❖ ❖

Puesto que la casta es un fenómeno índico, no es extraño que la encontremos allí donde haya comunidades de indios. La hallamos también en el Reino Unido, Sudáfrica, Fiji, Malasia, Canadá, Kenya, Australia, etcétera. Pero, ¿existen castas allende las comunidades de surasiáticos?

BALI

El caso más evidente de castas entre un pueblo no indio es el de los balineses de Indonesia, que se dividen en cuatro clases (*warnas*): brahmanas, ksatriyas, wesyas y südras; subdivididas en docenas de castas con rangos diferentes y en 22 clanes (*wargas*), que –para complicar la cosa– se saltan las barreras de casta. Como resultado, tenemos centenares de segmentos sociales en Bali. Muchas asociaciones aldeanas (*banjars*) realizan las mismas funciones que los *pañchāyāts* en India.

Como los balineses son hinduistas (aunque no surasiáticos), es en cierta manera lógico hallar entre ellos trazos de la estructura sociorreligiosa hindú y hasta muchos de los tabúes y prejuicios brahmánicos (bien que claramente atenuados y debidamente balinizados). Este aspecto ilustra el estrecho vínculo que se da entre hinduismo y sociedad de castas. Pero, como vamos a ver a continuación, en modo alguno es esencial.

EL CASO DEL PUEBLO ROMĀ

Un caso extremadamente importante para nuestra exposición es el del pueblo llamado –por gentes ajenas al grupo– "gitano". Hoy, muchos prefieren el genérico romā o sus variantes locales (kalé en España, sīnti en Alemania, manūsh en Francia, řom en Europa del Este, etcétera). Se trata de un pueblo, etnia o cultura de unos 10M de personas en Europa y otros 2M en otras partes del mundo, en especial en Oriente Próximo y las Américas. El caso es doblemente interesante dada la familiaridad que algunos lectores puedan tener con este colectivo (si bien, los estereotipos pueden asimismo nublar la comprensión). Los romā pueden arrojar mucha luz sobre el mundo de las castas.

No entraremos aquí en las castas indias llamadas "gitanas", grupos seminómadas como los bañjāras, los lambāḍas, los kanjaṛs o los sānsīs de la India occidental y central, que los británicos apodaron *gypsies* dadas sus semejanzas en forma de vida y ocupación con los gitanos europeos, pero que los antropólogos no vinculan de forma directa.[3] De estos grupos, únicamente el bañjāra podría tener alguna relación con los romā.

Origen índico

Los romā comparten un cúmulo de dialectos (quizá más de 60, en ocasiones ininteligibles entre sí) que remiten a un tronco lingüístico común: el romaní. Gracias a los estudios lingüísticos de finales del siglo XVIII y principios del XIX pudo probarse que los gitanos eran originarios de la India. Todos los dialectos romaníes contienen centenares de palabras de inapelable origen índico. Se trata, claro está, de las palabras menos proclives a ser tomadas de otras lenguas: los números, los términos de parentesco, las partes del cuerpo y acciones importantes (si bien el grueso del vocabulario romaní procede del griego bizantino). Si comparamos las terminaciones verbales, los sufijos o la declinación de los nombres de los dialectos romaníes con las modernas lenguas indoarias (hindi, urdu, panyabí, sindhi, etcétera), se aprecia sin el menor género de dudas el sustrato índico tanto de su sintaxis como de su gramática.

El propio etnónimo romā o řom podría derivar perfectamente de la sánscrita ḍomba o la hindi ḍom, términos que remiten a un cúmulo de castas de músicos errantes, danzantes, trabajadores de crematorios, artesanos (herreros, cesteros o carpinteros) y agricultores [FIG. 45]. Ya el historiador cachemir Kalhaṇa hablaba en el siglo XI de los ḍombas como músicos de profesión y del mismo estatus que los chaṇḍālas.[4] Como muchos habrán colegido, las ocupaciones tradicionales de los ḍoms son aún prominentes entre los romā. Los patrones de cambio fonético de la consonante cerebral *ḍ* en *rr* o *ř* apuntan a una conexión lingüística entre ḍom y řom.[5] Recientes estudios genéticos refuerzan el origen surasiático de los romā y los conectan con los grupos tribales e intocables de la India noroccidental.[6]

Por razones todavía poco claras y en una época también por determinar (aunque se tiende a pensar entre los siglos VIII y XI, en el momento de las incursiones árabes y turcoafganas en el norte de la India), una serie de comunidades de la India noroccidental empezaron a migrar –o las circunstancias las forzaron a emigrar– hacia el oeste.

Las tesis que postulan migraciones anteriores al siglo VII gozan de menor respaldo hoy en día. Estas teorías se basaban principalmente en una prueba lingüística: los dialectos romaníes contienen bastantes palabras persas (lo que implica un contacto prolongado con gentes de habla persa) y pocas árabes (lo que presupondría que habrían estado en Persia antes de la conquista árabe, que es del siglo VII). Esta tesis tendría algún apoyo escritural. Sin embargo, las que hasta ahora se consideraban las primeras referencias textuales a los gitanos, la árabe de Ḥamza al-Iṣfahānī (siglo X) y la persa de Firdausī (siglos X/XI), que mencionan a miles de músicos llegados de la India a la corte persa hacia el siglo VI, están siendo cuestionadas. Allí se les llama *luri* (palabra persa todavía utilizada en Siria, Palestina y Egipto para "gitano") o *zott* (otra voz persa derivada de la panyabí jāṭ). Pero todo hace pensar que se utilizaba *luri* o *zott* de forma indiscriminada para referirse a cualquier "indio". Aunque es factible que los músicos y poetas dūm que hoy encontramos en Egipto o en Turquía y hablan domari estén emparentados con los antiguos ḍoms de la India y los músicos que llegaron a Persia en el siglo VI, representarían una oleada muy anterior a la de los gitanos que hoy hallamos en Europa.[7]

En la actualidad, bastantes expertos sostienen que los gitanos habrían dejado la India entre los siglos IX y XI. Pero lo que no todo el mundo secunda es la conexión entre las castas ḍom y el pueblo řom.

En efecto, algunos expertos rastrean el origen de los gitanos entre los guerreros hindúes que en el siglo XI combatieron a los turcoafganos en el Punjab. Los predecesores de los romā habrían formado parte de ejércitos multicasta (gūjars, jāṭs, lohārs, etcétera) comandados por rājputs. El estudio genético de Melinda Nagy, llevado a cabo en el 2007 con poblaciones romā de Eslovaquia, jāṭs hindúes de Haryana y jāṭs sikhs del Punjab, mostró que no existían diferencias significativas entre estos tres colectivos (y sí con las poblaciones no romā).[8] Hay quien incluso rastrea la etimología de romā hasta el dios hindú Rāma.[9]

Estas tesis suelen ubicar a los romā en la ciudad de Kannauj (la antigua Kānyakubja), en Uttar Pradesh, a principios del siglo XI, cuando los temibles *raids* del sultán Maḥmūd de Ghazni (en particular el de 1018, que saqueó la ciudad de Kannauj). Vencidos por las tropas turcoafganas de Maḥmūd, algunos ejércitos fueron apresados y enviados a Ghazni, en Afganistán, donde acabarían formando parte de las unidades especiales de mercenarios de los ghaznavidas. Estos guerreros irían acompañados de grandes colectivos de civiles. Su salida de la India por el noroeste estaría confirmada por la adquisición de palabras dárdicas, una subfamilia lingüística de la zona norte de Pakistán. Luego, los ghaznavidas serían derrotados por los seljuks (otro pueblo túrquico) en el 1040. Los seljuks se llevaron a estos mercenarios a Armenia y Anatolia. A partir de entonces fueron perdiendo su función y capacidad militar. Sería en el sultanato de Rüm, creado en Anatolia en el 1071, donde se apelaría řom a este heterogéneo colectivo de diferentes castas y lenguas originarias de la zona noroccidental de la India.[10]

La fuerza de esta tesis es asimismo lingüística. El vocabulario índico más arcaico del romaní apenas contiene palabras que reflejen una vida itinerante y, significativamente, también muy pocas que remitan a las ocupaciones tradicionales de los ḍoms (música, danza, ritos funerarios, servicio, agricultura, etcétera) o de los romā (herrería, metalurgia, etcétera). En cambio, posee una sorprendente cantidad de terminología militar de inapelable origen índico. Las palabras romaníes para "soldado", "ataque", "espada", "caballo", "flecha", "batalla" o "lucha" tienen sus correlatos en sánscrito, hindi o urdu. Asimismo, ciertas transformaciones en el uso de los géneros obligan a situar el protorromaní todavía en la India hacia el año 1000. El prestigioso gitanólogo Ian Hancock sostiene que, dado el origen diverso de estos mercenarios, se creó un dialecto militar (una *koiné*), un poco al modo como se formó el urdu, para superar barreras dialectales.[11] De hecho, el estudio genético de Isabel Mendizabal y otros no sólo confirmó el origen índico del pueblo romā, corroborado de nuevo por el de Niraj Rai,[12] sino que apuesta por ubicarlo precisamente en el Punjab.[13] Hancock concluye que el romaní sólo cristalizó como una lengua étnica materna bajo la influencia del griego bizantino.[14]

Esta tesis tiene, sin embargo, inconsistencias histórica. Si, como en seguida veremos, los romā ya estaban en el monte Athos en el siglo XI, no parece posible que hubieran dejado la India ese mismo siglo, tal y como remarcara Milena Hübschmannová.[15] En esa dirección se mueve el último estudio dirigido por Isabel Mendizabal, que propone una salida de la India hace unos 1.500 años y una expansión intraeuropea hace unos 900.[16]

❖ ❖ ❖

Estas dos grandes teorías o mitos sobre el origen de la diáspora romā reflejan la complejidad de su historia y sus avatares, perfectamente capturadas en aquella afirmación de Juan Reyes: «El gitano es una mezcla de príncipe y de mendigo».[17]

La formación de la identidad romā

Ya fueran músicos en el siglo VI o guerreros del XI, o si hubo sucesivas salidas o una rápida emigración a mediados del XI, lo que parece más consistente es que se trataba de poblaciones con diferentes lenguas, ocupaciones, castas y procedencias. No es hasta el siglo XIII, una vez que estas poblaciones se mezclaron entre sí (posiblemente en Anatolia), cuando puede hablarse del pueblo "gitano". Es decir, aunque las raíces indias están presentes por doquier (como en seguida vamos a comprobar), los romā adquirieron su identidad y su lengua precisamente al coagularse *fuera* de la India. Los estudios dirigidos por Luba Kalaydjieva mostraron que, más allá de su país de residencia, clan o lengua, todos los romā que salieron de la India provenían de un grupo común europeo de finales del siglo XIII. Las primeras divergencias se habrían dado entre 20 y 24 generaciones atrás.[18]

El periplo gitano, en el que no vamos a profundizar aquí, llevó a estos pueblos de la India a Afganistán, Persia y luego Armenia. De allí pasarían a Bizancio (Anatolia, Palestina, Egipto). Sabemos de su presencia en el monte Athos (Grecia) en el siglo XI, donde se menciona a unos *adsincani* (forma georgiana de la griega *atzínganoi*), que es el nombre de una secta herética con la que se asoció a los gitanos, dada su reputación de hechicería y adivinación. De *adsincani* –que significa ¡"intocable"!– proviene la francesa *tsigane*, la italiana *zingari*, la húngara *cigányok*, la checa *cikán* o la alemana *zigeuner*. Ya que varios de sus mitos de origen los vinculaban a Egipto, en algunas partes de Europa se les llamó *egiptianos*, de donde proviene la inglesa *gipsy* o la castellana *gitano*.

A partir de ahí comienza su extenso periplo intraeuropeo. Y, paulatinamente, aquel pueblo índico fue desarraigándose de la India y fue perdiendo toda memoria de un pasado índico. En cada país de estadía, los romā fueron adquiriendo la fonética, las costumbres, la religión, la música o la indumentaria del lugar.

Algunos aducen que al cortar todo nexo con la India, los romā hicieron de la comunidad –o la "raza"– el sustituto del territorio. La ausencia de la noción de "patria" se vería reforzada por su tradicional vida errabunda. No obstante, recordemos que el propio término "India" era desconocido a los indios de antaño. Ello explicaría, en parte, la amnesia gitana –un pueblo tradicionalmente ágrafo y poco dado a la genealogía– respecto a su origen. Lo que contaría para aquellos pueblos serían sus localidades de origen, sus castas y sus lenguas, y no una vaga patria "India".

El caso es que, al mismo tiempo que absorbían y asimilaban las diferentes subculturas europeas, los romā retuvieron un asombroso sentido de la diferencia (aspecto seguramente reforzado por su trashumancia y por la creciente hostilidad hacia su presencia). El hecho diferencial constituiría la gitanidad (*romipēn*), una identidad siempre contrapuesta al mundo de los *payos*, *gadźé* o *dās*. Es significativo que en la mayoría de los países los romā se llamen entre sí "hermanos/as" (*phral/phenā*) o "primos/as", de forma idéntica a como se tutean los miembros de una *birādarī* india.

Gracias a su sentido de la diferencia, distintos elementos de la cultura y la sociedad índicas se han preservado entre los pueblos romā. Y no deja de ser increíble que transcurrido por lo menos un milenio desde su salida de la India, los principales rasgos característicos de la sociedad de *jātis* se encuentren presentes en gran medida entre los romā europeos. Aunque autores como Donald Kenrick hablan de una «decastificación» del pueblo romā,[19] supongo que porque perdieron sus *jātis* y *gotras* de origen, estimo que los rasgos esenciales del mundo de las castas perviven. Vamos a verlo.

La estructura de casta

Es común entre los romā dividir la etnia en diferentes "tribus", "naciones" o "razas". Por ejemplo, entre los řom de Europa del Este, que es el colectivo más numeroso, se distingue claramente la nación (*natsia*) o raza (*řása*) kalderaśa, la maćvaya, la lovara o la ćurara. Cada una de estas naciones está dividida en clanes (*vici*). Cada clan (*vica*) es como una gigantesca familia, donde todo el mundo se considera "pariente" y se presta ayuda y protección mutua. Para nuestro estudio, el *vica* es lo más parecido a lo que en la India llaman *jāti* o *birādarī*. El siguiente grado es el de la familia extensa (*familija*), que está enraizada en el linaje (*fajta*) paterno o materno. Finalmente, está la unidad residencial o *céra*. Esta terminología –que procede del rumano– vale para los kalderaśa. Las otras "naciones" poseen otros léxicos.

Distintas familias y clanes de una misma región pueden constituir una compañía (*kumpania*), encabezada por un "gran hombre" (*řom baró*), mal llamado "patriarca" por los no gitanos. La *kumpania* es lo más parecido a una unidad política. Los miembros de la *kumpania* toman sus decisiones –ya sea en lo concerniente a las relaciones familiares, el comportamiento moral, cuestiones de trabajo, etcétera– a través de un acuerdo o "discusión" (*diváno*), que en ocasiones exige un "juicio gitano" (*kris rromāni*). El *kris* (que es tanto la institución como la ley) está constituido por "jueces", a ser posible de diferentes clanes. Es bastante común congregar a cinco o seis "jueces". Todo francamente parecido a la institución del *jāti-pañchāyāt* [véanse págs. 138-141]. Al igual que en la India, la intervención del *kris* tiene carácter excepcional, aunque en modo alguno ha desaparecido. Y, desde luego, existe una gran desconfianza por las leyes de los *gadźé* o payos.

Dada la centralidad del clan y de la familia, la ética gitana se basa en el concepto de *fraternidad*, que siempre antepone los intereses del grupo a los del individuo. La propiedad se distribuye colectivamente. Por ello, en una típica familia romā pueden convivir, además de los padres, sus hijos casados con sus esposas (normalmente hasta que tienen hijos), los hijos e hijas solteros, los abuelos y una amplia gama de parientes: tíos, primos, hijos huérfanos, hijos ilegítimos (de payos), etcétera. El gitano, como el indio, se debe a su comunidad.

El *respeto* –a los ancianos, los niños, las tradiciones, la naturaleza, etcétera– sería el principal valor de la cultura gitana.[20] De hecho, la ley gitana es «un código de derecho consuetudinario basado en el respeto a la vida y el honor familiar», en palabras de Sergio Rodríguez.[21] El *kris* puede llegar a expulsar provisional o definitivamente a miembros de la comunidad. Este último caso constituye una verdadera muerte social del infractor, un aspecto nada halagüeño en una cultura tan comunitaria como la gitana. Allí donde no existe la institución del *kris*, la venganza personal o familiar puede convertirse en regla.

Costumbres matrimoniales

Como en el Sur de Asia, el matrimonio consiste en un pacto entre familias. Una de las obligaciones fundamentales de los progenitores es hallar esposos y esposas para sus hijas e hijos. Y la regla general apunta a una fuerte endogamia grupal. El círculo matrimonial puede abrirse a otros clanes o naciones, pero siempre bajo determinadas condiciones, con claro eco de las reglas de exogamia indias. El matrimonio de un gitano con una paya es tolerado si ella abraza la forma de vida romā. Pero el de una gitana y un payo es reprehensible, ya que la mujer romā es el garante de la perpetuación del grupo. Gracias a este proceso endogámico, la sensación de homogeneidad y hermandad ha quedado muy marcada.

Las negociaciones entre las familias pueden ser arduas. La pareja no participa, aunque puede negarse a dar su consentimiento. También puede optar por el "matrimonio por violación", es decir, un matrimonio por amor pero en contra del consentimiento familiar, hasta que –algún tiempo después– se busca una reconciliación entre las familias.

Es bastante común –aunque no universal– que los padres del novio realicen un pago-de-novia (*darro*). Siguiendo la norma patrilocal, ella va a formar parte de la familia extensa del varón. La boda gitana, aunque sigue el rito de la religión de la región, mantiene rasgos diferenciales. El divorcio y el adulterio están muy mal vistos. La virginidad de la novia todavía se considera primordial. En cambio, tiende a desaparecer el matrimonio infantil. Una vez casada, el principal deber de la mujer consistirá en cuidar de sus nuevos parientes políticos, realizar las labores domésticas y tener hijos.[22] En todo ello hallamos ecos índicos (y de la patriarquía) [FIG. 61]. O al revés: nada de lo dicho desentonaría en una región cualquiera de la India.

Ocupación tradicional

No deja de ser sorprendente la asociación de los romā –aunque, como en la India, hoy en día a la baja– con una serie de ocupaciones. Su destreza en la herrería, la metalurgia y la metalistería es archiconocida. De hecho, los mayores grupos řom de Europa del Este reciben su nombre de la ocupación tradicional en este ámbito: kalderāśa (trabajadores del cobre) [FIG. 62], lovāra (chalanes) y ćurara (fabricantes de coladores y cribas). En la Transilvania húngara gozaron de mayor consideración que en otras partes gracias a su pericia como fabricantes de armas.[23] Más que merecida es asimismo la reputación musical de los gitanos, sea en Francia, en España, en Hungría, en Rusia o en los Balcanes. En Serbia, Rumanía o Macedonia, las profesiones de violinista o baterista son casi patrimonio de los romā. Los nombres de "gitanos universales" están casi siempre relacionados con la música o la danza.

También ha sido muy común la asociación de los gitanos, o mejor, las gitanas, con la curación y la sanación (indisociable de su imagen de hechiceras y adivinas). Asimismo, la trata y doma de caballos fue, hasta hace poco, una profesión importante entre los romā.

Otras ocupaciones asociadas han sido la mendicidad y el pequeño hurto. Aunque no son, ni por asomo, representativas de la comunidad, para una gran mayoría de europeos son las mendigas gitanas casi los únicos miembros de la comunidad con los que topan, de modo que proyectan esa imagen sobre toda la comunidad. Algo semejante sucede con el hurto, que pa-

61. Gitanas españolas. Foto: Austin Breed para el *National Geographic*, 1917.

62. Un herrero romā (kalderaśa) de las montañas de Matra (Hungría). Acuarela de Théodore Valério, 1852.

rece haber crecido con la desintegración de la vida tradicional gitana y con su "europeización" y urbanización. Aun así, sabemos por un estudio del Ministerio del Interior de Rumanía que sólo el 11% de los delitos perpetrados en el país son atribuibles a los gitanos, que representan ¡exactamente el 11% de la población![24] Y, sin embargo, el estereotipo nos presenta al gitano como el ladrón por antonomasia.

Si la lingüística tiende a asociar a los romā con los rājputs, el estudio ocupacional tiende a asociarlos con castas artesanas como los lohārs (herreros) o los ḍoms (músicos), consideradas innobles por la mirada brahmánica.

Por sorprendente que parezca (aunque, a estas alturas, ya no tanto), profesiones como las de curtidor, peletero o castrador de cerdos son consideradas "sucias" y un gitano puede llegar a mantener una distancia social respecto a quien se dedica a ello.

Subculturas propias

En cuanto a los elementos culturales propios, es ciertamente difícil hallar alguno común a *todos* los gitanos. No obstante, existen costumbres, tabúes y prácticas bastante recurrentes. Precisamente, las más extendidas tienen claros correlatos en el mundo índico. Aunque los gitanos siempre han adoptado la religión circundante, una actitud común, un cierto *pathos* de religiosidad gitana perdura. Angus Fraser mencionaba el terror casi universal «a la presencia perseguidora del espíritu desencarnado de alguien que ha muerto».[25] El hinduismo popular está asimismo repleto de fantasmas y vampiros (*pretas*, *bhūtas*, *piśāchas*, etcétera). Uno se siente también tentado a homologar a santa Sara (virgen "negra" de Saintes Maries-de-la-Mer, en la Camarga francesa), extraordinariamente querida por los gitanos, con la diosa hindú Kālī. Aunque la figura de esta santa proviene de un mito local, está claro que resuena en ella la gran Devī india.[26]

La importancia del código de pureza gitano tampoco debe subestimarse. Fraser señalaba que «sus creencias relativas a la contaminación se consideran ahora el elemento nuclear de su cultura, y sirven para expresar y reforzar la frontera étnica».[27] En este contexto, es esencial el concepto de impureza (*marihmé*). Estar contaminado es, para un gitano, su mayor deshonra. Como en la India, la "mancha" o polución trasciende al individuo y atañe a toda la familia. La única forma de revocar el estatus de impureza o *marihmé* es a través de un *kris*.

Igual que en la India, el meollo del código de pureza romā afecta especialmente a la mujer. Todo lo relativo a la parte inferior del cuerpo es potencialmente contaminante (los genitales, las funciones corporales, la ropa en contacto con las partes bajas, las alusiones al sexo o al embarazo, etcétera). En sus períodos menstruales, durante el embarazo o justo después del parto, la mujer es impura. En hogares estrictos, puede que ni cocine ni sirva los alimentos. No obstante, durante el período prepúber y después de la menopausia, estos tabúes se relajan. Como sabemos del capítulo 8, estas reglas y prácticas tienen sus análogas en el Sur de Asia.

De hecho, tan central es este aspecto que en muchas casas gitanas de Europa del Este las mujeres son madres, hermanas o hijas, pero nunca esposas, ya que todo lo que tenga relación con la sexualidad femenina está fuertemente tabuado. Nunca se habla de sexo, ni siquiera de embarazo, ni se bromea sobre los genitales de nadie. Por el contrario, la parte superior del cuerpo no posee estas connotaciones. Así, no hay problema en que una gitana muestre los senos, pero sería irrespetuoso que mostrara sus piernas.

Por definición, los payos o *gadźé* son gente impura. «Al ignorar las reglas del sistema y faltarles el adecuado sentido de "vergüenza", están fuera de las fronteras sociales, y sus lugares y comida preparada representan un constante peligro de contaminación», en palabras de sir Angus Fraser.[28] La ley tradicional sanciona la asociación no comercial con los payos.

Incluso los alimentos están sujetos entre los gitanos a reglas de pureza parecidas a las que en la India rigen los alimentos *kacchā* y *pakkā* [véanse págs. 209-212]. Y, desde luego, toda comida preparada por un payo es *marihmé*. En los hogares más "conservadores", muchos romā no tocan el vaso o la botella con los labios –igual que muchos indios–, sino que vierten el líquido directamente en la boca, de forma que no se roce el vaso.

Sergio Rodríguez ha indagado en la cosmovisión, la ética, la estética o la religiosidad gitanas, para concluir que ser gitano no depende tanto de una herencia biológica o de la reproducción de unas instituciones socioculturales, sino de una forma particular de entender la realidad y aprehenderla. Su conclusión es que los gitanos son «una porción de Oriente en Occidente».[29] Uno sólo tiene que contemplar una danza kathak india y el baile flamenco gitano para percatarse de la relación. No pocos grupos romā reivindican hoy con orgullo –y cierta dosis de idealización– sus raíces índicas. De suerte que el gitano serbio Rajko Djuric, antiguo presidente de la Unión Romaní Internacional, afirma que «la filosofía de vida de los gitanos es claramente similar a la filosofía de vida de los indios».[30]

❖ ❖ ❖

Los clanes gitanos suelen circunscribirse a un territorio. Poseen una subcultura propia, suelen desempeñar oficios distintivos, pueden hablar un dialecto particular y realizan los matrimonios dentro del grupo.[31] Igual que en la sociedad de castas india destaca, por tanto, una gran variación y diferenciación interna. Un descendiente de un řom (o vlax romā, la comunidad gitana que llegó a Moldavia y Valaquia hacia el 1450 y sufrió la esclavitud durante 400 años), hoy muy influido -genética, lingüística y culturalmente– por lo rumano, y un descendiente de un kalé (la comunidad que llegó a la península ibérica hacia el 1500), hoy muy influida –cultural, genética y lingüísticamente– por lo hispano, pueden ser marcadamente diferentes, después de seis siglos de separación. Pero, a la vez, los romā poseen un sentido de identidad étnica o racial muy acusado, que los procesos de globalización no hacen sino reforzar. Este desarrollo es propio de comunidades diaspóricas. Lo llamativo es que también en la India la lealtad a la *jāti* se extiende ya claramente a la *casta* y a asociaciones y coagulaciones de castas (*sabhās, samājs*). No es este el lugar para analizar las transformaciones contemporáneas de la sociedad gitana (urbanización, abandono del nomadismo, irrupción de la droga, etcétera), pero sí vale la pena insistir en que la adopción de un tipo de vida aparentemente "payo" o "moderno" no elimina el sentido de identidad gitano.

El caso de los gitanos sería el de un cúmulo de comunidades índicas que gradualmente se coagulan y europeízan y, de esta forma, se constituyen en etnia o macrocasta (con sus subdivisiones) que no pierde sus trazos lingüísticos, culturales, sociales, éticos y hasta espirituales originarios de la India. De hecho, el gobierno indio de los 1970s reconoció al pueblo romā como una población índica que vivía fuera del país. Fue también el gobierno indio quien más peleó para que los romā tuvieran voz en las Naciones Unidas o para organizar el Primer Congreso Mundial Gitano.

Intocabilidad occidental

El caso del pueblo romā no sólo nos sirve de ilustración viva y cercana de cómo podría ser una moderna macrocasta fuera de la India, sino que dada su subalternización y opresión continuada durante siglos, muestra cómo incluso la Europa igualitarista y racional puede generar su propia versión de la intocabilidad.

No olvidemos, por poner sólo un ejemplo flagrante, que durante cuatro siglos –desde que en 1445 el príncipe Vlad Dracul importara 12.000 personas "parecidas a los egipcios" hasta 1856–, los gitanos fueron esclavos en Valaquia y en Moldavia (en la actual Rumanía). Circulaban como "bienes" que eran vendidos, intercambiados o manejados de forma idéntica al ganado. ¡Y tratados de forma aún peor! Como dice Isabel Fonseca, «a partir del momento en que fueron importados en masa, los prejuicios quedaron establecidos definitivamente»;[32] lo mismo que el término "gitano", que dejó de designar a un grupo étnico, siquiera a un grupo profesional de músicos o herreros, y pasó a «designar a una clase social: la casta de los esclavos».

Pero ¿por qué ese estigma del gitano? Como sabemos, en el siglo XIV los romā ya estaban aposentados en Grecia y los Balcanes. Su llegada a Europa coincidió con las Cruzadas. Mal asunto. Por su apariencia física, su vestimenta, su lengua, su forma de vida, sus rituales y costumbres, pronto fueron fuertemente "alterizados". Desde el punto de vista de la época, eran paganos dados a la brujería; heréticos poseídos por fuerzas demoníacas; y algunos hasta musulmanes. Esta subalternización se reforzó con la peste bubónica que arrasó Europa a mediados del XIV. Los grupos nómadas (susceptibles de propagar la epidemia) fueron blanco de las iras. Como los gitanos eran trashumantes sin propiedad privada, algunos recurrieron al hurto para sobrevivir. Todos estos factores concatenados han hecho del gitano el "otro", el "marginal" y el "ladrón" por excelencia.

Además, el gitano mantiene con orgullo la endogamia y prefiere preservar su solidaridad de grupo. Y es en esta misma época cuando empiezan a constituirse los Estados-nación europeos, basados en asociaciones –más imaginadas que factuales– entre etnias, lenguas, culturas y territorios. Las etnias desterritorializadas (judíos y gitanos, por ejemplo) fueron confinadas al gueto o a la exclusión.

Como comentamos en otro capítulo, igual que el "intocable" de la India el gitano ha sido implacablemente estereotipado en la mentalidad del no gitano como un ser sucio, maleducado, obsceno, dado a la juerga, promiscuo, de poco fiar, embustero, perezoso, malhechor y ladrón [véanse págs. 291-294]. Ha de vivir en barrios segregados de las personas respetables, con frecuencia le es negada la entrada en establecimientos y hasta los gobiernos llegan a expulsarlo del territorio. Se le considera muy dotado para expresiones artísticas como la música o la danza, pero también con poderes mágicos o demónicos. Todos estos rasgos son atribuidos de forma virtualmente idéntica por "payos" o indios "de casta" a gitanos e intocables, en Europa o en

India. Como cuando en la India un dalit comete un crimen y se organiza una batida para "dar a los dalits una lección", en Europa sucede lo mismo con el gitano. Incluso con el apoyo del aparato del Estado. No extrañará, pues, que entre la comunidad gitana se haya extendido cierto "síndrome del paria".

La comparación con el caso del intocable es muy útil para desexotizar la India, ya que los estereotipos y las formas de exclusión son asombrosamente parejos. Aunque duela reconocerlo, la Europa igualitarista ha destilado su implacable versión de la intocabilidad.

FENÓMENOS PARALELOS

Al tratarse de una comunidad de origen índico, la presencia de una estructura de casta tan pronunciada entre los romā es explicable, aunque no del todo predecible (¡hace 1.000 años que la India quedó atrás!) Pero ¿han existido estructuras semejantes a las castas del Sur de Asia en otros lugares del mundo y en comunidades no índicas y no hindúes?

No hay consenso entre los expertos. Los más proclives a ver castas allende el Sur de Asia, invariablemente citan el caso del Japón del período Tokugawa (siglos XVII/XIX), donde existían ocupaciones hereditarias (como los guerreros samurái) y grupos de descastados (como los burakumin). Ocupaciones que implicaran el contacto con objetos impuros (cadáveres humanos o animales) eran consideradas bajas. Carniceros, verdugos o enterradores eran llamados *eta* ("abundancia de suciedad") o *hinin* ("no humanos"). Estos grupos tenían que vivir en las afueras de la ciudad, no podían casarse con las clases superiores y poseían sus propios caudillos. Aunque en 1871 se abolieron las discriminaciones contra estos colectivos, el prejuicio social ha perdurado (y no puede decirse que haya desaparecido por completo). Según Gerald Berreman, la comparación entre los "intocables" de Japón y los de la India es factible.[33]

También suele mencionarse el caso de los judíos de Palestina en tiempos de Jesucristo, entre quienes imperaban distinciones de pureza y polución. En ciertas partes de África (Somalia, Ruanda y Senegal), también han sido reportadas "castas". Incluso la Europa feudal, dividida entre la aristocracia, el clero, la burguesía urbana, el campesinado y los esclavos, tiene su evidente parecido familiar con los *varṇas* de la India. Pero si bien pueden encontrarse castas dispersas en diferentes lugares y épocas (y por lo general grandes categorías sociales únicamente equiparables al nivel de los *varṇas*), sólo en la India parece que las castas (*jātis*) han constituido un "sistema" y únicamente ahí las jerarquías han tenido semejante centralidad.

Tal vez, el caso más citado sea el de las relaciones entre negros y blancos en el viejo sur de los Estados Unidos. Berreman ha insistido en la semejanza en las relaciones de poder entre la India y Alabama y compara abiertamente la "casta" en la India y la "raza" en Estados Unidos.[34] También William J. Wilson habla de un «sistema racial de castas»[35] al comparar la segregación norteamericana con la india, ya que ambas se sostienen en la noción de que las substancias naturales se heredan.

Estas ideas han sido atacadas por distintos flancos. La escuela dumontiana, por ejemplo, al sostener que la ideología de la jerarquía y la dicotomía entre lo puro y lo impuro que subyacen a la sociedad de castas son esencialmente *religiosas*, no puede aceptar que las formas de *apartheid* de la Sudáfrica del siglo XX o de los Estados Unidos antes de la década de los 1960s puedan designarse como sociedades de castas. Para David Keane, «la casta es una característica única de la religión hindú; como tal, los sistemas de castas sólo existen en países en los que se practica el hinduismo».[36] Louis Dumont instaba a utilizar otra etiqueta para aquellas sociedades que, aun constituidas por grupos permanentes y cerrados, no se sostengan en las características inherentes a la sociedad de castas.[37] Stanley Tambiah asimismo prefiere ver «las relaciones de casta india o de raza americana como fenómenos sociales distintos».[38] Coincido. Pero percibo que quienes niegan que la discriminación racial constituya una forma de segregación casteísta enraízan con frecuencia con la corriente dominante en la etnografía que tiende a resaltar la naturaleza *sui generis* de la sociedad hindú (su exotismo) y su inconmensurabilidad respecto a otras culturas.

Aquellos que consideran la casta como una forma de ejercitar el poder político y económico tenderán a aceptar de mejor grado, por ejemplo, que la casta ha existido en muchas sociedades del pasado bajo distintas formas de esclavitud o sometimiento, o en Estados Unidos bajo la forma de la discriminación racial. El etnógrafo que realiza dicha comparación efectúa un ejercicio terapéutico. Al proponer que la casta de la India y la raza en los Estados Unidos son conmensurables, critica a aquellos que sólo ven a la sociedad hindú en términos de "arcaísmo" (o de excepcionalismo, o de religiosidad...) y creen que viven en un mundo –occidental y moderno– cuyos valores son radicalmente diferentes a los de los subdesarrollados indios.

IV

LA CASTA EN LA HISTORIA

Esta Parte no constituye exactamente una historia de la casta (aunque este es un aspecto que necesita a toda costa un estudio riguroso). Pero si, como hemos visto, la casta está más imbricada en lo político de lo que hasta ahora se pensaba, su estudio debe entonces incorporar la *historia*. La casta se ha transformado a lo largo de los siglos. Las identidades jamás son estáticas. Tratar a las castas como entidades fijas e inamovibles es contradecir la lógica.

Dado el sobrepeso que se ha otorgado a la ideología a la hora de describir la sociedad de castas, un repaso histórico es necesario para compensar una visión tan estática. Pienso que describir la sociedad de castas como si fuera un «estado de espíritu»[1] común a todos los hindúes –o que todos los indios consentirían– desenfoca el tema. Eso convertiría al hindú en un ser estratosférico, allende la historia, la política o la economía. Lo cual no es admisible.

Sabemos muy poco acerca del origen de la casta [foco del capítulo 17], un tema que en la India siempre contiene una fortísima carga política. Como comprobaremos, rastrear los posibles orígenes de la sociedad de castas va a mostrarnos de qué manera el conocimiento de la casta ha ido asimismo *construyéndose*, incluso cuando toma la guisa, en apariencia neutral, de un estudio genético. Y esa construcción –como se decía en la Introducción– también forma parte de la sociedad de castas. Tampoco conocemos bien cómo los acontecimientos políticos, económicos o sociales fueron alterando esa sociedad. Trataremos de recrear un desarrollo plausible. Y podremos comprobar que el *dharma* nunca fue reconocido por todo el mundo como el ideal de la sociedad. El jainismo y el budismo, los grupos devocionales, el islam, el tantrismo… vehicularon gran parte de la crítica interna a la sociedad de castas [capítulo 18].

Huelga decir, no obstante, que las recreaciones históricas del pasado indio pueden ser altamente especulativas. Como dice Wendy Doniger, con ironía, «la India es un país donde no sólo el futuro sino el pasado es impredecible».[2] Razón de más para hincar el diente a las narrativas que entre todos –y en especial la episteme colonial– hemos forjado acerca del desarrollo de la sociedad de castas [capítulo 20].

Los últimos 300 años de historia del Sur de Asia han visto tanto un auge del espíritu de casta [capítulo 19], como un gran ímpetu reformista, liderado por la intelectualidad neohinduista, partidos políticos, misioneros y los incipientes movimientos de castas bajas [capítulo 21].

Si para el mundo exterior el campeón de la causa intocable fue Gandhi, un gran número de indios –y, desde luego, casi todos los dalits– otorgarían hoy este honor a Bhimrao Ambedkar. Por su peso específico –y el desconocimiento que de él se tiene fuera de la India– vamos a dedicarle íntegramente la última sección [capítulo 22] de esta Parte.

17. EL ORIGEN DE LA CASTA

Sabemos que la casta es una institución muy antigua en la India; y que únicamente en ese espacio geocultural se han desarrollado "sistemas" de castas. Por tanto, es en parte inevitable preguntarse por los orígenes de esta institución: ¿cuándo, dónde, cómo y por qué surgieron las castas en la India?

Soy de los que piensan que un estudio antropológico de la India debe centrarse en el presente, y no en el pasado. No sirve de gran cosa conjeturar sobre lo que sucedió en la India hace 4.000 años. (Aparte, claro está, de saciar la curiosidad intelectual.) Además, tratar de los "orígenes" de las cosas va a la baja hoy en día;[1] más aún en una placa sociocultural como la índica, de cinco o seis milenios de antigüedad. Pero creo que si la historia incorpora la antropología y esta incorpora la historia, obtendremos una visión más rica.[2]

❖ ❖ ❖

La narrativa tópica prevalente podría resumirse así. Durante la época védica, entre el -1500 y el -500, se fue configurando el sistema de clases rituales (*varṇas*) con el soporte ideológico del *Puruṣa-sūkta*, que puede fecharse hacia el -1000. Es probable que este esquema religioso se hubiera superpuesto a una estructura social segmentada en grupos endogámicos (*jātis*), quizá surgidos de linajes tribales. Para Irawati Karve, el sistema de castas sería el resultado de la «fusión de dos sistemas, de dos culturas»,[3] el de las *jātis* prearias y el de los *varṇas* de los indoeuropeos. Hasta aquí, todo bastante plausible.

El eje o centro de dicho sistema –mantiene la narrativa, entrando a mi juicio en terrenos más pantanosos– podría haber sido la sociedad que se llamó a sí misma ārya, unos pueblos de origen centroasiático o caucásico (en cualquier caso, de origen no índico) que habían ido migrando hacia la India y sometiendo gradualmente a la población autóctona, algo tangible ya hacia el -1500. El encuentro –o choque– entre estos pueblos indoeuropeos y los aborígenes es lo que Thomas Trautmann ha denominado "la teoría racial de la civilización india": que dicha civilización –y muy en especial su sistema de castas– fue el producto del encontronazo y subsiguiente mestizaje de invasores "civilizados" de piel clara (los āryas) con "bárbaros" aborígenes de piel morena (los drāviḍas).[4] Así lo entendió el grueso de la Academia (orientalistas, filólogos, historiadores, arqueólogos, sociólogos) hasta bien entrado el siglo XX. La narrativa prosigue con el sometimiento de las poblaciones aborígenes, que irían engrosando las capas serviles, consideradas impuras. Los *Dharma-sūtras* y *Dharma-śāstras*, al albor de nuestra era, mostrarían cómo la ideología de *varṇas* se habría sobreimpuesto sobre un atomizado mundo de *jātis*, que cada vez mirarían de ajustarse más a los modelos de los *varṇas*. Aquellos colectivos y tribus que se resistieron al proceso de arianización y no quisieron entrar a formar parte de la sociedad de castas se retiraron a áreas económicamente periféricas. Con el retroceso del budismo y la completa arianización del continente, hacia el siglo VIII, el sistema adquirió la morfología y la rigidez que ha perdurado hasta nuestros días.

En esta recreación, es cierto, he mezclado varias de las teorías existentes; pero es una narrativa razonablemente tópica. Una que podría encontrarse en una enciclopedia cualquiera. Y una que exige una cierta evaluación crítica. No porque me jacte de poseer una versión más ajustada (ya que suscribo los postulados centrales de esa recreación), sino porque cada una de las teorías prevalentes nos muestra muchos de los prejuicios, aprioris y sesgos que estimo saludable y pedagógico que afloren.

ORIGEN INDOEUROPEO

Algunas teorías derivan la sociedad de castas enteramente de los pueblos āryas o indoeuropeos que llegaron a la India hace 3.500 años. Autores como Georges Dumézil sostenían que el tipo de división social en *varṇas* es un rasgo típico de estos pueblos. La sociedad de *varṇas* de la India sería «la mejor expresión» de una común ideología tripartita indoeuropea.[5]

La escuela dumeziliana se centra básicamente en el estudio comparado de la mitología. Hurgando en las mitologías escandinavas, celtas, germánicas, latinas, caucásicas, iranias, indias... llega a la conclusión de que los antiguos pueblos indoeuropeos dividían su sociedad en tres funciones o actividades fundamentales: la sacerdotal (ligada a lo sagrado), la guerrera (a lo militar) y la productiva (a la fecundidad). A esta división de la sociedad en tres clases correspondería –en palabras de Mircea Eliade– una ideología religiosa trifuncional: «la función de la soberanía mágica y jurídica, la función de los dioses de la fuerza guerrera y, finalmente, la de las divinidades de la fecundidad y de la prosperidad económica»[6] [véase Cuadro 7].

Aunque el propio Dumézil se encargó de matizar su visión al afirmar que «la "ideología tripartita" no va necesariamente acompañada de una división *factual* de esa sociedad»,[7] consideraba que en el caso indio la ideología no sólo había conformado un *ideal*, sino que representaba una proyección de la estructura social. La sociedad de castas se habría originado, pues, en la ideología tripartita que los indoeuropeos trajeron a la India, y tendría su mejor expresión en el lenguaje brahmánico de los *varṇas*. Como señala el indoeuropeanista Bernard Sergent, puede que el *Ṛig-veda* ignore las castas, pero sí menciona los tres principios y las tres funciones.[8] La noción de *varṇa* «estaba en el aire».[9]

Al parecer, la idea ternaria estaría muy arraigada a dicha mentalidad. El cuerpo humano tiene tres humores (*doṣas*), la realidad está compuesta por tres cualidades (*guṇas*), el universo está dividido en tres mundos (*lokas*), se dan tres destinos póstumos, el *Veda* está compuesto en tres métricas, el día se articula alrededor de tres "uniones" o *saṃdhyās* (amanecer, mediodía y atardecer)... y el cuerpo social tiene tres clases (*varṇas*) surgidas del Puruṣa. Bueno, en verdad tiene cuatro, pero la clase de los śūdras no pertenece, hablando con propiedad, a la sociedad noble o ārya. Razón suficiente, según otros autores, para no hablar de una ternaria, sino de una especie de ideología del "3+1".[10] Algo queda siempre fuera del cuadro. A los tres *varṇas* hay que agregar el cuarto de los śūdras. A las tres "uniones" del día

CUADRO 7: COMPOSICIONES SOCIALES TRIPARTITAS INDOEUROPEAS

SOCIEDAD (*Región*)	*Función soberana*	*Función guerrera*	*Función productora*
INDOARIA (India)	brāhmaṇs (sacerdotes)	kṣatriyas (guerreros)	vaiśyas (productores)
IRANIA (Irán)	*āthravan* (sacerdotes)	*rathaê-štar* (guerreros)	*vāstryō fšuyant* (agricultores)
OSETIA (Cáucaso)	*alaegatae* (fuertes por inteligencia)	*aksaertaegkatae* (fuertes por vigor)	*boratae* (ricos en provisiones)
CELTA (Irlanda)	druidas (sacerdotes, juristas)	*flaith* (aristocracia militar)	*bó airig* (gente libre con vacas)
LATINA (Italia)	flamines (sacerdotes)	milites (militares)	quirites (trabajadores)

se añade la noche. A los tres mundos, un "más allá" (el Brahmā-loka). A los tres estados de consciencia se añade el cuarto (*turīya*). A los tres *Vedas* principales (*Ṛig, Yajur* y *Sāma*) se añade un cuarto (*Atharva*). Y así sucesivamente. Ese cuarto es siempre el "+1" que completa una serie de tres.[11]

Dice este abordaje que el paso de un sistema tripartito a otro cuatripartito habría estado producido por la necesidad histórica de incluir dentro de la sociedad védica a los habitantes no āryas del Sur de Asia. Los llamados dāsas o dasyus asimilados pasarían a ser los śūdras, de forma que la tripartición indoeuropea se transformaría en la cuatripartición índica.

Estas elucubraciones son muy interesantes, pero hoy en día parecen algo forzadas. Una jerarquía y estratificación como la que nos describe Dumézil sólo es posible en reinos ya muy estructurados, algo impensable para la hipotética comunidad protoindoeuropea tribal de hace 4.000 años. Además, sociedades tripartitas han sido halladas hasta en Mesoamérica y Japón (donde obviamente no existía relación con el mundo indoeuropeo). Tríadas y grupos de cuatro los hay a montones en la India. Pero también los cinco elementos (*bhūtas*), los cinco sentidos (*indriyas*), las cinco envolturas (*kośas*)... o los "8+1" estados emocionales (*bhāvas*), los "8+1" sabores (*rasas*). Y me detengo ya.

Todo esto no invalida que existan similitudes en los panteones, en formas de percibir el mundo, o que las epopeyas índicas y las irlandesas compartan trazos comunes. Pero, como el indoeuropeanista James Mallory ha dicho, estas semejanzas parecen más «una respuesta *genérica* a sus circunstancias culturales particulares que no la herencia *genética* directa de antepasados e instituciones comunes».[12]

Los investigadores se decantan hoy por una sociedad protoindoeuropea menos homogénea en cuanto a su visión del mundo, sociedad y religiosidad. De los himnos más antiguos del *Veda* se desprende que las tribus védicas ni estaban demasiado unidas entre sí ni constituían un frente común contra los dāsas no āryas. Algunos āryas se alían con los dāsas, mientras que otros se oponen.[13] Para Enric Aguilar i Matas, los kṣatras mencionados en el *Ṛigveda* no sólo encajan mejor en la función de soberanos (la primera según Dumézil) que en la que tradicionalmente se les adscribe de guerreros (la segunda según Dumézil), sino que no está ni mucho menos claro que en tiempos rigvédicos formaran lo que luego se llamaría *varṇa*.[14] En realidad, aunque una ideología tripartita pueda remontarse a un viejo estrato indoeuropeo (¡qué duda cabe de ello!), la estructura social de la India antigua no estaba organizada según esta base. Los círculos elementales eran la familia, el clan y la tribu.

Tampoco las correspondencias filológicas permiten aseverar una nítida tripartición. Y, de momento, la teoría todavía necesita probarse arqueológicamente. Razón más que suficiente para que hoy muchos ignoren el material que la mitología comparada proporciona.

ORIGEN EN LA RAZA

Bastantes estudiosos –especialmente durante la segunda mitad del XIX y la primera del XX, que es el "siglo de oro" del racialismo– vieron en todo el asunto un claro prejuicio racista.* En su diccionario sánscrito-inglés, que todavía es muy utilizado, Monier Monier-Williams volcaba *varṇa* como "color", pero con una connotación claramente racial: apariencia externa, color de la cara, complexión, belleza, raza, casta, «probablemente a partir del contraste de color entre las tribus aborígenes de piel oscura y sus conquistadores de piel clara».[15]

En verdad, la equiparación de las castas indias con atributos raciales y con el mito de la "invasión de los arios" tiene una larga e interesante historia. Uno de los primeros en plantearla fue el sanscritista angloalemán Friedrich Max-Müller.

Para Max-Müller, los indios no eran sino una modalidad aria de piel algo más oscura que la variante europea. O con más exactitud, los tres *varṇas* superiores de la India eran arios, ya que Max-Müller consideraba a la "cuarta" clase de los śūdras como "no aria". La inferencia de Max-Müller –que nunca pisó la India– era estrictamente textual. Por ejemplo, en un himno del *Ṛig-veda* se loaba que Indra, el dios protector de los āryas, había destruido las fortalezas de los "enemigos",[16] que en el *Ṛig* suelen ser los llamados dāsas. Luego, estos dāsas sólo podían ser los aborígenes de la India, a los que otro himno calificaba de "desnarigados" (*a-nās*)[17] y, en otra parte, "de piel oscura" (*tvacham kṛiṣṇām*).[18] Por tanto, las referencias textuales no parecían dejar lugar a dudas. En un tiempo lejano, hacia el -1500 (la fecha que Max-Mü-

* Distingo "racismo" (persecución o discriminación racial) de "racialismo" (visión del mundo donde tienen preeminencia las categorías raciales). Obviamente, todos los racistas son racialistas, pero lo contrario no es necesariamente la norma.

ller asignó al *Ṛig veda*), la “raza aria” había penetrado por el noroeste de la India y conquistado a la población aborigen. Puesto que *varṇa* significa “color”, la idea de que la sociedad de *varṇas* era algo así como un *apartheid* brahmánico ha perdurado hasta hace muy poco.[19]

Más tarde, el propio Max-Müller trató de desmontar el entuerto. Entendió el *quid* de la cuestión: los términos “ario”, “semita” o “dravídico” corresponden a etiquetas lingüísticas, no raciales. «Si hablamos de arios –se retractaba el profesor–, únicamente nos referimos a la gente que habla lenguas arias, y nada más. Por lo que concierne a su color, forma craneal o del cabello no podemos afirmar ni implicar nada, a menos que podamos averiguarlo por otras fuentes».[20] Pero ya era demasiado tarde. Ahora eran los etnólogos imperiales quienes iban a “demostrar” científicamente que la casta derivaba de la segregación racial. El sumo pontífice en la ciencia de la raza en la India fue sir Herbert H. Risley, padre de una “infalible” ley etnográfica:

> «El estatus social de los miembros de un grupo particular es inversamente proporcional al promedio relativo de la anchura de sus narices».[21]

La tesis de Risley, que prolongaba la del etnólogo W.W. Hunter, sostenía que al impedir el sistema de castas el matrimonio mixto, en la India po-

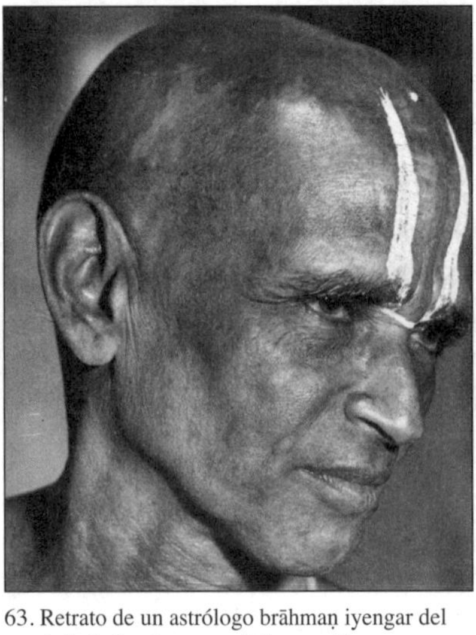

63. Retrato de un astrólogo brāhmaṇ iyengar del sur de la India, de rasgos físicos tenidos por “arios”. Foto: Margaret Bourke-White para la revista *Life*, 1946.

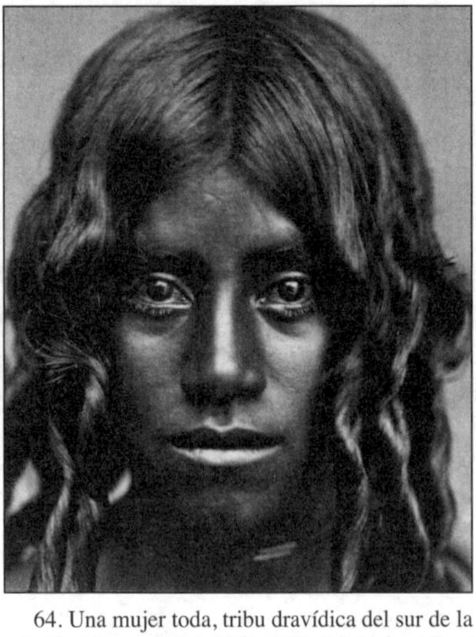

64. Una mujer toda, tribu dravídica del sur de la India. Montes Nilgiri (Tamil Nadu). Foto: Albert Thomas Watson Penn, 1870s/1880s.

día hallarse todo el abanico racial posible, desde los claros arios de nariz afilada [FIG. 63] hasta los oscuros y chatos dravídicos [FIG. 64]. Risley concluía que:

> «Dada la preeminencia otorgada al factor color (*varṇa*), el sistema [de castas] indio se asienta en una base de antagonismo racial».[22]

Así, la institución de castas sería el resultado del encuentro entre unos conquistadores arios (āryas) de piel pálida, procedentes de Asia Central, y los oscuros aborígenes (dāsas) de la India. La casta sería un mero instrumento evolutivo, falsamente tenido por religioso, adoptado en la antigüedad por los arios para evitar el mestizaje con los dāsas.

Para Risley, la analogía contemporánea más parecida era la que se daba en el sur de los Estados Unidos entre el terrateniente y amo anglosajón y el esclavo afroamericano. De hecho, variantes más sofisticadas de esta teoría todavía son hegemónicas en los libros acerca de la historia, la religión, la sociedad y hasta el arte de la India.

Como ya comenté en una obra anterior, Risley desestimó otras teorías que ligaban la casta a las reglas de parentesco, la ocupación, el poder político-económico o la ideología de la pureza. La explicación de la casta como mecanismo de segregación racial resultaba mucho más simple, cómoda y manejable que otras alternativas.[23]

Evaluación crítica

Hoy, la gran narrativa de la "invasión aria" ha sido bastante enmendada y la teoría racialista del origen de las castas –aunque sigue teniendo muchos partidarios– goza de menor apoyo.

En primer lugar, está claro que el término "ārya", tal y como se utiliza en el *Veda*, no representa a una única comunidad. De hecho, transita de vago etnónimo (comunidad sociocultural) a una característica lingüística (los que hablan una lengua aria) o una cualidad moral (nobleza)* y, ante todo, una actitud ritual (denota al seguidor del *varṇa-āśrama-dharma*).

* Todavía retiene esta polisemia en muchas lenguas indoeuropeas. No olvidemos que el genitivo plural de *ārya* dio, entre los indoiranios, el nombre del país: Aryānām; de donde deriva la persa Irán. En cambio, la griega *áristos*, de donde provienen el ideal de nobleza (*areté*) o la palabra "aristocracia", no posee valencia étnica.

Todavía existe menor unanimidad por lo que respecta al término "dāsa". Si para algunos remite a los aborígenes de la India, para otros los dāsas representarían una oleada anterior de indoeuropeos que rendían culto a otras divinidades[24] y rivalizaban con los clanes védicos partidarios del dios Indra.[25] R.S. Sharma consideraba a los dāsas (aunque no a los dasyus) próximos a los āryas en lengua y estilo de vida.[26] En cualquier caso, el *Ṛig-veda* habla de matrimonios mixtos entre āryas y dāsas, de jefes dāsas que protegen a los brāhmaṇs o de reyes dāsas que comienzan a adorar a Indra.[27] Aunque el dāsa es un "otro" –y pronto se convertirá en la designación para "esclavo"– no denota ninguna "raza" ni la noción de impureza. No hay en todo el *Veda* ninguna regla que impida el matrimonio o la comensalidad con los dāsas. Sabemos por los textos védicos que los matrimonios entre un ārya y una dāsī (femenino de dāsa) no sólo debieron de ser legales,[28] sino frecuentes.[29] Según Devraj Chanana, un dāsa podía convertirse en ārya.[30] El cuadro que hoy disponemos es muchísimo más complejo que el de una simple batalla entre pálidos y morenos.

Un análisis filológico detallado del *Veda* indica que las descripciones que se hacen de los dāsas o dasyus en lo referente a su aspecto físico son ambiguas. El aclamado comentario de Sāyaṇa al *Ṛig-veda*, que es del siglo XIV, dice que el término "de piel negra" (*tvacham kṛiṣṇām*) se basa en el nombre de un demonio (*asura*) y no denota color de la piel. La negritud es una expresión simbólica de la alteridad y la ignorancia. Igualmente, el término "desnarigado" (*a-nās*), interpretado como "nariz ancha" o chata, es en realidad *an-ās*, "sin boca", esto es, desconocedor del habla de los autores del himno. La palabra aparece una sola vez en todo el *Ṛig-veda*, y, sin embargo, sir Herbert Risley justificaba su investigación en los índices nasales debido a «las referencias frecuentes a las narices de las gentes que poblaban los llanos de la India».[31] Como Edwin Bryant ha señalado, «la solitaria referencia nasal se ha convertido de repente en una muy frecuente».[32] Sobre estas dos menciones tan discutibles se alza prácticamente todo el edificio de la teoría racialista de la civilización índica. Es chocante, y también extraordinario, que todavía se escriba la historia de la India a partir de la ambigüedad de dos palabras perdidas en el *Ṛig-veda*. Y no puede pasar desapercibido que esa imaginada oposición étnica, racial y hasta evolutiva entre unos blancos āryas de profundo espíritu y unos oscuros e incivilizados dāsas buscaba justificar el gobierno colonial europeo, que no dejaba de ser el de una modalidad aún más "aria" (blanca) que la variante índica.

Para mi crítica es irrelevante que a partir de la II Guerra Mundial los adjetivos pudieran intercambiarse y los āryas pasaran a ser unos bárbaros y nazis y los dāsas o dravídicos fueran vistos como los genuinos hijos de la India y los verdaderamente civilizados. Desde finales del siglo XIX, entre ciertos círculos dalits también fue cuajando la idea, derivada de la teoría racialista de las castas, de que los ex-intocables eran los verdaderos hijos de la tierra, los indios primigenios, de ahí que movimientos de intocables de principios del XX, como el Adi Dravida, el Adi Hindu o el Adi Dharm, añadieran el prefijo "original, primigenio" (*ādi-*). La interpretación dalit del pasado, que se fundamenta en gran medida en las ideas de Jotiba Phule [véanse págs. 514-516], entiende que ellos son los descendientes de aquellos indios que no se sometieron a la religión y el poder de los invasores āryas. Como decía Mangu Ram, histórico líder del movimiento Adi Dharm:

> «Somos el pueblo original de este país, y nuestra religión es Ādi-Dharm. La nación hindú llegó del exterior y nos esclavizó [...] Hubo un tiempo en que gobernamos la India».[33]

El asunto trasciende con creces el mero ámbito académico. Los grupos dalits y ādivāsis que, siguiendo la narrativa de los filólogos y etnólogos, hoy se autoproclaman los auténticos aborígenes del suelo indio, están reivindicando que tienen más derechos que los hindúes "de casta", ya que al descender estos de los "invasores" āryas de hace 3.500 años ¡serían extranjeros! Si a esta visión unimos la indiscutible discriminación histórica por razón de casta, acabamos por equiparar la casta con una forma de discriminación racial. Para una mayoría, sin embargo, ni la casta es una forma de raza, ni la intocabilidad una variedad de discriminación racial. Como decía André Béteille, «no porque queramos proteger a un grupo social contra el prejuicio o la discriminación ha de ser este considerado como una raza».[34]

No es que la sociedad hindú no tenga en cuenta las características físicas de las personas. Hay que admitir que tanto los antiguos āryas como los modernos indios otorgan mucha importancia al color de la piel[35] y existe en la casta un claro elemento de autosegregación. Pero debemos entender que el color al que se refieren los tratados brahmánicos es esencialmente simbólico: remite a la pureza interior, a las cualidades o *guṇas* de los que ya platicamos [véase pág. 198]. En ningún lugar de la inmensa literatura que trata de la doctrina de los *varṇas* se menciona el color de la piel.[36] En Irán, a las clases sociales también las llamaban "colores" (*pištras*), sin que ello tuviera tampoco ninguna connotación racial. Como señaló el gran indoeuropeanista Émile Benveniste, las clases de Irán se distinguían por el color de sus vestimentas.[37]

Desde hace 150 años, existe en Occidente una persistente tendencia a homologar "color" con "color de la piel"; pero en los pueblos antiguos todo parece apuntar hacia un color simbólico del alma (ligado a las ideas de pureza) y no a una tipología antropométrica. Los abanderados del origen racial quizá han vertido el racialismo europeo sobre los antiguos indios y lo han naturalizado. No parece lógico pensar que la cuatripartición social de la India védica se corresponda con las taxonomías antropológicas de los europeos del siglo XIX.

Puede que el turista haya advertido que en India, por lo general, las clases más pobres tienden a ser más oscuras de piel. Es difícil confundir a un brāhmaṇ con un ādi-drāviḍa. (Existe, no obstante, un componente cultural: aquellos que trabajan al aire libre serán necesariamente más morenos que los oficinistas o los que desempeñan trabajos intelectuales.) Eso ya lo notó el gramático Patañjali, un par de siglos antes de nuestra era: «Cuando alguien ve a un hombre oscuro del color de los frijoles negros sentado en el mercado, uno puede concluir definitivamente que no es un brāhmaṇ».[38] Admitamos que, por la misma lógica, el brāhmaṇ habría sido descrito como "blanco". El aludido Patañjali ya decía que «las características físicas del brāhmaṇ son la piel clara y el cabello oscuro».[39] Pero... ¿qué hay del "rojo" kṣatriya? ¿Era el "amarillo" vaiśya un chino? ¿Y el negro śūdra un africano? Otorgar atributos raciales a los *varṇas* o a colectivos como los āryas o los dāsas es cuestionable. Es como decir que el dios Śiva, descrito a veces como el de "cabellos dorados", era un vikingo.

Las castas no forman grupos físicos homogéneos. En Kerala, por ejemplo, el famoso índice nasal de Risley con cuatro castas prototípicas y una tribu es (de más afilada a más chata): īḻavar (casta baja) 75; naṃpūtiri-brāhmaṇ 75,5 (la casta más alta); nāyar (casta dominante) 76,7; cheṛumar (intocable) 77,2; y kānikar (tribal) 84,6. Por tanto, el brāhmaṇ no está en la cúspide de las narices afiladas. Lo está una casta hasta hace relativamente poco considerada de muy bajo rango [FIG. 84]. Y los ex-intocables cheṛumars están claramente más próximos a los brāhmaṇs que a la tribu de los kānikars. Todo esto llevó al antropólogo G.S. Ghurye a concluir que «la proposición de Risley no tiene ninguna base fuera del Indostán [norte de la India]».[40] Está claro que las tipologías antropométricas de la India respetan más los contornos de región que no los de casta. Tomando los modelos antropométricos clásicos, Ghurye tenía que admitir que, incluso en el norte, un brāhmaṇ de Uttar Pradesh está físicamente tan próximo a un intocable chūhṛā de Uttar Pradesh como este a un khatrī (alta casta) del vecino Punjab.[41]

Insistamos en que tampoco puede despigmentarse del todo la cuestión. Pienso que el racismo no existía en el mundo antiguo, pero sí se daba la xenofobia. Tal vez en la zona gangética (Indostán) pueda darse una cierta correlación entre precedencia social y determinados atributos físicos. Allí donde la endogamia fue más estricta y duradera debe de haber incidido más en la sociedad. De hecho, la literatura brahmánica concebía que los miembros de una misma casta compartían una substancia sanguínea, psíquica y espiritual común. Puede que Risley no anduviera tan desencaminado. Entiéndase: hace tiempo que sabemos que la anchura de las narices de los brāhmaṇs de Kerala o Tamil Nadu no es superior ni inferior a la del resto de drávidas [FIG. 65; FIG. 66]; pero está claro que las imaginaciones risleyanas correspondían a ciertas representaciones autóctonas de la casta. Dice Robert Deliège que «la noción de raza nunca ha estado muy alejada de la de *jāti*».[42] No obstante, en ningún momento los brāhmaṇs han fundamentado la casta en diferencias fenotípicas. Se dice que la substancia compartida no puede ser percibida. Uno no es brāhmaṇ por el color de la piel, sino por generaciones de estudio del *Veda*, por generaciones de conducta pura, por generaciones de rituales puros, por generaciones de alimentarse con comidas puras, por generaciones de contraer matrimonio con gentes de conducta pura, etcétera.[43] A diferencia de la raza (donde sólo las categorías "blanco" o "negro" cuentan), la lealtad a la casta aumenta a medida que se focaliza en agrupaciones menores, hasta llegar al reducido círculo endogámico (*jāti*). Uno puede ser un brāhmaṇ y compartir con otros las mismas aptitudes y substancias espiri-

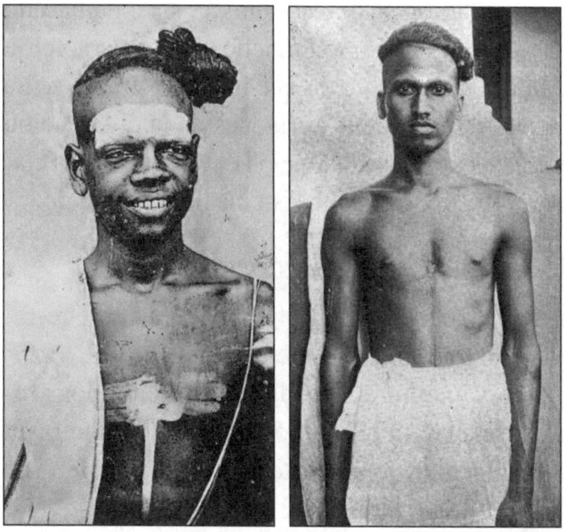

65 (izq.). Un brāhmaṇ dīṭcitar (no precisamente de nariz afilada). Chidambaram (Tamil Nadu). Foto: Edgar Thurston, 1909.
66 (dcha.). Un nāyar. Kerala. Foto: Edgar Thurston, 1909.

tuales, pero ante todo uno es un sarasvatī-brāhmaṇ, un maithili-brāhmaṇ o un kānyakubja-brāhmaṇ. En realidad, si la casta fuese el simple resultado de la raza, no se entiende por qué diantre han de existir tantos miles de *jātis* y tal cantidad de pequeñas castas. Como hace ya mucho apuntaló el político dalit B.R. Ambedkar:

> «El sistema de castas apareció mucho tiempo después de que las diferentes razas de la India se hubieran mezclado en sangre y cultura. Mantener que las distinciones de castas son en realidad distinciones de raza [...] es una gran manipulación de los hechos».[44]

No vamos a entrar ahora a desmenuzar el mito de la "invasión aria" porque he dedicado muchas páginas a la cuestión en otro lado.[45] Valga decir que la dispersión e inmigración de pueblos de habla indoeuropea hacia el Sur de Asia fue con toda probabilidad un proceso glaciar, que duró muchos siglos, si no un milenio entero. Hablar entonces de una "invasión aria" es engañoso; y atribuir a los que se llamaron a sí mismos āryas cualquier atributo racial es muy especulativo.

En resumen, el término ārya no constituye ninguna designación racial, sino que conlleva un estatus moral, espiritual, ritual y social. Ser un ārya significa comportarse de una manera particular, siguiendo las reglas precisas enseñadas en la *śruti* y la *smṛiti*.[46]

El pensamiento racialista no aparece hasta el siglo XVI en la península ibérica. Por tanto, los āryas no pudieron establecer ningún sistema basado en un pensamiento racialista que aún necesitaría muchos siglos para ver la luz. Como el trabajo de Thomas Trautmann creo que ha demostrado, se ha exagerado sobremanera el aspecto racial de los orígenes de la civilización india.[47] Y como apuntala Romila Thapar, «la distinción entre unos āryas claros y unos no āryas oscuros es ultrasimplificar un sistema muy complejo».[48]

El estudio genético sobre la casta

Los modernos estudios genéticos, sin embargo, reflejan la creciente re-racialización del mundo, una visión que atenúa la vieja idea de que la "raza" es esencialmente una categoría sociocultural. Las diferencias entre los grupos humanos vuelven a explicarse en términos biológicos. Eso comporta un nuevo "esencialismo" de corte genético, no tan distante del "racialismo" de antropólogos como W.W. Hunter o Herbert Risley.

Como sabemos, la reconstrucción de las antiguas migraciones y las relaciones entre los grupos humanos poseen en la India una trascendencia política y social considerable. Los radicales hindúes, por ejemplo, tratan de reescribir la historia india propugnando un origen índico de los āryas (léase brāhmaṇs y castas altas) y de la familia de lenguas indoeuropea (refutando la hipótesis de la "invasión aria"). Las organizaciones dalits, por su parte, tratan de probar el origen "extranjero" de los āryas y de correlacionar la discriminación que han sufrido por razón de casta con el racismo de los "conquistadores" āryas y sus descendientes.

Veamos, pues, qué dicen las investigaciones recientes acerca de las antiguas migraciones, el desarrollo de la endogamia o la relación entre castas altas, castas bajas y ādivāsis.

El estudio de Bamshad

Uno de los estudios genéticos pioneros en la India fue el realizado en el 2000 por Michael Bamshad y su equipo.[49] La investigación trató de evaluar el impacto de los genes euroasiático-occidentales sobre el sistema de castas y llegó a la conclusión de que la afinidad con los europeos es mucho mayor cuanto más alta es la casta. Por contra, las castas bajas presentarían un cuadro genético mucho más similar al de los asiáticos. El estudio secundaría la idea de migraciones de poblaciones europidas hacia la India, poblaciones que acabarían conformando las capas altas de la sociedad.

El estudio de Kivisild

Otro estudio genético fue realizado en el 2002 con varias castas y tribus de Andhra Pradesh, Uttar Pradesh, Punjab, Maharashtra, Bengala, Gujarat y Sri Lanka.[50] Los resultados se compararon con poblaciones de Asia Central y de Europa del Este. El estudio concluía que, en general, tanto las poblaciones tribales como las de casta de la India derivarían de un mismo tronco genético del Pleistoceno y habrían recibido un flujo genético bastante limitado en los últimos 12.000 años.

Estudios anteriores ya habían concluido que la India fue poblada bastante pronto desde el éxodo africano y que no se dio un reemplazo de los habitantes originales. Las diferencias genéticas de la India no seguirían ni contornos de casta ni respetarían barreras lingüísticas. Tampoco existiría una gran distinción genética entre la India tribal y la India de casta.

Por lo que concierne al ADN mitocondrial se daría una enorme unidad genómica entre los indios. Menos de un 10% de los linajes maternos de las poblaciones de casta tienen un antepasado allende la India en los últimos 12.000 años. Por el contrario, la distancia genética del cromosoma-Y apunta hacia una introducción de genes masculinos euroasiático-occidentales en el pozo genético indio.

❖ ❖ ❖

Las tesis de Bamshad (abierto a la teoría de migraciones), a las que en parte se opuso el equipo de Kivisild (más propenso a un común pasado índico), crearon dos claras orientaciones entre los futuros investigadores.

Los estudios de Basu, Cordaux y Kanthimathi

Un estudio genético del 2003 confirmó que existe gran unidad en los linajes femeninos de la India;[51] pero, en contra de Kivisild, diferenciaba nítidamente entre las poblaciones tribales y las de casta. Para el equipo de Basu, los austroasiáticos serían los primeros pobladores de la India. Secundaba la teoría de que las poblaciones dravídicas habrían estado esparcidas a lo ancho del continente índico, pero retrocedieron hacia el sur con la llegada de los indoeuropeos. Más importante aún, el estudio mostraría afinidades genéticas entre las castas altas de la India (sobre todo del norte) y las poblaciones de Asia Central.

Mucho más concluyente fue otro estudio genético, el de Cordaux,[52] que –siguiendo a Basu– contradecía frontalmente las conclusiones de Toomas Kivisild. El estudio postulaba que las poblaciones de casta y las poblaciones tribales diferían considerablemente. Cordaux llegaba a la conclusión "canónica" de que las comunidades "de casta" derivaban de indoeuropeos que habrían migrado a la India desde Asia Central haría unos 3.500 años.

Un estudio con unas 500 personas de 10 castas de Tamil Nadu[53] mostró que los dravídicos muestran más afinidades genéticas entre sí (a pesar de su alto nivel de diversidad genómica) que con los indoarios del norte, más allá de su posición en la jerarquía social. Sólo los migrantes más recientes (iyers [FIG. 30] e iyengars [FIG. 63]) mostraron mayor afinidad con los indoarios (fueran de castas altas, medias o bajas). Ello confirmaría que existió un tiempo en que los dravídicos estuvieron muy esparcidos por todo el continente y habrían sido desplazados hacia el sur por los indoeuropeos.

Los estudios de Sahoo, Sengupta, Reich y Tamang

En contra de estas investigaciones, un estudio realizado en el 2005 con casi 1.000 personas pertenecientes a 32 grupos tribales y 45 castas[54] concluía que la contribución genética europea sobre los grupos de habla dravídica o indoeuropea tuvo que haber sido forzosamente baja. La similitud cromosomática entre la India y los pueblos de Asia Central se explica mejor por el pasado común de ambas regiones. Los datos sobre el cromosoma-Y apuntarían a un origen surasiático evidente (preneolítico) de las castas indias y no secundan la hipótesis de un influjo genético grande de pueblos asociados a la expansión de la familia lingüística indoaria. El estudio secunda la hipótesis de Kivisild y se opone frontalmente al de Cordaux.

De forma similar, otro estudio llevado a cabo en el 2005 con 17 grupos tribales y 18 castas[55] apoyaba la tesis de que no parece haberse dado ningún influjo genético de relieve procedente de Asia Central. El estudio incluso apunta a un origen peninsular (sur de la India) de las poblaciones de habla dravídica, y no en las cercanías del río Indo (donde suele ubicárseles).

A una conclusión parecida llegó el estudio dirigido por David Reich,[56] tras analizar 25 grupos humanos muy variados, representantes de todas las grandes familias lingüísticas y el espectro de castas. Reich estableció que la gran mayoría de indios de hoy desciende –en distintas proporciones– de una mezcla de los dos grandes pozos genéticos del Sur de Asia: los ANI o "ancestros de los indios del norte" (genéticamente cercanos a las gentes de Oriente Próximo, Asia Central y Europa), y los ASI o "ancestros de los indios del sur" (que equidistan tanto de los ANI como de las gentes de Extremo Oriente). Grupos que poseen genes únicamente del pozo de los ASI sólo existirían entre los önge de las islas Andamán. La proporción de abolengo ANI es significativamente mayor entre los grupos de lengua indoeuropea que entre los de la dravídica. Asimismo, entre las caltas altas y medias se daría una mayor proporción de genes ANI. Dado que las diferencias de frecuencia de los alelos en los distintos grupos de la India es mucho mayor que en las poblaciones de Europa, ello reforzaría la tesis de una endogamia muy prolongada en la India.

La investigación de Tamang[57] confirma la teoría de que la India sirvió muy pronto de corredor para las primeras migraciones humanas salidas de África. Fundamentándose en el trabajo de Reich, los autores rechazan la hipótesis de una "invasión aria" y mantienen que se ha dado poco influjo genético euroasiático.

Interpretaciones políticas e ideológicas

Como se observa, no hay consenso entre los científicos. Donde unos ven una gran estabilidad y uniformidad genética, otros detectan claros signos de migraciones. Y, como decíamos antes, estos debates tienen una pronunciada carga política. Algunos movimientos dalits han utilizado los estudios de Bamshad o Cordaux como "prueba científica" del origen "extranjero" de las castas altas. A su vez, grupos del nacionalismo hindú se fundamentan en el de Sanghamitra Sahoo para reforzar la "indianidad" de la tradición hindú y las castas altas.

Las espadas siguen en todo lo alto. Volveremos sobre el tema al final de este capítulo [véanse págs. 411-412].

ORIGEN OCUPACIONAL

Una vieja hipótesis sobre el origen de las castas sostiene que surgieron de la especialización y profesionalización de ciertos oficios y trabajos. Uno de los primeros en proponerla fue el antropólogo victoriano J.C. Nesfield, para quien –en acalorado debate con su colega H.H. Risley– «la función, y sólo la función, tal y como pienso, ha sido el fundamento sobre el cual se construyó el sistema de castas».[58] Otro ferviente defensor del origen ocupacional fue sir Denzil Ibbetson, otro gran etnólogo colonial, para quien la base de la casta «está en la diversidad de ocupaciones».[59]

Los antiguos textos budistas hablan de aldeas formadas exclusivamente por una casta. Existían aldeas de brāhmaṇs, de alfareros, de cazadores, etcétera. En las grandes ciudades, muchos grupos se distribuían de forma gremial (*śreṇi*). Los viejos gremios y asociaciones ocupacionales se habrían ido transformando en corporaciones hereditarias. Todo *śreṇi* poseía sus reglas endogámicas, derechos judiciales y hasta deberes religiosos.

Sin duda, esto es plausible en determinados casos, tal y como el nombre ocupacional de muchas castas ilustra. Pero también sabemos que no es cierto que todas las castas tengan ocupaciones específicas. Como ya se mencionó, puede que la ocupación tradicional de los cesteros haya sido fabricar canastas, pero existen infinidad de cesteros que ni hoy, ni hace 20 siglos, han fabricado una sola canasta [véanse págs. 96-98]. A la inversa, existen muchos pastores que provienen de diferentes castas, por no hablar de los agricultores, que virtualmente beben –y bebieron en el pasado– de todas las castas en cualquier localidad dada. Sabemos de castas que viven una al lado de la otra y se dedican a la misma ocupación y no muestran, ni mostraron en el pasado, ninguna inclinación a unirse entre sí por razón de su ocupación. Esta hipótesis no explica por qué los agricultores (y son los que forman la mayoría en cualquier comarca del Sur de Asia) están divididos en numerosas castas. Tampoco logra explicar por qué se dan cientos de castas de brāhmaṇs. Hoy en día, esta hipótesis goza de poca reputación. Muchos pensamos que es reduccionista derivar un "sistema" de castas de factores exclusivamente económicos o laborales.

CONSPIRACIÓN BRAHMÁNICA

Una variante de las hipótesis anteriores propone que, en un momento determinado, las clases sacerdotales sellaron sus fronteras y se transformaron en casta hereditaria.

Para Denzil Ibbetson, un colectivo sacerdotal desproporcionadamente influyente –y con ganas de legar a sus descendientes los privilegios y la sabiduría de su profesión– logró hacer de su ocupación un asunto hereditario [FIG. 27]. Una vez los brāhmaṇs se hubieron convertido en casta, otros grupos empezaron a imitarlos, siguiendo idéntico patrón funcional u ocupacional. A partir de este punto, la India siguió su peculiar senda hacia la sociedad de castas. J.C. Nesfield compartía estas ideas. También los siguió en parte el indianista francés Émile Senart, que propuso un híbrido entre la hipótesis racial y la ocupacional. Para Senart, los āryas se mantuvieron separados de los aborígenes y de los mestizos. Dada su animadversión por las tareas manuales, se autorrestringieron las ocupaciones, dejando a la población aborigen todo el trabajo manual, artesanal y servil.

Variante dalit

Variantes de esta hipótesis son muy del agrado de los círculos misioneros y los movimientos antibrahmánicos, en particular los dalits, que tienden a adscribir el origen de sus males a una maquinación brahmánica. Muy influyente fue la visión de Jotiba Phule, un reformador maharashtri, sobre quien volveremos más adelante [véanse págs. 514-516]. Ocurre que Phule, Ambedkar y otros que asignan el origen de las castas a una manipulación brahmánica están dando por sentado la centralidad del modelo de *varṇas* tal y como se desprendía del estudio textual y de las sesgadas opiniones de los brāhmaṇs. Tampoco explica por qué la casta se encuentra en sociedades como la budista o la islámica.

ORIGEN INDUSINO

En realidad, es bastante curioso que el origen de la estructura de castas se haya asociado siempre a los indoeuropeos cuando el hecho es únicamente indio y no tiene equivalente en el resto del mundo indoeuropeo. De modo que, intermitentemente, aparecen grandes teorías que postulan la existencia de una sociedad de castas en la civilización del Indo,[60] que es anterior a la llegada de los indoeuropeos o āryas, entre el -3500 y el -1700. Al menos, Joseph Campbell vio allí «las condiciones para el desarrollo de castas».[61] Existirían razones para pensar que la división en tres o cuatro grandes *varṇas*, tal y como muestra el *Puruṣa-sūkta*, se habría superpuesto a una sociedad posiblemente ya atomizada en grupos endogámicos.

Un aspecto sobradamente destacado de la civilización del Indo es el de su homogeneidad cultural en un área vastísima y durante un período de tiempo inmenso. Si a eso le añadimos la falta de una autoridad política centralizada (idea que, sin embargo, no todo el mundo comparte), dicha uniformidad resulta realmente enigmática. Piénsese, por ejemplo, que el diseño de *todas* las ciudades es casi idéntico, la utilización de los ladrillos se adecua a un modelo y tamaño estandarizado, etcétera. Se ha dicho que la única fuerza capaz de explicar semejante homogeneidad habría sido una teocracia.[62] Pero otros expertos, como C.C. Lamberg-Karlovsky, proponen que esa fuerza fue el sistema de castas. Las viviendas de las ciudades indusinas eran de mayor tamaño que las de otras civilizaciones contemporáneas (China, Mesopotamia, Egipto...), lo que sugiere o la clásica "familia extensa" de la India o una élite acomodada. A su vez, parece que existían barriadas de altísima densidad y habitáculos muy pequeños, no muy diferentes de los suburbios de chabolas de la India contemporánea. Además, las ideas de pureza y polución parecen atestiguadas por el importante papel que debieron desempeñar los pozos (uno por cada tres casas) o los grandes baños públicos.[63] Para la historiadora Romila Thapar, las características esenciales de la sociedad de castas (endogamia/exogamia, división del trabajo, idea de polución, asociación de las castas con localidades geográficas, etcétera), «podrían haber estado presentes en la cultura de Harappa».[64]

Para los que siguen esta línea de pensamiento, existen motivos por los que concluir que la doctrina de los cuatro *varṇas* simplemente se superpuso a una estratificación social ya existente en la India. La justificación teológica brahmánica la moldeó de forma indefectible, pero no la inventó. El concepto de *varṇa* acabaría siendo crucial, pero no hay evidencia histórica de que las castas de la India moderna emergieran de los cuatro *varṇas*. Debería sopesarse la posibilidad de que existieran proto-*jātis* en tiempos prevédicos.[65] O dicho de otra forma, las *jātis* serían grupos endogámicos presentes de una forma u otra en la civilización del Valle del Indo. Cuando llegaron los pueblos de habla indoeuropea, a lo largo del II milenio antes de nuestra era, aportaron y superpusieron el sistema de *varṇas* que tiene paralelismos en otros pueblos indoeuropeos.

El planteamiento es, sin duda, plausible y estimulante, pero parte del *a priori* de que la casta es un residuo de una institución que se habría mantenido poco alterada durante 4.000 años. Se proyecta una realidad contemporánea (la familia extensa, los barrios de chabolas, la idea de polución...) ¡40 siglos atrás!

La variante dravídica

El *Caṅkam* de los tamiles, un corpus literario muy antiguo y que muestra una sociedad todavía poco arianizada, nos habla ya de castas (*kuṭi*, la forma tamil de *jāti*) muy bajas –como los paṟaiyaṉs, los pāṇaṉs, los tōṭṭiyaṉs o los vēlaṉs– al cuidado de los ritos mortuorios y las incineraciones, un rasgo que todavía hoy sigue siendo una de las características más visibles del sistema. George L. Hart concluye que «la polución que se asocia a las castas bajas es un legado de la religión dravídica indígena»,[66] si bien el brahmanismo también pudo influir.

Muchos dravidianistas han reparado en el hecho de que para los antiguos pueblos tamiles lo sagrado (*aṇaṉku*) era algo potencialmente peligroso, caprichoso y hasta malevolente. De ahí, que los chamanes (pāṇaṉs, kaṭampaṉs) y músicos (paṟaiyaṉs, tōṭṭiyaṉs) especialistas en los rituales de lo sagrado fueran considerados polucionantes y tuvieran que ser evitados, relegándolos con el tiempo al estatus de casta baja. Hart también detecta en la antigua religión de los tamiles muchas de las costumbres panindias relativas a la mujer. En concreto, menciona la noción de impureza al dar a luz, o el alejamiento de la esfera doméstica de la mujer menstruante. Hart concluye:

> «Hay una clara evidencia de que la casta es indígena del sur de la India y no dependió para su desarrollo del sistema de *varṇas* que luego vino a superponerse a ella».[67]

Ocurre que las ideas de peligro de lo sagrado y polución de la mujer se encuentran en cantidad de culturas, incluida la de los āryas del norte de la India. Otros estudios, contra Hart, sostienen que ninguno de los grupos sociales tenidos por polucionantes era considerado "intocable" en el *Caṅkam*.[68]

OTROS ORÍGENES AUTÓCTONOS

Algunos pensadores atribuyen a las poblaciones indígenas (ādivāsis) la paternidad de la *jāti*. Si a los indoarios se les asocia la tripartición social jerárquica, se dice que algunas poblaciones indígenas tuvieron una sociedad de grupúsculos endogámicos basados en la especialización ocupacional, de estructura más bien concéntrica. Estas proto-*jātis* se entrelazarían con el sistema de *varṇas*, ideado por los brāhmaṇs en el período rigvédico tardío. Luego, cada vez que un grupo tribal era absorbido, habría aportado consigo sus costumbres endogámicas. Esta tesis ha sido mantenida por historiadores de izquierdas como D.D. Kosambi o Irfan Habib.

Suvira Jaiswal, no obstante, pone elocuentes ejemplos en su contra. En la región de Mewat, en Rajasthan, una sección de la tribu bhīl ha adoptado la agricultura. Al hacerlo se ha convertido en la casta gamit, que ya no mantiene interacciones sociales con los bhīls de las montañas.[69] Es un clásico ejemplo de la desintegración o fisión de una comunidad tribal en el que uno de sus segmentos se transforma en casta endogámica; pero no porque ese segmento fuera previamente endogámico, sino porque se ha integrado en una sociedad estratificada y fragmentada que practica la endogamia y, como tal, le ha proveído de su nicho separado.

Del clan tribal a la casta

En los años 1930s, A.M. Hocart propuso que en su origen las castas eran linajes de parentesco que participaban colectivamente en rituales comunitarios. Estos grupos eran cerrados, ya que la función ritual de cada grupo dotaba a sus miembros con un tipo distinto de sacralidad. Con el paso del tiempo, estas funciones rituales se transformaron en funciones económicas y muchos de los antiguos grupos rituales (o protocastas) se convirtieron en castas ocupacionales.

Una variante interesante fue propuesta por el antropólogo neoevolucionista Morton Klass.[70] El sistema de castas habría aparecido hace unos 4.000 años. En su origen, el Sur de Asia habría estado poblado por grupos de cazadores-recolectores estructurados en clanes igualitarios totémicos. Klass alegaba que la estructura de clan podía transformarse en estructura de casta.[71]

Las nuevas tecnologías propiciaron que algunos grupos pasaran de la recolección a la agricultura. Con el aumento de la población, el surplus alimenticio y la rivalidad por el control de las mejores tierras, habrían aparecido tres tipos de colectivos: los que controlarían las tierras de cultivo (predecesores de los *jajmāns*), los que preferirían emigrar a otra parte (¿ādivāsis?), y aquellos que decidirían quedarse en el lugar de origen pero buscándose otra forma de recibir la cosecha (predecesores de los *kamīns*). La existencia en toda la India de especialistas de todas clases (desde el sacerdote hasta el basurero) prueba la antigüedad del fenómeno. De donde Klass colegía que la especialización en grupos corporativos sería una característica ventajosa, necesaria y hasta inherente a la estructura social igualitarista. La particularidad del Sur de Asia sería que los *kamīns* o individuos sin tierra habrían logrado acceso directo a la cosecha como representantes de grupos corporativos igualitarios.

Progresivamente, el sistema de valores social determinaría qué ocupaciones o formas de vida serían degradantes y viles y cuáles serían nobles y puras. La teoría de Klass está parcialmente corroborada por la historiografía del sur de la India, donde sabemos que algunos clanes se desintegraron –siguiendo a la expansión del cultivo y la subsiguiente especialización del trabajo– y se transformaron en *jātis*. Nombres de casta tamiles como paṟaiyaṉ, pāṇaṉ, vēṭaṉ o kuṟavaṉ retienen los viejos nombres de clan.

El enfoque de Klass es deudor del marxismo, del materialismo antropológico y del neoevolucionismo. En último término, entiende la casta como algo muy parecido a la "clase", con la peculiaridad de la especialización ocupacional, lo cual es algo reduccionista. Además, es difícil explicar el surgimiento de la clase de los brāhmaṇs en un período tan antiguo. Y presupone la existencia de un sistema *jajmānī* con casi 4.000 años de antigüedad, lo cual vuelve a ser una proyección de una India rural de mediados del siglo XX sobre tiempos calcolíticos.

¿UN ÚNICO SISTEMA DE CASTAS?

La verdad es que desconocemos cómo se fue fraguando esta sociedad de castas. Ni sabemos cuándo se originó. Está claro que hacia el -500 existía algo parecido a una primitiva sociedad de castas en el valle del Ganges (y sólo en el valle del Ganges). Es la época en que comienza a trenzarse la ideología de los *varṇas*. Pero incluso los expertos no saben cuándo podemos hablar de *jātis* o unidades endogámicas. Louis Dumont y otros, por ejemplo, pensaban que la India estaba ya estratificada en *jātis* hacia los siglos I y II,[72] cuando los *Dharma-śāstras* discutían sobre los *varṇas*. Modernos estudios genéticos concuerdan con ello y han propuesto una sociedad de *jātis* de unos 1.900 años de antigüedad.[73] Pero Arthur L. Basham no le otorgaba más de 1.500.[74]

Como sea, es lícito preguntarse: si las *jātis* de principios del siglo XXI son cualitativa y estructuralmente diferentes a las de apenas hace 50 años, ¿por qué debemos de presuponer que estas últimas eran idénticas a sus posibles homólogas de hace 1.500 años? Los que ven el sistema como un desarrollo de la civilización del Indo, los que lo tienen por un artilugio ārya, o los que lo remontan a los clanes tribales del Neolítico, están proyectando con osadía la realidad contemporánea miles de años atrás.

❖ ❖ ❖

Personalmente, estoy bastante de acuerdo con los indoeuropeanistas en que la cosmovisión de los pueblos indoeuropeos jugó su papel en la construcción de la *ideología* brahmánica. Y, como sabemos, dicha ideología le dio una consistencia fenomenal a los "sistemas" de castas. Pero eso sería siglos después de su glaciar migración hacia los llanos del Punjab.

Está claro, por otro lado, que al final de la época rigvédica (hacia el -1000), los brāhmaṇs emergían ya como clase diferenciada del resto; quizá hereditaria. Por tanto, estoy de acuerdo en que la función también desempeñó su papel. Todavía hoy, bastantes castas retienen el nombre del oficio o profesión que las apelmazó.

También concuerdo en que pesaron los prejuicios xenófobos de los āryas (y los brāhmaṇs en general) en contra de los dāsas, otros clanes védicos y segmentos de las sociedades tribales. En estas tensiones se fraguaría el lenguaje de la pureza, que sofisticaría considerablemente la diferenciación étnica del ārya y el dāsa y generaría demarcación del brāhmaṇ y el chaṇḍāla. Está claro que el sistema se coció a fuego lento, con la participación de todos estos vectores. Por tanto, no puede ser el artilugio premeditado de unos avispados sacerdotes. Lo que no invalida que luego estos se aprovecharan de la situación y la encauzaran deliberadamente en su favor.

Una vieja tesis, que estimo sigue siendo válida, propone que el desarrollo del brāhmaṇ-varṇa con sus distintos *gotras* fue el resultado del encuentro entre las clases sacerdotales āryas (con su ideología y sus prejuicios xenófobos) y el clérigo indusino (o sacerdotes tribales). Quizá algo similar ocurrió también entre las dinastías aristocráticas, o entre los comerciantes y agricultores. Puede que la idea de *jāti* le deba bastante a la India autóctona, tribal o dravídica, como siempre han sostenido algunos investigadores.

De las investigaciones genéticas, quizá suscribiría una posición intermedia entre las dos grandes orientaciones, como la tomada por un estudio con tres grupos tribales del sur de la India,[75] que deliberadamente se compara con anteriores estudios. La investigación de Thanseem confirma que el pozo genético materno indio es más o menos uniforme. Ahí hay bastante unanimidad en las investigaciones. Cualquier influjo o invasión debió de haber sido esencialmente masculino. El estudio revela, no obstante, que las castas bajas poseen mayor afinidad cromosomática (masculina) con los grupos tribales que con las castas altas. Lo interesante es que, según el equipo de Thanseem, los grupos que hoy conforman las castas bajas debieron haberse formado con las divisiones jerárquicas de las poblaciones tribales que surgieron con la expansión de la agricultura ¡en el Neolítico!; es decir, mucho antes de la llegada de los indoarioparlantes. Los indoeuropeos se establecieron como élite en esta sociedad tribal ya dividida en clases al estilo de las castas. Es muy probable que unas proto-*jātis* antecedan a los *varṇas* de los indoeuropeos.

El completo estudio del equipo de Priya Moorjani, con muestras de 571 personas de 73 grupos etnolingüísticos bien definidos,[76] acepta un influjo migratorio occidental hacia el norte de la India. Pero, contra las tesis racialistas, plantea una fuerte mezcla entre los dos pozos gnéticos (ASI y ANI [véase pág. 403]) entre el -2200 y el +100, que representa el período védico al completo. Como señalaba la doctora Mitali Mukerji, responsable de otro gran estudio genético todavía en curso:

> «Hay muchas mezclas [en la India], mientras que, en comparación, los caucásicos son más homogéneos. Si la comparamos con otros países asiáticos, la India es como un crisol [...] El matrimonio dentro de un mismo grupo es algo más reciente».[77]

En efecto, a principios de nuestra era, esa hibridación se habría frenado considerablemente debido al desarrollo de la sociedad de *jātis* endogámicas y al desarrollo de la ideología de los *varṇas*. Pero, adoptando una perspectiva más amplia, la doctora Mukerji es concluyente: «El sistema de castas no tiene una base genética».[78]

La idea de unos clanes tribales (*janas*) preindoeuropeos que se fueron transformando en proto-*jātis* no parece descabellada. Sobre alguna estratificación de este estilo se habría superpuesto la ideología várnica. Este aspecto me parece esencial. En la transición de la tribu a la *jāti*, distintos grupos de cazadores-recolectores, labriegos, pastores, etcétera, fueron convirtiéndose en castas, con sus reglas de endogamia, estilos de vida propios, costumbre, etcétera. La ideología aborigen habría dado contorno al principo de la diferencia; luego, la ideología brahmánica reforzaría el principio de la jerarquía. Son conjeturas plausibles, aunque conjeturas al fin y al cabo.

La peculiaridad de la casta en el Sur de Asia es indiscutible, pero igual que las ideas de "nación" o de "etnia" tiene mucho de imaginado y fabricado. Y como aquellas, la emergencia de esa sociedad "tradicional" es comparativamente reciente. Como comprobaremos [en los capítulos 19 y 20], incluso bien instalado el poder colonial, para la mayoría de indios las distinciones de casta eran de una importancia menor. Ni en el sur de la India, ni en el macizo del Decán en el centro, ni en Bengala al este, o en el Punjab al oeste, las normas de *jāti* y *varṇa* –tal y como hoy las conocemos– operaban de forma relevante, uniforme o estable apenas hace 400 años. De lo que se desprende que hablar de un único "sistema de castas" (el mismo para todo el mundo), basado en intemporales principios cosmogónicos, es engañoso.

18. DESARROLLO Y CRÍTICA DE LA SOCIEDAD DE CASTAS

En el presente capítulo vamos a esbozar una posible secuencia en el desarrollo de las castas y, en particular, de la *autocrítica* o "crítica interna" que la sociedad india realizó sobre la concepción dhármica de la casta.

Rizando el rizo, la casta ha podido servir incluso de vehículo para canalizar la protesta social y generar contraculturas. En algunos casos, no pasaría de algún tipo de sanscritización, pero en otros pueden detectarse modelos alternativos fuertemente contestatarios y transgresores. No todas las transformaciones de la sociedad india se deben al influjo de ideas igualitaristas procedentes del islam, el cristianismo o la modernidad occidental. Los combates en pos de una sociedad menos opresiva tienen una larga historia en la India.

Ocurre que como fueron las órdenes y sectas religiosas las que canalizaron dicha crítica, puede que no siempre hayan sido todo lo revolucionarias que un espíritu modernista esperaría. Es más, puede que por este mismo motivo hayan sido descartadas y deslegitimadas por un elenco de investigadores. Y, sin embargo, el Kabīr-panth, el sikhismo, el tantrismo o el neobudismo, por poner unos pocos ejemplos, han vehiculado la disidencia y la transformación de millones de indios.

No perdamos de vista que en gran parte del mundo, hasta hace muy poco, la crítica de las desigualdades y opresiones sociales se ha expresado bajo la forma de religiosidades alternativas, empezando por el mensaje de Jesús, los movimientos sufíes, los milenarismos indígenas, la rebelión de los Taiping... hasta la teología de la liberación.

LA CRÍTICA BUDISTA Y JAINISTA

El honor de poner por vez primera en jaque y cuestionar seriamente los cimientos de la ideología de castas lo tienen –al unísono– las tradiciones budista y jainista. Ambas forman parte de lo que los indianistas han llamado tradiciones "shramánicas".

Heurísticamente, las antiguas tradiciones de pensamiento de la India pueden agruparse en dos grandes corrientes: la brahmánica y la shramánica. Esta divisoria era patente hacia el -300, cuando el embajador griego Megástenes visitó la India. Los pilares del emperador Aśoka, que son unas décadas posteriores, también hablan de brāhmaṇas y śramaṇas.

La tradición brahmánica es la que, a la postre, se adueñaría de la corriente principal de la religión y el pensamiento indio en general. Por supuesto, es la tradición –o el cúmulo de tradiciones– transmitida por las familias de brāhmaṇs. Y son aquellas que tienden a legitimarse en la autoridad del *Veda* y el *dharma*. Algunos piensan que lo que llamamos hinduismo (basado en los *Dharma-śāstras*, la filosofía vedānta, las epopeyas del *Mahābhārata* o el *Rāmāyaṇa*, etcétera) es el legítimo heredero de las corrientes brahmánicas. Aunque a mí no me entusiasme una simplificación de este calibre, para el tema que nos traemos entre manos puede servir. La tradición brahmánica conformaría la espina dorsal del hinduismo y sería la que habría dado continuidad a rituales, mitologías o filosofías de gran antigüedad.

La tradición shramánica constituyó durante muchos siglos (por lo menos entre el -500 y el +1000) cierto contrapunto a la tradición brahmánica. A ella pertenecieron movimientos originalmente encabezados por renunciantes (*śramaṇas*) como el Buddha o Mahāvīra (entre muchos otros, en los que no es necesario entrar aquí), que dieron luz a las religiones que hoy conocemos como budismo y jainismo [FIG. 67]. Desde la perspectiva brahmánica, estas corrientes son heterodoxas (*nāstikas*), ya que no aceptan la autoridad del *Veda* ni de sus custodios, los brāhmaṇs.

Insistamos en que esto es una gran simplificación, porque sabemos que corrientes filosóficas y espirituales como el sāṃkhya, el yoga o el vaiśeṣika habrían estado en las lindes entre las tradiciones brahmánicas y las shramánicas. Con el tiempo fueron legitimándose con las primeras, pero las fronteras nunca estuvieron marcadas.

Como sea, parece que pronto –aunque posiblemente siglos después de la muerte de Mahāvīra y el Buddha–, jainismo y budismo pusieron en cuestión el aparato religioso de los brāhmaṇs y repudiaron el entramado ritual preconizado en el *Veda*: toda esa serie de sacramentos, liturgias, tabúes y demás elementos que se suponía que todo hindú de pro debía cumplir. Al tratarse de movimientos muy inclinados a la renuncia (al monasticismo), budismo y jainismo siempre han mirado con cierto desdén la religión ritualista del hombre y la mujer mundanos.

67. Imagen del Buddha, estilo Gandhara, *c*. siglos II/IV. Brighton: Brighton Museum.

Una de las formas más ilustrativas de devaluar el brahmanismo era mostrando que el máximo honor era el nacimiento como noble (kṣatriya) y no como sacerdote (brāhmaṇ), con el plus de *appeal* propagandístico –de cara a los monarcas susceptibles de patrocinar sus órdenes– que podía poseer la afirmación. Dice un aforismo jainista que jamás ha ocurrido que los seres excelsos «nazcan en familias pobres, familias de baja estofa, familias de mendigos, familias insignificantes o familias brāhmaṇas».[1] Mordaz ironía la del autor del *sūtra* al colocar a los ultrapuros brāhmaṇs en la misma categoría que los seres de baja estofa.

Así, dicen sus tradiciones que tanto el Buddha como Mahāvīra nacieron en familias de la nobleza. Posiblemente, más que lo que convencionalmente se entiende por reyes o kṣatriyas, los padres de Mahāvīra y el Buddha debieron de ser caudillos de pequeños clanes feudales. Según Narendranath Bhattacharyya los linajes a los que pertenecieron eran puramente tribales.[2] Sólo fue tras las conversiones de brāhmaṇs a sus doctrinas, siempre tan atentos a las cuestiones de *varṇa*, que pasaron a ser tratados como kṣatriyas en su acepción clásica de príncipe o rey. (Y se exageró y magnificó la riqueza de palacio, porque cuanto más se posee más heroica resulta la renuncia.) Por ello, el budismo no cesa de repetir que el kṣatriya es superior al brāhmaṇ.[3] Y el jainismo utiliza toda la simbología marcial a su alcance para dibujar un modelo muy claro: el verdadero asceta es el guerrero espiritual que conquista las pasiones. De esto no hay que inferir que el jainismo o el budismo representaran una revuelta de los círculos kṣatriyas frente a los brāhmaṇs, como algunos han propuesto.[4] Se ha exagerado que las aportaciones de las *Upaniṣads*, el budismo y el jainismo se gestaron en círculos de nobles que buscaban una vía que les otorgara la supremacía sobre los sacerdotes. Aunque pueda haber existido algún componente de esta índole, sería fatuo reducir la compleja dinámica interreligiosa de la India a una lucha por el poder. Nótese que los primeros seguidores del Buddha y de Mahāvīra fueron casi todos brāhmaṇs por nacimiento. Aun cuando pueda dudarse de la historicidad de estos discípulos, las tradiciones los reconocieron como brāhmaṇs.

Ocurre que un brāhmaṇ, en el contexto budista o jaina, ya no designa a un experto sacrificial y de las escrituras sagradas que recibe su rango por nacimiento. Remite –y esto es lo esencial en la formulación shramánica– a una *cualidad* adquirida por la conducta. Si bien ni budismo ni jainismo pueden ser considerados "abolicionistas", sí plantearon una explicación de la casta muy rupturista y propugnaron contundentes argumentos en contra de su naturalización. Descartaron las explicaciones del estilo del *Puruṣa-sūkta* y trazaron el origen de las divisiones de la sociedad a los eventos políticos y sociales que ocurrieron en los primeros tiempos. El filósofo budista Chandrakīrti, por ejemplo, mantenía que el origen de las clases sociales se debió a que algunos individuos comenzaron a tomar lo que no les había sido dado, de modo que la gente se organizó para proteger los campos y propiedades. Aquellos que fueron elegidos para tal menester fueron los kṣatriyas, los que prefirieron dejar las ciudades y dedicarse al ascetismo pasarían a ser conocidos como brāhmaṇs, los que servían a los reyes, vaiśyas, etcétera.[5] Los jainistas también recurrieron a explicaciones sociopolíticas parejas.[6] En ambos casos se deduce que en la sociedad no se dan distinciones permanentes.

Para budistas y jainistas no existe una "brahmanidad" adquirida al nacer, tal y como sostiene la teoría brahmánica. Dice un importante *sūtra* jainista que «uno se convierte en śramaṇa por ecuanimidad, en brāhmaṇa por castidad».[7] La posición del budismo es idéntica: un brāhmaṇ es aquel libre de pasiones y que ha alcanzado el máximo nivel de santidad.[8] Y como muestra el caso del joven Satyakāma Jabālā, es la determinación y conducta lo que también valoran las *Upaniṣads* del brahmanismo. El chico le pregunta a su madre a qué familia pertenece. Y ella le contesta:

> «Hijo, no sé de qué familia vienes. Te tuve en mi juventud cuando anduve rodando sirviendo de criada. Así que no sé de qué familia eres».[9]

Aun así, el bastardo será aceptado como discípulo por el maestro brāhmaṇ. El valor de una persona se mide por su conducta, determinación y sabiduría. Como dice un antiguo *sūtra* budista:

> «No por el nacimiento uno es un descastado,
> no por el nacimiento uno es un brāhmaṇa;
> por su conducta uno es descastado,
> por su conducta uno es brāhmaṇa».[10]

Este punto es crucial. La tradición budista insiste en que el brāhmaṇ no constituye una especie distinta al śūdra. El nacimiento no es relevante. Todos los humanos formamos una única clase (*ekavarṇa*). Como protesta el filósofo budista Āryadeva, «si incluso un śūdra se convierte en kṣatriya por su actividad, me pregunto por qué un brāhmaṇ no se convierte también en śūdra por su actividad».[11]

Desde sus inicios, el pensamiento budista –quizá con la excepción de la escuela sarvāstivāda– se ha fundamentado en una antropología no substancialista, contraria a hipostasiar. Por ende, considera las distinciones de clase como meras convenciones sociales. Una designación como "brāhmaṇ" no implica que los individuos así designados posean propiedades mentales o físicas compartidas. De ahí que las únicas categorías sociales aceptadas por el budismo se definan en términos de ocupación o función social. Como bien sintetiza Vincent Eltschinger, «los budistas cuestionan la *naturalización* de las denominaciones».[12] Por ello, no cesaron de resaltar las contradicciones inherentes a la tradición brahmánica. Como, por ejemplo, cuando en los *Dharma-śāstras* se admite que el nacimiento en una casta brāhmaṇ no es suficiente para alcanzar la "brahmanidad", pues se necesitan los sacramentos pertinentes –como el *upanayama*– para convertirse en "dos-veces-nacido". De ello que los budistas digan que «el brāhmaṇ nace del vientre igual que los chaṇḍālas nacen del vientre; así, ¿qué razón existe para la [supuesta] preeminencia [del primero] y la bajeza [del segundo]?».[13] Eso por no hablar de los muy dudosos linajes (*gotras*) que los brāhmaṇs esgrimen y que hacen remontar su "brahmanidad" a un *ṛṣi* védico. Los textos budistas afirman que "brāhmaṇs" como Vyāsa (hijo de una pescadora), Kauśika (hijo de una śūdrī) o Viśvāmitra (hijo de una chaṇḍālī) se convirtieron en brāhmaṇs por su ascetismo, moralidad y pureza, aunque ninguno de ellos tuvo una madre brāhmaṇ. Si a esto añadimos que incluso la tradición legal brahmánica habla de pérdida de casta en caso de acciones muy demeritorias, poca cosa queda, según la posición budista, para aseverar que el nacimiento (*jāti*) en un sector social lo es todo y que uno hereda las predisposiciones (*adhikāra*) físicas, mentales y espirituales correspondientes a la casta en la que nace.

Con estas críticas a la ideología en su haber, sabemos que miembros de colectivos considerados muy bajos entraron a formar parte de los grupos shramánicos. Tal sería el caso del jainista Harikeśa, un śvapāka ("comedor de perros") por nacimiento, de quien los dioses celebraron:

> «El valor de la ascesis se ha hecho visible en él, el nacimiento [en una casta u otra] no posee valor alguno.
>
> Fijaos en el santo Harikeśa, el hijo de un sovāga [śvapāka], cuyo poder es tan grande».[14]

Los budistas poseen una historia muy similar a la de Harikeśa en el *Mātaṅga-jātaka*.[15] Este punto es importante, pues muestra que con los movimientos shramánicos el camino de liberación se hizo *universal*. Todo el mundo, más allá de su tipo de nacimiento, podía aspirar a la liberación tomando la senda del Jina o el Buddha. Para jainismo y budismo, la casta es soteriológicamente irrelevante. Tanto el kṣatriya como el brāhmaṇ o el chaṇḍāla, «todos ellos pueden ser virtuosos y alcanzar la beatitud del *nirvāṇa*».[16] En consecuencia, al ingresar en la orden de renunciantes se pierde cualquier rango socioespiritual que se hubiera poseído. Eso contrasta con la ortodoxia brahmánica, que llegaba a prohibir el estudio y la recitación del *Veda* en cualquier aldea donde vivieran intocables.[17] Y que consideraba que para aspirar a la liberación uno debía nacer varón *dvija*.

No obstante, el rechazo a la autoridad de los sacerdotes, y de todo origen divino de su rango, no equivalían a rechazar los sistemas de castas. Menos aún cuando budistas y jainas estaban proponiendo la superioridad de los kṣatriyas. El profesor Ghurye mantenía que «las enseñanzas y acciones del Buddha tuvieron sólo un efecto liberalizador; no parece haber tenido la intención de abolir las distinciones de casta».[18]

Está claro que, en la esfera mundanal, el budismo aceptó las desigualdades económicas y sociales y la realidad empírica de los grupos sociales y se abstuvo de proponer ningún cambio estructural.[19] Puede que tuviera una mejor predisposición hacia los necesitados, pero es evidente que para el budismo antiguo la única salida a la estructura jerárquica de la sociedad se encuentra en la orden de renunciantes. El *saṃgha* o comunidad monástica es una sociedad paralela, que no necesita perpetuarse por la propiedad privada, la ocupación y las reglas de endogamia. La igualdad, por tanto, sólo es posible en el *saṃgha*. Y como es obvio, eso tampoco impide que se dé una jerarquía en la orden, aunque ya no se mida por el origen social del monje, sino por su progresión en la senda espiritual.

Básicamente, el budismo y el jainismo criticaron a los brāhmaṇs por su materialismo (convertidos en propietarios de tierras, grano y oro) y por su incoherente orgullo en el nacimiento, justificado por la idea de un orden divino de las cosas. Para el Buddha, el brāhmaṇ ideal es aquel que emula los principios de la renuncia; es decir, el que comparte las características del monje budista. Con los mīmāṃsākas en el punto de mira, el filósofo budista Dharmakīrti no cesó de subrayar con vehemencia que el origen de las ocupaciones y medios de vida (las castas empíricas) son resultado de un *proceso*, y no de un orden eterno y natural de las cosas.

Aunque en las órdenes monásticas budista o jainista la casta fuera soteriológicamente irrelevante, un estudio de los nombres de las listas de monjes muestra un peso elevado de personas de origen brāhmaṇ, kṣatriya o de castas de mercaderes. Los casos del śvapāka Harikeśa o del chaṇḍāla Mātaṅga debieron de ser minoritarios, pero no fueron nimios. Y lo que sí parece probado es que otros monjes provenían de castas humildes de cesteros, pescadores, cazadores o artesanos.[20] Upāli fue un barbero, Aṅgulimāla, un ladrón, Amapālī, una cortesana, etcétera. Precisamente, la existencia de pupilos chaṇḍālas, dāsas o de castas bajas en las órdenes shramánicas sería blanco de las críticas brahmánicas (¡cómo fiarse de una enseñanza a la que se adhiere tanta gente de bajo rango!), pero a la vez suponía un reto y minaba la hegemonía espiritual e intelectual de los brāhmaṇs. Como resume Romila Thapar, la objeción de budistas y jainistas no fue hacia el sistema de castas (cuya dimensión socioeconómica funcionaba relativamente bien), sino hacia la interpretación brahmánica de este.[21] Son movimientos más antibrahmánicos que anticastas.

EL RENUNCIANTE HINDÚ

Las órdenes monásticas budista y jainista son comunidades de renunciantes, es decir, de personas que han abandonado el mundo social y ritualmente construido (familia, casta, ritos...) y, en el marco de una fraternidad paralela (la secta, la orden, incluso como anacoretas), persiguen la meta última de la liberación espiritual.

En la India, la figura del renunciante es una de las que hace reverberar ecos más profundos. Lo conocemos por diversos nombres (en sánscrito y en género masculino): *saṃnyāsin, sādhu, śramaṇa, yogin, parivrājaka, tapasvin*, etcétera. Cada uno tiene sus asociaciones y significados específicos, pero todos designan a alguien que ha cortado con la sociedad y, muy en concreto, con el universo social y ritual de las *jātis* y los *varṇas*.

No es extraño, pues, que las primeras críticas a la ideología de castas provinieran de órdenes monásticas de renunciantes como la budista o la jainista (o de grupos periféricos como los vrātyas y filosofías disidentes como la materialista chārvāka). Como cabría esperar, también los renunciantes hindúes han podido ser bastante críticos con la sociedad de castas.*

¿Ruptura con la sociedad?

Renunciar al mundo significa abandonar o interiorizar los ritos. Gran parte del ritual hindú tiene que ver con los tabúes, reglas y liturgias de casta (el *varṇa-āśrama-dharma*). Tal es su inversión del orden social, que algunos renunciantes realizan su propio sacramento funerario antes de entrar en la fraternidad espiritual. Con ello simbolizan su muerte como actores sociales (que se pasan el día cumpliendo el *dharma* del cabeza de familia) y su paso a una modalidad de existencia diferente. Para Louis Dumont, el renunciante es el único que puede desarrollar su individualidad, ya que se ha liberado del peso social y familiar.[22]

Jan Heesterman va incluso más lejos y sugiere que el renunciante de una orden prestigiosa posee preeminencia ante reyes y brāhmaṇs. Heesterman no ve en la jerarquía el valor último de la civilización india. La encuentra

* De ello no hay que colegir que la renuncia sea un mero ardid para escapar a la opresión del *dharma*. Aunque pueden darse situaciones de esta índole, no olvidemos que la institucionalización de la renuncia se dio con las *Upaniṣads*, el jainismo, el budismo y otras corrientes ascéticas y yóguicas, que anteceden en siglos a la plena codificación de la ideología de los *varṇas* y las *jātis*.

en la renuncia, que es precisamente la trascendencia de lo social.[23] No es el sacerdote brāhmaṇ sino el renunciante quien encarna ese valor (lo que no impide que, a menudo, el *saṃnyāsin* haya sido en su origen de alguna casta brāhmaṇ). Son la renuncia y la liberación las que cuentan (por lo que, en último término, también Heesterman mantiene la máxima dumontiana de subordinar lo secular a lo ultramundano).

A mi juicio, esto sólo es válido para algunos místicos de proverbial santidad. Pero la inmensa mayoría de renunciantes ha vivido y vive en órdenes religiosas en permanente interacción con sus seguidores y la sociedad de castas, incluso los muy contemplativos [FIG. 68]. Romila Thapar propone diferenciar entre el –raro– asceta solitario y el –común– renunciante que abandona la sociedad, pero se une a una fraternidad paralela.[24] Varios puntos me llevan a pensar que la ruptura con la sociedad del renunciante hindú es "relativa".

Por un lado, sabemos que el renunciante vive de la limosna diaria que recibe de los hombres-en-el-mundo. En su caso, es el dador quien agradece al renunciante el haberle permitido ganar mérito kármico por donar alimento a un ser espiritualmente avanzado. El ideal brahmánico del *saṃnyāsin* que no mantiene ningún lazo de reciprocidad con los cabezas de familia es atípico.

68. El santo Ramana Maharshi hablando a la audiencia en su *ashram* de Tiruvannamalai (Tamil Nadu). Foto: Eliot Elisofon para la revista *Life*, 1949.

Por otro lado, como muestra el caso del jainismo, la vida de los seglares y la de los monjes está muy entrelazada. Los laicos les construyen los dormitorios adyacentes a los templos, escuchan sus sermones, van a confesarse y están imbuidos de los mismos valores que los ascetas. De hecho, los monasterios de órdenes budistas, jainistas o hindúes pudieron convertirse en distintas épocas en centros de economía productiva y comercio muy importantes. Poseían tierras (que explotaban), recogían impuestos (de aldeas cercanas), estaban exentos de gravámenes, poseían tiendas de venta de sus productos, etcétera. Los renunciantes daśanāmīs, dādupanthīs o rāmānandīs han estado mucho más activos en este mundanal mundo de lo que se piensa. (Eso por no mencionar su contribución al pensamiento y la filosofía indias.)

Es más, muchas órdenes hindúes han descartado el celibato, y no pocas han desarrollado un liderazgo hereditario, donde la frontera entre casta y líder de secta se difumina. Véanse casos como el Puṣṭimārga, el Gauḍīya-vaiṣṇava o el Rādhāsoāmī.

Por mucho que se diga lo contrario, en ciertas sectas hindúes la casta de origen del renunciante es importante a la hora de determinar su estatus. Incluso dentro de la orden pueden aplicarse algunos tabúes de casta. Es cierto que para aquel que realiza en vida lo divino inmanente (*ātman*), «el padre ya no es padre, la madre ya no es madre [...] los dioses ya no son dioses, los *Vedas* ya no son *Vedas* [...] el chaṇḍāla ya no es chaṇḍāla, el paulkasa ya no es paulkasa», tal y como canta la *Bṛihadāraṇyaka-upaniṣad*.[25] Para el conocedor del *ātman*, el mundo de la diferencia o la jerarquía deja de tener sentido; es ilusorio (*māyā*). El chaṇḍāla que ha realizado el *ātman* ya no es un chaṇḍāla. Es el propio universalismo inherente a la vía del conocimiento el que acaba por relativizar la sociedad de castas. Como Madeleine Biardeau ha señalado, «la contradicción es flagrante, ya que la vía del conocimiento, tal y como se institucionalizará, exige que se tenga acceso a la revelación upanishádica, y un chaṇḍāla está excluido de ella para siempre».[26] Lo expresa el filósofo Śaṅkara, en su comentario al *Brahma-sūtra*, el texto fundacional del vedānta, con un viejo argumento tautológico:

> «Los śūdras no tienen el privilegio [del conocimiento sagrado] porque no estudian el *Veda* [...] pues su estudio requiere la ceremonia del *upanayama*, y esa ceremonia sólo la practican las tres clases *dvijas*».[27]

Es cierto que estas tradiciones de corte más filosófico –como el vedānta o el budismo– tienden a definir de mejor gana la casta por la ocupación y por los logros personales que no las tradiciones legalistas, que invariablemente la ven como algo heredado por nacimiento. Pero, con la postulación de dos planos de la realidad, uno convencional, donde operan y han de respetarse las reglas de casta, y otro superior, donde todo eso queda trascendido, la principal tradición mística-renunciatoria del hinduismo (vedānta) podrá ajustarse a la ortodoxia brahmánica sin cuestionar el no dualismo de las *Upaniṣads*. Motivo por el cual la orden Daśanāmī establecida por Śaṅkara ha sido reacia a admitir renunciantes que no fueran *dvijas*. Incluso el jainismo digambara es reticente a aceptar en la orden a miembros de castas bajas o intocables.

Finalmente, la participación de los renunciantes en asuntos políticos o seculares no ha sido rara. Muchas órdenes de renunciantes son auténticas fraternidades militares. Las agrupaciones de renunciantes jainistas y budistas tomaron por nombres "asamblea" (*saṃgha*) y "tropa" (*gaṇa*), unos términos que en los textos védicos se empleaban para denominar a las fraternidades militares āryas. Si a esto añadimos los códigos monásticos estrictos y los requisitos de salud física, quizá pueda pensarse en algún grado de continuidad con aquellas antiguas fraternidades.[28] La simbología y el *ethos* marcial desempeñan un papel destacado en el jainismo. El asceta es el héroe (*vīra*), el vencedor (*jina*) que conquista al enemigo: el *karma*.[29] Los renunciantes shivaístas también se organizaron en ramas militares (*akhārās*), de donde provienen los daśanāmī-nāgas. Luego, los vishnuistas los imitaron. Y en más de una ocasión nāgas shivaístas y nāgas vishnuistas han llegado a las armas. Es más, la participación en la guerra de órdenes de renunciantes shivaístas, vishnuistas, sikhs o musulmanes ha estado a la orden del día.

En la cuenca del Ganges, los rāmānandīs desplegaron una mitografía en la que la ciudad de Ayodhya ocupaba un lugar destacado. En su narración, la causa del declive hindú había de buscarse en la tiranía islámica. Como Lawrence Babb ha explicado, las pretensiones de origen kṣatriya de castas como los kurmīs o los ahīr-yadavs de Bihar y Uttar Pradesh nacen de esta matriz rāmānandī y su ambivalencia respecto a la casta. Ser un buen vishnuista exigía ser un kṣatriya y mostrar un espíritu marcial y guerrero;[30] el mismo que en la década de los 1990s conduciría a la demolición de la mezquita de Ayodhya. El mismo que aún alimenta las asociaciones paramilitares del nacionalismo hindú.

Todos estos aspectos ponen en entredicho la imagen del renunciante como alguien que ha cortado todo lazo mundanal. Hay muchas pruebas que muestran que los renunciantes de la India han estado más integrados en la sociedad de castas de lo que se pensaba. De hecho, como en seguida veremos, el renunciante que "regresa" a la sociedad y establece un grupo religioso es el que verdaderamente puede servir de modelo y vía de emancipación para grupos periféricos. Precisamente porque están insertos en la sociedad de castas, a la vez que han podido trascenderla, algunos renunciantes hindúes vehicularán buena parte de la autocrítica al sistema.

LA CASTA EN EL PERÍODO MAURYA-GUPTA

La ideología del sistema de castas fue cociéndose a fuego lento. Se insinúa en la época de composición del *Puruṣa-sūkta*, hacia el -1000, pero no adquiere su formulación completa hasta la tradición de los *Dharma-śāstras*, hacia el +500, por poner fechas redondas.

¿Superioridad del brāhmaṇ?

En este inmenso lapso de 1.500 años –que conoce la transmisión de las *Upaniṣads*, la aparición del budismo y el jainismo o el nacimiento de los primeros imperios indios (Magadha, Maurya, Śuṅga y Gupta)–, y a diferencia de lo que se cree, no parece que los brāhmaṇs ocuparan incontestablemente la cúspide social.

En la antigua sociedad védica debió ser el par brāhmaṇ-kṣatriya el que dominaba en tándem la sociedad y mantenía el *dharma*.[31] Sus roles podían intercambiarse con relativa frecuencia. Jan Heesterman mantiene que las clases sociales antiguas eran grupos fluidos y móviles, algo que hasta la investigación genética parece corroborar [véanse págs. 403 o 411].[32] Ni los reyes eran ajenos a los asuntos religiosos, ni los sacerdotes se desvinculaban de lo secular.

De hecho, si uno hurga en la literatura budista en pali (buena parte de la cual se compuso entre el -400 y el -100), se llega a un cuadro de la sociedad bastante diferente de la que se desprende de la lectura de los textos brahmánicos. Y muchos creen que la literatura budista es más fiable a la hora de reflejar la sociedad de la época. Como decía Devraj Chanana, a diferencia de la literatura sánscrita de los brāhmaṇs, en la budista «figuran todos los grupos sociales, incluidos los mendigos».[33] La literatura budista es muy útil para alejarnos del sesgo excesivamente brahmánico que han tomado las recreaciones históricas o sociológicas de la India. ¡Ojo!, igual que la literatura brahmánica, los textos budistas son un reflejo de la India del valle gangético (y no de todo el Sur de Asia) y muestran un androcentrismo parejo. Pero algo que se desprende al estudiar este material es la poca uniformidad de la sociedad de castas. En el budismo, el esquema de los cuatro *varṇas* sólo se emplea en diálogos del Buddha con reyes o brāhmaṇs,[34] precisamente para mostrar que el modelo es fútil e irrelevante. Cuando la audiencia es la gente común, se recurre a un esquema alternativo de kṣatriyas, brāhmaṇs y hacendados (*gahapatis*). Desde luego, el Buddha sitúa siempre en primer lugar a los kṣatriyas; y, como ya conocemos, niega toda superioridad al brāhmaṇ por nacimiento [véanse págs. 416-418]. No es que esta visión sea más factual que la brahmánica (es claramente apologética), mas lo que se desprende de ella es que no existía un sistema uniforme de jerarquizar a los grupos sociales. Tanto es así, que los brāhmaṇs utilizaron el término despectivo "śūdra" para designar a dinastías de origen no kṣatriya o que no secundaron el sistema sacrificial védico –como la Maurya o la Nanda–, mientras que los budistas las calificaron de "kṣatriyas", en el más puro lenguaje brahmánico.

Para los textos budistas en pali, la oposición es entre los de rango "superior" (*ukkaṭṭha*) y los de "inferior" (*hīna*). Se habla de castas, trabajos, clanes, nombres, oficios de alto o de bajo rango. Por vez primera, se contrasta una sección de la población que es rica, vive lujosamente, posee oro, plata, grano, bellas mansiones y criados, con una población pobre y sin recursos.[35] Existe una pavorosa ausencia de los términos *vessa* y *sudda*, que son las formas en pali equivalentes a vaiśya y śūdra. Como dice Uma Chakravarti, el término *varṇa* (*vaṇṇa* en pali) «aparece únicamente en el contexto de las divisiones abstractas de la sociedad».[36] En ningún momento se dice que alguien pertenezca al vessa-vaṇṇa o al khattiya-vaṇṇa. El Buddha se refiere a sí mismo como perteneciente a la *jāti* de los śākyas. Los términos *jāti* y *kula* (familia) son los más utilizados, tanto conceptual como descriptivamente. En realidad, el proceso que se está produciendo en la época del Buddha y los siguientes siglos es el de la consolidación del "brāhmaṇ" como categoría claramente discernible. De ahí que este proceso, que aún era joven, topara con la resistencia del budismo o el jainismo. Pero está claro que el brāhmaṇ ni maquina un sistema ni lo controla. Más bien será lo suficientemente astuto como para utilizarlo en su beneficio, pero no es el "autor" del sistema de castas.

Fue en la época de los *Dharma-śāstras*, algún siglo antes de la era común, cuando las funciones del brāhmaṇ y el kṣatriya quedaron separadas. También fue entonces cuando apareció con nitidez la figura del intocable. Romila Thapar mantiene que hasta que no hicieron de sacerdotes de algunos reyes del norte de la India, los brāhmaṇs tenían un rango relativamente bajo.[37] El brāhmaṇ aparece ya completamente desmarcado y en la cúspide social en la época post-gupta, es decir, a partir del siglo VI, cuando el budismo empezó a declinar y la autoridad brahmánica salió reforzada gracias al respaldo de las monarquías y los poderes económicos.

Fue entonces cuando se trató de filtrar, a través del esquema de los cuatro *varṇas*, a todos los grupos y *jātis*. Las comunidades tribales, los gremios, los incipientes movimientos religiosos, incluso los invasores extranjeros, a todos habría de encontrárseles un "lugar" y un "estatus" de casta definido. De ahí surge la teoría de la mezcla de clases, uno de los temas preferidos de los *Dharma-śāstras* [véanse págs. 172-174]; y ardides como los "kṣatriyas caídos" (vrātya-kṣatriyas) para otorgar pedigrí a dinastías de origen extranjero, que en su día fueron tildadas abiertamente de mlecchas. Tal fue el caso de los śakas (escitas) o de los hūṇas (hunos), que serían grandes patrocinadores del hinduismo.

Muchos gremios (*śreṇīs*), que ya tenían potestad para autorregularse, se fueron transformando en castas, con sus propios códigos profesionales, obligaciones y hasta ceremonias religiosas.

El modelo clásico

En la época de los gupta (siglos IV/V), el sistema ya habría adquirido contornos mucho más rígidos que en tiempos védicos. El primer milenio de nuestra era es la época de esplendor de los *Dharma-śāstras*, cuando la ideología de la pureza fue infiltrándose en la mentalidad de muchos indios.

Se recomienda al joven brāhmaṇ, por ejemplo, no sentarse a comer con gente de bajo rango. Se expresa con claridad que al tocar el brāhmaṇ a un chaṇḍāla ha de tomar inmediatamente un baño purificador.[38] Los chaṇḍālas y las tribus de las montañas pueden autorregularse y organizarse como comunidad (religiosa, lingüística o cultural), pero queda tajantemente prohibida la asociación con ellos. El *Manu-smṛiti* deja entrever que tan degradado está el śūdra que no puede cometer ofensa que le haga perder su casta.[39] Este texto, que es el más rígido de los *Dharma-śāstras*, rechaza que ningún śūdra pueda realizar los rituales āryas.

Insistamos en lo expuesto en el capítulo 7. Ni toda la India estuvo asfixiada por la rigidez de los *Dharma-śāstras*, ni sus recomendaciones y prohibiciones (algunas de las cuales se mantuvieron en uso hasta bien entrado el siglo XIX) han afectado a todas las secciones de la sociedad; ni quedaron sin réplica. Está claro que la ideología brahmánica ha sido hegemónica en amplias zonas del valle del Ganges, pero mucho más débil en las "periferias" del gran Punjab, la gran Bengala, el país Tamil o la meseta central del Decán. Es significativo que en la famosa historia de Cachemira de Kalhaṇa, considerado por unanimidad como el único historiador indio con sentido historiográfico, los habitantes de Cachemira no se escandalizaran al contacto con śvapākas o ḍoms, y ni siquiera porque el rey y la corte aceptaran alimentos de estas castas intocables.[40] Además, existían dentro de la propia tradición brahmánica contracorrientes mucho más "liberales". Nos referimos a los movimientos devocionales, en los que en seguida entraremos.

La arianización del Sur de Asia

El Imperio gupta ha sido aupado por la historiografía nacionalista –y la militancia hindú– como la "era dorada" de la India, gracias a la definitiva hegemonía del hinduismo (sobre el budismo y el jainismo) y un "retorno" a la ortodoxia de los *Dharma-śāstras*. Todo esto es cuestionable,[41] pero no nos incumbe aquí. De lo que, sin embargo, no hay duda es de que esos primeros siglos de nuestra era conocieron el proceso que hemos llamado "arianización"; es decir, la progresiva expansión de la cultura, la lengua, la religión o los valores de los āryas (fueran estos brāhmaṇs, budistas, jainistas o comerciantes), allende Āryāvarta, o sea, más allá de la tierra sagrada de los āryas del valle del Ganges.

Este proceso es de la máxima importancia para comprender la expansión de la sociedad de castas por todo el Sur de Asia (e incluso, aunque tímidamente, por el Sudeste Asiático). Muy ilustrativas son las pistas que nos proporciona la antigua literatura tamil del *Caṅkam*. Recordemos que se compuso en los primeros siglos antes y después de nuestra era. Allí se menciona a varios tipos de brāhmaṇs.[42] Aparecen en las cortes tamiles junto a otros sacerdotes locales, pero el sistema de los cuatro *varṇas* apenas se menciona. Como señala Michael Witzel, estos brāhmaṇs «parecen bastante poco ortodoxos y debieron de haber sido algo así como aventureros en busca de nuevo trabajo».[43] De hecho, todo parece indicar que los pioneros en la arianización del centro y el sur de la India fueron los monjes jainistas y budistas, portadores ellos también de una cultura ascética, gangética y ārya. Los jainistas ya estaban establecidos en Karnataka en el siglo -III, y en el país Tamil no mucho después.

La mayoría de autores del *Caṅkam* describen una antigua sociedad tamil con una rudimentaria estratificación en castas, con endogamia limitada y pocas prohibiciones de comensalidad. Pero recordemos que existen elementos para derivar de la propia cultura meridional algunos de los aspectos clave de la ideología y la práctica del sistema de castas [véanse págs. 407-408].

Ya en los primeros siglos de nuestra era, vemos que reyes del Decán, como los śātavāhanas (o āndhras, la primera gran dinastía de la India central), habían otorgado tierras a los brāhmaṇs (*brahmadeyas*) y habían puesto fin a la "mezcla de clases". Esto es típico de los fundadores de una nueva dinastía. Apoyando el brahmanismo legitimaban su gobierno, y más cuando los śātavāhanas habían sido tildados de mlecchas en los viejos *Dharma-śāstras*. Por consiguiente, la creciente influencia de los brāhmaṇs en el Decán fue apoyada por el reino Śātavāhana (que no dejó de respaldar, empero, la construcción de monasterios budistas o jainistas). En el extremo sur, también la dinastía Pallava (siglos V/IX) destacó por las donaciones de tierras a brāhmaṇs y concesiones para la construcción de templos. Los reyes de la dinastía Pāṇṭya (siglos VI/XIV) fueron también proclives a donar aldeas libres de impuestos (*agrahāras*) a los brāhmaṇs.

Fue en esta época y, en gran medida, alrededor de estos terrenos donados a los brāhmaṇs, donde empezó a cristalizar el hinduismo de templo (la vieja religión védica no precisaba de templos). Los templos de los *agrahāras* y *brahmadeyas* pasaron a convertirse en focos de la cultura brahmánica.

En el norte de la India, el Imperio gupta puso fin a una época de varios siglos de extraordinario cosmopolitismo. Casi que la rigidez del *Manusmṛiti* y de su sucesor, el *Yājñavalkya-smṛiti*, ha de entenderse en ese contexto: como respuesta a la apertura al mundo exterior que se había producido en los siglos anteriores. En toda la zona noroccidental de la India y en la mayor parte de su franja costera, se habían instalado numerosas comunidades extranjeras. Aunque los *Dharma-śāstras* las tildaron de mlecchas, en la vida real eran importantes mercaderes.[44] En algunos casos se "convirtieron" a la religión de Śiva, de Viṣṇu o al budismo. (Entonces los *Śāstras* recurrieron a un viejo ardid y los tildaron de "kṣatriyas caídos" o vrātyas, esto es, miembros de una antigua fraternidad espiritual que se situaba en los márgenes de la sociedad védica.) Sea como fuere, la época gupta se caracterizó por un cultivo de lo "índico" (por oposición a lo extranjero). No se trató de un revivalismo brahmánico (como gustan plantear hoy patrióticos historiadores), porque entonces operaron importantes cambios. A destacar, por ejemplo, la definitiva sustitución de los viejos dioses védicos (como Indra, Varuṇa o Soma) por las divinidades puránicas del hinduismo (como Viṣṇu, Śiva, Kṛiṣṇa o Durgā); o la sustitución del universo anicónico del sacrificio védico por la religión de los templos y las imágenes. El arte indio se codificó entonces; y el sánscrito literario, también. Para algunos autores, el hinduismo nacería entonces (y sería algo así como un neobrahmanismo gupta). Como sea, en lo que a valores sociales respecta, se trató de la victoria del *dharma* tal y como se había formulado en los *Dharma-śāstras* [véase el capítulo 7]. Y la retórica que acompañó este complejo proceso fue la de un recuerdo y una memoria (*smṛiti*) de la tradición.

Pero no era quizá un *dharma* tan asfixiante como ha sido postulado. Al peregrino budista chino Faxian, que visitó la India en el esplendor del Imperio gupta, a principios del siglo v, no le llamó la atención ningún sistema de castas opresivo. El peregrino no cesó de alabar la paz, el orden y la riqueza de la sociedad. La única reprobación que encontró era que, a raíz de su trabajo de porteadores funerarios, los chaṇḍālas tenían que avisar de su paso para que los de casta alta pudieran resguardarse,[45] pero ninguna otra inclemencia de casta mereció la atención del extravertido viajero.

EL ASCENSO DE LOS ŚŪDRAS

Fue algo antes de la dinastía Gupta que la divisoria entre el par brāhmaṇ/kṣatriya y los śūdras se agudizó. Ningún *śāstra* permite la iniciación a la religiosidad y a la educación védicas a los śūdras. Pero, a la vez, los textos de la época gupta y post-gupta asignaron a los śūdras la agricultura (y "olvidaron" la función servil) y hasta el comercio. En muchas secciones del *Mahābhārata*, el *Yājñavalkya-smṛiti* o, más tarde, los *Purāṇas*, se detectan corrientes claramente integradoras. Esta actitud más liberal, sin duda, espejea una mejora en las condiciones materiales del campesinado.

Téngase en cuenta que en todos los momentos históricos de la India la categoría "śūdra" comprendería –siempre desde la perspectiva brahmánica– a la mayor parte de la población, tal vez un 70 u 80% de ella. En la época de bonanza económica gupta, los gremios de mercaderes y artesanos prosperaron (y pagaban impuestos), el comercio con Asia Central o el Sudeste Asiático se incrementó, la esclavitud se relajó. En otras palabras, existían condiciones óptimas para la movilidad social. Aunque la mayoría de las *jātis* que la ideología brahmánica llamó "śūdra" seguiría ocupándose de la agricultura y de trabajos mal pagados, su nivel económico y social mejoró.

Dentro de esta gigantesca masa campesina, servil y artesanal, emergió la categoría del sat-śūdra o "śūdra limpio", claramente desmarcado del chaṇḍāla, el mleccha o el asat-śūdra o "śūdra no pudiente". [Recordemos la cita de Patañjali en págs. 273-274.] Dado que los autores brahmánicos no podían postular una quinta clase (aunque a veces se recurre a pañchama-varṇa), se inventan artilugios como los matrimonios *anuloma* o *pratiloma* para explicar las jerarquías. Eso ya era explícito en tiempos del *Yājñavalkya-smṛiti*;[46] y hasta en su predecesor, el *Manu-smṛiti*, donde se palpa una cada vez más débil divisoria entre el vaiśya-varṇa y el nuevo concepto de "śūdra limpio". La epigrafía muestra que el nacimiento entre estos sat-śūdras no era considerado bajo, revela matrimonios cruzados con los comerciantes y que algunos caudillos śūdras se mostraron fervorosos patronos de la institución de casta y de los brāhmaṇs. En otras palabras, aspiraban a una mayor respetabilidad várnica.

Está claro que históricamente el término "śūdra" ha servido –y todavía sirve– para designar a grupos muy dispares; incluso opuestos. En determinados contextos, ha sido virtualmente sinónimo de intocable, mientras que en otros ha denotado a grupos de –hoy– alto rango como los reḍḍis de Andhra Pradesh, los kāyasthas y los vaidyas de Bengala, los paṭels de Gujarat, los jāṭs del Punjab y Uttar Pradesh, los marāṭhas de Maharashtra, los nāyars de Kerala o los vēḷḷāḷas de Tamil Nadu. Su estatus social varía de forma extrema de un período a otro o de una región a otra. Si pasamos de la época védica (-1000) al Imperio maurya (-250), luego al gupta (+400), a los reinos del medievo (900), el Sultanato de Delhi (1300), el Imperio mogol (1600) y más acá, el śūdra-varṇa va mutando por una serie de procesos locales muy complejos, que tienen que ver con el ascenso y combinación de clanes guerreros, grupos religiosos, terratenientes de estatus, campesinos, tribus conquistadas, peones y artesanos cualificados, etcétera. El término "śūdra" no siempre remite a condiciones de subordinación u opresión. Y si, como sabemos, el poder político y económico son tanto o más relevantes que el pedigrí ārya, «¿qué les importaría a los jefes marāṭhas, a los jāṭs panyabíes o a los vēḷḷāḷas tamiles que los brāhmaṇs los tuvieran por śūdras?», se pregunta Theodore Benke.[47]

A medida que la sociedad arianizada fue expandiéndose, incorporó innumerables comunidades agrícolas, en muchos casos muy poderosas, que pasaron a engrosar esas *jātis* de śūdras respetables o "limpios". Estos colectivos agrarios pronto se harían con el poder, ya fuera como terratenientes, o creando y apoyando nuevas dinastías. Este parece haber sido el caso de los jāṭs del Punjab, los marāṭhas del Decán o los vēḷḷāḷas del país Tamil. Estos casos constituyen un ejemplo de *coagulación* de nuevas castas (mejor que arianización o sanscritización, ya que en algunos casos esa entrada se daría a través de una islamización) y de la importancia del lenguaje político del poder. En un asombroso gesto de trastocación de la escala de valores, no pocos dirigentes "śūdras" declararon su orgullo de provenir de los pies del Ser Cósmico (Viṣṇu, y no el viejo Puruṣa). Esta transformación de la categoría "śūdra" refleja la expansión del mundo de la casta más allá de las fronteras de la cuenca indogangética.

Es importante resaltar que, lejos de la árida y opresiva mirada de los viejos *Dharma-śāstras*, las vidas de estas grandes masas de śūdras fueron bastante más satisfactorias, variadas y completas que muchas de las de los "dos-veces-nacidos". Estaban menos coartados por las reglas dhármicas y las menudeces rituales; podían beber alcohol, comer carne y disfrutar de mayor libertad personal. Muchos śūdras se convirtieron en castas dominantes, eran ricos y tenían poder político. De hecho, tenían a los sacerdotes a su cargo.

No ha de extrañar, pues, que los severos castigos para con los śūdras de los que se hablaba en los viejos *Dharma-śāstras* fueran deliberadamente omitidos en los compendios medievales del *dharma*. A partir del XIV apareció incluso un nuevo tipo de *śāstra*, especializado en el comportamiento ritual de los śūdras y los tipos de conocimiento religioso para los que estarían capacitados. Representó un giro importante de la vieja exclusión ritual de tiempos del *Manu-smṛiti*, en el que el único *dharma* posible para el śūdra era servir obedientemente a los brāhmaṇs.[48] En contra de quienes piensan que la ideología brahmánica ha mantenido un conservadurismo a ultranza, estos nuevos textos muestran los ardides que los *śāstrīs* y *paṇḍits* tuvieron que hacer para extender el orden ritual brahmánico hacia las nuevas masas de campesinos "limpios". Ya que el modelo védico de los cuatro *varṇas* no podía modificarse, los *paṇḍits* realizaron una minuciosa labor exegética (limitando las descalificaciones de los viejos *Dharma-śāstras*, incorporando perspectivas y rituales no védicos, etcétera) para atrapar a la nueva y pujante clientela. En otras palabras, operaron una deliberada brahmanización y ritualización de las castas bajas "limpias".

El *Brahmavaivarta-purāṇa*, probablemente compilado en Bengala hacia el siglo XV, situaba entre los sat-śūdras a los agricultores, pastores, barberos, vendedores de betel, mercaderes, orfebres, e incluso a los temidos bhīls. En este mismo *purāṇa* aparece el mito de origen que liga muchas castas artesanales (herreros, alfareros, tejedores, orfebres, etcétera) al "artesano divino" Viśvakarman, nacido brāhmaṇ, y que plantó la semilla del conocimiento en la śūdrī Ghṛitāchī. En el siglo XVI, los kāyasthas (funcionarios y administradores) y los vaidyas (médicos y maestros) escalaban a lo alto del escalafón social.

En buena medida, esta apertura fue la respuesta brahmánica al espíritu de devoción (*bhakti*) abierto por los nuevos grupos religiosos [véase a continuación], en especial los de corte vishnuista. Y recurrió a una estratagema muy típica en la historia india: la neutralización por inclusión. Los *paṇḍits* desenfatizaron aquellos aspectos de la tradición que excluían a los śūdras y les hallaron un lugar honroso en el orden de las cosas, preservando con una asombrosa flexibilidad el principio de desigualdad. Como apuntala Theodore Benke, «los sat-śūdras se convirtieron en el tercer *varṇa* de facto».[49]

Muchos rituales (aquellos que no exigían la recitación del *Veda*), tabúes ligados al lenguaje de la pureza o sacramentos antiguamente sólo permitidos a los *dvijas* se abrieron a los śūdras. Con lógica, la distinción entre un sat-śūdra (con quien ya incluso un *dvija* podía compartir alimentos) y un asat-śūdra (mucho más próximo al viejo ideal del śūdra o al intocable, compuesto por castas y colectivos en situación de servitud) se hizo notar de forma visible. Puede decirse que al albor del segundo milenio de nuestra era, una gran masa de labriegos sin tierras (más las pequeñas castas de retiradores de polución) estaban siendo convertidos en asat-śūdras e intocables y la "línea de polución" o brecha con el śūdra "limpio" se fue agudizando.

Las viejas dicotomías entre el ārya y el dāsa o el *dvija* y el śūdra se desplazaron hacia los extremos del brāhmaṇ y el chaṇḍāla. Según el historiador Brajadulal Chattopadhyaya, el «período entre el 600 y el 1200 aproximadamente parece ser el más crucial en el desarrollo de la intocabilidad».[50] En el sur de la India, los poemas de santos como Māṇikkavācakar ya dejaban entrever en el siglo VIII que existían castas a las que no les estaba permitida la entrada en los templos. Inscripciones de la época chōḷa (siglo XI) mencionan la segregación de los intocables en barrios con campos de cremación propios.

En el siglo XVI, el *paṇḍit* Kṛiṣṇa Śeṣa ya declaraba que las castas de los albañiles (karmachaṇḍālas) y los encaladores (manguṣṭhas) eran literalmente "intocables" (*aśpṛiśya*).[51] Además, situaba entre los más "bajos" y hasta excluidos de los antyajas, a los zapateros y curtidores, los pescadores, los pintores, los lavanderos, los destiladores o los cabreros.

Estos procesos de movilidad ascendente o descendente explican, por ejemplo, la importante "rebelión" de los kaivartas, una casta rural de Bengala considerada de bajo estatus dada su ocupación tradicional de pescadores y barqueros. Los señores feudales de los kaivartas se rebelaron contra los reyes Pāla a finales del siglo XI y lograron el reconocimiento de casta "limpia". Constantemente, las castas en ascenso –por sanscritización o rajputización– han cuestionado el estatus asignado. Una vez alcanzado el reconocimiento de kṣatriya o sat-śūdra, pasan a ser promotores del *varṇa-āśrama-dharma* y del ritual dirigido por los brāhmaṇs. Y no olvidaron mostrar sus privilegios frente a los asat-śūdras o los intocables.

LA CRÍTICA DEVOCIONAL SAGÚNICA

Tras los movimientos shramánicos, la siguiente crítica interna a la casta correspondió a los movimientos de devoción amorosa (*bhakti*) a Dios. Sin querer operar tampoco ninguna revolución social, existe en estos movimientos hindúes un visible grado de "igualitarismo" y crítica al elitismo.

La *Bhagavad-gītā*, la piedra angular del hinduismo devocional, compuesta entre los siglos -I y +III, habla de la posibilidad de la liberación de las mujeres, los vaiśyas y los śūdras.[52] Y dice que los hombres de sabiduría miran por igual al docto brāhmaṇ, a la vaca, el perro, el elefante o el intocable (śvapāka).[53]

Desde luego, hablamos de igualitarismo soteriológico; es decir, del hecho de conceder la posibilidad de la liberación (*mokṣa*) a las mujeres y los de casta baja, y no de cuestionar el poder jerárquico o patriarcal de la época. Una posición similar a la anticipada por el jainismo y el budismo. Fíjense que en su vena conciliadora –entre la ortodoxia y la apertura–, la *Gītā* también menciona la amenaza que resulta de la adhármica mezcla de castas.[54] El propio Kṛiṣṇa proclama que es el creador del «orden de los cuatro *varṇas*».[55] Y buena parte de su mensaje no deja lugar a dudas: la liberación será para aquel que cumpla su *dharma*. La ortodoxia queda, así, integrada en el camino del amor.

Pero el asunto no es trivial. Para la sección más conservadora del brahmanismo, únicamente los varones brāhmaṇs pueden alcanzar la meta de la liberación. Para aspirar a ella, uno tiene que renacer como brāhmaṇ e iniciarse en el vedismo. Toda la teoría de los sacramentos (*saṃskāras*) del hinduismo está ligada al sistema de *varṇas*. De modo que al sugerir que la entrega amorosa (*bhakti*) y la gracia divina (*prasāda*) pueden interferir en la inescrutable y mecanicista ley del *karma*, la *Gītā* está minando aspectos esenciales de la ortodoxia dhármica. Reflejando este mismo espíritu, otra porción del *Mahābhārata* afirma que la veracidad, la caridad, la benevolencia o el conocimiento se encuentran entre los śūdras. Y, compartiendo el *ethos* shramánico, concluye que «el śūdra en el que estas características están presentes no es un śūdra, sino un brāhmaṇa, mientras que el brāhmaṇa que carece de ellas no es un brāhmaṇa».[56]

Siglos más tarde, el *Bhāgavata-purāṇa* llevará lo doctrina de la devoción a Dios a uno de sus apogeos. Se dice textualmente que el *purāṇa* fue compuesto para todos aquellos que no tienen acceso al *Veda* o la *śruti*; o sea, śūdras y mujeres.[57] La liberación es factible incluso para ādivāsis y mlecchas; es decir, para gentes tan impuras como los pulkasas, los ābhīras, los yavanas, los hūṇas o los kīratas. El *purāṇa* proclama:

> «Una persona de la casta chaṇḍāla que haya dedicado su mente, habla, acción, provecho y su misma vida al Señor, es superior a un brāhmaṇa dotado de todas las cualidades».[58]

En la doctrina del completo abandono y entrega a Kṛiṣṇa, incluso los que lo odian o lo temen pueden alcanzar la liberación ya que sus mentes están asimismo fijadas en Él.

Queda claro que estas enseñanzas están realizando un esfuerzo por abrir la senda espiritual a segmentos de la población tradicionalmente marginados de la corriente principal. Ello coincide con la eclosión del hinduismo de templo, basado en el culto o *pūjā* a una divinidad amorosa. En este sentido, los primeros grupos devocionales (Bhāgavata, Paśupata, Pāñcharātra, etcétera) toman el relevo "crítico" del budismo y el jainismo. Si, como definió la ortodoxia, el śūdra no podía acceder al conocimiento emancipador porque le estaba barrado escuchar y recitar el *Veda*, la mejor fórmula sería proporcionárselo con un material no védico: el *Mahābhārata* o los *Purāṇas*.

Sabido es que los primeros grupos de seguidores de Vāsudeva, Kṛiṣṇa o Viṣṇu incorporaron a un gran número de devotos de castas bajas y de orígenes tribales, con conexiones con las corrientes más integradoras del *Veda*, como el *Atharva-veda* o la *Chāndogya-upaniṣad*.

Con todo, la *Bhagavad-gītā* y los primeros movimientos devocionales son todavía muy conciliadores con el *establishment*. Forman parte de la llamada corriente sagúnica, que postula un Absoluto con cualidades (*saguṇa*), representado por un icono. La devoción *saguṇī* promovió una especie de sanscritización (que nunca trastoca los cimientos del sistema). No había inconveniente en que śūdras, intocables y hasta tribales entraran en la secta, pero había que dejar de comer carne, beber alcohol o realizar ofrendas de sangre. (No pocos *Purāṇas* entendieron el ascenso de los śūdras como un signo de degeneración propio del *kali-yuga*.) De ahí que para algunos autores la devoción *saguṇī* haya servido para justificar el orden de los *varṇas* y el estatus y los privilegios de los brāhmaṇs.[59]

En cierta forma, se erigió la *bhakti* o devoción al Dios con atributos como un neo-brahmanismo abierto a las nuevas clientelas de śūdras limpios. Ya que al śūdra le está prohibido recitar los *mantras* védicos, toma a un brāhmaṇ para que los pronuncie en determinados sacramentos y para que dirija los nuevos cultos (peregrinaciones, ayunos, *pūjās*, etcétera) que, significativamente, ya no precisan de letanías védicas. Incluso podrá iniciarse en el grupo religioso con los *mantras* de Viṣṇu, Kṛiṣṇa, Śiva o la Devī. La iniciación vishnuista y el culto a la divinidad (*pūjā*) se convertirían en el instrumento de inclusión por excelencia. Dice el *Liṅga-purāṇa* que si el culto está dirigido por un sacerdote brāhmaṇ, entonces las mujeres y los śūdras adquieren el mismo beneficio que los *dvijas*.[60]

Irónicamente, la apertura de la religión de la *bhakti* a las grandes masas, imposibilitadas para la iniciación en el estudio védico, acabará por liquidar la vieja religiosidad védica (incluso entre los brāhmaṇs). Gradualmente, se impondrá una práctica de culto basada en nuevos *mantras* y filosofías.

Los santos tamiles y los movimientos devocionales del sur

A partir del siglo VI aparecieron en el país Tamil una serie de santos shivaístas (nāyaṉmārs), vishnuistas (āḻvārs) y yóguicos (ciṭṭars) que revolucionaron el panorama religioso hindú. Apoyados en textos clásicos como la *Bhagavad-gītā* y, sobre todo, en la poesía devocional tamil, hicieron de la religión del amor (*bhakti*) la vía preponderante del hinduismo.

Estos santos pertenecían a diversas castas. Sobresalen los brāhmaṇs (Campantar, Cuntarar, Māṇikkavācakar, Periyāḻvār) y vēḷḷāḷas (Appar, Cēkkiḻār, Meykaṇṭar), pero también los hubo de castas bajas (Kaṇṇapar, Nāmmāḻvār, Nāyaṉār), intocables (Nantaṉār, Tirupāṇāḻvār), mujeres (Kāraikkālammaiyār) y hasta tribales (Tirumaṅkai). Aunque hallamos entre ellos fuertes críticas al orden establecido, el espíritu es de devoción *saguṇī*. Teniendo en cuenta, no obstante, que en el sur de la India lo que imperaba era la distinción brāhmaṇ/no brāhmaṇ, es significativo que los escritos de santos cazadores, tejedores, agricultores o intocables fuesen aceptados por la corriente principal.

Fue un filósofo brāhmaṇ tamil del siglo XII, el gran Rāmānuja, uno de los pioneros en romper con ciertos tabúes de casta. Al no precisar su movimiento Śrīvaiṣṇava del conocimiento védico, pudo dar la bienvenida a miembros de castas bajas o de corrientes heterodoxas. Rāmānuja abrió el templo a los intocables un día al año. Adelantándose ocho siglos a Gandhi, los rebautizó de forma paternalista con el título *tirukulathār*, que significa "gente de casta pura y sagrada".[61] Aunque Rāmānuja fue un brāhmaṇ y escribió en sánscrito, su discípulo predilecto, Piḷḷāṉ Lokāchārya, fue un vēḷḷāḷa que también recurrió al tamil.

Hay que admitir, no obstante, que el atractivo de estos movimientos devocionales para los intocables fue –y sigue siendo– relativo. La mayoría de seguidores y líderes del Śaiva-siddhānta (el principal movimiento devocional tamil, basado en los santos nāyaṉmārs) pertenece a la gran casta vēḷḷāḷa.[62] En el norte, la posición de los puṣṭimārgīs de Rajasthan o los gauḍīya-vaiṣṇavas de Bengala es muy parecida. Con estos movimientos, todavía nos mantenemos en un reformismo "desde arriba" o del hinduismo "de casta".[63] De hecho, el Śrīvaiṣṇava, el grupo religioso fundado por el aludido Rāmānuja, y hoy uno de los más potentes de toda la India, pronto se dividió en dos corrientes. La tendencia del norte optó por el sánscrito y por adecuarse a la ortodoxia brahmánica. Sus templos están cerrados a los no hindúes. Y cuan-

69. Pintura de Nāmmāḻvār, santo vishnuista de extracción baja. Lo flanquean dos brāhmaṇs. Abajo, aparece el filósofo Rāmānuja. Escuela de pintura de la East India Company. Tamil Nadu, *c.* 1820s.

do uno les pregunta por las razones de su rigidez, la respuesta –en palabras de Madeleine Biardeau– siempre es la misma: «Quieren hacer olvidar que en cierta época abrieron sus filas a los śūdras».[64] De forma pareja, si uno hurga en las hagiografías del santo śūdra Nāmmāḻvār, por ejemplo, encontrará todo tipo de edulcorantes "brahmánicos" (como que el niño nunca comió con su familia, llegando incluso a rechazar la leche del pecho de su madre śūdra) para atenuar el origen bajo del santo [FIG. 69].

Uno puede encontrar en los poemas y cánticos devocionales numerosos mensajes que invitan a trascender barreras de casta y de estatus. Pero como David Pocock ha dicho: «No he oído de nadie que sugiera que el mensaje de trascendencia de casta y ritual de los [cantos] *bhajans* tenga que ponerse en práctica».[65]

Algo similar encontramos en el movimiento shivaísta Vīraśaiva (o Liṅgāyat), que despuntaba en el siglo XII en lo que hoy es Karnataka. Basava, su fundador, renegó públicamente de su origen brāhmaṇ, abrió el movimiento a personas de todas las castas y se puso del lado de los subalternos.[66] Sabemos que a su primera congregación en Kalyāṇa acudieron tanto brāhmaṇs de alto rango como intocables. Pero una vez las primeras generaciones de liṅgāyats se evaporaron, los seguidores fueron suavizando la crítica y empezaron a contemplar distinciones de casta (y en el siglo XV, los intocables y las mujeres ya no eran tan bienvenidos). Hoy, el grupo se ha constituido ¡en una gran casta! dominante de Karnataka.

LA CONVERSIÓN AL ISLAM

En términos generales, el proceso de islamización del Sur de Asia puede concebirse como una vía alternativa a la sanscritización. Para muchos colectivos, la "conversión" supuso más un cambio social que no una transformación espiritual en su sentido estricto.[67] Indaguemos en dicho proceso de "conversión", a partir de lo que ya escribí en otro lugar.[68]

Como sabemos, en la época de la "islamización" del Sur de Asia (siglos VIII/XVII) el llamado "sistema de castas" estaba integrado de forma distinta a como lo conocimos más tarde. La conversión no pudo ser ninguna "liberación" del yugo de un sistema intolerable, como gustan de pintar ciertos enfoques, porque en aquella época, lo que hoy es el Balochistán, Sindh, la zona pukhtún, el Punjab o Bengala, esto es, las regiones que más masivamente abrazaron el islam, debían ser unos espacios liminales muy imperfectamente integrados en la sociedad ordenada por el *dharma*. Es decir, se trataba de zonas donde la identidad religiosa era altamente difusa y flexible.

Muchos de los colectivos que fueron islamizados eran grupos tribales o pastoriles que estaban en proceso de sedentarizarse y convertirse en agricultores-pagadores-de-impuestos. Otros, principalmente en las zonas costeras, pertenecían a las prósperas comunidades mercantiles. Estas regiones mostraron ser muy favorables al tipo de creatividad religiosa que, *en retrospectiva*, llamaríamos "conversión" al islam.[69] Pero nótese que no estamos hablando de un abandono del regazo "hindú", porque nada muestra que esos pueblos fueran *hinduistas* antes de su contacto con el islam.

Los estudios de Richard Eaton, sobre el Punjab, y de Mohammad Ishaq Khan, sobre Cachemira, tampoco indican ninguna intencionalidad específica en el cambio religioso. Nada sugiere, al parecer de Eaton:

> «Que entre comunidades al completo ocurriera ningún "borrón y cuenta nueva" de identidad religiosa de manera consciente o contundente. Lo que más bien indica la evidencia es un casi glaciar proceso de evolución religiosa que fue tan gradual en su andadura que pasó inadvertido tanto a los observadores de dentro como a los de fuera».[70]

Richard Eaton ha ilustrado este intríngulis con el caso de la gran casta jāṭ, un grupo periférico que, poco a poco, se sedentariza, va adoptando el islam (o el sikhismo [véanse págs. 359-361]) y asciende en el escalafón social. Siguiendo al historiador Irfan Habib, Eaton piensa que esta notable mejora en la posición social fue ocasionada por su transformación de pastores a agricultores.[71] Lentamente, las órdenes sufíes atrajeron a numerosos clanes jāṭs que pasaron a gravitar alrededor de su órbita ritual, social y económica. En este largo proceso, muchos jāṭs acabaron por adherirse al islam o al sikhismo. Eaton ha detectado en 20 generaciones una gradual sustitución de nombres seculares de varón panyabíes por nombres de pila islámicos.[72] No subestimemos, pues, el papel del comercio, la agricultura o la política en este tipo de transformaciones.

Tendríamos que ampliar el espectro del concepto *conversión* para poder hacernos eco de motivaciones, métodos y significados distintos en épocas y contextos variados. Y, en el caso que estamos tratando, habría que reimaginarlo menos como un cambio de bando, y más como una reubicación de prácticas, creencias e identidades. Saurabh Dube plantea que la conversión consiste en un proceso de «constitución de religiosidades vernáculas».[73] Y en este sentido, en el de adaptación creativa y constitución de una nueva religiosidad, la conversión al islam contiene evidentes elementos de protesta social. De un modo similar al de las corrientes devocionales, el islam propugnó una igualdad espiritual, un camino de ascenso social y una identidad digna y rica para muchos grupos del Sur de Asia.

LA CRÍTICA DE LOS *SANTS* NIRGÚNICOS

No serían ni los movimientos sagúnicos ni el islam, quienes, a la postre, vehicularían la crítica más fuerte a la sociedad de castas, sino la tradición nirgúnica o de seguidores de lo Absoluto sin atributos (*nirguṇa*). De esta matriz brotará lo que algunos autores han denominado tradición "paralela", "alternativa" o "contracultural" del hinduismo, aglutinada alrededor de miembros de castas bajas. Un mundo que David Lorenzen ha caracterizado como el "hinduismo de no casta".[74]

La corriente nirgúnica se conoce genéricamente como "tradición de los *sants*" (*sant-saṃpradāya*). Por lo general, suelen distinguirse dos grandes bloques o tradiciones de *sants* (de la sánscrita *sat*: "ser", "realidad"; que nada tiene que ver con la latina *sanctus*, si bien es frecuente castellanizar *sant* por "santo"). Me inspiro en algo de lo que ya escribí.[75]

Los *sants* de Maharashtra

La primera corriente se centró en lo que hoy es el estado de Maharashtra. En cuatro pinceladas: estos *sants* enseñaban una vía devocional donde se enfatizaba la meditación en el Nombre del Señor (Viṣṇu, Viṭhobā, Kṛiṣṇa...), la devoción al maestro (*guru*) y la congregación comunitaria de fieles (*satsaṅga*). Aunque estos *sants* suelen enmarcarse en la corriente nirgúnica, tanto por su concepción de lo Absoluto como por su crítica social, estamos todavía próximos al devocionalismo sagúnico.

Entre ellos sobresalen Jñāneśvar, Nāmdev, Eknāth o Tukārāma. Hallamos también a mujeres como Janābāī, Kaṇhopatra, Bahiṇabāī, e incluso al intocable Chokhāmeḷā. Todos vivieron entre los siglos XIII y XVII. Rendían culto a Viṭhobā o Viṭṭhala, que es la forma de Viṣṇu-Kṛiṣṇa venerada en el santuario de Pandharpur, en Maharashtra. Este grupo suele recibir el nombre de Vārakarī-panth ("Senda del peregrino"), ya que la peregrinación al famoso santuario de Pandharpur es una de sus principales expresiones religiosas. La senda es estrictamente devocional. Para Nāmdev, la repetición del Nombre del Señor es lo único que cuenta. Ni los rituales ni los poderes yóguicos ni el estatus de casta valen. La contribución de los vārakarīs al desarrollo de la lengua marathi fue capital. Hoy, siguen contando con millones de seguidores a lo ancho del estado de Maharashtra.

70. El *sant* Tukārāma pintado por Ravi Varma a finales del siglo XIX. Baroda: Baroda Art Gallery.

El movimiento Vārakarī trastocó profundamente el panorama sociorreligioso de la India central, en especial la posición ritual del śūdra. Si bien dos de sus principales exponentes fueron brāhmaṇs (Jñāneśvar y Eknāth), los más no lo fueron (Nāmdev, Janābāī, Chokhāmeḷā o Tukārāma). Kaṇhopatra era una cortesana y bailarina que prefirió entregarse a la divinidad antes que ser la concubina del rey. Tuka se identificaba a sí mismo como kuṇbī (casta agrícola que con los siglos se transformaría en marāṭha) y comerciante [FIG. 70]. Vivió una vida de extrema pobreza. Y, sin embargo, su tono no es el de ningún infeliz de baja estofa. El gran Eknāth, un brāhmaṇ cultísimo y adelantado a su tiempo, muestra una sensibilidad fuera de lo común acerca de la intocabilidad y sobre la capacidad espiritual de los intocables.

Sin embargo, el movimiento no fue lo suficientemente radical como para cuestionar el orden establecido. Richard Eaton mantiene que el Vārakarī no «estaba interesado en la revolución, y desde luego no en abolir el sistema de castas, sino en la reforma».[76] Aunque el intocable Chokhāmeḷā protestaba sobre su condición, su tono era de devoción incondicional al Señor. En algún poema llegaba a aceptar su bajo estatus como fruto del *karma*:

> «Puro Chokhāmeḷā, siempre cantando el Nombre.
> Yo soy un descastado mahār, [¿rey?] Nīla en un nacimiento anterior.
> Mostró falta de respeto a Kṛiṣṇa; de ahí mi nacimiento como mahār.
> Chokhā dice: la impureza es el fruto de nuestro pasado».[77]

No extrañará, pues, que los militantes dalits contemporáneos no se hayan inspirado demasiado en los *sants* marathis. La vía devocional tiene un alcance más universal y es más sensible a la condición de los oprimidos, pero en modo alguno representa un cambio de paradigma. Chokhā es algo así como un «"intocable ideal", lamentándose de su gente, enfatizando la continua presencia de impureza», como advierte Gail Omvedt.[78] No puede acceder a la nueva categoría "marāṭha", que abraza a muchas castas agrícolas consideradas sat-śūdras, pero no a los mahārs y otras castas bajas. Como señala Eleanor Zelliot, el famoso verso en el que el brāhmaṇ Eknāth reconoce ser él mismo «un bastardo mahār, hijo del Señor», puede tocar la sensibilidad de los brāhmaṇs, pero no la de los dalits mahārs.[79]

Esta tradición marcó el camino a seguir para la otra gran corriente de *sants*. La figura que conectó ambos grupos fue Nāmdev, que también escribió en hindi y de quien se dice que viajó por el norte de la India.

Los *sants* del norte

La segunda tradición floreció algo más tarde en el norte de la India; en las zonas de habla hindi, panyabí y braj. Esta corriente fue mucho más heterogénea y los *sants* estaban menos conectados entre sí (y no formaron uno sino múltiples grupos religiosos). Aunque, como los vārakarīs, también estuvieron influidos por el devocionalismo vishnuista, se detectan en sus postulados bastantes elementos del shivaísmo de los jogīs, cierta estampa de la filosofía vedānta y una interesante convergencia con el sufismo. Igual que los *sants* marathis, los del norte descartaron la lengua sánscrita y optaron por el uso de las vernáculas.

La mayoría de tradiciones sitúan a los *sants* del norte en la órbita de Rāmānanda, un maestro vishnuista del siglo XIV muy influyente en el área de habla hindi. Las listas de su discípulos incluyen a *sants* como el príncipe Pīpā, el carnicero Sādhan, el agricultor jāṭ Dhannā, el intocable chamār Raidās y los dos *sants* más influyentes: Kabīr, un tejedor (julāhā) de Benarés, y Gurū Nānak, un contable (khatrī) del Punjab. Ambos vivieron a caballo entre los siglos XV y el XVI. Hoy tenemos fundadas razones para dudar de que estos místicos y poetas fueran discípulos de Rāmānanda o pertenecieran a su linaje. La conexión parece una estrategia para otorgarles respetabilidad brahmánica al afiliarlos a la corriente principal del movimiento vishnuista.[80] Lo corrobora el hecho de que el genuino continuador de la línea de Rāmānanda, el célebre Tulasīdās, criticara con dureza las enseñanzas y composiciones de muchos de estos *sants*.

Entre los *sants* de siguientes generaciones destacan la princesa Mīrabāī, Dādu Dayāl de Rajasthan, el *sant* Prāṇnāth, Ghāsī Dās, líder de los satnāmīs de Chhattisgarh, o Śiv Dayāl Siṅgh, fundador de los rādhāsoāmīs.

Como en el caso del Vārakarī-panth de Maharashtra, muchos de estos *sants* formaron comunidades religiosas o *panths*, algunas de las cuales siguen siendo muy importantes. Los kabīr-panthīs pueden rondar hoy los 6M, concentrados en los estados de Uttar Pradesh y Madhya Pradesh y en Nepal. Los nānak-panthīs (los sikhs) superan los 20M y son muy potentes en el Punjab y las zonas limítrofes. Los dādu-panthīs son algo menos numerosos pero muy activos en Rajasthan.

Aun cuando muchos *sants* hayan sido adscritos *a posteriori* a las corrientes devocionales vishnuistas, hay que insistir en que los *sants* se desmarcaron deliberadamente del vishnuismo tradicional (Pāñcharātra, Śrīvaiṣṇava, Rāmānandi, etcétera). Aunque utilizaran los nombres de Viṣṇu para designar lo Absoluto, ni aceptaban la importante noción vishnuista de "encarnación" (*avatāra*), ni se sostenían en las escrituras vishnuistas clásicas ni en la autoridad védica. Desechaban toda representación antropomórfica de Dios y –salvo la poeta Mīrābāī– preferían referirse a un Absoluto sin atributos (*nirguṇa*). De ahí que se les llame *nirguṇīs*. En cambio, el vishnuista clásico siempre adora a un Ser Supremo con atributos (*saguṇa*) en la forma de una imagen. Por ello, también se prefiere el término *bhakta* cuando se remite a los seguidores del Dios con atributos y *sant* sea más utilizado para los seguidores de lo Absoluto sin atributos.

Ahí es donde radica la mayor diferencia entre los *sants* y los *bhaktas*. La disciplina espiritual que propugnan los *sants* es estrictamente interior, y poco peso tienen las prácticas exotéricas, la autoridad escritural y los rituales sociales. Para los *sants,* efectuar una peregrinación, adorar a un ídolo o realizar una ablución en un río sagrado no posee valor inherente. En la tradición de los *sants*, la devoción (*bhakti, bhagti*) es siempre interior. Aunque pueda parecer paradójico, el Dios sin rostro seguirá siendo el objeto de devoción amorosa en los poemas y cánticos. Pero se prescinde, al menos en teoría, de la parafernalia externa. De ahí que la práctica más común de muchos movimientos nirgúnicos haya sido la meditación silenciosa o murmurada del Nombre Divino (*nām*); un concepto que para *sants* como Nāmdev o Gurū Nānak subsume la naturaleza de Dios. A Él lo conocemos por su manifestación, su creación, su inmanencia y, sobre todo, por su presencia en el corazón de todo ser, pero no en la forma de un icono.

Este énfasis en la interioridad sintoniza con la tradición de los jogīs. Kabīr denota una gran familiaridad con sus ideas y prácticas. Como dice Karine Schomer, en su espíritu, «los *sants* están más cerca de las tradiciones heterodoxas de la India (budistas, jainistas y la tradición shivaísta esotérica de los *nātha-yogins*) que de la religión devocional del vishnuismo ortodoxo».[81]

Aunque la tradición de los *sants* nunca conformó un movimiento organizado, representó una línea de expresión religiosa bastante coherente. En general, los *sants* concordaban en que la liberación espiritual estaba al alcance de todo el mundo, al margen de su género o clase. Es más, hallamos entre ellos a muchos miembros de castas bajas y, a diferencia de la tradición sagúnica, a pocos brāhmaṇs. Nāmdev era un sastre (chhīpī), Janābāī una criada, Kabīr un tejedor (julāhā), el marathi Chokhāmeḷā un mahār, Dādū un cardador, Sādhan un carnicero y el *sant* Raidās (Ravidās para los sikhs) un chamār.

Ahí radica la otra gran diferencia entre los *sants* y los *bhaktas* vishnuistas. La tradición de los *sants* nirgúnicos tuvo mucho de protesta y crítica al brahmanismo escolástico, ritualista y elitista. David Lorenzen los designa genéricamente con el término *avarṇadharmī*.[82] Ello no implica que estos movimientos hayan abolido las prácticas de casta [véanse págs. 355-364 para el caso del sikhismo], ni que, a la inversa, los *bhaktas* vishnuistas no puedan expresar sentimientos anticasta. Nos referimos a las grandes ideologías que representan. Léanse los pugnaces poemas de Kabīr:

«Todo es una sola piel y hueso, orina y excremento,
una sola sangre y carne.
De una única gota se creó el universo.
¿Quién es un brāhmaṇ? ¿y quién un śūdra?».[83]

La Realidad Última (*brahman*) es excremento y lo interpenetra todo. ¿Cómo podemos, pues, distinguir a un brāhmaṇ de un śūdra? En retrospectiva, Kabīr parece la figura clave de la tradición de los *sants* del norte. Su mensaje, siempre directo y en ocasiones ofensivo, tuvo un peso colosal en toda la zona de habla hindi.

Por los versos de Raidās sabemos que, en lo que a la realización de lo Divino concierne, los hindúes de casta baja no se consideraban en modo alguno inferiores a los de otra clase.[84] Es en esta «ruptura con la tradición brahmánica», como nos dice Charlotte Vaudeville,[85] donde los *sants* del norte más difieren de los vārakarīs y los *bhaktas*.

De hecho, con su rechazo a las Escrituras reveladas, como el *Veda* o el *Qur'ān*, los *sants* estaban repudiando fundamentalmente a sus custodios. Y, una vez más, al descartar que el rango de casta desempeñe papel alguno de cara a la liberación, Kabīr, Nānak o Raidās vuelven a emparejarse con los jogīs y *nāths*. No extrañará, por tanto, la antipatía con la que los maestros de las corrientes más "ortodoxas" trataron a las distintas tradiciones de los *sants*. De hecho, las hagiografías de *sants* como Kabīr, Gurū Nānak, Dādu o Mīrabāī muestran que estos santos descubrieron la Verdad gracias a su propio esfuerzo.[86] La Verdad no proviene de una autoridad escritural (el *Veda*), accesible sólo a los de alta casta, ni siquiera de la gracia divina. La autoridad es la experiencia de dicha o trascendencia del santo o la santa. En ello se aproximan a las tradiciones shramánicas del budismo o el jainismo y a otras corrientes experienciales, como la de los yoguis.

En algunos casos hallamos influencias del sufismo, en especial de la orden de los chishtīs, abierta a no musulmanes y que promulgaba la unión con Allāh a través de la repetición constante del nombre divino. Puede que no exista una influencia directa del sufismo sobre la tradición de los *sants*, como bien notó Hew McLeod,[87] pero se dio una interesante convergencia.[88]

Es común leer y oir que Nānak, Raidās o Kabīr fueron reformadores sociales (no es infrecuente el paralelismo con Lutero) y hasta unos revolucionarios. Pero yo pienso que eso está algo desenfocado. Ellos fueron líderes espirituales mucho antes que reformadores sociales.

Es cierto que Nānak criticó abiertamente la religión institucional de los brāhmaṇs o los 'ulamā' y, por ende, el sistema social, religioso y político de su época. Como otros *sants*, Nānak condenó aquellos aspectos del sistema social que justificaban una serie de privilegios para unos y restricciones para otros: «No tengas en cuenta la clase social o el estatus; en el más allá no hay clases ni castas», dice el Gurū.[89] Empero, en ningún momento quiso dinamitar la estructura social de la India.

Lo que sí parece claro es que al rechazar Kabīr la concepción sagúnica de Dios estaba «rechazando todo el aparato ideológico del hinduismo de casta dominado por los brāhmaṇs», como ha escrito David Lorenzen.[90] Y ahí canalizaba una tradición alternativa, desmarcada de la ideología del *varṇa-āśrama-dharma*, factible para las castas bajas y los intocables.

LA CRÍTICA TÁNTRICA

Un papel notorio en el desarrollo de estas contraculturas y críticas internas al sistema de castas procede de los grupos llamados "tántricos". De hecho, la posición de las corrientes shramánicas (budismo y jainismo), del islam, el devocionalismo *saguṇī* y buena parte del *nirguṇī* puede ser tildada de disidencia puritana.[91] La plena inversión de valores provino de los grupos llamados tántricos (śaivas y śāktas, sobre todo); en especial los de las corrientes menos imbuidas del brahmanismo.

A diferencia de las tradiciones tántricas muy sanscritizadas y brahmanizadas del shivaísmo de Cachemira (Trika) o de la tradición Śrīvidyā del sur de la India, fue el tantrismo de Assam el que seguramente desplegó una crítica más audaz e incorporó más elementos de las tradiciones indígenas del noreste.[92] Para abreviar, nos centraremos únicamente en la corriente Sahajīya de Bengala y Assam.

Muchas de las ideas y valores de los sahajīyas proceden de las filosofías materialistas indias –como el Lokāyata– y se adentran en formas de espiritualidad y misticismo muy antiguas, propias de la "gran Bengala". Dicha matriz religiosa fue en parte "sanscritizada" en el siglo XIII por un vishnuismo brahmánico de corte sagúnico. Esta apropiación por parte de la "ortodoxia" espoleó la formación de nuevas sectas y órdenes disidentes –tildadas de sincréticas–, fundadas por gentes de castas bajas o intocables, de donde también procedían la mayoría de los seguidores.[93]

El vishnuismo bengalí ortodoxo (la escuela Gauḍīya-vaiṣṇava de Chaitanya) se centra en Kṛiṣṇa, como Realidad Última, y su amante Rādhā, como símbolo de su energía primordial (*śakti*). Los bailes extáticos y amorosos entre Kṛiṣṇa y Rādhā constituyen la manera como la forma manifiesta y activa de Kṛiṣṇa realiza la unión divina con su naturaleza última. De buen principio, el vishnuismo bengalí entendió que la actitud de adoración a Kṛiṣṇa desde la posición de Rādhā sólo era factible para Chaitanya, el fundador del grupo. Los demás devotos debían –y deben– adoptar la posición de las vaqueras (*gopīs*), cuya tarea es ser cómplices y testigos de la unión entre Rādhā y Kṛiṣṇa.

Deliberadamente, el movimiento tántrico Sahajīya trastoca esta teología y práctica. Para los sahajīyas, el estado de unión entre Rādhā y Kṛiṣṇa representa la espontaneidad pura (*sahaja*), un estado que es factible de realizar por cualquier hombre y mujer, aquí y ahora, en esta vida. A través de la correcta práctica, el cuerpo mortal puede transmutarse en cuerpo divino. Lógicamente, si el cuerpo es en esencia sagrado, también lo son los deseos, las pasiones o las emociones. El amor mundanal y humano puede refinarse –a través de una disciplina afín al *haṭha-yoga* de la tradición Nāth, incluida la unión sexual ritual que reproduce la unión entre Kṛiṣṇa y Rādhā– para pasar de lo simplemente carnal a las formas sublimes del amor divino. Por supuesto, estas prácticas se han mantenido siempre en secreto y bajo la tutela de un maestro cualificado.

No extrañará, pues, que muchas de las "desviaciones" de estos grupos tengan que ver con lo corporal o con cuestiones relativas a la pureza. Recordemos que la casta se adhiere al cuerpo y que la inmensa mayoría de tabúes del lenguaje dhármico de la pureza tienen que ver con la interacción entre los cuerpos más puros –de las castas altas– con los productos y seres impuros. Algunos renunciantes de otras órdenes tántricas, como los kāpālikas, deliberadamente «vivían en campos de cremación, imitando a sus fieras deidades y apaciguándolas con ofrendas de sangre, carne, alcohol y fluidos sexuales producto de relaciones sexuales no constreñidas por las restricciones de casta», tal y como resume Gavin Flood.[94] Todo eso es inherentemente polucionante para un hindú "de casta". Hasta tal punto invierte los roles y tabúes sociales la tradición tántrica de Assam, que sostiene que la mejor pareja para el ritual sexual es la esposa de otro hombre, a ser posible en su período menstrual, y si es de baja casta o prostituta, aún mejor.[95] El adepto que trasciende el puritanismo de casta recurre al vino y la carne y hasta consume las "sobras" sexuales (semen y sangre menstrual), en frontal oposición a los dictados de los *Dharma-śāstras*.

Esto supone una seria alteración de los valores y supuestos establecidos. No se trataba de realizar ningún escandalo público, pero sí de transgredir las normas que el *ethos* brahmánico ha tendido a imponer. De ahí que los sahajīyas fueran mal vistos por los vishnuistas respetables de Bengala y fueran considerados una secta "desviada" o "degradada" (e incluso sufrieran persecuciones), tanto por los defensores de la ortodoxia brahmánica como por los de la islámica (dado que el sistema Sahajīya –como la secta "hermana" de los bāuls– posee también su rama islámica). El gran campeón del devocionalismo assamés, Śaṅkaradeva, siguiendo el clásico patrón del devocionalismo *saguṇī* (crítico con los prejuicios brahmánicos de pureza y polución), al mismo tiempo censuró con contundencia el tantrismo Sahajīya y sus formas más transgresoras.

Estos grupos no pretenden crear un orden nuevo, pero sí muestran estrategias para sobrevivir allende el *dharma* o la *sharī'a*. Muchas de las leyendas de origen de castas bajas que repasamos [véanse págs. 108-109 o 297-299] invierten el orden establecido y llegan a relegar a los brāhmaṇs a un linaje particularmente impuro y degenerado. Partha Chatterjee también lo ha mostrado con el caso de los hāḍis de Bengala.[96]

Puede que estos grupos tengan que recurrir a un dialecto hermético, al llamado "lenguaje intencional", conocido sólo por los iniciados,[97] y puede que sus ritos tengan que realizarse en secreto, pero expresan abiertamente un rechazo a los *Vedas*, los *Śāstras*, la casta y todo su aparato ritual (si bien su dureza es inversamente proporcional al radio de alcance de la secta). Por eso el *Mahānirvāṇa-tantra* puede afirmar que:

> «Aquel miembro de la Kula [orden] que no permita la entrada en la orden a un paria [chaṇḍāla] o a un extranjero [yavana], por considerarlo inferior, o a una mujer, despreciándola, siendo él el verdaderamente "bajo", irá a parar al lugar [infernal] más bajo de todos».[98]

Significativamente, el movimiento se autodenomina Kula ("familia"); pero una *kula* donde hasta los extranjeros e intocables pueden entrar. Es una burla a la rigidez de la familia tradicional, sus tabúes de endogamia y cumplimiento del *varṇa-āśrama-dharma*.

En Tamil Nadu, la tradición de los ciṭṭars (de la sánscrita *siddha*), muy versada en las ciencias alquímicas, fue asimismo extremadamente disidente. Los hinduistas más ortodoxos, que en el área tamil han sido los smārthas, los śaiva-siddhāntins y los śrīvaiṣṇavas, los han considerado siempre unos "descastados", allende la "línea de polución". El hecho no ha de extrañar porque los ciṭṭars cuestionaron con una rotundidad fuera de lo común la validez de la ideología de casta y de las liturgias del hinduismo de templo. Pāmpāṭṭi Ciṭṭar exclamaba: «Prenderemos fuego a las divisiones de casta».[99] En su rechazo a la ortodoxia, Civavākkiyār, el más conocido de los ciṭṭars, llegaba incluso a refutar la teoría de la transmigración,[100] algo que muy pocos pensadores hindúes han osado cuestionar.

Con todo, la dimensión y el alcance sociopolítico de los movimientos tántricos no ha sido todavía estudiado en detalle.[101]

CONCLUSIÓN

Las posturas de los movimientos shramánicos, los grupos devocionales sagúnicos, el islam y, en especial, los nirgúnicos y el tantrismo ponen en aprietos el cliché de que la India precolonial nunca cuestionó el orden establecido o que desconocía el igualitarismo. Obviamente, no nos referimos al igualitarismo burgués que nace en la Europa del XVIII, mas al de las corrientes locales que podemos denominar "disidentes".

No se persigue un abstracto ideal de igualdad social, sino que se pone en entredicho el orden establecido y la universalidad del *dharma* según los concibió la ortodoxia brahmánica. Por eso, buena parte de la crítica tuvo que ver con la esfera religiosa y apenas se abordaron cuestiones económicas o políticas. Ni siquiera la crítica al orden social fue preeminente. Se atacó el orden conceptual del hinduismo y sus cuatro *varṇas*, pero la dimensión horizontal, secular y social de las *jātis* no fue cuestionada. Movimientos hostiles con el *establishment*, tales como el Kabīr-panth, el Sikh-panth, el Satnāmī o el Liṅgāyat, acabaron por dar lugar a castas. Dentro de estas comunidades, la distinción por casta y subcasta es tan pronunciada como fuera. Aunque los liṅgāyats, por ejemplo, dicen rechazar la casta, la verdad es que constituyen un caso de ¡reproducción del sistema de castas dentro de la secta! En el norte de Karnataka, la secta está dividida en ocho *jātis* endogámicas. Poseen el equivalente del brāhmaṇ-varṇa en una clase de clérigos llamados jangamma. Estos sacerdotes están subdivididos a su vez en linajes que dicen remontarse a los antiguos maestros y ascetas liṅgāyats, que son los que hoy en día controlan la comunidad.[102]

Pero nada de ello ha de nublar la idea de que la India pudo vehicular serias formas de protesta social. Muchos monjes budistas, *bhaktas*, *sants* nirgúnicos, conversos al islam o *tantrikās* fueron de extracción baja. Gail Omvedt ha escrito que el *sant* Raidās, un chamār, fue «el primero en formular una versión india de la utopía», una sociedad donde no hay castas, jerarquías, clases, impuestos o molestias.[103] La tradición brahmánica respondió con concesiones, "olvidando" viejas descalificaciones o reorganizando el ritual. En otras palabras, optó por *incluir* y, así, neutralizar la protesta.

Es la propia disidencia, lo que desde afuera simplemente se percibe como desviación, eclecticismo o sincretismo (buena muestra de que no puede incluirse en las categorías sociorreligiosas establecidas), lo que constituye una insubordinación en sí. Puede que sólo se cuestione su espíritu (puesto que la situación del subalterno en el orden político y económico no permite una sublevación social), pero ello muestra las propias fisuras del sistema, y por dónde se articula una crítica "interna" al sistema. De este poso nacerán las críticas más radicales de Phule, Thass, Periyar o Achhutanand [véanse págs. 514-524] y Ambedkar [véase capítulo 22].

19. HISTORIA RECIENTE DE LA CASTA

La irrupción de los sultanes turcoafganos representó un reto sin precedentes para el *establishment* índico. Supuso un cuestionamiento del *dharma* mucho más severo que la entrada en escena de los śākas o los kuṣāṇas en los primeros siglos de nuestra era [véase pág. 279]. Una de las respuestas al nuevo contexto fue la gradual ecualización –entre los siglos XIII y XVI– de una identidad "hindú", de alguna forma contrapuesta a la del "turco" (turukṣa), "persa" (parāsīka), "occidental" (yavana), "árabe" (tājika), "bárbaro" (mleccha) o "musulmán" (musalamāna).

Durante el Sultanato de Delhi (1206/1526) y, sobre todo, en el tiempo del gigantesco Imperio mogol (1526/1719), las condiciones económicas, políticas y sociales de la India cambiaron en profundidad. Se dio una fuerte expansión económica, una reurbanización del país, se incrementó la competencia entre castas, agudizándose la distinción entre los sat-śūdras y las castas inferiores, y las nuevas tecnologías (papel, rueca textil, destilación de licores, etcétera) permitieron a muchas castas medias y bajas prosperar. No es que los gobernantes islámicos pretendieran alterar las estructuras de casta [véanse págs 337-338], pero la aparición de nuevas oportunidades económicas comportó cambios hondos en la sociedad surasiática.

Este es el contexto que vamos a intentar desmenuzar en el presente capítulo, en el que trataremos de recrear una breve historia de la sociedad de castas durante el período 1500/1900. Y nos proponemos rastrear cómo un cúmulo de sistemas (en plural) que aparentaron ser vestigios de un distante pasado llegaron a estructurarse y expandirse por todo el continente. La casta, tal y como la hemos conocido más tarde, fue moldeada en gran medida en este período. Para tal menester, seguiremos de cerca el excelente trabajo realizado por Susan Bayly. A modo de resumen, Bayly destaca tres modos de vida y conducta que sirvieron de punto de referencia para multitud de grupos que hasta entonces apenas habían sentido los valores de casta: el modo de vida del guerrero, el del proveedor de servicios y el del hombre de mérito.[1] Estos modos de vida se adecuan a los tres patrones de movilidad que tocamos en el capítulo 11. Con el repaso histórico veremos gráficamente cómo podrían haber funcionado dialécticamente entre sí.

EL MODELO KṢATRIYA

Antes de la llegada de los británicos, sabemos que un heterogéneo colectivo de guerreros, terratenientes, grandes agricultores, tribus marciales –e incluso brāhmaṇs– suscribía los ideales de los reyes y kṣatriyas. El modelo que seguían era el de aquellos grupos que –especialmente en el área del actual Rajasthan– se llamaron a sí mismos rājputs. El equivalente en el sur sería el nāyar de Kerala o el nāyaka de Andhra.

Los valores caballerescos de los rājputs fueron muy influyentes en todo el continente, ya durante el Sultanato de Delhi. Incluso un emperador tan "islámico" como el mogol Aunrangzīb reclutó a un buen número de rājputs entre sus altos cargos y les dispensó del pago de la tasa aplicada a los hindúes (*jizīya*). Aunque en la cultura popular el "turco" pasó a ejemplificar al "otro", una fuerte ósmosis se produjo entre los rājputs y la élite islámica.

Apelaciones como marāṭha, koḷī, ahīr, kaḷḷar y maṟavar no remitían inicialmente a castas, sino a linajes guerreros. Muchos de estos clanes o tribus reclutaron a panegiristas que comenzaron a exaltar el estilo heráldico y caballeresco (rājput) de sus patronos, que así pasaban a encarnar los valores de la "realeza" y a ejercer un tipo de soberanía acorde con ellos.

La caída de los reinos "hindúes" ante los nuevos amos musulmanes ponía de manifiesto –a los ojos de cierta ortodoxia– una vieja ansiedad brahmánica: la idea de que los kṣatriyas (y los vaiśyas) desaparecerían en el *kali-yuga*, dejando a la sociedad en manos de brāhmaṇs, śūdras y mlecchas. Ya en el *Matsya-purāṇa* se vaticinaba que en la era de *kali* sólo existiría el śūdra-varṇa.[2] En esta tesitura, los brāhmaṇs se aproximaron a los śūdras "limpios" y apoyaron con ahínco su rajputización. En cierto sentido, la pérdida de la realeza "hindú" fue reemplazada por el aparato brahmánico/rajpútico ligado a las ideas de pureza, jerarquía, valentía u honor.

Alguien que reclamara origen rājput estaría reconociendo un código de conducta "kṣatriya": el soberano heroico que vierte sangre por una causa justa. Un claro ejemplo de este proceso se dio con la dinastía Marāṭha fundada por Śivājī en el siglo XVII [FIG. 42]. Una vez tomó el poder, pidió a los bardos y brāhmaṇs que lo "legitimaran" como kṣatriya [véase pág. 258]. Al tener a los brāhmaṇs a su cargo, su relación replicaba el ideal del kṣatriya-brāhmaṇ de los textos antiguos.

Entiéndase: uno no ha de vivir la vida de un soldado para ser considerado rājput o kṣatriya (como tampoco nadie ha de llevar a cabo las funciones sacerdotales para reivindicarse como brāhmaṇ). Simplemente, el varón rājput asume el *ideal* del kṣatriya. Se le supone buen gourmet, comedor de carne, bebedor de alcohol, amante de las mujeres y capaz de actos de coraje. Ciertos atuendos, turbantes y bigotes pasaron a contemplarse como marcas de identidad señorial [FIG. 71], tanto por los rājputs del norte como por aquellos grupos que reclamaban estatus similar en otras regiones. Entre las mujeres, la contrapartida sería la modestia y recatamiento (*pardā*), rasgo que compartían musulmanas, sikhs e hindúes. En el modelo rājput, el heroísmo del macho es directamente proporcional al control (sexual) de la hembra.

71. El *mahārāja* de Bundi (Rajasthan), Raghubir Singhji Bahadur, del clan rājput chauhān, como paradigma del kṣatriya. Foto: Gunpatrao Abajee Kale, 1897.

Hasta hace relativamente poco, las reglas de matrimonio de muchos de estos grupos (como las inmensas castas jāṭ y rājput) no seguían rigurosas reglas de endogamia. Se tomaban mujeres o concubinas de grupos campesinos vecinos o de pastores nómadas. Nada de eso implicaba "polución". Pero a medida que las ideas de jerarquía (y la vital necesidad de escalar en el rango social) se impusieron, se fue formalizando un tipo de matrimonio distinto: la hipergamia [véanse págs. 34-35]. Este modelo de los patricios y guerreros que exaltaban las virtudes de la virilidad y la caballería durante los siglos XVII y XVIII fue, en palabras de Susan Bayly, crucial en la construcción de lo que hoy llamamos "casta". Puesto que sus orígenes eran con frecuencia humildes, «sus pretensiones de legitimidad dinástica les requerían convencer al mundo de que eran dignos de ejercer el poder».[3]

Si quizás algunos de estos grupos no eran demasiado estrictos siguiendo las regulaciones matrimoniales o dietéticas, cada vez fue más importante para ellos nombrar y jerarquizar a sus súbditos de manera casteísta, porque esto era precisamente lo que los hacía reconocibles como kṣatriyas: aquellos que mantienen el orden o *dharma* en un reino civilizado.[4] En otras palabras, existía un creciente interés en inscribirse en un sistema de rango conocido, lo que significaba ser definido simbólica y materialmente de estatus superior a otros grupos.

No obstante, los términos, valores y principios de casta no eran universales en el siglo XVIII. Desde luego, existía el enorme repositorio de la literatura brahmánica acerca de la cuestión (*Dharma-śāstras, Mahābhārata*, etcétera); pero también la literatura devocional de los grupos religiosos de Chaitanya, Kabīr o Raidās, marcados por un cierto antibrahmanismo y repudio a la ideología de *varṇas*. Los indios –más allá de su filiación– podían rendir culto simultáneamente a *gurus* de grupos devocionales hindúes, a santos o *pīrs* musulmanes o a los Gurūs del sikhismo.

EL MODELO BRĀHMAṆ

En paralelo al modelo de casta guiado por los valores marciales, el siglo XVIII conoció un indudable auge de los ideales brahmánicos de jerarquía y pureza; la ideología tan elegantemente diseccionada por la escuela dumontiana, que conocemos de capítulos anteriores. Fue entonces, a principios del XVIII, cuando los tabúes de polución se hicieron más evidentes para muchos indios en su experiencia cotidiana. Pero debe insistirse en que este modelo ni suplantó ni desplazó al del kṣatriya, sino que se superpuso.

Los colectivos representativos de este modelo estaban formados mayoritariamente por brāhmaṇs, escribas y comerciantes (hindúes o no) que tendían a dominar el aparato administrativo y judicial.

Su modelo se expandió a través de las redes de brāhmaṇs que habían tomado el control de numerosos reinos en el período postmogol. El gran reino Marāṭha, por ejemplo, había pasado a manos de un linaje de brāhmaṇs (Peśvā). Los reyes, gobernantes y liturgistas de estos reinos fueron decisivos a la hora de diseminar las normas de pureza a escala continental. Lo lograron gracias al control de los lugares de peregrinación, los centros de cultura brahmánica y financiando rituales brahmánicos.

Con el apoyo de los gobernantes, estos sacerdotes, escribas, ascetas y mercaderes generaron un tipo de sociedad de castas distinta de la de los caballeros. Pero ambas formas suscribieron un orden de jerarquía que enfatizaba la pureza y ritualizaba las diferencias de estatus. Susan Bayly mantiene que la visión dumontiana de la casta, en vez de reflejar ecos de un lejano pasado hindú, es producto del siglo XVIII.[5] La formación de un orden social con conciencia de casta tomó forma durante el período mogol y con los reinados regionales de finales de dicho imperio.

Los grupos que generaron esta brahmanización de la sociedad fueron precisamente los que ascendieron al poder tras el colapso mogol y con el desarrollo de las compañías comerciales europeas. Tal es el caso de los chitpāvan-brāhmaṇs de la India occidental o los kāyasthas de Bengala.

Los centros de peregrinación panindios (Gaya, Varanasi, Tirupati, Rameshwaram, Haridvar...) conocieron un auge sin precedentes, patrocinados incluso por *nizams* musulmanes o *mahārājas* sikhs. El culto en los lugares sagrados trasciende las reglas de casta, ya que todo el mundo está capacitado para peregrinar. El ideal del brāhmaṇ "de-este-mundo", pero que encarna los valores del renunciante, cobró una centralidad y auge desconocidos. Aunque actuara de liturgista, de preceptor-*guru* o de sirviente "mundanal" del rey, su presencia era auspiciosa y deseada.[6]

En los grandes reinos, los brāhmaṇs no sólo dirigían los rituales o controlaban la administración, sino que, con frecuencia, capitaneaban los ejércitos. Por sorprendente que parezca, tal actividad no acarreaba pérdida de estatus. Para la ideología brahmánica, no es lo mismo un servicio santificado (*sevā*) en espíritu de devoción (*bhakti*), que la depredación del "impuro" bhīl, kaḷḷar, koḷī o ḍom. Susan Bayly detecta que durante el siglo XVIII las dinastías guerreras, la milicia, el monacato y la banca se fundieron en muchas áreas.[7] Esto es algo que está patente en las fraternidades monásticas guerreras de *sādhus* ramānandis (seguidores del héroe divino Rāma) [véase pág. 423]. Los nuevos gobernantes proclamaron que sus dominios eran *dharma-bhūmis*, es decir, terrenos propicios para el *dharma*. En este contexto, puede entenderse que en ciertos casos se diera un deslizamiento "natural" del ideal del kṣatriya hacia el ideal del brāhmaṇ, y viceversa.

Muchos de estos grupos comenzaron a mostrar públicamente su "alto" estatus recurriendo a rituales brahmánicos, a formas más cerradas de matrimonio y, por supuesto, empleando brāhmaṇs para dichos ritos. Esta sanscritización fue incluso más patente en grupos de origen humilde que habían mejorado al convertirse en agentes comerciales de la East India Company.

Como veremos en el próximo capítulo, muchos de los cambios que se dieron en la sociedad india desde finales del siglo XVIII fueron consecuencia lógica de la expansión de la actividad colonial. Ciertos grupos entendieron las ventajas de asociarse directamente con la East India Company. Esto tuvo el efecto de consolidar vínculos y lealtades de tipo casteísta. Los líderes de los grupos de comerciantes urbanos fueron investidos con el título de "gran persona" (mahājan), con estatus oficial (reconocido por la Compañía) de "jefe" (seṭh, cheṭṭi) de su "comunidad".

A medida que la Compañía fue controlando más territorios del Sur de Asia, los reinos y pequeños principados –diezmados en poderío militar– se volcaron a reclutar brāhmaṇs, financiar rituales brahmánicos o rodearse de ascetas para conservar cierta autoridad. Rosalind O'Hanlon habla de la emergencia de formas de hinduismo "tradicionales" en este nuevo contexto. Los grupos vishnuistas como el Swaminārāyaṇa en Gujarat se encargaron de expandir el ideal del comerciante frugal y piadoso (en contraposición al marcial kṣatriya o al impuro extranjero).[8] A medida que estos grupos fueron percibidos como encarnación del mérito, sus comunidades empezaron a vigilar con mayor celo las fronteras de casta (endogamia, comensalidad, etcétera). Este pacífico hinduismo "de casta" fue muy bien recibido por los británicos.[9] A quienes temían los amos coloniales era a los grandes colectivos de "razas, tribus y castas" de los bosques y montañas de talante marcial.

Cuando los británicos derrotaron a los marāṭhas y expulsaron a su gobierno brāhmaṇ, recurrieron al lenguaje de la casta para explicar y justificar su política. Los estrategas esgrimieron que los Peśvā se habían convertido en una injusta dinastía de brāhmaṇs, ya que la esfera propia del brāhmaṇ es el sacerdocio y las letras. Ello demuestra la dependencia de los europeos en el testimonio textual, ya que esta idea casa bien con los *Dharma-śāstras*, contrarios a que el brāhmaṇ tome las armas,[10] ya que su deber natural es el sacerdocio.* La Compañía garantizaría la vuelta a la "ley y el orden".

En este contexto, los orientalistas comenzaron a postular los absolutos rígidos del brāhmaṇ y del kṣatriya. Al trocear el inmenso Imperio marāṭha (más los territorios de Tipu Sultan en el sur) en principados menores, los británicos decían "restaurar" el orden dhármico. Tal fue el caso de los reyes jāṭs de Bharatpur, o los reinos marāṭhas de Indore, Gwalior y Tanjore, o los gobernantes bhūmihārs de Benarés, o la "restauración" del principado de Mysore, etcétera. Los británicos produjeron una vastísima literatura centrada en la restauración y apoyo a estos reinos "hindúẹs" al amparo de la Compañía. Y, como ha escrito Susan Bayly, «estas obras familiarizaron tanto a las autoridades coloniales como a la generación posterior de los "modernizadores" hindúes con normas que hasta la fecha habían pertenecido a una sabiduría mucho más abstracta y erudita».[11] Sin posibilidad de expansión, estos principados miraron de autoafirmarse como modelos de la piedad y corrección, lo que exigía la construcción de templos, financiación de centros de peregrinación, patronización de festivales, protección de los brāhmaṇs, reinstauración de fundaciones educativas sánscritas, recurso a la ley shástrica, y otras parcelas que darían forma a un "hinduismo" panindio y universal.

Nótese, empero, que en muchas de estas circunstancias no fueron los brāhmaṇs quienes promovieron la sanscritización o brahmanización, sino reyes, renunciantes itinerantes que predicaban en lenguas vernaculares o *gurus* de la religión del Amor (*bhakti*). Abstengámonos, una vez más, de reforzar la visión brahmanocéntrica de la casta. Con el ascenso de las poderosas castas de śūdras, la posición de la mayoría de los sacerdotes en los siglos XVIII y XIX menguó de forma considerable.

* Los hechos históricos, sin embargo, lo desmienten. Conocemos muchas dinastías fundadas y dirigidas por brāhmaṇs, como la inaugurada por el general brāhmaṇ Puśyamitra Śuṅga. La dinastía Śuṅga fue seguida por la Kāṇvāyana, fundada por un ministro brāhmaṇ que asesinó al último śuṅga. El *Amarakośa* da los títulos *rājabījī* y *rājavaṃśya* como sinónimos de "brāhmaṇ nacido en una familia real", lo que muestra que no era extraño que los brāhmaṇs se convirtieran en reyes. La dinastía Pallava del sur de la India se jactaba de haberse originado en el brāhmaṇ Aśvatthāmā, y cambió su rango por el de kṣatriya. Muchos kānyakubja-brāhmaṇs se enrolaron en el ejército colonial, hasta que fue purgado tras el Motín de 1857. Etcétera.

LA CASTA EN EL SIGLO XIX

Los títulos de *jāti* y *varṇa* se extendieron rápidamente. Pero aun en la década de los 1820s, la India no era una "sociedad de castas" homogénea. Para Susan Bayly:

> «En este período, las fronteras entre "puro" e "impuro", limpio y sucio, "casta" y "tribu", incluso entre hindú y musulmán, todavía estaban mucho menos claramente definidas en la vida cotidiana de lo que serían más tarde».[12]

Muchos grupos apenas secundaban todavía las normas de *jāti* y *varṇa* y podían reconsiderar las cuestiones de matrimonio o comensalidad. Varios factores se conjugaron en la elevación de la casta como símbolo identitario panindio.: el crecimiento de la población, el desarrollo de las comunicaciones, la expansión colonial por bosques y territorios de montaña (con la consiguiente subordinación de tribales), las necesidades de seguridad, etcétera. El hecho es que grupos como los bhīls, los kaḷḷars y hasta los kuṇbīs o los marāṭhas tuvieron que dejar sus espacios fronterizos y entrar como labriegos o peones de los hindúes "de casta", que inmediatamente se autodefinieron como "superiores". Las diferencias de vida entre grupos distintos se hicieron tangibles (y pudieron compararse y estandarizarse).

Los grupos marciales periféricos pasaron a homologarse a lo salvaje y al libertinaje. Las formas de vida y valores de sobriedad, trabajo y austeridad eran los valores apropiados para la nueva India (del orden y el progreso económico). El modelo ideal era el del pío hombre de comercio y su casta y virtuosa esposa.

Entre los 1820s y los 1880s, gran cantidad de indios abrazaron normas de casta mucho más formalizadas. Se invocaban las reglas de pureza del brāhmaṇ o del mercader en numerosas ocasiones y circunstancias donde antes habían sido de muy poco peso. En este contexto la "línea de polución" se dibujó de manera más nítida. Una barrera que separaba a las castas "limpias" de otras que estaban siendo estigmatizadas como polucionantes, degradadas o impuras.

Susan Bayly propone dos secuencias paralelas a la hora de tensar estas fronteras de casta.

Los señores de la tierra

La primera tiene que ver con los grupos caballerescos, los que habían tendido a abrazar el tipo de vida del rājput. En el contexto colonial (despojados de su autoridad real), muchos de estos colectivos tendieron a autoafirmarse y exagerar sus símbolos de kṣatriyas. Se alzaron como patronos (*jajmāns*) y exigían el derecho a la servitud y deferencia de los demás. Fue en este contexto cuando las barreras, normas y valores de la pureza comenzaron a expandirse y materializarse. Casi que fue la modernidad (y no un atávico tradicionalismo) la que petrificó estos esquemas de jerarquía ritual.

No es que previamente no hubieran existido grupos serviles. Sabemos de poblaciones con títulos como nāi (barbero) o bhangī (retirador de carroña), en el norte, y vaṇṇāṉ (lavandero) o ampaṭṭaṉ (barbero), en el sur, que desde hacía siglos prestaban servicios considerados impuros por los *Dharma-śāstras*. A diferencia de los artesanos o los comerciantes, estos especialistas "bajos" se las habían con productos considerados radicalmente polucionantes según la ideología de los *varṇas*. Por la lógica de la pureza, aquellos que se encargaran de estos menesteres serían inherentemente polucionantes e inauspiciosos.

Sin embargo, estos colectivos siempre fueron minúsculos. La gran novedad de los siglos XVIII y XIX fue que una copiosa cantidad de peones y labriegos dependientes pasaron a ser considerados "intocables". Entre estos colectivos hallamos a las grandes "castas" chamār o mahār en el norte y centro del continente, o a la paṟaiyaṉ, holeya y cheṛumar en el sur. La creación de esta subordinación ritual parece ser un proceso relativamente reciente. Todo esto implica que los "señores" (rājputs, brāhmaṇs, mercaderes y terratenientes) estaban familiarizados con la lógica de los *Śāstras*, ya que moldearon su relación con estos "servidores" y "peones" según el lenguaje de la pureza. Pero no quiere decir que prolongaran una extendida práctica ancestral. El que unos cuantos aspirantes a kṣatriya y "señores" urbanos llevaran algún tiempo observando las prácticas shástricas no nos legitima para concluir que la sociedad india al completo pudiera definirse según una norma universal de la pureza y la polución. Susan Bayly describe la profunda transformación de la sociedad india como:

> «El doloroso proceso por el cual unas élites sedentarias inseguras, lo mismo que urbanitas "modernos", batallaron por convertir inmensos grupos de gente, e incluso miembros del proletariado industrial, en la-

> cayos subordinados definidos por los mismos criterios que hasta entonces habían sido aplicados principalmente a las pequeñas poblaciones de retiradores-de-polución».[13]

Este proceso debió arrancar a mediados del período mogol. Pero fue en buena medida el recuento orientalista-brahmánico el que proporcionó la ideología y el lenguaje adecuados para apelmazarlo. Insistamos: no es que antes no existiera la experiencia de la intocabilidad. Sabemos de lo severas que podían ser las relaciones entre un nāyāḍi y un naṃpūtiri-brāhmaṇ en Malabar o en la costa Konkan; pero también sabemos que estos casos eran más raros de lo que los recuentos orientalistas pretenden. Hasta bien entrado el siglo XIX, incluso los hacendados de origen brāhmaṇ suscribían los ideales de poderío del kṣatriya cuando se relacionaban con sus labriegos y no destacaban ninguna rígida barrera de polución. Los títulos "mahār" o "paṟaiyaṉ" podían llegar a considerarse como grupos guerreros y ser cortejados (y hasta temidos) por los nuevos señores emergentes. En fin, su estatus "intocable" aún era ambivalente.

Sin embargo, los grupos emergentes (kānyakubja-brāhmaṇs, rājputs, bhūmihārs, musulmanes aśrāf, kāyasthas) empezaron a asimilar las normas y valores del comerciante de ciudad o el brāhmaṇ sedentario. Y la mejor forma de aposentar su estatus fue enfatizando la "línea de polución" e insistiendo en su diferencia radical con aquellos que no fueron definidos como "altos" o "limpios" en términos de *varṇa* o *jāti*. En el trasfondo hallamos un complejo nudo de transformaciones, causas y procesos que el nuevo panorama económico (tanto las ilimitadas posibilidades de enriquecimiento con la Compañía, como la "depresión" de los 1820s/1830s) aportaba. Por ejemplo, los pequeños terratenientes de campos poco productivos se encontraron en situación crítica en el nuevo e inseguro contexto de capitalismo volátil. Sólo forzando a gentes que pudieran identificar como lacayas (con obligación innata para servirles) podían escapar a la lógica del mercado. Es en esta tesitura cuando las jerarquías de *varṇa* y *jāti* se acentuaron con severidad y se apelmazó el sistema *jajmānī*. Es también en este contexto cuando las dotes comenzaron a inflacionarse [véanse págs. 69-71].

Gradualmente, grupos de labriegos, llamados pallar en Tamil Nadu, mādiga en Andhra Pradesh, o chamār en el valle del Ganges, pasaron a ser considerados de un estatus con la connotación de "intocable" [FIG. 72]. En otras zonas, pequeños arrendatarios campesinos como los kurmīs o los ahīrs empezaron a ser identificados como śūdras que debían respeto a los *varṇas* superiores. A medida que iban definiendo a los de "abajo", los de "arriba" pasaron a autorrepresentarse como los defensores del *dharma* y de la corrección brahmánica.

Quienes tenían las de ganar en este proceso eran los terratenientes de alto rango pero de nivel humilde. Este es el contexto en el que la "línea de polución" y las barreras de pureza se extendieron rápidamente por todo el Sur de Asia, llegando a zonas y colectivos hasta entonces sólo parcialmente brahmanizados. Cantidad de labriegos y tribales aparceros fueron homologados a los retiradores-de-polución "intocables".

Muchos de estos señores de alta casta se centraron en el culto a Viṣṇu. En Bengala y Malabar, los hacendados limpios también se asociaron a formas de islam purificado. En la India occidental, la labor del Arya Samaj contribuyó a reforzar la identidad "limpia" de estos colectivos. En el Punjab, por ejemplo, ser jāṭ y ārya significaba ser radicalmente diferente del bajo y polucionante chamār, lo mismo que de los decadentes rājputs o brāhmaṇs. En los valles del Ganges, los cultos de Rāma y Kṛiṣṇa, de siempre populares, pasaron a ejemplificar la devoción al verdadero *dharma* de modo que el kurmī o el ahīr podían llegar a sostener que ellos (y no el brāhmaṇ o

72. Familia campesina mādiga de Anantapur (Andhra Pradesh), casta considerada "intocable" desde hace algunos siglos. Foto: Ángel López Soto, 2011.

el rājput) eran ejemplos del auténtico *dharma*. Ahora entendemos por qué en el siglo XX los ahīrs querían ser denominados yadavs [véase pág. 254].

La expansión y tirantez de la "línea de polución" constituye, quizá, el cambio más importante en la sociedad de castas del siglo XIX.

Los señores del provecho

El segundo bloque de cambios al que Susan Bayly se refiere reposa en la exaltación de la pureza piadosa por parte de los hombres de la pluma y los libros de contabilidad.[14]

Los grandes beneficiarios del nuevo contexto (monetización, producción especializada, distribución de bienes, banca, exportación, declive de la agricultura...) fueron *jātis* relativamente pequeñas como la agaravāl, la osavāl o la cheṭṭiār, dedicadas a la banca y al comercio y que antaño habían sido dependientes de los señores de la tierra. A estos títulos de *jāti* se les conoce con el genérico baniā, māṛvāṛi o mahājan (en el norte) y cheṭṭiār (en el sur). Aunque su posición respecto a las firmas británicas era desfavorable, su éxito les reportó una importancia capital durante todo el XIX [FIG. 73].

Invariablemente, estos baniās paladeaban y canalizaban el prestigio y poder adquirido con actos de donación religiosa y prácticas de pureza doméstica, que fueron ampliamente emuladas por grupos subalternos.

73. Mansión de Cheṭṭināḍ o país de los cheṭṭiārs (comerciantes). Sur de Tamil Nadu, 2012.

Entre estos mahājans hallamos un número significativamente alto de jainas, parsis, musulmanes y hasta cristianos. Su estilo de vida y conducta dhármica en el siglo XIX contrasta con el de sus precursores del XVII o XVIII, generalmente *self-made men* que poseían pequeños ejércitos, harenes y tenían ambiciones políticas. La transformación de estos comerciantes en píos hindúes (o jainas) con un fuerte sentido de casta es, por tanto, otro fenómeno reciente. El cambio fue gradual, ya que a mediados del siglo XIX aún algunos de estos baniās que trabajaban con los poderes europeos gustaban de reafirmar su origen kṣatriya y un modelo de honor y autoridad caballeresco. Posiblemente, el giro hacia formas más brahmánicas y austeras tenga que ver con el rechazo de las formas marciales asociadas a las aristocracias musulmanas de habla urdu.

Los mahājans, empero, tenían un problema. Si uno lee los *Dharma-śāstras*, notará que el hombre de comercio y usura es tratado con desprecio en los textos brahmánicos. Tampoco hay que olvidar que títulos como māṛvāṛi o jaina podían poseer connotaciones despectivas en el imaginario popular (dada su especialización en la usura). Gradualmente, estos grupos habían ido absteniéndose de la carne y el alcohol, y comenzaron a fomentar prácticas austeras como el ayuno, incluso la *satī*. Los magnates del comercio realzaban su posición como defensores del *dharma* y la pureza según los criterios más ortodoxos, reconocibles por todo el mundo.

El mahājan quedó atrapado en cierto círculo vicioso, ya que era imperativo mantener los cánones de austeridad, pureza y generosidad para ser reconocido como tal y retener su prestigio de líder de la comunidad (imprescindible para sus negocios, enlaces matrimoniales, créditos...). La austeridad promovida por la virtud de la *ahiṃsā* se tradujo en convertir su provecho en actos de *dāna* o generosidad (financiando templos, peregrinaciones, ayunos colectivos, hospitales, hospicios veterinarios, etcétera). La mayoría estaban ligados a templos o rituales vishnuistas o jainistas. Un gran ejemplo es el patrocinio de los banqueros al multitudinario festival de Benarés conocido como Rām-līlā;[15] o las campañas en favor de la protección de la vaca, que pasaron a considerarse sumamente meritorias, y se alzaron como símbolo de la dedicación a la no-violencia.

Asimismo, colectivos de letrados y escribas (que utilizaban títulos como kāyastha o prabhu), empleados en el servicio o en trabajos rituales, pasaron a engrosar el grupo de castas "limpias" adheridas al modelo del mahājan-baniā [FIG. 19], también identificadas con el viejo ideal del *yajamāna*, benefactor de los rituales y que cumple las obligaciones del *dharma*.

Así fue como, en el siglo XIX, el baniā se erigió como el vaiśya por excelencia, más brahmánico que el más puro brāhmaṇ. Estos colectivos reforzaron de forma elocuente la conciencia de *jāti* y *varṇa*, lo mismo que los tabúes y barreras de polución. Dada su expansión por áreas rurales (necesitadas de préstamos y bienes), el tipo de vida del mahājan-baniā alcanzó rincones y poblaciones que hasta entonces muy poco tenían que ver con el celo de construir templos, el vegetarianismo, la abstinencia de alcohol o la rigidez puritana. Los cultivadores de algodón de Gujarat (paṭṭīdārs), por ejemplo, emularon al pie de la letra estas convenciones.

En las áreas rurales, los campesinos ricos miraron de autoafirmarse como personas de pro a través de reglas matrimoniales más estrictas y complejas. El proceso tenía que ir parejo a la subordinación de grupos dependientes y su nítida representación como "impuros". Esta brecha se hizo muy palpable en el norte entre los hacendados jāṭs y los lacayos chamārs.

El intocable de ciudad

Desde mediados del siglo XIX, las ciudades indias fueron llenándose de migrantes venidos del campo. La mayoría eran artesanos altamente cualificados (alfareros, curtidores, herreros... conocidos como kumhārs, chamārs, lohārs...) que no podían competir con la nueva producción industrial. Muchos entraron a trabajar en fábricas textiles o del calzado. En los hospitales coloniales y colegios médicos se reclutaron a los especialistas funerarios del norte (ḍoms) como ayudantes de forenses y cirujanos. En la ciudad, estos colectivos pobres y "polutos" pasaron a estar sujetos a convenciones de casta frecuentemente más rígidas que en sus aldeas de origen. Así, las demarcaciones de casta se exageraron en las urbes industriales de Bombay, Calcuta o Ahmedabad. Los barrios de "casta alta" se abrieron a todo el mundo, y la cohabitación entre "puros" e "impuros" comenzó a sentirse y padecerse, cual imagen del *kali-yuga*. La experiencia moderna de la intocabilidad se acentuó a medida que estos colectivos inmigrantes fueron reclutados como criados y barrenderos/basureros. Como sentencia Susan Bayly, la intocabilidad, tal y como hoy la conocemos, es en gran parte producto de la modernidad colonial.[16]

74. Un intocable en su atuendo "tradicional" de barrendero. Foto: Associated Press, 1946.

La obsesión colonial por las epidemias alimentó aún más el ostracismo de estos colectivos urbanos. Los encargados sanitarios coloniales postularon unos parámetros de higiene que acabaron por crear unos acantonamientos y barrios "blancos" separados de los barrios "negros" de los indios.[17] Ello llevó a un masivo reclutamiento de barrenderos municipales, siempre extraídos de entre las comunidades de "basureros". Asimismo, los regimientos militares debían tener su equipo de basureros (bhangīs) o lavanderos (dhobīs) reclutados de esta masa inmigrante empobrecida. Ya nadie tenía duda de que estas tareas impuras sólo podían realizarlas bhangīs, chamārs o mahārs. En las estaciones de tren o en los hoteles, la limpieza de los retretes quedó en manos del intocable, muy visible con su atuendo de pantalón corto y camiseta color caqui [FIG.74]. Como ha visto Bayly:

> «Es de esta guisa, con sus escobas y canastas de limpieza, como el "intocable" es más comúnmente representado en las etnografías ilustradas de finales del siglo XIX y principios del XX».[18]

Los de extracción "baja" (en su mayoría pobres y analfabetos) poco podían hacer para repudiar las nociones de polución y, en cambio, miraban de reajustar su estatus simbólico en relación a la "línea de polución". Como concluye Susan Bayly, «a finales del siglo XIX la casta pasó a ser una realidad para gran cantidad de indios».[19] Y las ideas brahmánicas de pureza habían pasado a ser conceptos ampliamente conocidos y familiares para millones de surasiáticos.

20. EL FACTOR COLONIAL[1]

El colonialismo desempeñó un papel mucho mayor en el desarrollo de la sociedad de castas de lo que hasta hace poco se pensaba. Lo hemos comprobado en el capítulo anterior. El propósito del presente consiste en afinar algo más en cómo la colonialidad contribuyó a moldear y reificar la "casta".

La cosa no resulta tan sorprendente si tenemos en cuenta que los británicos controlaron la mayor parte del continente índico durante casi dos siglos. Pero hasta hace poco no se había explorado con seriedad la posibilidad de que el aparato colonial hubiera reforzado los elementos más tradicionales de la sociedad india. Ya hemos visto, sin embargo, que la casta contemporánea es en buena medida el producto del encuentro entre la sociedad india y el aparato colonial. Es decir, las condiciones y los intereses coloniales transformaron una sociedad multifacética en un *sistema social* esencialmente *religioso*. Se desecharon los aspectos económicos o políticos de la casta, y esta fue confinada a la esfera de la religión. En opinión del antropólogo Nicholas Dirks, «lo que hoy tenemos por casta es el resultado de una historia que seleccionó la casta como categoría única y sistemática para nombrar y, por tanto, contener el orden social indio».[2] Entiéndase bien: no insinuamos que el fenómeno fuera inventado por maquiavélicos británicos ni, evidentemente, que no existieran castas antes de la llegada de los europeos. Eso es absurdo. Baste repasar los dos capítulos anteriores. Se acusa a Dirks de aseverar que la casta fue un invento de la imaginación de los etnólogos occidentales. La acusación es malintencionada, porque lo que en verdad dice, y estoy de acuerdo con él, es que:

> «Fue bajo el gobierno británico cuando la "casta" se convirtió en un término fijo capaz de expresar, organizar y, por encima de todo, "sistematizar" las diversas formas de identidad, comunidad y organización social de la India».[3]

La casta asumió sus contornos etnográficos a mediados del siglo XVIII y fue desarrollándose a lo largo del XIX y el XX. Como hemos visto en el capítulo anterior, muchos de los rasgos del "sistema de castas" que a los observadores del siglo XX les parecían esenciales, eran relativamente recientes, pero eso no quiere decir que el sistema no tuviera un pedigrí milenario. Aunque la casta no nazca con el *Puruṣa-sūkta*, y tal y como hemos llegado a conocerla hoy no tiene más de 400 años, se asienta en temas, símbolos, prácticas e ideas viejas, muchas veces milenarias.

Coincido con Christopher Fuller cuando dice que «el gobierno británico no creó el sistema de castas jerárquico y la ideología brahmánica que lo legitimaba, pero sí le otorgó una centralidad e inflexibilidad que antes no tenía».[4] Por un lado, entendió la casta como un sistema impermeable al cambio, perfectamente formado desde sus remotos orígenes. Por otro lado, como ya conocemos, el sometimiento por debajo de una "línea de polución" de grandes colectivos de labriegos, peones y artesanos fue un desarrollo que, si bien arrancó hace mil años o más [véanse págs. 430-433], fue catapultado en el siglo XIX [véanse págs. 458-461]. Aunque puede que los intocables fueran moldeados como agrupación política con una arcilla de muchos siglos de antigüedad, como categoría fueron "construidos" o "inventados" a finales del período colonial.[5]

Los europeos optaron por entender la sociedad índica según su propia interpretación de los textos brahmánicos y elevaron las nociones de *dharma*, *varṇa*, jerarquía ritual o pureza a un pedestal desconocido hasta entonces. Esto es lo que Partha Chatterjee ha denominado "tradicionalización" del Sur de Asia. Un proceso que «congela categorías sociales como las de casta y privilegia las interpretaciones "escriturales" de la ley social a expensas de la fluidez de la comunidad local».[6]

Soy consciente de que otorgando este protagonismo al poder colonial podría pensarse que restamos *agencia* (capacidad de decisión propia y acción) a los indios. De ningún modo. Los habitantes de todo territorio colonizado no han sido meras víctimas pasivas de unas formulaciones coloniales. Se da siempre una interacción entre las tradiciones locales y las interpretaciones orientalistas. De la colaboración entre letrados indios y europeos resultó el cuadro de la India como país eminentemente hindú con la casta como unidad social fundamental. El conocimiento colonial procede de la compleja colaboración entre colonizadores y colonizados. No es tanto que Occidente coloniza la mente india, como que en la interacción entre europeos e indios las mentes de unos y de otros fueron colonizadas por igual por los desarrollos de la modernidad y el capitalismo. Así, propongo que estudiemos en este capítulo cómo la idea de un "sistema" uniforme, panindio, metahistórico e ideológicamente coherente tiene su *historia* dentro del orden colonial de las cosas. Un desarrollo que se nutre de los orientalistas, misioneros y funcionarios europeos, lo mismo que de los letrados, reformadores y políticos indios. En otras palabras, el reconocimiento del peso de las condiciones coloniales que actuaron en la construcción de la idea de "casta" no elimina la *agencia* a los surasiáticos en la dinámica y transformación de su propia sociedad.

Personalmente, no creo que la casta sea ningún superviviente inalterado de la India arcaica. Ni coincido con Raimon Panikkar –y tantos pensadores neohinduistas– cuando afirmaba que la degeneración de las castas en la India de hoy «no corresponde ni a la teoría de las castas ni a la práctica de otros tiempos».[7] Las castas contemporáneas no son formas corruptas de una institución atemporal. Es la definición de casta, como sugiere Robert Deliège, la que debe adaptarse a la realidad, y no a la inversa.[8]

LAS PRIMERAS ANTROPOLOGÍAS COLONIALES

Cuando los etnólogos e historiadores occidentales comenzaron a interesarse por la India hallaron que, en cierto sentido, ese espacio de conocimiento ya estaba copado por su contrapartida local: los brāhmaṇs. No es que el brāhmaṇ haya hecho de sociólogo, pero durante siglos ha constituido la clase letrada, intelectual y académica de la India. Y como ha señalado Richard Burghart, el antropólogo y el brāhmaṇ convergen en un aspecto primordial: «Ambos tipos de personas totalizan las relaciones sociales bajo la forma de un sistema en el cual actúan como conocedores y en el cual su conocimiento trasciende el del resto de actores».[9] El conocimiento brahmánico clásico ofrece siempre una visión en conjunto de un *todo* cósmico, social y ritual. No sólo posee el doble prestigio de la antigüedad y la legitimación religiosa, sino que al tratarse de una visión trascendente es claramente ahistórica. En palabras de Burghart:

> «Esta estabilidad ha permitido el surgimiento de cierta escuela académica europea. En la división del trabajo académica, los indólogos estudian la antigüedad clásica, los historiadores el pasado y los antropólogos el presente; pero la estructura brahmánica de la tradición permite tanto a antropólogos, historiadores como indólogos tratar la sociedad hindú como si fuera su problemática común».[10]

Gracias a este nexo proveído por la tradición brahmánica (que ve la historia como una serie de homologaciones, equivalencias y repeticiones), el indólogo puede hablar de la casta tal y como aparece en los textos clásicos de hace 2.000 años, como si perteneciera a la misma realidad etnográfica que una aldea de la India contemporánea. El error de los orientalistas, historiadores o etnógrafos fue tomar por factual los aforismos de los *Dharma-śāstras*, cuando el *śāstra* no es ninguna descripción de la sociedad [véanse págs. 190-191]. En la disquisición de este capítulo, la importancia de la perspectiva brahmánica radica en su estrecha asociación con la mirada orientalista [FIG. 75]. Como dice Veena Das, lejos de ser la India una proyección de la imaginación europea (tesis que sostiene cierta escuela postorientalista), «la imaginación brahmánica logra dar forma a la representación europea de la India».[11] (Enésimo ejemplo de la *agencia* indígena.) En otras palabras, la tradición brahmánica no sólo ha influido poderosamente en la construcción de la sociedad índica, sino que ha tamizado, impregnado y unificado la visión que tanto indólogos, sanscritistas, historiadores y antropólogos –indios o no indios– han tenido sobre dicha sociedad y, muy en particular, sobre su "sistema de castas".

❖ ❖ ❖

Los primeros extranjeros en legar una visión de la sociedad india fuertemente impregnada de las nociones sanscríticas y brahmánicas fueron los viajeros e historiadores musulmanes. El mejor ejemplo fue el del erudito y viajero al-Bīrūnī, que estuvo en la India a mediados del siglo XI.[12] También Abū'l Fazl 'Allāmī (siglo XVI), el ministro y biógrafo del gran emperador mogol Akbar, presentó la sociedad hindú según el clásico modelo de los cuatro *varṇas*.[13] Lo que contrasta con los viajeros europeos del XVI. Ni Ludovico de Varthema, Antonio Pigafetta o Tomé Pires hablaron de los cuatro *varṇas*, por lo que cabe concluir que no sería

75. Pintura del misionero William Carey y su informante, el *paṇḍit* Kṛiṣṇa Pāl, *c*. 1820. Oxford: Regent's Park College.

un referente tan hegemónico en la costa occidental de la India a principios del siglo XVI.

El primer agente colonial en dar una visión realmente detallada de la sociedad de castas fue el portugués Duarte Barbosa, que viajó a principios del siglo XVI por las costas de la India occidental. En el reino de Gucharate (Gujarat), Barbosa advirtió «tres maneras de gentes»: rasbutes (rājputs), banianes (baniās) y bracmanes (brāhmaṇs).[14] En la costa de Malabar, donde residió varios años, Barbosa aprendió malayalam y fue capaz de distinguir «diez e ocho leyes [castas] que cada una es sobre sí, sin se poder casar ni se tocar con otra ley alguna en esta cibdad e reinos de Calicud e Malavar».[15] Barbosa destacó el principio de jerarquía, la separación por endogamia, la comensalía y la ocupación y reparó en la asociación de las castas con la política. Fue el primero en reconocer la "línea de polución". Sus largas disquisiciones sobre las costumbres de los naires (nāyars) son francamente agudas. Y ni siquiera se dedicó a moralizar, aun cuando tocaba asuntos como la poliandria. Él fue el primero en conectar el sistema matrilineal de los nāyars y su organización militar. Puede decirse que, en tres siglos, las investigaciones europeas a propósito de la casta no avanzaron gran cosa.

En el siglo XVII, el viajero francés Jean-Baptiste Tavernier ya decía que, si bien había muchas castas en la India, todas «pueden reducirse a cuatro [castas] principales, de las que las otras derivan».[16] Tavernier se basó principalmente en sus conversaciones con brāhmaṇs. Lo mismo que Abraham Rogerius, capellán holandés asentado en el sur de la India, que escribió un tratado muy completo sobre el hinduismo a partir de las conversaciones con el brāhmaṇ Padmanubha, que hablaba perfecto portugués. Aunque Rogerius se quejaba de que, en verdad, «tendrían que reconocerse cinco clases, ellos [los hindúes] dicen que sólo hay cuatro, ya que la quinta realmente no se cuenta entre las castas».[17]

De forma similar, los primeros oficiales de la East India Company comenzaron a percatarse de la realidad de las castas bajo un fuerte sesgo brahmánico [FIG. 75]. Siguiendo a sus informadores letrados, Alexander Dow subsumía las incontables castas en el esquema de cuatro *varṇas*. Quizá fue la complejidad del mundo de las *jātis* lo que indujo a recurrir a los sencillos *varṇas*. De esta forma podía comprenderse la sociedad india a través de categorías familiares como las de clero, aristocracia, burguesía o populacho.[18] En este punto, los británicos mantuvieron los postulados de los historiadores islámicos.

La mediación de *pandits*, *śāstrīs* y otros sabios llevó a la inevitable idea de que los brāhmaṇs constituían el grupo dominante de la sociedad y formaban una clase compacta; una visión que encajaba con sus textos. Otra consecuencia derivada de la aproximación textual fue el cuadro de sociedad estática y atemporal.

Con la colonización, la "casta" se transformó gradualmente en una entidad de apariencia más brahmánica. Para preservar su neutralidad y autoridad, los británicos recurrieron a la mediación textual (esto es, a la ideología panindia y sanscrítica de los brāhmaṇs), de modo que acabaron produciendo una verdadera "sanscritización" de las costumbres y convenciones.[19] De hecho, toda la apabullante heterogeneidad de la India pudo "objetivarse" gracias al uso del concepto "casta".

Esta tónica se agudizó tras el estudio detallado del abad francés Jean-Antoine Dubois. Pese a que no era oficial colonial, Dubois trabajó para los británicos a modo de asesor etnológico. Su obra alcanzó gran celebridad y fue utilizada como manual por los oficiales de la Compañía. El interés del abad era, por supuesto, la evangelización; y Dubois estaba convencido de que la fuerza de las supersticiones y prejuicios de los hindúes bloqueaba los bautismos. Descorazonado, confesaba que tras su largo período en la India sólo había logrado entre 200 y 300 conversos:

> «De esta cifra, dos terceras partes eran parias o mendigos; el resto estaba compuesto de *shoudras*, vagabundos y descastados de varias tribus».[20]

Su descripción del "sistema" siguió enteramente el modelo de los *varṇas* tal y como aparece en los *Dharma-śāstras*. Y, aunque reconocía que para muchos hindúes la casta no sólo era inútil y hasta ridícula, llegó a una conclusión opuesta y, en parte, sorprendente:

> «Considero que la división de castas es, en muchos sentidos, la obra maestra de la legislación hindú. Estoy convencido de que es únicamente por la distribución de la gente en castas por lo que la India no ha degenerado en un estado de barbarie».[21]

La grandeza del sistema era inversamente proporcional a la moralidad del pueblo indio. ¿Qué tipo de sociedad existiría en la India si no fuera por los deberes, obligaciones, reglas y castigos regulados por la casta? Aunque crítico con los brāhmaṇs, Dubois tampoco ocultaba su repudio hacia los intocables, «cuyos hábitos de falta de limpieza son asquerosos; sus cabañas, un amasijo de suciedad».[22] Si se les dejara a su libre albedrío, serían «peores que las hordas de antropófagos que vagan a lo ancho de África».[23] El abad aplaudía el sistema y, a la vez, no ocultaba su repulsa hacia la religión local. Fiel al espíritu de la época, consideraba que el estado actual de las cosas era un penoso reflejo de un espléndido pasado védico.[24]

El tropo de la aldea autárquica

A principios del siglo XIX, sin embargo, todavía el tema de la casta era secundario para los británicos. Ello no significa que fuera desconocido. De hecho, a comienzos del XVIII en su enclave de Madrás los dirigentes de la East India Company otorgaron reconocimiento oficial a los títulos de casta, reforzando y contorneando con mayor nitidez la identidad de casta. Pero dado que andaban mucho más preocupados por los asuntos de propiedad y recaudación de impuestos, el gran tópico de la primitiva etnografía colonial consistía en averiguar cómo se las había ingeniado la "aldea" hindú para sobrevivir impertérrita durante siglos, aun a pesar del sino del "déspota oriental", una de las fijaciones recurrentes de la historiografía ilustrada y, más tarde, de la marxista.[25]

Bernard Cohn vio que, a principios del siglo XIX, los británicos empezaron a describir la "India tradicional" como un país anquilosado en sempiternas instituciones intemporales como la familia, la casta o la aldea.[26] Desde que, al entrar el siglo, Thomas Munro proclamara que el poblado indio era una "pequeña república", el tropo no ha cesado de autorreplicarse. Como en la famosa frase del sanscritista Monier Monier-Williams:

> «[La aldea india] ha existido inalterada desde que el código de Manu describiera su organización, dos o tres siglos antes de la era cristiana. Ha sobrevivido a todas las convulsiones religiosas, políticas o físicas que la India ha sufrido desde tiempos inmemoriales».[27]

La India representaba el paradigma de la sociedad arcaica, rural, centrada en una exótica solidaridad interna, ajena al individualismo, el mercado libre, la propiedad privada y condenada a perpetuarse a sí misma.

La transición de la teoría del despotismo a la de la aldea autárquica replica, en cierto sentido, la estabilidad y confianza adquirida por el poder colonial. Si a un nivel superior podía imperar la anarquía, en lo más hondo la India era esencialmente estática e inmutable. La India real no era la de los dirigentes musulmanes, hindúes o sikhs. Estos podían ser derrocados sin molestar a las masas. Es en este contexto en el que hay que insertar la política de no interferencia británica. Si la institución central era la aldea, el único menester para su gobierno sería una cierta supervisión (una administración infinitamente más barata que un despliegue de funcionarios en remotos lugares). Los indios podrían mantener sus instituciones intemporales y solamente aquellas prácticas y costumbres repulsivas para los estándares de moralidad anglosajones serían reprimidas. La teoría ofrecía también una limpia coartada para la anexión de nuevos territorios. Puesto que, a diferencia de Europa, la India no se había organizado en Estados-nación soberanos (sus formaciones estatales siempre fueron o tribales o despóticas), no valía la pena cuestionar el que una clase gobernante de distinta "raza y religión" impusiera ahora su mandato. En opinión de sir Alfred Comyn Lyall, todos los Estados nativos habían estado siempre bajo gobierno "extranjero".[28] Uno tras uno, los británicos abrogaron sus tratados de amistad con los príncipes, con la excusa de que los dirigentes habían perdido la capacidad y autoridad para autogobernarse.

EL PARADIGMA UTILITARISTA

Colin Mackenzie, una figura clave en el desvelamiento de la historia precolonial del sur de la India, apenas halló rastro de la "casta" en los textos y tradiciones que sacó a la luz. Y eso que literalmente "peinó" varios distritos de Andhra Pradesh, Telangana y Karnataka, y coleccionó gran cantidad de material relacionado con las costumbres, las genealogías políticas, la numismática o la religión del Decán. Según Nicholas Dirks, la etnografía de Mackenzie difiere notablemente de la que sería canónica algunas décadas más tarde por «la ausencia de cualquier tipo de opinión sistemática acerca de un "sistema de castas"».[29] O dicho de otra forma: el inmenso material recopilado por Mackenzie dibuja una sociedad que en absoluto se corresponde con la visión de los textos en sánscrito.

Pero un nuevo régimen epistémico emergía con la visión utilitarista, en especial la del historiador James Mill. La religión de los hindúes y, por encima de todo, el monopolio ideológico ejercido por su clero eran responsables de la mayor forma de esclavitud jamás conocida.[30] Mill –que nunca pisó la India–, compartía con los misioneros una profunda aversión por la institución de la casta. La ignorancia del pueblo hindú había permitido un método de explotación sin parangón. Su visión se fundamentaba en la traducción que sir William Jones había realizado del *Manu-smṛiti*. Desde la traducción de ese viejo tratado, el *Manu* fue catapultado como la más completa exposición acerca del sistema de castas. A los ojos de indianistas e historiadores, el *Manu* era descriptivo y prescriptivo. Y, como señaló Dirks, la canonización de este texto en el pensamiento colonial hizo de la casta algo brahmánico por definición.[31] Aun así, un historiador fino como Mountstuart Elphinstone, que compaginaba una ambigua admiración por la civilización hindú y el reproche por la corrupción del ideal védico, pintaba un cuadro novedoso:

> «Aunque [la institución de la casta] ejerce una perniciosa influencia en el progreso de la nación, no ha tenido ni por asomo un efecto tan grande como para entorpecer la iniciativa individual, tal y como los escritores europeos tienden a suponer. De hecho, no hay lugar en el mundo donde los cambios en las condiciones sean tan repentinos y fuertes como en la India».[32]

Como comprobaremos en el siguiente capítulo, la mayoría de reformadores indios reinscribió este tipo de narrativas brahmánico-coloniales. Se identificó el "alma" de la civilización con el antiguo período védico. La distorsión de aquel espíritu habría empezado en tiempos del *Manu*, al albor de la era cristiana. Así que los más fieros abanderados de una política de intervención resultaron ser los reformadores y nacionalistas indios (Roy, Phule, Dayananda, Ranade, Gokhale, Gandhi, Periyar, Ambedkar...), deseosos de "purgar" las prácticas corruptas de su civilización y decididos a movilizar el gobierno ante lo que ya se estaba definiendo como "sistema degenerado de castas". Nicholas Dirks piensa que «hacia 1858 existía consenso en cuanto a que la casta era el hecho fundacional de la sociedad india».[33]

Tanto el administrador colonial, el misionero como el estudioso occidental encontraron en la casta un principio genérico con el que simplificar la complejidad social, política y religiosa de la India. Y no había duda alguna para nadie de que se trataba de un asunto religioso y tradicional. Ishita Banerjee-Dube lo resume con claridad:

> «La noción de polución, mencionada por Barbosa en el contexto de la intocabilidad, se generalizó a todo el "sistema" y se le dio una base escritural. Se declaró que la casta estaba organizada jerárquicamente y que era un sistema inflexible gobernado por el principio de la pureza y la impureza rituales».[34]

Los aspectos no rituales de la casta fueron descartados.

ENTRE CLÉRIGOS

A principios del siglo XIX, el acoso de los evangelistas obligó al poder colonial a cambiar su política de no interferencia religiosa. Y es que Charles Grant protestaba desde la metrópoli: «¿Vamos a permitir todas las monstruosidades del sistema hindú?».[35] Para el evangelista Grant, el sistema de castas, las leyes y las formas de gobierno nativas eran obra del despótico *lobby* de los brāhmaṇs. La única cura posible para la India era la erradicación del hinduismo. De ahí que para la mayoría de los misioneros la casta fuera una verdadera creación del diablo. Idea reforzada por el escaso éxito que estaban teniendo en su proselitismo. En opinión del misionero Alexander Duff, el hinduismo era simple y llanamente «un estupendo sistema del error».[36]

Misioneros como Claudius Buchanan, William Ward o William Carey [FIG. 75] redactaron un ingente material acerca de la casta con la intención expresa de demoler lo que creían era la espina dorsal de la ideología y la sociedad hindúes. Uno de los trabajos más leídos fue el del reverendo anglicano M.A. Sherring, publicado en los 1870s. En su obra aparecen algunos de los tópicos que habían venido a sumarse al tamiz brahmánico que había tomado la interpretación colonial. En primer lugar, la casta explicaba totalmente la religiosidad hindú. En segundo lugar, la casta había convertido al hindú en un ser crédulo y pasivo. Finalmente, la culpa de todo se debía al marrullero brāhmaṇ, al que calificaba de arrogante, egoísta, tiránico o intratable. Sherring fue el gran abanderado de la idea de conspiración brahmánica: «La casta debe su origen al brāhmaṇ; es su invento».[37] Así que, en la misma década, el metodista norteamericano Butler podía escribir que durante «30 siglos un puñado de hombres ha mantenido a sus correligionarios en el terror de su legislación sacerdotal».[38] Munición que aprovecharían más tarde activistas antibrahmánicos como Phule o Ambedkar.

Entre los misioneros se construyó un teorema todavía canónico: cuanto más bajo o aborigen sea el grupo social (cuanto menos expuesto esté a la tiranía brahmánica), más libre será para optar por la conversión. La casta, en resumen, pertenece a la esfera de la religión, porque entre clérigos andaba la disputa.

Otra figura clave en el entramado de construcciones y descubrimientos acerca de la sociedad hindú fue la del misionero protestante escocés Robert Caldwell. Todos los grandes temas de la antropología colonial confluyen en él: lengua, raza, religión y casta.

El pastor operaba entre castas bajas del extremo sur. Las conversiones eran escasas, en su mayoría de los śāṇārs. El propio Caldwell admitía que acudían al regazo cristiano en busca de protección y ayuda material. Y suscribía el dogma de que la casta era el demoníaco invento maquinado por los brāhmaṇs para atenazar a las masas en el oscurantismo pagano. Caldwell no tenía reparos en criticar las "licencias sexuales" de las castas bajas con las que operaba, su vil "demonología" o los sangrientos sacrificios animales (únicamente admisibles porque permitirían trasplantar el principio cristiano del "sacrificio"). En su etnografía sobre los śāṇārs (la antigua apelación para los nāḍars), llegó a la conclusión de que ese colectivo pertenecía a un mundo completamente distinto de la cultura ariobrahmánica del norte. De ahí las conversiones que había logrado cosechar. De hecho, entre los śāṇārs se produjeron las primeras conversiones "en masa" al cristianismo, sobre todo gracias a la energía de David Sundaranandam, el primer śāṇār converso. Para Caldwell, la cultura tamil de los śāṇārs estaba tan divorciada del brahmanismo que no podía pertenecer al mismo mundo sanscrítico del norte. En ese contexto apareció su archifamosa gramática de las lenguas dravídicas, que estableció científicamente la independencia del tamil del grueso de hablas del norte.

La corriente hegemónica en el siglo XIX, apoyada por la vanguardia del orientalismo, postulaba que la genuina religión védica e hindú era cosa de arios/brāhmaṇs, en perpetua pugna con los turanios/dravídicos (léase castas bajas y meridionales). Se construía la idea de que el hinduismo brahmánico era el verdadero hinduismo y la mejor expresión de la indianidad;[39] lo que equivale a decir que los hindúes de casta baja o los seguidores de otras religiones son sólo indios imperfectos o desviados.

Contra esta corriente, Caldwell alabó la lengua tamil, tan perfecta como el sánscrito, sin nada que envidiarle, pero totalmente ajena a su mundo. Él fue el gran promotor de la idea de que los brāhmaṇs y los no brāhmaṇs pertenecían a grupos raciales distintos. No puede pasar desapercibido, como ha notado Dirks, «que al reclamar la independencia de los tamiles, los misioneros estaban reclamando también sus almas para la conversión».[40] Entrelazando lengua tamil y raza dravídica, Caldwell delineó la situación de estos drāviḍas antes de la llegada de los āryas y especuló acerca de cómo habrían sido sometidos. Cuales colonizadores, los arios persuadieron a los dravídicos de que asignándoles el título de "śūdra" les otorgaban estatus. En otras palabras, les obligaron a aceptar la apelación que en el norte se reservaba a las castas serviles. Un gran engaño.

La influencia de Robert Caldwell en los círculos académicos y políticos tamiles fue grandiosa. Contra el discurso del dravídico como aquel bárbaro que había corrompido la refulgente sociedad y espiritualidad ario-brahmánico-védica, los nacionalistas tamiles empezaron a utilizar el antibrahmanismo de Caldwell y su glorificación de la lengua tamil para sus propósitos.[41] En el próximo capítulo lo retomaremos.

EL ESTADO ETNOGRÁFICO

Poco a poco, la East India Company pasó de compañía comercial a Estado. Y a medida que se transformaba en aparato de gobierno desarrolló una racionalidad y una burocracia nunca vistas en el Sur de Asia. El tema central era la propiedad y la recaudación de impuestos, verdaderos motivos de las exploraciones y censos del poder colonial. El debate interno se centraba en si el Estado debía conceder derechos a los terratenientes (*zamīndārs*), a los concilios de aldea (*pañchāyāts*) o a los grandes cultivadores (*raiyats*). Tras arduos debates, se impuso la recaudación directa a los cultivadores [véase pág. 69]. Pero para que el nuevo sistema diseñado por Thomas Munro funcionara, urgía recoger una enorme cantidad de información sobre propiedades, arrendamientos, sistemas de irrigación, topografía, clima, etcétera. Como apunta Dirks, se creó un archivo «que tenía su principal *raison d'être* en la colecta de impuestos».[42] Y si el "subcontinente" estaba repleto de "aldeas autárquicas" y "comunidades de casta", estas tenían que singularizarse y substancializarse, con fronteras claras y definidas.

Con todo, a principios del siglo XIX la casta era aún secundaria en los reportes coloniales. Puesto que la mayoría de informantes eran brāhmaṇs, existen algunas referencias a los *varṇas*, que el gran *surveyor* Francis Buchanan tradujo por "castas". Pero las "castas" de Buchanan aglutinan ocupaciones, sectas, etnias, tribus y otras categorías sociales. Está claro que por entonces la casta no era un significante unitario. Como hemos visto en el capítulo anterior, la "casta" es en gran medida el desarrollo de un cúmulo de sistemas (que aparentaron ser vestigios de un distante pasado) que fueron tomando como referencia el modo de vida del guerrero, el del brāhmaṇ y el del gran comerciante, pero que aún en el decenio de los 1820s no conjuntaba ninguna "sociedad de castas" panindia.[43]

Pero el ejercicio de la "gobiernamentalidad" *–à la* Foucault– precisaba delimitar y naturalizar esas identidades fluidas. De modo que un peso grande en la objetivación de la sociedad provino de los censos y estudios etnográficos de científicos como Risley, Hunter o Hutton.

Una de las primeras tareas encargadas desde Londres tras el Motín de 1857 fue la de purgar el ejército de indostaníes (muy dados a la revuelta) y reclutar, en su lugar, "razas marciales" y leales [FIG. 76]. O dicho de otra forma: marginar a las comunidades sospechosas y determinar cuáles eran dignas de fiar. Fue entonces, como explica Nicholas Dirks, cuando la «antropología suplantó a la historia como principal modalidad colonial de conocimiento y gobierno».[44] Ahí surge la manía censal y la fase que Dirks denomina "sociología imperial" o del "Estado etnográfico".[45]

No es que antes de la llegada de los europeos nadie había indagado en las castas o las costumbres de los indios. Los documentos del Estado mogol delatan un conocimiento detallado acerca de estas cuestiones; un poso que sin duda formó el punto de partida para la recreación colonial. Pero los británicos operaron una profunda mutación al dar contorno fiscal, político y científico a estos conocimientos. A partir de los 1870s, el Estado estaba convencido de que el conocimiento estadístico-etnográfico le permitiría objetivar, controlar y reformar la población.

A finales de aquel siglo, el triunfalismo cristiano cedió el paso a la ambición imperial. Para su desespero, los misioneros fueron confinados a la periferia de la colonia, porque parecía estar claro que las causas del Motín de 1857 estaban íntimamente ligadas a la religión, la casta y la costumbre.* La

* Se dice que el detonante del Motín fueron las grasas –de porcino y vacuno– utilizadas para lubricar las nuevas armas de los cipayos (los soldados indios al servicio del Estado colonial). Para introducir los cartuchos debían utilizar la boca y las manos. El miedo a la polución, al contacto

entronización de la reina Victoria pretendía evitar precisamente los errores que habían conducido a la revuelta. El gobierno no apoyaría ya la proselitización, ni usurparía o se anexionaría indiscriminadamente principados de gran solera. La estabilidad de la colonia dependía de ello. A resultas, el conocimiento colonial operó un notable viraje antropológico. Una percepción más profunda de la sociedad, las costumbres y la religión de los indios no sólo explicaría las causas de la rebelión y evitaría futuros errores, sino que permitiría diferenciar unos compartimentos estancos de la religión y la costumbre. Y un conocimiento semejante permitiría a los británicos erigirse como los guardianes de la propia tradición. A partir de los 1860s, la colonia se inundó de libros, gacetas y manuales que detallaban las costumbres y prácticas religiosas de las distintas tribus, castas y razas de la India. Y, cómo no, a la hora de definir lo que era el "hinduismo" se tomaron los testimonios de los brāhmaṇs y los textos en sánscrito como referentes. El conocimiento antropológico y la novísima noción de "hinduismo" se vieron insufladas de numerosas premisas brahmánicas. Y se alzó una barrera entre las costumbres adecuadas, tradicionales y civilizadas, y las que eran incorrectas, malignas y bárbaras. El conocimiento colaboraba para cosificar la tradición.

Tribales, marciales y "criminales"

Durante la mayor parte del siglo XIX, el grueso de la producción etnográfica permaneció en manos de los misioneros. Muchos estudios concernían a grupos que se habían convertido o que, a los ojos del nuevo apostolado, eran susceptibles de hacerlo. Por motivos propagandísticos, muchos de estos trabajos tenían como objeto destacar aquellos aspectos del hinduismo considerados bárbaros. Puede hablarse de casi una obsesión misionero-administrativa por el "barbarismo". Toneladas de papel se gastaron para escribir acerca de los misteriosos sacrificios humanos realizados en remotas áreas tribales. Cuando el estudio se desplazaba de la India "tribal" a la India de "casta", el énfasis se situaba en el malvado sistema maquinado por los brāh-

con materiales tan impuros, habría sido el detonante. Una vez contaminado, el desgraciado soldado sería presa fácil para los misioneros, ya que la exclusión de la casta lo dejaría desamparado. Esta simplista explicación de "la credulidad y superstición nativas" oculta el verdadero trasfondo del descontento: la política imperial ultraexpansionista del marqués de Dalhouise, por un lado, y las actividades agresivas de los misioneros, por el otro.

maṇs. Pero el veredicto era siempre el mismo: las posibilidades de conversión eran inversamente proporcionales al grado de influencia brahmánica en la población. De ahí, tal vez, la exagerada fascinación que los británicos sintieron por la India tribal. Por un lado, y según el paradigma evolucionista-victoriano hegemónico, los tribales encarnaban los peldaños más primitivos y atrasados de la sociedad (y la especie humana). Por el otro, la ausencia de tabúes de casta los convertía en blanco predilecto de los misioneros. La idea de que la "sociedad de casta" era mucho más impenetrable que la "sociedad tribal", y, por ende, más difícil para la conversión, era canónica. Por supuesto, ahí también se amaga la idea de que el sencillo tribal responderá favorablemente al superior mensaje de Cristo. (Admitamos que la percepción no ha cambiado demasiado, 200 años después.) Fueran maṟavars o kaḷḷars en el sur, bhīls o gūjars en el norte, el cuadro que nos legaron de estos tribales es asombrosamente parecido. Siempre nos presentan a un grupo aislado en las montañas que disfruta de un enorme grado de independencia (¿de la tiranía brahmánica?) y que opera parasitaria, predatoria y hasta criminalmente en relación a sus vecinos. Por unanimidad, a los tribales se les consideraba audaces ladrones y forajidos [FIG. 55], lo mismo que excelentes deportistas y rastreadores sin rival. Algunos de estos colectivos se habían acomodado al contexto colonial desde un principio. Pero en los casos en que la "tribu" se había resistido a los intereses de la autoridad imperial, invariablemente esta fue tachada de "criminal" y, por consiguiente, era castigable. Entre el estamento militar y el cuerpo policial se desmenuzaron estas "castas predadoras" en dos tipos: de un lado, las leales y "marciales", y del otro, las peligrosas y decididamente "criminales". Se decía que muchos de estos grupos criminales (*thugs*) o bandoleros formaban terribles sectas de seguidores de diosas fanáticas que requerían el asesinato de los viajeros. Se fabricó la idea de una red de culto *ṭhagī*, responsable de la mayor parte de la violencia organizada de la colonia. La imagen de unos psicópatas adoradores de una diosa (Kālī), que danza ataviada con un collar de calaveras y con la lengua fuera sobre un macho inerte (Śiva), conmocionó la moral protestante. Gracias a esta nueva "construcción", la brecha entre el civilizado y racional "hombre blanco" y el depravado y fanático "hombre oriental" podía reforzarse. Lo curioso es que se utilizara también la palabra "casta" para describir a estas supuestas organizaciones secretas. Lo que delata que el término se empleaba, a fin de cuentas, para cualquier tipo de asociación a la cual los indios ofrecieran su lealtad, y, como percibe Susan Bayly, con la implicación frecuente de que estas eran potencialmente siniestras y conspiratorias.[46]

Ya conocemos el interés del gobierno imperial, tras el Motín, por transformar el ejército de los cipayos en un cuerpo más leal. La comisión que se encargó del asunto propuso, en primer lugar, un ejército donde las etnias y castas estuvieran "promiscuamente" mezcladas. En segundo lugar, el ejército se partiría en diferentes regimientos. En caso de insurrección, sería difícil que esta traspasara un ámbito relativamente pequeño; pero la recomendación más significativa fue la de equiparse de castas leales y marciales. El ejército fue literalmente inundado de panyabíes, con un desproporcionado número de sikhs [FIG. 76].* En cambio, los altos mandos consideraron que los bengalíes y sureños apenas tendrían cabida en el ejército reformado. Los manuales de reclutamiento (de moda hasta la II Guerra Mundial) siguen fielmente tanto las narrativas racialistas como los estereotipos sexistas de la época. Las razas y castas marciales eran caracterizadas como viriles y, afortunadamente, poco inteligentes.

En su famoso tratado sobre las castas y razas marciales de la India, el mayor George MacMunn estableció otro axioma canónico. Que dichas razas eran todas arias: sikhs, musulmanes panyabíes, ḍogras, rājputs, pukhtunes, gurkhas nepalíes, etcétera. O, volviendo a la sexualización de la relación colonial, si los hombres de verdad, los de pelo en pecho (sikhs o gurkhas, por ejemplo), cuya lealtad estaba fuera de toda duda, poseían esa cualidad masculina del coraje, el valor y la confianza; los opuestos, los de la deslealtad, la mentira o el comportamiento traicionero pertenecían a las razas afeminadas (o a ciertos grupos marciales de poco fiar, como el musulmán). El ejército de la presidencia de Madrás perdió la mitad de sus batallones ya que los dravídicos fueron considerados demasiado proclives a la deslealtad y con desdeño general por la autoridad. Y estos fueron, precisamente, los grupos que se tendió a calificar de "criminales", una categoría que, siempre con Dirks, para los británicos era críticamente diferenciada de la de marcial.[47]

Algo importante se desprende de esto: la construcción de unas castas como criminales (o marciales, para el caso es lo mismo) forma parte del dis-

* Aunque los sikhs habían sido enemigos de los británicos hasta 1849, siempre fueron tratados como adversarios de talla y nunca como nación vencida. Al año de la derrota sikh, la East India Company comenzó a reclutarlos. Dada su nula participación en el Motín de 1857, que ayudaron a aplacar, en poco tiempo pasaron a formar el grueso del ejército británico.

curso más amplio de la casta determinada por la ocupación y el carácter social. Cada grupo poseía una cualidad esencial que se expresaba en su perfil ocupacional, en su posición en la jerarquía social y en una serie de características adosadas al grupo entero. Algo que sólo podía predicarse bajo el supuesto de que la casta era algo inalterado. (Nociones todas bien arraigadas a la ideología brahmánica, privilegiada por los colonizadores, lo mismo que a las correlaciones victorianas entre criminalidad y clase social en Inglaterra.) Nacían los estereotipos del viril kaṇbī, el fornido jāṭ, el hacendoso śāṇār, el ladrón kaḷḷar, el bandido kanjaṛ, el inteligente y presuntuoso brāhmaṇ, etcétera. Dos casos de "castas criminales" condenadas en bloque fueron los kaḷḷars del sur y los lodhās de Bengala.[48] Se decía que la crueldad era innata en los primeros; el robo corría por sus venas. Y el caso era probado por el hecho de que constituían el grueso de la población penitenciaria del sur de la India (sin percatarse de que el kaḷḷar, como el gitano de Europa, era invariablemente el primero en ser acusado y arrestado siempre que había un crimen en la región). Es decir, eran culpables por sangre y linaje, en vez de por actos probados judicialmente. Ya lo había manifestado el jurista James Fitzjames Stephen, uno de los máximos dirigentes coloniales en los 1870s:

76. Regimiento de infantería del Punjab, repleto de sikhs, un año después del Motín de 1857.

> «Cuando hablamos de "criminales profesionales" debemos percatarnos de lo que realmente significa el término. Significa una tribu cuyos antepasados fueron criminales desde tiempos inmemoriales, que ellos mismos están destinados a cometer crímenes por las costumbres de casta, y cuyos descendientes serán infractores de la ley hasta que la tribu entera sea exterminada o juzgada».[49]

Por supuesto, las clases dirigentes indias no manifestaron desaprobación alguna ante la legislación sobre las tribus y castas criminales. Los propios magistrados indios tampoco tenían reparos en describir a los kaḷḷars como clase "ladrona" o "criminal".[50]

A finales del siglo XIX, el pope de la antropología imperial fue Edgar Thurston. Médico anatomista y conservador del museo de Madrás, Thurston había despuntado con el estudio de la tribu toda de los montes Nilgiri [FIG. 52]. Compartía muchos puntos con Risley, en especial su amor por la antropometría. Y llegó a una conclusión casi idéntica a la de Risley [véanse págs. 394-395]: «la inteligencia se da de forma inversamente proporcional a la anchura de la nariz».[51] ¡Esos británicos debían de tener narices francamente afiladas! Pero lo escabroso de la cuestión es que estos científicos también adiestraban a la policía para reconocer y capturar criminales de forma "empírica". Fue lo engorroso y costoso del método antropométrico lo que les llevó al desarrollo de la huella dactilar, precisamente en la India.

Ciertamente, la utilización de huellas digitales tiene una larga historia en el Sur de Asia, ya que los funcionarios del Imperio mogol se servían de ellas con frecuencia. El *ethos*, empero, era distinto. En el nuevo Estado colonial, hasta el individuo más insignificante de una aldea del Sur de Asia era dactilográficamente conocido y controlado bajo una «retórica de cientificidad» (la expresión es de Pierre Bourdieu),[52] que oculta la nueva tecnología del poder. La aparición de la fotografía complementó el empeño antropométrico y dactilográfico. En los *surveys* de Thurston, el etnógrafo pinta una imagen singular: los súbditos indios no están solamente organizados en castas o tribus, sino que están literalmente *contenidos* por estas categorías [FIG. 65; FIG. 66]. Cada casta y tribu posee sus características sociales, económicas, culturales (atuendos, cortes de cabello, rituales, etcétera), antropométricas y morales que dan contorno a sus miembros.

Todavía hoy, y a pesar de que la "Ley de las Tribus Criminales" fue abolida en 1952, muchos grupos nómadas de la India, la mayoría de los cuales precisamente habían sido clasificados como "criminales", tienen que mostrar que no son "malhechores" y necesitan certificados de "buena conducta" para practicar la trashumancia.[53]

LA APOTEOSIS CENSAL

Esta nueva episteme desembocaría en el clímax de los censos coloniales. El censo ilustra a la perfección la nueva forma de pensar que emergió en Europa entre los 1820s y los 1850s: el pensamiento estadístico. El Estado burocrático sólo puede entender y operar sobre la sociedad en términos censales. Lo delata la voz "estadística", que deriva de "Estado".

La magia del censo identifica a todos y cada uno de los súbditos, con información preciosa sobre su edad, ocupación, casta, religión, lengua, nivel de educación, lugar de nacimiento o de residencia. Benedict Anderson ha escrito que «la ficción del censo es que todo el mundo está en él, y todo el mundo tiene una –y sólo una– clarísima posición».[54]

Ya los gobernates mogoles habían desarrollado un sistema de administración y tasación centralizado, por lo que debían registrar con minucia mucha información sobre propiedades, precios, impuestos y nombres de castas y villorrios. Los europeos aportaron legitimidad "científica". Por ello, la publicación de estos censos venía copiosamente adobada con disquisiciones sobre el sistema de castas, la organización familiar, los índices de fertilidad, las costumbres matrimoniales o los ritos funerarios de cada colectivo. Ahí quedaba reflejada la realidad social de la India.

La idea de realizar un censo completo de la población apareció en la década de los 1850s, pero el Motín truncó el proyecto. Finalmente se produjo en 1871 (y, hasta la fecha, en la Unión India sigue realizándose decenalmente). La clasificación fundamental de este primer censo fue la de *varṇa*. A diferencia de las primeras listas de castas de los 1820s, que no estaban jerarquizadas, medio siglo después a los responsables del censo ya les pareció que había unanimidad en cualquier rincón de la India en situar a los brāhmaṇs en el rango más alto (no precisamente porque el brāhmaṇ-varṇa fuera homogéneo, pues el minicenso que James Prinsep había realizado entre los brāhmaṇs de Benarés, en 1834, reportó 107 diferentes *jātis* de brāhmaṇs en la ciudad; con rangos y costumbres variadísimas). La siguiente categoría fue el kṣatriya-varṇa, a veces llamado simplemente rājput, compuesto por diferentes grupos de nobles y hacendados. No obstante, estos kṣatriyas no estaban tan diseminados como los brāhmaṇs. La mayoría se concentraba en la franja gangética y en las tierras del actual Rajasthan. La tercera categoría fue el vaiśya-varṇa, formado por agricultores y mercaderes. A diferencia de los casos anteriores, la "casta" vaiśya fue definida por la ocupación. Finalmente, se utilizó la categoría śūdra-varṇa para incluir a la inmensa mayoría de la población, indiscriminadamente clasificada como "servil". La confusión en las categorías aumentaba a medida que se descendía en el escalafón. Lo engorroso era que la elección del parámetro brahmánico de los *varṇas* servía, no tanto para agrupar a distintos colectivos, sino para otorgarles una inesperada jerarquía según los esquemas de pureza ritual.

Lo cierto es que los británicos se dieron cuenta muy pronto de la artificialidad de la clasificación por *varṇas*. Porque estaba claro que el patrón utilizado en Bombay, por ejemplo, donde se agrupó a todos los brāhmaṇs en una única categoría, era difícilmente aplicable en Calcuta, donde los brāhmaṇs tenían menor preeminencia, o en Lahore, donde dominaban rājputs y jāṭs. Los comisionados expresaban su frustración por la complejidad del "sistema", las variaciones de una región a otra, las diferencias de opinión entre las fuentes de autoridad, etcétera. Y para su sorpresa, los responsables censales se dieron cuenta de que los nativos no tenían un término o parámetro fijo con el que designar su identidad de casta. En ocasiones, daban como nombre de "casta" un título, el apellido, el grupo endogámico o la ocupación. Algo aparentemente tan sencillo como preguntar el nombre de la casta a la que uno pertenecía arrojó infinitas dificultades. Ya en el proceso de elaboración del primer censo, algún oficial recibió la visita o la carta de algún "nativo" indignado por la posición asignada a su casta. Edgar Thurston comentaba que «cuando el censo de 1871, algunos vēḷḷāḷas se quejaron de que su reputación había sido seriamente dañada y tratada con la mayor injusticia al ser clasificados como śūdras».[55] Las autoridades empezaban a percatarse de la importancia del censo como registro de protocolos y precedencias locales.

Se entenderá que en el informe que contenía las recomendaciones básicas para el siguiente censo, el de 1881, el comité manifestara su decidida oposición «a cualquier clasificación de la casta de la población hindú».[56] Y, aun así, en el censo de 1881 la casta volvió a erigirse como parámetro esencial. No se sabe muy bien por qué se desoyeron las recomendaciones del informe. Bernard Cohn sugirió que en la época, la religión y la casta ya se habían establecido sólidamente como «las claves sociológicas para entender al pueblo indio».[57] Tanto, que a los responsables les habría parecido lógico cuantificar castas, subcastas, intocables, minorías religiosas, tribus... En cierta manera, las autoridades crearon primero las etiquetas en las que luego fueron encajados los súbditos. La imagen de la población india en su totalidad como radicalmente diferente a la europea,[58] que tanto orientalistas como misioneros habían establecido, era reforzada por la etnografía imperial, al hacer de la religión y la casta las categorías más significativas del censo.

La estadística acabó por dar un contorno mucho más nítido a una imagen panindia de la casta. De nuevo se censaron brāhmaṇs, rājputs (que juntos formarían el 15% de la población) y "otras castas" (el 85% restante), formadas por un total de 207 castas con más de 100.000 individuos. El énfasis se puso en los grandes bloques de casta (jāṭ, koḷī, kacchī, kurmī, vēḷḷāḷa, vāṇiyar... entre las "agrícolas"; o de barberos, herreros, curtidores, lavanderos, comerciantes, basureros... entre las "ocupacionales"). Como ha detectado Dirks, el énfasis en las macrocastas refleja el «interés colonial en la organización de la población por casta debido a razones administrativas».[59] Los grandes números conformarían la base para establecer las fatídicas nociones de "mayoría" y "minorías" que luego afectarían profundamente a las relaciones entre hindúes y musulmanes o a la política de castas.[60] No obstante, los recolectores de datos se desesperaban al comprobar que las estadísticas reflejaban mucho mejor la preponderancia de agrupaciones subcastales de menor envergadura. Hasta el punto de que el comisionado de Madrás catalogó –sólo en el sur– ¡3.200 castas en el censo de 1871 y más de 19.000 en el de 1881!, claro indicio de una diferencia en el método de campo más que en ningún espectacular desarrollo de subcastas. El director del censo se mostraba sumamente escéptico:

> «Excepto los miembros claramente degradados y las castas deprimidas, cada śūdra piensa [...] que su casta es mejor que la de su vecino [...] La riqueza significa preeminencia social lo mismo en la India de 1881 que en Inglaterra».[61]

Al parecer, únicamente ciertos *paṇḍits* y algunos oficiales británicos estaban convencidos de que el sistema de castas podía desmenuzarse en un orden jerárquico bien definido. La cosa, no obstante, sólo podía empeorar, ya que la dependencia de los oficiales de los letrados brahmánicos y la autoridad textual brahmánica era cada vez mayor. El orientalismo europeo y la mirada brahmánica se reforzaban mutuamente.

El censo de 1891 desestimó la categoría *varṇa* como parámetro fundamental y se centró en la "ocupación". El giro provenía de la dura crítica que J.C. Nesfield y sir Denzil Ibbetson habían realizado sobre los antiguos criterios. En este censo se utilizaron parámetros como "castas sacerdotales", "castas comerciales", "castas artesanas" o "castas serviles".

Más fino que la mayoría de sus coetáneos, Denzil Ibbetson se negó a teorizar a escala panindia. No existía para él una "sociedad india de castas". Las ideologías de casta se manifestaban de formas diferentes según la región. Ibbetson insistía en el carácter dinámico de la casta, que obedecía a factores políticos y materiales. Denominaciones como "jāṭ" o "rājput" nada tenían que ver con sangre ārya, sino que significaban distinciones de poder político; en consecuencia, variables. De otra forma, no podía explicarse cómo algunos brāhmaṇs podían ser considerados descastados por gente clasificada como śūdra, o que la conversión de un hindú al islam no acarreara el mínimo cambio en la casta. Quizá Ibbetson fue el primero en notar la movilidad del sistema y definía al rājput simplemente como «aquel que, siendo descendiente de una familia que ha tenido importancia política, ha preservado su estatus ancestral».[62] En su tesis no hay moralización acerca de un sistema "inhumano" o "degenerado". Ibbetson sitúa a los indios claramente en la historia, en sus microhistorias, y las diferencias de casta responderían a diferencias de ocupación, recursos políticos o logros individuales. No obstante, el experimento no acabó de gustar, razón suficiente para que el siguiente comisionado abandonara los criterios ocupacionales. Este no fue otro que sir Herbert H. Risley, el coloso del Estado etnográfico.

En otra obra he analizado cómo Risley había ligado casta y raza.[63] Para el gran antropólogo inglés, la raza constituía el fundamento básico de la casta [véanse págs. 393-395]. Dada la extraordinaria importancia otorgada en la India a la endogamia, Risley decía poder probar una irrefutable correlación entre un tipo físico determinado y un estatus sociorritual:

> «Si tomamos una serie de castas [...] y las ordenamos de acuerdo al promedio de su índice nasal, de modo que la casta con la nariz más afilada estuviera en lo alto y la más ancha en la base de la lista, encontraríamos que ese orden se corresponde sustancialmente con el orden aceptado de precedencia social».[64]

Quizá debido a su obsesión por la raza, Risley fue el funcionario imperial más interesado por la jerarquía. Su teoría del índice nasal lo precisaba. Risley requería una estandarización de todos los nombres de casta y su jerarquía a nivel subcontinental. Así que escribió a todo funcionario colonial para que le proporcionara listas minuciosas basadas en la «precedencia social, tal y como la opinión pública nativa la reconoce».[65] Cada informante le detalló las jerarquías vigentes en su distrito. En Bengala, por ejemplo: brāhmaṇ [FIG. 77], kāyastha [FIG. 78], ahīr [FIG. 79], kaivarta [FIG. 80], nāmaśūdra [FIG. 81]... hasta el tribal gāro [FIG. 82]. Tanto Risley como sus colaboradores consideraron que las categorías de *varṇa* eran inamovibles. Su entendimiento del tejido social y el estatus se organizó según los índices brahmánicos. De hecho, el primer test consistía en comprobar si los brāhmaṇs aceptaban oficiar para la casta en cuestión. También se comprobaría la aceptación de alimento o agua, los mitos de origen, los deberes y obligaciones hacia los brāhmaṇs, etcétera. Al tomar como baremo los índices brahmánicos, los sociólogos imperiales acabaron por brahmanizar aún más la casta. ¡Ojo!: está claro que en su concepción de la casta, Risley se situaba claramente dentro

77. La mirada colonial: un brāhmaṇ-kulīn de alto rango. Bengala oriental (hoy Bangladesh o Assam), principios de los 1860s.

78. Un escriba de la alta casta kāyastha. Bengala oriental (hoy Bangladesh o Assam), principios de los 1860s.

de la tradición académica occidental; y tomó sus ideas de las teorías raciales hegemónicas en la Europa finisecular. Pero a la hora de clasificar la casta, se refería al *Manu-smṛiti*, al esquema de *varṇas*, a la historia y a la opinión pública locales. Ahí queda ilustrado a la perfección el meollo del encuentro colonial. Y se canonizaron una serie de axiomas aún populares. Como el que definía el hinduismo como «la religión de todos aquellos que aceptan las escrituras brahmánicas», en palabras de Alfred Comyn Lyall.[66] El comisionado del siguiente censo, Edward Gait, concluía que «un hombre que no pertenezca a una casta hindú reconocida no puede ser un hindú».[67]

Al proclamar Risley que el censo volvería a organizarse según la precedencia social, el *survey* pasó a convertirse en un instrumento político de primer orden. Los súbditos organizaron protestas o concertaban audiencias con el expreso propósito de disputar la posición asignada. Téngase también en cuenta que el esquema de clasificación colonial tenía repercusiones económicas importantes. Pertenecer a una casta o a un tipo racial determinado podría barrarle a uno la entrada en el ejército, en una plantación de té o en la administración pública. Los Rudolph lo plasmaron con claridad:

79. Un goālā (o ahīr), casta media o baja de pastores musulmanes. Bengala oriental (hoy Bangladesh o Assam), principios de los 1860s.

80. Un kaivarta, casta dedicada tradicionalmente a la pesca. Bengala oriental (hoy Bangladesh o Assam), principios de los 1860s.

> «El esfuerzo clasificatorio de Risley hizo del *varṇa* un aspecto más significativo [...] Al asumir una realidad inmanente y darle una expresión empírica –precisamente en el momento en que el movimiento social y el cambio estaban acelerándose–, Risley y los demás reforzaron tanto la conciencia de rango como atrajeron nueva atención al potencial de alteración de la realidad que poseían las etiquetas de *varṇa*».[68]

Puede que las etiquetas de *varṇa* nunca hayan sido un reflejo de la realidad, pero, como ya hemos visto a lo largo del libro, poseen un enorme potencial de modificar y dar forma a esa realidad.

Una vez las categorías racialistas y etnicistas ganaron aceptación, grupos como el Arya Samaj empezaron a hablar, con tanto o más fervor que los colonizadores, de cosas tan nuevas como "raza dravídica" o "casta marāṭha". La intelectualidad local sostenía *verbatim* las teorías de Risley o Hunter. Entre todos elevaron la "casta" como el principal componente identitario de los indios. Durante los años 1910s y 1920s, muchas asociaciones de casta exigían nuevos títulos, designaciones ocupacionales honorables, li-

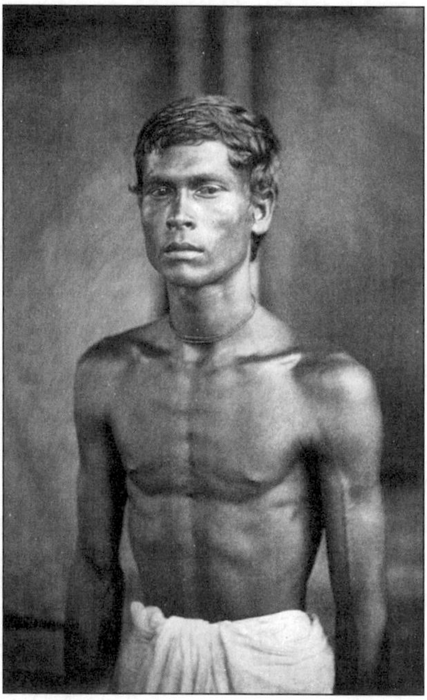

81. Un intocable nāmaśūdra (hasta 1911, chaṇḍāla para los colonizadiores), de la *jāti* ghasi. Bengala oriental (hoy Bangladesh o Assam), principios de los 1860s.

82. Un ādivāsi gāro (kochh madai) con su machete de trabajo. Norte de Dhakka (hoy Bangladesh o Assam), principios de los 1860s.

bre entrada en los templos, enfatizaban su pertenencia a alguno de los tres *varṇas* āryas, pedían representación en las instituciones administrativas o educativas, etcétera. Los conflictos entre castas y asociaciones comenzaron a ser frecuentes. Aunque dichos roces no pueden explicarse solamente por el impacto producido por los censos, está claro que emergieron con la politización de la casta en el contexto censal y de los movimientos antibrahmánicos del país Tamil o el Decán [véanse págs. 512-522].

El comisionado del censo de 1911 reconocía que la idea generalizada en Bengala, por ejemplo, era que su objetivo no era ofrecer el número de personas de cada casta, sino mostrar su estatus relativo.[69] Con los censos, los dirigentes coloniales estaban osificando y congelando las identidades y órdenes de precedencia de los indios. Para los colonizados, los rangos y posiciones acordadas en los censos equivalían a los honores que antiguamente los gobernantes utilizaban para otorgar privilegios. El comisionado culpaba al censo de 1901 de haber fomentado esta lógica reacción. De ahí que en el de 1911 se decidiera no clasificar las castas según su rango jerárquico. Pero las peticiones no cesaron.

La influencia de Risley había superado con mucho el ámbito científico o administrativo. Quizá sensible a las protestas de las facciones "secularistas" del partido del Congreso, el comisionado del censo de 1931, J.H. Hutton, escribió:

> «Todos los subsiguientes funcionarios censales en la India deben haber maldecido el día que a sir Herbert Risley se le ocurrió, sin duda para probar su admirable teoría del índice nasal, intentar dibujar una clasificación de castas según su rango en la sociedad. No lo consiguió, pero los resultados de su intento son tan molestos como si lo hubiera logrado, puesto que cada censo da lugar a un engorroso diluvio de representaciones acompañadas de historias altamente problemáticas que exigen reconocimiento».[70]

G.S. Ghurye concluye que la curiosidad intelectual y científica de los oficiales gubernamentales fue la responsable de «un recrudecimiento del espíritu de casta».[71] Dada la coyuntura, ya muy politizada y con roces en ocasiones sangrientos, el de 1931 fue el último censo en enumerar castas y anotar la casta de los súbditos de la colonia. Por vez primera en 80 años, la categoría "casta" fue desestimada en el de 1941. No se recuperaría hasta el de 2011 (aunque cuando este libro iba a prensa, a finales de 2014, seguían sin publicarse los datos sobre las castas).

Durante casi dos siglos, los británicos habían pretendido representar la realidad, cuando lo que en verdad lograron sus manipulaciones sociológicas, indológicas y administrativas fue alterar esa misma realidad. Uno de los superintendentes del censo de 1921 reconocía:

> «En gran medida, las castas ocupacionales han sido fabricadas y preservadas como castas separadas por el gobierno británico [...] La casta en sí era rígida entre las castas altas pero maleable entre las bajas. Hemos encasillado a todo el mundo por casta, y si no hemos podido dar con una verdadera casta para ellos, los hemos etiquetado con el nombre de una ocupación hereditaria. Deploramos el sistema de castas y sus efectos sociales y económicos pero somos en gran medida responsables del sistema que deploramos».[72]

No es que los agentes coloniales inventaran la casta, pero contribuyeron a hacer de la casta la etiqueta de identificación por excelencia del pueblo indio. Y téngase en cuenta que la mayoría de tratados sobre el sistema de castas escritos entre 1880 y 1950 fueron obra de personas que tuvieron una posición importante como comisionados del censo o responsables de alguna provincia.[73] Al aplicar esa precisión científica al mundo de las castas se transformó lo que eran identidades locales bastante difusas en comunidades mucho más definidas y rígidas.

Está claro que el poder no sólo reprime, aliena o excluye, sino que, como vio Michel Foucault, el poder produce la realidad y produce dominios de objetos y rituales de verdad.[74] La osificación de la casta en la India es un grandioso ejemplo.

Quizá de forma aún más decisiva que su contribución a congelar la casta en el terreno de juego y en la imaginación oficial, la estadística censal generó la idea de que las comunidades podían enumerarse y cuantificarse. Por tanto, el conocimiento del censo pudo convertirse en una tecnología de poder con capacidad para "corregir", "normalizar" y "disciplinar". La población no sólo puede estudiarse, sino que también puede reformarse, que es de lo que tratará el próximo capítulo.

21. LA REFORMA DE LA CASTA

De forma gradual, la casta pasó a interesar y preocupar a los indios lo mismo que a los europeos. Los pensadores y activistas indios de los siglos XIX y XX contribuyeron de forma decisiva a analizar, moldear, reformar, transformar o rechazar la sociedad de castas. Pero no estaban solos.

LA CONVERSIÓN AL CRISTIANISMO

Siguiendo los movimientos de protesta de siglos anteriores, muchos activistas sociales de extracción baja utilizaron el cambio religioso como manera de mejorar el estatus adscrito. Lo veremos con Ayoti Thass en este capítulo y con Bhimrao Ambedkar en el siguiente. De hecho, con la excepción de los comunistas, la religión ha figurado en un lugar preeminente en el lenguaje y la acción reformista en India. Lógico, pues, que la labor de los misioneros cristianos se enmarque en este mismo contexto.

Del capítulo anterior se desprende que para la mirada misionera la casta era un asunto indisociable del hinduismo. Por tanto, si se quería tener alguna ascendencia sobre la población, la casta debía ser erradicada. Este era el consenso entre las misiones protestantes a mediados del siglo XIX, al que vinieron a sumarse –algo a regañadientes– las misiones católicas y luteranas [véanse págs. 352-354].

Como sabemos, las formas índicas de cristianismo son bastante sincréticas [véanse págs. 346-349]. Los sacrificios a la Diosa nunca cesaron. Por contra, el conocimiento de cuestiones como la Ascensión, la Resurrección o el Pentecostés han sido siempre limitados. Pero la historia y la iconografía de Jesús fueron fácilmente asimilables a los sistemas de creencias índicos. Para muchos indios, la devoción a Jesucristo no implica pasarse a una religión extranjera. Para los conversos "de casta", el cristianismo puede concebirse fácilmente como una prolongación y culminación de la *bhakti* hindú.

La posición de los grupos marginales, en cambio, es distinta. Con la conversión han podido afirmar nuevas formas de igualdad.[1] James Manor pone un ejemplo comparativo muy gráfico. La región de la India británica que contaba con una distribución más igualitaria de la tierra y donde existía menor proporción de labriegos sin tierras era el estado principesco de Mysore (hoy en Karnataka). Aunque podían darse injusticias de casta, muchos miembros de castas bajas eran propietarios de tierras y poseían cierta independencia económica. Por consiguiente, sufrían menos ese tipo de humillaciones que los intocables experimentaban en otras partes de la India. A resultas, una cantidad nada despreciable de dalits poseía –a principios del XX– el suficiente nivel de educación como para ejercer de maestros de escuela, funcionarios, etcétera; algo impensable en otras regiones. Por otro lado, en aquellos mismos tiempos los misioneros cristianos estaban logrando conversiones masivas en zonas de la colonia –como Andhra y Telangana–, donde los intocables eran económicamente dependientes de grupos dominantes y estaban sujetos a toda clase de tratos abusivos. Pero cuando los misioneros trataron de aplicar en el principado de Mysore las fórmulas que tanto éxito les habían reportado en Telangana, obtuvieron unos resultados pobrísimos. Como dice Manor, «no había suficiente alienación».[2] La propia noción de "conversión" posee connotaciones muy distintas para un individuo o un colectivo de diferentes posiciones sociales.

Así, a lo largo de los siglos XIX y XX diferentes grupos de castas bajas optaron por la conversión a otra religión como vía de emancipación social. La mayoría gravitó alrededor del cristianismo o el budismo y, en menor medida, del islam o el sikhismo.

Durante el siglo XIX, las iglesias protestantes y anglicanas se mantuvieron muy activas. Tenían cierto apoyo del aparato colonial, si bien la rama más utilitaria y racionalista del Raj no siempre las vio con buenos ojos. Entre los intocables del sur, especialmente entre śāṇārs, poleyas y paṟaiyaṉs, empezaron a darse conversiones masivas a finales del siglo XIX. La gran hambruna de 1876/1877 atrajo a muchos paṟaiyaṉs al protestantismo. De ahí que para los hindúes "de casta" del mundo telegu o tamil, el protestantismo es simple y llanamente una religión de intocables.[3]

Los presbiterianos actuaban en el Punjab. A principios del siglo XX, un enorme contingente de intocables panyabíes (chūhṛās) se convirtió al cristianismo. En 50 años pasaron de 35.000 (1881) a 463.000 (1931). Sin embargo, la conversión tampoco produjo allí una mejora substancial en su calidad de vida. No pocos optaron por reconvertirse al hinduismo (y obtener, así, las ayudas del gobierno). Los que no lo hicieron, hoy sufren –en palabras de Robert Deliège– «una doble marginación, como intocables y como cristianos, en una India principalmente hindú».[4] En cualquier caso, el intocable cristiano no estaba más liberado, mejor visto o en situación socioeconómica más holgada que el intocable hindú. Deliège lo resume de forma clara: «No es de la religión que [los intocables] esperan hoy una elevación de su nivel de vida».[5]

En tiempos más recientes, las conversiones se han dado principalmente al budismo, entre los mahārs, y al islam, básicamente entre pallars de Tamil Nadu. No obstante, el clima de hostilidad hacia el islam por parte de los distintos gobiernos nacionalistas impide que se den conversiones masivas hacia esta religión.

Más que el número de conversos, el aspecto relevante de la acción misionera cristiana fue la educación [FIG. 90]. Como expresan Mendelsohn y Vicziany, el «impacto de dejar abiertas las puertas de la escuela a los intocables a finales del siglo XIX fue casi revolucionario».[6] Pero aunque es cierto que, gracias a la educación, el colonialismo abrió un mundo de posibilidades a los grupos marginados, en muchos casos eso sólo sirvió para consolidar a la élite "de casta", que respondió al colonialismo con la reformulación de las viejas tradiciones brahmánicas e índicas para dar lugar a lo que denominamos "neohinduismo" y "nacionalismo hindú".

LOS REFORMADORES NEOHINDUISTAS

Las nuevas corrientes de pensamiento, las tecnologías importadas, la actitud de los misioneros, el trabajo de los orientalistas, las reformas políticas o la introducción de la educación moderna pusieron en jaque muchos de los presupuestos y prácticas de los indios. Las respuestas a este fenómeno podrían inscribirse, siguiendo a Bhiku Parekh, en cuatro actitudes: tradicionalismo, modernismo, modernismo crítico y tradicionalismo crítico.[7] Esta heterogénea gama de respuestas constituye lo que genéricamente denominamos "neohinduismo".

La corriente más "tradicionalista" u ortodoxa concebía el sistema de castas según la interpretación clásica de los *Dharma-śāstras*. Estos *paṇḍits* y letrados tamizaron fuertemente la visión "orientalista" de la casta (textual, panindia, brahmánica, holística, sistémica...). Para ellos, el sistema de *varṇas* había permitido que las personas con la aptitud adecuada (*adhikā-*

ra) pudieran vivir en la India –y sólo en la India– una vida de pureza (dietética, higiénica, ritual... dhármica en último término). Mrituñjaya Vidyalankar, Radhakanta Deb o Bhabanicharan Bandyopadhyaya fueron algunos de sus portavoces carismáticos. Lejos de ser los fundamentalistas que hoy algunos quieren hacernos creer, los tradicionalistas esbozaron una morfología unificada y panindia del ritual, de la casta y de las relaciones de género que fue decisiva a la hora de conjuntar la noción de "hinduismo" como una religión unitaria. Aunque dicha posición fue minoritaria hasta los 1870s, algo de su tono se deja entrever en gran cantidad de reformadores.

En paralelo a esta visión más tradicionalista y textualista se produjo el gran debate público sobre la casta entre el abanico de pensadores propiamente neohinduistas (modernistas, modernistas críticos o tradicionalistas críticos). Estas élites "respetables" habían sido educadas a la inglesa; despuntaban como abogados, médicos, periodistas o funcionarios.

Se debatían tópicos como el origen y significado de la intocabilidad, el alcance del verdadero saber brahmánico, las costumbres de matrimonio, etcétera. Más allá de sus ideologías, virtualmente todos estos pensadores exaltaban las ideas de pureza, jerarquía y orden moral como valores genuinamente indios y dignos de conservar.[8]

Salvo los tradicionalistas acérrimos, la mayoría compartía un mismo diagnóstico de partida: la sociedad india estaba enferma. Sri Aurobindo exclamaba que si los sabios de los tiempos de las *Upaniṣads*, del período budista y de la época clásica levantaran la cabeza se horrorizarían ante la pobreza intelectual, la falta de intuición creativa, el estancamiento del arte y la degeneración general de la moderna sociedad india.[9] El país estaba dividido en castas, subcastas o comunidades locales animosas. Caso de que la identidad se ampliara, se ceñía a la "raza" pero nunca a la "nación".

Los modernistas postulaban que el progreso era incompatible con las formas de vida y pensamiento tradicionales, así que tendían a ver la casta y sus manifestaciones como algo pernicioso, divisivo, que se oponía por naturaleza a cualquier proyecto de unidad nacional; una lacra que cuanto antes desapareciera, mejor. El ala socialista y marxista de la intelectualidad india, encabezada por Manabendranath Roy, Dadabhai Naoroji, Pherozeshah Mehta, Sankaran Nair, Motilal Nehru y su hijo, Jawaharlal, aun realizando alguna concesión, tendió a renegar de la casta (y hasta del hinduismo).

A caballo entre tradicionalistas y modernistas, la gran mayoría de los pensadores neohinduistas concebía el sistema de castas como un hecho esencial (bueno o malo) de la civilización india; algo genuinamente hindú y, por ende, valioso. Los más reconocían el origen holístico de los *varṇas* que urgía rescatar para la regeneración moral del país. Gravitando alrededor de esta idea tenemos a pensadores tan diversos como Rammohan Roy, Keshavchandra Sen, Gopal Krishna Gokhale, por el flanco más modernista; o Bankimchandra Chattopadhyaya, Swami Vivekananda, Bipinchandra Pal, Sri Aurobindo, Dayananda Sarasvati o Mohandas K. Gandhi, por el flanco más tradicionalista.

Esta variopinta intelectualidad anglicizada promovía una solidaridad panindia más militante (alrededor de la "nación hindú"). Aunque podían criticar ciertos aspectos de la casta contemporánea, el énfasis se situaba en el orgullo de sangre y "nación hindú". Sucedía lo que Partha Chatterjee ha detectado:

> «Cuanto mayor es el éxito en imitar las habilidades occidentales en el ámbito material [...] mayor es la necesidad de preservar la particularidad de la cultura espiritual propia».[10]

Para Jogendra Nath Bhattacharyya, antropólogo y presidente de una asociación de castas brāhmaṇs bengalíes, por ejemplo, el orden de los *varṇas* fue beneficioso hasta la llegada de las distintas oleadas de bárbaros que invadieron el Sur de Asia. La casta en sí no era algo cruel o injusto, sino que podía dotar a la población de ideales espirituales y un concepto de solidaridad capaz de unir las diferentes "razas" del continente. Sus posiciones influirían notablemente en uno de los grandes del neohinduismo, Swami Vivekananda [FIG. 83], quien a su vez anticiparía muchas de las ideas de Gandhi (incluso las de Tagore y Nehru). Aunque el *svāmī* condenaría el trato sufrido por los intocables, suscribió el clásico modelo de *varṇas* brahmánico. En otras ocasiones, Vivekananda parecía situarse en el plano de una verdad superior (*parāmartha*) y era más crítico con la casta, pero en la realidad convencional (*vyāvahāra*) del contexto finisecular, la casta era positiva.

Lo que todos los intelectuales indios –detractores o defensores– daban por supuesto era el carácter intemporal de la casta en la India. Quizá esta imagen de inmutabilidad se percibiera de forma exagerada en un contexto de cambios y transformaciones muy profundas. Su apreciación contribuyó de forma decisiva a que el lenguaje de la pureza y de las obligaciones dhármicas fuera mucho más preponderante y extendido que en siglos anteriores.

83. El *svāmī* Vivekananda, ataviado de renunciante, uno de los principales líderes del neohinduismo. Jaipur, *c.* 1891.

Al glorificar la antigua cultura védica, el nacionalismo emergente acabó por cosificar conceptos como *varṇa* y *jāti* que durante siglos habían sido mucho más inestables y ambiguos. Pero fue una infusión de ideas dhármicas muy titubeante y hasta contradictoria. En los medios urbanos educados a la británica, nadie sabía a ciencia cierta cómo conformarse a las normas "de casta". Fueron los movimientos neohinduistas como el Brahmo Samaj, el Arya Samaj, el Dharma Sabha o el Prarthana Samaj, los que familiarizaron a un número inmenso de indios (gracias a un cariz universalista, al auge de las comunicaciones y a las técnicas de proselitización y difusión copiadas de los misioneros) con un ideal de comunidad piadosa, ajustado a una visión reformada de la casta. Aunque la mayoría de estos movimientos quedaron confinados a su ámbito regional (Brahmo Samaj, en Bengala, Arya Samaj, en Punjab y Uttar Pradesh, Prarthana Samaj, en Maharashtra), todos compartían la máxima de que la genuina piedad hindú se articulaba alrededor de versiones renovadas de la casta.

El movimiento más influyente fue, sin duda, el del Arya Samaj. Esta organización desarrolló una actitud extremadamente antibrahmánica (lo que le reportó las simpatías de la intelectualidad panyabí y bengalí, pero menos de la marathi). Aunque Dayananda Sarasvati, su fundador, fue un ferviente defensor de la antigua sabiduría védica, fue muy crítico con la actitud de los brāhmaṇs, a quienes consideraba responsables de haber adormecido a la población con supersticiones y tabúes de casta

Para Dayananda, la casta se adquiría por el mérito y no por nacimiento. Consideraba que el antiguo orden de *varṇas* no era hereditario. Los niños se incluían en un *varṇa* u otro según su temperamento y sus méritos. Como muchos reformadores, Dayananda no estaba en contra del sistema en sí, sino que quería "purgarlo" de las manías y tabúes que se habían adosado por la irracionalidad y la hipócrita actitud "papal" de los brāhmaṇs. Toda la crítica de los aryasamajistas contra la autoridad brahmánica en modo alguno minaba una visión jerarquizada de la sociedad según los viejos símbolos de los *varṇas*.

Dayananda decía que un brāhmaṇ que no cumpe con su condición se convierte en śūdra, y un śūdra que sí esté cualificado se convierte en brāhmaṇ (siempre *de jure* y no *de facto*), muy en la línea de lo que podría haber dicho el Buddha. A resultas, bastantes intocables se unieron al movimiento. Pero es muy significativo que el Arya Samaj ideara un ritual, denominado *śuddhi* ("puro"), que tenía el propósito exprofeso de purificar a los intocables o a los no hindúes. El rito –todavía en uso– incluye la investidura del cordón sagrado, una versión modificada del rito védico de iniciación (*upanayama*), que señala la pureza y el estatus de "dos-veces-nacido" del nuevo converso al hinduismo (una verdadera revolución para el mundo hindú, que desconocía la "conversión"). Aunque consideraba que los matrimonios tenían que ser por elección (y nada de nupcias infantiles), e incluso abogó por un tipo de unión para viudos y viudas, siempre tenía que respetarse la endogamia de *varṇa*.

La educación debía estar abierta a ambos sexos, y con este propósito la asociación creó una serie de escuelas llamadas *gurukulas* –que todavía existen– donde se imparte una educación según las directrices del Arya Samaj y el pensamiento védico. Entre otras cosas es obligatorio el estudio del sánscrito y el hindi. De hecho, Dayananda no sólo fue un sanscritista, sino que fue pionero en abogar por el hindi como lengua nacional para todo el país.

El deber de todos los miembros de la asociación era promocionar un monoteísmo espiritual de corte védico y apoyar la reforma social. Paulatinamente, el tono de algunos de sus seguidores fue alzándose, en especial contra sus rivales en la proselitización: los misioneros cristianos. Por eso, los aryasamajistas formalizaron la figura del "predicador itinerante" (*updeśak*) que contrarrestaría tanto a los brāhmaṇs ortodoxos (casteístas y politeístas) como a los misioneros cristianos.

Poco a poco, los modernizadores de la India se decantaron por el lenguaje y las normas de los *varṇas*, y no por el de una sociedad sin castas. Los reformistas y nacionalistas fueron dando forma a unos códigos, principios morales y obligaciones (de dieta, matrimonio, vestimenta...) a caballo entre un antiquísimo pasado hindú (en el lenguaje de los *varṇas*) y la modernidad occidental (en el lenguaje de la ciencia).

Aunque el tema de la casta fue blanco predilecto de muchos reformistas, nunca se enfatizó demasiado su aspecto de opresión social o la cuestión de los privilegios de casta. Sin duda debido a que la mayoría de los reformistas eran de extracción brāhmaṇ o de casta alta. De hecho, a medida que pasamos del reformismo al nacionalismo (y téngase en cuenta que en muchos casos los protagonistas eran las mismas personas), el tema de la casta retrocedía a un segundo plano. Gran ejemplo es –como veremos en seguida– la actitud del *mahātma* Gandhi. Aunque su pericia a la hora de conjugar aspectos sociales (mejora de los intocables, por ejemplo) con su proyecto nacionalista (campañas de resistencia) fue por momentos brillante, no siempre pudo mantener un equilibrio idóneo. Quizá este reformismo tan suave permitió al movimiento nacionalista neutralizar y mitigar articulaciones más radicales (como las de *hindutva*, que no eclosionaron hasta los 1920s).

TRASPASANDO LA "LÍNEA DE POLUCIÓN"

Si el neohinduismo representa una reformulación de la casta desde "arriba", una serie de movimientos trataron de demoler la casta desde "abajo".

En sintonía con el devocionalismo nirguṇī [véanse págs. 441-445], y hasta en intersección con el tantrismo de los sahajīyas [véanse págs. 446-447], apareció a principios del siglo XVIII el movimiento Kartabhaja, fundado por el bengalí Aulchand, considerado por sus seguidores un *avatāra* de Chaitanya. El movimiento tuvo un tono anticasta muy pronunciado.

Todavía más radical fue el movimiento Matua (de *moto*, que significa "ebrio"; de lo Divino, se sobreentiende), fundado por Harichand Thakur a mediados del XIX y prolongado por su hijo Guruchand. El Matua rechaza aspectos esenciales de la ideología brahmánica: la casta, el ritual védico, la renuncia, la filosofía vedānta, etcétera.

Estos movimientos radicales se oponían claramente a los "reformadores" neohinduistas –del Brahmo Samaj en especial–, que buscaban una armonía entre el igualitarismo ilustrado y la tradición hindú (normalmente, vía el vedānta). El Matua fue uno de los pilares del movimiento Nāmaśūdra de Bengala de finales del siglo XIX, que aspiraba a otorgar respetabilidad a las castas bajas e intocables. Como en muchos casos de sanscritización, el Nāmaśūdra acabó por replicar buena parte de las estructuras y relaciones de casta; pidiendo simplemente un lugar más elevado en el esquema de *varṇas* (y repudiando la denominación chaṇḍāla, que fue finalmente eliminada en el censo de 1911 [FIG. 81]).

Más éxito tuvieron dos movimientos de castas bajas del sur.

Sri Narayana Guru fue un maestro, reformador social y filósofo de Kerala. En la década de los 1920s estableció una organización en Varkala. Aunque su espíritu fuera universalista ("una casta, una religión, un Dios"), básicamente lo secundaron los miembros de su propia casta, los īḻavars (también llamados tīyas, históricamente ligados a la economía del coco; y que forman hoy una de las castas más populosas del estado de Kerala) [FIG. 84]. Los seguidores de Sri Narayana Guru, apoyados por algunos hindúes de casta, cristiano-sirios y gentes tan contrapuestas como Periyar o Gandhi, lograron un hito histórico al conseguir que los intocables de Kerala pudieran utilizar la carretera que pasaba junto al templo de Vaikkam, la cual les estaba vetada. Este campaña representó la primera oportunidad que el *mahātma* Gandhi tuvo de actuar en nombre de los intocables.[11]

A mediados de los años 1930s, la organización de Sri Narayana Guru proclamaba que los īḻavars no eran hindúes. Al año siguiente, el gran líder intocable B.R. Ambedkar declaraba que no moriría hindú. Los nacionalistas y los gandhianos se tomaron esta amenaza muy en serio. Si los intocables (un 10% de la población de la colonia) desertaban y se convertían a otra religión, la "mayoría" hindú tambalearía. En este contexto, empezaron a abrirse los templos del sur de la India a las castas bajas de īḻavars o nāḍars. En 1936, el *mahārāja* de Travancore (Kerala) proclamó que ninguna restricción podría impedir a ningún hindú entrar en sus santuarios (y, al fin, los intocables entraron en Vaikkam). En 1939, también el famoso templo de Mīnakṣī de Madurai se abrió a los nāḍars y los intocables.

84. Tres īḻavars (o tīyas), tradicionalmente dedicados a la economía del coco, preparados para trepar a las palmeras. Kerala, 1914.

La organización de Narayana Guru tiene mucho que ver con el ascenso de esta casta baja; y es responsable de convertirla en algo así como un grupo étnico.[12] Fue esta asociación de castas de bajo rango la que en buena medida lideró la lucha anticolonial en Kerala (a diferencia de otras partes de la India, dirigidas por el partido del Congreso) y la que pavimentó el terreno para el ascenso del partido Comunista de Kerala.

Con el paso de las décadas, la que había sido una casta semintocable ha ascendido muy alto en la jerarquía secular. En los 1960s, Kerala tuvo ya su jefe de estado de casta īḻavar, Sree Sankar. También el jefe de estado entre 2006 y 2011, V.S. Achuthanandan, destacado miembro del partido Comunista, fue un īḻavar. Eso no significa que los īḻavars hayan logrado borrar los estigmas asociados a su origen humilde;[13] pero sí que han sabido afirmar su movilidad y reconfigurar su identidad.

El caso de los nāḍars de Tamil Nadu es otro claro ejemplo de combate en contra de la intocabilidad. A finales del siglo XIX, cuando el pastor Caldwell trabajaba con ellos, los nāḍars (entonces llamados śāṇārs) eran considerados una casta virtualmente intocable [véanse págs. 475-476]. A diferencia de otras castas bajas (como los paṟaiyaṉs), los śāṇārs podían poseer tierras y hasta penetrar en el barrio brāhmaṇ de la aldea (el *agrahāram*). Pero, al igual que los īḻavars, no podían entrar en los templos de los hindúes "de casta", ni sacar agua de los pozos, no podían llevar parasoles, sandalias o joyas de oro, ni acercarse a un brāhmaṇ a menos de 24 pasos,[14] y ni siquiera las mujeres śāṇārs podían taparse el pecho. Trabajaban para diversas castas dominantes en la recolección de jugo de caña (*tāṛī*), destinado a la fabricación de azúcar o de licores.

A los pocos que poseían tierras se les llamaba "señores" (nāḍars). Siguiendo a estas élites, los śāṇārs comenzaron a sanscritizar sus costumbres. A destacar, sus cambios en la vestimenta.[15] Como ya vimos, la sanscritización suele ser efectiva si hay mejora económica y cierto control político. Tal era el caso de los nāḍar-śāṇārs. Los nāḍars hindúes (un 25% de la casta se convirtió al cristianismo gracias al empeño de Robert Caldwell) comenzaron a reivindicar la entrada en los templos y a reclamar estatus de kṣatriya (24.000 lo hicieron en el censo de 1891). Y, como sucede con relativa frecuencia, adoptaron un título más honorífico: nāḍar. Todo ello encendió los celos de los maṟavars, una casta marcial de la misma región. En 1899 se dio un gran choque entre las dos comunidades. Los nāḍars se organizaron, formando pequeños batallones y construyendo barricadas. Se incendiaron casas de nāḍars, pero no pocos maṟavars cayeron en la contienda. De las 500 personas juzgadas, siete maṟavars fueron condenados a muerte. Por vez primera, una casta baja se había organizado y se había enfrentado con la misma violencia y determinación que los de casta superior.[16]

Lo interesante es que en su período de movilidad ascendente, además de adoptar ciertas prácticas de los hindúes "de casta" (vegetarianismo, corte de cabello al estilo brāhmaṇ, cordón sagrado, sari blanco para las viudas, financiación de templos dedicados a divinidades brahmánicas, etcétera), los nāḍars fueron desmarcándose del modelo de la sanscritización. Desde principios de siglo XX, su asociación de casta canalizó las donaciones hacia escuelas, hospitales y otras instituciones educativas. Esto es, fueron suscribiendo el modelo del provecho de la clase media y dejaron de lado los viejos referentes brahmánicos. En las décadas de los 1920s y 1930s, siguiendo la ideología de Periyar [véase más adelante], abandonaron el cordón sagrado (típico símbolo de la sanscritización), empezaron a boicotear a los sacerdotes brāhmaṇs, fomentaron los matrimonios entre castas y empezaron a saltarse las reglas de comensalidad. Hoy constituyen una comunidad respetada, relativamente próspera, urbana, educada y con peso político.

La metamorfosis de los śāṇār-nāḍars no se ha dado a través de las instituciones de la sociedad tradicional (*pañchāyāts*, honores reales, genealogías brahmánicas, etcétera), ni por fallas en el sistema legislativo colonial (aun en el juicio de 1899 los tribunales dictaminaron –siguiendo la tradición textual– que los śāṇārs no podían ser kṣatriyas porque sólo los arios, y no los dravídicos, podían serlo). Su transformación ha sido básicamente económica y política.

Los casos de īḻavars y nāḍars muestran cómo dos colectivos de estatus bajo fueron capaces de traspasar la barrera de la intocabilidad en dos o tres generaciones. No se trata de movimientos rupturistas, sino que representan casos de movilidad dentro de las coordenadas del sistema. En su proceso de ascenso social se han mostrado hábilmente reformistas.

EL PARTIDO DEL CONGRESO

En 1885, una sección importante de la intelectualidad india alumbró el Indian Congress Party o partido del Congreso [FIG. 85]. Esta plataforma estaba representada por un elenco de prohombres de las élites urbanas: abogados, médicos, periodistas, industriales, comerciantes o profesores; una *intelligentsia* producto de la interacción entre las tradiciones índicas y las corrientes de la modernidad europea. La inmensa mayoría pertenecía a las castas altas y se había educado en inglés.

Aunque parte del reformismo religioso de finales del siglo XIX y principios del XX se articuló alrededor del Congreso, su objetivo fue siempre político. En gran medida, representó la cristalización de la pujante sociedad civil decimonónica.

Muchos de los líderes del partido de la primera generación eran anglófilos que deseaban "importar" y asimilar los modelos políticos y educativos británicos. Pero aunque su fascinación por lo europeo era sincera, la asimétrica relación colonial ponía también ciertos límites. Como buenos demócratas, veían el rechazo británico a llevar la democracia a la India como una crasa contradicción. Decía uno de los fundadores del partido, el intelectual parsi Dadabhai Naoroji, que «si el pueblo británico fuera fiel a sí mismo, fiel a su innato sentido de igualdad, de justicia y de *fair play*, ayudaría a la India a alcanzar su libertad».[17]

El partido aglutinaba asimismo fuerzas más nacionalistas, como las de Sri Aurobindo en Bengala o la de Bal G. Tilak en la presidencia de Bombay. La peculiaridad de las corrientes más extremistas es que siempre reclamaron los valores de la igualdad, la democracia o la libertad como genuinamente indios (hindúes, para ser más exactos), de modo que siempre

85. Primer encuentro del Congreso Nacional Indio (futuro partido del Congreso). En el centro de la tercera fila se encuentran, entre otros, A.O. Hume, D. Naoroji, P. Mehta o G.K. Gokhale. Bombay, 1885.

estuvieron dispuestas a importar prácticas e ideas occidentales y presentarlas como análogas a elementos de la tradición indígena. De ahí la cierta reinvención de la historia, por parte del nacionalismo indio, y su exaltación de los "democráticos" consejos de aldea de la época védica o las antiguas "repúblicas" de los tiempos del Buddha.

Liderado por el *mahātma* Gandhi a partir de los 1920s, el partido supo vehicular el grueso de la lucha anticolonial y las aspiraciones independentistas de los indios. Con las movilizaciones gandhianas de no cooperación (1920s), de desobediencia civil (1930s) o la de "Quit India" (1940s) [FIG. 86], el Congreso se alzó como el rival más molesto y peligroso del British Raj. Pero, a la vez, dada su mayor participación en el gobierno colonial –desde mediados de los 1930s– el Congreso también contribuyó a integrar el Estado en la sociedad local y, en gran medida, fue "heredando" las directrices del British Raj. De ahí que ondulara con ambivalencia del juego anticolonial de lucha por la libertad al de participación en el poder.

A principios de los 1940s, Jawaharlal Nehru se convirtió en su dirigente más carismático. En 1947 pasaría a ser el primer *Prime Minister* de la India independiente y el partido del Congreso controlaría todos los niveles del poder del nuevo Estado. Ganaría con comodidad las elecciones de 1952, de 1957 y de 1962, siguiendo un modelo y discurso netamente socialista. Nehru estuvo siempre influido por las ideas liberales británicas y el modelo soviético. Su hija Indira Gandhi, que dirigiría el país entre 1966 y 1984, siguió esa directriz con un tono más autoritario y populista.

86. Jawaharlal Nehru y el *mahātma* Gandhi tras la sesión del partido del Congreso que aprobó la resolución "Quit India". Al día siguiente fueron arrestados por las autoridades coloniales. Agosto 1942.

Desde su fundación, en el Congreso han existido diferentes sensibilidades y orientaciones político-económicas. Si el ala más izquierdista o socialista, representada por la "dinastía" Nehru-Gandhi (Jawaharlal Nehru, Indira Gandhi, Rajiv Gandhi, Sonia Gandhi, Rahul Gandhi), ha sido su cara más visible, las corrientes más conservadoras, como las que representaron Madan Mohan Malaviya o el *sardār* Vallabhbhai Patel, han sido asimismo muy influyentes. Estas corrientes no fueron tan admiradoras de los modelos dirigistas. De ahí que la vía india al desarrollo fuera, hasta 1991, un sistema de economía mixta [véase pág. 621], en parte liberal, en parte apelmazada por un espantoso y corrupto burocratismo (el llamado "License Raj"). Como ha escrito Christophe Jaffrelot, «el Congreso devino una especie de nación india en miniatura».[18] Si en el sur permitió que los grupos no brahmánicos en ascenso ganaran peso en el partido, en la gran zona de habla hindi del norte su estrategia consistió en neutralizarlos. Hasta la década de los 1990s, el Congreso fue un partido dirigido y controlado por los hindúes "de casta" más unas selectas élites de intocables y musulmanes, que en absoluto cuestionaban el *statu quo*.

En consonancia con su origen reformista y el discurso antintocabilidad de Gandhi, el partido prestó bastante atención a los intocables. Para contrapesar la incómoda fuerza de Ambedkar [véase el próximo capítulo], el partido apoyó al líder intocable Jagjivan Ram, un chamār de Bihar que en 1928 había establecido el "Ravidas Mahasabha". Aunque el santo Raidās es un personaje emblemático realmente sólo para los chamārs, Jagjivan optó por esa figura para unir a todos los intocables. Entre 1946 y 1970 trabajó en los sucesivos gobiernos del país. Su visión de la casta era muy parecida a la de Gandhi y su fórmula para la mejora, una pacífica sanscritización. De hecho, la principal estrategia seguida por los congresistas pasaba más por convencer a los líderes religiosos y políticos para que se desembarazaran de la "lacra de la intocabilidad" que no por promulgar leyes al respecto.

A pesar de las escisiones internas de los 1960s, el partido del Congreso gobernó casi ininterrumpidamente la India durante más de 50 años [véanse págs. 617-618]. Devino un aparato tan mastodóntico que durante mucho tiempo se decía que las dos organizaciones más grandes del planeta eran la Iglesia católica y el partido del Congreso indio.[19]

GANDHI

Mohandas K. Gandhi es una de las figuras más interesantes y controvertidas del siglo XX. Su imagen es ya un icono para muchos movimientos políticos, pacifistas, espirituales, ecológicos o vegetarianos [FIG. 86].

En sus ideas, lenguaje y acción convergen multitud de vectores y corrientes. Como ya expuse en otra obra, Gandhi ilustra mejor que nadie el complejo mestizaje del sujeto colonial.[20]

Su carrera política empezó en Sudáfrica. Su estrategia de "no cooperación", que comenzó a poner en marcha en África, le debe mucho al trascendentalista norteamericano Henry Thoreau. El recurso a los ayunos (que es una forma de ascesis propia del ambiente vishnuista y jainista en el que creció y se educó) bebe también del activismo irlandés. Fue en Gran Bretaña donde Gandhi se familiarizó con los textos clásicos del hinduismo, siempre a través del inglés y, en concreto, de las versiones de los teósofos. Su crítica a la industrialización y al consumismo proceden del socialismo utópico y de John Ruskin. Él mismo predicaba una pobreza voluntaria, en la tradición de su comunidad vāṇiyā de la India occidental, de siempre tamizada por la no-violencia, el vegetarianismo, la austeridad o la continencia. Pero como bien ha visto Bhikhu Parekh, Gandhi reinterpretó la no-violencia (*ahiṃsā*) a la luz de la misericordia cristiana (*caritas*).[21] Su vegetarianismo le debe tanto a las tradiciones baniā-jainistas, la teosofía o la naturopatía como a la ciencia moderna. Desde un punto de vista filosófico, Gandhi era un ácrata. De ahí su proximidad a pensadores anarquistas como Henry Thoreau o Lev Tolstói.

Aunque el modelo de modernidad escogido por los dirigentes indios sería, a la postre, el reverso de las ideas gandhianas, tres de cada cuatro indios todavía lo tienen en grandísima estima. Y me atrevería a decir que también tres de cada cuatro no indios lo tienen exaltadamente idealizado.

Pero aunque su utopía de aldeas autárquicas fuera a la postre desechada, tocó una fibra honda en la India. De ahí que hoy podamos considerarlo un "nacionalista hindú"; y que todas las secciones del partido del Congreso lo respaldaran. Él representa, en opinión de W.H. Morris-Jones, el lenguaje de la "santidad" dentro de la política.[22] Como dice Christophe Jaffrelot, Gandhi «encarna al renunciante en política o al político asceta».[23] Se impregna de los valores del renunciante (vegetarianismo, castidad, austeridad) y los emplea en su contienda política.

Su abordaje sobre el tema de la casta varió con los años. Pero, por lo general, mantuvo –en línea con las posiciones de reformadores como Dayananda o Vivekananda– que el sistema de *varṇas* podía fomentar la armonía social, preservar lo bueno de la cultura india y servir de antídoto para la moderna sociedad competitiva. Para Gandhi, el *varṇa-āśrama-dharma* predicado en el *Veda* se basaba en la igualdad de estatus. En 1920 afirmaba:

> «Pienso que la casta ha salvado al hinduismo de la desintegración [...] Pero como toda institución ha sufrido de excrecencias. Considero que sólo las cuatro divisiones son fundamentales, naturales y esenciales. Las innumerables subcastas son a veces una comodidad, con frecuencia un estorbo [...]
>
> Me inclino a pensar que la ley de la herencia es una ley eterna [...] Pienso que es útil considerar que un brahmán sea de por vida un brahmán. Si no se comporta como un brahmán, naturalmente entonces cesará de imponer el respeto que se le debe a un verdadero brahmán.
>
> Sostengo que el matrimonio cruzado, la comensalía y el compartir bebida no son esenciales para promover el espíritu democrático».[24]

Gandhi suscribe y hasta alaba el ideal del sistema de *varṇas*. Ocurre que para Gandhi «el *varṇa-āśrama* de los *Śāstras* no existe hoy en la práctica; el actual sistema de castas es la verdadera antítesis del *varṇa-āśrama*».[25] La India ha degenerado; axioma apriorístico de todos los reformadores de la época. Y la más horrenda expresión de esa decadencia era la práctica de la intocabilidad. Gandhi fue uno de los primeros líderes indios en condenar sin vacilación el trato que recibían los intocables. Curiosamente, durante su estancia en Sudáfrica, en el contexto de la discriminación racial, Gandhi pudo sentir en su propia piel la "universalidad" del tratamiento discriminatorio de los privilegiados hacia los subalternos.[26] Igual que en la Europa cristiana los judíos eran los intocables, con sus guetos separados, y en su Gujarat natal los intocables (dheḍs) estaban relegados al *dheḍvaḍo* o barrio intocable, «de la misma manera nosotros [indios] nos hemos vuelto los intocables de Sudáfrica».

La postura del *mahātmā* frente a la intocabilidad puede resumirse en pronunciamientos de este estilo:

> «Al mismo tiempo que estoy preparado para defender –como siempre

> he hecho– la división de los hindúes en cuatro castas [*varṇas*], considero la intocabilidad como un crimen atroz contra la humanidad [...] Es un signo del que cuanto antes se purgue el hinduismo, mejor».[27]

Una religión que ha promovido el amoroso culto a la vaca no puede haber dado a luz a esa forma de *apartheid*. La intocabilidad es una corrupción histórica del hinduismo. Por ello rebautizó al "intocable" con el neologismo "harijan" ("hijo de Dios"). La conexión con el popular título vishnuista Hari contrapesaría la imagen del "intocable" como ser sucio, libertino, violento y carnívoro.

Con el paso de los años, su defensa del *varṇa-āśrama-dharma* reculó un ápice en favor de medidas más contundentes para mejorar la situación de los harijans. Como cuando afirmaba que: «Sólo de las cenizas de la intocabilidad el hinduismo podrá revivir».[28] Si en los años 1920s hemos visto que Gandhi decía que la cuestión de los matrimonios cruzados o el compartir mesa no eran esenciales, poco antes de morir decía que «trataría de persuadir a las hindúes de casta... de elegir maridos harijans».[29] Pero eso sólo sería en 1946. En esencia, Gandhi suscribía una idealizada visión de un sistema de *varṇas* donde un basurero valdría lo mismo que el primer ministro. Su estrategia reformista puede resumirse en la expresión de Harold Isaacs: «Gandhi atacó la intocabilidad, no la casta».[30] Él nunca pretendió dinamitar el tejido social indio, sino reformarlo. Y en su apoyo a la causa de los intocables, siempre miró de no herir la sensibilidad de los hindúes "de casta".

Para Gandhi, la solución a la intocabilidad consistía en resituar a los intocables "dentro" del sistema y otorgarles estatus de *varṇa*, lo que le valió ataques a diestro y siniestro; tanto de las corrientes más conservadoras como de los líderes de los movimientos dalits o antibrahmánicos como Ambedkar y Periyar.

Gandhi consideraba el sistema de castas o la intocabilidad como asuntos estrictamente religiosos. De ahí su acalorada defensa de la libre entrada en los templos para los intocables que secundaban a líderes como Narayana Guru [véanse págs. 500-501] y otros. Sin embargo, Gandhi se opuso con tenacidad a los movimientos antibrahmánicos de Maharashtra, Tamil Nadu o Karnataka ya que, a su entender, minaban la "unidad" de la India. Ante todo, Gandhi quería defender a la civilización hindú del cargo de "barbarie", al mismo tiempo que quería reformar todo aquello que a su parecer se había corrompido y degenerado de un antiguo sistema de sabiduría.

En los 1930s, Gandhi fundó la All India Anti-Untouchability League, que se tradujo más tarde al hindi como Harijan Sevak Sangh. El propósito de la organización, apoyada por gente de la talla del *paṇḍit* Madan Mohan Malaviya y financiada por el magnate Ghanshyamdas Birla, era conseguir –por medios pacíficos– el acceso de los intocables a los pozos públicos, escuelas, templos y crematorios. En los distintos *ashrams* de la organización, se inculcaban las virtudes gandhianas de austeridad y continencia a través de cánticos devocionales y se practicaba la comensalidad entre castas. Gandhi y los demás miembros del *ashram* limpiaban voluntariamente sus propios retretes (aunque quizá sólo de forma "simbólica"),[31] el trabajo impuro por antonomasia. En el sur de Gujarat se establecieron *ashrams* parejos para los belicosos bhīls.

El Harijan Sevak Sangh muestra todas las ambigüedades del gandhismo. La organización estaba dirigida inicialmente por gente de castas "limpias". La meta era inculcar a los harijans los hábitos de la pureza, la meditación y la decencia, y erradicar su afición al licor, la carne o la promiscuidad. Dice textualmente su librito para erradicar la intocabilidad:

> «Los trabajadores harijan deberían concentrar su energía en: 1) promover la limpieza y la higiene entre los harijans; 2) mejorar los métodos para llevar a cabo lo que se conoce como ocupaciones sucias (como el limpiado de letrinas, el curtido de pieles, etc.); 3) dejar [de comer] la carroña y la [carne de] ternera, si es que no la carne en su totalidad; 4) dejar los licores».[32]

Las campañas por el "levantamiento" de los intocables no tenían como objeto reconocer su diferencia, sino educarlos en las normas brahmánicas de pureza (o una síntesis de moralidad victoriana-cristiana-baniā-jaina-brahmánica). No se trataba tanto de defenestrar la idea de que el intocable es una especie repulsiva, impura, sucia y viciosa, como de convertirlo en otro baniā modélico, en otro piadoso hindú "limpio" (y evitar, de paso, su conversión a otra religión). De hecho, se trataba de *educar* a los intocables, de modo que dejaran de comportarse y *ser* como tales. En otras palabras, Gandhi pensaba que estos colectivos tenían que "civilizarse" porque eran impuros e inmorales para los estándares del hindú ejemplar. Lo que le valió las críticas del congresista de extracción harijan Jagjivan Ram o del también dalit Bhimrao Ambedkar.

Esta perspectiva y retórica eran propias de muchos dirigentes de la época. Las masas son salvajes, caóticas, analfabetas, poco sofisticadas y deben "domarse" o "disciplinarse" para ser encauzadas hacia ideales más elevados. En el contexto nacionalista de la India, esta posición –que tampoco era ajena a un secularista como Nehru– reproduce la idea colonial de la *mission civilisatrice*. El Estado tiene la capacidad de reformar al bhangī (cuando Gandhi visualiza al intocable siempre tiene al basurero bhangī en mente, por ello lo considera "sucio") y hacer de él un modélico śūdra. Cual *guru* vishnuista, Gandhi quería hacer del intocable un devoto de Dios y de la nación y que olvidase cualquier revanchismo en favor de los ideales más elevados de la unidad "hindú" y la cuestión "nacional". En cierto sentido, el proyecto político-espiritual del Harijan Sevak Sangh portaba el mensaje de que el intocable habría de agradecer humildemente el haber sido rehecho –física y moralmente– en un abstemio vegetariano. Y si los intocables entraban en los templos, poniendo en peligro la pureza de las castas altas, la única solución «consistía en reformarlos a la fuerza, de suerte que cesaran de ser los creadores de impureza», como señaló Louis Dumont.[33]

Este enfoque espejea en parte su postura sobre la mujer. Por un lado, es indiscutible que gracias a su labor la cuestión de la degradación de la mujer pasó a primer plano. Pero, por el otro, al no atacar la raíz del problema (la dependencia económica de la mujer y su rol de reproductora de la estirpe y la tradición), su acción se desvanece y aflora en toda su ambigüedad.

De forma similar, Gandhi entiende que para aniquilar la intocabilidad no vale ningún decreto jurídico o político, sino que exige un movimiento de purificación. Algo en lo que coincidía con algún líder intocable, como Ganesh A. Gavai, que apostaba asimismo por una vía sanscritizante: dejar de beber alcohol, de comer carne de cerdo, instaurar maestros hindúes para educar a los niños, etcétera. Se trata de una vía que no sólo persigue la emulación del patrón de casta alta, sino su asimilación. De ahí que algunos líderes intocables de la vieja generación no sólo gravitaran alrededor del gandhismo, sino de los grupos más conservadores hindúes. Ya en los 1920s, el Hindu Mahasabha (ala conservadora dentro del partido del Congreso, liderada por el *paṇḍit* Malaviya hasta 1926) recomendaba que se diera a los intocables libre acceso a templos, escuelas y pozos (si bien era contrario a que portaran el cordón sagrado, estudiaran los *Vedas* o se compartiera mesa con ellos). También para Gandhi sólo el pecador (el hindú "limpio") podía expiar el pecado; de modo que restaba toda capacidad de acción al intocable, que sólo podría mejorar por la benevolencia del hindú "de casta" o por haber sido reconvertido en un piadoso baniā.

La campaña gandhiana contra la intocabilidad iba de la mano de su exaltación del principio de los *varṇas*. Liberado de la intocabilidad (y de las *jātis*, por las que –un tanto contradictoriamente– Gandhi tampoco sentía ninguna simpatía), el sistema del *varṇa-āśrama-dharma* se erigía como modelo ideal. Una posición próxima a la que habían mantenido críticos como el *sant* Eknāth [véase pág. 441]. Gandhi trataba de dulcificar la idea de jerarquía, pero mantenía los aspectos morales y económicos de la división en cuatro clases. En su "verdadera" formulación, el *varṇa* no promovía las crudas desigualdades sociales: «la idea de superioridad o inferioridad es totalmente repugnante [al sistema de *varṇas*]», decía el *mahātma*.[34] Cada uno debería seguir su *sva-dharma*, su deber hereditario en consonancia con su *varṇa*, siempre y cuando no fuera en contra de una moral universal.

Aunque la ambigüedad del mensaje gandhiano es patente, y aunque la India se decantó por la vía secular-racionalista de Nehru (y no por la utopía gandhiana de aldeas autárquicas, no consumistas, basadas en el orden de *varṇas* y la cooperación del sistema *jajmānī*), no puede negarse que defendió sus posiciones con absoluta sinceridad. Sus ideales utópicos han ejercido algo así como de conciencia colectiva de la nación. Siempre muestran donde están las fallas del sistema y sugieren vías alternativas de solución. (Se nota la impronta gandhiana tanto en conservadores como Vallabhbhai Patel o el líder agrosocialista Charan Singh, como en socialistas del estilo del propio Jawaharlal Nehru.) Y para ser justos con el *mahātma*, él hizo más que ningún otro político indio por colocar el tema de la intocabilidad sobre el tapete. Concienció a gran parte de la nación de que sin la eliminación de la intocabilidad no podría construirse una sociedad libre y democrática. Durante 1933 y 1934, después de fundar el Harijan Sevak Sangh, recorrió el país de punta a punta para defender los derechos de los intocables y combatir su oprobio. Se enemistó con hindúes ortodoxos y con el ala más conservadora de su partido. De hecho, hay que leer muchos pronunciamientos conciliadores de Gandhi en este contexto: la creciente hostilidad del hinduismo radical hacia sus políticas. Irónicamente, Gandhi fue asesinado por otro devoto (como él) de Rāma, que también podía jactarse de ser un piadoso hindú (como él) y un nacionalista (como él).

LOS MOVIMIENTOS ANTIBRAHMÁNICOS

Las últimas décadas del siglo XIX y las primeras del XX conocieron un renovado auge de la ideología brahmánica. De ahí que el poder colonial viera con cierta ambigüedad a los brāhmaṇs. Si bien eran sus principales interlocutores, eran a la vez sospechosos de desestabilización. Los británicos temían especialmente a los chitpāvan-brāhmaṇs de Maharashtra. El congresista chitpāvan Bal G. Tilak, por ejemplo, estaba convirtiendo las festividades locales en grandes festivales en honor al héroe marāṭha Śivājī y a la deidad regional Gaṇapati (Gaṇeśa); claras expresiones de agitación anticolonial (el Imperio marāṭha fue rival de los británicos). El sur se percibió también como un terreno propicio a los sediciosos brāhmaṇs, que en ese caso conspiraban en unión con la Sociedad Teosófica, que tenía gran influencia sobre los activistas anticoloniales de Madrás y la isla de Ceilán.

Al mismo tiempo, esa era la época en la que –como consecuencia directa de los censos de la población– estaban enumerándose y delimitándose las "minorías". Ello legitimaba por partida doble al poder colonial. Por un lado, para "defender" los derechos de dichas minorías. Por el otro, para conjuntar la mayoría (que, a partir de entonces, fue llamada "hindú"). Asimismo, los censos habían elevado la "casta" como el principal componente identitario de los indios [véanse págs. 483-492]. Tanto el auge de las asociaciones de casta, la discriminación positiva en líneas de casta, como los movimientos reformistas de Jotiba Phule, Periyar o B.R. Ambedkar [véase más adelante], tienen que insertarse en el marco de la etnografía imperial, la apoteosis censal y la labor de los misioneros.

La construcción orientalista de una "religión hinduista" compactada por el brāhmaṇ –con frecuencia racializado como "ario" (ārya)–, que asimismo se establecía como su eje espiritual y epítome moral, fue especialmente bienvenida por los brāhmaṇs.[35] Inesperadamente, eso portaría en el sur a una hasta entonces inimaginable alianza de los no brāhmaṇs. Fue, pues, en este contexto de formación de mayorías, ayuda a minorías, suspicacia respecto a los brāhmaṇs, a la vez que ensalzamiento del brahmanismo, donde nacieron a principios del siglo XX las fuerzas antibrahmánicas de las presidencias de Bombay y Madrás. No es casual que esas fueran las áreas donde en el pasado los movimientos devocionales fueron más potentes [véanse págs. 433-437 y 440-441] y donde, en aquel presente, las autoridades temían más el activismo de los brāhmaṇs. Además, en el sur y en el Decán los brāhmaṇs no sólo habían copado puestos importantes en la administración, sino que también eran propietarios de tierras. Por tanto, se entenderá que fuera en lo que hoy es Maharashtra, Tamil Nadu y Karnataka donde cuajaron potentes movimientos antibrahmánicos. A diferencia del norte del país, en el Decán y en el sur el brāhmaṇ tendió a seguir una existencia muy separada –espacial, ritual y económicamente– del resto de la población.* Tanto en Maharashtra como en Tamil Nadu, los brāhmaṇs constituían diminutas minorías frente a pujantes macrocastas que, en el contexto colonial, competían por las nuevas oportunidades en la administración o el comercio.

En el sur, este proceso fue de la mano del creciente sentido de identidad dravídica. La construcción de una nueva identidad exige siempre la construcción de nuevas fronteras. Estos vectores cuajaron en el famoso "Non-Brahmin Manifesto" publicado en 1916 por una serie de prominentes nacionalistas tamiles que habían desertado del partido del Congreso, al que empezaban a considerar un aparato del brahmanismo tradicional. De ese manifiesto surgiría el partido de la Justicia [véase más adelante].

Algunos reformadores tamiles hablaban de defender a los "dravídicos originales" (ādi-drāviḍas), siguiendo las teorías que proponían que, 3.500 años atrás, los āryas venidos de Asia Central habían invadido, sometido y robado a las poblaciones indias originales. De esta forma, se fue dando una creciente alterización del brāhmaṇ, que pasó a ser un representante del mundo sanscrítico y ārya, un "extranjero" venido del norte. Un brāhmaṇ nunca podría ser un buen tamil, aunque hablase la lengua y se identificara con la cultura tamil. (Y viceversa, desde el punto de vista brahmánico, un meridional no brāhmaṇ nunca podría ser un genuino ārya; y como máximo podría concedérsele estatus de "śūdra limpio".)

Influidos por el racialismo finisecular europeo, la intelectualidad tamil y los gobernantes europeos fueron dando contornos raciales a las castas. Las incipientes asociaciones de casta a su vez preparaban el terreno para el proceso de etnicización.[36] En cierto sentido, estas asociaciones y movimientos políticos fueron nacionalizando la visión antropológica de Robert Caldwell

* Salvo en Andhra Pradesh, donde el brāhmaṇ ha estado históricamente menos preocupado por cuestiones de pureza ritual, y en Kerala, donde –a pesar de los estrictos tabúes sociales– los brāhmaṇs mantuvieron lazos muy estrechos con la nobleza nāyar y, en el siglo XX, un papel muy activo en el partido Comunista.

[véanse págs. 475-476]. Estelar fue la labor de Marimalai Adigal, un erudito del shivaísmo y la lengua tamil, tremendamente crítico con el dominio sanscrítico-brahmánico. Adigal invierte las narrativas tradicionales y nos presenta a los antiguos agricultores tamiles (vēḷḷāḷas) como refinados difusores de la civilización, mientras que las tribus āryas del norte aparecen llevando una vida de pastores y cazadores y practicando una religión cruel centrada en el sacrificio animal. Fueron los āryas quienes perversamente caracterizaron a los dravídicos vēḷḷāḷas como *asuras* (demonios) y los engañaron otorgándoles el supuesto título honorífico de "śūdra" (la huella de las ideas de Caldwell es patente). Como pone M.S. Pandian, Adigal propagó «el sueño de un futuro shivaísta y vegetariano para todos los tamiles no brāhmaṇs»,[37] idealizando la imagen del vēḷḷāḷa y tratando de homogeneizar todas las castas no brāhmaṇs.

Algunas dinastías principescas del Decán y del sur entendieron las ventajas de jugar la carta antibrahmánica y dar un giro "caballeresco" a sus políticas. Los *mahārājas* de Mysore y Kolhapur, como en seguida comprobaremos, fueron pioneros a la hora de establecer cuotas en la administración para personas de nacimiento no brāhmaṇ.

Todas estas cuestiones quedan perfectamente entrelazadas en varias figuras clave en la reforma de la casta y la cruzada contra el brahmanismo: Phule y Ambedkar, en el Decán; Periyar y Narayana Guru, en el sur; y Mangoo Ram y Achhutanand, en el norte. Como telón de fondo, aparecen las sempiternas figuras del *mahātma* Gandhi y el partido del Congreso.

Jotiba Phule

Jotiba Phule fue un reformador social de Maharashtra de casta baja (mālī), hoy reclamado por numerosas organizaciones dalits. Phule es considerado como el fundador del verdadero movimiento anticasta de la India[38] e, indirectamente, propulsor del proceso de etnicización de la casta [véanse págs. 591-596]. Aunque en su época apenas supieron de él más allá de su región, tuvo una gran influencia sobre la emergente intelectualidad de los mahārs y en el movimiento antibrahmánico de Maharashtra.

Siguiendo de cerca a misioneros y orientalistas (él mismo se educó en la Scottish Mission School de Pune), Phule sostenía que los genuinos *ādivāsis* de la India (el término hoy utilizado para designar a los "tribales") eran los intocables, los śūdras y los tribales. Phule perseguía la unión del grueso "sometido" de la población. En la mira tenía un claro enemigo: los brāhmaṇs. Estos ādivāsis descenderían de los pueblos autóctonos que *in illo tempore* habían sido gobernados por el rey dāsa Bali. Por desgracia, los viles āryas (o sea, los brāhmaṇs) sometieron a la población, destruyeron la cultura indígena e implantaron la cruel religión védica. Phule atribuía el sistema de castas a la maquiavélica invención de los brāhmaṇs, que siglos atrás se habían seccionado de la población autóctona. Phule fue pionero a la hora de invertir la teoría establecida. Los āryas son mezquinos, mientras que los ādivāsis y *rākṣasas* ("titanes") son héroes civilizados.

En su ejercicio mitográfico, Phule loaba el período glorioso del rey Bali, una divinidad muy popular en Maharashtra y Kerala, donde es el modelo de gobernante virtuoso. Para el brahmanismo clásico, en cambio, Bali es un adhármico demonio (*asura*); de forma doble, ya que violó su *dharma* demónico al intentar convertirse en un buen rey. Phule interpretaba la mitología de los *avatāras* de Viṣṇu (el pez, la tortuga, el jabalí, etcétera) como alegorías de los barcos y ejércitos de los invasores āryas.

Para el *mahātma* Phule, el hinduismo no era más que un instrumento impuesto por los brāhmaṇs para perpetuarse en el poder. Las ideas de *karma* y *dharma* acabaron por calar en la gente, produciendo esa deplorable sociedad hindú.

En 1875 formó el Satyashodhak Samaj ("Sociedad de los buscadores de la verdad"), un movimiento monoteísta decididamente antibrahmánico. Phule se lamentaba de que los śūdras educados hubieran caído en las trampas del brahmanismo (buscando, por ejemplo, el estatus "marāṭha"). En una acción pionera y altamente provocativa, abrió un "orfanato" para los hijos "ilegítimos" de viudas brāhmaṇs; un gesto que le puso a los de alta casta definitivamente en su contra. Y todavía más cuando él mismo adoptó a uno de esos niños. Incluso su casta (mālī) lo boicoteó.

Phule es, quizá, el mejor heredero del devocionalismo nirguṇī, si bien los escritos de pensadores occidentales –como Thomas Paine– también le influyeron. Fue mucho más radical que cualquiera de sus contemporáneos, ya que su objetivo era la abolición –y no la reforma– de la casta. La supresión de las jerarquías sociales tendría que ser el sostén de la nación (y no ese vago "nacionalismo" propuesto por las castas altas). Phule fue el primer líder de casta baja que sorteó la trampa de la sanscritización. En cambio, apuntaba hacia la etnicización de la casta. Para él, las castas bajas eran como grupos étnicos, herederos de un pasado glorioso prevédico y aborigen.

Phule fue asimismo crítico con el poder colonial (sólo interesado en extraer las riquezas de la India, en ir de cacerías –¡de tigres o concubinas!– o en tasar los recursos fluviales). Para Phule, el poder colonial no hacía sino consolidar la hegemonía brahmánica.

El *mahātma* insistió más que ningún otro reformador en la necesidad de educar a las masas; a su juicio, la clave para la mejora de los desfavorecidos. De hecho, propuso la educación como alternativa al nacionalismo. Había sido precisamente el monopolio de la cultura letrada ejercido por parte de los brāhmaṇs lo que había degradado a inmensas secciones de la India. Por eso fue el pionero en fundar, en 1853, una escuela para intocables.

Su movimiento reflejaba la pujanza de la nueva clase urbana y de los agricultores śūdras que aspiraban a la mejora educativa y económica, pero topaban con los prejuicios de casta. Aunque logró influir en la incipiente intelectualidad dalit (de la que surgiría Ambedkar), y hasta algunos marāṭhas se aproximaron a su organización, lo cierto es que con las excepciones de individuos como Mahadev G. Ranade o los *mahārājas* de Kolhapur y de Baroda, su movimiento no tuvo demasiado apoyo. Irónicamente, el reformismo conciliador de gente como Ranade sería el que, a la postre, vehicularía la nueva conciencia marathi que neutralizaría el antibrahmanismo de Maharashtra.

Shahu

El mayor valedor de las tesis de Phule fue el príncipe Shahu, *mahārāja* de Kolhapur entre 1894 y 1922 [FIG. 4]. En tanto príncipe descendiente de Śivājī, Shahu tenía sobrado interés en reafirmar su posición frente a la influyente comunidad brahmánica de Maharashtra.

A la muerte de Śivājī, fundador del Imperio marāṭha en el siglo XVII, el reino pasó a manos de los Peśvā, una dinastía chitpāvan-brāhmaṇ que puso en duda el estatus "kṣatriya" de los marāṭhas herederos de Śivājī. Desde entonces, los marāṭhas (y muy en particular la aristocracia que sobrevivió en pequeños principados que luego serían vasallos del British Raj) desplegaron una creciente animosidad hacia el *establishment* brahmánico. A finales del siglo XIX, los audaces chitpāvans copaban todos los puestos relevantes de la administración colonial.

Desde su ascenso al trono, el *mahārāja* Shahu optó por incorporar en su administración el mayor número posible de no brāhmaṇs. Fue pionero en hacer obligatoria la educación primaria. En 1902 reservó un 50% de las plazas de la administración del principado a miembros de "castas atrasadas". Aunque los marāṭhas coparon los puestos más relevantes, su acción trascendió la comunidad marāṭha, ya que se esforzó en conjuntar a las castas bajas en categorías mayores, del estilo de "comunidades atrasadas" o "no brāhmaṇs". Cercano al Arya Samaj, por un lado, su ideología refleja también la influencia de Jotiba Phule. Con la reforma Montagu-Chelsmford de 1919, el príncipe ya pidió electorados separados (y no asientos reservados) para las "comunidades atrasadas". Esta petición acarrearía más tarde –con Bhimrao Ambedkar– enfrentamientos con el todopoderoso partido del Congreso [véanse págs. 529-533].

Su idea era forjar un frente *backward* de śūdras pujantes, como los marāṭhas, los ahīrs o los mālīs. Y, aunque ese frente nunca llegó a cuajar, durante décadas los marāṭhas dominaron el movimiento antibrahmánico de Maharashtra.

Ayoti Thass

Una figura muy interesante en la reforma de la casta fue el *paṇḍit* Ayoti Thass, un ciṭṭar (doctor en medicina tradicional tamil [véase pág. 448]), perteneciente a la subcasta vaḷḷuvar de los paṟaiyaṉs, una comunidad que en el contexto colonial había mejorado substancialmente su posición.

Thass fundó en los 1870s una asociación de corte vedāntin en la que vehiculaba su sentimiento anticasta (al estilo de la que más tarde formaría Sri Narayana Guru en Kerala). Pero pronto se desilusionó con el vedānta, el shivaísmo tamil o el proyecto del partido del Congreso, vías que legitimaban, a su juicio, la jerarquía de *jātis* y *varṇas*. Thass se interesó por el budismo y, en 1898, con la ayuda del teósofo sir Henry Olcott, se inició formalmente en el budismo en Sri Lanka. Nacía la South Indian Buddhist Society (inicialmente Sakya Buddhist Society).

Según Ayoti Thass, su "conversión" al budismo representaba, en realidad, un "regreso", pues sostenía que los intocables habían sido en su origen (en tiempos del emperador Aśoka) budistas. Incluso la subcasta sakya de los paṟaiyaṉs delataba su origen budista (el clan del Buddha se denominaba śākya). Fueron los brāhmaṇs los que degradaron a los seguidores del Buddha por su estricta y sincera devoción al budismo. Este razonamiento sería tomado casi al pie de la letra por Ambedkar [véanse págs. 541-543], en muchos aspectos un insigne continuador de Ayoti Thass.

El *paṇḍit* decía tomar sus ideas sobre el pasado del sabio Aswakosa (que resuena al escritor budista Aśvaghoṣa), quien habría narrado una historia de los drāviḍas. Siguiendo esa fuente, Thass sostenía que los habitantes originales de la India habían sido budistas. Sus textos sagrados fueron los *Vedas* y los brāhmaṇs, sus hombres de sabiduría. Cuando acaeció la invasión ārya (que Thass sitúa más tarde de lo habitual), los mlecchas āryas se apropiaron del título brāhmaṇ para sí mismos y llamaron *Vedas* a su material religioso. Para Thass, la conquista ārya fue más de valores (como la ideología de castas) que no militar. Por ello no consideraba necesario abandonar los festivales "hindúes", ya que en su origen habían sido budistas.

Más que dotar a los paṟaiyaṉs con una historia en el sentido positivista, el propósito de Thass era tomar del pasado valores morales y, cual *jāti-purāṇa* o crónica de casta, volcarlos sobre el presente.[39] Próximo a la crítica budista a la "naturalización" de las castas [véanse págs. 416-419], Thass separó la casta del nacimiento y la ligó a la acción moral, minando así las jerarquías establecidas y haciéndola flexible.

El movimiento budista tamil se expandió entre los paṟaiyaṉs de Tamil Nadu y entre zonas de la diáspora intocable tamil (Sudáfrica, Birmania, Sri Lanka). Los miembros de otras castas también se unieron. De ahí que Thass nunca llamara a sus correligionarios "paṟaiyaṉs", sino simplemente "budistas tamiles" o, a lo sumo, "drāviḍas". Uno de sus más insignes seguidores fue el erudito tamil Laxmi Narasu.

El *paṇḍit* (por sus conocimientos en medicina, sánscrito y pali) fue muy crítico con los nacionalistas y su falso "amor" por la India. En línea con Phule, daba la bienvenida al gobierno colonial, pero le acusaba de mantener la hegemonía de los brāhmaṇs. El cristianismo, aunque positivo en ciertos aspectos, acababa por reforzar el casteísmo, como demostraba la separación de iglesias para intocables conversos y cristianos "de casta".

Durante la década de los 1930s, el movimiento budista tamil entró en decadencia. Otras fuerzas (como el nacionalismo indio, el marxismo, el ambedkarismo o el nacionalismo tamil) tomaban la iniciativa. Sin embargo, Ayoti Thass sería el gran precedente de lo que –de la mano de Ambedkar– sería el poderoso movimiento neobudista indio.

El partido de la Justicia

Aunque tanto Adigal como Thass compartieron un claro antibrahmanismo, la idealización que respectivamente realizaron del vēḷḷāḷa shivaísta o del paṟaiyaṉ budista espejeaba en muchos aspectos el propio ideal del "brāhmaṇ".[40] La tarea de bajar al "brāhmaṇ" de su cima espiritual y mostrarlo como un opresor *político-económico* fue llevada a cabo por el partido de la

Justicia, fundado en 1916 por políticos tamiles no brāhmaṇs desencantados con el Congreso [véase pág. 513].

Para los ideólogos del partido, el poder de los brāhmaṇs residía llanamente en su control de aspectos bien prosaicos: las tierras, el oro o la educación. Es decir, la riqueza del brāhmaṇ se debía al trabajo y el provecho producido por los no brāhmaṇs. La dicotomía brāhmaṇ/no brāhmaṇ habría sido, entonces, más el resultado de la clase que no de la casta. Este nuevo lenguaje que hablaba de una explotación y discriminación hacia los no brāhmaṇs entendía ya la casta como una institución separada, y no como una parte de un todo holístico o un sistema con el brāhmaṇ en la cima.

Periyar

E.V. Ramasamy Naicker, abreviado en E.V.R, fue otro de los grandes reformadores del siglo XX. Aunque su movimiento nunca se sostuvo en una casta (como con Phule, Thass o Ambedkar) y su desconocimiento del inglés lo relegó al mundo tamil, allí siempre sería conocido como el "viejo gran hombre" (*periyar*) [FIG. 87]. Él fue el máximo exponente del antibrahmanismo dravídico.

Nació en el seno de una familia de comerciantes más o menos acomodados. Pero, dada su condición de sat-śūdra, pudo vivir de primera mano algunas de las formas de exclusión del lenguaje de la pureza.

Comenzó su carrera política como entusiasta defensor de Gandhi. Fue elegido presidente del partido del Congreso de Tamil Nadu en 1920. Secundó varias campañas gandhianas, en particular la del derecho de los īḻavars de Kerala (por entonces en la presidencia de Madrás) a entrar en el templo de Vaikkam [véase pág. 500]; lo que le llevó a la cárcel en más de una ocasión. Pero pronto se desencantó con el gandhismo y con el proyecto nacionalista. En 1925 abandonó el Congreso y presentó su programa con el incendiario eslogan: «Ni dios; ni religión; ni Gandhi; ni Congreso; ni brāhmaṇs».[41] Para Periyar, Gandhi era un claro continuador de la ideología y la religión de la minoría ārya que conquistó la India y desplazó a los aborígenes dravídicos hacia el sur. (Conocida es la admiración de Gandhi por las tradiciones brahmánicas y su hostilidad hacia los movimientos antibrahmánicos del sur.) Para Periyar, el ideal gandhiano del autogobierno (*svarāj*) acabaría por tornarse en un gobierno de los brāhmaṇs. Si los śūdras siguieran las recomendaciones de Gandhi, acabarían como siervos de los brāhmaṇs y seguirían siendo considerados *asuras* o chaṇḍālas.

En 1926 lanzó la campaña "Self-Respect Movement" cuyo objetivo era criticar –con argumentos racionales– la casta, el nacionalismo y la religión (Periyar fue un ateo contumaz). Sus más duros ataques fueron contra la ideología brahmánica, su autoridad escritural y espiritual. Se basó igualmente en las teorías raciales de Robert Caldwell para criticar al clero brahmánico y proclamar un orgullo dravídico. Igual que Jotiba Phule o Ayoti Thass habían invertido la mitología brahmánica para alabar el período preario y prevédico, Periyar loaba la era dorada dravídica previa a la invasión ārya del norte. Públicamente quemó ejemplares del *Manu-smṛiti*, atacó el *Rāmāyaṇa* y hasta la *Bhagavad-gītā*: una tríada que para él representaba la esencia del hinduismo. En contra del sentir general de la época, consideraba la *Gītā* como un texto que defendía el sistema de castas. Siguiendo a los shivaístas tamiles, reinterpretó el *Rāmāyaṇa* como el recuento de la agresión del imperialismo brahmánico del norte de la India. La victoria del rey Rāma sobre el *rākṣas* Rāvaṇa, que había raptado a Sītā, era una alegoría de la victoria de la India ārya sobre los habitantes originales de la India. Como ha señalado M.S.S. Pandian, al criticar el *Manu-smṛiti*, el *Rāmāyaṇa* y la *Bhagavad-gītā*, Periyar mostraba que la casta y el brahmanismo constituían el eje del "hinduismo": «No existe una religión hindú –sostenía–; el credo y los hábitos de los arios son la religión hindú».[42] La famosa flexibilidad del hinduismo era, a su entender, una estratagema para neutralizar la oposición a la casta y reafirmar, así, la supremacía brahmánica.

87. E.V. Ramasamy Naicker "Periyar", a finales de los 1950s o principios de los 1960s.

Periyar ataca al brāhmaṇ en tanto ārya; esto es, por creerse superior. Revierte el esquema y el brāhmaṇ pasa a ser un impostor que no tiene el derecho ni el privilegio de ser un dravídico. De ahí que, un poco al modo de los movimientos antibrahmánicos de Maharashtra, ideara su frente dravídico como una coalición de megacastas no brahmánicas. En buena medida lo logró, ya que consiguió aglutinar a castas muy heterogéneas. El movimiento atrajo a nāḍars (y a su líder Soundarapandian), a ādi-drāviḍas (intocables), a balijas (la propia comunidad de Periyar), a vēḷḷāḷas (como Ramanathan), a segunthars (como su sucesor, C.N. Annadurai), a agricultores agamudaiyaṉs, incluso a comerciantes cheṭṭiārs.[43]

Durante los años 1930s flirteó con el comunismo, del que acabaría muy desencantado tras un viaje a la Rusia soviética. Aunque sus posiciones variaron con el tiempo, la crítica al brahmanismo, el hinduismo y el nacionalismo indio fueron una constante. Su proximidad al socialismo desarrollista y tecnológico le llevó a criticar con contundencia la utopía gandhiana de aldeas autárquicas.

Aunque estaba poco interesado por el culto a la lengua tamil, la imposición por parte del Congreso del hindi como lengua nacional en las escuelas (a partir de 1937) le hizo priorizar la cuestión lingüística. A principios de los 1940s defendió la idea de un Pakistán separado, ya que compartía buena parte de la crítica musulmana y ambedkarita hacia la orientación "hindú" del partido del Congreso.

En 1938, en uno de sus períodos de encarcelamiento, fue elegido presidente del partido de la Justicia, que en 1944 rebautizó como Dravida Kazhagam ("Partido dravídico"), con la meta explícita de establecer una nación dravídica no brahmánica. Gradualmente, el partido fue derivando hacia el shivaísmo tamil, alejándose del ala racional-socialista que él secundaba. Dadas sus constantes críticas a la religión y su lenguaje deliberadamente poco refinado, sus textos pasaron a ser casi "tabú" entre ciertos círculos políticos. Pero sus mítines y conferencias levantaban siempre expectación gracias a su mordacidad y su sentido del humor. Incluso los brāhmaṇs (con frecuencia, objeto de sus críticas) acudían a escucharlo. Sus ataques a los shivaístas que promovían e idealizaban el tamil llevó a que una sección del partido rompiera con él. Esa semilla germinó en el DMK (Dravida Munnetra Kazhagam), el partido nacionalista tamil que ha gobernado desde hace más de 40 años en Tamil Nadu alternativamente con una escisión suya, el AIADMK.

Los comunistas

El marxismo ha tenido siempre fervorosos partidarios en la India. El comunismo indio canalizó buena parte de los anhelos en pos de una sociedad sin clases, religiones o supersticiones. No obstante, al apartarse deliberadamente de las tradiciones índicas (incluidas las corrientes críticas de los *bhaktas*, los *sants* o los reformadores del XIX), la imagen de una sociedad sin castas no ha sido preeminente en el discurso comunista. Todo el énfasis se ha puesto en la *clase*.

Tal fue el caso de los movimientos marxistas de Bengala. Quizá porque, a diferencia de Maharashtra, Tamil Nadu o Kerala, donde existía un dominio de castas brāhmaṇs como los chitpāvans, los tamiḷ-brāhmaṇs o los naṃpūtiris, o quizá porque en Bengala la división se daba más en términos de religión (hindúes y musulmanes), el caso es que el socialismo y el comunismo bengalí tendieron a subsumir en una única categoría de clase las desigualdades de casta o género. De hecho, los comunistas de Bengala no establecieron listas de "clases atrasadas" ni cuotas en la administración hasta la década de los 1990s.

Interesantemente, el comunismo de Kerala, liderado por E.M.S. Namboodiripad –que, como su apellido ilustra, pertenecía a la altísima casta de brāhmaṇs naṃpūtiri–, encontró en el marxismo una ideología que podía rehabilitar a los brāhmaṇs de los cargos esgrimidos por el antibrahmanismo dravídico. Para el gran pensador comunista keralita, el sistema de castas había preparado –como la esclavitud o el feudalismo en otras latitudes– el terreno para grandes transformaciones económicas y sociales. Incluso la victoria del filósofo hindú Śaṅkara (tradicionalmente considerado un naṃpūtiri), allá por el siglo IX, no fue sólo un triunfo ideológico del vedānta advaita sobre el budismo, sino un giro completo en las relaciones de producción.[44] Y, no sin razón, Namboodiripad argüía que asociaciones de casta como la de los īḻavars representaban vías gracias a las cuales «las masas campesinas se levantaron en lucha contra el feudalismo».[45]

El movimiento Adi Hindu del norte

A diferencia del sur, en el norte de la India las castas bajas e intocables operaron durante mucho más tiempo dentro de la lógica de la sanscritización. De modo que no existía el terreno abonado para la formación de esas federaciones de castas que, a principios del siglo XX, estaban desplazando a los brāhmaṇs y otras castas altas del poder en Tamil Nadu, Karnataka o Maharashtra.[46]

El gran campeón de la causa intocable en el norte de la India fue Swami Achhutanand, un chamār de las Provincias Unidas (hoy Uttar Pradesh), muy activo en la década de los 1920s. De joven se unió al Arya Samaj y se convirtió en uno de sus predicadores itinerantes, encargado de organizar rituales de purificación (*śuddhi*) para intocables. No obstante, se desengañó con la organización y la criticó duramente. Tomó el nombre Achhutanand de la hindi *achchut,* "intocable".

No muy alejado de Phule, de los dravidianistas o del movimiento Adi Dharm (rāvidāsī), en su formulación de la filosofía Adi-Hindu, Achhutanand sostenía que los āryas fueron invasores que sometieron a los habitantes "originales" (*ādi*). Los intocables son sus descendientes y tienen sus raíces en la civilización del Valle del Indo. Aquellos que aceptaron el sistema de *varṇas* pasaron a ser śūdras, los que no lo hicieron fueron considerados "intocables" y los que se refugiaron en las montañas serían llamados ādivāsis. Está claro que Achhutanand quería proporcionar a estos tres grandes colectivos una base común, si bien nunca se preocupó demasiado de los últimos. En los 1920s, Achhutanand se opuso a las campañas gandhianas de no cooperación. Para él, el partido del Congreso era «una organización de brāhmaṇs "dos-veces-nacidos", tan extranjeros como los británicos».[47]

Al inspirarse en los movimientos devocionales, Achhutanand no rechazó el hinduismo; a lo que se oponía era al brahmanismo. Aunque el movimiento se hizo fuerte en Agra, Kanpur y otras ciudades, no consiguió unir a los intocables.

Como ya mencionamos, hasta hace relativamente poco, la mayoría de los movimientos reformistas o asociaciones de casta del norte de la India actuaban en el marco de la sanscritización y no trataban de abolir el sistema de castas. La agrupación de los jāṭavs, una de las asociaciones de casta pioneras en reclamar mejoras políticas, encaminaba sus esfuerzos a mejorar *dentro* del sistema, no a dinamitarlo. Castas bajas o intocables como los dhobīs, los dosadhs, los koerīs o los noniyās reclamaban estatus de kṣatriya. Como señala Christophe Jaffrelot, la resiliencia de la sanscritización en el norte diferencia claramente estos movimientos de los del Decán y el sur.[48] Además, a diferencia del sur de la India, donde los brāhmaṇs poseían un poder desproporcionado –como terratenientes o funcionarios–, en el norte los brāhmaṇs podían estar muy por detrás –económica y hasta educativamente– de kāyasthas o baniās. Para mayor inri, si los *mahārājas* de Kolhapur, Baroda, Mysore, Travancore o Cochin resultaron ser gobernantes que apoyaron a los movimientos no brahmánicos o a los grupos más desfavorecidos, los *mahārājas* del norte, como los de Gwalior, Rewa o Bharatpur (de dinastías de origen jāṭ, ahīr o marāṭha), tendieron a apoyar el sistema de castas y se asociaron con los movimientos nacionalistas hindúes.

22. AMBEDKAR[1]

El gigante en la lucha por la emancipación de los intocables de la India fue, sin duda alguna, Bhimrao Ramji Ambedkar, cariñosamente conocido como *bābāsāheb* ("padre-maestro"), una figura que hemos ido reencontrando a lo largo de la obra. Puesto que no es muy conocida fuera de la India vamos a dedicarle especial atención.

ORÍGENES

Bhimrao R. Ambedkar nació en 1891 en Mhow, un acuartelamiento militar de la India central, en el seno de una familia intocable mahār originaria de Maharashtra. A diferencia de la mayoría de los intocables de la época, el niño Ambedkar no creció en el "gueto". Su familia había logrado cierta autonomía y solvencia al servicio del ejército imperial y hasta tenía el "privilegio" de guardar el palanquín de la diosa del pueblo. Muchos de sus familiares sabían leer y escribir. Su padre, Ramji Sakpal, era profesor de escuela y dominaba el marathi y el inglés. Había sido amigo personal y admirador del *mahātma* Phule [véanse págs. 514-516] y seguidor del Kabīr-panth [véanse págs. 441-445]. Su madre también era devota de Kabīr. (Ambedkar siempre citó a Phule, Kabīr y el Buddha como sus tres "maestros".) La pertenencia al Kabīr-panth, combinada con las nuevas oportunidades económicas surgidas a partir de la colonización, habían otorgado a los mahārs y otras castas bajas de Maharashtra un acusado sentido de identidad. Ya desde tiempos de los *sants* [véanse págs. 440-441], Maharashtra ha desempeñado un rol decisivo en la resistencia y reforma de la casta.

De niño, Ambedkar destacó como estudiante. Un maestro brāhmaṇ que creía en él sugirió que cambiara su apellido Ambavadekar (su nombre real, derivado del de la aldea de origen familiar: Ambavade) por Ambedkar.

En 1907 se convirtió en uno de los primeros intocables en cursar estudios superiores en el Elphinstone High School de Bombay. En 1912 se graduó en el Elphinstone College. Allí volvió a conocer el estigma de casta al tener que estudiar inglés y persa, y no sánscrito, por los recelos de ciertos *paṇḍits* ortodoxos ante la idea de que un intocable aprendiera la lengua sagrada. Gracias al apoyo del *mahārāja* de Baroda (uno de los principales impulsores de los movimientos antibrahmánicos de Maharashtra), impresionado por su inteligencia y sus aptitudes, Ambedkar recibió una beca para estudiar en la universidad de Columbia, en Estados Unidos. En sus años de estudiante en Norteamérica, Ambedkar se empapó del liberalismo y el pragmatismo de John Dewey, uno de sus insignes profesores. Luego, cursó estudios de Derecho en la London School of Economics, pero tuvo que dejarlos al caducar su beca.

De regreso en la India, trabajó como funcionario en el principado de Baroda. Allí pudo sentir de nuevo la discriminación de casta (algunos de sus subordinados se negaban a recibir órdenes de un mahār; o a tocar sus "impuros" papeles; fue expulsado de un albergue al sospecharse de su identidad intocable; etcétera). A pesar de estos esporádicos episodios de prejuicios casteístas, lo cierto es que su juventud no fue difícil.

Trabajó como abogado privado y como profesor de política económica en Bombay. Con la ayuda de Shahu, *mahārāja* de Kolhapur [véanse págs. 516-517; FIG. 4], pudo regresar a Europa y los Estados Unidos. Se doctoró finalmente por Columbia en 1927, convirtiéndose así en el *doctor* Ambedkar, el primer intocable en doctorarse en una universidad.

LA LUCHA POR LA CAUSA INTOCABLE

Su militancia incondicional en favor de las castas atrasadas o "Depressed Classes", como las denominaba el gobierno colonial, puede fecharse hacia 1924, cuando fundó su Bahishkrit Hitakarini Sabha ("Asociación para la mejora de la condición de las víctimas del ostracismo social"). Aunque las leyendas gustan de presentárnoslo hoy como un joven radical, la verdad es que en sus inicios su tono fue moderado y sus ideas, pragmáticas y realistas. Ante todo, y atraído inicialmente por la vía gandhiana, Ambedkar aborrecía de la violencia. De buen principio descartó la vía marxista. A diferencia de las generaciones anteriores de reformadores sociales, el *doctor* no quería únicamente la igualdad en términos espirituales o soteriológicos, sino la igualdad social. De ahí que, en sus comienzos políticos, la religión no constituyera un aspecto relevante de su programa de lucha.

Básicamente, su mensaje se centró en cómo mejorar la condición social y económica de los intocables. Sus primeras acciones consistieron en romper con la ocupación tradicional de los mahārs y coordinar diversas campañas para su libre acceso a los pozos y a los templos. Aplaudió la campaña y victoria de los īḻavars en el templo de Vaikkam [véase pág. 500], y él lanzó las suyas en Bombay, Nasik y Pune. Mucho eco tuvo su campaña de 1927 para que los intocables pudieran sacar agua de los pozos públicos de Maharashtra; o las conferencias que organizó en Mahad, que atrajeron a decenas de miles de oyentes intocables. Su acto más espectacular fue la quema pública de un ejemplar del *Manu-smṛiti*, lo que le valió la reprobación de otros reformistas hasta entonces simpatizantes con su causa. El gesto muestra a la perfección tanto su visión legalista como la "orientalista" del poder y la fuerza del texto escrito. Estas acciones poseen hoy una resonancia casi "mítica" en la historia de los mahārs y los dalits de Maharashtra.

A diferencia de otros orientalistas, sin embargo, Ambedkar fue de los primeros en desmarcarse de las narrativas racialistas de la casta. Con bastante perspicacia, estimaba que los escritores europeos proyectaban sus propios prejuicios raciales sobre los indios. Para Ambedkar, en el período védico la clase sacerdotal se escindió del resto de la sociedad y se convirtió en «clase cerrada».[2] Anticipando varias décadas el concepto de "sanscritización", sostenía que aunque los brāhmaṇs no impusieron el sistema sobre los demás grupos, estos simplemente se encontraron con la puerta cerrada (endogamia) y, poco a poco, fueron imitando el prestigioso modelo brahmánico. Y ahí se fue fraguando el *sistema* de castas. Para Ambedkar, «casta en singular es una irrealidad; castas sólo existen en plural».[3] En esta parte de su análisis, Ambedkar convergía con la visión holística y sistémica de la casta. Para él, la genuina fractura social en la India no se daba entre brāhmaṇs y no brāhmaṇs (como para Phule o Periyar), sino entre los "tocables" y los "in-tocables".

Su principal estrategia de mejora de las castas atrasadas consistió en negociar unos escaños reservados para los intocables en las demarcaciones donde tuvieran peso demográfico. En 1928 reivindicaba una cuota de puestos en el funcionariado para ellos.

Nunca le gustaron demasiado las agitaciones de masas, incluidas las movilizaciones no violentas de Gandhi. De hecho, consideraba la utopía gandhiana de "regreso" a una autárquica vida aldeana como una filosofía reaccionaria. A diferencia de la mayoría de los líderes nacionalistas, que idealizaban una aldea india autosuficiente y democrática, Ambedkar consideraba la aldea «un sumidero de localismo y una guarida de ignorancia, mentalidad cerrada y comunalismo».[4] Poco a poco, Ambedkar fue colisionando con otros aspectos del gandhismo, y muy en particular con su fórmula de "mejora" de los intocables. Para Ambedkar, mientras existieran castas habría descastados. Por tanto, sólo la *aniquilación* del sistema podía emancipar al intocable. En contra del ideal gandhiano, en el que el bhangī continuaría limpiando letrinas aunque con idéntico estatus que el primer ministro o un docto brāhmaṇ [véanse págs. 509-511], Ambedkar quería integrar a los intocables a través de medidas educativas, políticas y legales. De la misma forma que los musulmanes recelaban del nacionalismo indio liderado por el partido del Congreso (porque lo veían como nacionalismo *hindú*), Ambedkar y los intocables siempre vieron el movimiento en pos de la independencia como un nacionalismo de *alta casta*. De ahí que pudiera afirmar que: «Recibimos mejor trato de los británicos que de nuestros pretendidos "padres"».[5] Por encima de cualquier vano patriotismo, Ambedkar se debe a su comunidad: los "oprimidos" (dalits), que es como él los redefinió en 1928. Por ello renegaba del argumento gandhiano de que los intocables supeditaran su causa a la de la unidad de la nación.

Pulso con Gandhi

En realidad, en esa época de agitación nacionalista, Ambedkar y los musulmanes se encontraban en una situación ambigua. Dado que estaban negociando con los británicos sus respectivos estatus de "minorías" no podían secundar los movimientos de desobediencia civil.

En efecto, a partir de 1928 los británicos convocaron una serie de rondas de consultas con los representantes políticos de los distintos grupos y minorías de la India. Como dicha comisión estaba constituida únicamente por británicos, el partido del Congreso la boicoteó. Por tanto, en la primera ronda de conferencias de 1930 ni Gandhi ni nadie del partido del Congreso participaron; pero sí acudieron representantes de los musulmanes, los sikhs, los dalits, los cristianos o del conservador Hindu Mahasabha. Ambedkar presentó un programa más ambicioso que el de sus posiciones moderadas –de escaños reservados– de antaño. Dado que la petición musulmana de un electorado separado parecía firme, optó por seguir su ejemplo y propuso un tipo de electorado separado para su "minoría no hindú".*

En la segunda mesa redonda de conferencias de 1931, que iba a celebrarse en Londres, Gandhi decidió participar [FIG. 88]. Antes de embarcarse, el *mahātma* probó una nueva y audaz estratagema. Suavizó los movimientos de desobediencia civil y se esforzó en imponerse –con notable éxito– como *portavoz único* de los indios ante las autoridades coloniales. Pero Ambedkar nunca reconoció en Gandhi legitimidad alguna a la hora de hablar en nombre de los intocables. El choque entre los dos estadistas no se hizo esperar. Gandhi concertó un encuentro que acabó por abrir una brecha irremisible entre ambos. (Ironías de la historia, el *mahātma*, que apenas sabía nada de Ambedkar, creía que era ¡un brāhmaṇ altruista interesado por la causa intocable!) Sus posiciones no podían ser más opuestas. En la segunda mesa redonda, Ambedkar ya propuso abiertamente un electorado separado para los intocables con escaños reservados durante 20 años. Como ya conocemos, para Gandhi el modelo ideal de los *varṇas* había sido en su origen noble y era digno de recuperarse [véanse págs. 507-508]. Para Ambedkar, eso equivalía a admitir que el mérito o el valor individual no contaban. Gandhi era enfáticamente contrario a la separación política y religiosa entre intocables e hindúes. Consideraba que el establecimiento de electorados separados para las "Depressed Classes" era «un veneno pensado para destruir el hinduismo».[6]

Para salir del *impasse*, las autoridades coloniales idearon una vía de compromiso entre ambas posiciones. Pero, en esencia, reconocían el derecho de los intocables a tener su electorado separado. Inmediatamente, Gandhi comenzó uno de sus ayunos-hasta-la-muerte en protesta por el acuerdo que Ambedkar había sonsacado a las autoridades coloniales.

Dada la popularidad del *mahātma*, otros líderes políticos intocables se opusieron al programa de Ambedkar y la prensa nacionalista acabó por defenestrarlo. Lo acusaron de antipatriota, comunalista, diabólico... Gandhi se opuso con proverbial tenacidad (a pesar de que ya había aceptado –in ex-

* La diferencia entre los escaños reservados y el electorado separado es importante. En la primera fórmula, que Ambedkar propugnaba hasta 1930, los candidatos intocables son escogidos por sufragio general (por lo que pueden acabar siendo títeres de los grandes partidos, dominados por las castas altas). En la fórmula de electorado separado, únicamente los intocables votan a sus candidatos intocables, con lo que se convierten en una fuerza política considerable.

tremis, ciertamente– electorados separados para musulmanes, sikhs, cristianos y angloindios). Insistía en que los intocables no constituían otra "minoría", sino que pertenecían al caudal hindú.

Sin demasiado ojo, las autoridades coloniales optaron por que la solución al tema de la representación de las "Depressed Classes" se acordase entre los propios hindúes, así que se dirigieron hacia Ambedkar, de cuyas manos ahora dependía la vida del *mahātma*.

Ante el chantaje de Gandhi, Ambedkar tuvo que ceder, so pena de ser responsable de su muerte (y quizá de un brote de violencia comunal en la que los intocables tendrían todas las de perder). De hecho, él fue el único político indio al que Gandhi se opuso con un ayuno. Sin duda, porque sabía que Ambedkar no incitaría a la violencia. Como señaló Upendra Baxi, el *mahātma* conocía por experiencia que «los liberales, a diferencia de los revolucionarios, no saben bien cómo enfrentarse a un oponente que está dispuesto a morir por una causa».[7] Se la jugó; y ganó. A regañadientes, Ambedkar tuvo que aceptar una versión edulcorada de su propuesta: unos escaños para intocables (y bastantes menos de los propuestos) en las asambleas provinciales, pero elegidos por sufragio general, lo que obviamente favorecería siempre a los partidos mayoritarios. Aunque en apariencia el pacto tenía la pinta de ser una concesión de Gandhi, en realidad de-

88. La segunda mesa redonda de conferencias. A la derecha de Gandhi está el primer ministro británico Ramsay MacDonald. En primer plano, el cuarto por la izquierda es Ambedkar. Londres, 1931.

jaba la representación de los intocables en manos del todopoderoso partido del Congreso. Este acuerdo se conoce como el "Pacto de Pune" de 1932. Y como sentenció el *mahātma*: «Suscribiendo el pacto de Poona [Pune] ustedes aceptan la posición de que son hindúes».[8] El texto fue luego ratificado por los "líderes hindúes". Gandhi rompió su ayuno. Tres días después, Gandhi fundaba la All India Anti-Untouchability League (futura Harijan Sevak Sangh [véanse págs. 509-510]).

Su derrota ante Gandhi sobre la cuestión crucial del electorado separado dejó en Ambedkar un amargo sabor de desencanto. Es cierto que tras la fundación de la Anti-Untouchability League (en la que Ambedkar participó en su primera andadura) o al escuchar y leer los pronunciamientos de Gandhi en favor de los intocables, Ambedkar se reconcilió algo con el *mahātma*, pero sus posiciones no se volvieron a aproximar más. ¿Por qué –se preguntaba Ambedkar– Gandhi no realizó ninguno de sus ayunos para forzar a los hindúes "de casta" a repudiar la práctica de la intocabilidad? «¿Qué es el gandhismo? –volvía a interrogarse el doctor–. Salvo por esta ilusoria campaña en contra de la intocabilidad, el gandhismo es simplemente [...] hinduismo ortodoxo militante».[9]

En los años siguientes, Gandhi encarnó la imagen del luchador en favor de los intocables y Ambedkar pasaría a un triste segundo plano. No obstante, la derrota fue sólo provisional. Por un lado, la destreza con la que manejó el asunto le confirió una incuestionable relevancia nacional y un gran respeto por parte de los británicos. Por otro lado, si bien los intocables no tuvieron su electorado y su representación en las asambleas provinciales fue neutralizada y controlada –como sospechaba Ambedkar– por los tentáculos del partido del Congreso, entre 1935 y 1936 las autoridades coloniales emprendieron la tarea de censar y "clasificar" (*scheduling*) todas las castas y colectivos "atrasados" (*backward*) para poder aplicar el acuerdo. Fueron los primeros pasos de lo que hoy es el programa de acción afirmativa mayor del mundo [véase capítulo 23]. Nada de eso habría sido posible sin la actuación de Ambedkar.

En el contexto de desencanto tras el pacto de 1932, Ambedkar dio un giro ya abiertamente hostil frente al hinduismo. En un tono claramente provocador (y con Gandhi en la mirilla), en una conferencia en 1935 ante 10.000 intocables proclamó su famosa sentencia: «Aunque he nacido hindú, no moriré como hindú».[10] Aquel mismo año fallecía su esposa Ramabai. A partir de ese momento, la religión pasó al primer plano en su pensamiento y acción política. En otra conferencia pronunciada en Bombay en 1936, Ambedkar declaró públicamente su intención de convertirse a otra religión.

Se entenderá, entonces, que Ambedkar llegara a condenar las campañas en favor de la libre entrada de los intocables en los templos (que él mismo había favorecido) dirigidas por Gandhi, pues estimaba que estas cuestiones de segunda línea ocultaban las prioridades fundamentales de su comunidad: mejora económica, mejora en educación, mejora en trabajo. Aunque las movilizaciones de entrada en los templos habían servido para alentar a los dalits y otorgarles una cierta autoestima, pedir la entrada en los templos significaba limosnear un lugar en una religión, el hinduismo, cuyo sistema social los condenaba al ostracismo. En último término, el programa gandhiano de comensalía, matrimonios cruzados y entrada en los templos dependía de la benevolencia de los hindúes "de casta", de modo que no representaba una alternativa al *statu quo*. El único punto que el partido del Congreso parecía tener en cuenta al tratar la cuestión intocable era la entrada en los templos. No podía pasar desapercibido que si los intocables finalmente conseguían entrar en los templos de los hindúes "de casta", eso sería la señal inequívoca de su pertenencia al tronco "hindú", ergo de la *mayoría*. Ya en la Asamblea Constituyente de 1947, a un diputado se le escapó manifestar que la gente tendría que reconocer «que las Scheduled Castes *pertenecen a* los hindúes».[11]

Con esta estrategia, Gandhi y el partido del Congreso combatían tanto a la minoría ultraortodoxa hindú, que se negaba a admitir que los intocables pertenecieran a su misma religión (y que con ocasión de los censos del siglo XIX habían protestado por ello), como a los ambedkaritas, que igualmente mantenían –por muy diferentes motivos– la no pertenencia de los intocables a la "mayoría hindú". El que los intocables fueran incluidos en esa categoría o no era de vital importancia para los nacionalistas. Como ya expuse en otro lugar, la categoría "mayoría hindú" fue un invento de la etnología imperial y del nacionalismo hindú, cuando se convino incluir ahí a un gran número de tribales, intocables y otros colectivos de religión sin nombre. No es del todo legítimo concluir que si un 30% de la población del Sur de Asia se declaró musulmana a finales del siglo XIX (proporción a la que habría que sumar un 10% de cristianos, sikhs, budistas, parsis, jainistas…), ello signifique que el 60% restante fuera hindú, como se registró en los censos (o en las leyes de 1909 y 1919). Si, como proponía Ambedkar (en sintonía con los primeros líderes de la Liga Musulmana), restáramos el 10% de intocables de la etiqueta "hindú", resulta que hubiese existido mucha mayor paridad entre hindúes y musulmanes, en especial en provincias como Bengala o el Punjab.[12] El punto era crítico. Gandhi actuó enérgicamente por la inclusión de los intocables en el regazo "hindú", apoyado en esta cuestión por la organización militante Hindu Mahasabha y sus programas de consolidación de casta, a través de los cuales se pretendía concienciar –o "persuadir"– a los tribales e intocables de su pertenencia y lealtad a la "comunidad" hindú. Ahora se entenderá que los más contrariados ante una eventual conversión a otra religión del líder mahār (y, presumiblemente, de cientos de miles de sus seguidores) fueran los dirigentes del partido del Congreso. Ambedkar estaba tratando de redefinir al intocable nada más y nada menos que como un sujeto político distinto: un no hindú y dalit.[13]

AMBEDKAR, EL POLÍTICO

En 1936, Ambedkar creó el partido Laborista Independiente. Más reformador que revolucionario –como pone Deliège–,[14] *bābāsāheb* continuó rechazando el marxismo. Ante todo, era escéptico acerca del mensaje revolucionario en la India y consideraba que el partido Comunista también estaba dominado por los de casta alta. Pero quizás ahí también aparece la mayor contradicción de su pensamiento, tal y como señala Christophe Jaffrelot, ya que si, por un lado, quería agrupar a todos los trabajadores y desfavorecidos (como muestra su recurso a la palabra "laborista"), por otro lado, negaba toda pertinencia a la clase y únicamente tomó la casta como base de la sociedad.[15] No sin lógica, su partido quedó reducido a un partido de intocables de Maharashtra. Aún más, a un partido de mahārs, porque apenas logró motivar a otras castas de bajo estatus de Maharashtra, como los māṅgs o los chambhārs, que veían en Ambedkar únicamente a un líder mahār. El partido fue reemplazado en 1942 por otro: la Scheduled Castes Federation.

En su nueva estrategia, Ambedkar apostó definitivamente por la casta. Insistía en que los intocables fueran reconocidos como "minoría" (igual que los musulmanes o los sikhs) y que, como los primeros, no sólo tuvieran su electorado separado, sino el derecho a un territorio propio. Con lógica, Ambedkar no desaprobaba la idea de un "Pakistán" (aunque sólo fuera porque la lealtad de los musulmanes al proyecto común indio le parecía

89. Bhimrao R. Ambedkar. Foto: Margaret Bourke-White para la revista *Life*, 1946.

dudosa y porque recelaba de su aptitud en crear un Estado democrático y tolerante). Mantenía que los hindúes eran –a diferencia de los musulmanes– incapaces de crear un frente unido y hablar con una sola voz. Su nuevo partido optó, pues, por marcar diferencias con hindúes y musulmanes. En su programa se reclamaba la creación de aldeas separadas para intocables.

A partir de 1940, en plena II Guerra Mundial, el partido del Congreso puso en marcha una contundente campaña de no cooperación con el aparato colonial y de no alineación en la guerra, a menos que se concediera la independencia a la India. Ambedkar no secundó esa línea (y, de hecho, alentó a los dalits a que se enrolaran en el ejército indio). Durante esos años, desempeñó importantes cargos en la administración colonial del país; al mando de "ministerios" como Trabajo o Irrigación [FIG. 89].

Las elecciones de 1946 supusieron un revés para el partido de Ambedkar. En parte, por su escasa capacidad organizativa (está claro que Ambedkar fue más un jurista, un intelectual y un político carismático que no un organizador); y en parte por el sistema de sufragio, aspecto que sólo logró reafirmarle en la necesidad de un electorado separado para los dalits. Dado su escaso éxito electoral, en esta ocasión los británicos no lo consideraron un portavoz legítimo.

Únicamente lo salvó el hecho de que, ese mismo año, el *premier* británico declaró que la Joya de la Corona tendría su independencia. Su costado pragmático –y algo oportunista– lo animó a escribir al *sardār* Patel, una de las cabezas del partido del Congreso, para mostrarle su lealtad al proyecto de construcción nacional. Su reaproximación al Congreso ya era del todo patente en la Asamblea Constituyente de finales de 1946. Cuando el partido del Congreso optó por Jagjivan Ram como representante de los intocables, Ambedkar se acercó a Nehru mostrando su lado más conciliador.

EL ARQUITECTO DE LA CONSTITUCIÓN

A pesar de su vieja rivalidad con el Congreso, su reputación como jurista estaba fuera de toda duda. Seguramente por presión de Gandhi (que lo quería a toda costa en el gobierno), Nehru le ofreció el puesto de ministro de Justicia del primer gobierno de la India independiente.

Gandhi fue asesinado en 1948. Ambedkar fue el único hombre de Estado que no hizo declaración pública alguna. Poco después se casaría –por segunda vez– con una doctora (de casta brāhmaṇ) que conoció en el hospital (dado que su estado de salud empezaba a deteriorarse seriamente), rompiendo la endogamia de *jāti* y *varṇa*.

La gran obra de Bhimrao Ambedkar consistió en dirigir el comité que redactó la Constitución de la India. La empresa le llevó tres años. Y lo convirtió, irónicamente, en el nuevo Manu.[16]

Aunque no es propiamente el texto de una sola persona, la Constitución de la India refleja a la perfección el espíritu de Ambedkar, y él fue su principal inspirador y arquitecto. Con ello alcanzó su clímax como estadista. La Constitución de 1950 es un texto claramente secular, producto de la modernidad liberal e hijo de la tradición legal anglosajona. No en vano, 250 de sus artículos proceden directamente del *Government Act* de 1935 promulgado por los británicos.[17] Pero enraíza igualmente con la vieja tradición india de flexibilidad y debate. La Constitución no habla de nacionalizaciones de recursos naturales (algo propio de constituciones socialistas), ni hace demasiado caso a los principios gandhianos. Como sabemos, por el artículo 17 la intocabilidad queda abolida [véase pág. 283]. Además, figuran artículos que expresamente exigen al Estado proteger y ayudar en la mejora económica, educativa y social a las Scheduled Tribes y las Scheduled Castes. La gran "revancha" del *doctor*, pues, fue establecer constitucionalmente la cuota de escaños reservados para los desfavorecidos. Esta maniobra reconfiguraría por completo la identidad del dalit.[18]

Durante las sesiones de la Asamblea Constituyente, Ambedkar manifestó su propósito de adoptar un código civil de corte occidental que pusiera fin a las leyes personales (de las diferentes tradiciones hindúes o la *sharī'a* de los musulmanes). Ya en la Constitución había logrado incluir un principio directivo que vagamente anima al Estado a proveer en el futuro a los ciudadanos con un código civil universal. Ambedkar planteó su propuesta de un nuevo "Hindu Code Bill", pero fue ahí donde encontró mayor oposición de los congresistas musulmanes e hindúes. Las enmiendas que Nehru tuvo que aceptar –del ala más conservadora de su partido– llevaron a Ambedkar a dimitir.

Legado político

Tampoco debe pasar desapercibido que las elecciones de 1951 (las primeras elecciones generales de la India independiente) se acercaban. Con su dimisión, Ambedkar quería tener las manos libres para dedicarse a su partido, la Scheduled Castes Federation. Sin embargo, los resultados electorales fueron decepcionantes. Fue entonces cuando maduró la idea de crear un nuevo partido, el partido Republicano (que se establecería, póstumamente, en 1957).

El objetivo del nuevo partido sería –como en el proyecto original del partido Laborista Independiente– aglutinar a todas las masas desfavorecidas. Estas oscilaciones de estrategia reflejan el propio balanceo de Ambedkar entre la lógica de la casta y la de la clase. Cuando basa el partido en la clase, no tiene reparos en aliarse con grupos que representan a estratos socioeconómicos parecidos, pero cuando prioriza la casta, entiende que los intocables forman un mundo aparte del resto de indios. Estas oscilaciones son importantes para entender por qué Ambedkar nunca fue un comunista. Si los trabajadores prescindieran de su casta, su religión o su nación, perderían todo soporte para la revolución. El proletariado indio no estaba presto para dar ese paso. De ahí que afirmara que «si Lenin hubiera nacido en la India, primero habría erradicado el casteísmo y la intocabilidad entre los trabajadores, pues sin ello no podrían captar el concepto de revolución».[19]

Está claro que –como discípulo directo de John Dewey–, Ambedkar fue un pragmático. En su última fase política, acentuó su orientación economicista. Desmarcándose de los comunistas, perseguía el ideal de un Estado del bienestar capitalista que fuera capaz de evitar la explotación de los trabajadores. Quizá como tributo póstumo a su pragmatismo,[20] y seguramente también por su apoyo a la creación de un estado de habla marathi a desgranarse de la vieja presidencia de Bombay (futuro Maharashtra, creado en 1960), su partido –todavía la Scheduled Castes Federation– cosechó un resultado aceptable en las elecciones de 1957.

ATAQUE AL HINDUISMO

Durante esos años de acción política, Ambedkar se convenció de que el estigma de casta no podía combatirse únicamente en términos políticos o jurídicos. La casta era inseparable de la religión hindú:

> «¿Existe entonces algún principio en el hinduismo que todos los hindúes estén obligados a obedecer? A mí me parece que existe, y que ese principio es el de la casta».[21]

Para Ambedkar, la casta era un factor religioso (y no racial o económico). Por ello consideraba que la unidad esencial de la sociedad hindú era el *varṇa*. Según Ambedkar, 2.000 años atrás, el *Manu-smṛiti* transformó el sistema de *varṇas* (que en su origen no eran más que clases sociales) en el de *jātis*. Entonces operó la completa degradación de los śūdras, los intocables y las mujeres. Si recordamos, para Ambedkar la casta era fundamentalmente un sistema de segregación maquinado por los brāhmaṇs para proteger sus privilegios, que luego sería imitado por otros grupos. El brahmanismo es el veneno que ha mancillado la religión. Para el dalit, el hinduismo es cual sala de los horrores:

> «La ley de acero de la casta, la despiadada ley del *karma* y la absurda ley del estatus por nacimiento son para los intocables auténticos instrumentos de tortura forjados por el hinduismo».[22]

Esta religión es incapaz de proporcionar un sentido de identidad nacional, porque sólo exige la reverencia a la casta, y la única conciencia que existe es la conciencia de casta. Sobre este fundamento no puede alzarse una nación. ¿Cómo, pues, abolir la casta? La respuesta de Ambedkar es tajante: «Estoy convencido de que el verdadero remedio es el matrimonio entre castas».[23] Eliminada la endogamia, la casta se resquebraja. Y continúa:

> «La gente no está equivocada al observar la casta. En mi opinión, lo que está equivocado es su religión, que ha inculcado la noción de casta. Si esto es correcto, entonces obviamente el enemigo que hay que atacar no es la gente que sigue los mandatos de la casta, sino los *Śāstras* que les enseñan esta religión de la casta».[24]

El hinduismo no es más que una colección de tabúes y prohibiciones. Por eso sentencia Ambedkar: «No tengo ninguna vacilación en proclamar que una religión así debe ser destruida».[25]

LA CONVERSIÓN AL BUDISMO

Desde la década de los 1930s, Ambedkar estuvo ponderando –públicamente– diferentes opciones de conversión. En 1935 había animado a los líderes intocables a «cortar toda conexión con el hinduismo y abrazar otra religión».[26] Ese fue el año en que vaticinó que aunque había nacido hindú no moriría hindú.

La conversión como vía de escape del sistema de castas ya había sido utilizada por muchos grupos intocables. Los misioneros cristianos hicieron de ello casi su *leitmotiv* [véanse págs. 474-476]. Pero aunque Ambedkar reconocía que el cristianismo poseía un tono igualitarista, la presencia de atávicos prejuicios de casta (y la poca gracia que les hacía a los cristianos indios una conversión en masa de intocables) desaconsejaba la opción. Los líderes musulmanes (indios y hasta árabes) reaccionaron muy positivamente ante una eventual conversión masiva al islam. Pero si bien Ambedkar valoraba asimismo el valor igualitarista del islam, entendía que al ser una religión foránea a la India, su conversión conduciría a un aislamiento todavía más penoso para los suyos.

El prospecto de una conversión masiva de intocables ponía bastante nerviosas a las facciones más conservadoras del partido del Congreso, notablemente al Hindu Mahasabha. Estaba claro que una conversión masiva –en especial si era al islam– debilitaría demográfica y políticamente la "mayoría hindú". Así, en 1936, los líderes intocables del Hindu Mahasabha aconsejaron a Ambedkar, o una conversión al sikhismo, o al movimiento neohinduista Arya Samaj. Ambedkar barajó muy seriamente la primera posibilidad. El *mahārāja* de Patiala, el más influyente aristócrata sikh del Punjab, bendecía la idea. Ambedkar obtuvo el compromiso del Hindu Mahasabha de que si sus intocables se convertían al sikhismo, podrían mantener los privilegios alcanzados en el Pacto de Pune. Todo parecía indicar una conversión al sikhismo. Incluso Ambedkar envió a Amritsar una delegación de seguidores a estudiar esa religión.

Fue la oposición de líderes intocables como Ganesh A. Gavai, M.C. Rajah o Jagjivan Ram y, sobre todo, la negativa británica a mantener los privilegios para los intocables que se hubieran convertido al sikhismo, lo que enfrió dicha alternativa. El partido sikh del Akali Dal tampoco estuvo por la labor. Y, poco a poco, Ambedkar fue percatándose de que el trato sufrido por los dalits a manos de sikhs "de casta" no era mejor que el que recibían de los hindúes "de casta". Además, el sikhismo le pareció excesivamente localizado en el Punjab.

Ya desde los años 1930s, Ambedkar había manifestado una clara simpatía por el budismo. De hecho, durante los años que tanteó las diferentes opciones de conversión, los líderes budistas –siguiendo el ejemplo de Ayoti Thass [véanse págs. 517-518]– siempre se mostraron abiertos a una conversión de intocables. Gradualmente, fue tomando cuerpo la idea de una conversión al budismo. Desde los 1940s, algunos mahārs se estaban distanciando del hinduismo (dejando de celebrar la *pūjā*, boicoteando festivales hindúes y hasta rompiendo iconos) y, entre ciertos círculos, empezaba a celebrarse el Buddha Jayantī (aniversario del nacimiento del Buddha), dada la creciente inclinación de *bābāsāheb* hacia esa religión.

En una conferencia de prensa en los últimos años de su vida, Ambedkar afirmó que en una ocasión le había confesado a Gandhi que, aunque diferían en el asunto de la intocabilidad, cuando llegara el momento, «escogeré la vía menos dolorosa para el país; y este es un gran beneficio que estoy dando a la India, al abrazar el budismo; porque el budismo es una parte de la cultura de este país».[27] Muchos piensan que, en efecto, esta decisión evitó a la India enormes quebraderos de cabeza. Conocido es el alivio que tuvieron los líderes más conservadores.

En los 1950s, Ambedkar se volcó con ahínco a estudiar y profundizar en el budismo (incluidos viajes a Sri Lanka y Birmania). Su visión de esta religión es, no obstante, bastante *sui generis* (heredera tanto del activismo mahār, del neobudismo de finales del XIX como del orientalismo occidental). Con bastante ojo, Ambedkar entendía que la enseñanza del Buddha no estaba canónicamente "cerrada" y era susceptible de adaptarse y reinterpretarse según las necesidades de la audiencia. Aunque Ambedkar no lo expresara en términos budistas, el Mahāyāna tiene un concepto que se ajusta bien a esta posición: *upāya-kauśalya* o adaptación de la enseñanza a las idiosincrasias y características de cada contexto.

Y para Ambedkar, el budismo representaba la corriente igualitarista, racional, moral y social del pensamiento indio. Según Ambedkar:

> «Mi filosofía social está encapsulada en tres palabras: libertad, igualdad y fraternidad. Pero que nadie piense que la he tomado de la Revolución Francesa. Mi filosofía tiene sus raíces en la religión y no en la ciencia política. La he derivado de las enseñanzas de mi maestro, el Buddha».[28]

Con ello, Ambedkar tropicaliza y vernaculiza los ideales republicanos europeos y los liga a un prestigioso pasado nativo. La Revolución Francesa no logró portar la igualdad; la Revolución Bolchevique sacrificó la libertad. «Parece –según Ambedkar– que los tres sólo pueden coexistir si se sigue la senda del Buddha».[29]

Ambedkar empezó a reescribir la historia de la India con el budismo como expresión de la verdadera indianidad. Los mitos de origen se cambian. Siguiendo a Phule, el vedismo pasa a ser la edad corrupta y barbárica de la India [véanse págs. 514-515]. El Buddha fue un genuino reformador que actuó contra el antiguo régimen de la sociedad de castas védica. El rey budista Aśoka detuvo el poder de los brāhmaṇs y diseñó una sociedad más justa e igualitaria. El *Manu-smṛiti* y la intocabilidad representarían la contrarrevolución brahmánica. Por supuesto, esta lectura de la historia y el budismo es personal y apologética. Y en este contexto, el *nirvāṇa* (*nibbāna*) pasa a ser una felicidad accesible en esta vida; y el *dharma* (*dhamma*) budista se aleja de lo contemplativo. Incluso las "Cuatro Nobles Verdades" dejan de formar el eje del mensaje original del Buddha. Lentamente, el estadista mahār fue transformándose él mismo en una suerte de semimonje budista, si bien el budismo va perdiendo su cariz renunciatorio y se va transformando en una "moralidad sagrada". El abordaje ambedkarita del budismo es claramente social y ético más que filosófico y místico. Su interpretación del budismo «podría llamarse una "teología de la liberación", si el término teología pudiera aplicársele; quizá una "cosmología de la liberación"», tal y como sugiere Gail Omvedt.[30]

La oposición entre budismo e hinduismo toma en el pensamiento de Ambedkar tonos un tanto maniqueos. Casi que el hinduismo no es una religión, sino una confederación de castas que se esfuerzan por evitarse unas a otras. Las diatribas más duras van contra los brāhmaṇs; indiscriminadamente, sin diferenciar entre los del pasado y los del presente, entre los sacerdotes o los laicos. Tampoco los comerciantes (baniās) salen muy bien parados. Gandhi, recordémoslo, era un baniā.

Tras las elecciones de 1956, ya seriamente enfermo de diabetes, Ambedkar decidió dar el paso definitivo de abandonar el hinduismo. El 14 de octubre de 1956, durante la festividad de la Daṣaharā, en Nagpur, en el centro geográfico de la India, organizó una ceremonia pública de conversión. El mahār y su esposa, vestidos de blanco, se postraron ante una imagen del Buddha. Tomaron los tres refugios y recitaron los cinco preceptos budistas. La primera parte de la ceremonia la condujo en lengua pali (lengua litúrgica del budismo Theravāda) el cabeza de las órdenes budistas de la India, el monje birmano Bhikku U Chandramani. La segunda parte la dirigió el propio Ambedkar, en lengua marathi. Se levantó de nuevo y leyó a la multitud veintidós votos que él mismo había concebido para la ocasión. Luego, se volvió ante los 380.000 oyentes (principalmente mahārs) y pidió que aquellos que quisieran convertirse al budismo se alzaran. Todos se levantaron al unísono. Ambedkar administró los tres refugios, los cinco preceptos y los veintidós votos de su cosecha a la muchedumbre impecablemente vestida para la ocasión. Al final, pronunció estas palabras:

> «Hoy, al descartar mi antigua religión, que simboliza la desigualdad y la opresión, renazco».[31]

Visiblemente emocionado, Ambedkar declararía que tras su conversión sentía como si hubiese regresado del infierno, del infierno de la casta. Dejaba de ser un “intocable” y adquiría una nueva identidad: budista y dalit.

Esta conversión en masa contiene infinidad de valencias. No se trata únicamente del “retorno” del budismo a su tierra de origen, sino que al administrar él mismo (un laico, y no el monje U Chandramani) los refugios y los preceptos a la multitud, se alejó de la práctica budista prevalente y, de alguna manera, se aproximó más al espíritu de la enseñanza del Buddha. Precisamente, el budismo se había apagado en la India hacía ocho o nueve siglos debido –entre varios factores– a la insalvable brecha que se había abierto entre la comunidad de monjes y la comunidad de laicos. De hecho, estos no tenían siquiera una ceremonia de bautismo o conversión que los identificara como miembros de la comunidad budista. Al incluir en la ceremonia de conversión esos veintidós votos dejaba bien claro que un laico era tan importante para la comunidad espiritual como un monje, y dejaba no menos claro que abrazar el budismo equivalía a repudiar el hinduismo.

Un día después dirigió otra ceremonia de conversión a 100.000 personas más. Seis semanas después, *bābāsāheb* moría. De nuevo, cientos de miles de personas acudieron al mayor cortejo funerario que Bombay jamás hubiera conocido. Una nueva ceremonia de conversión se organizó para aquellos que acudieron a la cremación. En dos actos, en Delhi y Agra, otros 300.000 intocables abrazaron el budismo.

UNA NUEVA CONCIENCIA DALIT

Como hemos visto, Ambedkar poseía una inmensa fe en los principios de la democracia liberal y la modernización. Él fue un jurista, un economista y un político. Sin embargo, los textos de Ambedkar no beben enteramente de los modos de razonar de las ciencias sociales, sino que se adentran en el universo encantado de los mitos y leyendas; una estrategia necesaria para dotar a los dalits de una nueva conciencia.[32] Ahí debe insertarse, por ejemplo, su sofisticada narración del origen de la casta mahār y de los dalits. Vale la pena repasarla.

Para el *doctor*, todas las sociedades antiguas fueron conquistadas en alguna ocasión por un pueblo invasor. En estas situaciones de fragmentación social suelen escindirse grupos autóctonos ("hombres rotos" como él los llama), que pasan a la periferia y viven en zonas separadas. Cuando los invasores se sedentarizan recurren a estos "hombres rotos" para que les protejan de los ataques de tribus nómadas predadoras. A cambio, los hombres de la tribu sedentarizada les dan alimento. Como los "hombres rotos" no pertenecen a la misma tribu que los de la aldea deben vivir aparte. Los intocables son los descendientes de estos hombres "rotos" u "oprimidos" (*dalits* en marathi o hindi). Ambedkar sostiene, pues, que los intocables siempre han vivido segregados de los hindúes "de casta". En cierta manera, los dalits pasan a ser los habitantes originales de Maharashtra y de la India. Siguiendo a los etnólogos coloniales, hace derivar el nombre *mahāraṣṭra* –que quiere decir "gran reino"– de mahār.[33]

Sabido es que en los textos en sánscrito a los chaṇḍālas se les denominaba también antyajas (nacidos últimos). La interpretación ortodoxa hindú entiende que son "nacidos los últimos del Puruṣa en el orden de la creación". No obstante, Ambedkar nota que esa explicación contradice la teoría védica, ya que ahí es el śūdra el último nacido y el intocable siquiera es mencionado [véanse págs. 162-164]. Desde su punto de vista, la palabra "antyaja" no remite al nacimiento al final de la creación, sino al final del poblado, en el gueto de los dalits u "hombres rotos" que protegen la aldea. En este punto, Ambedkar refleja con claridad la realidad social de su Maharashtra, donde cada pueblo poseía su barrio mahār en las afueras; y donde una de las ocupaciones tradicionales de los mahārs era la de vigilante de la aldea. Los mahārs, por su parte, esgrimen una serie de derechos sobre los hindúes "de casta", el más importante de los cuales es el derecho a recibir alimento de los aldeanos.

Si bien en otras partes del mundo esos barrios separados de los "hombres rotos" desaparecieron y esas comunidades pasaron a ser absorbidas por las tribus sedentarias, en la India esto no sucedió. Existió un factor decisivo que impidió ese proceso.

Como sabemos, para Ambedkar, brāhmaṇs, śūdras o intocables pertenecían a una misma raza. Analizando los estudios censales, sacó a la luz que los intocables no recibían la iniciación de los brāhmaṇs; ni los brāhmaṇs ortodoxos hacían de sacerdotes familiares de los intocables. Además, los intocables comían carne de bovino y no veneraban la vaca. El hecho de que los dalits no tuvieran sacerdotes brāhmaṇs, no sólo se debía al rechazo de los segundos, mas también a que los intocables no querían tenerlos por sacerdotes. Como bien sabía Ambedkar, los intocables consideran a los brāhmaṇs seres inauspiciosos. Para él, la única explicación posible a esta extraña y paradójica antipatía mutua era la hipótesis de que los dalits u "hombres rotos" hubieran sido budistas.

Ambedkar sabe que no tiene evidencias directas para probar su hipótesis, pero plantea un cuadro fascinante. Los mahārs descienden de las tribus nāgas de "hombres rotos" o dalits que fueron luego víctimas del pogromo ārya. Sólo un nāga escapó, gracias a la ayuda del sabio Agastya. Los mahārs descienden de él. Estos nāgas serían luego iniciados por el Buddha y se convirtieron en algunos de los primeros budistas de la historia.

El odio y la vehemencia de los brāhmaṇs eran contra los budistas, no contra los dalits en sí mismos. Por tanto, tenía que existir otra razón adicional por la cual la intocabilidad fue impuesta sobre los dalits. La razón: porque comían carne de vaca. La contrarreforma brahmánica (cuando los brāhmaṇs abandonaron el sacrificio animal y se tornaron vegetarianos), entre los primeros siglos antes de nuestra era y la época gupta (siglos IV/V), atrapó a muchos seguidores budistas que comían carne en la trampa de la intocabilidad puesto que rehusaron el vegetarianismo.

Por tanto, los dalits y los mahārs son los habitantes originales de la India, descendientes de aquellos budistas que en su día habían constituido un grupo con identidad separada, al margen del sistema de castas. Como dice Christophe Jaffrelot, este mensaje posee un «tremendo potencial para la movilización social».[34] De ahí que, en la ceremonia de conversión, los mahārs reclamaran y regresaran a su religión ancestral en Nagpur, la "ciudad de los nāgas". Como hicieran Phule o Periyar, Ambedkar dotó a los mahārs de nuevos mitos de origen y una identidad prestigiosa basada en una perspectiva no hindú. O, dicho de otro modo, el objetivo principal de Ambedkar fue desarrollar una alternativa índica al *dharma* brahmánico.

Si uno lee los veintidós juramentos de su fórmula de "conversión", notará claramente el tono antibrahmánico (el primer punto ya declara: «no consideraré a Brahmā, Viṣṇu o Maheśvara [Śiva] como dioses, ni los adoraré»). Cualquier budista se asombraría por la falta de referencias a elementos básicos del budismo: ni una palabra acerca del ritual, del *nirvāṇa* (*nibbāna*), la meditación o el *saṃgha* (comunidad). Pero que nadie se lleve a engaño. La formulación ambedkariana es congruente con las más antiguas tradiciones del budismo indio. Precisamente, era su intención trascender las viejas rivalidades entre el Theravāda o el Mahāyāna. Su budismo sería un tipo de neobudismo o Nāvayāna.[35] Todos los seguidores de las principales escuelas budistas aprobaron su enunciado del budismo y aceptaron a sus seguidores como budistas.[36]

Interesantemente, en su enfoque y práctica cotidiana los neobudistas (nāu-bauddhas) o ambedkaritas ponen en cuestión concepciones estrechas de lo que es una "religión".

Por una parte, y a pesar del talante claramente racionalista de Ambedkar, la mayoría de los seguidores considera que el Buddha y *bābāsāheb* son seres sobrenaturales, capaces de otorgar la liberación a las clases desfavorecidas. Por supuesto, muchos bauddhas educados niegan que Ambedkar fuera ningún *bodhisattva* o ser sobrenatural. Interpretan su iluminación como un resultado de la educación y el desarrollo pleno de su potencial como ser humano.[37] Lo interesante es que el concepto de liberación individual queda entretejido con el de liberación sociopolítica. Los factores del sufrimiento, lo que el budismo tradicional llamó *duḥkha* (*dukkha*), son la explotación institucional, el trabajo forzado y la intocabilidad. Como expresa Timothy Fitzgerald, «en los escritos de Ambedkar la soteriología y la política están homologadas».[38] Por supuesto, siguiendo de cerca las enseñanzas del neobudista británico Sangharakshita, muchos ambedkaritas no olvidan el elemento de trascendencia. Así, la distinción entre una esfera religiosa y otra político-social, por ejemplo, se desdibuja. Algo no tan alejado, con las cautelas ya mencionadas, de la llamada "teología de la liberación".

Según la lectura de Ambedkar de la historia, el hinduismo brahmánico produjo un profundo sentido de injusticia. Las antiguos críticos del sistema, como los *sants* de Maharashtra (incluido el mahār Chokhāmeḷā), muestran la dificultad en trascender el absoluto de la casta [véase pág. 441]. Esa injusticia impulsó a Ambedkar a convertirse al budismo. Así, lo primero que hicieron los ambedkaritas conversos fue devolver el palanquín de la diosa del pueblo –tradicionalmente tirado por intocables– a los hindúes "de casta". Por ello el escritor dalit Shankarrao Kharat podía escribir:

> «He aceptado el *Dhamma* budista. Ahora soy budista. No soy un mahār, ni un intocable, ni siquiera un hindú... Me he vuelto independiente. Ahora soy libre».[39]

Este aspecto es extraordinariamente importante. Como ha visto Neera Burra, cuando un mahār dice que es un bauddha (budista) está subrayando que su identidad ha cambiado. Ya no se ve a sí mismo como miembro de una comunidad intocable.[40] Y, por implicación, está exigiendo a los demás (el hindú "de casta") que reconozcan esa transformación interna. Y explica cómo la recuperación del Buddha por parte de Ambedkar acabará por divinizar al propio *bābāsāheb*. Cualquiera que entre en casa de un ambedkarita notará que el ultrarracional economista y jurista es objeto de una *bhakti* y adoración muy poco secular. Canta un cuento popular del omnipresente y omnisciente Bhim (Ambedkar):

> «Bhim está encima, Bhim está debajo
> Bhim está delante, Bhim está detrás.
> Oh, amigo, nada hay aquí sin él,
> está en todas partes, está en todas partes».[41]

Puede que algunos ambedkaritas urbanos hayan eliminado las imágenes de las divinidades hindúes de sus hogares, pero no ha sucedido lo mismo en el mundo rural. Allí, el cambio de identidad se expresa de una forma diferente. Por poco que se conviva con los bauddhas del campo se verá que siguen participando en los festivales y rituales populares de los dioses y diosas hindúes. Neera Burra señala que lo que muchos mahārs han hecho es añadir la iconografía del Buddha y Ambedkar al universo religioso anterior.[42] Los grandes sacramentos de nacimiento, matrimonio o funeral siguen el viejo patrón hindú. Y lo que es significativo: los ambedkaritas rurales han empezado a realizar rituales hasta la fecha reservados a los hindúes "de casta".[43]

Para algunos, ahí se encuentra el fracaso del ambedkarismo. Los dalits han mantenido los mismos rituales, el mismo universo encantado y la misma *bhakti* del hinduismo. Al hacer del Buddha y de Ambedkar unos entes trascendentes (y en ocasiones, al hacer de Ambedkar una reencarnación moderna del Buddha), han dinamitado el empuje y el potencial del movimiento de conversión.

Pero yo disiento. Por un lado, los críticos olvidan el potencial liberador, racionalista e igualitarista del budismo. Si uno lee atentamente los pronunciamientos de Ambedkar, encontrará una interpretación extremadamente racional de conceptos como el *karma* (*kamma*), el renacimiento o el *nirvāṇa* (*nibbāna*). Pero, al mismo tiempo, al rescatar aspectos sobrenaturales del Buddha, Ambedkar los puede insertar en su proyecto de emancipación de los dalits. En especial, el despliegue de la compasión (*karuṇā*) tras la iluminación. Es a esta dimensión salvífica a la que el dalit rinde culto. Cuando el bauddha alaba a Bhim, no tiene la casta en mente, sino su necesidad de conectar con lo divino o trascendente. La religión no se reduce a lo social, como tiende a ver la etnología clásica. En cualquier caso, el mahār no necesita rechazar "revolucionariamente" su pasado.[44] Esta complejidad no se ajusta bien a los binarismos clásicos de secular/religioso, tradicional/moderno, racionalista/secularista.

Es importante destacar todo esto para ilustrar –con Debjani Ganguly– que la casta «continúa generando nuevas formas de vida en el presente».[45] La casta es una dimensión muy palpable de la vida cotidiana de millones de indios, sean budistas, sikhs o hindúes. A los grandes detractores de la casta les resulta difícil concebir que esta pueda ser un vehículo de emancipación.

Tras la muerte de Ambedkar, fue el monje budista británico Sangharakshita, cabeza de la Orden de los Budistas Occidentales, quien se preocupó del aspecto más espiritual de los nāu-bauddhas de Maharashtra. Hoy existe una importante asociación de "budismo socialmente comprometido", fundada en Pune en 1979, dirigida enteramente por dalits budistas, que no es ni laica ni monástica.

En octubre de 2006, con ocasión de la celebración del 50º aniversario de la conversión de Ambedkar en Nagpur, un millón de dalits se concentró en el "lugar de la iniciación" (*dīkṣā-bhūmi*) y una gran muchedumbre se convirtió al budismo.

CONCLUSIÓN

A pesar de su talante claramente secular, Ambedkar decidió combatir lo que él consideraba un prejuicio religioso con la conversión religiosa. (A riesgo de perder las cuotas que los mahārs poseían y que, entonces, como budistas, ya no podrían disfrutar.) La respuesta a la llamada de *bābāsāheb* fue bastante notable entre los dalits de las áreas de habla marathi y hindi. El censo de 1961 reportó 3,2M de "neobudistas" (frente a los 0,2M en el de 1951). Hoy puede que ronden los 8M.[46] Quizá un 55% de los mahārs se declaran nāu-bauddhas.

Sin embargo, el movimiento nunca alcanzó una dimensión continental. Es más, acabó por erigirse en una afiliación cúltica entre grupos relativamente prósperos de mahārs, jāṭavs y chamārs. Lejos de "aniquilar la casta", el ambedkarismo representa otra de las infinitas asociaciones entre casta, religión y cultura. La endogamia de casta –y subcasta– es ampliamente seguida por los ambedkaritas. Forma parte de su identidad como bauddhas, aunque al mismo tiempo la deploren. Algo parecido ha sucedido con los mahārs convertidos al cristianismo.[47] La ironía es que el ambedkarismo se ha tranformado virtualmente en una secta más del "hinduismo". Como ha señalado Christophe Jaffrelot, su conversión no fue una huida, sino una estrategia de emancipación, pero «al escoger el budismo, Ambedkar limitó el alcance de su ruptura con el hinduismo».[48] Como era de esperar, los hindúes de alta casta todavía ven a estos neobudistas como intocables. Los ambedkaritas han acabado, pues, por reforzar las distinciones de casta, en lugar de eliminarlas.

Pero, a la vez, para los mahārs y otros intocables el budismo ha comportado una dosis de autoestima valiosísima y ha propelido un nuevo sentido de identidad (no hindú) decente. Atacando de frente el "síndrome del paria" que tanto ha afectado a esta comunidad, *bābāsāheb* escribió:

«Cuando los hindúes querían los *Vedas* mandaron llamar a Vyāsa que no era un hindú de casta. Cuando los hindúes quisieron una Epopeya [*Rāmāyaṇa*] llamaron a Vālmīki, que era un intocable. Cuando los hindúes han querido una Constitución, me han llamado a mí».[49]

Sesenta años después de la muerte de *bābāsāheb*, los ambedkaritas constituyen uno de los grupos de la India que más ha ascendido en la escala social. (A pesar de que hasta 1990, con el gobierno de V.P. Singh, los neobudistas no pudieron recuperar las cuotas que como intocables hindúes habían disfrutado hasta su conversión.)

El legado político de Ambedkar se fue apagando en las siguientes décadas. Ningún líder de talla lo sucedió. El partido del Congreso supo neutralizar a los políticos intocables. Y el partido Republicano póstumamente fundado se perdió en innumerables escisiones y rivalidades y fue víctima de la política de castas.

Sin embargo, a principios de los 1990s la herencia de Ambedkar eclosionó. En la actualidad, no hay movimiento dalit que no lo reclame para sí [véanse págs. 610-617]. Y no existe ciudad en la India que no haya erigido una gran estatua de *bābāsāheb* Ambedkar. En 1999, los libros de texto oficiales de la India, que años atrás ni siquiera mencionaban su nombre, fueron aumentados con dos páginas en las que se destaca su contribución como padre de la Constitución.

Con Ambedkar, casta y política (dos ámbitos que nunca dejaron de retroalimentarse) quedan absolutamente entrelazadas. Y ese va a ser el hilo conductor de la siguiente y última Parte de este libro.

V

CASTA Y POLÍTICA

La relación entre casta y política es antigua; y no tiene visos de desaparecer, para sorpresa de muchos, que imaginaban que con la modernización la casta se esfumaría. Afirmaba Octavio Paz que «la modernidad en sus dos direcciones [nacionalista y democrática] es incompatible con el sistema de castas»;[1] lo cual, aunque plausible, es desmentido por el caso indio. Y es que ningún orden social desaparece de golpe.

Según este discurso, cuando el país acabe por modernizarse, la "casta" se transformará en "clase", en el sentido marxista del término. Pero la cosa tendría que ser forzosamente asimétrica, ya que los criterios que definen la clase y la casta son distintos (no es tan sencillo como que los de casta alta pasen directamente a engrosar la clase alta). En verdad, algo de esto podría darse si la casta fuera rígida. Pero, como hemos visto, la casta es una fuerza adaptativa; una forma de solidaridad y competencia capaz de acomodarse a un sinfín de contextos y de absorber todo tipo de grupos que, bajo la forma de "casta", pueden retener su identidad y particularismo, pasar a ser candidatos a cierto rango (y por ende, a apoyar el sistema) y someter a otros en la jerarquía y en la lucha por el poder. El que la fórmula *jajmānī* haya declinado no nos obliga a concluir que la "sociedad de castas" vaya a volatizarse. El *sistema* de castas está en la uci, pero no la *sociedad* de castas [véase pág. 153]. La complejidad de los conceptos *varṇa*, *jāti* y *caste*, con sus múltiples resonancias, impide enfocar la cuestión de forma simple.

La casta ha demostrado una extraordinaria capacidad de adaptación a la moderna democracia parlamentaria y a la reorganización económica del siglo XXI. Si la casta era el paradigma del tradicionalismo, entonces la sociología debería revisar su concepción de lo que es la "tradición". La casta puede ser regresiva o abrir nuevas rutas de cambio social. Ni es una lacra ni ninguna bendición. Deberíamos dejar de moralizar tanto sobre el tema.

El gran debate ha sido si la casta es un asunto religioso o civil (o ambos, que sería mi posición). La religión y la política, empero, sólo pudieron ser seccionadas una vez la secularización las constituyó como campos separados de creencia y de acción. Pero en la India, las cosas nunca son tan binarias. Por ello, un "tradicionalista" como Gandhi aseguraba, en las últimas páginas de su autobiografía, que «aquellos que sostienen que la religión nada tiene que ver con la política, no conocen el significado de la religión».[2] Razón no le faltaba, siendo como es la India «una de las sociedades más intensamente políticas del mundo», en palabras de Sunil Khilnani.[3] El meollo de la cuestión, como veremos en esta Parte, es que la política india puede haberse vuelto más casteísta, mientras que la sociedad india está más despojada de la casta.[4] Este nuevo rol de la casta en la política ha desplazado el viejo interés académico por la casta como "sistema", propio de los escritos hasta los 1990s, hacia la casta como "fuerza" de la India contemporánea.

Por otro lado, uno se pregunta cómo ha podido armonizar la India los valores jerárquicos de la sociedad de castas con el igualitarismo e individualismo de la democracia. La respuesta a esta aparente paradoja nos ocupará muchas de las páginas que siguen. Pero varias cosas han de quedar claras.

En primer lugar, y como bien expresa Robert Deliège, si «el país de la jerarquía institucionalizada se ha convertido en la democracia más grande del mundo, lo es sin duda porque los valores asociados al mundo moderno estaban presentes en la India».[5] Hay que dejar de exotizar la India y su estructura social. La India posee una historia de pluralismo y multiculturalismo muy larga. Y gracias a este poso ha concebido una democracia altamente inclusivista y el sistema de discriminación positiva para grupos históricamente desfavorecidos más grande y elaborado del mundo [foco del capítulo 23].

En segundo lugar, hay que decir que la casta ha sabido adaptarse al contexto parlamentario y darle un nuevo contorno. Un número muy importante de grupos sociales, que hasta la fecha habían quedado fuera del juego del poder, se va encontrando con que –gracias a su peso demográfico y a la etnicización de la identidad de casta [capítulo 24]– ahora sí pueden competir con las élites que tradicionalmente habían dominado el país. Por tanto, es lícito concluir, con Christophe Jaffrelot, que «la versión politizada de la casta ha sido responsable de la democratización de la democracia india» [capítulo 25].[6] Ninguna ironía hay en ello, ya que nunca existió un tiempo en que la casta no estuviese ligada a lo político.

23. LAS POLÍTICAS DE DISCRIMINACIÓN POSITIVA

Durante el período colonial se dio una paulatina reificación y politización de la casta. Al utilizar las categorías de *jāti* y *varṇa* con fines etnográficos y administrativos, el aparato colonial adquirió una *agencia* incuestionable [véanse págs. 476-492]. Tenía incluso la potestad para arbitrar y fijar rangos. En cierto sentido, los británicos hicieron de la casta una especie de "sociedad civil"; a la vez que –dada su base "religiosa"– la consideraron el gran impedimento para el progreso.

LA POLÍTICA DE CASTAS DURANTE EL BRITISH RAJ

La industrialización y la aparición de nuevas ocupaciones pusieron en marcha importantes cambios en la sociedad india. Los miembros de las castas superiores (léase los brāhmaṇs) supieron aprovecharse de sus ventajas, en especial de su nivel de educación y del casi monopolio que ejercían en la enseñanza. En consecuencia, coparon muchos puestos relevantes en la administración y en el comercio. Los que siempre habían sido los custodios de la tradición letrada fueron los primeros en beneficiarse de la modernización.* Eso por no hablar de las castas de comerciantes (baniās) o funcionarios (kāyasthas, prabhus). Algo parecido sucedió con los rājputs, muchos de los cuales eran poderosos terratenientes (aunque también es cierto que algunos *mahārājas* no supieron leer las nuevas corrientes y empezaron a desfasarse rápidamente). Las clases tildadas de "atrasadas" (*backward*) lo tuvieron más difícil. No en vano, la política colonial hacia los intocables ha

* Según el censo de 1911, en la presidencia de Bombay los chitpāvan-brāhmaṇs ya estaban alfabetizados en un 63% (19,3% en inglés), los deśastha-brāhmaṇs, en un 61,5%, y los sarasvatī-brāhmaṇs, en un 54%. A años luz les seguían los liṅgāyats, con un 13,6%, los kuṇbīs ,con un 9,4%, los marāṭhas, con un 4,6% y los mahārs, con un 1%.

sido calificada de «benevolencia indiferente».[1] El asunto se dejó casi enteramente a los misioneros. Aun así, en el nuevo contexto político y económico, un abanico de posibilidades se abría a los grupos "atrasados". Algunos pasaron a engrosar el proletariado industrial; otros entraron en el ejército o en la policía.

Las "comunidades" y los electorados separados

En el pensamiento político británico suele darse una tensión entre el pluralismo legal (Burke o, en el lenguaje de hoy, multiculturalismo) y el llamado individualismo liberal (Locke). Precedentes de la primera posición ya habían existido en imperios plurirreligiosos como el otomano o, precisamente, el mogol. En la India, la East India Company (en muchos aspectos sucesora del Imperio mogol) optó por seguir esa línea.

Esta teoría política considera que no son tanto los individuos los que tienen que estar representados, sino los grupos y comunidades (*communities*). O para ser más exactos, la teoría británica *aplicada a* la India tendió a ver la colonia como una tierra de comunidades (básicamente de castas y filiaciones religiosas), y no de individuos (como era su caso en Europa).

La teoría se vio reforzada por el trabajo de los orientalistas, que sostenían que ya en la antigua India la misión del rey básicamente había consistido en supervisar cómo se autorregulaban las comunidades [véanse págs. 471-472]. Esta corriente entró en conflicto con la del individualismo liberal de mediados del XIX que –en manos de gobernadores generales como lord Bentick o el marqués de Dalhousie– buscaba purgar a los indios precisamente de sus marcas de casta o religión. De este paradigma arrancó la enérgica política de anglicización de los 1830s. Pero a raíz del Motín de 1857, la reina Victoria optó por frenar el universalismo liberal de utilitaristas y evangelistas y se "retornó" a un compromiso entre las ideas universalistas y un respeto por las diferencias culturales, religiosas y de casta.

Por tanto, la política colonial en la segunda mitad del XIX consistió en un híbrido entre cierto reformismo y una no interferencia en asuntos religiosos. Por lo que a las castas respecta, el gobierno colonial actuó con extrema parsimonia, haciendo por momentos caso a los reformadores indios y, en otros, dando largas a cualquier reforma. La ambivalencia era calculada, ya que consideraban que los principios de la casta eran por naturaleza contrarios a un espíritu nacional. Según Ghurye, la primera lección política que los colonizadores aprendieron de la rebelión de 1857 fue que la «seguridad de la dominación británica en la India estaba muy estrechamente conectada con mantener al pueblo indio dividido en líneas de casta».[2]

A los británicos les vino bien entender que, si la India estaba formada por una miríada de minorías y castas, las "comunidades" formarían la base de representación. La reforma Morley-Minto de 1909 –que estableció unas asambleas provinciales donde por primera vez fueron elegidos representantes indios– acordó un electorado separado para la "comunidad" musulmana. Con esta concesión se buscaba contrarrestar en cierta manera el excesivo protagonismo del partido del Congreso, que si bien aparecía todavía leal al British Raj, daba claros síntomas de talante anticolonial. Los británicos percibían el nacionalismo anticolonial como esencialmente hindú, así que decidieron jugar la carta de sus antiguos enemigos, los musulmanes, que a partir de entonces se beneficiaron de diversos apoyos. Con el clásico *divide et impera* se estaban sentando las bases que conducirían a la "Partición". Naturalmente, la concesión de una cuota de representación política a una comunidad alentó las demandas de otros grupos. En 1918, además de los musulmanes, los sikhs (en el Punjab), los no brāhmaṇs y los cristianos (en la presidencia de Madrás), los angloindios y los europeos (en Bengala) tenían su electorado separado. Incluso las asociaciones de comerciantes y las universidades tuvieron sus representantes con electorados separados. A aquellos grupos a los que se les asignó una representación se les llamó "comunidad" (*community*). En seguida, los intocables exigirían también su cuota de representantes, aunque –tras la férrea oposición de Gandhi a Ambedkar [véanse págs. 527-532]– sólo la conseguirían a medias.

Al otorgar electorados separados y escaños reservados a las comunidades, los británicos acabaron reforzando esas categorías, de modo que su acción no sólo reflejó, sino que además moldeó, la idea de que la India estaba compuesta por comunidades religiosas o de casta homogéneas.

Los movimientos antibrahmánicos del sur

Como sabemos, muy combativos se mostraron los grupos no brāhmaṇs (y resueltamente antibrahmánicos) de la presidencia de Madrás (hoy Tamil Nadu, norte de Kerala y zona costera de Andhra Pradesh) [véanse págs. 512-514]. Aunque allí los brāhmaṇs sólo representaban el 3% de la población, el 72% de los graduados por la Universidad de Madrás (hoy Chennai) pertenecía a alguna de sus *jātis*. Para paliar esta desproporción, el gobierno de la presidencia ideó algunas medidas de apoyo en educación para los desfavorecidos [FIG. 90], y creó las categorías administrativas que dividían la población entre "brāhmaṇ" y "no brāhmaṇ".

En la década de los 1920s, el partido de la Justicia utilizó ese binarismo para reclamar nuevas políticas de discriminación positiva. Por entonces, quienes más las apoyaron fueron castas dominantes como los vēḷḷāḷas, cheṭṭiārs o reḍḍis, es decir, los que se situaban justo por debajo de la élite brahmánica. El partido hizo llamamientos para apelmazar un frente "no brāhmaṇ". Gracias a su peso demográfico, lograron un reconocimiento ritual más elevado y cuotas más equitativas en el funcionariado público. Otra consecuencia colateral fue que en el sur el partido del Congreso tuvo que democratizarse más (cosa que no sucedería en el norte) y atender a ese talante.

Algo parecido sucedió en la misma década en el principado de Mysore (futuro Karnataka), donde sus *mahārājas* apoyaron los movimientos de okkaligas y liṅgāyats que pedían cuotas para los no brāhmaṇs en el funcionariado público. Lo mismo que en el principado de Kolhapur (futuro Maharashtra), donde gobernaba el *mahārāja* Shahu [véanse págs. 516-517].

En la presidencia de Bombay (hoy Maharashtra, Gujarat, parte de Karnataka y Sindh), los marāṭhas se erigieron en el eje de una asociación de "clases atrasadas"; algo en cierto modo lógico si tenemos en cuenta que esta

90. Intocables de camino a la escuela. Bengaluru (Karnataka). Foto: Lady Ottoline Morrel, 1935.

macrocasta constituía casi una tercera parte de la población de la presidencia. Formando un grupo de presión fuerte y amparándose en los electorados separados, los marāṭhas consiguieron cuotas parlamentarias reservadas. Habían entendido que las nuevas reglas del juego tenían que ver con la estadística y el peso demográfico.

Aunque en el norte las cosas fueron más despacio, paulatinamente unos escaños destinados a las "clases clasificadas" (Scheduled Classes), el nuevo eufemismo que designaba a los "intocables", fueron afianzándose también en las Provincias Unidas (futuro Uttar Pradesh). No obstante, las movilizaciones de casta en el norte nunca adquirieron la relevancia que tuvieron los movimientos antibrahmánicos del sur. Por un lado, la composición social del cinturón hindi del norte era distinta. Si tomamos el último censo que contabilizó las castas, el de 1931, puede verse que –utilizando el modelo de los *varṇas*– en el norte algo más del 12% de la población era de casta alta (6,4 brāhmaṇs; 3,7% rājputs; 2,7% baniās). En el sur de la India, la proporción de brāhmaṇs era mucho menor (3,1%), y las castas guerreras o comerciantes, casi inexistentes. Era en la zona de habla hindi donde la sociedad de castas se asemejaba más al modelo de *varṇas*. Otra diferencia norte-sur era la del tipo de propiedad agrícola: el sistema *zamīndārī* (grandes hacendados) en el norte, y el *raiyatwārī* (pequeños y medianos terratenientes) en el sur. La convincente tesis de Christophe Jaffrelot plantea que el sur de la India desarrolló un patrón de movilización de casta basado en la *etnicización* de la identidad [asunto que abordaremos ampliamente en el próximo capítulo], mientras que el norte de la India estuvo durante muchas más décadas prisionero de la sanscritización [véanse págs. 251-254], el proceso por el cual una casta busca ascender en la jerarquía social.[3] Como sabemos, la sanscritización genera cambios de posición pero nunca cambios estructurales en el sistema.

El debate sobre la *backwardness*

Los británicos fueron los primeros en recopilar y clasificar (*scheduling*) las castas que tendrían derecho a una discriminación positiva. En 1935 se acuñó definitivamente el neologismo "Scheduled Caste" (SC) para designar a los intocables y "Scheduled Tribe" (ST), para los ādivāsis. Las castas bajas quedarían luego englobadas en la ambigua etiqueta "Other Backward Classes" (OBCs). Su aportación más decisiva y polémica fue la de definir a estas "comunidades" susceptibles de ayuda principalmente según el lenguaje ritual de la pureza. O sea, aquellas castas «a cuyo contacto un hindú de alta casta se ve obligado a purificarse».[4]

La tarea se enmarca en la episteme del Estado etnográfico y la visión censal [véanse págs. 483-491]. Se enviaron trabajadores de campo con cuestionarios para averiguar a qué castas se les negaba el acceso a pozos, templos o escuelas. Otros tests consistían en ver a qué colectivos los sacerdotes brāhmaṇs se negaban a oficiar en sus ritos domésticos. Ocurría que, según estos baremos, en el sur de la India más de la mitad de la población quedaría considerada *backward*. Así que allí también se tomaron en cuenta criterios como la tasa de analfabetismo o de pobreza, y hasta la ocupación. Pero siguiendo esos criterios entonces sería la mitad de la población del norte de la India la que quedaría etiquetada como *backward*.

La política de discriminación se topó con otra paradoja. Los ādivāsis fueron vagamente definidos por criterios de ascendencia, cultura tribal y religión. La política de discriminación positiva estaba pensada para que los ādivāsis conservaran su cultura, su religión o su linaje común. Este objetivo sigue presente en la actualidad. En cambio, en el caso de los intocables, la política de discriminación estuvo –y está– enfocada de manera muy diferente. En primer lugar, los beneficiarios no se definen por sus propias características sociales o culturales, sino por las *relaciones* que tradicionalmente han tenido con otras gentes. Y, en segundo lugar, el propósito de la discriminación positiva consiste en eliminar esos mismos rasgos que los definen.[5]

En el listado de castas recopiladas de 1936 queda ya declarado que ningún no hindú será considerado como miembro de una Scheduled Caste o Scheduled Tribe. Esta primacía de lo religioso sería heredada por la India independiente: Gandhi, Nehru o Ambedkar también concebían el asunto de la casta como un aspecto esencialmente *ritual*.

LA POLÍTICA DE CASTAS DE LA INDIA INDEPENDIENTE

La política del gobierno indio independiente entre 1947 y 1991 podría catalogarse de "socialismo a la india"; un socialismo articulado alrededor del todopoderoso partido del Congreso, que venció en todas las elecciones nacionales (salvo las de 1977). Por lo general, su fórmula consistió en una planificación centralista e inversión fuerte en el servicio público. De forma más o menos explícita, la política "socialista" de los primeros gobiernos indios buscaba cierta homogenización de la sociedad. Para la India independiente, la igualdad ha sido un valor cardinal. Si, por un lado, se exigía respeto por la diferencia cultural, por el otro, se buscaba apoyo para los grupos más vulnerables. La Constitución de la India hereda el espíritu del pluralismo cultural británico –y obliga al Estado a proteger a las minorías, que tienen derecho a conservar su lengua o su cultura–, a la vez que la opinión nacionalista recela de ese mismo espíritu, ese espíritu que en los censos coloniales cosificaba unas identidades de religión o casta y al que la acción política fue otorgando voz. Para el ala nehruviana –mayoritaria dentro del partido del Congreso– era un error privilegiar a las comunidades religiosas o de casta. De hecho, Nehru compartía el clásico credo izquierdista de que la paulatina industrialización de la India conduciría inevitablemente al abandono de instituciones y formas de vida tradicionales.

Tanto Nehru como Ambedkar entendían que la meta de la igualdad social consistía en acabar con la degradación y exclusión basada en la *casta*. En cambio, no entraron en formas de exclusión de clase, género o religión. Paradójicamente, pues, la casta recibió su legitimación política desde el momento en que el moderno Estado la utilizó –y sigue utilizando– como categoría básica para definir qué grupos necesitan ayuda (en forma de discriminación positiva).

Para los padres de la nación independiente, un país compuesto por *communities* (y aquí nos referimos a las religiosas) era contrario al proyecto nacional. Paulatinamente, el concepto "comunidad" sería sustituido por el de "minoría", pero el trasfondo es el mismo: un grupo cohesionado por la religión y que había disfrutado en tiempos de la colonia de representación política propia. Nehru suscribía un ideal más liberal basado en el individuo y se opuso a los electorados separados concebidos por los británicos. El partido del Congreso siempre entendió que el nacimiento de Pakistán fue una consecuencia directa de la perniciosa política colonial de electorados separados. La unidad nacional tenía que preservarse por encima de todo. La "Partición" de la India de 1946/1947 (con los millones de desplazamientos, atrocidades y víctimas que ocasionó) ponía en cuestión las viejas políticas. Tras la "Partición", los representantes hindúes no querían ni oír hablar de concesiones a los musulmanes (ni estos tampoco estaban en condiciones de presionar).

La fórmula para lograr esa sociedad más justa consistió en suprimir los electorados separados de los británicos, tomar algunas medidas de ecualización nacional* y determinar con mayor coherencia qué grupos precisaban de ayuda estatal, de forma que paulatinamente se igualaran en nivel de vida, educación y oportunidades. A resultas, las *minorías* quedaron estrictamente confinadas al ámbito de la religión (musulmanes, cristianos, sikhs, jainas, parsis, etcétera) y, si bien se precisaba respetar sus peculiaridades, en modo alguno había que fomentarlas. La única concesión para aquellos musulmanes que decidieron quedarse en la India –y no se unieron al proyecto "Pakistán"– fue permitirles mantener y practicar su ley personal (basada en la *sharī'a*). Se estableció que serían las "clases" (*classes*) históricamente desfavorecidas las que se beneficiarían del programa de justicia social. Confusamente, el gobierno indio no reconocía la existencia de las castas (porque la Constitución las deslegitimaba), pero aceptaba su realidad social. De ahí que se hablara de "clases" en un sentido que estaba a medio camino del tradicional de *varṇa*, el europeo de "clase social" y el angloindio de *caste*. Pero todo el mundo tenía claro que no se trataba ni de clases socioeconómicas, ni de comunidades raciales, lingüísticas o religiosas, sino de *castas hindúes* que habían sido oprimidas durante siglos y que recibirían ahora las protecciones que durante el período colonial habían tenido las minorías no hindúes.

Las provisiones de la Constitución

Estas ideas y tensiones quedaron plasmadas en la Constitución india, que data de 1950, y refleja bastante bien la visión igualitarista de Jawaharlal Nehru y Bhimrao Ambedkar. A pesar de su oposición al partido del Congreso, Nehru escogió a Ambedkar como primer ministro de Justicia. Como sabemos, él fue el "arquitecto" de la Constitución y el mayor abanderado de la política de discriminación positiva [véanse págs. 534-535]. Aunque Ambedkar perdió con Gandhi su batalla política en los 1930s (por un electorado separado para los dalits), a la postre ganó, ya que él mismo diseñó las bases de la política de cuotas para las Scheduled Castes y las Scheduled Tribes.

La Constitución es un texto heredero de los modelos universalistas occi-

* Por ejemplo, se abrió el ejército (históricamente copado por sikhs, rājputs, jāṭs o dogras) a otros colectivos; se declaró que templos tan importantes como Pandharpur (Maharashtra) o Guruvayur (Kerala) quedaban abiertos a todo el mundo; el sistema penal se esforzó en no criminalizar "comunidades" y actuar sobre individuos; y hasta el censo decenal mantuvo el criterio de no enumerar castas.

dentales. Los derechos son individuales (y no colectivos). Se trata a todas las personas por igual, más allá de su edad, género o religión. (Lo opuesto al viejo ideal del *sva-dharma*.) No existe ni una sola mención a brāhmaṇs, dioses, textos sagrados, conceptos de pureza o polución; es decir, a aquello que cualquier indianista definiría como esencial de la civilización hindú o de la sociedad india. Con la única excepción del artículo 48, que especifica la protección de la vaca (contra los deseos de Nehru), la Constitución es en espíritu moderna, igualitarista y secular. Martha Nussbaum incluso opina que dicha «Constitución protege los derechos humanos de forma más exhaustiva que la estadounidense».[6] Y, sin embargo, el texto apremia a que el Estado reconozca la existencia de la *casta* con provisiones para la mejora de ciertos grupos sociales. En concreto, los importantes artículos 15 y 17 declaran que la intocabilidad queda abolida y su práctica prohibida [véase pág. 283]. Ambos artículos reconocen implícitamente la existencia de la casta. Finalmente, el artículo 46 exige al Estado que ponga los medios necesarios para ayudar en la educación y la mejora económica de las Scheduled Tribes y las Scheduled Castes y protegerlas de cualquier forma de injusticia social y explotación.

En otras palabras, la identidad política de las Scheduled Tribes y las Scheduled Castes es una creación legal de la Constitución. Y el texto deja claro que la ayuda que pueden recibir no lo es porque sean pobres, sino porque durante siglos sufrieron una sistemática exclusión de la vida pública por razón de casta. Asimismo, existen ciertas referencias en el artículo 340 a una categoría poco definida de "clases atrasadas" (*backward classes*), que también podrían ser susceptibles de ayuda si el presidente lo decreta.[7] Empero, no se especifica nada bien qué grupos conforman estas "clases atrasadas".

LA DISCRIMINACIÓN POSITIVA

Veamos en qué consisten exactamente las políticas de discriminación positiva (técnicamente: "discriminación compensatoria"), también llamadas de acción afirmativa.* Las disposiciones adoptadas desde la independencia so-

* Habría que establecer una diferencia entre la política de "discriminación positiva" de la India, basada en cuotas y reservas para extirpar marcadores sociales, y la política de "acción afirmativa" de Estados Unidos, que jamás habla de cuotas, y cuyo propósito es dar voz o representación a las minorías o los marginados.

brepasan con creces las viejas políticas coloniales y cualquier otro programa parejo en ningún otro país del mundo.*

En 1950 se estableció que intocables (Scheduled Castes) y tribales (Scheduled Tribes) serían los grupos sociales elegidos para la acción afirmativa. Por descontado, las castas que pertenecen a la categoría "avanzada" (*forward*), es decir, brāhmaṇs, rājputs, baniās, etcétera, quedaban fuera de todo tipo de ayudas. Tampoco entraba inicialmente ninguna ayuda a los grupos ambiguamente llamados "atrasados" (*backward*).

En teoría, las reservas fueron concebidas para un período de 10 años. Luego, se prorrogaron 20 años más; de forma que la ayuda gubernamental tendría que haber finalizado en 1980. Hoy, parece impensable ponerle fin.

La política de discriminación positiva se centra en cuatro áreas.

Representación política

En primer lugar, atañe a la representación política. Consiste en delimitar unas circunscripciones electorales "reservadas" únicamente a candidatos de las Scheduled Castes o las Scheduled Tribes. Todo el mundo, no importa su casta, vota a un candidato que siempre pertenece a estas categorías. Un 15% y un 7,5% de los escaños del parlamento nacional (Lok Sabha) están reservados a diputados dalits y ādivāsis, respectivamente. También a nivel local, en el *pañchāyāti-rāj* (gobierno asambleario municipal), las SCs y las STs tienen reservas en proporción a su peso demográfico (más un 33% para las mujeres). Además, cada parlamento estatal ha diseñado su propia reserva de escaños para estos grupos.

Cuotas en la administración

En segundo lugar, la discriminación positiva atañe al empleo, en forma de cuotas en la administración pública o en el sector estatal (muy fuerte hasta los 1990s). Está claro que en un país económicamente atrasado, ser susceptible de ayuda, o no, es algo vital. Recuérdese que un 42% de la India está por debajo de la línea de pobreza (BPL).

* Ni Pakistán ni Bangladesh ni Sri Lanka admiten la existencia de la casta, a pesar de la tangibilidad de formas de intocabilidad o de relaciones casteístas. Al no reconocerla ni recoger información al respecto, no han implementado políticas de acción afirmativa. Tampoco Nepal, aun reconociendo la existencia de la casta, ha tomado medidas.

Es quizá en este punto donde los ex-intocables y tribales han salido más beneficiados. Los encontramos en todos los peldaños de la función pública, desde modestos puestos como carteros, hasta cargos de secretario de Estado. Aunque puede que las cuotas no se respeten en todos los niveles por igual, su presencia sigue aumentando quinquenio tras quinquenio. Hoy puede que copen el 20% del empleo público.

Con todo, todavía los puestos más decisivos tienen una proporción superior de castas altas o medias. Incluso el Estado fomenta la contratación de intocables para los puestos de barrendero, reforzando, por tanto, las viejas asociaciones de ocupación y casta.

Reservas en la educación

En tercer lugar, la discriminación positiva atañe a la educación. Ahora, aquella parte de la población que tradicionalmente se había dedicado a labores manuales (consideradas de menor prestigio) puede acceder a la plena educación en las instituciones públicas del Estado.

En 1931, cuando Ambedkar y Gandhi discutían sobre la fórmula para la mejora de los intocables, sólo un 1% de ellos sabía leer y escribir. Setenta años después, el censo del 2001 arrojó una tasa de alfabetización para los intocables del 54%. Aunque, obviamente, la cifra sigue siendo baja (y aún en 1996, de los 686 corresponsales de prensa acreditados en Nueva Delhi ni uno solo era de extracción dalit),[8] la mejora es al mismo tiempo espectacular.

En este punto, no obstante, Robert Deliège destaca un aspecto no siempre resaltado. La mejora en la alfabetización de los intocables no se debe tanto a las medidas gubernamentales (que se concentran principalmente en la enseñanza superior y universitaria), sino a su dinamismo intrínseco.[9] Ocurre que ello ha sido posible gracias a la admisión de los intocables en las escuelas, tal y como exige la Constitución. Quizá sea este el punto de mayor repercusión en la lucha contra la intocabilidad.

Otras ayudas

En cuarto y último lugar, los beneficiaros de la acción positiva pueden obtener ayudas financieras en forma de créditos especiales.

EL DEBATE SOBRE LA POLÍTICA DE DISCRIMINACIÓN

La política de reservas ha generado un intenso debate en la India. Una parte de la opinión pública se opone a ella, escudándose en ideas como la meritocracia, la eficacia, la igualdad de oportunidades, el secularismo o la unidad nacional. Una política de cuotas basada en el nacimiento alienta el casteísmo y el comunalismo. Otra sección, aun sin oponerse directamente, insiste en que una política genuinamente socialista sería la verdadera solución a los problemas de explotación y desigualdad. El propio partido Comunista indio se opuso a la discriminación basada en la casta en su congreso de 1948.

Los abanderados, por su parte, esgrimen que estos grupos han sufrido una discriminación negativa durante siglos, precisamente por razón de su nacimiento. En el pistoletazo de salida, el dalit o el ādivāsi llevan una desventaja descomunal. Y, de forma inversamente proporcional, uno no puede imaginarse los privilegios y la seguridad en uno mismo que le puede otorgar el simple hecho de haber nacido en la franja *dvija*-burguesa.

¿Quién puede beneficiarse?

El principal problema de la política de discriminación positiva radica en determinar qué grupos son susceptibles de beneficiarse de esta. Como vimos, el debate sobre la *backwardness* se centró en si debía identificarse a los grupos en virtud de su estatus de casta o, de forma más genérica, en términos de pobreza y atraso social; es decir, si debía utilizarse la clase.

De buen principio se entendió que la discriminación positiva iba a destinarse a las castas; y desde la época colonial quedó también claro que estas pertenecían a la comunidad hindú. Por tanto, este enfoque dejaba fuera a las minorías religiosas o a los pobres de castas altas. Sobre todo, dejaba fuera a millones de musulmanes y cristianos dalits que, en comparación con otras minorías (jainistas, sikhs, parsis o cristiano-sirios, por ejemplo), se encuentran en un nivel de atraso económico, educativo o social no muy diferente del de los grupos que sí reciben ayuda. Los expertos y los políticos "confirmaron" la visión orientalista de que el sistema de castas y la noción de intocabilidad eran inherentes al mundo exclusivamente hindú, de modo que la ayuda a las "minorías" religiosas quedaba descartada. [Volveremos sobre la cuestión al final del capítulo.] Y es que, en muchos aspectos, el Estado independiente no hizo sino prolongar el lenguaje y los estereotipos del gobierno colonial.

Para identificar las castas ex-intocables y los grupos tribales se partió de la clasificación colonial de 1935 y se establecieron organismos cuya misión era recopilar los nombres, ocupaciones, jerarquías y la situación económica de estos colectivos. Sus informes, empero, están plagados de inconsistencias.

Por ejemplo, en el Punjab se determinó que los miembros de la casta llamada khaṭik eran candidatos a recibir ayuda como Scheduled Caste. Pero en el vecino Uttar Pradesh, esta misma comunidad fue considerada "avanzada" (*forward*). En el censo de 1931, los rājbanśīs de Bengala fueron declarados demasiado "avanzados" como para ser considerados "atrasados" (*depressed*); pero luego fueron considerados Scheduled Caste, y, desde entonces, se han beneficiado de forma desproporcionada de la política de reservas. Todavía más surrealista es el caso de los bañjāras, que son considerados Scheduled Caste en Karnataka, Haryana, Punjab e Himachal Pradesh, aparecen como Scheduled Tribe en Odisha y son considerados *backward* (OBC, una categoría en la que en seguida entramos) en Chhattisgarh, mientras que en estados como Maharashtra, Gujarat o Rajasthan no entran en ninguna clasificación.[10]

Durante la primera década de la política de discriminación positiva, bastantes cuotas quedaron vacantes, en teoría por falta de candidatos cualificados, pero, en realidad, por falta de buena voluntad por parte de los responsables de administrarlas. En 1967, las cuotas reservadas para los ex-intocables sólo se habían copado en la "clase 4" de la administración pública, que es la menor (barrenderos, carteros, etcétera). No obstante, en el 2002 ya habían alcanzado el 12% de las reservas en todos los niveles; y en el 2012, ya superó el 15%, que es aproximadamente su proporción en la población del país. Por tanto, la política de reservas parece haber funcionado globalmente bien para estos colectivos.

Sin embargo, un análisis más exhaustivo revela que no todos los ex-intocables y tribales se han beneficiado por igual. Los grupos numéricamente más poderosos y con experiencia de organización política (chamārs en Uttar Pradesh, mahārs en Maharashtra, mālās en Andhra Pradesh, pallars de Tamil Nadu, nāmaśūdras en Bengala, etcétera) son los que claramente han salido mejor parados. En realidad, una *élite* perteneciente a estas castas es la gran beneficiada de la política de discriminación positiva. Al no tener en cuenta aspectos económicos, se ofrece idéntica ayuda al hijo de un ingeniero chamār de ciudad que a la hija de un agricultor chamār de un remoto poblado de provincia. Robert Deliège pone el ejemplo de dos castas con frecuencia vecinas en las aldeas de Tamil Nadu: los vāṇiyars y los pallars. Sus niveles económicos y rituales son virtualmente idénticos. Sus modos de vida también. Vāṇiyars y pallars tienen hábitos de alimentación, de vestimenta o de religión muy semejantes. Ambos grupos extraen el agua de los mismos pozos, visitan las casas de los otros, comparten festivales, etcétera. Para un foráneo no existe distinción alguna entre ambas comunidades. Y, sin embargo, los pallars figuran como Scheduled Caste, y no en cambio los vāṇiyars[11] (si bien luego entrarían en la categoría OBC); un buen ejemplo de la tremenda influencia de las categorías oficiales sobre los actores sociales. La burocracia cosifica una frontera hasta entonces fluida y mal definida y permite que un grupo pueda beneficiarse de la acción afirmativa y el otro, no.

A pesar de este tipo de pormenores, nadie ha cuestionado en la India que los grandes colectivos ādivāsis y dalits necesitaban la ayuda estatal para su mejora. La lista de Scheduled Castes prácticamente no ha variado desde su concepción en 1935. Esta estabilidad, aunque sociológicamente discutible, no ha provocado demasiada controversia. Hay bastante consenso en la India encuanto a que intocables y tribales tenían que ser apoyados dado el nivel de degradación al que estuvieron sometidos durante siglos. Como dice Marc Galanter, no existe defensa pública del *ancien régime*.[12] Y no duda en calificar la política de discriminación de «remarcablemente generosa (si bien no siempre aplicada con todo el vigor necesario)». También la analista política Zoya Hasan mantiene que, «en conjunto, las reservas han funcionado con más eficacia de lo que sus críticos hubiesen esperado».[13] Es cierto que los ex-intocables siguen por debajo en todos los parámetros sociales y económicos, pero «habrían estado en una situación incluso peor sin las reservas y la discriminación positiva», dice la politóloga.[14] El estudio sobre la "clase media" de D.L. Sheth muestra una imparable entrada de ex-intocables y tribales en esta heterogénea categoría social.[15]

Es importante resaltar, no obstante, que si bien la ayuda recibida por la política de acción afirmativa ha sido inestimable, buena parte del ascenso de los grupos históricamente deprimidos se debe a su propia movilización política [como veremos en el capítulo 25].

EL ASUNTO DE LAS OBCs

La política de discriminación positiva se planeó aproximadamente para un 23% de la población (15% de intocables y 6% de tribales en 1950; 15% y 8,5% en la actualidad). En seguida, otros grupos empezaron a exigir cuotas basándose en su "atraso". Tal fue el caso de la gigantesca casta ahīr-yadav del valle del Ganges, que pidió –sin éxito– concesiones para las castas históricamente consideradas śūdras. El ejemplo lo había dado el *mahārāja* de Mysore, que en 1921 ya había creado cuotas en la educación y la administración para no brāhmaṇs.

La comisión Kalelkar (1953)

Aunque el partido del Congreso era reacio a una política de discriminación positiva hacia grupos no intocables y no tribales, la ya larga historia de apoyos a las clases atrasadas por parte de los principados del sur y del propio gobierno colonial exigía sopesarlo.

En esta tesitura, y dado que la Constitución mencionaba aquella ambigua categoría *backward* [véase pág. 561], en 1953 una comisión nacional dirigida por Kaka Kalelkar se encargó de dilucidar qué castas no intocables y no tribales podían ser consideradas "atrasadas".

Si la tarea de contar intocables y tribales ya fue difícil, la de contar qué grupos por encima de la "línea de polución" eran susceptibles de considerarse *backward* era virtualmente imposible. Parte del problema se debía a que los británicos habían dejado de utilizar categorías de casta tras el censo de 1931, temerosos de la ya por entonces patente politización de la casta. (De ahí que la comisión Kalelkar aconsejara –en vano– volver a enumerar castas en el censo de 1961.) Finalmente, se escogieron cuatro criterios para identificar dicho atraso: posición baja en la jerarquía ritual de castas, nivel de educación bajo, poca o nula representación en la administración y escasa presencia en el comercio y la industria. La comisión configuró una lista de 2.399 castas, equivalentes a un 32% de la población del país. Siguiendo a Nehru, se les dio la designación "Other Backward Classes" (OBCs). El término *other* ("otras") implica que se trataba de *otros* grupos distintos de los tribales (STs) o los intocables (SCs).

Aunque la *casta* se erigió en el principal criterio de identificación para los posibles beneficiarios, varios de los miembros de la comisión (incluido su presidente) manifestaron su desacuerdo. Para Kalelkar, «el atraso puede medirse por muchos otros criterios en vez de la casta».[16] Además, establecer una lista de 2.399 castas que representaban a cientos de millones de indios no tenía más sentido que reconfirmar que la India en su totalidad era un país atrasado.

En cierto sentido, la opinión de Kalelkar, un respetado brāhmaṇ gujarati influido por Gandhi, representaba la visión general de la época. Pero, al mismo tiempo, su análisis marcó un punto de inflexión en los movimientos de castas bajas del norte de la India (aunque sólo fuera porque el gobierno reconocía la existencia de una nueva categoría social).

El informe recomendaba varias medidas para la mejora de estos grupos, e incluso la catalogación de *todas* las mujeres de la India como *backward*. El reporte de la comisión fue desestimado por Nehru precisamente porque no se había definido bien cuál era el baremo para definir el "atraso". Los comisionados, en verdad, se toparon con los mismos problemas que habían desesperado a los británicos. A pesar de su reificación, las castas seguían sin ser uniformes y muchas contenían enormes diferencias en su seno.

Sea como sea, los primeros dirigentes de la India independiente consideraron que las OBCs no habían sufrido la misma forma de exclusión que los ex-intocables y los tribales y, por tanto, no era necesario ampliar las cuotas para ayudarlas. La política con la que generar la unidad nacional y fomentar la fraternidad se basó en una serie de criterios económicos de corte más o menos socialista.

La política de discriminación en los estados del sur y los cambios en los 1960s y 1970s

En numerosos estados del sur ya existían cuotas para intocables y castas bajas desde la década de los 1920s. El *mahārāja* de Mysore, que era de origen urs, una casta media (o śūdra), decidió otorgar en 1921 a las "Backward Classes" (que por entonces, en el sur, designaba a cualquiera que no fuera brāhmaṇ, europeo o angloindio) el 50% de los puestos del alto funcionariado público y el 30% de los niveles inferiores. También en los principados de Cochin y Travancore (futuro estado de Kerala) se otorgó en la década de los 1930s a la comunidad īḻavar y a las minorías de musulmanes y cristianos una representación en la administración proporcional a su peso demográfico. Incluso en zonas gobernadas directamente por los británicos, como la presidencia de Madrás, se habían implementado políticas de acción afirmativa para las castas bajas.

Es conveniente, pues, resaltar la diferencia que existe entre la política de los estados y la del gobierno central. En el sur, con el ascenso del DMK (heredero del antibrahmanismo de Periyar), se llevó a cabo a gran escala una política masiva de acción afirmativa. El gobierno estatal de Madrás (futuro Tamil Nadu) fue el primero en todo el país –en 1954– en no tener a un solo brāhmaṇ en algún ministerio. En los 1960s, Tamil Nadu disponía de cuotas que atañían al 73% de su población. Luego se sumó Karnataka. En esos estados del sur se superó con creces el límite del 50% (que sería prescrito como tope máximo por el Tribunal Supremo en 1992; aceptando, empero, esas excepciones ya establecidas en los estados del sur).

Se podría decir que la política centrada en la casta (de la que la discriminación positiva es sólo un aspecto) es un rasgo típico del sur de la India, que luego fue expandiéndose hacia el norte. Si la fractura "hindú/musulmán" constituyó el eje de la política en el norte durante buena parte del siglo XX, la división "brāhmaṇ/no brāhmaṇ" tuvo la misma centralidad en el sur. Fue allí donde los partidos se organizaron en líneas de casta, se pusieron en marcha las primeras políticas de acción afirmativa y donde las castas bajas ya alcanzaron el poder en los 1960s. Por el contrario, el norte de la India, seguramente debido a la mayor proporción de castas altas en estados clave como Uttar Pradesh, Bihar o Himachal Pradesh, no conoció un desarrollo parejo.

Sin embargo, existían movimientos en el norte que exigían prestar más atención a las clases atrasadas. A destacar, la All India Backward Classes Federation, ligada a Punjabrao Deshmukh, que llegaría a ser ministro de cultura con el partido del Congreso, o las siempre poderosas asociaciones de casta de los ahīr-yadavs [véanse págs. 586-588], la más grande y combativa OBC del valle del Ganges. En Bihar, donde son mayoritarios, los yadavs ya perseguían en los 1960s fines mucho más concretos que los viejos ideales sanscritizantes y pedían reservas en instituciones profesionales y puestos en el alto funcionariado. Si bien, la vieja guardia yadav se oponía a que su "heroica y marcial" comunidad fuera designada como "atrasada", tal y como osaban proponer "radicales" como B.P. Mandal o Mulayam Singh Yadav, gradualmente esta última corriente tomó el mando y supo movilizar a la comunidad en favor de las políticas de cuotas.

Las castas empezaban a convertirse en grupos de interés. El yadav B.P. Mandal fue el primer OBC en llegar a jefe de estado de Bihar, en 1968. Aunque duró pocos meses, fue sucedido por otros líderes de castas "plebeyas". Poco a poco, otras castas empezaron a interesarse en este juego. Como escribe Christophe Jaffrelot, «una contraestrategia para el levantamiento de las castas bajas estaba tomando forma».[17] Fue el propio gobierno, pues, el que inventó una categoría socioadministrativa en la que las castas bajas pudieron reconocer sus intereses comunes.[18]

También los socialistas promovían un frente político de castas bajas en el norte, lideradas por Rammanohar Lohia, muy activo en los 1950s y 1960s. Al mismo tiempo, en los llanos del Punjab y el oeste de Uttar Pradesh emergía con fuerza la figura de Charan Singh, líder campesino de la gigantesca casta jāṭ. Los jāṭs siempre se han caracterizado por un pronunciado rechazo a la supuesta supremacía brahmánica y poco respeto por el lenguaje de la pureza. Aunque poderosos, sólo representaban el 1,2% de la población de Uttar Pradesh, de modo que Charan Singh buscó el apoyo de otras castas agrícolas, dicotomizando entre su frente "campesino" (*kisān*) y el parasitario y elitista frente "urbano". Su estrategia se centró en crear esa identidad *kisān*. Al boicotearle, el partido del Congreso mostró su cortedad de miras. Charan Singh salió del partido y, en 1967, al frente de una asociación de partidos políticos "campesinos", logró vencer en el crucial estado de Uttar Pradesh. Se convirtió en el primer jefe de estado de origen "plebeyo" del estado más populoso del país. Sus electores provenían de castas campesinas bajas pero "limpias" (jāṭs, kurmīs, ahīr-yadavs…), hasta la fecha marginadas por el elitista partido del Congreso. Años más tarde, en 1979, llegaría a ser primer ministro. Aunque sólo duró seis meses en el puesto, fue un hito que un campesino OBC llegara a la cima del país [FIG. 91].

91. Charan Singh, primer jefe del Estado indio de una casta śūdra (jāṭ), antes de dirigirse a la nación el Día de la independencia. Delhi, agosto 1979.

Simultáneamente, otros partidos regionales formados por coaliciones agrarias (DMK en Tamil Nadu, Akali Dal en Punjab, Telugu Desam en Andhra Pradesh, más los partidos izquierdistas de Kerala y Bengala) se declararon portavoces de los pequeños terratenientes y campesinos "limpios". Todo ello condujo a los partidos anti-Congreso (pero también al reformado partido del Congreso liderado por Indira Gandhi) hacia un nuevo discurso populista, dirigido a las "masas". El lenguaje utilizado revalorizó los conceptos de *jāti* y *varṇa*. Los votantes entendieron que la *casta* había sido un medio por el cual otros habían sido capaces de mejorar. En este contexto, a finales de los 1970s reapareció de nuevo la categoría "OBC". Esta enorme masa, que no era ni intocable ni tribal, a veces llamada "limpia" o "respetable", pero en otros contextos "atrasada", "intermedia" o "baja", se sentía menospreciada por la política del Congreso, y exigía también su parte del pastel de la política de reservas.

La comisión Mandal (1978/1980) y su implementación (1990)

El golpe de autoritarismo de Indira Gandhi de 1975 (por el cual durante dos años, y por primera y única vez en la historia de la India independiente, se suprimieron las libertades democráticas de los indios) le costó las elecciones de 1977. La victoria fue para la coalición Janata, una alianza entre Charan Singh y los socialistas (por la izquierda) y el partido del Congreso(O) no reformado y el Jana Sangh (por la derecha). Dada la heterogeneidad del grupo, la coalición apenas duró dos años.

El gobierno central dirigido por el partido Janata encargó una nueva comisión en 1978 que volvería a estudiar la posibilidad de ampliar la discriminación positiva a las OBCs. La entidad encargada fue la "Second Backward Classes Commission", más conocida como "Comisión Mandal", a partir del nombre de su presidente, Bindyeshwari P. Mandal, exjefe de estado de Bihar, una figura importante dentro del partido Janata y persona de origen OBC (ahīr-yadav). A diferencia de la primera comisión, esta estaba formada enteramente por miembros de castas medias o bajas.

Mandal volvió a recurrir a la casta como principal criterio para definir el "atraso". Es cierto que no se escaneó únicamente la casta, sino también aspectos educativos o económicos. Pero de los once parámetros escogidos, tres tenían que ver con la casta (si el grupo era visto como "atrasado" por los demás, si dependía fuertemente de una ocupación manual y si sus miembros se casaban a edad muy temprana). Ya que los indicadores sociales de casta puntuaban más que los socioeconómicos, la comisión Mandal manifestaba abiertamente que «la casta constituía el principal factor en el atraso de las OBCs».[19] Es decir, todos los criterios de atraso económico pesaban lo mismo que un único criterio de atraso social en términos de casta (por otro lado, criterio fácilmente manipulable, ya que cualquier campesino yadav, jāṭ, kurmī o gūjar dirá que es un trabajador manual, más si las mujeres tienen que participar en la siembra, y podrá "probar" su matrimonio infantil, puesto que en las aldeas apenas se llevan registros matrimoniales).

En 1980, Mandal entregó un polémico informe –presentado al Parlamento en 1982– en el que estimaba la población OBC en torno al 52% del país (43,7% de hindúes, más un 8,4% de OBCs pertenecientes a las minorías religiosas). Por el simple método de descalificación, todo aquel que no entró en ninguna de las categorías OBC, SC o ST quedaó automáticamente definido como "avanzado" (*forward*): un 25,5% (17,5% de hindúes y 8% de no hindúes). La comisión delimitó una nueva lista de castas atrasadas de 3.743 comunidades (contando tribales y ex-intocables).

La comisión recomendó que, además del 7,5% de cargos ya reservados a los tribales y el 15% a los ex-intocables, se añadiera un 27% de cuota para las OBCs. En total, la mitad de la población de la Unión India (un 49,5%, para no llegar a la cifra crítica del 50%).

Para definir qué castas podían ser OBCs se recurrió principalmente a la vieja categoría śūdra-varṇa (más algún factor educativo y social). Pero la dificultad a la hora de realizar comparaciones intercastales entre grupos de śūdras se hizo patente. *Upper*-OBCs, como los ahīr-yadavs o kurmīs en Bihar, los okkaligas y liṅgāyats en Karnataka, los reḍḍis y kammas de Andhra Pradesh, o los jāṭs y kaṇbī-paṭṭīdārs en estados como Punjab, Haryana y Gujarat, pueden ser muy poderosas. *Lower*-OBCs como los telīs, los lōdhās o los mālīs, en cambio, están virtualmente al nivel de los dalits y los ādivāsis. Aunque no han sufrido exclusión por razón de casta, para ellos es casi anecdótico situarse por encima de la "línea de polución". Finalmente, la comisión admitió que determinados grupos de śūdras pudientes (como los jāṭs, los paṭṭīdārs o los marāṭhas) quedarían excluidos de la lista.

Con el regreso de Indira Gandhi al poder, el informe de la comisión fue desestimado (aunque nunca rechazado por completo). Su hijo y sucesor, Rajiv Gandhi, también hizo caso omiso.

En 1989, el partido Janata Dal recobró el poder. Su líder era V.P. Singh, exjefe de estado de Uttar Pradesh y antiguo ministro en uno de los gabinetes de Rajiv Gandhi (y expulsado del partido tras una purga anticorrupción). Pertenecía a la pequeña aristocracia rājput de Allahabad. Singh fue aglutinando a su alrededor a numerosos grupos representantes de las OBCs, en particular a los socialistas y los partidarios de Charan Singh. Acechado por graves problemas de violencia en el Punjab y Cachemira, con gran tensión comunal entre radicales hindúes y musulmanes por la cuestión de la mezquita de Ayodhya, con una inflación galopante, V.P. Singh, que en el pasado había sido crítico con la comisión Mandal, decidió que su gobierno pondría en marcha la "primera fase" de las recomendaciones de la comisión. El 27% de los trabajos gubernamentales en todos los departamentos del gobierno central irían a parar a OBCs.

Con ello, Singh quería alejar a las OBCs de la órbita del Congreso, a la vez que trataba de dividir la "mayoría hindú" que el ascendente partido Bharatiya Janata (BJP) trataba de construir.

Reacciones ante la discriminación positiva para las OBCs

La implementación de la discriminación positiva para las OBCs generó una enorme polémica. Los disturbios en protesta por las directrices de la comisión se esparcieron por todo el país, en especial en Delhi, Gujarat, Uttar Pradesh, Bihar y Odisha. Estudiantes y profesores de las universidades del norte de la India se movilizaron en contra. ¡152 personas, casi todas estudiantes, se autoinmolaron en protesta, de las cuales 63 perecieron! [FIG. 92].

92. El estudiante Rajiv Goswami se autoinmola en protesta por la implementación de las recomendaciones de la comisión Mandal. Nueva Delhi, septiembre de 1990.

Es significativo que la reacción no tuviera que ver con las cuotas para ādivāsis o dalits, que nunca han sido demasiado cuestionadas, sino para las OBCs. Está claro que las clases medias de alta casta percibieron de forma muy nítida que su posición estaba siendo amenazada, en especial su cierto monopolio en la administración pública. Nadie hablaba de ideas de polución o pureza, sino de las relaciones de poder entre grupos.

El primer ministro V.P. Singh tuvo que excluir de las reservas algunos servicios relacionados con la ciencia, la tecnología, la investigación atómica y espacial y –sobre todo– el ejército. Asimismo, declaró que los gobiernos estatales tendrían libertad de aceptar o rechazar las recomendaciones de la comisión. Incluso en aquellos estados donde se hubiera catalogado una lista propia de las OBCs, esta tendría preferencia a la central. A pesar de esas concesiones, en pocos meses V.P. Singh tuvo que dimitir como primer ministro. El BJP le retiró su apoyo y el gobierno cayó.

Cuando el partido del Congreso recobró el poder, en 1991, el primer ministro Narasimha Rao trató de equilibrar el asunto concediendo una cuota a los "atrasados económicamente", sin contemplar la casta. Sin embargo, el Tribunal Supremo tumbó la propuesta, admitiendo que «en India una casta puede ser y frecuentemente es una clase social».[20] El partido que mejor rentabilizó el resentimiento de casta alta en contra de la comisión fue el BJP (que vencería en las generales de 1996), hasta la fecha un partido menor. A su campaña en favor de la demolición de la mezquita de Ayodhya, añadió su cruzada contra la "comisión Mandal".

En contra

Aunque casi todos los políticos entienden que la política de reservas es irreversible, muchos intelectuales han criticado esta línea de acción, que prolonga las políticas coloniales y mantiene los errores de las etnografías imperiales. Dipankar Gupta arguye que las reservas a las OBCs son resultado de las presiones que ejercen al Estado los poderosos de las zonas rurales.[21] Asimismo, para André Béteille el programa de cuotas reservadas mina el espíritu democrático. Propone una política de "acción afirmativa" parecida a la que se implantó en EE.UU. para los afroamericanos, pero en contra de unas cuotas numéricas.[22] De opiniones similares son pensadores de peso como Romila Thapar, Veena Das, T.N. Madan o M.N. Srinivas.

Para muchos expertos, el efecto de la "mandalización" consiste en una esencialización de la casta. En vez de erradicar la casta, la política de reservas surte el efecto contrario: incentivar a los indios a afirmar su identidad de casta. Y, por encima de todo, la política de reservas es contraria al dinamismo y mérito personal.

En realidad, casi todo el mundo se siente perjudicado por la actual situación. Los dalits consideran que las OBCs se están apropiando inmerecidamente de sus cuotas. Para los de alta casta, claro está, toda la política de reservas es un fiasco. Incluso algunos líderes de las OBCs mantienen que lo que han conseguido es poco (sólo tienen derecho a un 27% de reservas, mientras que su población supera el 52%) y ha llegado tarde; décadas después de que los dalits y tribales se hayan estado beneficiando.

A favor

Los grandes apoyos a la política de reservas han provenido de los partidos de izquierda (aun a pesar de la centralidad otorgada a la casta en detrimento de la clase). El historiador Irfan Habib concuerda en que «el Estado debe tomar medidas para eliminar el atraso; es irrelevante si es la clase, la casta, la región o la religión lo que define esa sección de la población».[23] Quizá la defensa más contundente haya provenido de Rajni Kothari, famoso profesor de ciencias políticas, para quien la "casta" puede ser el gran secularizador de la sociedad india y puede «servir de base en la lucha contra la opresión».[24]

Los que apoyan la política de reservas para las OBCs arguyen que no se trata de mejorar las condiciones materiales de los beneficiarios, sino de romper con la hegemonía de las castas altas en las instituciones políticas y en la educación. La acción afirmativa es un instrumento para ayudar a levantarse a aquellos que han sufrido la discriminación durante siglos y rebajar el dominio de las castas altas.

Tras preguntarse si acaso la política de reservas no refuerza las mismas categorías que tendría que socavar, Laura Dudley Jenkins concluye que, al contrario de lo que sostienen los críticos, «estas políticas contribuyen a eliminar las fronteras» de casta.[25] El que a uno le cataloguen de "SC" o de "OBC" puede ser de vital importancia para dejar de ser, precisamente, un dalit o un miembro de una clase atrasada. Por eso, las clasificaciones son constantemente puestas en entredicho y generan todo tipo de movilizaciones y protestas.

CONSECUENCIAS DE LA POLÍTICA DE DISCRIMINACIÓN POSITIVA

El año 1990 marcó un punto de inflexión en la sociedad de castas. La categoría "OBC" pasó al primer plano de la escena política. Un poco al modo con que las etiquetas administrativas "Scheduled Caste" y "Scheduled Tribe" suplantaron a las de "intocable" y "tribal", respectivamente, muchos de los que antiguamente habían sido llamados "śūdras" pasaron a integrar la etiqueta administrativa "OBC".

El asunto de la discriminación positiva, y muy en particular el de su extensión a las OBCs, permitió que las castas bajas se organizaran en forma de grupos de interés al margen del modelo "vertical" del partido del Congreso. Es significativo que en 15 años los diputados de casta alta en la zona de habla hindi cayeran del 47%, en 1984, al 31%, en 1999, mientras que los de origen OBC ascendieran del 11 al 22% en la misma franja. En el Parlamento Nacional (Lok Sabha) de Nueva Delhi, ya sólo un poco más del 9% de los diputados era de casta brāhmaṇ en el 2007.

Para Christophe Jaffrelot, «el mayor logro del asunto Mandal fue la transferencia de poder de los grupos de élite a los subalternos».[26] Una revolución silenciosa se estaba gestando, sin recurrir a la violencia, basada en la política de cuotas (aunque no de forma uniforme, ya que en estados como Rajasthan esta "revolución" no parece haberse dado). Desde que en 1992 el Tribunal Supremo santificó la extensión a las OBCs, las castas altas dejaron de protestar y dieron por perdida la batalla (si bien, nuevos horizontes se abrían con la liberalización económica adoptada también en 1991).

Por lo general, la política de reservas ha otorgado a los grupos desfavorecidos algunas ganancias, cierto prestigio (el que va con ser funcionario público) y seguridad. En el propio informe de la comisión Mandal se señalaba explícitamente que la recomendación de llevar las cuotas a las OBCs no era tanto una medida de justicia social, sino una medida de alentar moralmente a las castas atrasadas y darles «un sentimiento palpable de participación en el gobierno de este país».[27] Un puesto de funcionario no sólo otorga cierta seguridad y estatus, sino que también proporciona un nivel de vida superior al de la media nacional (y quizá un sobresueldo bajo la mesa).

En 1965, sólo un 4,5% de los altos cargos del gobierno indio estaba en manos de tribales o dalits. En el 2000, los miembros de las SCs, las STs y las OBCs constituían el 55% de todos los funcionarios de la India.

Entre las comunidades tribales que más han mejorado destacan los mīzos de Mizoram o los mīnas de Rajasthan [véanse págs. 329-332]. Entre los ex-intocables sobresalen los chamārs de Uttar Pradesh, los rājbanśīs de Bengala o los mahārs de Maharashtra. Pero, por lo general, parece que la política discriminatoria ha favorecido principalmente a un pequeño coágulo de *individuos* que ha mejorado substancialmente; de suerte que podría argumentarse que las medidas se han tornado en un mecanismo de mejora individual y no colectiva. Han creado una élite entre intocables y tribales que disfrutan de una parte desproporcionada del programa.[28]

Quienes sin duda han experimentado un mayor progreso, tanto en sus condiciones de vida como en su peso político, son las *porciones superiores* de las OBCs, los llamados *upper*-śūdras, entre los que encontramos a los ahīr-yadavs, kurmīs o koerīs de Bihar, los okkaligas de Karnataka, los īḻavars de Kerala y un gran número de castas de Tamil Nadu. Algunos de estos *upper*-śūdras, como los okkaligas o los liṅgāyats, han sido castas dominantes en sus regiones. Como sabemos, históricamente, un śūdra ha podido tener un estatus socioeconómico alto, poder político, rituales sanscritizados, etcétera [véanse págs. 429-433]. Es seguramente en el sur donde estas castas han sabido ascender con mayor rapidez, en buena medida gracias a la larga trayectoria de movimientos antibrahmánicos.

Los recelos para con los dalits y OBCs por parte de muchas de las castas que se han quedado sin cuotas y que ven perder su poder han desembocado en ocasiones en violentos disturbios intercastales. Las víctimas suelen ser casi siempre los dalits [véanse págs. 607-608].

Los que han ganado francamente poco son los miembros de grupos muy bajos (pero no intocables), normalmente dedicados a alguna ocupación artesanal. Se trata de secciones tan deprimidas que apenas pueden aspirar a obtener ningún beneficio de las reservas. Con la política de discriminación positiva ocurre como con otras políticas compensatorias de la India (en especial la que otorga a los BPL cantidades de grano, queroseno o azúcar): que en algunos estados corruptos la ayuda llega a los que no son pobres; y, con frecuencia, ¡a los que son ricos! (falla enmendada cuando el subsidio es universal, como en Tamil Nadu o Chhattisgarh).

Este es otro de los grandes argumentos en contra de la política de reservas. Sobre todo en lo que se refiere a las OBCs. Esta política no sólo no contempla las enormes diferencias que existen entre castas llamadas intocables, tribales u OBCs, sino que no favorece a las secciones débiles de estas categorías, ya que los beneficios van a parar a los mejor posicionados dentro de ellas.* Con el fin de tratar de paliar este problema, ahora el gobierno toma medidas para evitar que la mayor parte del pastel vaya a parar a la élite o *creamy layer* de las OBCs.** De forma similar, intenta extender las cuotas a las "secciones débiles" de las "castas avanzadas". En algunos estados se han creado listas de "Most Backward Castes" ("castas más atrasadas") con la finalidad de ser incluidas entre las Scheduled Castes.

Curiosamente, ahora la conciencia de casta ha operado un giro un tanto esquizoide. En cuestiones rituales o de matrimonio, la gente se atiene a la *jāti* o subcasta. Pero en su batalla por acceder a la categoría de OBC se desprecian los segmentos de *jāti* para alzarse con una sola voz. En esta tesitura, el gobierno indio se encontró frente a otra tremenda paradoja. Cientos de grupos que habían reclamado estatus kṣatriya cuando los británicos realizaron sus primeros censos, reclaman ahora ser designadas *backward* y poder beneficiarse de la política gubernamental de ayudas y concesiones.

En 1993 se estableció una comisión nacional (la National Commission for Backward Classes), que es el único organismo que puede permitir la entrada de una casta en la categoría OBC. Hasta el 2007, esta comisión había recomendado que se incluyeran 297 comunidades y había rechazado 288 peticiones. La paradoja es que las castas que han conseguido entrar lo han logrado porque son lo suficientemente poderosas como para presionar al gobierno. Los viśvakarmas de Uttar Pradesh están políticamente bien organizados, de suerte que fueron declarados *backward*. En cambio, en Maharashtra, donde no son prominentes, no alcanzaron ese estatus. Incluso los solaṅkī-rājputs de Gujarat lograron ser incluidos en la categoría OBC. En 1999, el primer ministro A.B. Vajpayee anunció que los jāṭs de Rajasthan serían considerados OBC, ya que allí son una comunidad claramente subordinada a los rājputs. Automáticamente, el jefe de estado del vecino Uttar Pra-

* Ello explica la típica paradoja de asociaciones de casta que plantean ser reclasificadas como "Scheduled Caste" ante la oposición de sus miembros (que tienen muy claro que la práctica de la intocabilidad aún no ha desaparecido). Los líderes de las *sabhās* saben que las políticas de discriminación positiva son más eficaces en el ámbito de la educación superior y el alto funcionariado, precisamente los niveles sólo accesibles a la élite que lidera la asociación de casta.

** Con todo, lo hace con muchísimo tiento ya que no puede excluir ni a segmentos ni castas demasiado influyentes por miedo a las repercusiones políticas. Los que apoyan la política de reservas dicen que tratar de excluir a esa élite sería miope, ya que el objetivo de dicha política no consiste en eliminar la pobreza, sino en cambiar el perfil de los parlamentos, el funcionariado o los graduados y licenciados de educación superior.

desh pidió el mismo estatus para los jāṭs de su estado, generando una gran polémica, cuando todo el mundo sabe que en Haryana, Punjab o el oeste de Uttar Pradesh, los jāṭs constituyen *la* casta dominante por antonomasia.*

En algunos casos, el rechazo ha producido serios altercados. La gran casta gūjar de Rajasthan, relativamente alta en la jerarquía ritual de castas, pero más baja en términos socioeconómicos, reclamó en el 2007 su inclusión entre las castas con derecho a cuota. La contundente represión policial en Jaipur ocasionó 23 muertos. Claro que en uno de los países más corruptos del planeta, un certificado también se puede comprar. En Lucknow, capital de Uttar Pradesh, uno puede ver a brāhmaṇs y ṭhākurs de alta casta hacer cola para comprar certificados falsos de OBC o Scheduled Caste y beneficiarse así de las cuotas a las que no tienen derecho.[29]

EL DEBATE CONTEMPORÁNEO

Pasado el rubicón del 2000, el gobierno intentó introducir cuotas en el sector privado (sin éxito). Y en el 2006 trató de ampliar las reservas a las OBCs en las instituciones educativas superiores (con éxito). El principal argumento es que las OBCs constituyen alrededor del 50% de la población pero siguen con poca representación en las profesiones más cualificadas. En cambio, los hindúes *forward*, que representan sólo el 30% de la población, urbana, copan dos terceras partes de las profesiones cualificadas. Asimismo, se ha tratado de extender las reservas a instituciones de prestigio como los Indian Institute of Technology, los Indian Institute of Management y los colegios médicos universitarios. Como en el caso de los disturbios anti-Mandal de 1991 [FIG. 92], en las protestas se desplegaron claros símbolos del universo casteísta. En algunas manifestaciones, los estudiantes de alta casta se pusieron a barrer las calles y limpiar zapatos, con pancartas que decían: "A esto es a lo que quedaremos reducidos a causa del sistema de cuotas". La implicación es clara: la ocupación a la que las castas superiores es-

* La petición también tiene que ver con la sensación de pérdida de poder a la que está sujeto el campesinado indio. Quienes están demandando la inclusión en la categoría OBC no son labriegos jāṭs empobrecidos, sino la élite de la macrocasta. Los hijos de esta élite ya no quieren seguir en el precario espacio rural, pero se topan con que en las ciudades la educación y los puestos relevantes de trabajo están dominados por castas altas como los baniās, los khatrīs, los aroṛās o los brāhmaṇs. El poderío económico jāṭ no basta para competir con la élite urbana no jāṭ.

tarían abocadas es un trabajo de "intocables"; está bien que los dalits lo hagan, pero sería inaceptable que alguien de casta alta se rebajara a ese nivel. En más de una pancarta se esgrimía explícitamente que las castas bajas están cualificadas para los trabajos manuales, mientras que las altas están inclinadas, por naturaleza, hacia profesiones respetables como la medicina, la ingeniería o la dirección de empresa.

La cuestión de los musulmanes y otras minorías religiosas

Las mayores polémicas incumben hoy a la posición de las minorías no hindúes. La provisión constitucional deja a musulmanes, cristianos y otros no hindúes al desamparo de la protección estatal ya que sólo contempla la discriminación ritual histórica dentro del hinduismo. Pero téngase en cuenta que la mayor parte de ciudadanos pobres o marginales en la Unión India son gente de origen tribal, intocable *o musulmán*.*

Si cristianos, sikhs o jainas poseen una representación pareja a su población, los musulmanes (13,4% de la India) ocupan entre el 4 y el 5,7% de la representación política,[30] y en el ejército su proporción no sobrepasa el 2%. Esto se explica, en parte, por el sistema electoral indio, que elige un único diputado por distrito, de suerte que favorece a las minorías que están demográficamente concentradas. Al estar muy diseminados por toda la India (al contrario que los sikhs o los ādivāsis, por ejemplo), los musulmanes son mayoritarios en pocos distritos. Pero incluso ahí donde su número es elevado, es interesante notar que el electorado musulmán suele votar a partidos seculares y centristas [FIG. 93]. La mayoría de los diputados musulmanes provienen de distritos donde los musulmanes no son mayoría. Incluso en estados izquierdistas como Bengala, con una población musulmana del 25,2%, los musulmanes sólo ocupan un 4,2% del funcionariado.

Por lo general, los musulmanes ocupan los peldaños más bajos del escalafón social. En gran medida, ello se debe a la fuga de empresarios, inte-

* Eso por no entrar en la cuestión de género. Si de lo que se trata es de ayudar a los desfavorecidos, ¿por qué no ayudar a las mujeres, independientemente de su casta o filiación religiosa? Existe una propuesta que data de 1996 de reservar el 33% de escaños del Lok Sabha a las mujeres (como ya se hace en los *grām-pañchāyāts*). Significativamente, una mujer, Mayawati, líder del BSP, el partido que da voz a millones de dalits [véanse págs. 614-617], se ha opuesto al incremento de escaños para las mujeres ya que a su juicio ello debilitaría el peso de la representación de las castas bajas en el Lok Sabha.

93. Un votante musulmán lee un panfleto electoral del partido del Congreso. Mumbai (Maharashtra). Foto: Al-Jazeera, 2009.

lectuales y políticos hacia Pakistán en el momento de la "Partición". Otra causa hay que buscarla en la propia composición de muchas comunidades musulmanas, bastantes de las cuales proceden de conversos de "casta baja"; y cuyo nivel social se ha mantenido tras la conversión. También influye la actitud conservadora de los clérigos musulmanes. La mayoría de las organizaciones musulmanas de la India se han centrado en cuestiones de identidad más que en la educación o el desarrollo.[31] La sociedad india en general tampoco ha ayudado, dados los prejuicios heredados de tiempos de la "Partición" y, más recientemente, del yihadismo internacional.

La comisión Kalelkar ya determinó que ciertas castas y comunidades de las minorías religiosas eran *backward* susceptibles de ser ayudadas. Pero, como sabemos, el informe Kalelkar fue rechazado. También la Comisión Mandal destacó la existencia de la casta entre los musulmanes. De ahí que la categoría OBC incluyera secciones de musulmanes.

Ya que no se reconoce oficialmente la existencia de castas entre las minorías religiosas, para identificar a las OBCs no hindúes se acordaron dos criterios: intocables conversos a una religión no hindú y comunidades ocupacionales cuyo oficio tradicional en su contrapartida hindú hubiera sido incluido en la lista de OBCs. Basándose en el censo de 1931, 82 grupos musulmanes fueron declarados *backward*. De modo que es la categoría OBC la que afronta la "discriminación negativa" que sufren las minorías. No obstante, dado que las OBCs tienen algunas restricciones de las que se libran las SCs o las STs, algunas organizaciones musulmanas luchan por incluir a los grupos musulmanes entre las SCs, con gran oposición por parte de los líderes hindúes y musulmanes. Otros dirigentes musulmanes, que niegan la existencia de la casta en el islam, abogan por que *toda* la población musulmana sea considerada *backward*. Lo que ha llevado a la lógica oposición de las organizaciones OBCs musulmanas. El principal argumento de estos es que la casta existe entre los musulmanes. Se quejan de que los líderes musulmanes se hayan concentrado en cuestiones como la "Ley personal musulmana", el urdu o la Universidad de Aligarh y, en cambio, nada hayan hecho por el atraso social y económico de sus correligionarios. De modo que se oponen frontalmente a la idea de que todos los musulmanes sean declarados "clase atrasada" y puedan beneficiarse de las cuotas.

Como sea, la discriminación positiva sólo es posible basándose en el atraso social en términos de casta y no de identidad religiosa. Aunque gracias a la inclusión de grupos musulmanes como OBCs un buen número de ellos se ha beneficiado de la política de reservas, están todavía lejos de las OBCs hindúes. Por lo general, han mejorado en estados del sur como Kerala y Karnataka, que han implementado sus propias políticas, pero no en el resto de estados ni a nivel nacional.

La lista de OBCs musulmanas no distingue entre clases atrasadas y dalits, ya que los agrupa en la misma categoría. Esto es parte del problema del paradigma Mandal: no asume las diferencias internas entre las castas atrasadas. Como resultado, sólo las secciones dominantes y las *creamy layers* salen beneficiadas.

Desde hace ya muchas décadas, los dalits cristianos (que, no lo olvidemos, constituyen la mitad de la población cristiana de la India) y, desde hace algo menos, los dalits musulmanes (un 0,6% de los musulmanes) demandan su inclusión dentro de las listas de Scheduled Castes. A pesar de las arduas campañas no han sido reconocidos como tales y han encontrado fuerte oposición de los dalits hindúes y las élites musulmanas.

La categoría Scheduled Caste no está bien definida en la Constitución. Se sobreentiende que son los llamados "intocables". En 1950 se decretó que «ninguna persona que profese una religión distinta al hinduismo puede ser considerada miembro de una Scheduled Caste».[32] Esta ley fue enmendada en 1956 para incluir a los sikhs; y a los budistas en 1990. Sus demandas fueron aceptadas con el argumento de que los intocables sikhs eran en su origen intocables hindúes recién convertidos al sikhismo y que sufrían el mismo tipo de opresión que los hindúes. (Está claro que el partido del Congreso otorgó esta generosa concesión al partido Akali Dal de los sikhs como arma de cambio.) Algo semejante se arguyó para los budistas.

La ambigüedad de la Constitución y del ejecutivo en lo que al concepto "hindú" se refiere también es patente. Para cuestiones como el matrimonio, la sucesión, la adopción o la tutela, budistas, jainistas y sikhs son tratados legalmente como "hindúes". Esto es así porque el Hindu Code Bill considera "hindú" a alguien que profesa una religión "índica". De ahí que legalmente no existieran tantos problemas para que las secciones dalits de sikhs y budistas entraran dentro de la categoría "Scheduled Caste". Pero como cristianos o musulmanes no son hindúes, sus secciones dalits quedan desamparadas. Para capear este obstáculo, por ejemplo, en 1994 el estado de Kerala decidió incluir con astucia a toda la población musulmana (un 23%) como māppiḷa, o sea, como una "comunidad" (y no una "minoría religiosa") y, por tanto, en la categoría OBC. Karnataka hizo algo parecido. Luego Maharashtra. Y Bengala se sumó en el 2012. En todos los casos se trata de la comunidad no aśrāf (más o menos un 85% de los musulmanes).

Aunque, desde un punto de vista sociológico, la conversión a otra religión no resulta en una pérdida de casta, sí lo es jurídicamente. Muchos partidos ya abogan por que se incluya a los dalits cristianos y musulmanes entre los beneficiarios de la política de discriminación positiva, pero amplias secciones del BJP y del Congreso se oponen. Se argumenta que aquellos que han dejado el hinduismo lo hicieron a una religión que no discrimina por razón de casta. Una vez salen de la sociedad de casta, no pueden exigir los beneficios de la misma religión que han abandonado. Este discurso va, por supuesto, parejo a un apoyo a los derechos de los dalits hindúes. Está claro que la mayor hostilidad hacia las reservas para los dalits no hindúes proviene del miedo a las conversiones (ya que se induce indirectamente a que los dalits se mantengan en el regazo hindú). La idea generalizada es que el cristianismo y el islam son religiones "extranjeras" y representan una amenaza. El sikhismo y el budismo son "de dentro", indias, índicas, normales.[33]

El criterio para incluir a una persona en las reservas sigue siendo el estigma de la *intocabilidad*. No se contemplan factores como la renta per cápita, el nivel de alfabetización o las calorías per cápita. Y, en cualquier caso, no se contempla el hecho más evidente de la sociología india: que la casta traspasa fronteras religiosas, es un fenómeno panindio, y la discriminación social perdura tras la conversión a una nueva religión. Hoy, muchas voces se levantan por la inclusión de estos grupos, porque, antes que musulmanes o cristianos, son dalits.

24. LA ETNICIZACIÓN DE LA CASTA

Desde la independencia de la India, las categorías de *varṇa* y *jāti* han ido adquiriendo un nuevo sentido social, legal y político. Esto es, en parte, consecuencia de la política gubernamental, como hemos visto en el capítulo anterior, pero, como vamos a comprobar en el presente, el asunto viene de más lejos. El reforzamiento de la conciencia de casta, especialmente en las bajas e intermedias (las que suelen agruparse en las difusas categorías "śūdra" u "OBC") o entre las ex-intocables (Scheduled Castes), constituye una de las grandes transformaciones de la modernidad india.

Desde luego, la conciencia de casta no es necesariamente mayor que el sentido de identidad religioso o lingüístico. Estas fuerzas han podido tener más incidencia en la política y la sociedad indias que los procesos ligados a la casta (como el antibrahmanismo, el movimiento dalit o la política de reservas). Recuérdese, por ejemplo, que la India se reorganizó territorialmente en los 1950s y los 1960s según criterios lingüísticos. Pero, al mismo tiempo, las referencias a la *jāti*, el *varṇa* o la *community* han pasado al primer plano en la política surasiática. Las elecciones y análisis políticos continúan recurriendo a las categorizaciones de casta. Se examina el voto jāṭ o el voto dalit [véanse págs. 604-605]. Los líderes hablan de "nosotros" y de "ellos". Y remiten a la "historia" de los yadavs, los dalits o los marāṭhas como si de grupos étnicos se tratara. Es la llamada *etnicización* de la casta.

El primero en percatarse de este proceso fue G.S. Ghurye, que observó que la interdependencia de las castas estaba siendo substituida por una oposición entre *jātis* (a la vez que se reforzaba la solidaridad dentro de la casta).[1] Aunque era cierto que las reglas de comensalidad se relajaban, o que la preeminencia del brāhmaṇ era muy cuestionada, la endogamia de *jāti* se mantenía, y las *jātis* se agrupaban en barrios, con cooperativas, bancos, hospitales y asociaciones propias. Ya tocamos el tema [véanse págs. 153-156]. M.N. Srinivas, heredero en muchos aspectos del legado de Ghurye, afirmaba que en los últimos 100 años había aumentado la solidaridad de casta de forma inversamente proporcional al declive de la interdependencia.[2] Rota la dinámica de cooperación aldeana, se palpaba, en cambio, una mayor competencia entre ciertas combinaciones de castas.

LAS ASOCIACIONES DE CASTA

La agrupación de las castas en asociaciones (*sabhās, samajs*) se remonta al siglo XIX. Su irrupción, imparable desde los 1880s, refleja la plasticidad de la casta.

El objetivo de estas asociaciones ha sido siempre proteger y apoyar al grupo al que representan. Se encargan de ayudar a los necesitados de la casta (con créditos o medicamentos), disputar las cuestiones relativas al estatus, asesorar políticamente, editar libros, revistas y panfletos, se preocupan de cuestiones educativas, tienen su web, pueden llegar a tener hospitales propios, organizan eventos sociales (bodas) y religiosos (construcción y manutención de templos, peregrinaciones, fiestas religiosas). Aunque la mayoría de las asociaciones no se involucran directamente en política, en paralelo se han ido formando partidos políticos que defienden los intereses de una casta o asociación de castas en particular [véase el próximo capítulo]. En este sentido, las asociaciones y partidos de casta –a diferencia de los *pañchāyāts*– persiguen la movilidad social, el control político y la mejora económica. Asimismo, vigilan aspectos culturales (como las formas de matrimonio, mitos de origen, etcétera) [véanse págs. 153-155]. Incitando a que las subcastas y *jātis* rompan barreras de endogamia y en los censos adopten un mismo título de casta, estas asociaciones han vehiculado el proceso de etnicización de las castas y la coagulación de macrocastas.

El caso de los yadavs

Un buen ejemplo lo proporciona la casta hoy denominada "yadav", muy poderosa en estados como Bihar y Uttar Pradesh (donde puede que constituyan el 12% y el 8% de la población, respectivamente). Hoy es quizá la segunda más populosa del país [véase Cuadro 3] y la principal casta OBC.

Bajo la apelación "yadav" hallamos a un gran número de *jātis* cuya ocupación tradicional había sido el pastoreo. Entre ellas, la más numerosa era la casta ahīr, tradicionalmente considerada baja por sus vecinos (y tenida por casteísta y violenta). Algunas familias de ganaderos ahīrs prosperaron considerablemente a finales del siglo XIX. Comenzó entonces la campaña para adoptar el título "yadav" y reclamar estatus kṣatriya. Ya en 1910 se formó la "Ahir Yadav Kshatriya Mahasabha" y en los 1920s, la "All-India Yadav Mahasabha". A mitad del siglo cuajó definitivamente la denominación "yadav", un título de siempre asociado al dios Kṛiṣṇa y a su clan de vaqueros y pastores (ocupación tradicional de los ahīrs). Influidos por los modelos de sanscritización del Arya Samaj, los yadavs dieron forma a su mito de origen que los remonta a Kṛiṣṇa y sus dinastías reales. También fue ganando fuerza la idea de que los ahīr-yadavs descendían de la tribu ābhīra, que presumiblemente habría alumbrado varias dinastías del norte de la India, ya antes de la era común. Así, la All-India Yadav Mahasabha no sólo sanscritizó y rajputizó mitos y prácticas, sino que consiguió *unificar* bajo la imagen de Kṛiṣṇa a un número muy grande de castas pastoriles. De esta forma, tropecientas *jātis* esparcidas por medio continente (ahīrs, kuṟubas, dhangars, goālās [FIG. 79], etcétera), con diferentes lenguas y cuyo único nexo en común era una ocupación tradicional (que ni mucho menos todos practicaban), quedaron firmemente ecualizadas. Cuando en los 1930s algunos ahīrs de Bihar comenzaron a llevar el cordón sagrado (emblema de los "dos-veces-nacidos"), ello ocasionó una violenta reacción por parte de las castas dominantes de ṭhākurs y bhūmihārs.[3] Durante los años 1960s, los yadavs más pudientes apoyaron con determinación la causa "yadav" construyendo escuelas, hospitales o templos para la casta. En esa década, un número ya importante de diputados yadavs tenía escaño en los parlamentos de Uttar Pradesh y Bihar.

A partir de los 1970s, las grandes castas agrícolas del norte que no poseían pedigrí ritual empezaron a cuestionar –emulando el ejemplo del sur– la supremacía del partido del Congreso. En este sentido, los yadavs fueron siempre pioneros, conscientes de su inmenso peso demográfico.

Hoy, existen dos importantes partidos políticos "dominados" por los yadavs: el partido Samajwadi (SP), dirigido por Mulayam Singh Yadav, un yadav de Uttar Pradesh, y el Rashtriya Janata Dal (RJD), fundado en Bihar por Lalu Prasad Yadav [FIG. 95].

Los yadavs arguyen que la política es para ellos su ocupación "natural". Ello explica tanto la aparición de estos partidos, como su permanente faccionalismo, su habilidad para beneficiarse de los recursos del Estado (política de discriminación positiva) o para aprovecharse del amiguismo político. Dado que los mitos de origen los vinculan con Kṛiṣṇa y su linaje real, se consideran kṣatriyas cuya tarea natural desde hace 3.000 años es el gobierno y la lucha. Como escribe Lucia Michelutti, «la habilidad de "hacer política" se ha transmitido "por la sangre" desde los gloriosos antepasados yadavs y el dios Kṛiṣṇa hasta los yadavs de hoy».[4]

Significativamente, la All-India Yadav Mahasabha promueve la idea de que la "democracia" es un valor cien por cien yadav, heredado de su antepasado Kṛiṣṇa. Ergo, los yadavs son los portadores de la justicia social o la igualdad y son los líderes "naturales" de las castas atrasadas. Algo que, por un lado, concuerda con su impresionante organización interna y política, pero menos con su agresividad. En cualquier caso, Mulayam Singh, B.P. Mandal y Lalu Prasad Yadav pueden ser vistos por sus seguidores como verdaderas encarnaciones o *avatāras* que el dios Kṛiṣṇa ha enviado a la Tierra para proteger a los oprimidos.

Fusión de castas

Muchas asociaciones de casta han buscado estrategias de federación semejantes. Se ha tratado siempre de conjuntar las distintas subcastas y hasta buscar la alianza con castas consideradas semejantes. Esto es algo también patente en las diversas asociaciones de casta de los paṭṭīdārs –o paṭels– de Gujarat. La Pattidar Yuvak Mandal, por ejemplo, fue establecida en Surat en 1908 con el propósito de «expandir la educación entre los patidars, realizar reformas sociales, abolir costumbres dañinas y tradiciones en la casta, movilizar y cultivar la opinión pública y proteger los intereses de los agricultores».[5] Las resoluciones de esta asociación resaltaban por igual la necesidad de abolir costumbres perniciosas (matrimonio infantil, dote) como la urgencia en integrar los distintos segmentos de los paṭṭīdārs y conjuntar un frente común con castas semejantes. En un artículo de uno de los folletos de la casta, de 1913, el autor decía que «los marathas de Maharashtra, los vokkaligas de Mysore, los reddis de Andhra, los naidus de Madrás, todos son patidars».[6] La asociación estuvo luego muy metida en el gandhismo, y uno de sus insignes líderes sería el *sardār* Patel. Pero nunca se perdió de vista que, en palabras de Kunvarji Mehta, su principal responsable:

> «La presencia de innumerables castas y subcastas es la mayor debilidad de la sociedad hindú. Es ley del desarrollo social que las castas fundan su identidad en grupos sociales más grandes».[7]

Esta ha sido una constante del último siglo. *Jātis* pequeñas, concentradas en una comarca, superan su localismo buscando –a través de la historia local, de la ocupación y de la mitología– un nexo de unión con otras agrupaciones mayores. Las menudeces rituales pasan a un segundo plano y se acelera el proceso de fusión, normalmente acompañado por la creación de una asociación de casta (*sabhā*) territorial y hasta nacional. Los ahīr-yadavs, los marāṭhas, los paṭṭīdārs, los okkaligas, los kurmīs, los jāṭs, los kāpus y un largo etcétera de castas agrícolas se han constituido en comunidades étnicas (o macrocastas) por este proceso de coagulación. La acción conjunta de estas asociaciones de casta y las categorías censales –que precisan reconocer, aislar y nombrar en categorías rígidas a los grupos humanos– propulsaron la creación de estas gigantescas castas. Nótese que palabras como la canaresa *okkaliga,* la telegu *kāpu,* la tamil *vēḷḷāḷa*, la panyabí *jāṭ*, la marathi *kuṇbī* o la hindi *kurmī* significan simplemente "agricultor", "payés", "labriego".

Estas *sabhās* se han ido formando a partir de los viejos *jāti-pañchāyāts* [véanse págs. 138-141], pero se diferencian de aquellos en varios aspectos. Por un lado, los *jāti-pañchāyāts* eran agrupaciones de aldea, a lo sumo de comarca, y se circunscribían al círculo endogámico o *jāti*. Por contra, las asociaciones tienen un radio mucho mayor, en ocasiones nacional, y suturan una serie de castas y subcastas muy heterogéneas y cuyos miembros son de orígenes diversos. Y este es el otro aspecto que las distingue. Si el objetivo del *pañchāyāt* tradicional consistía en preservar y regular las costumbres de *jāti*, el objetivo de la asociación de casta moderna no es el respeto a la tradición (ya que tiene gran propensión a *reformarla*), sino la fusión y unión de fuerzas para conseguir objetivos políticos, económicos y sociales.

La casta como guardián de la cultura

En otros casos, las asociaciones de casta no pretenden mejorar el estatus ni afianzar una federación con castas semejantes, sino que se centran en aspectos básicamente culturales o sociales. Por ejemplo, el Akhil Bharatiya Agraval Sammelan, fundado en 1975, representa los intereses de la gran casta agaravāl. Se trata de la mayor casta mercantil de la India occidental. Entre otras cosas, la asociación ha promovido la restauración del plausible lugar de origen de los agaravāls, en Agroha (Haryana), que ha sido proclamado lugar de peregrinación y donde se celebra un festival anual en el gran templo de Mahālakṣmī. La asociación ha estandarizado una narrativa de origen, una lista de los clanes "oficiales" de la casta y trata de imponer una serie de prohibiciones a la comunidad. Hay una explícita condena a los matrimonios ostentosos, las dotes o a la distinción jerárquica entre los clanes.[8]

Como ya vimos a propósito de la asociación de casta de los kumhārs de Chhattisgarh [véanse págs. 153-156], estas asociaciones han sido decisivas a la hora de acentuar el principio de la diferencia, básicamente haciendo de la casta una comunidad cultural (*samāj*). El discurso del multiculturalismo no hace sino legitimar este aspecto.

La casta como "sociedad civil"

Indirectamente –y, en cierto modo, paradójicamente–, este tipo de asociaciones ha contribuido a crear una pujante sociedad civil.

No entraremos aquí a debatir sobre si la India ha poseído o posee un tipo de sociedad civil como la que se desarrolló en Europa a lo largo de los últimos dos siglos. Pero quizás habría que trascender las definiciones eurocéntricas de "sociedad civil" y hacerse eco de que las asociaciones de casta (o las comunidades de vecinos, las oenegés, etcétera) de la India pueden dar voz a esta sociedad civil. Desde hace más de un siglo, grupos como el Arya Samaj panyabí (fundador de un sinfín de escuelas, bibliotecas o asociaciones culturales) o el Brahmo Samaj bengalí reforzaron poderosamente la vida cívica en la India. Hoy, son las asociaciones de dalits y otras castas las que establecen escuelas o bancos de microcréditos.

Asimismo, la casta ha constituido el germen de muchos sindicatos indios. Tal fue el caso de la asociación agraria de bhūmihārs (casta elevada, pero formada en su mayor parte por agricultores pobres), creada y dirigida en los años 1920s por un *sādhu* de nombre Swami Sahajanand. Hoy en día, el caso más vistoso es el de la Bharatiya Kisan Union, un sindicato fundado en 1978, fuertemente implantado en Uttar Pradesh. El BKU representa básicamente los intereses de la casta jāṭ, muy extendida en el Punjab, Haryana, Rajasthan, Delhi y Uttar Pradesh. Ha contribuido decisivamente a dinamizar la vida pública de la India rural.

Los expertos incluso llegan a cuestionar el cliché que nos ha pintado al campesino indio como un ser esencialmente pasivo e incapaz de rebelarse –como en China o Europa– dado que habría estado atenazado por la estructura sociorreligiosa de la India rural. Los estudios muestran, al contrario, que el campesino indio ha sido menos dócil de lo que se pensaba. M.H. Siddiqi señala que «la existencia de castas ayudó al movimiento campesino a cohesionarse más y actuar con más rapidez».[9] Ni la casta ni la religión tienen por qué difuminar la militancia política. Como concluye Sudipta Kaviraj, los esfuerzos por promover una sociedad civil en la India puede que vayan con –en lugar de contra– las formaciones que representan la casta y las metas religiosas.[10]

LA RUPTURA DEL "SISTEMA"

Las *sabhās* o asociaciones de casta forman un grupo solidario (*samāj*) con sede social, lista de miembros, organigrama, escuelas, cooperativas, diarios, revistas y webs propias. Como hemos visto, sus fórmulas para la mejora sociopolítica pasan por eliminar las barreras entre las diferentes secciones de la casta (de forma que su peso demográfico y político se incrementa). Las asociaciones buscan aliados en castas consideradas próximas (y, como veremos, no tan próximas). En otras palabras, si por los procesos de movilidad las castas tienden a fisionarse (un grupo más avanzado tiende a desolidarizarse del resto y reclamar rango más alto), por otro lado, las castas también tienden a fusionarse en pos de logros políticos y sociales. Al cabo de un tiempo, castas que tradicionalmente no habían tenido lazos matrimoniales entre sí, y puede que tampoco compartieran mesa, se fusionan y amalgaman.

En este sentido, la casta se substancializa, se transforma en un grupo en competencia con los demás. Para Louis Dumont, la substancialización es un proceso que marca el paso de un universo fluido, donde el acento se ponía en la interdependencia, a un universo de bloques impenetrables, autosuficientes y en competencia entre sí.[11] Coincidiendo con Ghurye, para Dumont eso significa la muerte del "sistema".

Este proceso se alimentó, en parte, de las ideas racialistas finiseculares. Muchos indios empezaron a ver su identidad "vēḷḷāḷa", "paṭṭīdār" o "yadav" de forma inmutable. Las viejas concepciones de los *guṇas* quedaban ahora suturadas por las de "sangre" y "etnia". Los miembros de una misma casta decían poseer una idéntica "substancia" que es física y moral. (Lo que concuerda con los significados del término *jāti*, que puede utilizarse como "linaje", "raza" y hasta "esencia".) Surgía lo que los indios llaman *community*, una matriz que se convierte en *lobby* o grupo de presión. La casta substancializada porta consigo la conciencia de clase social y lo que en otras partes se denomina "grupo étnico".

Lo notó Karen Leonard con los kāyasthas de Andhra Pradesh. Al ver con qué facilidad estaban saltándose las viejas barreras matrimoniales, concluía que este cambio «confirma un giro ideológico de casta hacia la etnicidad y la clase».[12] También se detectó con los nāḍars (la denominación "limpia" alcanzada por los śāṇārs [véanse págs. 501-502]), cuya asociación de casta, fundada en 1910, ya promovía la "fusión" de castas. La unidad decisiva deja de ser la *jāti* y toma el relevo una amalgama de castas con aires de grupo étnico. Este proceso, muy promovido por las élites que ahora dominan la casta y controlan sus asociaciones, exige siempre una nueva memoria colectiva o mito de origen y una identidad cultural diferenciada. El carácter sociorreligioso es cada vez menos visible y la casta actúa más como una comunidad cultural. Hoy, la casta ofrece un nivel de identificación intermedio entre la familia y el Estado, que en muchas ocasiones constituye la base para la movilización política. A la vez, contiene todos los elementos necesarios para los conflictos ideológicos modernos.[13]

Edmund Leach decía que se ha pasado de un sistema orgánico a uno segmentario, de suerte que los grupos que seguimos llamando "castas" conforman ya una sociedad diferente. Si una casta entra en la arena política –argüía Leach– «actuando como una corporación en competición con otros grupos semejantes *de diferente casta*, entonces están actuando en contra de los principios de casta».[14] Tal vez habría que buscar otra designación. Parte de razón llevaba Leach, pero opino que el término *casta* siempre ha sido lo suficientemente amplio como para designar distintas segmentaciones y relaciones sociales; y nunca ha estado alejado de lo político.

A la vez, la movilidad social favorece la competición entre castas. Una casta agrícola demográficamente muy fuerte en Tamil Nadu, la de los vāṇiyar-kṣatriyas (12% de la población del estado), no se ha beneficiado de las reservas gubernamentales, aunque sus condiciones de vida no difieran demasiado de otras "castas atrasadas". El recelo de los vāṇiyars ha llevado a serios conflictos intercastales. Como suele suceder, las víctimas acaban siendo los dalits. En el 2013, 300 hogares dalits fueron incendiados sólo para "prevenir" a los intocables de no flirtear con mujeres vāṇiyars. Más que un atávico caso de casteísmo, el episodio muestra la incapacidad de las castas intermedias para aceptar y adecuarse a la pujanza de los dalits. Lo curioso es que, a la vez que reclaman su derecho a ser considerados "atrasados", los vāṇiyars se jactan de un estatus kṣatriya dentro del contexto tradicional de los *varṇas*. Recientemente, su asociación se ha constituido en partido político (el Paattali Makkal Katchi), que exige un 20% de los puestos de funcionario y educación. Si otrora su frontera con otras castas era porosa, ambigua y fluida, ahora los vāṇiyars antagonizan con pallars y dalits.

En esta lógica competitiva, incluso pueden darse federaciones de castas bajas y castas altas para fines comunes. Por ejemplo, los bariyās y los koḷīs de Gujarat, dos castas bajas pero que reclaman estatus de kṣatriya, tienen relaciones matrimoniales con los rājputs, la más importante casta marcial del país, y una de las menos escrupulosas con las reglas de endogamia. Desde la década de los 1930s, los rājputs aceptan el matrimonio con los koḷīs, pues estos representan un 24% de la población de Gujarat, el doble que la casta dominante rival, la paṭṭīdār (12%), con la que los rājputs (5%) están en perpetua pugna. Con un clásico tropo de la rajputización, la Kshatriya Sabha de Gujarat –que federa a rājputs, bariyās, bhīls y koḷīs– afirma que "kṣatriya" constituye una clase, no una casta, y está abierta a todo aquel que se comporte como tal. Por tanto, incluso castas de estatus rituales muy dispares son capaces de unirse por razones tácticas. O, puesto de otra forma, si a la hora de buscar alianzas matrimoniales se prefiere la *jāti*, cuando se trata de votar, esas menudeces se olvidan de forma selectiva y se crean alianzas políticas interesadas.

En otras palabras, si el aspecto religioso de la casta se ha dulcificado, su dimensión secular se ha acrecentado. No es que la casta se haya secularizado (lo que supondría que otrora fue exclusivamente religiosa), sino que se reinventa en la sociedad secularizada a través de su dimensión política, cultural y económica. El lenguaje de la pureza va siendo acallado, pero no el del poder. La casta adquiere un contorno político-cultural en lugar de social-ritual [FIG. 94]. O como dice Ashutosh Varshney, «las castas bajas no abandonan sus identidades de casta; más bien "deconstruyen" y "reinventan" la historia de la casta».[15] También lo ve Dipankar Gupta: «las castas nunca estuvieron fuera de la política, sólo que la conexión es mucho más transparente hoy».[16]

Desritualizada y politizada, la casta se convierte en una pequeña comunidad de parentesco que permite la formación de grandes grupos sociales horizontales. Esta transformación, muy acelerada a partir de los 1990s, permite visualizar la casta no ya en términos de jerarquía, como antaño, sino de diferencia. Este cambio es panindio y, desde el punto de vista sociológicamente, es seguramente el proceso más importante que ha conocido la India independiente. Para G.K. Karanth, eso significa que en la mayoría de aldeas de la India no existe ningún "sistema" de castas.[17] Si la importancia del *varṇa* ha perdido muchos enteros, no sucede lo mismo con la *jāti*, lo que explica por qué el sentimiento solidario dentro de la casta permanece intacto.

Tanto las relaciones de interdependencia del sistema *jajmānī* como el referente *varṇa* (como marco para otorgar estatus ritual) mueren. Por tanto, el *sistema* de castas –que vertebraba vertical o jerárquicamente la sociedad– ya apenas existe. Hoy, las castas se han transformado en conglomerados socioculturales mucho mayores. Si durante el período precolonial la movilidad social se basaba en la fisión, en la India moderna se basa en la fusión.[18] Hay castas pero no sistema de castas. Incluso el nacimiento en la *jāti* no es una condición *sine qua non* para ser miembro de una asociación de casta.

Estas nuevas formaciones ya no pueden ser identificadas en los viejos términos de jerarquía. De ahí que no sólo sea difícil contabilizar y clasificar las castas, sino atribuirles genéricos tan vagos como "castas altas" o "castas bajas".

Eso no quiere decir que la jerarquía haya desaparecido. Por descontado. Los grupos que más han acentuado el lenguaje de casta han sido aquellos que lo han percibido como estrategia para minimizar la pérdida de poder y adaptarse a la incertidumbre o, al contrario, para acceder al poder. Sean jāṭs,

94. Narendra Modi, cuando era jefe de estado de Gujarat, felicita a estudiantes y dirigentes de la Gujarat Mali Samaj, la asociación de casta de los mālīs (hoy OBCs), en su día liderados por Jotiba Phule (en el cuadro). Ahmedabad, 2012.

paṭṭīdārs, reḍḍis, okkaligas, yadavs... estas poblaciones han dilatado su conciencia de casta. La mayoría de estos grupos no se preocupará demasiado por cómo podrían ser jerarquizados en relación a otros grupos del grueso no élite, pero invariablemente mantendrán un estricto rigor en lo que respecta a la "línea de polución". Incluso en áreas donde la mayoría ha socavado casi todas las formas tradicionales de privilegio (especialmente en el antibrahmánico Tamil Nadu), nadie cuestiona la alteridad del intocable (irónicamente, el ādi-drāviḍa o "dravídico original"). De ahí que cuando los grupos mejoran, todavía se insista en portar el cordón sagrado o en sanscritizar los ritos ancestrales de la comunidad, porque de lo que se trata es de realzar la "línea de polución". Son los colectivos ritualmente bajos (y no tanto aquellos teóricamente más elevados en términos de *varṇa*) los que están más inclinados a enfatizar el principio de la jerarquía.[19] El simbolismo de la "línea de polución" es un factor importante en la homogenización o substancialización de la casta. A pesar de los esfuerzos gubernamentales por ecualizar la sociedad, en la India sigue siendo determinante caer por encima o por debajo de esta "línea".

Los grupos ascendentes de śūdras limpios que han cuestionado durante décadas la supremacía del rājput no han hecho sino apropiarse de los valores y virtudes señoriales. Ahora pueden afirmar que, aunque sean labriegos, son kṣatriyas y āryas descendientes de héroes como Rāma o Kṛiṣṇa. Por ello, muchos "señores" aún tratan a sus jornaleros como "gentes de su propiedad" (y exigen acceso, por ejemplo, a sus mujeres, o a formas muy estridentes de servilismo). Digamos que el modelo del brāhmaṇ, tan influyente en tantas cosas, es superado –de nuevo– por el modelo del kṣatriya o del comerciante de éxito. Como ha escrito Susan Bayly, en la India moderna todavía hay mucha gente que ve el mandato de dominio del kṣatriya como un hecho de la vida cotidiana absolutamente normal.[20]

Identidades múltiples

La fabulosa riqueza sociocultural índica implica que las cuestiones identitarias son siempre complejas. Las identidades de casta son sólo algunas de las posibles variables que puede manejar un indio. Es importante recordar periódicamente este punto, so pena de hacer de la casta el único vector social de relevancia. Tanto o más significativas pueden ser las identidades lingüísticas, religiosas, de secta, de nación o región; por no hablar de las de género. El punto clave para entender la complejidad de la India y del comportamiento de los indios es que la mayoría de la población simultanea varias formas de identidad y prioriza unas en detrimento de otras según los *contextos* (algo, no obstante, cada vez menos factible en el mundo de hoy, donde las variables se reducen y viven de forma incompatible, ya que se presiona para que los individuos se identifiquen con los menos vectores posibles).

Esta fluidez y contextualidad puede darse igualmente en las relaciones entre castas. Famosa es la rivalidad entre las dos castas más importantes de Karnataka, la de los okkaligas (formada por media docena de *jātis* agrícolas que se coagularon durante el período colonial y que representan a casi un 11% de la población) y la de los liṅgāyats (formada por multitud de *jātis* que constituyen una secta religiosa y representan a alrededor del 15% de la población del estado). Durante las primeras décadas del siglo XX, ambas castas se aliaron para tratar de desbancar al partido del Congreso en el estado principesco de Mysore; pero cuando el gobierno del principado se enfrentó a ambas organizaciones, se unieron al Congreso. Las siguientes décadas conocieron una fuerte rivalidad entre ambas castas. Hasta que en 1972 Devaraj Urs logró alzarse con la victoria en el estado al lograr movilizar a grupos de menor estatus pero gran peso demográfico. Desde entonces, cualquier grupo que haya querido controlar el estado de Karnataka ha precisado de un apoyo muy amplio de grupos sociales, lo que acabó con la rivalidad entre okkaligas y liṅgāyats.

❖ ❖ ❖

En conclusión, la casta no desaparece en la India moderna, a pesar del declive de las jerarquías rituales. Las *sabhās* o asociaciones de casta poco tienen que ver con aquel *ancien régime* de *pañchāyāts* y del lenguaje de la pureza, mas representan la cara moderna y activa de la casta. Aquellos teóricos de la modernidad que pronosticaban la desaparición de la casta no contaban con que esta se asienta igualmente en el lenguaje del poder.

Suhas Palshikar ha visto que la importancia política de la casta se ha incrementado en el momento en que las castas han trascendido su localismo y, al crear nuevas identidades de macrocastas, han pasado al primer plano de la escena política regional.[21]

Una pequeña *jāti* no posee fuerza suficiente para alterar la aritmética democrática. Es necesaria la construcción de una megaidentidad, y eso sólo es posible con la acción de estas asociaciones que funcionan lo mismo como instituciones socioculturales, grupos de presión o *lobbies* y catapultas para que las élites de la casta se aventuren en política.

La casta ya no tiene tanto que ver con la ocupación, reglas de comensalía y ritos religiosos, sino que ahora funciona a nivel horizontal. Hoy, la casta no se maneja en estratos jerárquicos, sino como grupos horizontales que compiten por el poder y los recursos de la sociedad. Por eso la pertenencia a una casta posee más la forma de una conciencia de comunidad –y no necesariamente de clase– y, con frecuencia, se articula de forma política. [Que es por donde vamos a proseguir en el siguiente capítulo.]

25. LA POLITIZACIÓN DE LA CASTA

Desde la década de los 1920s, la India ha conocido una eclosión de partidos políticos basados en la *identidad*, sea esta religiosa, cultural o de casta. Dentro de la primera categoría tenemos al Akali Dal, el partido que vela por los intereses de los sikhs del Punjab. Es el pionero de los partidos identitarios. Asimismo con fundamento semirreligioso es el partido Bharatiya Janata (BJP), que representa el nacionalismo hindú. Dentro de la segunda categoría, tenemos al DMK o al AIADMK en Tamil Nadu, al Telugu Desam en Andhra Pradesh o el Telangana Rashtra Samithi en Telangana. Son partidos nacionalistas con fuerte vocación federalista. Es a la tercera categoría a la que nos vamos a remitir aquí; a los partidos muy moldeados por la identidad de casta.

LOS PARTIDOS DE CASTA

El pionero en organizar un partido de casta fue Jotiba Phule, en la década de los 1870s, cuando fundó su Satyashodhak Samaj [véase pág. 515]. Con el tiempo, su organización devino un partido de marāṭhas que se oponía a la hegemonía brahmánica. El *mahātma* Phule fue de los primeros en establecer paralelismos entre la condición de los negros en EE.UU. y las castas bajas en India. Para Phule, la sociedad norteamericana sí había liberado a los afroamericanos. En cambio, recelaba de las genuinas intenciones de los reformadores indios de alta casta y del partido del Congreso.

También, en el contexto de los movimientos antibrahmánicos del sur, apareció en 1916 el partido de la Justicia [véanse págs. 518-519], que decía representar a la gran masa no brāhmaṇ de Tamil Nadu. Su heredero fue el Dravida Munnetra Kazhagam (DMK), que ha gobernado el estado alternativamente con su escisión, el All India Anna Dravida Munnetra Kazhagam (AIADMK), desde 1967 hasta el presente. Ambos, sin embargo, enfatizan hoy más la identidad dravídica y tamil, por encima de cuestiones de casta.

Los partidos fundados por Ambedkar, como la Scheduled Caste Federation o el partido Republicano, fueron concebidos para defender los intereses de unos colectivos definidos principalmente en términos de casta. El partido Republicano fue ascendiendo durante los 1960s, pero conoció innumerables escisiones en la siguiente década. En 1998, Prakash Ambedkar, nieto de *bābāsāheb*, consiguió reunificarlo y aliarse con otras fuerzas de izquierda.

El ascenso de los "plebeyos"

Durante la primera mitad del siglo XX, la política nacional india estuvo dominada por políticos urbanos, educados en inglés, en su mayoría abogados de casta alta. Constituían dos tercios del Parlamento. A la vez, en el sur de la India se estaba operando una verdadera revolución de casta [véanse págs. 512-514 y 555-557]. Se trató de una revolución callada, que cristalizó cuando el partido Comunista (articulado principalmente en la comunidad īḻavar) llegó al poder en Kerala en 1957, y cuando en 1967 el DMK (establecido como partido no brāhmaṇ) alcanzó el poder en Tamil Nadu. En esa década, la esfera pública del sur de la India había conseguido mermar considerablemente las históricas discriminaciones de casta.

Eso no significa que las castas hayan perdido relevancia en el sur. En Kerala, por ejemplo, a pesar del potente movimiento igualitarista liderado por el partido Comunista, o de su elevado nivel de alfabetización, la conciencia de casta es palpable en la esfera privada y la endogamia de *jāti* sigue siendo prominente. Es la discriminación por razón de casta la que ha sido atacada. Pero incluso en Kerala es políticamente incorrecto referirse en público a la casta de alguien.[1]

En el norte de la India, las cosas fueron más despacio. Gradualmente, y a medida que la clase media india iba incorporando a miembros de distintas procedencias, los grupos de casta baja fueron cuestionando los órdenes jerárquicos clásicos. Esto ha sido una constante en India. Gracias a la política de discriminación positiva [véase capítulo 23] y a la politización de asociaciones de castas [véanse págs. 586-589], las categorías OBC, SC y ST han ido ganando contorno social y político, y –como vamos a ver– ahora ya existen partidos que las representan.

Emulando la experiencia del sur, durante los 1980s y 1990s aparecieron en el norte una serie de políticos "plebeyos" que convulsionaron la política del país. Personajes como Lalu Prasad Yadav [FIG. 95], Nitish Kumar,

Mulayam Singh Yadav, Kanshi Ram o Mayawati Kumari [FIG. 96], todos surgidos de castas no *dvijas* y hasta de extracción intocable. Para algunos, estos personajes son como los "robin hood" de los tiempos modernos; para otros, no son más que gángsteres (*goondas*) corruptos y demagógicos.

Si se mira la situación del estado de Bihar tras dos décadas de gobierno de Lalu Prasad y su esposa Rabri Devi (del Rashtriya Janata Dal), uno se siente tentado en tomar partido por la segunda opción. Los gobiernos de Lalu básicamente se dedicaron a compensar a sus bancos de votos, compuestos principalmente de yadavs, koerīs, kurmīs y musulmanes. Aparte algunas exportaciones agrícolas, Bihar no posee industria. La mayor parte de lo que recibe proviene de las ayudas de Nueva Delhi o de las transferencias de emigrantes biharis de otras partes del país. Menos de uno de cada diez hogares de Bihar tiene electricidad. La esperanza de vida es la más baja de toda la India. Aunque el estado representa el 7% de la población del país, apenas recauda el 0,7% de los impuestos. De hecho, la incompetencia de los gobiernos de Lalu en dotar al estado de una educación, sanidad o infraestructuras adecuadas ha favorecido mucho el ascenso de los grupos maoístas [véase más adelante]. Bihar tiene el triste récord en inseguridad ciudadana, atrocidades casteístas o corrupción política. Como dice con contundencia Edward Luce, «la industria del secuestro en Bihar está muy ligada a la otra gran industria del estado: la política».[2] Y es que muchos de los parlamentarios del estado (y también de la India en general) tienen antecedentes penales. Una vez han adquirido inmunidad parlamentaria es virtualmente imposible procesarlos, de suerte que la política se ha convertido en uno de los refugios preferidos de muchos gángsteres indios.

95. Lalu Prasad Yadav, líder del RJD, durante un mitin. Kesariya (Bihar), 2007.

96. Mayawati Kumari, del BSP, en un mitin. Uttar Pradesh, 2013.

Todo ello es cierto, pero, a la vez, hay que admitir que el verdadero triunfo de la democracia en la India ha consistido en traspasar el poder a colectivos hasta la fecha excluidos. Incluso los partidos más reacios a la política de reservas han tenido que ajustarse a las exigencias de las castas bajas y permitirles el acceso a las instancias de poder. El mando político va trasladándose gradual pero irremisiblemente hacia los de origen más bajo.

Este es el punto importante que debemos retener. Más o menos, la mitad de la población de la India caería en lo que tradicionalmente se denomina "casta baja". Es normal, pues, que esta masa haya integrado las reglas del juego político para poner patas arriba el orden tradicional. El ascenso más notable tiene que ver con su participación en los estados, y no tanto en el nacional. En estados como Madhya Pradesh o Uttar Pradesh, el ascenso de las castas bajas ha sido espectacular. En los últimos 25 años, Bihar ha estado sucesivamente gobernado por un yadav (1990/1995), una yadav (1995/2005), un kurmī (2005/2014) y un dalit de casta musahar (2014). En estados como Kerala (desde siempre con acusada conciencia de clase y un discurso político más ideologizado) los representantes de castas bajas tienen una altísima representación en todos los partidos, tanto en el Congreso, la Liga Musulmana o los dos partidos Comunistas.

Pero que nadie se confunda. A diferencia de lo que podría suceder en otras partes del globo, donde el oprimido suele buscar la alianza con los otros desfavorecidos –para derrocar la monarquía, el clero o la burguesía–, los partidos indios de castas bajas no persiguen la igualdad universal. A los observadores internacionales (incluso indios) les gusta describir estos partidos con la etiqueta de "izquierda" porque defienden a los desposeídos, pero eso es confuso.[3] La política de casta no busca un frente común, sino lo contrario: trata de resaltar lo que los divide. Forma parte del paradigma Mandal.

Si la política tiene que ver con la forma de hacerse con los –escasos– recursos del Estado, en la India la mejor manera de conseguirlo es votando a los miembros de la propia casta. Como dice un chiste muy popular: «En la India uno no elige [*cast*] el voto, sino que uno vota a su casta [*caste*]».[4]

Esto es evidente con dos partidos muy importantes, surgidos de los grupos de presión de la macrocasta yadav: el partido Samajwadi de Mulayam Singh Yadav, y el Rashtriya Janata Dal de Lalu Prasad Yadav. En pleno debate sobre las OBCs, llegaron al puesto de jefe de estado de Uttar Pradesh y de Bihar, en 1989 y 1990, respectivamente.

Mulayam Singh Yadav es en gran medida el heredero de las ideas del líder campesino Charan Singh y del socialista Rammanohar Lohia. Su estrategia ha consistido en poner en el primer lugar de su agenda la política de cuotas, la reforma agraria y la promoción del hindi. Aunque llegó al poder como miembro del Janata Dal, cortó con este y, en 1992, fundó su partido Samajwadi (SP). Con el apoyo del BSP (pro dalit) y del partido del Congreso alcanzó de nuevo el poder en Uttar Pradesh en 1993. Un año más tarde, Mulayam Singh hizo implementar también la proporción del 27% de reservas para las OBCs a nivel municipal, lo que le costó la rebelión de la zona de Uttarakhand (donde las OBCs sólo constituyen un escuálido 2% de la población), que seis años después se secesionaría de Uttar Pradesh.*

Como en Uttar Pradesh, el auge de las OBCs en el vecino Bihar, el segundo estado más populoso de la India (hasta la secesión de Jharkhand, en el 2000), fue un asunto de yadavs. Su líder ha sido Lalu Prasad Yadav [FIG. 95], dirigente del Janata Dal de Bihar, y creador en 1997 de una escisión, el Rashtriya Janata Dal (RJD). Es un hombre que enfatiza las cualidades rústicas de las castas bajas de Bihar y habla deliberadamente inglés con fuerte acento bhojpuri. También en 1993 Lalu Prasad aprobó una ley que otorgaba cuotas a las OBCs a nivel municipal. Dado que Lalu transformó su partido casi en una asociación de yadavs (que comprendían el 38% de sus representantes), castas rivales como la kurmī siempre lo han mirado con cierta suspicacia.

La paradoja de todo este asunto es que la casta ha proporcionado a las masas indias las herramientas necesarias para el cambio social, creando nuevas solidaridades horizontales.[5] En la mayoría de los casos, el claro perdedor de esta paulatina toma de conciencia de la fuerza de los grupos desfavorecidos ha sido el partido del Congreso. Durante décadas, este tenía atrapados en una perversa relación de clientela a las grandes masas de clases bajas de agricultores, ex-intocables y tribales.[6] Los partidos clásicos siempre han recelado de los partidos plebeyos que han puesto en entredicho su hegemonía. Su fuerza demográfica, no obstante, supone un serio con-

* Uttarakhand corresponde a la región montañosa de Uttar Pradesh, históricamente "olvidada" y con problemas muy distintos a las regiones bajas. La demanda de un estado propio se vio catapultada cuando el gobierno decidió otorgar ese 27% de cuotas a las inexistentes OBCs de la región. Fue entonces cuando el movimiento antirreservacionista sacó a relucir la identidad *diferente* de la gente de las montañas. En cierto sentido, la creación del estado en el año 2000 fue un gesto de afirmación de los de casta alta, muy numerosos en Uttarakhand.

tratiempo para las élites que tradicionalmente han dominado la política india. Aunque todos estos partidos y asociaciones han sido denigrados como "comunalistas" o "casteístas", lo cierto es que su peso sigue creciendo.

El propio Narendra Modi [FIG. 94], hijo de un modesto vendedor de té, nacido en la casta OBC ghānchi (y cuya victoria en las elecciones generales del 2014 puede que signifique un horizonte político post-Mandal), no deja de personificar él mismo, otro "plebeyo", el fin del liderazgo brāhmaṇ dentro del BJP y del RSS (su rama paramilitar).

La prensa (la que se edita en inglés) se estremece con el ascenso de estos nuevos políticos de dudoso origen. La asunción implícita (ya que nunca se expresa de forma directa) es que una democracia que se abre hacia abajo, hacia las castas bajas, será una democracia más pobre y más débil.[7] Y sí que es cierto que la democracia ha bajado sus niveles en India, pero me temo que podríamos decir lo mismo de las democracias de *todo* el mundo.

Por su parte, muchos pensadores –generalmente de izquierda– se avergüenzan de la política de cuotas y la emergencia de partidos que, en lugar de minar la importancia de la casta, le están dando nueva vida. La opinión generalizada es que la estrategia para movilizar políticamente a las masas debería ser la clase. Esta era la única forma racional, progresista y hasta científica de modernizar la sociedad. La política de castas es la antítesis de una sociedad moderna. Según la clásica lectura marxista del asunto, cuando la India se modernice y la lucha de clases avance, las estructuras de casta desaparecerán y quedarán como una reliquia exótica del pasado. Pero las cosas parecen ir por otro lado. Porque hay quien piensa que lo que define la identidad colectiva de estas castas bajas y sus partidos es precisamente una «ideología de la protesta».[8] Y esta subversión de la ideología ritual de la casta no es algo nuevo, sino que posee una larga historia en la India [véase capítulo 18]. Hay que rechazar de una vez el estereotipo que hace de las masas indias subalternas (campesinos, dalits, mujeres, obreros, etcétera) unos sujetos pasivos, ahogados en el casteísmo, la patriarquía o la oligarquía. Hay que devolver a los sujetos surasiáticos su capacidad de resistencia y protesta. Puede que estas luchas no se lleven o no se hayan llevado a cabo en el gran lenguaje de las revoluciones y los alzamientos (que también los ha habido), sino en el de la pequeña política y el de la vida cotidiana.

EL VOTO DE CASTA

En un sistema político que tiene muy en cuenta la casta, el partido que sepa manejar las "comunidades" correctas tiene muchas probabilidades de superar a sus rivales.

Entre los mīnas de Rajasthan circulaba el eslogan: "No des tu hija o tu voto a nadie que no sea un mīna". El asunto es menos exótico de lo que parece si pensamos que actúa de manera similar a cuando la retórica política de Occidente hace sus constantes llamamientos a las "clases trabajadoras" o a las "clases medias". En la India –donde esas categorías apenas han tenido sentido y, desde luego, ningún *appeal*–, los políticos acuden a la casta para movilizar los votos. En estas circunstancias se forman los famosos "bancos de votos". En el valle del Brahmaputra (Assam), por ejemplo, el Assam Cha Mazdoor Sangha es un banco de votos del partido del Congreso.[9] En el norte de Tamil Nadu, el Paattali Makkal Katchi (PMK) es más que un banco: es un partido que recibe el 80% del voto vāṇiyar. Etcétera.

Con la creación de estados lingüísticamente homogéneos (a partir de 1956) resultó que algunas macrocastas se encontraron en determinadas regiones en una situación de absoluta superioridad. Obviamente, eso tuvo una traducción política inmediata. Todos los jefes de estado que han gobernado Himachal Pradesh desde la independencia han sido rājputs, que representan el 28% de la población. De los 19 jefes de estado que ha tenido Karnataka, 13 han sido liṅgāyats u okkaligas, las dos castas más poderosas de la región.

No obstante, aunque algunos partidos han estado –y siguen estando– muy vinculados a determinadas castas y en algunas elecciones (las de 1996 fueron un claro caso) la casta ha desempeñado un papel decisivo, es algo resbaladizo analizar unos resultados electorales en términos de casta. Cuando se analizan los resultados a nivel *nacional*, ni el BJP ni el Congreso ni ningún partido logran que la mitad o más de una casta los vote en bloque (que es lo que los expertos entienden por "voto étnico" o "voto de casta"). La cosa cambia, sin embargo, cuando descendemos al nivel del *estado*.

Al escrutar los resultados de las elecciones nacionales del 2009, Christophe Jaffrelot y Gilles Verniers detectaron claramente votos en bloque de castas determinadas hacia formaciones políticas particulares. En Uttar Pradesh, un 53% de los rājputs y un 53% de los brāhmaṇs votaron al BJP, mientras que un 84% de los jāṭavs y un 64% de los demás dalits votaron por el BSP. En Rajasthan, un 74% de los brāhmaṇs, un 59% de los jāṭs y un 55% de los rājputs votaron por el BJP, mientras que un 82% de los musulmanes, un 66% de los dalits y un 55% de los ādivāsis votaron por el partido del Congreso [FIG. 93].[10] Etcétera.

Y si bajamos a nivel comarcal, donde la presencia de castas dominantes o castas demográficamente muy concentradas es todavía más evidente, los datos hablan por sí solos. Analizando el caso de Maharashtra, Suhas Palshikar ha comprobado que en 51 distritos el candidato elegido fue invariablemente un marāṭha (¡en 6 elecciones consecutivas, desde 1978!) Un candidato agri siempre sale elegido en el distrito de Raiga, un levā-paṭel gana siempre en Jalgaon, los telīs vencen en los distritos de Wardha y Bhandara, los liṅgāyats en los de Sholapur y Kolhapur, en Amaravati sale elegido siempre un mālī, etcétera.[11]

Estos resultados, no obstante, han de cualificarse un ápice. El voto dalit, por ejemplo, está también muy moldeado por historias regionales. Así, los dalits en Rajasthan, Madhya Pradesh, Maharashtra o Gujarat tienden a votar al partido del Congreso. En cambio, los dalits de Bengala Occidental o Kerala suelen votar a la izquierda, mientras que los de Uttar Pradesh prefieren el BSP.

Los temas relacionados con la casta no son los únicos que intervienen en la mente de los votantes. Sin duda, influye la posición del partido en lo que a la política de discriminación positiva respecta, o los temas de identidad, pero, por lo general, las cuestiones de casta no constituyen una prioridad para el votante;[12] y eso que la atención que se presta a la casta en los discursos políticos de hoy es infinitamente mayor que hace 50 años, cuando las jerarquías de casta eran mucho más poderosas. Pero aunque la casta no es el factor determinante en las opciones de voto, constituye un vector importante y proporciona un vocabulario muy poderoso que los políticos exprimen en su persecución del poder.

Muchas veces, lo que importa a los electores no es lo que dice un partido o un líder político, sino *quién* es.[13] Por ello, partidos nacionales –como el BJP o el Congreso– buscan candidatos de las "comunidades" adecuadas para las circunscripciones específicas. La base para este favoritismo puede ser la casta, pero también la lengua o la religión, o un ambiguo sentido de identidad étnica. Ya que estas categorías pueden solaparse y están siempre en reconstrucción, el voto étnico no conduce a mayorías electorales permanentes.

Como en la acción política moderna no son las pequeñas *jātis* sino las grandes castas las que cuentan, la política de castas ha llevado a pactos de lo más estrambóticos. Uno de los primeros fue la alianza llamada AJGAR: ahīrs, jāṭs, gūjars y rājputs, formada en 1969. Teniendo en cuenta la antipatía que se profesan algunas de estas castas, está claro que no son lazos primordiales los que las unieron, sino intereses mundanales. En las elecciones del estado de Gujarat de 1977, el propio partido del Congreso formó otra peculiar alianza contra natura, la llamada KHAM: kṣatriyas, harijans, ādivāsis y musulmanes. ¿Quién podría imaginar que el terrateniente y "opresor" rājput podría unirse al impuro y "oprimido" harijan? ¿Y qué hace el musulmán como socio en una jerarquía hindú? Anthony Carter menciona otra extraña alianza municipal en un pueblo de Maharashtra entre ¡brāhmaṇs, jainas y mahārs! contra los marāṭhas y otras castas.[14] Extrañas alianzas que pueden invertirse en las siguientes elecciones. No nos engañemos, pues: son los intereses seculares los que fuerzan a estos grupos (que hasta hace poco no compartían mesa y siquiera podían imaginar que llegarían a establecer lazos matrimoniales) a unirse. Aunque siempre se asocia a la India con una espiritualidad ultramundana, se trata de uno de los pueblos más pragmáticos y amorales que existen. Un indio puede cambiar de facción con asombrosa facilidad si ello le sirve a sus intereses o a los de su comunidad. Su proverbial historia de contextualismo lo facilita. La politología india se ha caracterizado siempre por un descarado maquiavelismo. De ahí que los partidos políticos que en teoría deberían apoyar a las masas desfavorecidas, con frecuencia prefieran dividirlas.

Incluso los debates sobre la organización territorial de la Unión India están imbricados en la casta. Si el nacimiento de los estados de Uttarakhand, Chhattisgarh o Jharkhand pueden leerse en gran medida en términos de casta o tribu (aunque sin reducirlos únicamente a esta dimensión), las demandas de creación de nuevos estados (Vidarbha, Bundelkhand, Saurashtra, Gorkhaland, Bodoland, Tulu Nadu, etcétera) tienen asimismo que ver con las presiones de determinados grupos numerosos. Como el análisis de Kingshuk Nag ha mostrado con Telangana (porción de Andhra Pradesh convertida en 2014 en el 29º estado de la Unión), «la batalla por Telangana [...] no es un conflicto entre ricos y pobres, sino un enfrentamiento entre castas y grupos políticamente poderosos y aquellos que están en vías de empoderarse».[15] Léase su apasionante recuento sobre el papel que han desempeñado –a favor o en contra de Telangana– los intereses enfrentados de castas como los reḍḍis, los kāpus, los mādigas, los mālās, los musulmanes o los gouds.[16]

LAS GUERRAS DE CASTA

La politización de la casta ha erosionado el principio de la jerarquía ritual de forma inversamente proporcional a como ha favorecido una feroz pugna y competición por el poder. Estas dinámicas han desembocado en una peligrosa "comunalización" de la casta y en violencia intercastal.

Las cifras son elocuentes. Entre 1995 y 2009 se cometieron 80.489 "atrocidades" (*atrocities*), que es la palabra que designa la violencia intercastal, y en concreto la que tiene como víctima a los ex-intocables o los ādivāsis. Las atrocidades van desde asesinatos, violaciones, quema de viviendas, burlas públicas o palizas. Los estados de Bihar, Uttar Pradesh, Maharashtra, Gujarat, Rajasthan y Tamil Nadu son, de lejos, los más conflictivos. No se trata únicamente de las acciones de discriminación basadas en la impureza ritual; nos referimos a verdaderas guerras de casta. En la mayoría de los casos las *atrocities* las cometen miembros de castas sólo ligeramente por encima de la "línea de polución" que recelan de la pujanza o los beneficios conseguidos por los dalits. El recurso a la violencia es un instrumento universal de subyugación e intimidación. En el Sur de Asia parece un modo consciente, incluso organizado, de conducir políticas de masas.[17] Como Mendelsohn y Vicziany han visto, los roces tienen que ver con el control de la tierra.[18] No son ya los rājputs o los brāhmaṇs los que se enfrentan a los dalits, sino los nuevos ricos del campo, muchos de los cuales no ha tanto eran pequeños agricultores y labriegos "aliados" de los dalits.

El fenómeno tiene que ver con el auge económico y político de algunas secciones de los ex-intocables (en seguida entraremos en ello). Deriva también de la llamada "revolución verde", que enriqueció a unos pocos terratenientes y dejó a cantidad de minifundistas de castas limpias en situación precaria. Incide asimismo la negligencia –en muchos casos deliberada– de las fuerzas del orden público. En determinados momentos, también tiene que ver con la aparición de grupos armados "naxalitas" (maoístas), en los que en seguida también entramos. El pánico producido por los naxalitas alentó la formación de diferentes *senas* o grupos paramilitares, muchos de los cuales mantienen vínculos con la policía y hasta con el mundo del hampa. Estas milicias dicen defender los intereses de "su" comunidad frente a la depredación naxalita. Los bhūmihārs, los ahīr-yadavs y los kurmīs, tres de las castas más grandes del valle del Ganges, poseen sus *senas*; milicias que dicen utilizar la violencia para una causa justa. (La palabra *sena* posee un poderoso eco, ya que denota al guerrero hindú que combate para Rāma en espíritu de entrega y devoción.) Estas milicias se quejan de que su gente haya sucumbido a los ideales del gandhismo (convertidos en cobardes mercaderes vegetarianos) y reclaman un espíritu guerrero en defensa de sus tierras amenazadas por dalits y naxalitas. De ahí que barbaridades como el incendio de una aldea, la violación de mujeres o el asesinato de campesinos puedan justificarse ¡en nombre del *dharma* y de la verdadera religión!

Nada de esto remite a un primordialismo o atávico sentimiento de casta (aunque la identidad puede apelmazarse recurriendo a nexos "primordiales"), sino al simple hecho de que aquellos que utilizan la casta como nexo de unión tienen mucho que ganar. En otras palabras, cuando estos conflictos se tiñen de comunalismo religioso o tienen la apariencia de responder a cuestiones rituales –incluso de género– en primer lugar, esconden *simultáneamente* pugnas de clase e intereses socioeconómicos poderosos.

En realidad, el conflicto de casta puede darse cuando existen diferentes ideologías que proponen distintas jerarquías. Si sólo existiera una única jerarquía consensuada por todos, el conflicto sería mucho menor. Pero siempre encontraremos un colectivo que está oponiéndose a la visión y a la jerarquía establecida. El cambio de nombre de una universidad, un barrio o un aeropuerto puede desencadenar agrias disputas entre castas. Los libros de texto de las escuelas se reescriben o se censuran, mostrando la faceta menos pluralista y liberal de la India. Al final, siempre son las castas numérica y políticamente más poderosas las que entran en conflicto.

Conocidos son los choques en la región de Kanjhawala de Uttar Pradesh entre jāṭs prestos a defender sus derechos de tierra "tradicionales" contra la "usurpación" de los dalits. En Bathani Tola (Bihar), 21 dalits fueron asesinados por la nefasta Ranvir-sena en 1996, que al año siguiente mató a 58 más en Laxmanpur Bathe (Bihar). En el 2006, un grupo de kuṇbīs asesinó a 4 mahārs en Khairlanji (Maharashtra). Etcétera, etcétera y, lamentablemente, más etcétera.

Las castas bajas y los ex-intocables, aquellos que *a priori* parecerían más interesados en unirse (desde una óptica estricta de la lucha de clases), están bastante enfrentados por prejuicios identitarios e intereses contrapuestos.

En muchas ocasiones, la estrategia para amortiguar a las asociaciones dalits ha sido acusarlas de naxalitas; esto es, presentarlas como insurgentes maoístas que fomentan la sedición y el crimen, enemigas del *dharma* y dignas de ser combatidas.[19]

La insurgencia naxalita

La insurgencia naxalita (maoísta) es considerada por el gobierno indio como el más grave problema interno del país. Atañe a una gigantesca franja al este del país que atraviesa –de norte a sur– los estados de Uttar Pradesh, Bihar, Jharkhand, Bengala Occidental, Odisha, Chhattisgarh, Maharashtra, Telangana y Andhra Pradesh.

Es evidente que los maoístas han logrado su apoyo popular al afrontar con determinación la violencia a la que, en general, están sometidos los tribales, dalits y campesinos pobres. Otros factores (como terrenos montañosos, riquezas naturales, elevada proporción de hombres jóvenes, etcétera) han favorecido su despliegue. Los movimientos naxalitas beben asimismo de la pésima administración de estados como Jharkhand, Chhattisgarh o Bihar.

En 1964, el partido Comunista de la India se escindió. Un pequeño grupo de marxistas bengalíes tomó una línea abiertamente revolucionaria. Se agruparon en la zona de Naxalbari (norte de Bengala Occidental, de donde procede la apelación "naxalita") e, inspirados por el ideal maoísta, se fueron extendiendo por otras partes de Bengala, Bihar, Odisha y Andhra Pradesh. Su líder más carismático fue Charu Mazumdar, que murió en 1972 en una comisaría de policía. Por entonces, el movimiento estaba muy dividido y parecía moribundo. Tanto que, a mediados de los 1990s, había ¡hasta 17 grupos maoístas activos sólo en el estado de Bihar! Fue la unión del partido Comunista de la India (marxista-leninista) y el Centro Comunista Maoísta de la India en 2004 la que dio nueva fuerza al movimiento.

Existe hoy un "corredor" maoísta en la India Oriental que desciende desde el Nepal hasta la zona tribal de Andhra Pradesh. El grueso de los militantes está formado por ādivāsis, aunque la mayoría de los líderes pertenecen a castas altas (con un elevado número de brāhmaṇs de habla telegu). Existen zonas de los "nuevos" estados de Chhattisgarh y Jharkhand que están *de facto* controladas por los maoístas. Y los atentados contra las fuerzas de seguridad del Estado son constantes.

El caldo de cultivo del maoísmo es el esperado. El paisaje rural indio está dominado por terratenientes, usureros, comerciantes e instituciones religiosas que son políticamente muy reaccionarios y apoyan los intereses del gran capital. Si las reformas agrarias iniciadas desde la independencia iban, por lo general, a favor del pequeño campesino ("la tierra para el que la trabaja"), en el siglo XXI la tendencia se ha invertido y, en gran medida, la legislación sirve para que los grandes propietarios, las multinacionales y la gran empresa puedan adquirir tierras con facilidad.

Las expropiaciones de comunidades enteras –en su mayoría ādivāsis [véanse pág. 315]– para la construcción de presas, proyectos mineros, parques naturales o por la creación de "Special Economic Zones" (SEZs) son tan frecuentes como turbias. La desposesión de tierras o la privatización de recursos (que hasta la fecha eran comunitarios) en beneficio del gran capital ha alimentado el apoyo a los maoístas en la India central y oriental. Gran parte de la popularidad de los naxalitas se debe a la protección que han ofrecido a los grupos tribales que habitan en los bosques.

Algunos dalits se quejan ahora de que las organizaciones naxalitas han pasado de luchar a favor de las clases trabajadoras a luchar para alcanzar el poder, como muestra el que hayan empezado a reclutar a personas de castas dominantes (contra las cuales habían luchado no hacía tanto). Por tanto, el maoísmo está también salpicado por las tensiones de casta.

EL MOVIMIENTO DALIT

Los orígenes del movimiento dalit pueden rastrearse hasta activistas como Jotiba Phule [véanse págs. 514-516], Mangu Ram [véase pág. 397], Swami Achhutanand [véase pág. 522] o Bhimrao Ambedkar [véase capítulo 22].

En la década de los 1920s fue tomando cuerpo la idea de que los intocables, igual que los musulmanes, los sikhs o los hindúes, constituían una "nación" (*qaum*), y que esta había existido desde hacía milenios. De ahí la predilección por el prefijo *ādi-* ("original", "primero", "primigenio") de muchas de las asociaciones de intocables de la época. En los 1930s quedó patente que las castas intocables eran capaces de movilizarse,[20] aunque fue en la década de los 1970s cuando el movimiento realmente cristalizó.

En Karnataka surgieron grupos con el eslogan "arrojad a los brāhmaṇs y la *Gītā* a la cuneta".[21] En Bihar, los movimientos naxalitas se entrelazaron con los dalits. Muchas de estas organizaciones surgieron a raíz de alguna atrocidad. De todas las formaciones, la más emblemática y conocida fue la de los Dalit Panthers. El nombre espeja a los Black Panthers de los Estados Unidos, con quienes se identifican. Nació en Bombay, en 1972, en parte como alternativa a la corrupción y al faccionalismo del partido Republicano. En su manifiesto fundacional se explica quién es un dalit:

> «Miembros de las Scheduled Castes y Tribes, neobudistas [ambedkaritas], obreros, campesinos pobres, mujeres y todos aquellos que han sido explotados política y económicamente en nombre de la religión».[22]

La elección del neologismo ambedkarita "dalit", que en marathi e hindi significa "oprimido" o "pisoteado", es significativa. El espectro es mucho más amplio que el que abrazara la categoría "intocable". Gangadhar Pantawane, editor de la principal publicación dalit, corrobora que un dalit no sólo es alguien explotado, sino «un símbolo del cambio y la revolución».[23] La emergencia de esta conciencia dalit es clave en la historia de la India moderna, pues como señala Anupama Rao, gracias al activismo dalit «ciertas prácticas sociorreligiosas fueron redefinidas como formas de exclusión cívica y política» y no ya ritual.[24] Por el contrario, el apelativo paternalista "harijan" es casi un insulto para el dalit; y se considera a Gandhi como a un enemigo de la causa. Ambedkar es verdaderamente su figura fundacional, aquella que otorgó los valores, objetivos e imágenes de los dalits. Muchos dalits celebran el Ambedkar-Jayantī (aniversario de Ambedkar) o se saludan con un *¡jai bhim!* ("victoria a Ambedkar"). Ya en los 1980s, muchas asociaciones dalits apremiaban a instalar estatuas de Ambedkar para propagar una iconografía ambedkarita que pudiera generar una identidad dalit panindia. Cuando el partido izquierdista Janata Dal alcanzó el poder, en 1989, un retrato de Bhimrao Ambedkar se situó en el Parlamento del país junto a los demás líderes del movimiento anticolonial. En pocos meses, se aprobó una ley por la que se ampliaban los beneficios que tenían las Scheduled Castes hindúes y sikhs también a las Scheduled Castes budistas.

Los panteras tuvieron cismas casi desde sus inicios. Simbólicamente, las diferencias se expresaban como un conflicto entre budistas y marxistas. Aunque, por un lado, recurrían al lenguaje marxista y gramsciano, la lucha se planteaba en términos de casta. Tal vez ahí se escondía el temor –como advierte Gail Omvedt– de que el movimiento pasara a estar bajo control de los brāhmaṇs radicales de izquierda.[25] Hoy, sin embargo, la estrategia de la política dalit tiende a reunir otras secciones oprimidas y marginadas de la sociedad. De ahí una cierta camaradería con el musulmán (blanco preferido del nacionalismo hindú).

El movimiento penetra en el mundo de internet y se internacionaliza. En el 2001, los dalits lograron que la conferencia de la ONU sobre racismo celebrada en Durban (Sudáfrica) también reconociera la discriminación de casta. Es asimismo significativo el auge del Dalit Panther Iyakkam (DPI) en Tamil Nadu y su nueva encarnación, el partido de los Panteras de Liberación (Viduthalai Ciruthaigal Katchi). Las asociaciones estudiantiles dalits, como el DSU (Dalit Student Union), son también muy activas.

Uno de los principales ideólogos del dalitismo es Kancha Ilaiah, profesor de Ciencias Políticas de la Universidad de Hyderabad. Kancha mantiene que los dalit-bahujans (término que engloba a «las personas y castas que forman la mayoría explotada»)[26] poseen una cultura común, claramente diferente de la cultura brahmánico-hindú que los ha sometido durante siglos. Para Kancha, el hinduismo «es la escuela religiosa más brutal conocida en la historia de las religiones».[27] Para acabar con esa lacra, Kancha apela a la ciencia moderna, las religiones democráticas (budismo, cristianismo e islam), busca conjuntar una cultura dietética (no vegetariana), una religiosidad sin ídolos, el desarrollo económico o un nuevo sistema de matrimonio.[28] Toda la diversidad que podría evocar la etiqueta dalit-bahujan queda, sin embargo, diluida en una curiosa homogeneidad cultural y religiosa. En realidad, Kancha Ilaiah no describe, sino que hace un llamamiento para reunificar a la gran masa pisoteada.

EL PARTIDO BAHUJAN SAMAJ (BSP)

En la cuenca del Ganges, los grupos dalits están representados principalmente por el partido Bahujan Samaj (BSP) o "Partido de la asociación de la mayoría". Fue fundado en 1984 por Kanshi Ram, un dalit originario del Punjab (posiblemente perteneciente a la *jāti* rāvidāsī, una subcasta chamār convertida al sikhismo [véanse págs. 362-364]). Kanshi Ram no creció en la atmósfera hostil de tantos intocables de su época. Su familia, que había trabajado para el ejército colonial (como la de Ambedkar, la del congresista dalit Jagjivan Ram o la de Mayawati), poseía algo de tierra. De hecho, el ejército otorgó a no pocos dalits cierta holgura económica y una buena dosis de autoestima. En un viaje a la India central, Kanshi pudo sentir las miserias y humillaciones que padecían los intocables mahārs y maṅgs. Al entrar en contacto con esa realidad, e iniciado en el ambedkarismo por un mahār budista, Kanshi decidió regresar al Punjab y dedicar su vida a la causa de los "oprimidos" (dalits).

Inicialmente, se unió al partido Republicano fundado por Ambedkar, pero se decepcionó con la estrechez de miras de sus dirigentes, que sólo trabajaban con dalits. Para Kanshi, estaban traicionando el mensaje original de *bābāsāheb*. Siguiendo en parte las teorías de Ambedkar y de Jotiba Phule, Kanshi sostenía que la minoría ārya había oprimido a la "gente común" o "mayoría", que es lo que significa el término *bahujan*. De ahí que en la primera asociación formada por Kanshi Ram, en 1971, buscara cinco vicepresidentes de la mayoría común: un dalit de casta mahār, un ādivāsi, un musulmán, un cristiano y un OBC de casta mālī. Poco a poco, Kanshi fue creando en el norte de la India una red de activistas de ese frente *bahujan*.

Tras varias tentativas fundó el partido Bahujan Samaj en 1984. Desde el primer momento, situó al todopoderoso partido del Congreso (en el norte todavía liderado por las castas altas) como su principal adversario. De hecho, Kanshi sostenía –con ojo– que el sistema de escaños reservados que desde los 1930s se había otorgado a los dalits no había servido más que para neutralizar su fuerza y mantenerlos como "clientela" en la órbita del Congreso.

Aunque el BSP es ante todo un partido chamār (la mayor casta ex-intocable de la India [véase Cuadro 3]), en la última década no ha escatimado esfuerzos para trascender esa imagen que limita su expansión. Hoy, el BSP no sólo se siente el portavoz de todos los dalits, sino de otras castas bajas, de los tribales y de las minorías religiosas.

En 1989 consiguió sus primeros 3 diputados en el Lok Sabha (y un 2% de los votos). En 1994 ya logró 11 escaños (y un 3,5% de los votos). Para formar ese gran frente *bahujan*, el partido recurrió a una retórica muy agresiva (en sus mítines el propio Kanshi obligaba a abandonar el recinto a todo oyente de casta alta que pudiera estar presente). Hacía constantes llamamientos para que las OBCs y sus asociaciones se unieran al frente. En 1993, el BSP se alió con el partido Samajwadi de Mulayam Singh Yadav en Uttar Pradesh, pero la alianza fue efímera. Aparte de las rivalidades personales entre sus líderes, se dio un conflicto de clase entre los dalits y las OBCs.

El activismo dalit recela de los beneficios otorgados a las OBCs. De hecho, OBCs y dalits suelen tener intereses distintos y hasta enfrentados. Buena parte de la violencia comunal de la India enfrenta a las OBCs con los dalits. Aunque puede que en el este de Uttar Pradesh, los dalits y OBCs tengan como enemigo común a la vieja élite ṭhākur o bhūmihār, en el oeste del estado sus intereses son claramente antagónicos. El recrudecimiento de las "atrocidades" suele producirse cuando las OBCs sienten que ejercen el poder.

Aunque, a diferencia de Ambedkar, Kanshi Ram no prestó demasiada atención a las cuestiones religiosas, él ha sido en buena medida el continuador de su programa. Siguiendo su mensaje, Kanshi prefirió el juego democrático al cambio violento. La estrategia del partido ha consistido en alcanzar el poder a toda costa para gestionar y operar desde allí la transformación social. Por ello se priorizan alianzas estrambóticas, que algunos tildan de oportunistas. Pero como dice Christophe Jaffrelot, «este enfoque político no es revolucionario, sino legalista».[29] Y pragmático.

En efecto, Kanshi Ram y su mano derecha, la enérgica y mordaz Mayawati Kumari (apodada *behenjī*, "honorable hermana"),* optaron por aliarse con el partido "opuesto", el BJP (el partido nacionalista hindú, asociado a las castas altas y al hinduismo más conservador). Gracias a esa sorprendente alianza, los dalits alcanzaron finalmente el gobierno del estado de Uttar Pradesh. En consecuencia, el estado más poblado de la India, la tierra del hindi, pasó a estar dirigido por una mujer de casta ex-intocable jāṭav: Mayawati [FIG. 96]. Cientos de estatuas de Ambedkar se erigieron por el estado (y muchas instituciones se rebautizaron con el nombre "Ambedkar"), se promulgaron multitud de becas para niños dalits, las OBCs recibieron su 27% de las cuotas (un 8,5% de las cuales iría a parar a musulmanes), las posiciones relevantes del gobierno pasaron a personas de origen ex-intocable, etcétera. Está claro que Mayawati siempre ha tenido escasa sensibilidad constitucional, desconsideración por las convenciones políticas establecidas, poca experiencia como gobernante y modales no demasiado refinados (gustaba de iniciar sus mítines de forma provocativa: «soy una chamār, no estoy casada, ¡soy vuestra!»). El BJP le retiró el apoyo en 1995 y el gobierno cayó. Pero ya nada volvería a ser como antes. En las elecciones estatales de 1996, el BSP subió del 11 al 20% en Uttar Pradesh.

Hasta la fecha, el voto de las Scheduled Castes iba invariablemente al partido del Congreso (y en menor medida, a los comunistas y otros partidos de izquierda). Las elecciones nacionales de 1996 confirmaron lo acaecido a nivel estatal en Uttar Pradesh: las Scheduled Castes desertaban del Congreso. El BSP supo aglutinar hasta un 60% del voto dalit y consiguió

* La relación entre Kanshi Ram y Mayawati siempre fue misteriosa. Vivieron juntos, pero sin contraer matrimonio hasta la muerte de Kanshi, en el 2006. Mayawati siempre ha negado cualquier insinuación "obscena" y afirma con vehemencia que Kanshi era como un *saṃnyāsin* (eso sí, budista).

excelentes resultados en estados tan importantes como Uttar Pradesh, Haryana, Madhya Pradesh y Punjab. Para Gail Omvedt, desde ese momento los dalits dejaron de ser meros bancos de votos controlados por otros.[30]

La confianza del BSP (y su ánimo de abrazar incluso a las capas altas) pasó a ser tal, que el propio Kanshi llegó a afirmar que la política de discriminación podría ser «útil para un lisiado, pero un impedimento para alguien que quiera correr con sus dos piernas».[31] Llegaba el momento de participar en el juego democrático de forma directa y en condición de igualdad.

El BSP volvió a vencer en las elecciones de Uttar Pradesh de 1997. En la campaña electoral, incluso el partido del Congreso (en un acuerdo altamente simbólico) se alió como socio menor del BSP. Como ningún partido logró mayoría absoluta, con el apoyo también significativo del BJP (enemigo de los socialistas del partido Samajwadi) Mayawati volvió a ser elegida jefa de estado.

En las del 2002, el BSP fuc ya el partido más votado de Uttar Pradesh (un estado, recuerden, de más de 180M de habitantes por entonces), por delante del BJP y del partido del Congreso. Mayawati volvió a la jefatura del estado. Su gobierno, empero, apenas duró otro año, ya que tuvo que dimitir acusada de corrupción y enriquecimiento personal. Lentamente, el BSP ha ido expandiéndose por estados adyacentes (Madhya Pradesh, Rajasthan, Delhi o Maharashtra), con clara intención de convertirse en un partido de ámbito nacional. La enfermedad de Kanshi Ram y su fallecimiento en el 2006 dejaron el partido en manos de Mayawati.

Tras su victoria del 2007 en Uttar Pradesh, el BSP ha tomado una dimensión que supera ya con creces el ámbito dalit. Más de la mitad de sus votantes en dichas elecciones no eran chamārs.[32] Como estrategia electoral, Mayawati incluyó a consejeros brāhmaṇs y hasta llegó a sugerir que los brāhmaṇs pobres merecerían discriminación positiva. En esa ocasión, Mayawati logró permanecer en el puesto cinco años, hasta que en el 2012 perdió ante el partido Samajwadi de Mulayam Singh Yadav, dirigido ahora por su hijo Akhilesh Yadav.

Se dice que las victorias del BSP o del Samajwadi significan el triunfo del comunalismo y la política de castas. Hay bastante razón en ello. En Uttar Pradesh, el Samajwadi y el BSP han entrado en una peligrosa espiral casteísta. Sabido es que el primero alienta la antipatía mutua entre dalits y musulmanes, ya que un frente y voto unido dalit-musulmán iría a parar al BSP. Por su parte, el principal objetivo político de Mayawati es meter a cuantos más dalits pueda en el gobierno del estado. En muchas ocasiones, sus mítines consisten en larguísimas listas donde se vocifera la casta de origen de sus candidatos.[33] Durante su mandato se esforzó en crear un clima de pavor entre los funcionarios, implementando medidas que hacían de cualquier insinuación de discriminación hacia los dalits una transgresión castigada con la cárcel. Conocidos son también sus programas de estatuas (¡hasta 15.000!), parques y bibliotecas en honor de Ambedkar y otros héroes dalits. Pero tampoco hay que obviar la consecuencia más tangible del paso del BSP por el gobierno de Uttar Pradesh: una saludable confianza y autoestima de los dalits. Como ha visto Patrick French, al igual que con los afroamericanos en los Estados Unidos, las cosas no cambiaron para los dalits hasta que decidieron organizarse por sí mismos y dejar de una vez que fueran otros quienes los ayudaran.[34]

Las elecciones generales del 2009, no obstante, representaron un serio revés a las aspiraciones nacionales del BSP. Aunque logró 21 escaños (2 más que en las generales del 2004) y superó el 6% de los votos totales, quedó muy lejos de sus pretensiones. Los resultados del 2014 fueron catastróficos. Aún siendo el tercer partido más votado del país (con un 4,1%), no consiguió que ninguno de sus candidatos saliera electo.

Quizá su mayor debilidad sea la misma que aquejaba a los partidos de Ambedkar: una organización mediocre y una excesiva dependencia en el carisma del líder. Como sucede con frecuencia en India, el líder tiene gran *appeal* sobre "su" comunidad y puede que en otras próximas, pero difícilmente tiene alcance nacional.

Al desenfatizar el empoderamiento de los dalits (y aproximarse a las castas altas y glorificar su propio poder), Mayawati ha comenzado a levantar suspicacias entre los propios dalits. Las secciones más necesitadas de Uttar Pradesh (las mujeres pobres, los musulmanes o las castas bajas en general) no se han beneficiado de sus ineficaces políticas.

❖ ❖ ❖

En conclusión: a lo largo de las últimas décadas, los dalits han sabido organizarse, han fomentado una nueva conciencia sociopolítica y no hay duda de que hoy son mucho menos vulnerables que antaño. No deja de ser significativo que en 1996 la India tuviera por vez primera en su historia a un ex-intocable, el malayali K.R. Narayanan, como presidente de la nación.

Debe decirse, no obstante, que ni siquiera la mayoría de los intocables indios se identifica con la etiqueta "dalit". No hay que caer en el error de considerar la militancia dalit como portavoz único de 200M de personas.

LA CAÍDA DEL "SISTEMA DEL CONGRESO"

La década de los 1990s fue testigo de una transformación determinante en el panorama político indio: la pérdida de hegemonía del partido del Congreso.

Aunque el partido del Congreso tuvo que afrontar los retos del partido Janata en los 1970s y de la coalición Janata Dal-Frente Nacional a finales de los 1980s, hasta la década de los 1990s la mayoría de los conflictos partidistas de la India no se dieron entre el Congreso y la oposición, sino dentro del propio partido. Eso fue algo muy visible con la escisión del partido en 1967/1969, entre el Congreso (O), de "Organization", aunque casi mejor *old*, y el Congreso (I), de "Indira", aunque en su origen era "R", de *requisitionist*, una fisura encabezada por Indira Gandhi, hija de Nehru, que acababa de fallecer.

La caída del "sistema del Congreso", como ha sido llamada su hegemonía, se debió tanto a la madurez política del electorado indio, al pujante protagonismo de los partidos de castas, al envejecimiento propio de un partido con más de 30 años en el poder, como al liderazgo autoritario y muy centralista de Indira Gandhi. Al acaparar el poder en sus manos (rompiendo con la democracia interna del partido, que prevalecía desde 1919), Indira llegó a poner en entredicho las bases democráticas de la República y favoreció aún más la corrupción y la criminalización de la política. En 1975 trató de instaurar un régimen hipercentralizado y suprimió durante dos años las libertades democráticas de los indios. El electorado indio no le perdonó ese giro y envió al partido a la oposición, por primera vez en su historia, en la siguiente convocatoria, en 1977. La caída del sistema del Congreso allanó el terreno para que, en el período que va de 1990 hasta el presente, se viera el auge de los partidos políticos de castas bajas (como el BSP) y de los partidos nacionalistas hindúes (como el BJP o el Shiv Sena).

Durante décadas, en el norte de la India el Congreso obtenía su apoyo principalmente de brāhmaṇs, ex-intocables y musulmanes; es decir, de los extremos del abanico social indio. Gradualmente, estos colectivos fueron pasando su voto a otros partidos: los brāhmaṇs al BJP, los musulmanes al Samajwadi y los dalits al BSP.

Cuando el Congreso perdió por segunda vez unas elecciones, de nuevo frente al izquierdista Janata, en 1989, eso volvió a marcar otro hito en la política india. Desde entonces, y hasta el 2014, ningún gobierno de la nación ha podido gobernar con mayoría absoluta. Los partidos regionales se tornaron indispensables para formar coaliciones, pasándose de un sistema con un partido dominante a un sistema de gobiernos de coalición en el centro.

El ascenso del partido Bharatiya Janata (BJP)

Con su arrolladora victoria en el 2014, el partido Bharatiya Janata (BJP) ha asestado un golpe casi mortal a la dinastía congresista de la familia Gandhi (Nehru, Indira, Rajiv, Sonia/Rahul). Liderado por Narendra Modi [FIG. 94], exjefe de estado de Gujarat (y él mismo nacido en la casta OBC ghānchi, que se homologa a la panindia telī), el BJP ha logrado la primera mayoría absoluta de un partido indio tras 25 años de gobiernos de coalición.

El BJP representa esa concepción, presente en toda sociedad democrática, que siente que la "unidad" nacional está en peligro por la "heterogeneidad" (religiosa, étnica, lingüística). En el caso indio, es la unidad religiosa la que persigue el BJP, de modo que suscribe un etnonacionalismo que entiende que la religión "hindú" constituye el corazón de la nación india. Su hostilidad hacia los musulmanes es patente; y muy agresiva en manos de las facciones paramilitares que lo "sostienen": el RSS y el VHP.

Históricamente, el partido se nutría del voto hindú *forward* del cinturón de habla hindi (un voto temeroso de las consecuencias de la política de reservas o del activismo militante dalit). El carácter "conservador" del partido brota de la ideología de *hindutva*, que se basa en una peculiar interpretación de viejas concepciones de la ideología brahmánica (aunque también próxima a un "fascismo kṣatriya", dado el énfasis que su ideólogo V.D. Savarkar puso en la militancia y en el poder político).

Puesto que durante mucho tiempo el BJP fue percibido como un partido de castas altas, su estrategia ha consistido en diluir su imagen nacionalista hindú (ideología de *hindutva*), enfatizar su costado neoliberal y *business friendly*, formar alianzas con los partidos regionales (como el Telugu Desam de Andhra Pradesh) y hasta con partidos no hindúes (como el Akali Dal, que representa a la mayoría sikh del Punjab), y tratar de ampliar la base de su electorado, entre los OBCs y los dalits. Por eso, ni siquiera al BJP se le ocurriría suicidarse políticamente aboliendo las cuotas de casta y poner en su contra a la mitad de la población del país.

❖ ❖ ❖

En cualquier caso, lo que ninguno de los partidos panindios puede olvidar es el peso de las OBCs y las Scheduled Castes. Cada vez aparecen más líderes de pertenencia a una casta *backward* o de origen dalit. Paulatinamente, el monopolio que las castas altas habían ejercido en la administración y la política disminuye.

Todo esto no hace sino volver a mostrar que la vía india a la democracia no se asienta sobre el mismo pilar que en Occidente (el *individuo*, con sus derechos y deberes), sino que –además del individuo– cuenta el corporativismo de casta y el pluralismo de casta. A diferencia de la mayoría de las democracias del mundo, en la India votan más los pobres que los ricos, los sin estudios que los altamente alfabetizados, en los pueblos que en las ciudades. Parece como si los deprimidos tuvieran más fe en las elecciones que los aventajados.[35] Y le otorgan un poderoso significado al acto de votar.[36]

Quizá durante demasiadas generaciones los sociólogos han estado enfrascados en diseccionar la geometría de la casta, en dar con las estructuras que la gobiernan, la gramática sobre la que se asienta, las formas sobre las que ha sido capaz de adaptarse (también aquí hemos dedicado muchas páginas a estas cuestiones)... y ahora todo el mundo descubre la "fuerza" o el "peligro" del casteísmo. Nada hay más ambivalente en la India de hoy que la casta.

Ornit Shani piensa que el auge del nacionalismo hindú se alimentó de los cambios en el orden de las castas;[37] Sería un resultado del casteísmo de la política. A la par que algunos segmentos de las castas desfavorecidas iban mejorando su posición económica, los hindúes de casta percibieron que su dominio estaba siendo cuestionado. Tenían que competir con castas bajas; y no en igualdad de términos.

Aunque todo el mundo parece estar de acuerdo en que puede ser una fuerza retrógrada, también hay consenso en que la casta es uno de los focos naturales para la movilización política y cierto signo que marca la identidad cultural. Eso ya lo vieron los Rudolph hace décadas: la casta ha ayudado a la sociedad agrícola de la India a crear una sociedad más igualitaria y entrar en el juego democrático.[38] De una forma, por cierto, bastante semejante a la de las minorías étnicas, lingüísticas o religiosas de Europa o los Estados Unidos. La paradoja de que la democracia haya revitalizado el espíritu de casta sigue siendo tan cierta en los 2010s como en los 1960s.

Y para concluir la ironía de la historia, hoy muchos miembros de clases consideradas "atrasadas" o "ex-intocables" son los que menos desean que se elimine o aniquile la casta. Gracias a sus partidos, asociaciones o políticas de discriminación –basados en la casta–, pueden acceder a cuotas de poder inimaginables en tiempos del *ancien régime*.

EPÍLOGO: CASTA Y CLASE

A principios del siglo XX, la casta desempeñaba un rol sobresaliente en cantidad de esferas de la vida social, económica o religiosa de los indios. Hoy, muchas áreas de la vida se han independizado de las reglas, tabúes y relaciones de casta (y, desde luego, de la autoridad brahmánica). Esta tendencia se aceleró a partir de los 1980s, cuando el gobierno indio se inclinó por modernizar la economía del país a través de medidas liberales y atrayendo capital extranjero. Las reformas agrarias también modificaron las relaciones socioeconómicas de antaño. El punto de inflexión fue 1991, cuando la "liberalización" se convirtió en la doctrina oficial del Estado.

Puede argumentarse, como hacen Corbridge, Harriss y Jeffrey, que los primeros 35 años de gobierno indio independiente, lejos de ser el desastre socialista que tantos analistas aducen, «sentaron sólidas bases para la aceleración económica posterior».[1] Sobre todo si tenemos en cuenta que durante la primera mitad del siglo XX la renta per cápita estuvo virtualmente estancada y que la esperanza de vida de un indio en los 1940s era de ¡29 años!, aspectos que no hablan muy favorablemente del gobierno colonial. Sea como sea, forzados por la coyuntura económica, los gobiernos de Rajiv Gandhi y Narasimha Rao abrieron las fronteras al capital, y el "License Raj", el corrupto sistema de permisos, controles, cuotas y chanchullos de la era socialista, pasó a nueva vida.

Estas reformas han beneficiado inmensamente a una pequeña minoría, han sido asimismo determinantes en la creación de la nueva clase media, pero no han reportado ningún beneficio a 800 o 900M de indios. Para millones de picapedreros, peones de campo o trabajadoras domésticas, la nueva India no resulta tan brillante. En cierto sentido, el nuevo credo liberal representa una revuelta de élite contra el viejo "dirigismo"[2] y contra las demandas de los movimientos subalternos y "plebeyos" de los 1970s y 1980s.

A mi juicio, la integración del capitalismo va a diluir todavía más el peso de la casta. A largo plazo, el neoliberalismo posee el potencial de aniquilarla,[3] aunque a corto plazo puede darse a la inversa. En el ínterin, la conciencia de casta puede cobrar matices más politizados y hasta virulentos [como hemos visto en el capítulo anterior]. Sabemos que el capitalismo, que premia a quienes tienen recursos y habilidades, está afectando negativamente a los pobres y los débiles. Aquellos que quedan excluidos del mercado buscarán políticas más sociales, reforzando las rivalidades y las solidaridades horizontales de casta.

Si nos centramos en los procesos políticos que hemos visto en los capítulos precedentes, puede concluirse que la casta se ha hecho más fuerte en los últimos 25 años. Pero, si contemplamos los procesos en la *longue durée* y atendemos a factores sociales, económicos e ideológicos, está claro que en los últimos 100 años la casta se ha ido debilitando. Las reglas rituales de comensalía, contacto corporal o segregación urbana han declinado mucho. Ni siquiera los más tradicionalistas osan reclamar una vuelta al *ancien régime*.

Mientras el sistema de producción de la aldea se mantuvo basado en la casta, cualquier ataque de santos, reformadores o misioneros resultó inefectivo. Sólo cuando se dio un gran salto en la educación, un desarrollo urbano continuado, la emergencia de nuevos empleos y la expansión capitalista, sólo entonces puede decirse que las críticas prosperaron. El sistema *jajmānī*, si es que alguna vez fue hegemónico, ha perdido todos sus soportes. Del mismo modo, ya casi no hay *jāti-pañchāyāts* con la fuerza de antaño.

La democracia, la educación y el capitalismo están destruyendo el eje ritual de la jerarquía. Las ideas de pureza y polución ya no sirven para adjudicar rango en la sociedad india del siglo XXI. Pero aunque las élites hayan perdido los privilegios que su estatus tradicional les proporcionaba, eso no significa que también hayan perdido el poder. Hoy persiguen su legitimación a través de un lenguaje vinculado a la ideología del capitalismo.

CAMBIOS EN LA IDEOLOGÍA

La India lleva décadas creciendo económicamente a gran velocidad. Obviamente, eso comporta una serie de cambios sociales importantes. Se reflejan en las grandes urbes y en la pujante clase media, pero aparecen en ciudades menores y en zonas de la India rural.

Un aspecto notorio en la evolución de la sociedad india contemporánea es su inserción en un sistema político y jurídico igualitarista. Si en el pasado las desigualdades de casta y género se daban por sentadas (formaban parte del *dharma* u orden natural de las cosas), cada vez más la intelectualidad india y la clase media se sienten incómodas con ese bagaje. En los viejos tiempos, en muchas partes de la India los intocables no podían calzar sandalias, montar en bicicleta, entrar en los templos o sentarse en una silla en presencia de miembros de castas altas. Está claro que el principio jerárquico tradicional no puede funcionar demasiado bien en un entorno democrático. Por el contrario, el principio de la diferencia puede ajustarse razonablemente bien a un marco multicultural.

Buena parte de la "reforma" de la casta llevada a cabo por los líderes neohinduistas tenía como telón de fondo cierto igualitarismo. De ahí su cruzada contra algunas formas de intocabilidad. El peso de las ideas occidentales en este discurso es patente. No obstante, y aunque el lenguaje –por cierto, en inglés– de los reformadores fue occidental, también es cierto que la India tenía sus propias tradiciones de igualitarismo. De otra forma, jamás podría haber cuajado una democracia parlamentaria o el respeto a los derechos individuales (como, ciertamente, no enraizaron en muchos países vecinos que no disponían del poso indio de pluralismo, justicia social o aceptación de la heterodoxia). No inflemos, pues, el peso de los reformadores o de la herencia constitucional anglosajona. En muchos aspectos, la transformación de la sociedad de castas (en particular, los movimientos de ascenso social de las castas bajas) ha sido más anónima y endógena de como la pintan.

El sistema tradicional basado en cuestiones rituales está siendo desplazado por un nuevo sistema de poder donde los grupos compiten –o cooperan– horizontalmente. Se da la ironía que Partha Chatterjee sacaba a relucir:

> «Parece que la fuerza del *dharma* ha sido desbancada de su posición de superioridad para ser suplantada con venganza por la persecución del *artha*».[4]

Dicho de otra forma, todo el tinglado y entramado de prácticas e ideas ligadas al lenguaje de la pureza, considerado hasta hace poco como el corazón del "sistema de castas", ha entrado en la "uci" ("unidad de cuidados intensivos"). No es que la casta haya desaparecido, sino que se ha abierto a potencialidades hasta la fecha poco explotadas. Hoy es el eje del poder, y no el de la pureza, el que domina las jerarquías; y el principio de la diferencia sigue vivo. De ahí que algunos sociólogos piensen que el sistema de castas está siendo reemplazado por un sistema de clases.

LA CLASE MEDIA

Quizá el grupo que mejor representa el nuevo sentimiento hacia la casta sea la nueva clase media urbana. Esta es la categoría que ocupa el centro de la nueva estratificación social india. Por ello acabaremos este libro con este nebuloso colectivo de identidad adquirida (y no heredada): la *clase*.

Dependiendo de cómo la conceptualicemos, la clase media india puede rondar hoy entre los 0 y los 450M de personas. Una cifra rayana en los 300M (casi un 25% de la población) sería admisible por muchos. Sin embargo, hay razones para postular un número más modesto; o, al menos, para matizar esas cifras.

Si un 42% de la población india está por debajo de la línea de pobreza (BPL) [véase pág. 271], o, lo que es lo mismo, unos 500M de personas no son pobres sino extremadamente pobres (eso si no calculamos la debatida "línea de pobreza" según otros baremos, que harían elevar los BPLs a 670M), entonces está claro que sólo se puede llegar a una cifra de 300M de personas rebajando considerablemente lo que consideramos "clase media".

Porque lo cierto es que un *middle-class* indio es alguien que puede ganar entre 2.500 y 3.500$ al año, o que gasta entre 2 y 2,30$ al día. Aun teniendo en cuenta el coste de la vida en India, alguien así sería un individuo francamente pobre en muchos países del mundo. La imagen del joven y exitoso informático indio ha calado hondo tanto en la India como en el extranjero, pero hay que recordar que los 3M de informáticos cualificados representan una franja diminuta de la sociedad. En cualquier país occidental, la clase media es –en verdad– la totalidad de la población, exceptuando una minúscula parte de multimillonarios y una pequeña parte de muy pobres.[5] Por tanto, cuando hablamos de la clase media india, muchas veces estamos remitiendo a la élite y a una pequeña franja de clase alta de la sociedad: la *upper middle-class*.

Téngase en cuenta que aunque el número de televisores o productos de cosmética (consumo representativo de las clases medias) se ha incrementado de forma impresionante en los últimos años, sólo un 3% de los hogares indios posee algún automóvil. Compárense los 7‰ automóviles de la India con los 147‰ de Malasia o los 500‰ de Alemania.

La mayor parte de esta clase media ha surgido de macrocastas en alza: kurmīs y yadavs en Bihar, jāṭs en Haryana, sikh-jāṭs en Punjab, okkaligas y liṅgāyats en Karnataka, paṭṭīdārs en Gujarat, reḍḍis y kammas en Andhra Pradesh, kāpus en Telangana, vēḷḷāḷas en Tamil Nadu, etcétera. Algunos grupos dalits también han conseguido ascender, lo mismo que determinados sectores de musulmanes y cristianos. Desde luego, encontramos todavía una elevada proporción de "dos-veces-nacidos": rājputs, brāhmaṇs, kāyasthas, baniās, cheṭṭiārs, etcétera. Si a esta variedad de castas le añadimos las diferencias de religión o de lengua, se entenderá que André Béteille haya calificado la clase media india como «la más polimorfa del mundo».[6] La clase media india no es un bloque homogéneo [FIG. 97]. Lo interesante es que, no hace tanto, las clases medias y altas estaban formadas casi exclusivamente por colectivos de "dos-veces-nacidos". Hoy, puede que ya más del 50% de los miembros de la clase media provenga de castas de origen no *dvija*.[7]

Significativamente, entre los *middle-class* de origen bajo va ganando fuerza una autoimagen subjetiva de pertenencia a una clase y no a una casta. Ghanshyam Shah ha visto que «aquellos de las castas atrasadas que han pasado a formar parte de la clase media, comparten los valores y los estilos de vida de la clase media» más que de sus castas de origen.[8] Prima la "clase" sobre la "casta". Y una clase social comparte niveles de educación y de ingresos y une a las personas atravesando marcadores de casta, religión o lengua.

Si bien la clase no borra la casta (ni se desarrolla en oposición o sobre los escombros de la casta), sí puede estar adquiriendo mayor relevancia. Comenta Sara Dickey que todos sus informantes en la ciudad de Madurai (Tamil Nadu) indicaron en el 2009 que la clase tenía un mayor impacto en las oportunidades de vida que la casta.[9] De hecho, en los contextos urbanos de la India de hoy, la clase es un marcador ya mucho más visible –en el atuendo, el habla, la higiene, el hogar, la ocupación o los modales– que la casta.

Es obvio que el origen de la clase media india no es únicamente resultado de la liberalización de las últimas décadas; puede situarse a mediados del siglo XIX, con las transformaciones económicas y sociales portadas por el colonialismo. Ocurre que el actual contexto ha acelerado extraordinariamente su proceso de coagulación. Y lo curioso es que el desarrollo de esta *clase* no ha implicado la desaparición de las *castas*.

El peso de la clase media

Esta clase media controla hoy las instituciones clave de la ciudad: los periódicos, los bancos, las pymes o las instituciones educativas. La opinión de la clase media posee un eco poderoso, ya que sus miembros encarnan el éxito y el triunfo (en el lenguaje del provecho), en especial en las nuevas profesiones y ocupaciones sin carga ritual.

Es verdad que esta clase media todavía porta consigo bastantes elementos de la etnicización contemporánea. Como señala Gopa Sabharwal, es esta clase media la que proyecta, mantiene y alimenta los marcadores identitarios (como la casta, la religión o la lengua), sobre todo gracias a su control de los medios de comunicación y las instituciones educativas.[10] Pero a medida que más y más individuos de diferentes procedencias engrosan las

97. Miembros de la clase media moderna. Una familia sikh en una boda con los atuendos de gala. Punjab, 2009.

98. Un moderno *mall*, verdadero "templo" de la clase media. Ahmedabad (Gujarat), 2007.

filas de esta polimorfa clase, se va ecualizando un nuevo estilo de vida y autoimagen. Y para estos colectivos de empresarios, administrativos o profesionales urbanos y "modernos", las consideraciones tradicionales de casta se han relajado mucho. Esto es evidente en el gran tema de la elección matrimonial, pero también en la estrategia seguida en la educación de sus hijos. La nueva clase media protesta con vehemencia por la forma en que los políticos se comportan o por la indefensión de las mujeres en el espacio público. Esta élite cosmopolita ejerce una influencia desmesurada en todo el país; y está poco obcecada por las políticas identitarias.

Aunque la clase media no sea del gusto de muchos (por su tendencia a la ostentación y modales de *nouveau riche*), ha sido decisiva para que ciertas prácticas de la sociedad de castas estén pasando a mejor vida. Sobre todo las formas más opresivas. El estilo más liberal de las clases medias y su tono más secular son evidentes. En la oficina, en la parada del autobús, en el cine, en la universidad, en la tienda, en el restaurante..., en todos estos lugares ya no se respetan las divisiones o los tabúes tradicionales [FIG. 17]. Hasta hace poco era francamente raro que un vegetariano entrase en un restaurante no vegetariano; pero incluso esto está cambiando. Se han dulcificado mucho las restricciones de comensalía, se tolera el divorcio o las segundas nupcias, y se han relajado drásticamente los mecanismos de ostracismo social por transgresión de normas tradicionales. La mayoría de las costumbres que van quedando obsoletas están ligadas al lenguaje de la pureza. Se da una estrecha relación entre el declive de estas prácticas y el ascenso social y cultural de la clase media.

El lenguaje del provecho

Una de las transformaciones más notables es el resurgimiento de los ideales del modelo kṣatriya, que fue tan preeminente en los reinos dhármicos de los siglos XVII y XVIII [véanse págs. 451-461]. Quizá eso se deba, como piensa Susan Bayly, al descrédito tanto de los ideales gandhianos como de los socialistas.[11] Y aun por encima del modelo del kṣatriya, asistimos a una reconfiguración del modelo del comerciante de éxito [véanse págs. 260-265]. Ahora ya no se trata del ahorrador, austero y puritano baniā, mas del hombre de negocios, el proveedor de servicios, el informático, el profesional liberal con gran capacidad de consumo, que sigue un estilo de vida urbano, cosmopolita (indio y "occidental" a la vez) y acude a los centros comerciales, los restaurantes, las galerías de arte y hace turismo [FIG. 98].

Con su movilidad, amor por la tecnología y el consumo, con su orgullo de generar dinero, la clase media siente que trasciende la casta y genera un nuevo modelo de panindianidad. Cuán lejos queda la vieja crítica brahmánica al consumo y el hedonismo. El capitalismo ha transformado profundamente esta sociedad. En este sentido, la clase media india replica los mismos esquemas que otras clases medias del mundo. Su escala de valores está mucho más anclada en el nuevo lenguaje del provecho que no en la ideología de la pureza. Se valora el consumismo y la competitividad, no tanto por emulación occidental, sino por el prestigio que posee llevar un modo de vida tal. Lo que importa es el vehículo que uno posee, cuántos criados emplea, la empresa donde trabaja, etcétera. De ahí, la imagen de "nuevo rico" del actual *middle-class* indio. La actitud extremadamente materialista y la mentalidad mercantilista de esta nueva clase chocan con los estereotipos que pintan a los indios como pueblo ultramundano, místico y ascético.

De hecho, como en toda clase media, el criterio para juzgar el "éxito" (*success*) es básicamente secular. El estatus lo otorga el haber sido capaz de entrar en una profesión de prestigio, en especial ingeniería, medicina o alto funcionariado. Y en este sentido, el instinto jerárquico indio sigue intacto. Un alto funcionario o ejecutivo ha de mostrar explícitamente su rango y su poder: el número de empleados, de vehículos, de teléfonos, de servicio doméstico, de personal de seguridad, etcétera. Los modales pueden ser tan despóticos como antaño. Como dice Sudhir Kakar, la estructura de las jerarquías puede estar cambiando, pero «para un indio las relaciones de superioridad y subordinación tienen el carácter de una verdad eterna».[12] En la antigüedad, la casta era la forma más segura de determinar la posición. Hoy se precisa una serie de preguntas (que los conversadores no se inhiben en formular) acerca del barrio donde uno vive, los estudios, el trabajo del padre, los conocidos influyentes que tiene, el acento en inglés, etcétera.

Los procesos de sanscritización han perdido muchos enteros. Las personas de orígenes ritualmente bajos ya no se molestan demasiado en adoptar el comportamiento ritual o los símbolos de los hindúes "de casta". Como dice Sheth, hoy «más bien emulan los modos de vida consumistas de las clases altas».[13] Impera una mentalidad estrictamente utilitarista. Los éxitos de venta en las librerías contestan el "cómo" y no preguntan los "porqués".[14]

En el ámbito privado o en el mundo de las relaciones humanas y las emociones se está operando una "revolución" silenciosa. Los jóvenes de las clases medias no creen ni en el *dharma* ni en el *karma* (si bien no necesariamente han eliminado sus ecos) y consideran que uno es lo que es gracias a su esfuerzo personal. Esa actitud mina la vieja idea de que uno nace donde le toca por *karma*. Ahora ya no es la casta en el lenguaje del *dharma* la que separa y esclaviza a las personas, sino el productivismo y el consumismo en el lenguaje del capitalismo mundializado.

Clase media y género

El cambio más importante en el modelo familiar de la India contemporánea se encuentra en el aumento en la edad de matrimonio de las mujeres. En consecuencia, la tasa de fertilidad desciende. La incorporación de la mujer de estatus al trabajo (una necesidad para la consumista clase media) y la importancia que ahora se da a que las niñas tengan estudios han contribuido mucho a cambiar la sociedad. Las mujeres poseen también una cuota del 33% en los concilios democráticos de aldea (*grām-pañchāyāts*).

Los viejos tabúes, como la segregación de la mujer durante el período menstrual han desaparecido casi por completo. Como ilustra André Béteille, un banco, un juzgado o la redacción de un periódico no pueden funcionar correctamente si las empleadas tienen que ausentarse durante sus períodos (o si se niega el empleo a grandes sectores de la población porque en el pasado cercano o lejano sus antepasados se dedicaron a actividades consideradas ritualmente polucionantes).[15] Aunque estas transformaciones atañen a todas las capas, son mucho más palpables en la clase media; lo mismo que una actitud más liberal en lo que a las relaciones de género o a la sexualidad incumbe.

La cuestión de la violencia de género ha dejado de ser ya un tema tabú para la opinión pública y la clase política. Es cierto que las masivas protestas de 2012 sólo cuajaron tras la espantosa violación y asesinato de una joven con quien las clases medias podían identificarse (casos similares han ocurrido y ocurren constantemente con mujeres dalits sin que recibieran demasiada atención), pero finalmente parece haberse roto el silencio al respecto.

Asimismo, las castas –hindúes– que acostumbraban a recluir a las mujeres están dulcificando la *pardā*. En el caso de la emergente clase media, relajar las fórmulas de reclusión de sus mujeres es, no obstante, una estrategia para mantener el estatus y el poder en una sociedad que ahora suscribe unos valores más seculares. La jerarquía de clase depende como la de casta, de una división de género (aunque la de clase parece menos efectiva en el control de la mujer que la de casta).[16] Y lo de "menos efectiva" es una presunción quizá apresurada, como muestra que los problemas de dote o infanticidio de niñas son mucho más endémicos en la consumista y materialista clase media [véase pág. 85].

Educación (y en inglés)

Si existe un punto que ha erosionado los aspectos más opresivos de la casta, este ha sido la "universalización" de la educación. A medida que la población ha ido alfabetizándose se ha ido creando una cultura pública en la que ya es inaceptable hablar de la casta en los términos jerárquicos de antaño. La globalización de los medios de comunicación ha facilitado el proceso.

Esto es bien visible en la clase media, que tiende a invertir en educación. Se tiene la convicción de que una persona con estudios no deberá que realizar labores manuales. Y es interesante notar que no se discrimina a las niñas, aunque sólo sea porque una mujer culta y con trabajo puede conseguir más fácilmente un marido de posición social ventajosa. Recuérdese que en 1901, un 73% de los varones brāhmaṇs del estado de Baroda (hoy Gujarat) estaba alfabetizado, por sólo un 5,6% de las mujeres brāhmaṇs. Es decir, incluso entre las castas "letradas" las desigualdades de género eran muy acusadas.[17]

Otra característica de la educación de las clases medias es que fundamentalmente se da en inglés. El conocimiento o no de esa lengua constituye ya una divisoria muy pronunciada en la India. El inglés es la lengua del sistema judicial, la educación superior, el mundo de los grandes negocios, la alta burocracia, internet, etcétera. El Sur de Asia se ha llenado de *schools* y ya hay más gentes en la India que tienen este idioma como "materno" (aunque el entorno suele ser plurilingüe) que en todo el Reino Unido.

Dado que el sistema educativo indio ha invertido básicamente en la educación superior (y posee muy buenas instituciones tecnológicas y universitarias), sin duda por atavismos elitistas del pasado (que limitaban la educación a las castas letradas), eso ha portado a un patético olvido de la educación primaria en todo el país. Existe un escandaloso número de escuelas ¡sin alumnos o sin profesores!; y el abandono escolar es del 53% (superior al de Bangladesh o Nepal). Para paliar ese déficit, ha brotado una gigantesca red de miniacademias privadas enfocadas a las nuevas clases medias. Allí se enseña de todo (aviación, enfermería, alemán, árabe, logística, fontanería, moda, etcétera), pero la materia estrella es el inglés. Y no es, desde luego, la modalidad de Eaton o Cambridge, sino el inglés práctico que a uno le puede servir en la oficina.

De igual forma, existe una verdadera obsesión por enviar a los hijos a estudiar a Norteamérica, a Europa o a Australia. Tener un familiar "indio no residente" (NRI) incrementa el estatus. Todo esto supone una ruptura importante con el tono nacionalista de generaciones anteriores y con el ideal gandhiano de frugalidad y austeridad.

La casta encubierta

Una vez que se entra en esta difusa clase pueden perderse con facilidad las costumbres y presiones de la casta; y más aún al amparo del anonimato que ofrece la ciudad.

Si uno compara las etnografías de los años 1950s con los análisis sociológicos de los 2010s, verá la amplitud del cambio producido en la India en las últimas décadas. Hoy, a nadie le sorprende que los niños de una miríada de castas jueguen juntos en el patio del colegio; o que un gentío multicasta se abalance a trompicones en un autobús sin importarle el contacto físico con los demás; o que gentes de alta casta compren chuches o *snacks* a un tendero de casta baja o de otra religión. Ahora bien, incluso en estos medios "secularizados", urbanos, consumistas y hostiles a la casta, se respetan determinados patrones del pasado. La casta persiste inscrita en forma de "hábitos" sociales, culturales y hasta psicológicos. Susan Bayly pone un par de ejemplos:

> «Puede que el *thakur* y el *kurmi* envíen a sus hijos a la misma escuela; pero será improbable que fumen juntos en el *teashop*. En los lugares de aprovisionamiento de agua públicos [...] la mujer del *thakur* espera llenar su cubo antes que las mujeres *sat-sudra* de menor estatus».[18]

Si son de origen "limpio", estos urbanitas de clase media jamás emplearán a cocineros que no sean de castas también consideradas "limpias". El aseo de los servicios y letrinas recae igualmente en gentes de extracción intocable. De hecho, uno de los rasgos que define a la clase media india es su dedicación a ocupaciones no manuales.

Muchos indios se adhieren a valores tradicionales en un contexto determinado y a formas "modernas", en otro. Así, no es extraño encontrar a un miembro de casta alta rural comiendo en un restaurante de la capital sin preocuparse de quién ha cocinado y servido los alimentos, ni siquiera de si un dalit los está compartiendo con él; pero cuando regresa a su aldea, este mismo varón se adhiere a las normas tradicionales de segregación y pide que su esposa le cocine los alimentos prescritos de la forma adecuada. Hasta en la igualitarista Kerala, un nāyar sigue considerando desagradable tomar alimentos de un īḻavar.[19] Las normas de comensalidad tienden a respetarse en los grandes festivales y en ritos de paso, como el matrimonio o los funerales. Por contra, la celebración de cumpleaños, aniversarios de boda o la fiesta de Fin de Año, todas ellas ceremonias importadas del modelo angloamericano, no poseen carga ritual.

Los prejuicios casteístas se inscriben de forma inconsciente en las emociones, pensamientos y deseos de las personas. Un estudio con estudiantes en Uttar Pradesh llevado a cabo en el 2010 revelaba que aunque los jóvenes solían desconocer la casta de sus compañeros de clase cuando hacían amistad o empezaban una relación, si luego se enteraban de que la persona era de su misma casta, decían sentir un sentimiento de alivio, felicidad y bienestar interior. Precisamente, en estos niveles preconscientes es donde se experimenta la casta de forma más visceral. Aunque los estudiantes admitían que favorecer una amistad o relación con alguien porque se es de la misma casta no es muy aceptable en la India moderna, al mismo tiempo no podían dejar de sentir esas emociones contradictorias.[20]

El viejo entramado de la *jāti* también aparece encubierto en las nuevas formas de manejar los negocios de la pujante clase media actual. Como el ejemplo de algunos multimillonarios indios muestra, su éxito ha dependido en gran medida de haber sabido crear una red de relaciones y amistades no muy distinta a las de una *jāti*. En el universo tradicional de la *jāti*, uno vivía en una comunidad en la que conocía perfectamente a los patronos y a los siervos, donde los hijos del jefe se casaban con tus sobrinas, que compartían los mismos tabúes, oraban en el mismo templo, acudían a las mismas bodas y te ayudaban en caso de necesidad. Aunque ese entramado rural queda hoy lejos, los nuevos *businessmen* siguen creando redes de ayuda mutua –con burócratas, políticos y empresarios, donde el contacto personal es esencial– a través de las cuales los chanchullos transitan. De ahí el relativismo moral de la nueva clase media india (aunque congruente con la vieja idea de flexibilidad dhármica). Tras unas décadas de flirtear con modelos universalistas de corte occidental (ya fuera en su versión nehruviana o en la gandhiana), parece que la India regresa a sus formas de antaño. No se trata de amoralidad, como bien ha notado Anand Giridharadas, sino de la moralidad alternativa de la familia; una moralidad sensible al contexto.[21]

Puede que el sesgo de casta alta se haya relajado en el mundo de la política, pero como Jean Drèze y Amartya Sen han analizado, todavía se mantiene en muchas instituciones públicas (altos cargos de la prensa, de oenegés, policía, sindicatos, universidades, etcétera). Un estudio en instituciones de esta índole de la ciudad de Allahabad (Uttar Pradesh) en el 2012 reveló que las castas altas las siguen controlando hasta en un 75%, cuando no representan más del 20% de la población.[22] Incluso en los equipos de cricket, el sesgo de casta alta es formidable. En el 2008, 7 de los 11 jugadores del equipo nacional de cricket pertenecían a alguna casta brāhmaṇ.[23]

A pesar de que muchos jāṭs o chamārs hayan sido insistentemente aleccionados acerca de lo malo y "casteísta" de ciertas manifestaciones de la *jāti* o el *varṇa*, también se alienta (y se considera moderno y progresista) la identificación y solidaridad con la herencia de la comunidad. Todo el mundo entiende a la perfección qué significa pertenecer a una *sabhā* o un *samāj* [véanse págs. 586-590].

Se palpa, asimismo, una verdadera obsesión entre las élites y las clases medias por la "amenaza" a su seguridad que perciben de las clases subalternas. Lo que antes eran prejuicios de casta –ante el "sucio" intocable– se transforma ahora en prejuicios de clase.

Digamos que las versiones "secular" y "tradicional" de la casta coexisten, se retroalimentan y transforman según los nuevos contextos.

Individualismo

Se ha dicho que el modelo tradicional de familia india atenuaba considerablemente el sentido de "individuo" [véanse págs. 59-60]. Ante todo, priorizaba la colectividad. La posición en la familia la determinaba el género y el orden de nacimiento, y no las cualidades individuales de la persona. Las relaciones sociales se daban principalmente con primos y primas (más que amigos y amigas), por lo que la presión para seducir o encantar a los demás nunca fue demasiado fuerte en la India. El matrimonio era organizado por otros respetando intereses colectivos, no individuales.

Todo ese universo se tambalea. El modelo del *middle-class* indio es claramente *individualista*. No es la casta la que engrosa la clase media, sino el individuo y su familia. La coletilla de la *familia* es –de nuevo– importante.

La clase tiene que ver principalmente con los ingresos socioeconómicos, pero en la misma medida que ciertos aspectos culturales o sociales, como el nivel de educación, los hábitos de consumo, la moda o el habla. De ahí que la clase nunca sea en la India un asunto tan estrictamente individual como en Occidente, sino que atañe a la familia.

Si uno hurga en las larguísimas secciones de "Matrimonials" de los diarios o en internet, comprobará que la lógica de la casta todavía impera. Se exige congruencia en la casta o clan. Los matrimonios pactados dentro de los límites endogámicos (aunque hayan sido ampliados) siguen constituyendo la norma aplastante. Ya puede ser él un crack informático o ella una dinámica *businesswoman*, que no se casarán fuera de su *jāti* o *jātis* próximas.* Cierto que no sólo interviene la casta. Tanto o mayor énfasis se pone en la salud, el color de la piel, la apariencia física, la ocupación de los progenitores o las posibilidades del candidato en su proyección laboral. Lo que muestra que, una vez que la regla de endogamia se cumple, lo que juega es la individualidad. De ahí que se considere el test astrológico –que es individual– de gran importancia. Y en la consulta se vuelven a respetar las normas de casta, ya que el astrólogo (*jyotiṣ*) de extracción brāhmaṇ es obligado.

La mayor innovación en las costumbres de matrimonio de la clase media es el llamado "encuentro pactado". El matrimonio es, como de costumbre, arreglado por los progenitores. Pero ahora los candidatos tienen uno o varios encuentros a solas para evaluar su compatibilidad. No es nada infrecuente entre los *middle-class* rechazar hasta una docena de candidatos. Es asimismo significativo el auge del modelo del "matrimonio pactado por amor" [véase pág. 45]. Se ha introducido un plus de opinión individual en la institución, a caballo entre el anhelado-y-temido matrimonio por amor y el tradicional y dhármico matrimonio pactado.

Clase media y religión

Algunos sectores de la modernidad india han apostado por una total secularización. Se quejan del lastre que supone la religión, que fomenta un conservadurismo retrógrado. Pero incluso los más secularizados entienden que los cambios han de provenir de la propia India (y no de Occidente u otro lugar).

La mayoría de los *middle-class* indios, sin embargo, no siente esa alergia por lo religioso que se ha dado en otras clases medias del mundo. Sería

* De hecho, si él es un emprendedor necesitará –siguiendo el atávico modelo patriarcal– una devota esposa, que lo apoyará en toda circunstancia para que él logre triunfar. Pero si es ella la emprendedora, es posible que elija la poco común vía de la soltería, para que el rol de esposa no trunque su proyección laboral.

un error pensar que la modernización ha menguado la importancia de la religión en la clase media. Los indios son muy capaces de simultanear las costumbres más tradicionales con valores y tecnologías futuristas.

Una importante encuesta a nivel nacional llevada a cabo en el 2007 mostró que los indios urbanos y alfabetizados eran más religiosos que su contrapartida rural y analfabeta[24] (coincidiendo en ello con una tendencia palpable en otros lugares del mundo).[25] Existe un cierto desdén por la vieja mentalidad nehruviana y secularista. El nacionalismo hindú del BJP tiene, por tanto, una base sólida. Es a esta clase media urbana a la que el nacionalismo hindú se dirige ligando ideas de "desarrollo", "Estado-nación" o "hinduidad". Uno sólo tiene que salir a la calle para percibir que la India se ha tornado más "hindú". Se siguen construyendo y restaurando templos, se crean nuevos rituales (que aparentan ser muy viejos), surgen *gurus* para audiencias cambiantes. Se trata de una religiosidad más burguesa y "nueva era" que las formas tradicionales. Y, por lo general, más superficial. Para Meera Nanda, este tipo de «religiosidad hindú cotidiana y banal está alimentando simultáneamente un tipo de nacionalismo hindú banal».[26]

Maestros como Shri Shri Ravi Shankar, Sathya Sai Baba, Osho, Swami Chinmayananda, Maharishi Mahesh Yogi, Amma o Swami Nithyananda no son –o fueron– sólo *gurus* para occidentales. Tienen millones de seguidores indios que hoy contribuyen con sus rupias a mantener los *ashrams* y *resorts* tanto como los dólares de los foráneos. Incluso templos "clásicos" (como el de Venkateśvara en Tirupati o el Darbār Sāhib de los sikhs en Amritsar) se han convertido en algunas de las instituciones religiosas más ricas del mundo.

Otro aspecto arraigado en las clases medias es un renovado interés por los aspectos más esotéricos de la religión. En esto, los indios son tan vulnerables a la manipulación de demagogos religiosos como los occidentales. Sucede que poseen más experiencia al respecto. Con su proverbial flexibilidad y capacidad de inclusión, la India hindú ha sido en gran medida precursora de lo que en otras latitudes ha venido a llamarse "nueva era". Los *gurus* que combinan la espiritualidad oriental con la ciencia occidental son hoy más relevantes que los viejos *Śaṅkarāchāryas*. La antigua tradición upanishádica y contemplativa de místicos como Ramana Maharshi no es ya el referente de la espiritualidad hindú [FIG. 68]. Ahora, domina una religiosidad más centrada en las necesidades materiales básicas y la "salud" de las personas. La capacidad de adaptación a nuevos contextos es tan "natural" que los templos shivaístas del sur de la India envían las cenizas sagradas de los rituales por correo y generan *mantras on-line* sin necesidad de que los devotos estén presentes.

Quizá el ejemplo más ilustrativo de estas tendencias sea el del *businessman* urbano que incluso come carne con gentes de casta baja en la oficina, pero que mantiene una dieta ortodoxa de tipo vaiśya-baniā en casa, destina parte de sus ingresos a mantener instituciones religiosas, hospicios para animales –como expresión de la *ahiṃsā*– o para financiar historias (*Purāṇas*) de "su" comunidad.

La panindianidad

En el país paradigma de la diversidad, donde conviven varios cientos de lenguas, más de veinte alfabetos, docenas de religiones, incontables sectas y grupos religiosos, miles de castas, tropecientas mil subcastas..., la noción de unidad ha sido más bien una rareza histórica; pero es una idea que ha ido haciéndose un lugar en el último siglo. Los "padres" de la nación la concibieron bajo el lema de "unidad-en-la-diversidad".

En este sentido, uno de los desarrollos más significativos de las últimas décadas ha sido la ecualización de una cultura suprarregional; una transformación que sólo en parte se asienta en tradiciones del pasado (incluido

99. Actores y actrices de cine de Bollywood en un acto promocional. Londres, 2013.

el nacionalismo) y bebe, de forma mucho más clara, de las aspiraciones de futuro de la nueva clase media. Para Pavan Varma, esta clase constituye la avanzadilla que está generando una opaca y decisiva mutación del país: la emergencia de una nueva panindianidad.[27]

Se trata de una panindianidad que tiene que ver con la vestimenta (la implantación del *salvār kamīz*), la música (como el *bhangra*), el cine y la televisión (Bollywood y las telenovelas), con el idioma (hindi, inglés o el híbrido *hinglish*), con el deporte (cricket), la gastronomía (y la popularidad del *masala dosa*), etcétera [FIG. 100]. Aunque proliferan los *fast-food* occidentales, las tiendas de moda occidentales y se impone una lengua occidental, todo está debidamente tropicalizado. Y en lo que a gustos musicales o gastronómicos respecta, se prefiere claramente la música de Bollywood o la comida "casera" a las mundializadas. No deja de ser irónico que esta panindianidad que atraviesa fronteras de casta, religión o región, sea exactamente la opuesta a la de las élites anglicizadas de antaño. Hoy, los indios insertan con absoluta normalidad en el inglés expresiones y palabras de sus lenguas vernáculas. O a la inversa, el hindi, el bengalí o el telegu se inundan de palabras inglesas. Y aunque cada vez hay más indios que estudian inglés, muy pocos son los que –como en tiempos del British Raj– quieran ser como los ingleses. Eso demuestra una nueva seguridad en sí mismos.

No sólo la migración intraestatal es hoy en día más rápida y común, y el turismo nacional conoce un auge impresionante (80 veces superior al extranjero), sino que las nuevas comunicaciones tienen una capacidad de ecualizar costumbres y valores hasta ahora insospechada. Cada día, 15M de personas ven alguna de las más de 1.000 películas de cine que se producen cada año en alguna de las 13.000 salas de cine. Esta panindianidad no ha tenido lugar *a pesar* de las lealtades de casta, religión, lengua o región, sino que se ha dado de forma *simultánea*.

¿DISLOCACIÓN RURAL/URBANA?

Se cuenta que en una ocasión un periodista occidental le preguntó a Gandhi: «¿Cómo puedo entender la India?». El *mahātma* le contestó: «Estudie sus aldeas».[28] La India rural, en la cual vivía el 87% de los indios en la década de los 1930s, contenía la clave para penetrar el país. Pero puede que esto ya no sea así. Y no porque la población urbana haya crecido de forma espectacular (ocho décadas después, ¡aún un 69% de los indios vive en aldeas!), sino porque el campo es hoy el paradigma del desencanto, el atraso, el desempleo y la falta de futuro. La agricultura ya sólo representa el 20% del PIB del país (cuando suponía el 61% en 1950).

De ahí que, aun a menor ritmo del previsto, la emigración del campo a las ciudades siga su inapelable curso. Cada minuto, nuevos inmigrantes llegan a una ciudad india. Abandonan una vida sin futuro y se abren al incierto mundo –pero lleno de posibilidades– de la ciudad. Aun en los paupérrimos *slums* urbanos hay más esperanza y alegría de vivir que en el campo. Baste recordar la triste cifra de suicidios de agricultores arruinados en Vidarbha, Telangana o el Punjab, la mayoría del ramo del algodón, incapaces de salir de la espiral de deudas a la que las nuevas reglas de la agroindustria (¡y las dotes!) les someten sin piedad. «En los *slums* urbanos –escribe Dipankar Gupta– hay miseria, hay suciedad y crimen, pero existe la esperanza y el entusiasmo de que el mañana pueda ser bien diferente del presente».[29] En cambio, el 48% de los agricultores del país está endeudado con usureros que ponen intereses de hasta ¡un 120% anual!

Puesto que la eclosión de la clase media o de la nueva actitud frente a la casta son fenómenos fundamentalmente urbanos, cabría cuestionarse si es legítimo seguir hablando por igual de la sociedad de clases y castas de la India sin diferenciar entre el espacio urbano y el rural.

La brecha entre un indio de la clase media de Mumbai, Delhi o Chennai y otro de una remota aldea rural es colosal. En numerosos aspectos este indio moderno, urbano y cosmopolita está mucho más próximo a un ciudadano de Singapur, Barcelona o Nueva York que a su compatriota que habita en un pueblito a 80 kilómetros al interior.

En la aldea, las fronteras de casta son todavía palpables; en la ciudad, mucho menos. En la India rural aún hay personas que utilizan la identidad de casta en primer lugar; y podemos oir: "soy un mahār", "soy un vāṇiyar". En la ciudad, cuando se le pregunta a alguien "¿quién es?", seguramente contestará por su nombre. En la aldea, los matrimonios mixtos son casi impensables, en la ciudad la actitud es más laxa. En el campo, la casta predomina sobre la clase en la identidad de las personas. En la ciudad, empieza a suceder lo contrario.

Y, sin embargo, alzar una dicotomía rural/urbana tampoco es recomendable. Muchas ciudades indias aún poseen barrios o calles habitados por una sola casta (por ejemplo, los adyacentes a grandes templos, casi siempre de brāhmaṇs, o los barrios de ex-intocables en las afueras de la ciudad). En ciertos aspectos, muchas urbes son casi espacios rurales densamente edificados. Después de todo, escribe Dipankar Gupta, «la aldea está muy cerca de la ciudad, justo después del último semáforo».[30]

Si queremos entender la casta –y en particular la politización de la casta–, es necesario abandonar la asociación casi arquetípica entre casta y aldea. El pequeño pueblo no es el único espacio donde el universo de las castas opera. En la gran ciudad, la asociación de casta ha pasado a ocupar un lugar preeminente. Asimismo, la panindianidad está difuminando una dislocación de este estilo.

Si los emigrantes del campo siguen engrosando los suburbios y *slums* urbanos, eso significa que hay porosidad permanente entre ambos espacios. Uno de los aspectos más notorios de las nuevas relaciones sociales del mundo rural es la decadencia de los grandes terratenientes y hasta de las castas rurales dominantes. La India está cada vez más repleta de minifundios de pequeños agricultores (o de latifundios que operan para las multinacionales agroindustriales). En estados como Punjab, Haryana o Rajasthan, el trabajo rural no agrícola atañe ya al 40% o más de la población.[31] Eso quiere decir que los miembros de las diversas castas han tomado ocupaciones bien distintas de las tradicionales.

Como el espacio rural se vacía y empobrece, el entramado de relaciones que acompañaba al *ancien régime* y la vieja economía aldeana también tiende a desaparecer. El orgullo por ser campesino decae. Si un día la sinergia entre casta y aldea fue real, claramente eso ya no es así en el siglo XXI.

Además, existen aspectos que hacen del espacio urbano indio algo distinto de las urbes de otras zonas del mundo. Las ciudades de la India están todavía repletas de pobres que viven como *okupas* en terrenos públicos o privados, que viajan en transporte público sin pagar, que roban el agua y la electricidad. Las autoridades tratan de proveer a esta población con servicios, pero, al mismo tiempo, buscan sanear las ciudades, expulsando a los vendedores urbanos, a los mendigos, limpiando las calles, etcétera. Se trata, como expresa Partha Chatterjee, de «recuperar el espacio público para los "verdaderos ciudadanos"»,[32] que hoy no son otros que los trabajadores cualificados, profesionales liberales, gerentes de empresa, intermediaros financieros o altos funcionarios... esos que constituyen el corazón de la *middle class* india. No es el brāhmaṇ ya la medida de todas las cosas, sino el pujante empresario o profesional de la clase media metropolitana.

GLOSARIO

ābhīra: antigua tribu vaquera de la India, posiblemente predecesora de la casta pastoral **ahīr**.
āchamana: libación, succión purificadora de agua.
āchāra: costumbre, conducta.
āchārya: maestro espiritual.
achchut: que no se puede tocar (en hindi).
adharma: contrario al *dharma*, contra natura, caótico, irreverente, desviado.
adhikāra: prerrogativa, cualificación, vocación o predisposición natural de una persona. En el contexto brahmánico, cualificación para estudiar el *Veda*.
ādi: primero, original.
ādi-āndhra: véase **mādiga**.
ādi-drāviḍa (o **paṟaiyaṉ**; o **ādi-drawiṟa**) [13,700M]: "dravídico original". Genérico respetuoso con el que principalmente en Tamil Nadu se agruparon a castas históricamente consideradas **intocables**, en especial la **paṟaiyaṉ**, pero también la **holeya** o la **mādiga**. Se encuentra asimismo en Sri Lanka o en Karnataka.
Adi Hindu (o **Adi Dharm**): "hindú original". Movimiento de protesta de castas **intocables** del norte de la India aparecido a principios del siglo XX.
ādi-karṇāṭaka: véase **holeya**.
ādivāsi: "habitante original". Genérico para designar a los tribales o **Scheduled Tribes** (STs).
agamudaiyaṉ (o **akamudayar**) [0,980M]: casta campesina de Tamil Nadu y Sri Lanka.
agaravāl (o **agrawāl**; o **agarwāl**; o **baniā-agarwāl**) [4,960M]: nombre que reciben varias castas, generalmente dedicadas al comercio, en Rajasthan, Uttar Pradesh, Andhra Pradesh, Gujarat o Delhi. Algunas secciones (hindúes o jainas) son muy poderosas. Constituye el mayor segmento de los **baniās**.
agrahāram: aldea donada a los **brāhmaṇs**. En el sur de la India designa al barrio donde viven.
agri [0,400M]: casta de la costa de Maharashtra, tradicionalmente dedicada al trabajo con sal.
ahiṃsā: no-violencia.
ahīr-yadav (o **ahīr**) [58,440M]: gigantesca casta de origen pastoral y ganadera extendida por toda la India. Es mayoritaria en el estado de Bihar y muy numerosa en Uttar Pradesh, Andhra Pradesh, Bengala, Odisha, Tamil Nadu, Jharkhand o Madhya Pradesh. Hoy muy pujante y politizada. Presente también en Nepal.
āhlūvāliā (o **ahluwāliā**; o **kalāl**): importante casta sikh del Punjab.
AIADMK: "All India Anna Dravida Munnetra Kazhagam". Partido político tamil, escindido del **DMK** en los 1970s.
ailaf: "gente común". Genérico que designa a la mayoría de los musulmanes del Sur de Asia que no pueden demostrar un pedigrí arábigo o centroasiático.
aiyar (o **iyer**; o **aiyer**): uno de los nombres con los que se conoce en el sur de la India a la casta **smārtha-brāhmaṇ**.
aiyar: (en el sur de la India) sacerdote, maestro espiritual, *guru*.
Akali Dal: partido etnorreligioso sikh, muy fuerte en el Punjab, nacido en los 1920s.
Akāl Purakh: "Persona Eterna". Designación panyabí para "Dios", típica entre los sikhs.
ālvār(s): genérico que recibieron, a partir del siglo VI, una serie de santos vishnuistas tamiles.
āmbaṣṭha (o **ambaṣṭhā**): antigua casta baja, posiblemente del Punjab.
ampaṭṭaṉ [0,160M]: casta tamil de los barberos.

anāvil-brāhmaṇ [0,1M]: casta de **brāhmaṇs** de Gujarat.
āndhra: antigua designación genérica para los pueblos del sur de la India.
aniravasita: "no excluido". Antigua designación sánscrita para los **śūdras**.
anna: comida, alimento, lo que da vida.
antyaja: "último nacido" [del **Puruṣa**]. Antigua denominación para el **śūdra**.
anuloma: "a pelo". Matrimonio **hipergámico** (la mujer deposa a un varón de casta o subcasta superior), común entre determinadas –y cada vez más– castas.
āpad-dharma: comportamiento excepcional, sólo adecuado en tiempos de crisis, cuando no puede cumplirse el *sva-dharma* o deber propio.
apasada: paria. Antigua denominación para el "**intocable**".
apa-tanï [0,060M]: tribu de Arunachal Pradesh.
āraṇya (o *vana*): bosque, selva.
aroṛā [4,690M]: gran casta de Haryana, Delhi, Punjab o Gujarat, principalmente hindú, pero con minorías sikh o musulmana (en Pakistán). Muy activa en el comercio.
artha: provecho, riqueza. La ganancia material y el provecho económico como uno de los fines legítimos del ser humano.
ārya: "noble", "venerable", ario. Antigua designación para aquellos miembros respetables de la sociedad que participaban en el ritual védico y formaban parte de la comunidad lingüística y cultural sanscrítica. Equivale a "alta casta" o a "dos-veces-nacido" (*dvija*).
Arya Samaj: importante grupo neohinduista del Punjab y la zona noroccidental de la India. Fue fundado en los 1870s y vehiculó a la vez un fuerte espíritu antibrahmánico y un revivalismo hindú.
Āryāvarta: "tierra sagrada de los **āryas**". Equivale al valle indogangético.
arzal: genérico para las castas bajas e "**intocables**" dentro de la sociedad musulmana del Sur de Asia.
asat-śūdra: "śūdra indigno", **śūdra** de bajo rango.
aśauca (o *aśuddhi*): impureza, contaminación.
ashram (o *āśram*): retiro, centro espiritual, lugar de recogimiento.
aspṛiṣṭa (o *aspṛiśya*): intocable, que no puede tocarse (en sánscrito).
aśrāf (plural de **śarīf**): "nobles". Genérico que designa a la élite musulmana del Sur de Asia, supuestamente con pedigrí centroasiático o arábigo (y, por tanto, no conversa).
āśrama: "estadio de la vida", nivel de progresión espiritual. Tradicionalmente cuatro: estudiante del *Veda*, cabeza de familia, ermitaño y renunciante.
aśuddhi (o *aśauca*): impuro.
asura: demonio. También designa una forma de enlace por compra de la esposa, desaprobado por la tradición brahmánica.
āta-sāta (o *sāta-paddhati*): desposorio cruzado entre hermano y hermana de una familia con hermana y hermano de otra. Típico de Rajasthan y Gujarat.
atiśūdra: "super-śūdra". Genérico respetuoso moderno para castas consideradas **ex-intocables**.
ātman: alma, espíritu, principio vital; el Espíritu inmanente; lo Divino visto subjetivamente.
ātmatuṣṭi: satisfacción e intuición personal.
ATP: Aathi Thamizhar Peravai. Partido político tamil que defiende los intereses de la casta dalit **chakkiḷiyar** o **arunthaṭṭiyar**.
atrocity: "atrocidad", violación de la "Ley de prevención de la **intocabilidad**".
avarṇa: "sin clase", "fuera de la sociedad de castas"; aunque mejor, fuera del sistema de *varṇas*. Antigua designación sánscrita muy utilizada para designar a los miembros excluidos de la sociedad **ārya**. Equivale a **intocable** o **chaṇḍāla**.
avatāra: manifestación, descenso o encarnación de lo Divino (**Viṣṇu**).
āyurveda: medicina tradicional india.

bābā: "abuelo"; título de respeto.

bābāsāheb: "señor-abuelo", "padre-maestro". Título de respeto aplicado con frecuencia a Bhimrao Ambedkar.

backward: "atrasado".

Backward Caste: "casta atrasada". Designación colonial para los **intocables**, lo mismo que para las castas bajas, dependiendo del contexto.

baghdadī: comunidad indojudía de origen iraquí.

bagri (o **vaghri**) [0,560M]: casta baja mayoritariamente hindú del oeste de la India y Pakistán.

bahujan: gente común, "mayoría".

baidyā (o **bāidā**; o **vaidyā**) [0,380M]: designación común en Bengala y Bangladesh para las castas tradicionalmente dedicadas a la medicina.

balija (o **balaji**) [1,510M]: gran casta del sur, principalmente de Karnataka, Andhra Pradesh y Tamil Nadu, inclinada al comercio.

bālmīkī: véase **vālmīki**.

balutedarī: sistema socioeconómico aldeano propio de Maharashtra.

bāmoṇ: casta de la costa de Goa y Karnataka de **brāhmaṇs** católicos.

bandhu: equivalencia, correspondencia, analogía, conexión.

baniā (o **baniyā**; o **vāṇiyā**; o **baṇajiga**) [27,740M]: de la sánscrita *vāṇija*, "mercader". Genérico para un gran número de castas dedicadas al comercio (como la **agaravāl**, la **cheṭṭiār**, la **khaṇḍelavāl**, la **osavāl** o la **śrīmālī**), muy numerosas en Rajasthan, Uttar Pradesh, Maharashtra, Andhra Pradesh, Gujarat o Madhya Pradesh. En Gujarat un **vāṇiyā** remite a un mercader gujarati, mientras que un **baniyā** remite a un mercader **māṛvāṛī** (originario de Rajasthan). El término puede poseer connotaciones despectivas.

banjar: (en la isla de Bali) denota a una "asociación de aldea" semejante a un *pañchāyāt*.

bañjāra (o **banjara**; o **labanā**; o **lambāḍa**) [5,980M]: genérico para una serie de castas y comunidades nómadas o sedentarias de la India central, tradicionalmente dedicadas al transporte de bienes. Muy numerosos en Andhra Pradesh, Karnataka, Maharashtra, Madhya Pradesh o Rajasthan. Existe una pequeña sección musulmana en Pakistán.

bariyā [0,3M]: casta agrícola de Gujarat.

barōṭ: véase **turī-barōṭ**.

bedī: importante clan **khatrī**, del que procedían Gurū Nānak y los primeros Gurūs sikhs.

bene-israel [0,010M]: comunidad indojudía centrada en Mumbai y Maharashtra.

Bhagat: movimiento religioso de corte vishnuista adoptado por ciertos grupos tribales.

bhāīchara: "hermandad". Grupo de aldeas del Punjab dominadas por *birādarīs* de castas agrícolas.

bhajan: cántico devocional.

bhakta (o *bhākta*): devoto.

bhakti (o *bhagti*): entrega amorosa, devoción.

bhallā: clan o subcasta **khatrī**, de la que procedían algunos Gurūs sikhs.

bhangī [4,960M]: gran casta **ex-intocable** tradicionalmente dedicada a la limpieza de letrinas y alcantarillas. La apelación es propia de Uttar Pradesh, Delhi, Gujarat, Bengala o Rajasthan. Dependiendo de la región o la filiación religiosa, en otras zonas se conoce como **chūhṛā**, **mazhabī**, **vālmīki**, **tōṭṭiyaṉ** o **mehtar** (que pueden considerarse subcastas).

bhangra: estilo de música propio del "gran Punjab", muy popular en la actualidad en sus versiones de **Bollywood**.

bhāṛ [2,010M]: casta baja de Uttar Pradesh.

bhatela: casta de Gujarat.

bhātia: casta sikh.

bhaṭṭ (o **bhāṭ**) [1,540M]: casta de genealogistas de Uttar Pradesh, Rajasthan, Bihar, Madhya Pradesh o Gujarat. Una minoría en Uttar Pradesh o Pakistán es musulmana. También es un título de respeto para reyes o sacerdotes.

Bheru: forma del dios Bhairava (manifestación terrible de **Śiva**) muy popular en la India central.
bhīl [14,930M]: la mayor tribu de la India, muy extendida por Madhya Pradesh, Gujarat, Rajasthan o Maharashtra.
bhīlala: linaje o segmento de los **bhīls** de rango superior.
bhojana: alimentación, comida.
bhoksa (o **buksa**) [0,050M]: comunidad de Uttarakhand.
bhotiā (o **bhutiyā**) [0,120M]: comunidad de etnia tibetana presente en Sikkim o Nepal.
bhuiṅmāli (o **bhuimāli**) [0,290M]: casta **ex-intocable** de Bangladesh, Bengala y Assam.
bhūmihār [2,570M]: casta alta del valle del Ganges, dominante en Bihar, Uttar Pradesh, Jharkhand y Nepal, hoy con estatus de **brāhmaṇ**.
bidāi: la partida de la hija de su casa paterna tras la boda.
bidi: cigarrillo barato indio.
bindi (o *bindu*; o *tīlak*): "punto" que las mujeres casadas hindúes portan en la frente.
birādarī: "hermandad". Círculo de personas tan próximas entre sí (familiares, vecinos) que no pueden casarse entre ellas. En partes del norte de la India equivale a subcasta.
bīśnoi [0,640M]: casta y comunidad sociorreligiosa de Rajasthan y Uttar Pradesh basada en la no-violencia hacia toda forma de vida y devoción a **Viṣṇu**.
BJP: Bharatiya Janata Party. artido político de ámbito nacional y tendencia nacionalista hindú.
BKU: Bharatiya Kisan Union. Sindicato agrario del oeste de Uttar Pradesh y zonas limítrofes.
bodhisattva: figura ideal del budismo Mahāyāna. Aquel que pospone su entrada en el *nirvāṇa* para ayudar a los demás a salir de la ignorancia.
boḍo (o **boro**) [1,590M]: gran tribu del estado de Assam.
Bollywood: genérico que recibe la potente industria del cine indio, en especial la que se produce en Mumbai para el gran público.
BPL: *Below the Poverty Line*, "por debajo de la línea de pobreza". Población que subsiste con un gasto menor a 1.20$ al día.
brāhma: designación clásica para el *kanyā-danā* y matrimonio pactado.
brahmadeya (o *brahmadēya*): posesiones y tierras donadas gratuitamente por el rey a los **brāhmaṇs**.
brahman: lo sagrado, potencia sacrificial. También denota lo Absoluto. En la antigüedad un tipo de sacerdote que supervisaba el ritual y que dio nombre a la clase sacerdotal.
brāhmaṇ (o **brāhmaṇa**; o **brahmán**; o **brahmin**) [62,440M]: clase social (*varṇa*) que agrupa a cientos de castas y subcastas de elevado estatus extendidas por toda la India, en especial en Uttar Pradesh, Bihar, Rajasthan, Maharashtra, Madhya Pradesh, Bengala, Andhra Pradesh, Karnataka o Tamil Nadu. Muy presente también en Nepal. Es la casta **ārya** y alta por antonomasia, cuya ocupación tradicional ha sido la liturgia y la transmisión de los saberes.
brāhmaṇatva: "brahmanidad" o cualidad del **brāhmaṇ** adquirida por nacimiento.
BSP: Bahujan Samaj Party. Importante partido del valle del Ganges que defiende especialmente los intereses de los **dalits** y las castas bajas.
bunt (o **bant**) [1,500M]: casta alta de la región de habla tulu (Karnataka, Kerala y Maharashtra).
burakumin: genérico empleado en Japón para designar a grupos de descastados encargados de ocupaciones consideradas sucias.

Caṅkam (o *Sangam*): antigua literatura poética y religiosa tamil.
chākara: designación tradicional del ayudante **intocable** del recolector de impuestos.
chakkiḷiyar (o **arunthaṭṭiyar**; o **mādiga**) [0,940M]: casta **ex-intocable** de Tamil Nadu y Andhra Pradesh.
chakravartin: monarca universal.
chamār (o **charmakār**) [52,780M]: la casta **ex-intocable** más numerosa de India, muy extendida en Uttar Pradesh, Madhya Pradesh, Bihar, Rajasthan, Haryana, Punjab o Chhattisgarh. Tradicional-

mente dedicada a curtir y trabajar el cuero, aunque principalmente dedicada a la agricultura. Posee numerosas secciones o apelaciones (**rāvidāsīs**, **jāṭavs**, satnāmīs, charmakārs, **chakkiḷiyars**, etcétera), definidas por criterios religiosos o regionales.

chambhār: principal sección de los trabajadores del cuero (**chamārs**) en Maharashtra.

chaṇḍāla (o **chāṇḍāla**): antigua denominación genérica para las comunidades excluidas de la sociedad **ārya** y que, con los siglos, serían designadas "**intocables**". También el nombre de una casta **ex-intocable** de Odisha y Bengala, rebautizada en el XX como **nāmaśūdra**.

chapātī: pan o torta.

chāraṇ [0,290M]: casta de bardos y genealogistas de Rajasthan y Gujarat.

chāturvarṇa (o *chāturvarṇya*): los "cuatro *varṇas*" (**brāhmaṇs**, **kṣatriyas**, **vaiśyas** y **śūdras**).

chaudharī: jefe del pueblo. Cabeza de un clan **jāṭ**.

chaupār: concilio de casta, *pañchāyāt*.

chenchu [0,060M]: tribu de Andhra Pradesh hasta hace pocas décadas dedicada a la caza-y-recolección.

chēri: (en el sur de la India) barrio o aldea donde viven los **ex-intocables**.

cheṛumar (o **cerumān**) [0,490M]: casta **ex-intocable** de Kerala. Se equipara a la **pulaiyan̠** de otras partes de Kerala y Tamil Nadu.

cheṭṭiār (o **ceṭṭiyār**; o **cheṭṭi**) [0,700M]: cúmulo de castas de Tamil Nadu y otras zonas del sur dedicadas principalmente al comercio. Homologable a la **baniā** del norte de la India. El nombre es una tamilización de **seṭh**, "jefe".

chhīpī (o **chhīmbā**) [1,390M]: casta del norte de la India, tradicionalmente dedicada a la tintorería. Posee importantes secciones sikhs y musulmanas, en India o Pakistán.

chishtī: principal orden sufí del Sur de Asia.

chitpāvan-brāhmaṇ [0,500M]: casta **brāhmaṇ** de la costa Konkan de Maharashtra y Karnataka.

Chōḷa: dinastía y reino del sur de la India. Tuvo su clímax en los siglos XI y XII.

chūhṛā (o **vālmīki**; o **bālmīki**; o **mazhabī**) [3,500M]: casta **ex-intocable** de Punjab, Haryana o Pakistán equiparable a la **bhangī**, pero fundamentalmente cristiana. También recibe el nombre de **mazhabī** (su sección sikh) o **vālmīki** (su sección hindú o sikh).

"cinco Ks": cinco emblemas (cabello sin cortar, un peine, una pulsera, una daga y un calzón corto), que en lengua panyabí empiezan por la letra "k". Son adoptados por los sikhs iniciados en la fraternidad de la **Khālsā**.

ciṭṭar (o **sidha**): tradición de médicos y alquimistas tántricos de Tamil Nadu.

comensalidad (o **comensalía**): compartir alimentos con personas del mismo grupo, rango o casta.

Congreso (I), partido del: principal partido político nacional indio. Ha gobernado el país durante muchas décadas. La (I) denota la escisión liderada por Indira Gandhi en los 1960s.

Congreso (O), partido del: vieja sección del partido del Congreso.

coolie: porteador, peón. La palabra parece proceder de la tribu gujarati kulī, aunque quizá de la urdu *qulī*, que significa "esclavo".

coorg: véase **koḍagu**.

cristiano-sirio [3,930M]: la más antigua y pujante comunidad cristiana de la India, principalmente de Kerala, aunque presente en Tamil Nadu o Karnataka.

ćurara: "nación" o colectivo gitano de Europa del Este.

dabba-wallah: mensajero –típico de Mumbai– que lleva diariamente el almuerzo a la oficina.

dāj (o *dahej*): dote.

dakṣiṇā: "propina" o donación que reciben los sacerdotes por sus servicios. "Presente" que recibía la familia del novio cuando se formalizaba un enlace.

dalit: "oprimido", "pisoteado". Designación política escogida por muchas personas de colectivos tradicionalmente considerados **intocables**.

dāna: donación, presente.

daṇḍa: castigo, fuerza militar. Cetro de mando del rey que simboliza su poder de coerción.
darro: pago-de-novia entre los gitanos de Europa del Este.
darśana: visión, punto de vista. En el culto, "visión" de la divinidad. En filosofía, corriente de pensamiento.
dāsa (o **dasyu**): bárbaro. Antigua denominación sánscrita del "enemigo" del **ārya**. Pasará a designar al "esclavo".
daśā: "décimo". Sección de algunas castas que permite las segundas nupcias a las viudas.
Daṣaharā (o **Dussehrā**): importante festividad hindú.
Daśanāmī: importante orden de renunciantes hindúes liderados por los *Śaṅkarāchāryas*.
Decán (o **Deccan**; o **Dakṣiṇā-deśa**): meseta de la India central. Comprende la mayor parte de los estados de Maharashtra, Chhattisgarh, Andhra Pradesh y Karnataka.
Depressed Caste: "casta deprimida" o "atrasada". Eufemismo administrativo del período colonial para referir a las castas bajas e **intocables**.
deśa (o *deś*): país, región.
deśastha-brāhmaṇ [0,590M]: casta **brāhmaṇ** del interior de Maharashtra.
deva (o *devatā*): divinidad, dios.
Devī: Diosa; principio último femenino. También denota un movimiento religioso adoptado por ciertas capas tribales.
ḍhāḍhī: subcasta **ḍom** de músicos y cantantes ambulantes de Rajasthan.
dhangar [2,670M]: casta pastoril de Gujarat, Karnataka y Maharashtra que reclama hoy estatus de **Scheduled Tribe**.
dharma: deber, orden, ley, naturaleza, conducta apropiada, virtud. En su sentido restringido, el conjunto de deberes rituales que uno debe seguir para ajustarse a su verdadera naturaleza y clase social.
dharma-bhūmi: "tierra del *dharma*" o reino donde se respeta el *dharma* y se obtiene mérito kármico.
dharma-rāja: "rey del *dharma*"; ya que hace respetar el orden social de los *varṇas*.
dharma-śāstra: véase *Śāstras*.
dheḍ: antiguo término genérico para "**intocable**" en Gujarat.
dhobī (o **dhōbā**; o **dhupi**) [14,320M]: gran casta cuya ocupación tradicional ha sido la lavandería. Muy populosa en Andhra Pradesh, Uttar Pradesh, Bihar, Tamil Nadu u Odisha. Posee una importante sección musulmana en Pakistán y en Uttar Pradesh.
ḍholī: casta nepalí de bardos.
dhyāna: meditación, contemplación.
diku: en el mundo tribal **santāl-muṇḍā** designa a un "foráneo" explotador.
dīṭcitar-brāhmaṇ: casta de sacerdotes shivaístas de Tamil Nadu. El nombre deriva de la sánscrita *dīkṣita*: sacerdote que dirige una iniciación.
Dīvālī (o **Dīpavalī**): importante festividad india, celebrada por hindúes, jainistas y sikhs.
DMK: Dravida Munnetra Kazhagam (Tirāviṭa Muṉṉēṟṟk Kaḻakam). Partido nacionalista tamil, surgido del partido de la Justicia en los 1940s.
doāb: "dos ríos"; región, comarca o zona interfluvial en las que se divide el Punjab.
ḍogra [5,500M]: grupo étnico –formado por varias castas– de la región de Jammu y del valle de Cachemira, fundamentalmente hindú pero con secciones musulmanas. Tiene una rica herencia cultural y gran tradición marcial.
ḍom (o **ḍomba**; o **ḍūm**; o **ḍomār**; o **ḍombo**; o **duriā)** [2,430M]: "que hace el ruido [del timbal] *ḍom*". Casta **ex-intocable** extendida por toda la India, en especial en Odisha, Bengala, Punjab, Uttar Pradesh o Cachemira. Su ocupación tradicional tenía que ver con la cremación de cadáveres y con la música.
doṣa: humor corporal en medicina tradicional india.
dosadh (o **dusādh**) [5,160M]: gran casta **ex-intocable** de Bihar, también presente en zonas limítrofes.

duḥkha (o *dukkha*): sufrimiento, insatisfacción, alienación, contingencia, dolor. Una de las tres marcas de la existencia según el budismo.
dupaṭṭā: pañuelo o velo con el que algunas mujeres se cubren cuando aparecen en público o están frente a varones.
Durgā: una de las principales divinidades del hinduismo.
Durgāpūjā: festividad en honor de la diosa Durgā, muy popular en la "gran Bengala".
dvija (o *dvijāti*): "dos-veces-nacido". Se refiere a los miembros de la sociedad que han recibido la iniciación (*upanayama*) a los ritos védicos. Como históricamente sólo era accesible a las tres clases superiores, el término es un genérico para "casta alta" y **ārya**.

ekaja (o *ekajāti*): "una-vez-nacido". Remite a los **śūdras** y otros miembros de la sociedad que no se han iniciado en la religión védica o **vedismo**. Se opone a *dvija*.
endogamia: matrimonio entre miembros de un mismo grupo o casta.
ex-intocable: véase **intocable**.
ezhava: véase **ī̱lavar**.

familia "extensa": unidad familiar multigeneracional, **patrilineal** y **patrifocal**. Gira en torno al patriarca, su esposa, los hijos varones, sus esposas y los hijos de estas parejas.
familia "nuclear": unidad familiar compuesta por los cónyuges y sus hijos.
faqīr: casta **intocable** musulmana.
forward: "avanzado". En la actualidad remite a las castas tradicionalmente consideradas altas.

gadźé (o *gajé*): payo, no gitano.
gahapati: (en la antigua literatura budista en pali) "hacendado".
gamit: casta baja de la India central de origen **bhīl**.
gandharva: músico celestial en la mitología hindú. Designa también la fórmula de matrimonio por amor.
Gaṇeśa (o **Gaṇapati**): divinidad benevolente muy popular en toda la India.
garbhādhāna: sacramento de fecundación y consumación del matrimonio.
gāro [0,7M]: importante tribu del noreste de la India.
garoḍā (o **garo**) [0,140M]: casta de sacerdotes **ex-intocables** de Gujarat y Rajasthan.
gaṭhak: intermediario en las negociaciones para sellar pactos matrimoniales.
Gauḍīya-vaiṣṇava: la más importante corriente devocional krishnaísta de la India, muy fuerte en Bengala y otras partes del valle del Ganges.
gauna: práctica de mantener a una niña casada en su casa natal hasta su primera menstruación.
ghānchi (o **moḍh-ghānchi**) [0,110M]: casta OBC de Gujarat, equivalente a la **telī**.
ghāt: escaleras para baños en ríos o lagos sagrados.
ghī (o *ghṛita*): mantequilla clarificada. La mejor grasa para cocinar.
girāsiyā (o **garāsiyā**; o **girasia**) [0,250M]: tribu de Rajasthan.
goālā: casta baja de Assam, Tripura y Odisha, numerosa en Bangladesh.
gōṇḍ (o **goṇḍ**) [13,550M]: una de las mayores tribus de la India, extendida por Madhya Pradesh, Chhattisgarh, Maharashtra, Odisha, Assam y Andhra Pradesh. Tiene muchas secciones, como la **rāj-gōṇḍ**, la bāisan horn māṛiā, la dhur, la abuj māṛiā, la muriā, etcétera.
gosāin: título hereditario de los líderes religiosos del movimiento Puṣṭimārga, convertido en casta sociorreligiosa.
gotra (o *got*): linaje, clan. Grupo exogámico.
grāma (o *ūr*; o *nagara*): aldea, pueblo, ciudad.
grāmadevatā: divinidad protectora de la aldea.
grāmaṇī (o *grāmapati*; o *muqaddam*): cabeza del pueblo, *jajmān*.
grām-pañchāyāt: concilio de aldea.

grand-nasyon: (en isla Mauricio) apelación para los de "casta alta".

gū: heces.

gūjar-hindū [7,110M]: gran casta hindú del noroeste de la India: Rajasthan, Uttar Pradesh, Madhya Pradesh, Haryana o Delhi.

gūjar-musalmān [4,750M]: gran casta musulmana de Pakistán y diversas partes de la India.

guṇa: cualidad, atributo o constituyente de la realidad. Se habla de tres *guṇas*: la cualidad luminosa-espiritual (*sattva*), la cualidad energética (*rajas*) y la cualidad densa y opaca (*tamas*).

gurduārā (o *gurdwāra*): templo sikh.

gurkha (o **gorkha**): comunidad nepalí e india de larga tradición marcial.

guru: maestro, preceptor espiritual, profesor.

hāḍi (o **haddi**; o **hāṛī**) [1,180M]: casta **ex-intocable** de Bengala, Odisha o Bangladesh.

hali: sistema de servidumbre propio de Gujarat, parecido al *jajmānī*.

Ḥanafī: principal escuela de derecho islámico en el Sur de Asia.

harijan (o **harijon**): "hijo de Dios". Neologismo popularizado por Gandhi para referirse a los **intocables** o **dalits**. Hoy, descartado por la mayoría.

haṭha-yoga: disciplina yóguica muy física y esotérica.

havik-brāhmaṇ (o **hawyak-brāhmaṇ**) [0,460M]: casta **brāhmaṇ** de Karnataka.

hīna: inferior, menor, imperfecto.

Hindu Mahasabha: organización conservadora hindú fundada en los 1920s.

hindutva: "hinduidad". Ideología política del nacionalismo hindú que buscar hacer de "lo hindú" la esencia y el corazón del país y la sociedad.

hipergamia: forma cualificada de **endogamia** por la que una mujer deposa a un varón de casta o subcasta superior.

ho (o **kol**) [1,060M]: tribu de Jharkhand y Odisha.

holeya (o **ādi-drāviḍa**; o **ādi-karṇāṭaka**; o **hōliyā**) [3,440M]: importante casta **ex-intocable** de Karnataka. En zonas es homologable a la **mādiga**.

hūṇa: huno; etnia centroasiática que invadió la India hacia el siglo VI.

iḍigga (o **eḍigga**; o **kalāl**) [3,800M]: casta tradicionalmente dedicada a la fabricación de licor, populosa en Andhra Pradesh, Karnataka o Madhya Pradesh.

īḻavar (o **izhava**; o **ezhava**; o **tīya**) [6,340M]: una de las más importantes castas de Kerala, también numerosa en Tamil Nadu.

Indra: importante divinidad de la religión védica y de la sociedad **ārya**.

intocabilidad: práctica –hoy ilegal– de exclusión y opresión a personas o grupos en virtud de su nacimiento en castas consideradas **intocables**. Las formas de intocabilidad más comunes han sido obligar a vivir en barrios o pueblos separados, prohibición de entrar en templos, de sacar agua de pozos, de circular por ciertas calles, de utilizar los servicios de barberos o lavanderos, la obligatoriedad de realizar determinadas tareas (retirado de carroña, tocar el tambor en funerales o barrido de calles), etcétera.

intocable (o **ex-intocable**; o **dalit**; o **Scheduled Caste**): persona o grupo subordinado, excluido u oprimido por la práctica de la **intocabilidad**.

isogamia: estricta **endogamia**, cuando un enlace matrimonial se da entre iguales.

iṭaṅkai: "mano izquierda". Una de las secciones en las que se dividen algunas castas de Tamil Nadu. Se opone a *valaṅkai*.

itihāsa: literatura épica, epopeya (el *Mahābhārata* y el *Rāmāyaṇa*).

iyengar (o **aiyangar**): uno de los nombres con los que se conoce en el sur de la India a la casta **sṛīvaiṣṇava-brāhmaṇ**.

iyer (o **aiyer**): véase **smārtha-brāhmaṇ**.

izzat (o *ijjat*): “honor”. Valor primordial en el Punjab. Es prerrogativa de los varones salvaguardarlo y depende en gran medida del comportamiento de las mujeres.

jadeja-rājput: clan **rājput** de Gujarat.
jāgā: casta de genealogistas.
jagirdār: receptor de tierras por parte de monarcas y dignatarios.
jaina-brāhmaṇ: casta de **brāhmaṇs** jainistas del **Decán**.
jaintiyā: tribu de Meghalaya y Assam.
jajmān: cabeza del pueblo; terrateniente poderoso de una región.
jajmānī: antiguo sistema socioeconómico de retribución en grano a cambio de servicios.
jana (o *janapada*): en la antigüedad pequeño reino, república, país, estirpe.
jāṅgala: jungla.
jāṭ-hindū [17,380M]: gigantesca casta agrícola del “gran Punjab”. La sección hindú es muy numerosa en Rajasthan, Haryana, Uttar Pradesh, Delhi o Punjab.
jāṭ-musalamān [30,430M]: gigantesca casta agrícola del “gran Punjab”. La sección musulmana constituye la comunidad más grande de Pakistán.
jāṭ-sikh [11,100M]: enorme casta agrícola del “gran Punjab”. La sección sikh es mayoritaria en el estado de Punjab, y muy numerosa en Haryana, Uttar Pradesh o Rajasthan. Constituye más de la mitad de la población sikh.
jāṭav (o **jaṭaw**; o **chamār**): pujante casta **ex-intocable** de Uttar Pradesh, escindida de la **chamār**. Posee secciones hindúes y budistas.
jāti (o *jñāti*; o *zāt*; o *jyāti*; o *kuṭi*): “nacimiento”, origen, especie, casta. Unidad **endogámica**, que puede ser la casta (normalmente, si es pequeña) o, con más frecuencia, la subcasta.
jāti-pañchāyāt: concilio tradicional de casta o subcasta.
jāti-purāṇa: crónica que narra el origen de la casta y las leyendas asociadas.
jizīya: tasa de “protección” impuesta a los no musulmanes en los gobiernos islámicos.
jogī [3,740M]: título de secta y de casta propio del norte y el este de la India, en especial Bengala, Bangladesh, Rajasthan, Uttar Pradesh o Tripura.
joint family: véase **familia “extensa”**.
juāng [0,050M]: tribu de Odisha.
julāhā [0,890M]: sastre, tejedor. Remite a castas bajas del valle del Ganges, en especial de Uttar Pradesh, Jharkhand o Himachal Pradesh.
jūṭhā: restos de comida que se da a mendigos o animales.

kacchā: alimentos “imperfectos”; es decir, hervidos o cocinados sin *ghī*, sólo aptos para los más próximos.
kacchī [5,830M]: casta campesina de la India central y del norte, en especial de Uttar Pradesh y Madhya Pradesh.
kahār [8,100M]: casta de Uttar Pradesh, Bihar o Jharkhand. Posee minorías musulmanas en Pakistán e India, y de sikhs en el Punjab.
kaivarta (o **kaibarta**) [2,310M]: casta tradicionalmente dedicada a la pesca en la “gran Bengala”, presente en Assam, Bengala, Bangladesh o Bihar.
kalāl: antiguo nombre –que remite a la destilación de licores– de castas como la **āhlūvālīā** del Punjab o la **iḍigga** de Andhra Pradesh y Karnataka.
kalderaśa: “nación” o colectivo gitano de Europa del Este.
kalé: gitano de la península ibérica y el sur de Francia.
kalivarjya: regla que ha cesado de ser válida en la edad de *kali*.
kali-yuga: “edad corrupta”. El cuarto y más ruin de los *yugas* o eras cósmicas que componen los ciclos de la humanidad, cuando impera el vicio y el demérito.

kaḷḷar [1,240M]: casta campesina de Tamil Nadu, mayoritariamente hindú, aunque con secciones cristianas.
kāma: amor, placer sensual, deseo.
kāmboja: antigua tribu de las montañas.
kamīn: proveedor de servicios. Remite a castas como las de alfarero, herrero, barbero, carpintero, lavandero o sacerdote que ofrecen servicios a las castas agrícolas.
kamma: casta de Andhra Pradesh.
kaṇbī (o **kaṇbī-paṭṭīdār**; o **kuṇbī**): véase **paṭṭīdār**.
kandramaṇikya: unidad endogámica de la subcasta brihacharaṇam de los **smārtha-brāhmaṇs** del sur de la India.
kāṇikar [0,030M]: pequeña tribu de Kerala.
kanjaṛ [0,220M]: casta de la India central y del norte.
kanyā-dāna: "donación de la doncella". La forma de matrimonio clásica del Sur de Asia, llamado también *brāhma*, por la que una familia dona a su hija en matrimonio.
kānyakubja-brāhmaṇ (o **kanauj-brāhmaṇ**) [5,9M]: la más numerosa segmentación de castas **brāhmaṇs** de la India, con gran presencia en Uttar Pradesh, Bihar o Bengala.
kāpu (o **reḍḍi**) [15,030M]: principal casta campesina de Andhra Pradesh, presente también en Tamil Nadu u Odisha.
kārāvara: antiguo nombre de los trabajadores del cuero, predecesores de los **chamārs**.
karhāḍā-brāhmaṇ [0,090M]: casta de **brāhmaṇs** de Maharashtra y Goa.
karma (o *kamma*): acción, acto, rito. Por extensión, ley de retribución de los actos (y sus intenciones); motor de la rueda de las transmigraciones.
karuṇā: compasión.
kaṭampaṉ: casta de Tamil Nadu.
kāyastha (o **kayashtha**) [9,160M]: gran casta alta del norte y centro de la India, en especial en Bengala, Uttar Pradesh, Bihar, Assam, Madhya Pradesh o Tripura, tradicionalmente dedicada a la administración pública. Muy importante también en Bangladesh.
keśdharī: que mantiene los símbolos externos de los sikhs (las **"cinco Ks"**) aun sin iniciarse en la fraternidad de la **Khālsā**.
khalji (o **khilji**): uno de los clanes y dinastías que dirigió el Sultanato de Delhi en el siglo XIV.
Khālsā: Fraternidad de los sikhs, establecida por el décimo Gurū. Quienes se inician adoptan las **"cinco Ks"** como emblemas y los apellidos Siṅgh o Kaur.
khāndān: "alcurnia", de buena familia.
khaṇḍelavāl (o **khaṇḍelwāl**) [0,120M]: casta orientada al comercio muy poderosa en Rajasthan. Son hindúes y jainistas.
khant [0,020M]: pequeña casta campesina de Gujarat.
khap (o *khap-pañchāyāt*): concilio de clan o casta de los **jāṭs** del "gran Punjab".
khāṛiā [0,770M]: tribu de Odisha, Jharkhand o Assam.
kharwār (o **kawār**) [1,030M]: tribu de Chhattisgarh.
khāsi [1,410M]: etnia del noreste de la India. Forma el grupo más numeroso de Meghalaya.
khaṭik [2,250M]: casta baja diseminada por Uttar Pradesh, Rajasthan, Punjab, Andhra Pradesh, Delhi o Madhya Pradesh.
khatrī [3,580M]: casta –mayoritariamente hindú pero con secciones sikhs– inclinada al comercio en Delhi, Haryana, Punjab o Cachemira. Una sección musulmana es notoria en Pakistán.
khoṇḍ (o **kui-khoṇḍ**) [1,800M]: gran tribu de Odisha.
kirāta: antigua designación genérica para los cazadores de las tribus de las montañas.
kisān: campesino, labriego.
koḍagu (o **coorg**; o **koḍava**) [0,130M]: casta tribal dominante y aristocrática en la región de Coorg, al sur de Karnataka.

koerī (o **koirī**) [7,760M]: gran casta de Bihar, Uttar Pradesh o Jharkhand.
koḷī (o **kōlī**; o **koḷī-paṭel**; o **ṭhakarḍā**) [14,940M]: cúmulo de castas agrícolas de bajo y medio rango de Gujarat, Uttar Pradesh, Maharashtra, Madhya Pradesh o Himachal Pradesh.
koṅkaṇastha-brāhmaṇ: una de las divisiones de los **brāhmaṇs** de Maharashtra, originaria de la costa Konkan. Virtualmente idéntico a **chitpāvan-brāhmaṇ**.
kōyā [0,830M]: tribu de Andhra Pradesh y Odisha.
kris rromāni: "juicio gitano". Institución y ley que regula el comportamiento moral, las relaciones familiares o cuestiones de trabajo del pueblo **romā**.
Kṛiṣṇa: importante divinidad del hinduismo devocional.
kṣatriya: categoría social (*varṇa*) que engloba a las castas altas de nobles, guerreros y propietarios de la tierra. Hoy, casi sinónimo de **rājput**. En Nepal se conoce como **chhetri**.
kula: familia, clan.
kuḷi: linaje de una casta,
kulīn: sistema de parentesco propio de ciertas castas altas de Bengala que reduce mucho el círculo matrimonial.
kuḷkarṇī: contable del pueblo o del reino.
kumārī-pūjā: culto a la niña-virgen, manifestación de la Diosa.
kumhār-hindū (o **kumbhār**; o **kumhāra**; o **kumbār**) [15,270M]: gran casta muy extendida por toda la India tradicionalmente enfocada a la alfarería y la cerámica. Tiene gran presencia en Uttar Pradesh, Rajasthan, Andhra Pradesh, Bihar, Bengala, Gujarat, Madhya Pradesh u Odisha.
kumhār-musalmān [3,320M]: gran casta de Pakistán tradicionalmente dedicada a la alfarería.
kumpania: "compañía". Unidad social gitana que incluye a varias familias y clanes de una región.
kuṇbī (o **kaṇbī**; o **kuṇbī-marāṭha**) [6,910M]: importante casta agrícola de Gujarat y Maharashtra. Una parte gigantesca se integró en la casta **marāṭha**.
kuṟavaṉ: casta del sur de la India.
kurmī [17,700M]: macrocasta agrícola del norte y centro de la India, especialmente de Uttar Pradesh, Bihar, Madhya Pradesh, Jharkhand, Bengala o Andhra Pradesh.
kuṟuba (o **kurupa**) [3,790M]: casta pastoril de Karnataka y Tamil Nadu.
kuṣāṇa: etnia de origen centroasiático que gobernó partes de la India occidental entre los siglos -I y +II.
kuṭi: forma tamil de *jāti*.

labana [0,360M]: casta sikh del Punjab.
lambāḍa (o **sugalī**): véase **bañjāra**.
laṅgar: comida comunitaria que se ofrece en las *gurduārās* sikhs como servicio (*sevā*) a la comunidad y forma de romper con las normas de **comensalidad** hindúes.
liṅgāyat [9,090M]: importante casta de Karnataka, enteramente asociada a la secta shivaísta **Vīraśaiva**. También tiene fuerte presencia en Maharashtra, Tamil Nadu o Andhra Pradesh.
"línea de polución": barrera conceptual que separa, somete y distingue del resto a las castas consideradas **intocables** o polucionantes.
lodhā [6,640M]: casta **OBC** de Uttar Pradesh, Madhya Pradesh o Rajasthan.
lohār-hindū (o **luhār**) [11,600M]: casta extendida por toda la India –salvo en el sur, donde se denomina **viśvakarma**– dedicada tradicionalmente a la herrería. Muy numerosos en Uttar Pradesh, Bihar, Madhya Pradesh, Odisha o Jharkhand.
lohār-musalmān [2,410M]: sección musulmana de los herreros, con buena presencia en Pakistán o Uttar Pradesh.
loka: mundo; división del cosmos.
Lokāyata (o **Chārvāka**): escuela de materialismo indio.
Lok Sabha: Parlamento nacional en Nueva Delhi.
lovara: "nación" o colectivo gitano de Europa del Este.

maćvaya: "nación" o colectivo gitano de Europa del Este.
mādiga (o **ādi-āndhra**; o **ādi-karṇāṭaka**) [9,080M]: gran casta **ex-intocable** de Andhra Pradesh, también presente en Karnataka.
maga-brāhmaṇ: casta **brāhmaṇ** de origen centroasiático.
mahā-brāhmaṇ [0,210M]: casta baja de **brāhmaṇs** del valle del Ganges (básicamente Uttar Pradesh) especializada en la cremación y en otros rituales mortuorios.
mahājan: "gran persona". Genérico respetuoso para designar a miembros de las castas de comerciantes (**baniās**) de la India occidental y del norte.
mahānāyaka-śūdra: casta agrícola de Odisha.
mahār (o **māhār**; o **mehrā**; o **ṭigdā**) [9,090M]: gran casta **ex-intocable** de la India central, en especial de Maharashtra, pero también en Madhya Pradesh o Chhattisgarh. Es hindú aunque con una pequeña sección cristiana. La sección budista se conoce como **nāu-bauddha** (neobudista).
mahārāja: "gran rey". Título para un rey o gobernante aristócrata.
mahātma: "gran alma". Título honorífico y de respeto.
māheśvarī [0,870M]: casta comerciante de Rajasthan, Uttar Pradesh o Madhya Pradesh.
mahilā-pañchāyāt (o *samiti-pañchāyāt*): asamblea o comité de empoderamiento y ayuda a las mujeres.
mahiśya [10,090M]: gran casta baja de Bengala, con fuerte presencia en Odisha, Assam y Bangladesh.
mahr (o *mehr*): pago-de-novia típico de las comunidades musulmanas.
mahyāvanśī (o **mahyābanśī**): véase **vankar**.
maithili-brāhmaṇ [0,070M]: casta de **brāhmaṇs** originaria de Bihar, aunque con mayor presencia en Madhya Pradesh.
mālā [6,180M]: gran casta **ex-intocable** del sur de la India, casi exclusiva de Andhra Pradesh.
malabarī: "de Malabar". Comunidad indojudía de Kerala.
malayāḷī: gentilicio de los parlantes de la lengua malayalam, mayoritaria en el estado de Kerala. También se refiere a los habitantes de las islas Laquedivas.
mālī (o **malakar**) [9,200M]: gran casta de la India central y occidental tradicionalmente dedicada a la jardinería. Es muy numerosa en Maharashtra, Rajasthan, Madhya Pradesh, Uttar Pradesh, Chhattisgarh u Odisha.
malik: cabeza de aldea o de casta.
māṅg (o **mātaṅg**; o **maṅ**) [2,610M]: casta **ex-intocable** casi exclusiva de Maharashtra.
maṅgalasūtra (o *tāli*): collar nupcial auspicioso que el novio coloca a la novia.
mantra: letanía sagrada, himno litúrgico, plegaria.
māppiḷa (o **māpiḷḷa**; o **moplah**) [8,990M]: gran comunidad musulmana de Kerala, presente también en Karnataka. El nombre probablemente provenga de la tamil *māppiḷḷai* ("novio").
marakkāyar (o **maraikkāyar**; o **maraikkār**) [0,010M]: pequeña comunidad musulmana de Tamil Nadu.
marāṭha (o **mahraṭṭa**) [27,570M]: principal macrocasta de Maharashtra, surgida de fusiones de castas campesinas **kuṇbīs**. También se encuentra en Karnataka, Madhya Pradesh, Andhra Pradesh, Gujarat o Goa.
maṟavar (o **māravār**) [3,080M]: gran casta campesina de Tamil Nadu.
marihmé: (en el pueblo **romā** o gitano) impureza o contaminación ritual.
marumakkattāyam: sistema de parentesco y de herencia **matrilineal** propio hasta los 1960s de importantes castas de Kerala.
māṛvāṛi (o **marwārī**; o **marwadi**): procedente de Marwar, región de Rajasthan. El término se aplica para muchas castas de comerciantes de Rajasthan y Gujarat que han emigrado a otras partes de la India.
masala dosa: típica *crêpe* del sur de la India, muy popular en todo el país.
mātaṅg: véase **māṅg**.
matrilinealidad: herencia y apellido que sigue la línea materna.

māyā: ilusión cósmica; ficción, engaño; mundo de la multiplicidad.
mazhabī (o **majhābī**; o **mazbī**; o **vālmīki**) [2,600M]: casta **ex-intocable** sikh del Punjab. Homologable a la **chūhṛā**, la **vālmīki** o la **bhangī** de otras zonas.
meda: antigua tribu.
mehtar (o **methar**): casta **ex-intocable** de la India central y del este. En Bengala, donde está integrada en la **nāmaśūdra**, se equipara a la **bhangī**.
mēo (o **mēwatī**) [1,800M]: comunidad musulmana de Pakistán, Rajasthan o Madhya Pradesh. La sección hindú se concentra en Haryana y Delhi.
meshuchrarim: "liberto". Indojudío mestizo o descendiente de esclavos conversos.
mīmāṃsā: escuela filosófica brahmánica centrada en la exégesis védica. El más "ortodoxo" de los sistemas hindúes.
mīna (o **mīṇā**; o **meena**; o **miṇā**) [4,710M]: importante tribu de Rajasthan, con presencia también en Madhya Pradesh.
mīrasdar: terrateniente **brāhmaṇ** (normalmente en el sur de la India).
mīrāsī [1,720M]: casta musulmana de músicos y bardos de Pakistán, con una pequeña sección hindú en la India.
misl: ejército propio de una *bhāīchara*.
mīzo (o **luśai**) [0,420M]: principal tribu del estado de Mizoram.
mleccha: "el que balbucea". Antigua designación sánscrita para el extranjero y el bárbaro; aquel que se encuentra completamente al margen del orden social, ritual y lingüístico de los **āryas**.
moḍh-vāṇiyā [0,100M]: casta de comerciantes de Gujarat.
mohālla (o *vaḍa*): barrio poblado por una casta.
mokṣa (o *mukti*): liberación. Meta de la mayoría de tradiciones espirituales índicas.
moreya: casta baja de la antigüedad de la que surgió la dinastía Maurya.
mughal (o **moghal**; o **moghul**): clase de musulmanes **aśrāf** de origen mogol.
mukhī: cabeza de aldea.
mul: pago-de-novia.
muṇḍā (o **muṇḍārī**) [3,900M]: conjunto de tribus de la familia austroasiática con fuerte presencia en Assam, Jharkhand, Odisha o Bengala.
musahar (o **manjhī**) [2,880M]: casta ex-intocable de muy bajo rango, implantada en Bihar y en partes de Uttar Pradesh y Nepal.

nāḍar (o **śāṇar**) [4,290M]: gran casta agrícola de Tamil Nadu y Kerala.
nāga [1,800M]: tribu mayoritaria del estado de Nagaland.
nāga: ser mitológico de apariencia ofídica de las tradiciones índicas. También denota una fraternidad militar de ascetas.
nāgar-brāhmaṇ [0,120M]: casta de comerciantes de Gujarat.
nāī (o **nāi**; o **nāpita**; o **valand**) [11,660M]: gran casta tradicionalmente dedicada a la barbería extendida por Uttar Pradesh, Andhra Pradesh, Madhya Pradesh, Bengala, Bihar o Rajasthan.
naiyor: derecho de toda mujer a visitar periódicamente el hogar natal.
nām: nombre. Para las corrientes devocionales el Nombre Divino que se repite de forma murmurada.
nāmaśūdra [8,060M]: importante casta **ex-intocable** de Bengala, Assam o Tripura. Antiguamente se conocía como **chaṇḍāla**. Muy numerosa también en Bangladesh.
nambiār: subcasta de rango de la macrocasta **nāyar** de Kerala.
naṃpūtiri-brāhmaṇ (o **nambūdiri**; o **nambūtiri**) [0,100M]: casta **brāhmaṇ** de Kerala.
nāstika: heterodoxo, no creyente.
nāśubha: inauspicioso.
nāth (o *nātha-yogin*): yogui o asceta de una importante corriente tántrica y esotérica del hinduismo.
nāu-bauddha (o **ambedkarita**) [7,710M]: denominación de los **ex-intocables** (mayoritariamente **ma-**

hārs y **jāṭavs**) conversos al budismo, principalmente en Maharashtra, aunque también en Karnataka o Uttar Pradesh.

nāyāḍi (o **nayādi**) [0,090M]: "cazador de perros". Casta **ex-intocable** de Gujarat y el sur de la India.

nāyaka (o **nāyak**): título de nobleza y de casta del sur de la India.

nāyaṉmārs: santos shivaístas del país Tamil.

nāyar (o **nāir**) [6,980M]: importante casta terrateniente de Kerala y Tamil Nadu.

newār (o **newah**) [1,700M]: cúmulo de castas budistas de Nepal, bastante concentradas en el valle de Katmandú, pero extendidas también por otras partes del país y Bengala.

nīchi zāt: "casta baja" musulmana. Equivale a **ailaf**.

nikāḥ: matrimonio islámico.

niravasita: "excluido". Antigua designación sánscrita para los grupos considerados allende la sociedad **ārya**.

nirguṇa: sin atributos, incalificable; concepción de lo Absoluto sin propiedades ni cualidades.

nirvāṇa (o *nibbāna*; o *mokṣa*): liberación, emancipación final, disolución. Meta de la mayoría de tradiciones espirituales índicas.

niṣāda: nombre genérico en la antigua literatura védica para las tribus no **āryas**. Progresivamente irá designando a los cazadores.

niyamavāli: disciplina o regla de conducta para una comunidad, casta o grupo religioso.

noniyā (o **nuniyā**; o **luniā**) [3,110M]: casta baja de Uttar Pradesh y Bihar.

OBC: "other backward caste [class]". Genérico administrativo que designa a miles de castas de estatus bajo o medio –pero por encima de la **"línea de polución"**–, muchas de las cuales habían sido consideradas **śūdras**, y que hoy tienen derecho a un tipo de discriminación positiva semejante a la que disfrutan las **Scheduled Castes** y las **Scheduled Tribes**.

okkaliga (o **vokkaliga**; o **gouḍa**) [5,600M]: principal casta agrícola de Karnataka. Muchos se identifican como gouḍas (a partir del apellido más común –aunque no exclusivo– de la casta).

orāon [4,540M]: importante tribu de la India central y del este, muy numerosa en Jharkhand, Bengala, Chhattisgarh o Assam.

osavāl (u **ōswāl**) [0,850M]: casta de comerciantes (principalmente jain, pero con secciones hindúes) de Maharashtra, Rajasthan, Madhya Pradesh o Gujarat.

outcaste: "descastado". Designación colonial para los "**intocables**".

pahlava: persa.

pakkā: alimentos "perfectos"; es decir, cocinados con aceite o *ghī* y que, por tanto, pueden ser compartidos por el mayor número de gente.

pal: unidad geocultural de la tribu **mīna**.

pallar (o **pallaṉ**) [3,260M]: casta **ex-intocable** de Tamil Nadu.

pāṇaṉ [0,240]: casta **ex-intocable** de Tamil Nadu y Kerala.

pañch: cinco.

pañchama: "quinta [clase]". Antigua designación ocasional para los **avarṇas** o **intocables**.

pañchāyāt: concilio de aldea (*grām*) o concilio de casta (*jāti*).

pañchāyāti-rāj: gobierno municipal democrático.

paṇḍā: genealogista **brāhmaṇ**.

paṇḍit (o *paṇḍita*): sabio, letrado, erudito o experto en los saberes tradicionales.

pāṇḍusopākas: antigua casta de fabricantes de instrumentos musicales.

paṅgat: hilera en la que se sientan los **comensales**.

pāpa: demérito, pecado, mal *karma*.

paradeśī: "extranjero". Comunidad indojudía de origen sefardí.

paṟai: tambor tradicional de los **paṟaiyaṉs**.

paṟaiyaṉ (o **parayan**; o **paria**): véase **ādi-drāviḍa**.

parāmartha: plano de la verdad superior.

parangī: tamilización de *feringhī* (*français*). Denota en el sur de la India a todo "guiri" o extranjero occidental.

parangī-mārkkam: "vía de los guiris". Forma tamil despectiva para el cristianismo.

paravar (o **paravan**) [0,130M]: casta **ex-intocable** de Kerala y Tamil Nadu.

pardā (o *purdah*): norma de restricción de movimientos de las mujeres en los espacios públicos y zonas de la casa. Comporta el uso del velo y una conducta basada en la modestia y el recatamiento.

pariṣad: (en la antigüedad) asamblea de notables del pueblo.

pāsi (o **pāsī**) [7,530M]: casta **ex-intocable** del norte de la India, muy numerosa en Uttar Pradesh.

pātak: período de luto tras el fallecimiento de un familiar. Suele durar 10 días.

paṭel (o *paṭil*): cabeza o jefe del pueblo. Título honorífico.

paṭel: véase **paṭṭīdār**.

paṭhān: clase de musulmanes **aśrāf** de origen centroasiático. Destacan clanes como el yūsufzāī, el lodī, el ghurī o el kakār.

pativrata-dharma: véase *strī-dharma*.

patrifocalidad: permanencia de los varones de la familia en el hogar y la propiedad familiar. Conlleva el tránsito de la esposa al hogar del esposo.

patrilinealidad: herencia y apellido a través de la línea masculina.

paṭṭīdār (o **kuṇbī**; o **kaṇbī**; o **paṭel**) [16,110M]: principal casta agrícola y terrateniente de Gujarat y zonas de Maharashtra, presente también en Madhya Pradesh. Está formada principalmente por las subcastas levā-paṭel y kaḍvā-paṭel. Antiguamente se les conocía como **kaṇbīs** y, más tarde, **kaṇbī-paṭṭīdārs**. Hoy, muchos se identifican como **paṭels** (a partir del apellido más común de la casta).

paṭvārī: contable, funcionario.

periyar: (en tamil) "viejo gran hombre".

peśakār [0,002M]: pequeña casta musulmana de Bengala y Bangladesh.

Peśvā: dinastía de **chitpāvan-brāhmaṇs** que dirigió el Imperio marāṭha en el siglo XVIII y la primera mitad del XIX.

piñjāra [3,480M]: comunidad –principalmente musulmana– por tradición dedicada al tejido de algodón, muy numerosa en Uttar Pradesh, Bihar, Madhya Pradesh, Karnataka, Gujarat o Maharashtra. Presente también en Pakistán.

pīr: maestro espiritual sufí.

pitṛi: antepasado, ancestro. Símbolo del clan familiar.

PMK: Paattali Makkal Katchi. Partido político tamil estrechamente vinculado a la casta **vāṉiyar**.

poleya (o **pulaiyaṉ**) [1,860M]: importante casta **ex-intocable** de Kerala y Tamil Nadu. Dos terceras partes son hindúes; un tercio, cristiana.

prabhu: escriba, letrado. Equivale a **kāyastha**.

pradhan: cabeza del pueblo.

prasāda: gracia divina. En el culto, la ofrenda bendecida por la divinidad.

pratiloma: "a contrapelo". Matrimonio hipogámico (la mujer desposa a un varón de casta inferior), altamente denostado por todas las castas.

pratiṣṭhā: prestigio, reputación, apoyo.

pūjā: culto, adoración a una divinidad.

pūjārī: sacerdote de templo que dirige el culto (*pūjā*).

pulaiyaṉ (o **cheṟumar**): designación tamil de la casta **poleya**.

pulkasa (o **pukkasa**): casta muy baja referida en los textos antiguos.

puṇḍara: antigua tribu del valle del Ganges que entró a formar parte de la sociedad **ārya**.

purāṇa: "crónica antigua". Texto que narra la historia, los mitos o el origen de un lugar, un clan, una casta, una divinidad o un reino.

purohita: sacerdote que dirige los ritos domésticos de una familia. En la antigüedad, el capellán **brāhmaṇ** del rey.
puruṣa: persona, hombre, macho. Espíritu.
Puruṣa (o **Prajāpati**): "Hombre primigenio". Antigua representación mitográfica del orden cósmico y social bajo la forma de un Hombre Cósmico del que dimanan los cuatro *varṇas*.
Puruṣa-sūkta: "Himno del Puruṣa". Famoso himno del *Ṛig-veda* que relata la creación del universo y de las clases socioespirituales (*varṇas*) según lo concibió la antigua ideología brahmánica.
Puṣṭimārga: corriente devocional krishnaísta muy importante en Rajasthan.

qavvāl: casta musulmana de músicos. También un género lírico y musical.
qaum: nación.

rāḍhī-brāhmaṇ [1,610M]: casta de **brāhmaṇs** de Bengala, extendida también en Bihar, Uttar Pradesh o Bangladesh.
raghubanśī: véase **rājbanśī**.
raiyat (o *ryot*): cultivador, propietario de tierras.
rāj-gōṇḍ: élite aristocrática de la tribu **gōṇḍ** de la India central.
rāj: albañiles del Punjab, amalgamados en la casta sikh **rāmgaṛhiā**.
rāja (o *mahārāja*): rey, monarca.
rajas (o *rajo-guṇa*): cualidad o componente (*guṇa*) enérgico y activo de lo real.
rājasūya: ritual védico de entronización del rey.
rājbanśī (o **raghubanśī**) [6,610M]: importante casta baja de Bengala, Bihar y Bangladesh.
rājkumār [0,100M]: clan **rājput** del valle del Ganges.
rājput-hindū (o **ṭhākur**; o **thakur**) [43,650M]: "hijo de rey". Macrocasta del norte de la India; muy extendida en Uttar Pradesh, Madhya Pradesh, Rajasthan, Bihar, Uttarakhand, Gujarat, Himachal Pradesh o Haryana. Virtualmente equivalente a **kṣatriya**, aunque engloba hoy también a comunidades más humildes que se jactan de origen principesco. Sus principales linajes son el chauhān, el bais, el rāṭhaur, el ponvār, el bhāṭī, el sikh o el kachvāhā.
rājput-musalmān [18,220M]: cúmulo de castas rājputs musulmanas de Pakistán e India.
rākṣas: ogro, ser titánico y malvado de la mitología hindú.
Rāmānanda: grupo devocional del norte de la India centrado en el dios Rāma.
rāmgaṛhiā (o **ramgaḍia**; o **tarkhāṇ**) [1,100M]: casta sikh originada por fusión de pequeñas castas de artesanos del Punjab.
rāmpatra: "copa de Rāma". Taza que se utiliza para servir a los **intocables** en *teashops*.
rāval (o **rāval jogī**) [0,490M]: casta de Gujarat.
rathakāra: nombre que recibe en la antigua literatura india la casta de los constructores de carros y carpinteros.
rāvidāsī (o **rāmdasia**) [0,730M]: casta **ex-intocable** (sikh e hindú) de seguidores del santo Ravidās. Se concentran principalmente en Punjab. En todo el norte de la India es más común la denominación **chamār**, si bien algunos proceden de otras castas, como la **julāhā**.
reḍḍi (o **reḍḍiār**; o **reddy**): véase **kāpu**.
ṛiṣi: "vidente". Remite a los bardos y poetas-sabios que escucharon y transmitieron el *Veda*. Muchas castas **brāhmaṇs** trazan el origen de su linaje (*gotra*) a partir de alguno de los *ṛiṣis* clásicos.
ṛita: el flujo ordenado del cosmos. La congruencia con la propia naturaleza.
RJD: Rashtriya Janata Dal. Partido político fundado en Bihar por Lalu Prasad Yadav.
romā (o **řom**; o **gitano**; o **sinti**): etnia, pueblo o cultura genéricamente conocida en Europa como "gitana".
RSS: Rashtriya Swayamsevak Sangh. Organización paramilitar nacionalista hindú. Constituye el corazón del **BJP**.

śabara (o **śavara**) [0,610M]: tribu de Odisha.
sabhā: "asociación", "organización". Remite en la actualidad a las asociaciones de castas.
sad-dharma: "verdadero *dharma*".
sādhāraṇa-dharma: moral general o universal (veracidad, no-violencia, autocontrol, etcétera).
sādhu: renunciante, hombre santo, asceta, monje.
sagotra: "del mismo *gotra* o linaje". Alguien que, por su proximidad de parentesco, no es posible desposar.
saguṇa: "con cualidades". Concepción de lo Absoluto con atributos y cualidades. Suele representarse en un icono o imagen.
sahaja: espontáneo, natural.
Sahajīya: movimiento tántrico de Assam y Bengala popularizado en el siglo XVII.
sahukar: usurero, prestamista.
Śaiva-siddhānta: importante corriente shivaísta, hegemónica en el sur de la India.
śāka: escita, pueblo centroasiático.
śākhā: "rama" de conocimiento del *Veda* y los textos sagrados, normalmente patrimonio de una casta **brāhmaṇ**.
śakti: energía, fuerza femenina.
śākya: antiguo clan del norte de la India en el que nació el Buddha.
salvār kamīz (o *ṣalvar qamīz*; o *salwar kameez*): prenda de vestir femenina compuesta por un pantalón y una camisa larga. Aunque originaria del norte de la India y Pakistán ya es muy común en todo el Sur de Asia.
samāj: "asociación", "organización". Puede ser un grupo religioso, una casta, una institución pública.
sambandhan: pareja masculina de una mujer de un *taravād* de Kerala.
saṃdhyā: "unión"; en particular la de la noche y el día (amanecer y atardecer), cuando se realiza un ritual brahmánico del mismo nombre.
saṃgha: comunidad u orden religiosa, secta.
saṃnyāsin: renunciante; persona que ha abandonado la sociedad de castas y los rituales y cultiva la senda que conduce a la liberación.
saṃpradāya: grupo o movimiento religioso. Linaje espiritual.
saṃsāra: rueda de las transmigraciones, existencia mundana.
saṃskāra: sacramento, rito de paso (matrimonio, funeral, iniciación, etcétera).
saṃskṛita: sánscrito. Lengua "refinada", "perfectamente construida"; la lengua sagrada y clásica de la India por antonomasia.
śāṇār: véase **nāḍar**.
sanātana-dharma: verdad eterna, *dharma* inmutable.
Śaṅkarāchārya: cabeza de la más importante orden de renunciantes de la India.
śānkhāri [0,090M]: casta de Bengala.
sānsī (o **sānsiyā**) [0,300M]: casta de Punjab y Rajasthan.
sant: místico, maestro espiritual que suele enfatizar un Absoluto sin atributos.
santāl [8,960M]: gran tribu de la India central y del este, muy numerosa en Jharkhand, Bengala, Assam, Odisha o Bihar. Presente también en Bangladesh y Nepal.
sapiṇḍa: pariente sanguíneo próximo, alguien que comparte los mismos antepasados.
sāptapadī: "siete pasos". Rito central del sacramento del matrimonio hindú, en el que los novios circunvalan un fuego.
sarasvatī-brāhmaṇ (o **sāraswat-brāhmaṇ**) [0,670M]: casta de **brāhmaṇs** procedentes de Uttar Pradesh, Maharashtra o Bihar.
sardār (o *sirdār*): "señor". Título de nobleza y respeto en la India o en Irán.
sari: prenda de vestir femenina típica de la India.
śarīf (singular de **aśrāf**): "noble". Perteneciente a la élite musulmana del Sur de Asia.

sarna: religión propia de los **ādivāsis** del tronco **santāl-muṇḍā** de Jharkhand.

sarpañch: presidente de la asamblea electa del pueblo (*grām-pañchāyāt*).

Śāstras (o *Dharma-śāstras*): "Tratados", "obras". Remite a los textos clásicos y demás material relacionado con las leyes y costumbres de la tradición brahmánica.

śāstrī: experto en los *Śāstras*. Erudito –normalmente **brāhmaṇ**– en los saberes tradicionales (en especial, en la ley clásica y las costumbres locales).

Śātavāhana: dinastía de la India central que emergió en los primeros siglos de nuestra era.

Satnāmī: comunidad religiosa compuesta por castas bajas de la India central.

sat-śūdra: "śūdra limpio", **śūdra** de estatus.

satī: "mujer verdadera" o virtuosa. Por extensión, designa la vieja práctica de autoinmolación de la viuda en la pira funeraria del marido fallecido.

satsaṅga: congregación comunitaria de fieles.

sattva (o *sattvo-guṇa*): cualidad o componente (*guṇa*) luminoso y espiritual de lo real.

śauca (o *śuci*): puro, pureza.

savarṇa: "de la misma clase"; es decir, del mismo *varṇa* o estatus. Designa a los hindúes de casta alta.

sayyid (o **syyed**; o **saiyed**; o **sayad**): clase de musulmanes **aśrāf** del más alto abolengo que se jacta de origen árabe y de descender del Profeta.

Scheduled Caste (SC): "casta catalogada" o "clasificada" administrativamente. Designación oficial del conjunto de castas **ex-intocables** o **dalits** susceptibles de recibir ayuda.

Scheduled Tribe (ST): "tribu catalogada" o "clasificada" administrativamente. Designación oficial del conjunto de tribus consideradas **ādivāsis** y susceptibles de recibir ayuda.

segunthar (o **kaikolar**) [2,290M]: casta del sur de la India, principalmente de Tamil Nadu.

sena: ejército de devotos; organización paramilitar.

seṭh: "jefe". Título para designar a castas comerciantes de la India occidental.

sevā: servicio desinteresado, trabajo altruista.

SGPC: Shiromani Gurdwara Prabandhak Committee. Institución dentro del sikhismo que vela por la ortopraxis de los sikhs.

Shāfi'ī: escuela de derecho islámico.

sharī'a: ley islámica, código de conducta y de culto para los musulmanes.

shaykh (o **shaikh**; o **sheikh**; o **śēkh**): clase de musulmanes **aśrāf** de alto abolengo que se jacta de origen árabe. Destacan los ansārīs, siddiqīs, alvīs o fārūkīs.

sīddi (o **siddhi**) [0,050M]: comunidad de afro-indios, originada principalmente en esclavos bantúes traídos por sultanes y por los portugueses. Se concentran en Gujarat y en Karnataka.

sīdhā: alimentos crudos y no polucionantes.

sīr varisai: presentes otorgados por el tío materno de la esposa a la pareja.

śiṣṭa: sabio, **brāhmaṇ** culto y de conducta ejemplar.

Śiva (o **Maheśvara**; o **Mahādeo**): uno de los principales dioses del hinduismo.

smārtha-brāhmaṇ (o **aiyer**) [0,300M]: casta –shivaísta– **brāhmaṇ** de Tamil Nadu.

smṛiti: lo "recordado". Remite al material escritural de autoridad que se fundamenta en lo "revelado" (el *Veda*). Incluye los *Dharma-sūtras*, los *Dharma-śāstras*, el *Mahābhārata*, el *Rāmāyaṇa*, los *Purāṇas*, entre otros.

soḍhī: importante clan o subcasta **khatrī**, de la que procedían varios Gurūs sikhs.

sonār (o **svarṇakāra**) [7,420M]: "joyero". Título de castas tradicionalmente dedicadas a la joyería y la orfebrería. Numerosas en Andhra Pradesh, Maharashtra, Uttar Pradesh, Bihar o Madhya Pradesh.

SP: Samajwadi Party. Partido político de talante socialista liderado por la dinastía de Mulayam Singh Yadav. Muy fuerte en el valle del Ganges.

śrāddha: sacramento funerario seguido por una mayoría de hindúes.

śramaṇa: "esforzado". Monje, asceta, renunciante, yogui. Designación aplicada en particular a jainistas y budistas.

śreṇi: gremio, cofradía.

śrīmālī [0,470M]: casta comerciante (mitad hindú y mitad jain) de Gujarat, Maharashtra o Rajasthan.

Śrīvaiṣṇava: una de las corrientes vishnuistas más importantes de toda la India, fundada hacia el siglo X.

śrīvaiṣṇava-brāhmaṇ (o **iyengar**) [0,650M]: casta –vishnuista– **brāhmaṇ** de Tamil Nadu y el sur de la India.

śrotriya (o *śrotriya-brāhmaṇ*): **brāhmaṇ** "versado en la *śruti*", de gran prestigio, ya que no vive del sacerdocio, sino del conocimiento y la erudición. Equivale a *paṇḍit*.

śruti: lo "revelado". Remite al corpus escritural védico de la máxima autoridad y prestigio. Suele incluir las colecciones de himnos (*Saṃhitās*), los textos litúrgicos (*Brāhmaṇas*), los tratados esotéricos (*Āraṇyakas*) y las enseñanzas filosóficas (*Upaniṣads*) del *Veda*.

strī-dhana: "regalo o propiedad de la mujer". Designa los bienes (principalmente joyas) que antiguamente los padres de la novia –y del novio– le donaban el día de su matrimonio.

strī-dharma: conducta de la mujer, deber de toda esposa hindú. Patrón de comportamiento basado en la fidelidad, la pureza y la modestia.

stūpa: monumento relicario, típico del budismo y del jainismo.

śuddhi: puro, purificación. Denota también un moderno ritual de purificación.

śūdra: heterogénea categoría social (*varṇa*) que agruparía aproximadamente a la mitad de la población de la India, justo por debajo de las castas altas (antiguamente **āryas**, *dvijas* o *savarṇas*) y por encima de la **"línea de polución"**.

sumaṅgalī: "auspiciosa". Cualidad de la mujer casada.

Śuṅga: dinastía (-185/-73) inaugurada por el **brāhmaṇ** Puśyamitra Śuṅga. Sucedió al Imperio maurya en el valle del Ganges.

sūta: antigua casta de bardos y aurigas que recitaban las historias de los *Purāṇas*.

sūtaka: período de impureza de la madre tras dar a luz.

sūtra: aforismo. Cadena de aforismos. Sermón o discurso del Jina o del Buddha.

sva-dharma: conducta propia. El *dharma* adecuado para cada individuo.

śvapāka: "comedor de perros". Designación sánscrita común para las castas impuras que luego serían llamadas **intocables**. Sinónimo de **chaṇḍāla**.

svarāj (o *svārājya*): autogobierno, independencia.

tamas (o *tamo-guṇa*): cualidad o componente (*guṇa*) denso y opaco de lo real.

taravād: finca o propiedad de una **matrilínea** de Kerala.

tāṛī: savia de palmera con la que se fabrica el licor del *arrak*.

tarkhāṇ [3,420M]: casta musulmana de carpinteros de Pakistán y la India (donde son hindúes). La sección sikh está hoy disociada y amalgamada en la casta **rāmgaṛhīā**.

tarpaṇa: sacramento de ofrenda de agua a los manes.

telī-hindū (o **tēlī**; o **tilī**) [16,9M]: casta de los aceiteros, extendida por Uttar Pradesh, Bihar, Chhattisgarh, Bengala, Madhya Pradesh, Maharashtra, Odisha o Haryana. La sección hindú también está presente en Pakistán o Nepal.

telī-musalmān [4,120M]: casta musulmana de aceiteros, muy numerosa en Pakistán o en los estados indios de Uttar Pradesh y Gujarat.

Telugu Desam (TD): partido nacionalista telegu, muy fuerte en Andhra Pradesh.

ṭhākur: título de propietario y de honor en el norte de la India, aplicado tanto a hacendados, **rājputs** o cabezas de aldea.

theyyam: danza extática típica del norte de Kerala.

thug: banda secreta de criminales, temida –y en gran parte fabricada– por las autoridades coloniales.

ti-nasyon: (en isla Mauricio) apelación a los de "casta baja".

tīrthaṅkara: guía iluminado que ha proclamado la senda jainista de purificación y liberación.

tīya: véase **īḻavar**.

toda [0,002M]: pequeña tribu de las montañas Nilgiri de Tamil Nadu.
tōṭṭiyaṉ (o **tuṭiyaṉ**): subcasta de los **paṟaiyaṉ** especializada en rituales mortuorios.
trehaṇ: clan o subcasta **khatrī**, de la que procedían varios Gurūs sikhs.
tripurī (o **tipera**) [0,620M]: principal tribu del estado de Tripura.
turī-barōṭ (o **barōṭ**) [0,400M]: casta baja de músicos y genealogistas de Jharkhand, Bengala o Gujarat, equiparable a la **bhaṭṭ**.

ukkaṭṭha: superior.
'ulamā': clérigo musulmán.
ūnchi zāt: "casta alta" musulmana. Equivale a **aśrāf**.
upanayama: sacramento de iniciación a la religiosidad védica que confiere el estatus de *dvija* o "dos-veces-nacido".
Upaniṣad(s): enseñanzas metafísicas, gnósticas y místicas del *Veda*.
upāya-kauśalya: "pericia en el método". Doctrina típica del budismo Mahāyāna que recomienda adaptar la enseñanza a cada contexto.
updeśak: misionero o predicador itinerante del **Arya Samaj**.
ūr: ciudad, pueblo.

vaḍa (o *vaḍo*; o *vas*; o *mohālla*): barrio poblado por una casta.
vädda (o **veddah**) [0,001]: minúscula tribu de Sri Lanka.
vaidya: véase **baidya**.
vaish: apelación al grupo mayoritario y más poderoso de isla Mauricio, originado en castas como la **ahīr**, la **koerī** o la **kurmī**.
vaiśya: categoría social (*varṇa*) que agrupa a las castas tradicionalmente enfocadas al comercio. Hoy, virtualmente sustituido por genéricos como **baniā**, **mahājan** o **cheṭṭiār**.
valand: casta de barberos de Gujarat. Equivale a la **nāi**.
valaṅkai: "mano derecha". Una de las secciones en las que se dividen algunas castas de Tamil Nadu. Se opone a *iṭaṅkai*.
vaḷḷuvar (o **vaḷuvaṉ**) [0,130M]: casta **ex-intocable** hindú de Tamil Nadu y Kerala.
vālmīki (o **bālmīkī**; o **mazhabī**): casta **ex-intocable** hindú y sikh del norte de la India, también conocida como **bhangī** o **mazhabī**.
vana (o *āraṇya*): bosque, selva.
vanavāsin (o *vanaputra*): morador de la selva. Designación clásica para el **ādivāsi**.
vāṇiyā: forma gujarati de **baniā**.
vāṇiyar (o **valaiyar**; o **vaṉiyar**) [11,670M]: gran casta agrícola de Tamil Nadu, presente también en Karnataka, Pondicherry o Andhra Pradesh.
vankar (o **dheḍ**; o **mahyāvanśī**) [1,840M]: casta **ex-intocable** de Gujarat.
vaṇṇāṉ (o **vannān**; o **vaṇṇan**) [0,950M]: casta de lavanderos de Tamil Nadu.
Vārakarī-panth: movimiento devocional krishnaísta muy fuerte en Maharashtra.
vari: presentes de la familia del novio a la novia.
varṇa: "color". Clase socioespiritual. La ideología brahmánica concibe una sociedad jerárquica compuesta por cuatro grandes clases o *varṇas* (**brāhmaṇs**, **kṣatriyas**, **vaiśyas** y **śūdras**).
varṇa-āśrama-dharma: fórmula que recoge lo que sería la ortodoxia brahmánica o hindú: el código de conducta ritual (*dharma*) de acuerdo a la clase socioespiritual (*varṇa*) y al nivel de progresión espiritual (*āśrama*).
varṇa-saṃsarga (o *varṇa-saṃkara*): mezcla de clases. El cruce –denostado y considerado antinatural– de miembros de distintas clases (*varṇas*). Explicación brahmánica para la proliferación de castas o *jātis*.
Varuṇa: divinidad de la religiosidad védica.

Veda: corpus escritural y litúrgico de gran antigüedad y de la máxima autoridad, transmitido en sánscrito por las familias de **brāhmaṇs**. Equivale a *śruti*, lo "revelado". La antigua religiosidad centrada en el *Veda* puede llamarse **vedismo**.

vedānta: escuela filosófica brahmánica centrada en la exégesis de las *Upaniṣads*.

vedismo: antigua tradición religiosa (del II y I milenio antes de nuestra era) de la sociedad **ārya** del norte de la India, centrada en las enseñanzas del *Veda*.

vēlaṉ [0,090M]: casta de Kerala.

vēḷḷāḷa [2,720M]: gran casta agrícola de Tamil Nadu. Presente también en Kerala o en Sri Lanka. El nombre proviene de *vēḷir* que significa "terrateniente-agricultor".

veṇa: antigua casta de los cesteros. También designaba a una casta de músicos.

vēṭaṉ: casta del sur de la India.

veṭṭiyar: subcasta de los **paṟaiyaṉ** de Tamil Nadu que se encarga de los rituales mortuorios.

vēṭṭuvaṉ [0,180M]: casta de Kerala.

vica: "clan" o grupo endogámico gitano de Europa del Este.

vidhi: mandato védico, obligación, norma.

vijayvargīya: casta comerciante de la India occidental.

virāj (o *virāṭ*): consciencia activa, energía, *śakti*.

Vīraśaiva (o **Liṅgāyat**): corriente devocional shivaísta de Karnataka. Coincide con la casta **liṅgāyat**.

vīśa: "vigésimo". Sección de algunas castas que no permite las segundas nupcias a las viudas.

Viṣṇu: uno de los dioses más importantes de la India.

viśvakarma [8,080M]: gran casta del sur de la India tradicionalmente dedicada a la herrería, equiparable a la **lohār** del norte. Gran presencia en Tamil Nadu, Andhra Pradesh, Karnataka y Kerala.

vivāha: sacramento del matrimonio, boda.

vrātya: antigua orden espiritual **ārya** que se situaba en los lindes de la sociedad védica y era mirada con desdén por los **brāhmaṇs**.

vrātya-kṣatriya: "kṣatriya caído". Forma de incluir en el orden dhármico a dinastías extranjeras al dotarles de una clase (**kṣatriya**) y genealogía que los ligaba a los **vrātyas**.

vyāvahāra: plano de la realidad convencional y empírica.

vyśya: de "vaiśya". Casta mercantil de Andhra Pradesh.

warga: (en la isla de Bali) denota a un "clan".

warna: (en la isla de Bali) denota a las cuatro clases (*varṇas*) que dividen la sociedad (brahmanas, ksatriyas, wesyas y südras).

yadav: véase **ahīr-yadav**.

yakoba: "jacobita". La más importante sección de los **cristiano-sirios** de Kerala.

yakṣa: espíritu o espectro en las mitologías índicas. Puede ser auspicioso o malévolo.

yajamāna: en la antigüedad, el patrocinador, sacrificante y beneficiario del sacrificio védico.

yajña: sacrificio, ritual sacrificial.

yajñopavīta: cordón sagrado que se ciñen al torso los iniciados en la religión védica o brahmánica. Símbolo de un *dvija* o "dos-veces-nacido".

yavana: "jónico". Apelativo común en la antigüedad para los griegos. Luego se utilizó también para los musulmanes procedentes de Asia Central o los europeos.

yuga: era cósmica, época.

yuga-dharma: la conducta apropiada para una época histórica o *yuga* determinado.

zamīndār: terrateniente, hacendado.

zāt: casta. Forma urdu y panyabí de *jāti*.

zott: antigua voz persa –derivada de **jāṭ**– para designar a un "indio".

NOTAS

Introducción

1. Manor 2010: xxi.
2. Dumont 1979: 275.
3. Weber 1920: II, 38.
4. Citado en Das y Uberoi 1971: 66.
5. Myrdal 1971: 135.
6. Hegel 1840: 323.
7. Citado en Rudolph y Rudolph 1969: 22.
8. Maine 1917: 11.
9. Weber 1920: II, 116.
10. Acemoglu y Robinson 2012: 118.
11. Inden 2000: 1.
12. Citado en Jaffrelot 1998: 19.
13. Vivekananda 1907: III, 245-246.
14. Deliège 1993: 113.
15. Jaffrelot 1998: 307.
16. Daniélou 1976: 40.
17. Daniélou 1976: 51.
18. Singh 2003: 14-15.
19. Schuon 1982: 7.
20. Kane 1941: II-1, 22.
21. Ganguly 2005: 11.
22. Geertz 2000: 84.
23. Cohn 1988: 143.
24. Citados en Dirks 1991: 55.
25. Pániker 2001: 17.
26. Citados en Templeman 1996: 93.
27. Pániker 2013: 61-83.
28. Gupta 2004: 121.
29. Parasher-Sen 2004: 1.
30. Ghurye 1969: 1.
31. Shah 2003: 4-5.
32. *DRAE* 2001: I, 1138.

I. El principio de la diferencia

1. Singh 1995: xi.
2. Singh 2002a: xvii.

1. Costumbres matrimoniales

1. Pujol 2005: 349.
2. Citado en Kolenda 1978: 10.
3. *Yājñavalkya-smṛiti* 1.90.
4. Ambedkar [2002]: 245.
5. Singh 2002b: I, xxxii.
6. Luce 2007: 142.
7. Luce 2007: 298.
8. Mayer 1960: 155.
9. Mandelbaum 1970: 239.
10. *Viṣṇu-smṛiti* 26.5.
11. Gaborieau 2007: 184-185.
12. Altekar 1956: 76.
13. Kane 1941: II-1, 52-53.
14. Citada en García-Arroyo 2009: 107-108.
15. Karanth 1996: 101.
16. Shah 1991: 300.
17. Sheth 1999: 161.
18. Varma 2005: 149.
19. Rathnaiah 1991: 34.
20. Ambedkar [2002]: 246.
21. Citado en Klass 1993: 96.
22. Karanth 2004: 153.
23. Kane 1941: II-1, 427.
24. Dubois 1816: 165.
25. Kakar y Kakar 2007: 101.
26. *Manu-smṛiti* 8.369-372.
27. Chakravarti: 51.
28. Citado en Liddle y Joshi 1986: 60.
29. *Viṣṇu-smṛiti* 24.41.
30. *Qur'ān* 24.31.
31. *Manu-smṛiti* 9.2.
32. Seymour 1999: 37.
33. Srinivas 1976: 153.
34. Chowdhry 2004: 19.
35. Dube 2001: 238.
36. *Manu-smṛiti* 3.32.
37. *Kāma-sūtra* 5.29.
38. Rathnaiah 1991: 43.
39. Kakar y Kakar 2007: 61.
40. Bumiller 1990: 25-26.
41. Jaiswal 2014: 12.
42. Fuller 1992: 14.
43. Gupta 1999: 80.
44. Kane 1941: II-1, 429-431.
45. Sorrentino-Holden 2002: 438-440.

2. La familia patriarcal

1. Singer 1968: 444.
2. Uberoi 2004: 280.
3. Fawcett 1915: 227.
4. Uberoi 2004: 282.
5. Kakar y Kakar 2007: 9.
6. Natrajan 2012: 162.
7. Mayer 1960: 179.
8. Dube 2001: 93.
9. García-Arroyo 2009: 154.
10. van Woerkens 2010: 13-20.
11. Pandey 1969: 49.
12. *Manu-smṛiti* 9.34.
13. Dube 2001: 140.
14. Kakar y Kakar 2007: 12-13.
15. Oldenburg 2002: 37.
16. Jaiswal 1998: 38.
17. Bumiller 1990: 91.
18. Citada en Uberoi 2004: 293.
19. Citada en Corbridge, Harriss y Jeffrey 2013: 273-275.
20. Dube 2001: 227.
21. Seymour 1999: 83.
22. Seymour 1999: 77.
23. Giridharadas 2011: 211.
24. Kakar y Kakar 2007: 15.
25. Perez 2004: 99.
26. Altekar 1956: 175.
27. Chakravarti 2006: 31.
28. Oldenburg 2002: 160-161.
29. Bumiller 1990: 79.
30. Blunt 1931: 77-79.
31. Menon 2011: 130.
32. Kakar y Kakar 2007: 60.
33. García-Arroyo 2009: 155.
34. Citado en Dube 2001: 90.
35. Kakar y Kakar 2007: 48.
36. Dube 2001: 90.
37. Coomaraswamy 1957: 107.
38. Chakravarti 2006: 242.
39. *Manu-smṛiti* 5.148.
40. *Manu-smṛiti* 3.55-62.
41. *Manu-smṛiti* 5.152.
42. *Gautama-dharma-sūtra* 18.20.
43. Varma 2005: 128.
44. Citado en Chowdhry 2011: 226.
45. Altekar 1956: 71.
46. Trautmann 1995: 288.
47. *Manu-smṛiti* 9.194-195.
48. Srinivas 1996a: 162.
49. Clémentin-Ojha 2008: 87.
50. Oldeburg 2002: 91.
51. Oldenburg 2002: 15.
52. Citado en Oldenburg 2002: 118.
53. Oldenburg 2002: 15.
54. Spivak 1988: 93.
55. Oldenburg 2002: 160.
56. Oldenburg 2002: 126.
57. Citada en Oldenburg 2002: 167.
58. Visvanathan 2011: 40.
59. García-Arroyo 2009: 142.
60. Kishwar 2011: 79.
61. *Manu-smṛiti* 3.51.
62. Citada en Basu 2005: x.
63. Unnithan-Kumar 1997: 27.
64. Sharma 1994: 25.
65. Karlekar 2004: 313.
66. Srinivas 1996a: 159.
67. Citado en Raheja 1988: 119.
68. Citado en Basu 2005: xiv.
69. Sharma 1994: 21.
70. Citada en Basu 2005: xviii.
71. Kishwar 1988: 269.
72. Jakobsh 2003: 197.
73. Agarwal 1996: 127.
74. Arunima 2003: 193.
75. Saradamoni 1999: 82-115.
76. Kodoth 2005: 208-223.
77. Kodoth 2011: 104-105.
78. Oldenburg 2011: 165.
79. Kishwar 2011: 88.
80. Seymour 1999: 98.
81. Aguado 2004: 105.
82. Kakar y Kakar 2007: 63.
83. Kakar y Kakar 2007: 63.
84. Bumiller 1990: 31.
85. Jaiswal 2014: 64.
86. Jaiswal 2014: 136.
87. Sundararajan 1989: 123.
88. Perez 2004: 96.
89. Menski 1991: 50.
90. Seymour 1999: 145.
91. Seymour 1999: 174.
92. Citado en Jaiswal 2014: 35.
93. Chakrabarty y Chakrabarty 2007: 61.
94. Oldenburg 2002: 62.
95. Oldenburg 2002: 172.
96. Bumiller 1990: 115.
97. Drèze y Sen 2013: 199.
98. Aravamudan 2007: 122.
99. Citada en Aravamudan 2007: 113.
100. Chowdhry 2011: 220.
101. Maillard 2014: 405.
102. Seymour 1999: 281.

103. Mines y Lamb 2010: 77.
104. Vanita 2005: 227-228.
105. Dickey 2010: 196.
106. Citado en García-Arroyo 2009: 158-159.
107. Oldenburg 2002: 222.

3. La ocupación tradicional

1. Leach 1960: 5.
2. French 2011: 361.
3. Rémignon 1995: 331.
4. Pániker 2001: 435.
5. Dube 1993: 280.
6. Citado en Cohn 1988: 150.
7. Kolenda 1978: 51.
8. Jaffrelot 2005: 23.
9. Bailey 1957: 96.
10. Ghurye 1969: 98.
11. Rathnaiah 1991: 64.
12. Srinivas 1996a: 41.
13. Drèze y Sen 2013: 222-223.

4. Rasgos culturales

1. Gupta 2000: 83.
2. Citado en Chatterjee 1993: 220.
3. Fuller 1992: 13.
4. Citado en Shapiro y Schiffman 1981: 153.
5. French 2011: 363.
6. Singh 2002a: 115.
7. Paz 1995: 70.
8. Mayer 1960: 101-102.
9. Ghurye 1969: 6.
10. Mayer 1960: 33.
11. Bulard 2008: 293.
12. Thekaekara 1999: 66.
13. Gupta 2000: 73.
14. Gupta 2009: 168-169.
15. Perez 2004: 75.
16. Maiti 2007: 159.
17. Narayan 2004: 204.
18. Mandelbaum 1968: 39.
19. Babb 1996: 137-173.
20. Babb 1999: 246.
21. Pániker 2001: 302.
22. Citado en Sabharwal 2006: 18.
23. Citado en Varma 2005: 146.
24. Natrajan 2012: 1-2.
25. Fuller 1996: 27.
26. Fuller 1996: 22.
27. Cort 2004: 100-102.
28. Citado en Enterría 2006: 328.
29. Citado en Gupta 2000: 83.
30. Béteille 2006: 136.
31. Kosambi 1965: 51.
32. Tagore 1917: 89.
33. Pantham 2004: 439.
34. Harris 1987: 252.
35. Citada en French 2011: 362.
36. Kane 1941: II-1, 52.
37. Béteille 1992: 51.
38. Sabharwal 2006: 162.
39. Fuller 1976: 43.
40. Mayaram 2008: 110.
41. Nandy 2001: 63.
42. Jain 2011: 55-56.
43. French 2011: 359-360.
44. Béteille 1970: 82.
45. Babb 2004a: 75.
46. Srinivas 1977: 119.
47. Mayer 1960: 152.
48. Karve 1961: 28-29.
49. Citado en Deliège 2004: 115.
50. Ketkar 1909: 5.
51. Ghurye 1969: 21.
52. Kolenda 1978: 10-11.
53. Weiner 2004: 167.
54. Singh 2002a: 116.
55. Ghurye 1969: 22 y 27.
56. Palshikar 2006: 290.
57. Singh 2002a: 31.
58. Unnithan-Kumar 1994: 92-121.
59. Natrajan 2012: 22.
60. Natrajan 2012: xiii.
61. Natrajan 2012: 164.
62. Chakravarti 2003: 9.
63. Chakravarti 2003: 172.
64. Citada en Natrajan 2012: 53.
65. Natrajan 2012: 5.

5. El "sistema" de castas

1. Srinivas 1996a: 55.
2. Srinivas 1996a: 55.
3. Raheja 1988: 1.
4. Srinivas 1996a: 103.
5. Srinivas 1996a: 126.
6. Mendelsohn 1993: 129.
7. Rudolph y Rudolph 2008: 47.
8. Rana 2006: 425.
9. Cohn 1988: 273.
10. Rathnaiah 1991: 80-81.
11. Mendelsohn 1993: 144-145.
12. Béteille 1996: 163.
13. Cohn 1988: 570.
14. Kathuria 2011: 284-285.
15. Attali 2007: 40-41.

16. Luce 2007: 183-184.
17. Klass 1993: 99.
18. Klass 1993: 99.
19. Chowdhry 2004: 17.
20. Chowdhry 2004: 34.
21. Citada en Cohn 1988: 584.
22. Wiser 1958: vii-ix.
23. Deleury 2000: 184.
24. Sahay 2004: 13.
25. Maloney 1974: 231.
26. Srinivas 1996a: 50.
27. Bailey 1957: 105.
28. Enterría 2006: 318.
29. Klass 1993: 132.
30. Cohn 1988: 266.
31. Citados en Mandelbaum 1970: 175.
32. Leach 1960: 5-6.
33. Mencher 1972: 38.
34. Chaudhuri 2004: 94.
35. Wiser 1958: xxiii.
36. Kolenda 1978: 133.
37. Mendelsohn 1993: 143.
38. Gupta 2000: 132.
39. van der Veer 1989: 168.
40. Inden 2000: 144.
41. Pániker 2005: 308-310.
42. Kaviraj 1994: 144-145.
43. Kolenda 1978: 45.
44. Inden 2000: 227.
45. Karanth 1996: 106.
46. Sheth 1999: 162.
47. Natrajan 2012: xviii.
48. Fuller 1996: 14.
49. Mayer 1996: 62.
50. Natrajan 2012: 55.
51. Natrajan 2012: 61.
52. Natrajan 2012: 74.
53. Natrajan 2012: 79.
54. Natrajan 2012: 90.

II. El principio de la jerarquía

1. Dumont 1979: 332.
2. Citado en Béteille 2006: 128.
3. Panikkar 1933: 9.

6. *Varṇa*

1. Dumont 1979: 329.
2. Olivelle 2006: 188.
3. Basham 1967: 35.
4. Smith 1994: 8.
5. *Ṛig-veda* 10.90.2-3.
6. Smith 1989: 46-47.
7. *Ṛig-veda* 10.90.12.
8. Kane 1941: II-1, 27.
9. Citada en Angot 2010: 99.
10. *Śatapatha-brāhmaṇa* 2.3.1.5.
11. *Bhāgavata-purāṇa* 2.5.37.
12. Citado en Feuerstein, Kak y Frawley 1995: 300.
13. Radhakrishnan 1926: 136.
14. Lannoy 1971: 143.
15. Panikkar 2005: 214.
16. Citado en Jaffrelot 2005: 35.
17. Citados en Olivelle 1993: 198-199.
18. *Manu-smṛiti* 1.87.
19. *Viṣṇu-smṛiti* 2.4-14.
20. *Śatapatha-brāhmaṇa* 2.2.2.6.
21. *Śatapatha-brāhmaṇa* 8.4.1.3.
22. *Manu-smṛiti* 10.84.
23. Heesterman 1985: 37.
24. *Chāndogya-upaniṣad* 5.3.1.
25. *Yājñavalkya-smṛiti* 1.10.
26. *Manu-smṛiti* 3.156.
27. *Mīmāṃsā-sūtra* 6.1.35.
28. Pollock 2006: 43.
29. Dumont 1979: 95.
30. *Manu-smṛiti* 10.5-56.
31. *Manu-smṛiti* 10.15.
32. Aktor 1999: 262.
33. Heesterman 1985: 190.
34. Basham 1967: 147.
35. Kolenda 1978: 35.
36. Chakravarti 2006: 64.
37. Kane 1941: II-1, 51.
38. *Vasiṣṭha-dharma-sūtra* 18.7.

7. *Dharma*

1. Olivelle 2004: 81.
2. *Āpastamba-dharma-sūtra* 2.11.29.
3. Olivelle 2006: 174.
4. Lariviere 2004: 190.
5. Davis 2004: 392.
6. *Gautama-dharma-sūtra* 1.1.
7. Olivelle 2004: 82.
8. Olivelle 2006: 171.
9. Olivelle 2004: 83.
10. Olivelle 2006: 180-182.
11. *Vasiṣṭha-dharma-sūtra* 1.8.
12. Deshpande 2006: 220.
13. *Manu-smṛiti* 2.10.
14. Halbfass 1988: 315-316.
15. *Gautama-dharma-sūtra* 21.4-6.
16. Hulin y Kapani 1993: 344-345.
17. Hacker 1965: 488.
18. Wezler 1999: 226.

19. Olivelle 1993: 3.
20. Menski 2007: 137.
21. *Āpastamba-dharma-sūtra* 1.7.20.6-7.
22. Hacker 1965: 482.
23. Menski 2007: 124.
24. Lariviere 2004: 193.
25. Pániker 2005: 295-299.
26. Citado en Galanter 1992: 24-25.
27. Lariviere 2004: 194.
28. Rudolph y Rudolph 1967: 284.
29. *Artha-śāstra* 2.7.2.
30. Citado en Halbfass 1981: 337.
31. *Bhagavad-gītā* 18.42-44.
32. *Manu-smṛiti* 10.97.
33. *Bhagavad-gītā* 3.35.
34. Halbfass 1991: 372.
35. Smith 1994: 49.
36. *Nārada-smṛiti* 18.14-15.
37. *Artha-śāstra* 3.1.43-45.
38. *Āpastamba-dharma-sūtra* 2.6.13.8-10.
39. Parekh 1999: 20.
40. *Manu-smṛiti* 10.108.
41. *Manu-smṛiti* 10.105.
42. Doniger 2009: 334-337.
43. Davis 2010: 178.
44. Hacker 1965: 485.
45. Kahle y Mendoza 2011: 109.
46. *Manu-smṛiti* 12.3.
47. Kinsley 1993: 86.
48. *Manu-smṛiti* 9.335.
49. *Chāndogya-upaniṣad* 5.10.7.
50. *Gautama-dharma-sūtra* 11.29.
51. Citado en Lingat 1967: 140.
52. *Gautama-dharma-sūtra* 12.2-6.
53. Lingat 1967: 44.
54. Lingat 1967: 182.
55. Klass 1993: 90.
56. Panikkar 1955: 7.
57. Citado en Jaiswal 1998: 33.
58. Srinivas 1977: 160.
59. Das 1982: 51.
60. Panikkar 1955: 33.
61. *Nārada-smṛiti* 12.97.
62. Flood 1996: 60.
63. Halbfass 1991: 352.

8. El lenguaje de la pureza

1. Ketkar 1909: 116.
2. Dumont 1979: 65.
3. Dumont 1979: 70-71.
4. Parish 1996: 158.
5. *Gautama-dharma-sūtra* 14.30.
6. *Manu-smṛiti* 1.92.
7. Citados en Bouillier y Tarabout 2002: 20.
8. Parry 1979: 85.
9. Chatterjee 1993: 194.
10. Osella y Osella 2002: 474.
11. *Manu-smṛiti* 12.43-48.
12. *Mahābhārata, Aśvamedha-parva* 39.11.
13. *Mahābhārata, Śānti-parva* 188.5-14.
14. *Mahābhārata, Vana-parva* 215.14-15.
15. *Āpastamba-dharma-sūtra* 1.5.15.23.
16. Das y Uberoi 1971: 74.
17. Pujol 2001: 60.
18. Kakar y Kakar 2007: 35.
19. Dubois 1816: 196-199.
20. *Viṣṇu-purāṇa* 3.11.8.
21. Maloney 1974: 219.
22. Srinivas 1976: 147.
23. Srinivas 1976: 150.
24. Malamoud 1989: 9.
25. Cenkner 1983: 150.
26. *Dhammapada* 183.
27. Béteille 1996: 29.
28. Ghurye 1969: 11.
29. Kane 1941: II-1, 175-176.
30. Dalrymple 2009: 68-90.
31. Sharma 1990: 140.
32. Kane 1941: II-2, 757.
33. *Śatapatha-brāhmaṇa* 3.8.3.7.
34. *Taittirīya-upaniṣad* 2.2.1.
35. Khare 1992: 27.
36. *Śatapatha-brāhmaṇa* 7.2.4.25.
37. Pandian 2007: 89-90.
38. *Mahābhārata, Anuśāsana-parva* 116.37-39.
39. Dumont 1979: 192.
40. Maiti 2007: 47.
41. Dumont 1979: 17.
42. Babb 2004a: 76.
43. Marriott 1968b: 145.
44. Khare 2004: 417.
45. Deliège 2004: 161.
46. Mayer 1960: 49.
47. Ramanujan 1990: 47.
48. Kakar y Kakar 2007: 125.
49. Malamoud 1989: 17.
50. Raheja 1988: 242.
51. Citado en Gupta 2000: 78.
52. Citado en Mangot 2010: 213.
53. Fuller 1976: 120.
54. Citado en Stern 2003: 65.
55. Mahar 1972: 18.
56. Dumont 1979: 77.
57. *Manu-smṛiti* 10.84.

58. *Manu-smṛiti* 5.49.
59. Das y Uberoi 1971: 67.
60. Citado en Srinivas 1984: 106.
61. Liddle y Joshi 1986: 240.
62. Altekar 1956: 163.
63. Leslie 1991: 189.

9. El lenguaje del poder

1. Dumont 1979: 21.
2. Dumont 1979: 59.
3. Searle-Chatterjee y Sharma 1994: 6.
4. Quigley 1994: 39.
5. Tandon 1961: 76-77.
6. Kinsley 1993: 153.
7. Kane 1946: III, 860-862.
8. *Artha-śāstra* 2.7.40.
9. *Baudhāyana-dharma-sūtra* 1.1.2.1-4.
10. *Bṛihaspati-smṛiti* 2.28.
11. Varma 2005: 27.
12. Lingat 1967: 199.
13. *Brihaspati-smṛiti* 2.12.
14. Pániker 2005: 290-300.
15. Chakravarti 2006: 59.
16. Dumont 1979: 248.
17. Biardeau 1981: 10.
18. Weber 1920: II, 38.
19. Berreman 1979: 162.
20. Das y Uberoi 1971: 7.
21. Olivelle 1999: 50.
22. Olivelle 1999: 67.
23. Olivelle 1999: 72.
24. Deliège 1994: 124.
25. Deliège 2004: 68.
26. Wiser 1958: 45-46.
27. Madan 1994: 40.
28. Citado en Perez 2004: 175.
29. Marriott 1968b: 144.
30. Dumont 1979: 298.
31. Dirks 1987: 4-5.
32. Dirks 1987: 7.
33. Banerjee-Dube 2008: xx.
34. Klostermaier 1989: 322-323.
35. *Artha-śāstr*a 1.7.6-7.
36. Dirks 1987: 284.
37. Quigley 1993: 85.
38. Lipner 1998: 83.
39. Dumont 1979: 99.
40. Gupta 2000: 67.
41. Deliège 2007: 220.
42. Pániker 2001: 434.
43. Citado en Gupta 2000: 119.
44. Raheja 1988: 19-20.
45. Raheja 1988: 31.
46. Raheja 1988: 32.
47. Citado en Raheja 1988: 25.
48. *Pañchaviṃśa-brāhmaṇa* 19.4.2.
49. Flood 1996: 67.
50. Srinivas 1977: 8.
51. Parry 1979: 59.
52. Fuller 1984: 59.
53. van der Veer 1989: 167.
54. Heesterman 1985: 38.
55. Benke 2010: 274.
56. Gupta 2000: 117.
57. Blunt 1931: 36.
58. Srinivas 1952: 32.
59. Dirks 1991: 66.
60. Dirks 1991: 71.
61. Dirks 1987: 290-293.
62. Srinivas 1996b: xxxvii.
63. Bayly 1999: 39.
64. Dirks 1991: 69.
65. Inden 2000: 228.
66. Quigley 1994: 25.
67. Bailey 1957: 266.
68. *Mahābhārata, Śānti-parva* 60.28.
69. Babb 2004a: 54.
70. Jaiswal 1998: 60.
71. Aktor 2010: 34.
72. Quigley 1994: 41.
73. Chatterjee 1993: 180.
74. Barnett 1975: 171.

10. Jerarquía

1. Parry 1979: 6.
2. Giridharadas 2011: 42.
3. Kakar y Kakar 2007: 21.
4. Kothari 1997: 62.
5. Dumont 1979: 101.
6. Halbfass 1991: 350.
7. Dumont 1979: 69-85.
8. Marriott 1968a: 103-114.
9. Dirks 1990: 59.
10. Perez 2004: 4.
11. Béteille 1996: 81.
12. Citado en Racine 1995: 377.
13. Perez 2004: 59-61.
14. Das 1982: 68-69.
15. Ghurye 1969: 17.
16. Dumont 1979: 101.
17. Parry 1979: 110.
18. Citado en Mandelbaum 1970: 431.
19. Berreman 1963: 245.
20. Gupta 2000: 35.

21. Hellman-Rajanayagam 1995: 326.
22. Srinivas 1977: 100.
23. Béteille 1996: 15.
24. Sabharwal 2006: 130.
25. Srinivas 1996a: 63.
26. Jayaram 1996: 80.
27. Gupta 2000: 67.

11. Movilidad

1. Jaffrelot 1998: 232.
2. Srinivas 1977: 6.
3. Srinivas 1996a: 88.
4. Srinivas 1996a: 73-101.
5. Cohn 1988: 281.
6. Bailey 1957: 188-190.
7. Mandelbaum 1970: 432.
8. Srinivas 1996: 175.
9. Hardiman 2006: 74.
10. Citado en Carter 1974: 53.
11. Citado en Perez 2004: 62.
12. Doniger 2009: 6.
13. Citado en Chattopadhyaya 2003: 185.
14. Srinivas 1977: 7.
15. Banerjee-Dube 2000: xxii.
16. Kulke 1976: 398-409.
17. Chattopadhyaya 2003: 158-159.
18. Chattopadhyaya 2003: 158.
19. Karve 1961: 43-44.
20. O'Hanlon 1985: 16-17.
21. Benke 2010: 8.
22. Rudolph y Rudolph 1969: 51.
23. Panikkar 1955: 8.
24. Citado en Srinivas 1977: 31.
25. Srinivas 1977: 37-39.
26. Srinivas 1977: 104.
27. Gaborieau 2007: 172.
28. *Nārada-smṛiti* 10.2-3.
29. Plinio 6.101.
30. Barbosa [1866]: 50-57.
31. Goody 1996: 139.
32. Citado en Frank 1998: 214.
33. Laidlaw 1995: 103.
34. Pániker 2001: 455.
35. Babb 2004a: 13.
36. Babb 2004a: 14.
37. *Artha-śāstra* 1.7.3-7.
38. Varma 2005: 57.
39. Babb 2004a: 224.
40. Cort 2004: 82.
41. Hardgrave 1970: 96.
42. Citado en Dirks 1987: 248.
43. Kaviraj 1997b: 38-39.
44. Barber 1968: 26-27.

III. En los márgenes del sistema

12. Los excluidos

1. Parasher-Sen 2004: 17-18.
2. Citado en Ghurye 1969: 88.
3. *Artha-śāstra* 3.13.1-4.
4. *Śāṅkhāyana-gṛihya-sūtra* 2.12.9-10.
5. *Manu-smṛiti* 10.51.
6. Kane 1941: II-1, 81.
7. Srinivas 1984: 108.
8. *Viṣṇu-smṛiti* 16.11.
9. Citado en Kṛiṣṇa Śeṣa, *Śūdrāchāra-śiromaṇi* 41.
10. *Rāmāyaṇa* 7.74-76.
11. Parasher-Sen 2006: 417.
12. *Manu-smṛiti* 10.51-56.
13. Doniger 2009: 43.
14. Ketkar 1909: 6.
15. *Viṣṇu-smṛiti* 5.104.
16. Mendelsohn y Vicziany 1998: 5.
17. Kane 1941: II-1, 168-169.
18. *Manu-smṛiti* 10.12.
19. *Manu-smṛiti* 10.4.
20. Pujol 2005: 746.
21. Citado en Thapar 1984: 138.
22. Citado en Halbfass 1988: 178.
23. *Manu-smṛiti* 10.45.
24. *Gautama-dharma-sūtra* 4.21.
25. Parasher-Sen 1991: 281-282.
26. *Manu-smṛiti* 10.43-44.
27. Parasher-Sen 1991: 286.
28. *Mahābhārata*, *Śānti-parva* 65.13-22.
29. Kane 1941: II-1, 16.
30. Citado en Parasher-Sen 1991: 288.
31. Halbfass 1988: 180.
32. Perez 2004: 3-4.
33. Kane 1941: II-1, 1.
34. Kṛiṣṇa Śeṣa, *Śūdrāchāra-śiromaṇi* 16.

13. La intocabilidad

1. Galanter 1972: 243-245.
2. Shah *et al.* 2006: 19.
3. *Constitution of India* 2004: 8.
4. Shah *et al.* 2006: 56-57.
5. Sabharwal 2006: 145.
6. Dumont 1979: 173.
7. Aktor 2010: 47.
8. Citado en Sangharakshita 1986: 36.
9. Citado en Béteille 1996: 277.
10. Racine 1995: 203.
11. Shah *et al.* 2006: 107.
12. Thekaekara 1999: 59.

13. *Pañchaviṃśa-brāhmaṇa* 16.13.13.
14. Kṛiṣṇa Śeṣa, *Śūdrāchāra-śiromaṇi* 21.
15. Perez 2004: 53.
16. Khare 1998: 154.
17. Kakar 2008: 180.
18. Fuller 1976: 48.
19. Roy 1997: 297.
20. Perez 2004: 112-113.
21. Citado en Jaffrelot 2005: 25-26.
22. Citado en Chatterjee 1993: 188.
23. Fuchs 1981: 238.
24. Moffat 1979: 303.
25. Moffat 1979: 3.
26. Halbfass 1988: 180.
27. Perez 2004: 162-163.
28. Moffat 1979: 5.
29. Lorenzen 2006: 81.
30. Natrajan 2012: 133.
31. Jaiswal 1998: 87.
32. Mencher y Unni 1975: 12.
33. Citada en Perez 2004: 39.
34. Citada en Maloney 1974: 164-165.
35. Shukra 1994: 170.
36. Juergensmeyer 1982: 98-99.
37. Tardan-Masquelier 2007: 182.
38. Gupta 2000: 5.
39. Mayer 1952: 16-17.
40. Gupta 2009: 159.
41. Lynch 1972: 102.
42. Cohn 1988: 94-95.
43. Shah *et al*. 2006: 144.
44. Mencher 1972: 46.
45. Béteille 1996: 35.
46. Deliège 1994: 127.
47. Deliège 1994: 129.
48. Deliège 1994: 131.
49. Deliège 1994: 132-133.
50. Dirks 1987: 276.
51. Deliège 1994: 136.
52. Searle-Chatterjee 1981: 2.
53. Deliège 1994: 137.
54. Khare 1998: 184.
55. Deliège 1994: 139.
56. Shah *et al*. 2006: 75.
57. Deliège 2007: 174.
58. Shah 2006: 170.

14. Los ādivāsis

1. Singh 1994: 3.
2. von Fürer-Haimendorf 1981: 295.
3. Citado en Morrison 2002b: 35.
4. Pániker 2005: 118.
5. Fabian 1983: 31.
6. Citado en de la Cadena y Starn 2007: 15.
7. Xaxa 2003: 374.
8. Guha 1999: 121.
9. Possehl 2002: 70-75.
10. Morrison 2002a: 108-122.
11. Citado en Morrison 2002b: 36.
12. Roy Burman 1993: 32.
13. Prasad 2004: 136.
14. Prabhu 2001: 49.
15. Sharma 2008: 25.
16. Reddy 2010: 29.
17. Pániker 2011: 53.
18. Prabhu 2001: 59.
19. Reddy 2010: 77.
20. Jayakar 1989: 25.
21. Ghurye 1963: 19.
22. Xaxa 2009: 32-33.
23. Ghurye 1963: 20.
24. Singh 1994: 7.
25. Xaxa 2009: 34.
26. von Fürer-Haimendorf 1981: 33.
27. Jain 2011: 83.
28. Walker 1998: 150.
29. Citado en Morrison 2002b: 36.
30. Singh 1994: 5.
31. Baviskar 2007: 311.
32. Gadgil y Guha 1995: 189.
33. Thapar 1989: 54-81.
34. *Pañchaviṃśa-brāhmaṇa* 16.6.8.
35. Parasher-Sen 2006: 426-427.
36. *Mahābhārata*, *Vana-parva*, 38-41.
37. Parasher-Sen 2004: 298.
38. Malamoud 1989: 76.
39. *Ṛig-veda* 10.146.
40. Malamoud 1989: 81.
41. *Rāmāyaṇa* 4.17.
42. Zimmermann 1982: 29-30.
43. Singh 2009: 88.
44. Sundar 2009: 141.
45. Baviskar 2007: 308.
46. Hardiman 2006: 14.
47. Singh 2009: 49-50.
48. Sundar 2009: 115.
49. Mahapatra 2008: 23.
50. Sharma 2008: 48.
51. Citado en Sharma 2008: 159.
52. Sharma 2008: 119.
53. Sharma 2008: 138.
54. Sharma 2008: 182-184.

15. Castas no hindúes

1. Renou 1951: 39.
2. Citados en Fitzgerald 2005: 176.
3. Zaehner 1962: 10.
4. Pániker 2005: 389-434.
5. Pániker 2005: 221-224.
6. Ibbetson 1883: 13.
7. Luce 2007: 306.
8. Pániker 2001: 310.
9. Maloney 1974: 208.
10. Weber 1920: II, 28-29.
11. Leach 1960: 2.
12. Jaiswal 1998: 228.
13. Pániker 2001: 306-307.
14. Pániker 2005: 260.
15. McGilvray 1999: 313-320.
16. Wagle 1989: 138-139.
17. Markovits 1994: 180.
18. Durán Velasco 2012: 283.
19. Hussain 2006: 19.
20. Eaaswarkhanth *et al.* 2009.
21. Vora 2006: 336.
22. Dudley Jenkins 2006: 2.
23. Bhatty 1996: 250.
24. Assayag 1995: 43.
25. Lambat 1976: 262.
26. Srinivas 1976: 204.
27. Mandelbaum 1970: 547.
28. Bhatty 1996: 249.
29. Jodhka y Shah 2010: 15.
30. Gaborieau 2007: 212.
31. Maloney 1974: 373.
32. Bhatty 1976: 110.
33. Bayly 1998: 280.
34. Thomas 2009: 164.
35. Bayly 1989: 327.
36. Robinson 2003: 49.
37. Oommen 2009: 80.
38. Snaitang 2009: 120.
39. Paul 1998: 115-122.
40. Tharamangalam 1996: 282.
41. Bayly 1989: 252.
42. Mundadan 2009: 251.
43. Tharamangalam 1996: 266-267.
44. Tharamangalam 1996: 273.
45. Robinson 2003: 55.
46. Citado en Bayly 1999: 110.
47. Citado en Risley 1915: 251.
48. Tharamangalam 1996: 271.
49. Robinson 2003: 75.
50. Clémentin-Ojha 2008: 196.
51. Clémentin-Ojha 2008: 189-190.
52. Aleaz 2009: 206.
53. Aleaz 2009: 210.
54. Aleaz 2009: 212.
55. Sección basada en mi monografía sobre sikhismo. Pániker 2007: 114-116 y 305-311.
56. *Sikh Rāhit Maryādā* 10.16.d.
57. *Ādi Granth* 15.
58. Puri 1993: 115.
59. *Dasam Granth*, *Akāl Ustat*, 16-86.
60. Kaur Takhar 2005: 94.
61. McLeod 1997: 231.
62. McLeod 1995: 98.
63. Pániker 2007: 104-109.
64. Citado en Puri 1993: 120.
65. Habib 1976: 99.
66. Jakobsh 2003: 33.
67. Mann 2004: 35.
68. Richards 1993: 98.
69. Kaur Takhar 2005: 96.
70. Schaller 1995: 94.
71. Shah 2006: 86.
72. Jodhka 2004: 184.
73. Lum 2011: 179-200.
74. Lum 2011: 194.
75. Katz y Goldberg 2005: 12.
76. Citado en Katz y Goldberg 2005: 134.
77. Katz y Goldberg 2005: 22.
78. Citado en Katz y Goldstein 2005: 62.
79. Pániker 2005: 234-236.
80. Katz y Goldberg 2005: 139-159.

16. Castas allende el Sur de Asia

1. Vertovec 1989: 281.
2. Nave 2001: 100.
3. Blunt 1931: 148.
4. Kane 1941: II-1, 82.
5. Bakker, Hübschmannová, Kalinin y Kenrick 2000: 57.
6. Rai *et al.* 2012.
7. Kenrick 2004: 24.
8. Citada en Hancock 2010: 72.
9. Shashi 1990: 9-11.
10. Hancock 2010: 101.
11. Hancock 2010: 76-77.
12. Rai *et al.* 2012.
13. Mendizabal *et al.* 2010.
14. Hancock 2010: 70.
15. Citada en Hancock 2010: 88.
16. Mendizabal *et al.* 2012.
17. Citado en Rodríguez 2011: 56.
18. Kalaydjieva *et al.* 2005.
19. Citado en Shashi 1990: 3.

20. Rodríguez 2011: 251-252.
21. Rodríguez 2011: 261.
22. Fraser 1995: 242.
23. Fraser 1995: 117.
24. Fonseca 1995: 158.
25. Fraser 1995: 244.
26. Pániker 2011: 137-139.
27. Fraser 1995: 245-246.
28. Fraser 1995: 247.
29. Rodríguez 2011: 17.
30. Citado en Rodríguez 2011: 366.
31. Fraser 1995: 293.
32. Fonseca 1995: 193.
33. Berreman 1979: 91.
34. Berreman 1979: 1.
35. Wilson 1978: 35.
36. Keane 2007: 4.
37. Dumont 1979: 269.
38. Citado en Keane 2007: 43.

IV. La casta en la historia

1. Dumont 1979: 52.
2. Doniger 2009: 688.

17. El origen de la casta

1. Pániker 2005: 115.
2. Cohn 1988: 43.
3. Karve 1961: 58.
4. Trautmann 1997: 4.
5. Dumézil 1986: 76.
6. Eliade 1976: I, 208.
7. Citado en Smith 1994: 7.
8. Sergent 1995: 330.
9. Sergent 1997; 263.
10. Varenne 1990: 99-105.
11. Malamoud 1989: 111.
12. Mallory 1989: 111.
13. Deshpande 1995: 65.
14. Aguilar i Matas 1991: 5.
15. Monier-Williams 1899: 924.
16. *Ṛig-veda* 4.30.13.
17. *Ṛig-veda* 5.29.10.
18. *Ṛig-veda* 1.130.8.
19. Basham 1967: 137.
20. Citado en Chakrabarti 1997: 81.
21. Risley 1915: 29.
22. Risley 1915: 262.
23. Pániker 2005: 146.
24. Parpola 1994: 149-152.
25. Aguilar i Matas 1991: 21-22.
26. Sharma 1990: 10.
27. *Ṛig-veda* 8.46.32.
28. *Aitareya-brāhmaṇa* 2.19.
29. Pandey 1969: 177.
30. Chanana 1957: 99.
31. Citado en Bryant 2001: 60.
32. Bryant 2001: 60.
33. Citado en Juergensmeyer 1982: 98.
34. Béteille 2006: 94.
35. Lorenzen 2006: 145.
36. Trautmann 2005: 103.
37. Benveniste 1969: I, 279.
38. Citado en Eraly 2000: 117.
39. Citado en Ghurye 1969: 173.
40. Ghurye 1969: 124.
41. Ghurye 1969: 119.
42. Deliège 2004: 83.
43. Dumont 1979: 77.
44. Ambedkar [2002]: 265.
45. Pániker 2005: 126-194.
46. Biardeau 1981: 19.
47. Trautmann 1999: 208-214.
48. Thapar 1984: 197.
49. Bamshad *et al.* 2001.
50. Kivisild *et al.* 2003.
51. Basu *et al.* 2003.
52. Cordaux *et al.* 2004.
53. Kanthimathi *et al.* 2008.
54. Sahoo *et al.* 2006.
55. Sengupta *et al.* 2006.
56. Reich *et al.* 2009.
57. Tamang *et al.* 2012.
58. Citado en Dirks 1991: 214.
59. Ibbetson 1883: 3.
60. Lal 1997: 232.
61. Campbell 1962: 202.
62. Service 1975: 238-246.
63. Basham 1967: 1.
64. Thapar 1984: 197.
65. Ratnagar 1991: 19.
66. Hart 1975: 43.
67. Hart 1975: 44.
68. Hanumanthan 1997: 128-129.
69. Jaiswal 1998: 5.
70. Klass 1993: 175-181.
71. Klass 1993: 153.
72. Dumont 1979: 75.
73. Moorjani *et al.* 2013.
74. Basham 1967: 148.
75. Thanseem *et al.* 2006.
76. Moorjani *et al.* 2013.
77. Citada en French 2011: 368-369.
78. Citada en French 2011: 370.

18. Desarrollo y crítica de la sociedad de castas

1. *Kalpa-sūtra*, *Jina-caritra* 17.
2. Bhattacharyya 1976: xvi.
3. *Dīgha-nikāya* I.98.
4. Deo 1955: 56.
5. Eltschinger 2012: 75.
6. Pániker 2001: 73-7.
7. *Uttarādhyayana-sūtra* 25.31-32.
8. *Dhammapada* 386.
9. *Chāndogya-upaniṣad* 4.4.2.
10. *Sutta-nipāta* 142.
11. Citado en Eltschinger 2012: 79.
12. Eltschinger 2012: 11.
13. Citado en Eltschinger 2012: 28.
14. *Uttarādhyayana-sūtra* 12.37.
15. *Mātaṅga-jātaka* 15.497.
16. *Uddālaka-jātaka* 14.487.
17. *Āpastamba-dharma-sūtra* 1.3.9.15.
18. Ghurye 1969: 72.
19. Jha 1987: 174-175.
20. Thapar 1984: 63.
21. Thapar 1984: 31.
22. Dumont 1979: 234-237.
23. Heesterman 1985: 42-44.
24. Thapar 1984: 57.
25. *Bṛihadāraṇyaka-upaniṣad* 4.3.22.
26. Biardeau 1981: 85-86.
27. Śaṅkara. *Brahma-sūtra-bhāṣya* 1.3.34.
28. Dundas 1992: 15.
29. Pániker 2001: 119.
30. Babb 2004b: 238.
31. *Śatapatha-brāhmaṇa* 5.4.4.5.
32. Heesterman 1985: 29-30.
33. Chanana 1957: 11.
34. *Majjhima-nikāya* II.147-157.
35. Chakravarti 2006: 123.
36. Chakravarti 2006: 63.
37. Citada en Gupta 2000: 189.
38. *Manu-smṛiti* 5.85.
39. *Manu-smṛiti* 10.126.
40. Ghurye 1969: 314.
41. Pániker 2005: 208-211.
42. Maloney 1975: 18.
43. Witzel 2006: 469.
44. Witzel 2006: 489.
45. Keay 2003: 163.
46. *Yājñavalkya-smṛiti* 1.95.
47. Benke 2010: 241.
48. *Manu-smṛiti* 9.334.
49. Benke 2010: 256.
50. Chattopadhyaya 2003: 244.
51. Kṛiṣṇa Śeṣa, *Śūdrāchāra-śiromaṇi* 27-28.
52. *Bhagavad-gītā* 9.32.
53. *Bhagavad-gītā* 5.18.
54. *Bhagavad-gītā* 1.41.
55. *Bhagavad-gītā* 4.13.
56. *Mahābhārata*, *Vana-parva* 180.23-25.
57. *Bhāgavata-purāṇa* 1.4.25.
58. *Bhāgavata-purāṇa* 7.9.10.
59. Lorenzen 1995: 20.
60. *Liṅga-purāṇa* 2.20.3.
61. Hanumanthan 1997: 142.
62. Younger 1995: 49.
63. Lorenzen 2006: 93.
64. Biardeau 1981: 146.
65. Citado en Fuller 1993: 159.
66. Schouten 1995: 52.
67. Roy 1998: 29.
68. Pániker 2005: 247-249.
69. Eaton 2003: 16.
70. Eaton 2003: 18.
71. Eaton 2000: 212-224.
72. Eaton 2000: 222.
73. Dube 2003: 137.
74. Lorenzen 2006: 79.
75. Pániker 2007: 32-41.
76. Eaton 2005: 153.
77. Citado en Zelliot 1992: 247.
78. Omvedt 2008: 83.
79. Zelliot 1992: 263.
80. Schomer 1987: 5.
81. Schomer 1987: 8.
82. Lorenzen 2004: 186.
83. Kabīr, *Bījak, Śabda* 75.
84. Singh 1981: 41.
85. Vaudeville 1987: 38.
86. Lorenzen 1996: 156.
87. McLeod 2000: 13.
88. Vaudeville 1959: 24.
89. *Ādi Granth* 349.
90. Lorenzen 2006: 95.
91. Thapar 1984: 69.
92. Urban 2010: 10.
93. Bhattacharyya 1996: 252.
94. Flood 1996: 165.
95. Urban 2010: 116-117.
96. Chatterjee 1993: 193-19.
97. Bharati 1965: 164-184.
98. *Mahānirvāṇa-tantra* 14.187.
99. Citado en Kailasapathy 1987: 391.
100. Kailasapathy 1987: 401.
101. Flood 2006: 76-81.
102. Babb 2004b: 235-236.
103. Omvedt 2008: 7.

19. Historia reciente de la casta

1. Bayly 1999: 49.
2. *Matsya-purāṇa* 144.4-8.
3. Bayly 1999: 62-63.
4. Bayly 1999: 63.
5. Bayly 1999: 65.
6. Bayly 1999: 69.
7. Bayly 1999: 74.
8. Citada en Bayly 1999: 82.
9. Bayly 1999: 84.
10. *Āpastamba-dharma-sūtra* 1.10.29.6.
11. Bayly 1999: 90.
12. Bayly 1999: 96.
13. Bayly 1999: 196.
14. Bayly 1999: 210.
15. Bayly 1999: 219.
16. Bayly 1999: 226.
17. Pániker 2005: 341.
18. Bayly 1999: 228.
19. Bayly 1999: 232.

20. El factor colonial

1. Una primera versión del capítulo apareció en una obra anterior. Pániker 2005: 353-370.
2. Dirks 1991: 13.
3. Dirks 1991: 5.
4. Fuller 2003: 481.
5. Mendelsohn y Vicziany 1998: 2.
6. Chatterjee 1993: 31.
7. Panikkar 2005: 212.
8. Deliège 2004: 17.
9. Burghart 1990: 261.
10. Burghart 1990: 269-270.
11. Das 1995: 201.
12. al-Bīrūnī [1910]: 99-104.
13. Abū'l Fazl 'Allāmī [1927]: III, 126-129.
14. Barbosa [1866]: 121-148.
15. Citado en Gil 1995: 210.
16. Citado en Cohn 1988: 140.
17. Rogerius [1909]: 238.
18. Baechler 1988: 49.
19. Dirks 1991: 73.
20. Citado en Clémentin-Ojha 2008: 177.
21. Dubois 1816: 30.
22. Citado en Omvedt 2008: 189.
23. Dubois 1816: 31.
24. Dubois 1816: 57.
25. Pániker 2005: 305-308.
26. Cohn 1988: 213.
27. Monier-Williams 1883: 455.
28. Citado en Inden 2000: 177.
29. Dirks 1991: 83.
30. Mill 1817: I, 471-472.
31. Dirks 1991: 34-35.
32. Citado en Dirks 1991: 36.
33. Dirks 1991: 41.
34. Banerjee-Dube 2008: xxxvi.
35. Citado en Dirks 1991: 33.
36. Citado en Chakrabarty 1995: 259.
37. Citado en Dirks 1991: 47.
38. Butler 1871: 29.
39. Pániker 2005: 411-414.
40. Dirks 1991: 140.
41. Pániker 2005: 175-178.
42. Dirks 1991: 115.
43. Bayly 1999: 40.
44. Dirks 1991: 43.
45. Dirks 1991: 43.
46. Bayly 1999: 118.
47. Dirks 1991: 180.
48. Guha 1983: 84-85.
49. Citado en van der Veer 2001: 153.
50. Pandian 2005: 167.
51. Citado en Dirks 1991: 185.
52. Bourdieu 1999: 107.
53. Rao y Casimir 2003: 235.
54. Anderson 1991: 166.
55. Thurston 1909: VII, 366.
56. Citado en Samarendra 2008: 49.
57. Cohn 1988: 242.
58. Appadurai 1993: 318.
59. Dirks 1991: 208.
60. Appadurai 1993: 328.
61. Citado en Dirks 1991: 209.
62. Ibbetson 1883: 7.
63. Pániker 2005: 145-146.
64. Citado en van der Veer 2001: 149.
65. Risley 1915: 111.
66. Citado en Samarendra 2008: 59.
67. Gait 1913: 116.
68. Rudolph y Rudolph 1969: 118.
69. Srinivas 1977: 101.
70. Citado en Dirks 1991: 224.
71. Ghurye 1969: 279.
72. Citado en Ghurye 1969: 281.
73. Cohn 1988: 241-242.
74. Citado en Thomas 1994: 41.

21. La reforma de la casta

1. Pandian 2007: 25.
2. Manor 2010: xxiii.
3. Deliège 2007: 79.
4. Deliège 2007: 80.
5. Deliège 2007: 75.

6. Mendelsohn y Vicziany 1998: 86.
7. Parekh 1999: 41-42.
8. Bayly 1999: 151.
9. Citado en Parekh 1999: 46.
10. Chatterjee 1993: 7.
11. Zelliot 1972: 79.
12. Deliège 2007: 57.
13. Osella y Osella 2000: 250-256.
14. Hardgrave 1970: 99.
15. Rudolph y Rudolph 1969: 39.
16. Deliège 2007: 67.
17. Citado en Jaffrelot 1998: 63.
18. Jaffrelot 1998: 58.
19. Mehta 1997: 108.
20. Pániker 2005: 350-352.
21. Parekh 1999: 26.
22. Citado en Jaffrelot 1998: 84-85.
23. Jaffrelot 1998: 100.
24. Citado en Jaffrelot 2005: 61-62.
25. Gandhi 1933: 56.
26. Gandhi 1925: 287.
27. Citado en Mahadevan 1956: 75.
28. Citado en Ganguly 2005: 76.
29. Citado en Zelliot 1972: 72-73.
30. Isaacs 1972: 385.
31. Thekaekara 1999: 84-85.
32. Citado en Ganguly 2005: 78.
33. Dumont 1979: 293-294.
34. Citado en Bayly 1999: 252.
35. Pandian 2007: 187.
36. Jaffrelot 2003: 149.
37. Pandian 2007: 136.
38. Mendelsohn y Vicziany 1998: 93.
39. Pandian 2007: 111-112.
40. Pandian 2007: 142.
41. Citado en Dirks 1991: 259.
42. Citado en Pandian 2007: 204.
43. Jaffrelot 2003: 171.
44. Menon 1999: 77.
45. Citado en Rudolph y Rudolph 2008: 98.
46. Jaffrelot 2003: 185.
47. Citado en Jaffrelot 2003: 202.
48. Jaffrelot 2003: 212.

22. Ambedkar

1. Una versión reducida del capítulo apareció en una obra anterior. Pániker 2014: 84-104.
2. Ambedkar [2002]: 253.
3. Ambedkar [2002]: 260.
4. Citado en Béteille 2006: 84.
5. Citado en Deliège 2007: 107.
6. Citado en Clémentin-Ojha 2008: 57.
7. Citado en Jaffrelot 2005: 181.
8. Citado en Jaffrelot 2005: 67.
9. Citado en French 2011: 351-352.
10. Citado en Sangharakshita 1986: 61.
11. Citado en Jaffrelot 2003: 93.
12. Pániker 2005: 436.
13. Rao 2009: 2.
14. Deliège 2007: 126.
15. Jaffrelot 2005: 76.
16. Deliège 2007: 137.
17. Jaffrelot 1998: 77.
18. Rao 2009: 16.
19. Citado en Omvedt 2008: 254.
20. Jaffrelot 2005: 88.
21. Citado en Omvedt 1995: 52.
22. Ambedkar [2002]: 171.
23. Ambedkar [2002]: 288.
24. Ambedkar [2002]: 289.
25. Citado en Bayly 1999: 260.
26. Citado en Jaffrelot 2005: 120.
27. Citado en Rudolph y Rudolph 1969: 140.
28. Citado en Sangharakshita 1986: 76.
29. Citado en Omvedt 2008: 262.
30. Omvedt 2008: 265.
31. Citado en Jaffrelot 2005: 134.
32. Ganguly 2005: 136-137.
33. Russell 1916: IV, 129-130.
34. Jaffrelot 2005: 41.
35. Sangharakshita 1986: 79.
36. Tartakov 2003: 208.
37. Fitzgerald 2005: 172.
38. Fitzgerald 2005: 174.
39. Citado en Ganguly 2005: 143.
40. Burra 1996: 158.
41. Citado en Ganguly 2005: 173.
42. Burra 1996: 161-162.
43. Burra 1996: 168.
44. Ganguly 2005: 198.
45. Ganguly 2005: 178.
46. Tartakov 2003: 193.
47. Pillai-Vetschera 1995: 69.
48. Jaffrelot 2005: 163.
49. Citado en Zelliot 1995: 63.

V. Casta y política

1. Paz 1995: 73.
2. Gandhi 1925: 504.
3. Khilnani 1997: 9.
4. Kaviraj 1997a: 10.
5. Deliège 2004: 69.
6. Jaffrelot 2003: 10.

23. Las políticas de discriminación positiva

1. Mendelsohn y Vicziany 1998: 26.
2. Ghurye 1969: 285.
3. Jaffrelot 2003: 9.
4. Dushkin 1972: 171.
5. Dushkin 1972: 175.
6. Nussbaum 2007: 23.
7. *Constitution of India* 2004: 147.
8. French 2011: 350.
9. Deliège 2007: 186.
10. Singh 1994: 87.
11. Deliège 2007: 215.
12. Galanter 1997: 187-188.
13. Hasan 2009: 62.
14. Hasan 2009: 63.
15. Sheth 1999: 169-175.
16. Citado en Hasan 2009: 82.
17. Jaffrelot 2003: 269.
18. Jaffrelot 2003: 237.
19. Citada en Banerjee-Dube 2008: xxix.
20. Citado en Jaffrelot 2003: 348.
21. Gupta 2009: 190.
22. Béteille 2006: 235.
23. Citado en Hasan 2009: 71.
24. Kothari 1994: 212.
25. Dudley Jenkins 2003: 2-3.
26. Jaffrelot 2003: 350.
27. Citado en Shah 1991: 306.
28. Galanter 1997: 189.
29. Varma 2005: 72.
30. Hasan 2009: 143.
31. Hasan 2009: 166.
32. Hasan 2009: 199.
33. Hasan 1999: 208.

24. La etnicización de la casta

1. Ghurye 1969: 297-299.
2. Citado en Dumont 1979: 285.
3. Assayag 1997: 376.
4. Michelutti 2004: 47.
5. Bhatt 1970: 286.
6. Citado en Bhatt 1970: 294.
7. Citado en Bhatt 1970: 319.
8. Babb 2004a: 196.
9. Citado en Shah 2004: 71.
10. Citado en Corbridge, Harriss y Jeffrey 2013: 235.
11. Dumont 1979: 280.
12. Citada en Jaffrelot 2003: 150.
13. Barnett 1975: 159.
14. Leach 1960: 7.
15. Varshney 2000: 216.
16. Gupta 2009: 181.
17. Karanth 1996: 106.
18. Béteille 1996: 189.
19. Bayly 1999: 339.
20. Bayly 1999: 327.
21. Palshikar 2006: 290.

25. La politización de la casta

1. Rao y Ban 2007: 21.
2. Luce 2007: 116.
3. Luce 2007: 123.
4. Citado en Luce 2007: 1.
5. Jaffrelot 2003: 385.
6. Sheth 1999: 166.
7. Varshney 2000: 221.
8. Bandyopadhyay 1997: 7.
9. Rana 2006: 161-162.
10. Citados en Manor 2010: xxix.
11. Palshikar 2006: 275.
12. Gupta 2009: 228.
13. Corbridge, Harriss y Jeffrey 2013: 164.
14. Carter 1974: 142.
15. Nag 2011: 206.
16. Nag 2011: 186-206.
17. Tambiah 1996: 334.
18. Mendelsohn y Vicziany 1998: 58.
19. Bayly 1999: 353.
20. Juergensmeyer 1982: 80.
21. Omvedt 1995: 73.
22. Citado en Omvedt 1995: 72.
23. Citado en Ganguly 2005: 132.
24. Rao 2009: 2.
25. Omvedt 1995: 78.
26. Ilaiah 1996: ix.
27. Ilaiah 1996: 115.
28. Ilaiah 2009: 267.
29. Jaffrelot 2003: 424.
30. Citada en Jaffrelot 2003: 417.
31. Citado en Mendelsohn y Vicziany 1998: 224.
32. Bulard 2008: 187.
33. Luce 2007: 129.
34. French 2011: 372.
35. Varshney 2000: 227.
36. Corbridge, Harriss y Jeffrey 2013: 145.
37. Shani 2007: 12.
38. Rudolph y Rudolph 1969: 11.

Epílogo: Casta y clase

1. Corbridge, Harriss y Jeffrey 2013: 45.
2. Corbridge, Harriss y Jeffrey 2013: 69.
3. Panini 1996: 60.
4. Chatterjee 1993: 198.

5. Gupta 2009: 82.
6. Béteille 2006: 176.
7. Sheth 2008: 95.
8. Shah 1991: 303.
9. Dickey 2010: 194.
10. Sabharwal 2006: 263-264.
11. Bayly 1999: 379.
12. Citado en Varma 2005: 20.
13. Sheth 2008: 94.
14. Giridharadas 2011: 73.
15. Béteille 2006: 179.
16. Liddle y Joshi 1986: 234.
17. Drèze y Sen 2013: 214.
18. Bayly 1999: 337-338.
19. Osella y Osella 2000: 253.
20. Citado en Corbridge, Harriss y Jeffrey 2013: 255.
21. Giridharadas 2011: 114-115.
22. Drèze y Sen 2013: 219-222.
23. Drèze y Sen 2013: 366.
24. Corbridge, Harriss y Jeffrey 2013: 187.
25. Pániker 2011: 337.
26. Citada en Corbridge, Harriss y Jeffrey 2013: 178.
27. Varma 2005: 9.
28. Mehta 1997: 60.
29. Gupta 2009: 105.
30. Gupta 2009: 15.
31. Gupta 2009: 92.
32. Chatterjee 2008: 271.

BIBLIOGRAFÍA

Abū'l-Fazl 'Allāmī. *Ā'īn-i Akbarī*. Traducción al inglés de H. Blochmann (1873) y H. Jarrett (1894), revisada (1927) en: *The Ā-Īn-I Akbarī* (3 vols.). Delhi: Low Price, 1989.

Acemoglu, D. y Robinson, J. (2012). *Why Nations Fail. The Origins of Power, Prosperity and Poverty*. Londres: Profile Books, 2012.

Ādi Granth. Traducción al inglés con texto *gurmukhī* y transliteración romanizada por Darshan Singh (s/f) en: *Guru Granth Sahib. Sentence by Sentence* (5 vols.). Waremme: Sikh University Press, s/f.

Agarwal, Bina (1996). "Gender and Land Rights. A Response". En: Basu, Srimati (ed.). *Dowry & Inheritance*. Nueva Delhi: Women Unlimited, 2005.

Aguado, Jesús (2004). *Antología de poemas de las tribus de la India*. Málaga: Centro de ediciones de la Diputación de Málaga, 2004.

Aguilar i Matas, Enric (1991). *Ṛgvedic Society*. Leiden: E.J. Brill, 1991.

Aitareya-brāhmaṇa. Traducción al inglés e introducción de Arthur Berriedale Keith (1920) en: *Rigveda Brahmanas. The Aitareya and Kauṣītaki Brāhmaṇas of the Rigveda*. Delhi: Motilal Banarsidass, 1971.

Aktor, Mikael (1999). "*Smṛtis* and *Jātis*: The Ritualisation of Time and the Continuity of the Past". En: Ali, Daud (ed.). *Invoking the Past. The Uses of History in South Asia*. Nueva Delhi: Oxford University Press, 1999.

— (2010). "Untouchability in Brahminical Law Books". En: Aktor, Mikael y Deliège, Robert (eds.). *From Stigma to Assertion*. Copenhague: Museum Tusculanum Press, 2010.

Aleaz, K.P. (2009). "Some Highlights on a Dalit Christian Theology". En: Afonso, A.V. (ed.). *Indian Christianity*. De la serie: "History of Science, Philosophy and Culture in Indian Civilization", vol. VII, Part 6. Nueva Delhi: PHISPC, 2009.

Altekar, A.S. (1938; edición revisada: 1956). *The Position of Women in Hindu Civilisation*. Delhi: Motilal Banarsidass, 1959.

Ambedkar, Bhimrao [2002]. *The Essential Writings of B.R. Ambedkar* [Edición a cargo de Valerian Rodrigues]. Nueva Delhi: Oxford University Press, 2004.

Anderson, Benedict (1983; edición revisada: 1991). *Imagined Communities. Reflections on the Origin and Spread of Nationalism*. Londres: Verso, 1991.

Āpastamba-dharma-sūtra. Traducción al inglés e introducción de Georg Bühler (1879) en: *The Sacred Laws of the Āryas*, Part I. De la serie: "Sacred Books of the East", vol. 2. Delhi: Motilal Banarsidass, 1965.

Appadurai, Arjun (1993). "Number in the Colonial Imagination". En: Breckenridge, Carol y van der Veer, Peter (eds.). *Orientalism and the Postcolonial Predicament. Perspectives on South Asia*. Filadelfia: University of Pennsylvania Press, 1993.

Angot, Michel (2010). *Paroles de Brahmanes*. París: Seuil, 2010.

Aravamudan, Gita (2007). *Disappearing Daughters. The Tragedy of Female Foeticide*. Nueva Delhi: Penguin, 2007.

Arunima, G. (2003). *There Comes Papa. Colonialism and the Transformation of Matriliny in Kerala, Malabar c.1850-1940*. Hyderabad: Orient Longman, 2003.

Assayag, Jackie (1995). *Au confluent de deux rivières. Musulmans et hindous dans le sud de l'Inde*. [Versión inglesa: *At the Confluence of Two Rivers. Muslims and Hindus in South India*. Nueva Delhi: Manohar, 2004.]

— (1997). "De la caste au «castéisme»?". En: Jaffrelot, Christophe (ed.). *L'Inde contemporaine. De 1950 à nos jours*. París: Fayard, 1997.

Attali, Jacques (2007). *Gândhî. Ou l'éveil des humiliés*. [Versión castellana: *Gandhi. Vida y enseñanzas del padre de la nación india*. Barcelona: Kairós, 2009.]

Babb, Lawrence A. (1996). *Absent Lord. Ascetics and Kings in a Jain Ritual Culture*. Berkeley: University of California Press, 1996.

— (1999). "Rejecting Violence. Sacrifice and the Social Identity of Trading Communities". En: Das, Veena; Gupta, Dipankar y Uberoi, Patricia (eds.). *Tradition, Pluralism and Identity*. Nueva Delhi: Sage, 1999.

— (2004a). *Alchemies of Violence. Myths of Identity and the Life of Trade in Western India*. Nueva Delhi: Sage, 2004.

— (2004b). "Sects and Indian Religions". En: Das, Veena (ed.). *Handbook of Indian Sociology*. Nueva Delhi: Oxford University Press, 2004.

Baechler, Jean (1988). *La Solution indienne. Essai sur les origines du système des castes*. París: PUF, 1988.

Bailey, Frederick G. (1957). *Caste and the Economic Frontier. A Village in Highland Orissa*. Manchester: Manchester University Press, 1957.

Bakker, P.; Hübschmannová, M.; Kalinin, V. y Kenrick, D. (2000). *What is the Romani Language?* Hatfield: University of Hertfordshire, 2000.

Bamshad, M.; Kivisild, T.; Watkins, S.; Dixon, M.; Ricker, C.; Rao, B.; Naidu, J.M.; Prasad, R.; Reddy, G.; Rasanayagam, A.; Papiha, S.; Villems, R.; Redd, A.; Hammer, M.; Nguyen, S.; Carroll, M.; Batzer, M. y Jorde, L.B. (2001). "Genetic Evidence on the Origins of Indian Caste Populations". En: *Genome Research 2001, 11*, págs. 994-1004.

Bandyopadhyay, Sekhar (1997). *Caste, Protest and Identity in Colonial India. The Namasudras of Bengal 1872-1947*. Londres: Curzon, 1997.

Banerjee-Dube, Ishita (2008). "Introduction. Questions of Caste". En: Banerjee-Dube, Ishita (ed.). *Caste in History*. Nueva Delhi: Oxford University Press, 2008.

Barber, Bernard (1968). "Social Mobility in Hindu India". En: Silverberg, J. (ed.). *Social Mobility in the Caste System in India*. La Haya: Mouton, 1968.

Barbosa, Duarte. Traducción al inglés anotada de Henry Stanley (1866) en: *A Description of the Coasts of East Africa and Malabar*. Nueva Delhi: Asian Educational Services, 1995.

Barnett, Stephen A. (1975). "Approaches to Changes in Caste Ideology in South India". En: Stein, Burton (ed.). *Essays on South India*. Nueva Delhi: Munshiram Manoharlal, 1997.

Basham, A.L. (1954; edición revisada: 1967). *The Wonder that Was India*. Calcuta: Rupa, 1981.

Basu, A.; Mukherjee, N.; Roy, S.; Sengupta, S.; Banerjee, S.; Chakraborty, M.; Dey, B.; Roy, M.; Roy, B.; Bhattacharyya, N.; Roychoudhury, S. y Majumder, P. (2003). "Ethnic India. A Genomic View, with Special Reference to Peopling and Structure". En: *Genome Research 2003, 13*, págs. 2.277-2.290.

Basu, Srimati (2005). "The Politics of Giving. Dowry and Inheritance as Feminist Issues". En: Basu, Srimati (ed.). *Dowry & Inheritance*. Nueva Delhi: Women Unlimited, 2005.

Baudhāyana-dharma-sūtra. Traducción al inglés e introducción de Georg Bühler (1882) en: *The Sacred Laws of the Aryas*, Part II. De la serie: "Sacred Books of the East", vol. 14. Delhi: Motilal Banarsidass, 1965.

Baviskar, Amita (2007). [Versión castellana: "Indigeneidades indias. Los compromisos adivasi con el nacionalismo hindú en la India". En: de la Cadena, Marisol y Starn, Orin (eds.). *Indigeneidades contemporáneas. Cultura, política y globalización*. Lima: IEP-IFEA, 2010.]

Bayly, Christopher A. (1998). *Origins of Nationality in South Asia*. Nueva Delhi: Oxford University Press, 1998.

Bayly, Susan (1989). *Saints, Goddesses and Kings. Muslims and Christians in South Indian Society, 1700-1900*. Cambridge: Cambridge University Press, 1989.

— (1999). *Caste, Society and Politics in India. From the Eighteen Century to the Modern Age*. Cambridge: Cambridge University Press, 1999.

Benke, Theodore (2010). *The Śūdrācāraśiromaṇi of Kṛṣṇa Śeṣa. A 16th Century Manual of Dharma for Śūdras*. Tesis doctoral no publicada presentada en la Universidad de Pennsylvania, 2010.
Benveniste, Émile (1969). *Le vocabulaire des institutions indo-européenes* (2 vols.). París: Éditions de Minuit, 1969.
Berreman, Gerald (1963). *Hindus of the Himalayas. Ethnography and Change*. Berkeley: University of California Press, 1963.
— (1979). *Caste and Other Inequities. Essays on Inequality*. Meerut: Folklore Institute, 1979.
Béteille, André (1965; edición revisada: 1996). *Caste, Class and Power. Changing Patterns of Stratification in a Tanjore Village*. Nueva Delhi: Oxford University Press, 2002.
— (1970). "Caste and Political Group Formation in Tamilnad". En: Kaviraj, Sudipta (ed.). *Politics in India*. Nueva Delhi: Oxford University Press, 1997.
— (1992). *Society and Politics in India. Essays in a Comparative Perspective*. Nueva Delhi: Oxford University Press, 1992.
— (2006). *Ideology and Social Science*. Nueva Delhi: Penguin, 2006.
Bhagavad-gītā. Traducción al castellano, introducción y notas de Fernando Tola (s/f) en: *Bhagavad Gītā. El canto del Señor*. Barcelona: Círculo de Lectores, 2000.
Bhāgavata-purāṇa. Traducción al inglés y notas de Ganesh V. Tagare (1978) en: *The Bhāgavata-purāṇa* (5 vols.). Delhi: Motilal Banarsidass, 1989.
Bharati, Agehananda (1965). *The Tantric Tradition*. Londres: Rider, 1992.
Bhatt, Anil (1970). "Caste and Political Mobilization in a Gujarat District". En Kothari, Rajni (ed.). *Caste in Indian Politics*. Hyderabad: Oriental Blackswan, 2010.
Bhattacharyya, Narendra N. (1975; edición revisada: 1996). *Ancient Indian Rituals and their Social Contents*. Nueva Delhi: Manohar, 1996.
Bhatty, Zarina (1976). "Status of Muslim Women and Social Change". En: Nanda, B.R. (ed.). *Indian Women. From Purdah to Modernity*. Nueva Delhi: Vikas, 1976.
— (1996). "Social Stratification Among Muslims in India". En: Srinivas, M.N. (ed.). *Caste. Its Twentieth Century Avatar*. Nueva Delhi: Viking, 1996.
Biardeau, Madeleine (1981). *L'hindouisme. Anthropologie d'une civilisation*. [Versión castellana: *El hinduismo. Antropología de una civilización*. Barcelona: Kairós, 2005.]
al-Bīrūnī. *Ta'rīkh al-Hind*. Traducción al inglés y notas de Edward Sachau (1910) en: *Alberuni's India*. Delhi: Low Price, 1989.
Blunt, Edward A.H. (1931). *The Caste System of Northern India*. Delhi: Isha Books, 2010.
Bouillier, Véronique y Tarabout, Gilles (2002). "Introduction". En: Bouillier, V. y Tarabout, G. (eds.). *Images du corps dans le monde hindou*. París: CNRS, 2002.
Bourdieu, Pierre (1999). [Versión castellana: *Intelectuales, política y poder*. Buenos Aires: Eudeba, 1999.]
Bṛihadāraṇyaka-upaniṣad. Traducción al castellano, introducción y notas de Félix Ilárraz y Òscar Pujol (2003) en: *La sabiduría del bosque. Antología de las principales upaniṣáds*. Madrid: Trotta, 2003.
Bṛihaspati-smṛiti. Traducción al inglés, introducción y notas de Julius Jolly (1889) en: *The Minor Law-Books*, Part I. De la serie: "Sacred Books of the East", vol. 33. Delhi: Motilal Banarsidass, 1965.
Bryant, Edwin (2001). *The Quest for the Origins of Vedic Culture. The Indo-Aryan Migration Debate*. Nueva Delhi: Oxford University Press, 2002.
Bulard, Martine (2008). *Chine, Inde. La course du dragon et de l'éléphant*. París: Fayard, 2008.
Bumiller, Elisabeth (1990). *May you be the Mother of a Hundred Sons. A Journey among the Women of India*. Nueva Delhi: Penguin, 1991.
Burghart, Richard (1990). "Ethnographers and Their Local Counterparts in India". En: Fardon, Richard (ed.). *Localizing Strategies. Regional Traditions of Ethnographic Writing*. Washington: Smithsonian Press, 1990.
Burra, Neera (1996). "Buddhism, Conversion and Identity. A Case Study of Village Mahars". En: Srinivas, M.N. (ed.). *Caste. Its Twentieth Century Avatar*. Nueva Delhi: Viking, 1996.

Butler, reverendo William (1871). *The Land of the Veda*. Nueva Delhi: Asian Educational Services, 2002.

de la Cadena, Marisol y Starn, Orin (2007). [Versión castellana: "Introducción". En: de la Cadena, Marisol y Starn, Orin (eds.). *Indigeneidades contemporáneas. Cultura, política y globalización*. Lima: IEP-IFEA, 2010.]

Campbell, Joseph (1962). *The Masks of God*. [Versión castellana: *Las máscaras de Dios* (4 vols.). Madrid: Alianza Editorial, 1991.]

Carter, Anthony (1974). *Elite Politics in Rural India. Political Stratification and Alliances in Western Maharashtra*. Cambridge: Cambridge University Press, 2007.

Cenkner, W. (1983). *A Tradition of Teachers. Shankara and the Jagadgurus Today*. Delhi: Motilal Banarsidass, 1983.

Chakrabarti, Dilip K. (1997). *Colonial Indology. Sociopolitics of the Ancient Indian Past*. Nueva Delhi: Munshiram Manoharlal, 1997.

Chakrabarty, Dipesh (1995). "Radical Histories and Question of Enlightenment Rationalism". En: Chaturvedi, Vinayak (ed.). *Mapping Subaltern Studies and the Postcolonial*. Londres: Verso, 2000.

Chakrabarty, Manas y Chakrabarty, Ruchita (2007). "Human Rights and Indian Democracy". En: Bhuimali, Anil (ed.). *Democracy and Human Rights*. Nueva Delhi: Serials, 2007.

Chakravarti, Uma (2003). *Gendering Caste. Through a Feminist Lens*. Calcuta: Stree, 2003.

— (2006). *Everyday Lives, Everyday Histories. Beyond the Kings and Brahmanas of "Ancient" India*. Nueva Delhi: Tulika Books, 2006.

Chanana, Devraj (1957). *L'esclavage dans l'Inde ancienne*. [Versión inglesa: *Slavery in Ancient India. As depicted in Pali and Sanskrit Texts*. Nueva Delhi: People's Publishing House, 1990.]

Chāndogya-upaniṣad. Traducción al castellano e introducción de Félix G. Ilárraz (1992) en: *Chandogya, Taittiriya, Aitareya y Kena Upanishades*. Benarés: Los Libros de Benarés, 1992.

Chatterjee, Partha (1993). *The Nation and Its Fragments. Colonial and Postcolonial Histories*. Princeton: Princeton University Press, 1993.

— (2008). [Versión castellana: *La nación en tiempo heterogéneo. Y otros estudios subalternos*. Buenos Aires: Siglo XXI, 2008.]

Chattopadhyaya, Brajadulal (2003). *Studying Early India. Archaeology, Texts, and Historical Issues*. Delhi: Permanent Black, 2003.

Chaudhuri, B.B. (2004). "*Adivasi* and *Aranyaka*. Reconsidering Some Characterizations of Their Polity and Economy in Pre-colonial and Colonial India". En: Chaudhuri, B.B. y Bandopadhyay, A. (eds.). *Tribes, Forest and Social Formation in Indian History*. Nueva Delhi: Manohar, 2004.

Chowdhry, Prem (2004). "Caste Panchayats and the Policing of Marriage in Haryana. Enforcing Kinship and Territorial Exogamy". En: Gupta, Dipankar (ed.). *Caste in Question. Identity or Hierarchy?* Nueva Delhi: Sage, 2004.

— (2011). "The Crisis of Masculinity in Haryana". En: VV.AA. *Daughters of Fire*. Bangalore: Streelekha, 2011.

Clémentin-Ojha, Catherine (2008). *Les chrétiens de l'Inde. Entre castes et Églises*. París: Albin Michel, 2008.

Cohn, Bernard S. (1987; edición revisada: 1988). *An Anthropologist among the Historians and Other Essays*. Nueva Delhi: Oxford University Press, 1990.

Constitution of India (1950; con la 92ª enmienda: 2004). *Pocket edition*. Nueva Delhi: Government of India, 2004.

Coomaraswamy, Ananda K. (1927). *History of Indian and Indonesian Art*. Nueva Delhi: Munshiram Manoharlal, 1972.

— (1915; edición revisada: 1957). *The Dance of Shiva. On Indian Art and Culture*. Nueva Delhi: Sagar, 1991.

Corbridge, S.; Harriss, J. y Jeffrey, C. (2013). *India Today. Economy, Politics & Society*. Cambridge: Polity, 2013.

Cordaux, R.; Aunger, R.; Bentley, G.; Nasidze, I.; Sirajuddin, S.M. y Stoneking, M. (2004). "Independent Origins of Indian Caste and Tribal Paternal Lineages". En: *Current Biology, vol. 14*, págs. 231-235.

Cort, John E. (2004). "Jains, Caste, and Hierarchy in North Gujarat". En: Gupta, Dipankar (ed.). *Caste in Question. Identity or Hierarchy?* Nueva Delhi: Sage, 2004.

Dalrymple, William (2009). *Nine Lives*. [Versión castellana: *Nueve vidas. En busca de lo sagrado en la India de hoy*. Barcelona: Kairós, 2010.]

Daniélou, Alain (1963; edición revisada 1976). *Les quatre sens de la vie*. Mónaco: Éditions du Rocher, 1992.

Das, Veena (1977; edición revisada: 1982). *Structure and Cognition. Aspects of Hindu Caste and Ritual*. Nueva Delhi: Oxford University Press, 1990.

— (1995). "The Anthropological Discourse on India". En: Khare, R.S. (ed.). *Caste, Hierarchy, and Individualism. Indian Critiques of Louis Dumont's Contributions*. Nueva Delhi: Oxford University Press, 2006.

Das, Veena y Uberoi, J.P.S. (1971). "Elementary Structure of Caste". En: Khare, R.S. (ed.). *Caste, Hierarchy, and Individualism. Indian Critiques of Louis Dumont's Contributions*. Nueva Delhi: Oxford University Press, 2006.

Dasam Granth. Traducción al inglés (parcial) e introducción de Surindar Singh Kohli (2001) en: *The Dasam Granth. The Second Scripture of the Sikhs written by Sri Guru Gobind Singh*. Nueva Delhi: Munshiram Manoharlal, 2005.

Davis Jr., Donald R. (2004). "Dharma in Practice. Ācāra and Authority in Medieval Dharmaśāstra". En: Olivelle, Patrick (ed.). *Dharma. Studies in its Semantic, Cultural and Religious History*. Delhi: Motilal Banarsidass, 2009.

— (2010). *The Spirit of Hindu Law*. Cambridge: Cambridge University Press, 2010.

Deleury, Guy (2000). *L'Inde. Continent rebelle*. París: Seuil, 2000.

Deliège, Robert (1993). *Le Système des castes*. París: PUF, 1993.

— (1994). "Caste Without a System. A Study of South Indian Harijans". En: Searle-Chatterjee, Mary y Sharma, Ursula (eds.). *Contextualising Caste*. Oxford: Blackwell, 1994.

— (2004). *Les castes en Inde aujourd'hui*. París: PUF, 2004.

— (2007). *Intouchables. Entre révoltes et intégration*. París: Albin Michel, 2007.

Deo, S.B. (1955). *History of Jaina Monachism*. Pune: Deccan College Dissertation Series, 1956.

Deshpande, Madhav M. (1995). "Vedic Aryans, Non-Vedic Aryans, and Non-Aryans". En: Trautmann, Thomas (ed.). *The Aryan Debate*. Nueva Delhi: Oxford University Press, 2005.

— (2006). "Changing Perspectives in the Sanskrit Grammatical Tradition and the Changing Political Configurations in Ancient India". En: Olivelle, Patrick (ed.). *Between the Empires. Society in India 300 BCE to 400 CE*. Nueva York: Oxford University Press, 2006.

Dhammapada. Traducción al castellano, introducción y estudio de Carmen Dragonetti (1964) en: *Dhammapada. La esencia de la sabiduría buddhista*. Barcelona: Círculo de Lectores, 2000.

Dickey, Sara (2010). "Anjali's Alliance. Class Mobility in Urban India". En: Mines, Diane y Lamb, Sarah (eds.). *Everyday Life in South Asia*. Bloomington: Indiana University Press, 2010 (edición revisada).

Dīgha-nikāya. Traducción al inglés y prefacios de T.W. y C.A.F. Rhys Davids (1899-1921) en: *Dialogues of the Buddha* (3 vols.). Londres: Pali Text Society, 1995.

Dirks, Nicholas B. (1987). *The Hollow Crown. Ethnohistory of an Indian Kingdom*. Cambridge: Cambridge University Press, 1987.

— (1990). "The Original Caste. Power, History and Hierarchy in South Asia". En: Marriott, McKim (ed.). *India through Hindu Categories*. Nueva Delhi: Sage, 1990.

— (1991). *Castes of Mind. Colonialism and the Making of Modern India.* Delhi: Permanent Black, 2002.
Doniger, Wendy (2009). *The Hindus. An Alternative History.* Nueva York: Penguin, 2009.
DRAE o *Diccionario de la Real Academia de la lengua Española.* Vigésima segunda edición (2 vols.). Madrid: Espasa Calpe, 2001.
Drèze, Jean y Sen, Amartya (2013). *An Uncertain Glory. India and its Contradictions.* Londres: Penguin, 2014.
Dube, Leela (2001). *Anthropological Explorations in Gender.* Nueva Delhi: Sage, 2001.
Dube, Saurabh (1993). "Authority and Discrimination in Everyday Life". En: Banerjee-Dube, Ishita (ed.). *Caste in History.* Nueva Delhi: Oxford University Press, 2008.
— (2003). *Genealogías del presente. Conversión, colonialismo, cultura.* México: Colegio de México, 2003.
Dubois, abad J.A. (1816). *Moeurs, institutions et cérémonies des peuples de l'Inde* [edición abreviada con postfacio de Alain Daniélou]. París: A.M. Métailié, 1985.
Dudley Jenkins, Laura (2003). *Identity and Identification in India. Defining the Disadvantaged.* Londres: Routledge Curzon, 2003.
— (2006). "Caste, Class and Islam. Boundaries of Backwardness in India". En: Hasnain, Nadeem (ed.). *Islam & Muslim Communities in South Asia.* Nueva Delhi: Serials, 2006.
Dumézil, Georges (1968-1973; edición revisada: 1986). *Mythe et Épopée I. L'idéologie des trois fonctions dans les épopées des peuples indo-européens.* París: Gallimard, 1995.
Dumont, Louis (1966; edición revisada: 1979). *Homo Hierarchicus. Le système des castes et ses implications.* París: Gallimard, 1979.
Dundas, Paul (1992). *The Jains.* Londres: Routledge, 1992.
Durán Velasco, José F. (2012). *El Islam frente a las otras religiones.* Córdoba: Almuzara, 2012.
Dushkin, Lelah (1972). "Scheduled Caste Politics". En: Mahar, J. Michael (ed.). *The Untouchables in Contemporary India.* Jaipur: Rawat, 1998.
Eaaswarkhanth, M.; Dubey, B.; Meganathan, P.R.; Ravesh, Z.; Khan, F.; Singh, L.; Thangaraj, K. y Haque, I. (2009). "Diverse genetic origin of Indian Muslims. Evidence from Autosomal STR loci". En: *Journal of Human Genetics,* junio nº 54(6), 2009, págs. 340-348.
Eaton, Richard M. (2000). *Essays on Islam and Indian History.* Nueva Delhi: Oxford University Press, 2002.
— (2003). "Introduction". En: Eaton, Richard M. (ed.). *India's Islamic Traditions, 711-1750.* Nueva Delhi: Oxford University Press, 2003.
— (2005). *A Social History of the Deccan, 1300-1700. Eight Indian Lives.* Cambridge: Cambridge University Press, 2005.
Eliade, Mircea (1976). *Histoire des croyances et des idées religieuses.* [Versión castellana: *Historia de las creencias y de las ideas religiosas* (4 vols.). Madrid: Ediciones Cristiandad, 1978.]
Eltschinger, Vincent (2012). *Caste and Buddhist Philosophy.* Delhi: Motilal Banarsidass, 2012.
Enterría, Álvaro (2006). *La India por dentro. Una guía cultural para el viajero.* Palma de Mallorca: Olañeta, 2006.
Eraly, Abraham (2000). *Gem in the Lotus. The Seeding of Indian Civilisation.* Nueva Delhi: Penguin, 2000.
Fabian, Johannes (1983). *Time and the Other. How Anthropology Makes its Object.* Nueva York: Columbia University Press, 1983.
Fawcett, F. (1901; edición revisada: 1915). *Nayars of Malabar.* Nueva Delhi: Asian Educational Services, 1990.
Feuerstein, G., Kak, S. y Frawley, D. (1995). *In Search of the Cradle of Civilization.* Wheaton: Quest Books, 1995.
Fitzgerald, Timothy (2005). "Problems with 'Religion' as a Category for Understanding Hinduism". En: Llewellyn, J.E. (ed.). *Defining Hinduism. A Reader.* Londres: Equinox, 2005.
Flood, Gavin (1996). *An Introduction to Hinduism.* Cambridge: Cambridge University Press, 1996.
— (2006). *The Tantric Body. The Secret Tradition of Hindu Religion.* Londres: I.B. Tauris, 2006.

Fonseca, Isabel (1995). *Bury Me Standing*. [Versión francesa: *Enterrez-moi debut. L'odyssée des tziganes*. París: Albin Michel, 2003.]
Fontanella-Khan, Amana (2013). *Pink Sari Revolution. A Tale of Women and Power in India*. Nueva York: W.W. Norton, 2013.
Frank, Andre Gunder (1998). *ReORIENT. Global Economy in the Asian Age*. Los Ángeles: University of California Press, 1998.
Fraser, Angus (1995). *The Gypsies*. [Versión castellana: *Los gitanos*. Barcelona: Ariel, 2005.]
French, Patrick (2011). *India. A Portrait*. [Versión castellana: *India*. Barcelona: Duomo, 2013.]
Fuller, Christopher J. (1976). *The Nayars Today*. Cambridge: Cambridge University Press, 1976.
— (1984). *Servants of the Goddess. The Priests of a South Indian Temple*. Cambridge: Cambridge University Press, 1984.
— (1992). *The Camphor Flame. Popular Hinduism and Society in India*. Princeton: Princeton University Press, 1992.
— (1996). "Introduction". En: Fuller, C.J. (ed.). *Caste Today*. Delhi: Oxford University Press, 1996.
— (2003). "Caste". En: Das, Veena (ed.). *The Oxford India Companion to Sociology and Social Anthropology*. Nueva Delhi: Oxford University Press, 2003.
Fürer-Haimendorf, Christoph von (1981). *Tribes of India. The Struggle for Survival*. Berkeley: University of California, 1981.
Gaborieau, Marc (2007). *Un autre islam. Inde, Pakistan, Bangladesh*. París: Albin Michel, 2007.
Gadgil, Madhav & Guha, Ramachandra (1995). *Ecology and Equity. The Use and Abuse of Nature in Contemporary India*. Londres: Routledge, 1995.
Gait, E.A. (1913). *Census of India, 1911. Volume I: India. Part I, Report*. Calcuta: Superintendent of Government Printing, 1913.
Galanter, Marc (1972). "The Abolition of Disabilities. Untouchability and the Law". En: Mahar, Michael M. (ed.). *The Untouchables in Contemporary India*. Jaipur: Rawat, 1998.
— (1992). *Law and Society in Modern India*. [Editado por Rajeev Dhavan.] Delhi: Oxford University Press, 1997.
— (1997). "Pursuing Equality. An Assessment of India's Policy of Compensatory Discrimination for Disadvantaged Groups". En: Kaviraj, Sudipta (ed.). *Politics in India*. Nueva Delhi: Oxford University Press, 1997.
Gandhi, M.K. (1925). *Satyāna prayogo athavā ātmakathā*. [Versión inglesa: *An Autobiography. The Story of my Experiments with Truth*. Boston: Beacon Press, 1993.]
— (1933). "Caste Must Go". En: Shah, Ghanshyam (ed.). *Caste and Democratic Politics in India*. Londres: Anthem Press, 2004.
Ganguly, Debjani (2005). *Caste, Colonialism and Counter-Modernity. Notes on a Postcolonial Hermeneutics of Caste*. Abingdon: Routledge, 2005.
García-Arroyo, Ana (2009). *Historia de las mujeres de la India*. Barcelona: Laertes, 2009.
Gautama-dharma-sūtra. Traducción al inglés e introducción de Georg Bühler (1879) en: *The Sacred Laws of the Aryas*, Part I. De la serie: "Sacred Books of the East", vol. 2. Delhi: Motilal Banarsidass, 1965.
Geertz, Clifford (2000). *Available Light*. [Versión castellana (parcial): *Reflexiones antropológicas sobre temas filosóficos*. Barcelona: Paidós, 2002.]
Ghurye, G.S. (1943; edición revisada: 1963). *The Scheduled Tribes*. Bombay: Popular Prakashan, 1963.
— (1932; edición revisada: 1969). *Caste and Race in India*. Bombay: Popular Prakashan, 1969.
Gil, Juan (1995). *La India y el Catay. Textos de la Antigüedad clásica y del Medievo occidental*. Madrid: Alianza Universidad, 1995.
Giridharadas, Anand (2011). *India Calling. An Intimate Portrait of a Nation's Remaking*. Nueva York: St. Martin's Griffin, 2011.

Goody, Jack (1996). *The East in the West*. [Versión francesa: *L'Orient en Occident*. París: Seuil, 1999.]

Guha, Ranajit (1983). *Elementary Aspects of Peasant Insurgency in Colonial India*. Nueva Delhi: Oxford University Press, 1992.

Guha, Sumit (1999). *Environment and Ethnicity in India, 1200-1991*. Cambridge: Cambridge University Press, 1999.

Gupta, Dipankar (2000). *Interrogating Caste. Understanding Hierarchy & Difference in Indian Society*. Nueva Delhi: Penguin, 2000.

— (2004). "Social Stratification". En: Das, Veena (ed.). *Handbook of Indian Sociology*. Nueva Delhi: Oxford University Press, 2004.

— (2009). *The Caged Phoenix. Can India Fly?* Nueva Delhi: Penguin, 2009.

Gupta, Dwarakanath (1999). *Socio-cultural History of an Indian Caste*. Nueva Delhi: Mittal, 1999.

Habib, Irfan (1976). "Jatts of Punjab and Sind". En: Singh, Harbans y Barrier, N. Gerald (eds.). *Punjab Past and Present. Essays in Honour of Dr. Ganda Singh*. Patiala: Punjabi University, 1976.

Hacker, Paul (1965). "Dharma im Hinduismus". [Versión inglesa: "Dharma in Hinduism". En: Olivelle, Patrick (ed.). *Dharma. Studies in its Semantic, Cultural and Religious History*. Delhi: Motilal Banarsidass, 2009.]

Halbfass, Wilhelm (1988). *India and Europe*. Delhi: Motilal Banarsidass, 1990.

— (1991). *Tradition and Reflection. Explorations in Indian Thought*. Delhi: Sri Satguru, 1992.

Hancock, Ian (2010). *Danger! Educated Gypsy. Selected Essays* [Edición de Dileep Karanth]. Hatfield: University of Hertfordshire, 2010.

Hanumanthan, K.R. (1997). "Evolution of Untouchability in Tamil Nadu up to AD 1600". En: Parasher-Sen, Aloka (ed.). *Subordinate and Marginal Groups in Early India*. Nueva Delhi: Oxford University Press, 2004.

Hardgrave, Robert (1970). "Political Participation and Primordial Solidarity. The Nadars of Tamilnad". En Kothari, Rajni (ed.). *Caste in Indian Politics*. Hyderabad: Oriental Blackswan, 2010 (edición revisada).

Hardiman, David (2006). *Histories for the Subordinated*. Delhi: Permanent Black, 2006.

Harris, Marvin (1983; edición revisada: 1987). *Cultural Anthropology*. Nueva York: Harper & Row, 1987.

Hart III, George L. (1975). "Ancient Tamil Literature. Its Scholarly Past and Future". En: Stein, Burton (ed.). *Essays on South India*. Nueva Delhi: Munshiram Manoharlal, 1997.

Hasan, Zoya (2009). *Politics of Inclusion. Castes, Minorities, and Affirmative Action*. Nueva Delhi: Oxford University Press, 2009.

Heesterman, Jan C. (1985). *The Inner Conflict of Tradition. Essays in Indian Ritual, Kingship, and Society*. Chicago: University of Chicago Press, 1985.

Hegel, G.W.F. (1840). *Vorlesungen über die philosophie der Geschichte*. [Versión castellana: *Lecciones sobre la filosofía de la historia universal*. Madrid: Alianza, 1980.]

Hellman-Rajanayagam, Dagmar (1995). "Is There a Tamil 'Race'?" En: Parasher-Sen, Aloka (ed.). *Subordinate and Marginal Groups in Early India*. Nueva Delhi: Oxford University Press, 2004.

Holdrege, Barbara A. (2004). "Dharma". En: Mittal, S. y Thursby, G. (eds.). *The Hindu World*. Abingdon: Routledge, 2007.

Hulin, Michel y Kapani, Lakshmi (1993). [Traducción castellana: "El hinduismo". En: Delumeau, Jean (ed.). *El hecho religioso*. Madrid: Alianza, 1995.]

Hussain, Monirul (2006). "Caste among Non-Hindu Indians. An Exploratory Study of Assamese Muslims". En: Hasnain, Nadeem (ed.). *Islam & Muslim Communities in South Asia*. Nueva Delhi: Serials, 2006.

Ibbetson, sir Denzil (1883). *Panjab Castes*. Lahore: Government Printing, 1916.

Ilaiah, Kancha (1996). *Why I Am Not a Hindu. A Sudra Critique of Hindutva Philosophy, Culture and Political Economy*. Calcuta: Samya, 2002.

— (2009). *Post -Hindu India. A Discourse on Dalit-Bahujan, Socio-Spiritual and Scientific Revolution*. Nueva Delhi: Sage, 2009.
Inden, Ronald B. (1990; edición revisada: 2000). *Imagining India*. Bloomington: Indiana University Press, 2000.
Isaacs, Harold R. (1972). "The Ex-Untouchables". En: Mahar, J. Michael (ed.). *The Untouchables in Contemporary India*. Jaipur: Rawat, 1998.
Jaffrelot, Christophe (1998). *La démocratie en Inde. Religion, caste et politique*. París: Fayard, 1998.
— (2003). *India's Silent Revolution. The Rise of the Lower Castes in North India*. Londres: Hurst, 2003.
— (2005). *Dr Ambedkar and Untouchability. Analysing and Fighting Caste*. Delhi: Permanent Black, 2005.
Jain, Pankaj (2011). *Dharma and Ecology of Hindu Communities*. Farnham: Ashgate, 2011.
Jaiswal, Suvira (1998). *Caste. Origin, Function and Dimensions of Change*. Nueva Delhi: Manohar, 2005.
Jaiswal, Tulika (2014). *Indian Arranged Marriages. A social psychological perspective*. Abingdon: Routledge, 2014.
Jayakar, Pupul (1980; edición revisada: 1989). *The Earth Mother*. Nueva Delhi: Penguin, 1989.
Jayaram, N. (1996). "Caste and Hinduism. Changing Protean Relationship". En: Srinivas, M.N. (ed.). *Caste. Its Twentieth Century Avatar*. Nueva Delhi: Viking, 1996.
Jakobsh, Doris R. (2003). *Relocating Gender in Sikh History. Transformation, Meaning and Identity*. Nueva Delhi: Oxford University Press, 2003.
Jātakas. Traducción al inglés a cargo de varios autores bajo la dirección de E.B. Cowell (1895) en: *The Jātaka or Stories of the Buddha's Former Births* (6 vols.). Delhi: Motilal Banarsidass, 1990.
Jha, Vivekanand (1987). "Caṇḍāla and the Origin of Untouchability". En: Parasher-Sen, Aloka (ed.). *Subordinate and Marginal Groups in Early India*. Nueva Delhi: Oxford University Press, 2004.
Jodhka, Surinder (2004). "Sikhism and the Caste Question. Dalits and their Politics in Contemporary Punjab". En: Gupta, Dipankar (ed.). *Caste in Question. Identity or Hierarchy?* Nueva Delhi: Sage, 2004.
Jodhka, Surinder y Shah, Ghanshyam (2010). "Comparative Contexts of Discrimination. Caste and Untouchability in South Asia". En: *Working Paper Series*, vol. IV, nº 05, 2010. Nueva Delhi: Indian Institute of Dalit Studies, 2010.
Juergensmeyer, Mark (1982). *Religion as Social Vision. The Movement against Untouchability in 20th Century Punjab*. Berkeley: University of California Press, 1982.
Kabīr. *Bījak*. Traducción al inglés, introducción y notas de Linda Hess y Shukdev Singh (1983) en: *The Bījak of Kabir*. Delhi: Motilal Banarsidass, 1986.
Kahle, Madayo y Mendoza, Julia (2011). "*Saṃsāra*, la doctrina de la transmigración en las *Upaniṣads* antiguas". En: Bernabé, A.; Kahle, M. y Santamaría, M.A. (eds.). *Reencarnación. La transmigración de las almas entre Oriente y Occidente*. Madrid: Abada, 2011.
Kailasapathy, K. (1987). "The Writings of the Tamil Siddhas". En: Schomer, Karine y McLeod, W.H. (eds.). *The Sants. Studies in a Devotional Tradition of India*. Delhi: Motilal Banarsidass, 1987.
Kalaydjieva, L.; Morar, B.; Chaix, R. y Tang, H. (2005). "A Newly Discovered Founder Population: the Roma/Gypsies". En: *BioEssays* 27.10, págs. 1084-1094.
Kakar, Sudhir (2008). "The Indian Psyche". En: Jahanbegloo, Ramin (2008). *India Revisited. Conversations on Contemporary India*. Nueva Delhi. Oxford University Press, 2008.
Kakar, Sudhir y Kakar, Katharina (2007). *The Indians. Portrait of a People*. Nueva Delhi: Penguin Books, 2009.
Kalpa-sūtra. Traducción al inglés e introducción de Hermann Jacobi (1884) en: *Gaina Sûtras* Part I. De la serie: "Sacred Books of the East", vol. 22. Delhi: Motilal Banarsidass, 1964.

Kane, Pandurang V. (1930-1941-1946-1953-1962). *History of Dharmaśāstra* (5 vols.). Pune: Bhandarkar Oriental Research Institute, 1993.

Kanthimathi, S.; Vijaya, M. y Ramesh, A. (2008). "Genetic Study of Dravidian Castes of Tamil Nadu". En: *Journal of Genetics,* vol. 87, nº 2, agosto 2008, págs. 175-179.

Karanth, G.K. (1996). "Caste in Contemporary Rural India". En: Srinivas, M.N. (ed.). *Caste. Its Twentieth Century Avatar*. Nueva Delhi: Viking, 1996.

— (2004). "Replication or Dissent? Culture and Institutions among 'Untouchable' Scheduled Castes in Karnataka". En: Gupta, Dipankar (ed.). *Caste in Question. Identity or Hierarchy?* Nueva Delhi: Sage, 2004.

Karlekar, Malavika (2004). "Domestic Violence". En: Das, Veena (ed.). *Handbook of Indian Sociology*. Nueva Delhi: Oxford University Press, 2004.

Karve, Irawati (1961). *Hindu Society. An Interpretation*. Pune: Deccan College, 1991.

Kathuria, Poonam (2011). "Women's Nyaya Samitis. A Gender Just Response to Violence against Women". En: VV.AA. *Daughters of Fire*. Bangalore: Streelekha, 2011.

Katz, Nathan y Goldberg, Ellen S. (2005). *Kashrut, Caste and Kabbalah. The Religious Life of the Jews of Cochin*. Nueva Delhi: Manohar, 2007.

Kaur Takhar, Opinderjit (2005). *Sikh Identity. An Exploration of Groups among Sikhs*. Aldershot: Ashgate, 2005.

Kauṭilya. *Artha-śāstra*. Traducción al inglés, introducción y estudio de R.P. Kangle (1963, 1972) en: *The Kauṭilīya Arthaśāstra* (3 vols.). Delhi: Motilal Banarsidass, 1986.

Kaviraj, Sudipta (1994). "On the Construction of Colonial Power". En: Kaviraj, Sudipta (ed.). *Politics in India*. Nueva Delhi: Oxford University Press, 1997.

— (1997a). "Introduction". En: Kaviraj, Sudipta (ed.). *Politics in India*. Nueva Delhi: Oxford University Press, 1997.

— (1997b). "Politics and Social Structure". En: Kaviraj, Sudipta (ed.). *Politics in India*. Nueva Delhi: Oxford University Press, 1997.

Keay, John (2000; edición revisada: 2003). *India. A History* (2 vols.). Londres: Folio Society, 2003.

Keane, David (2007). *Caste-based Discrimination in International Human Rights Law*. Aldershot: Ashgate, 2007.

Kenrick, Donald (2004). *Gypsies. From the Ganges to the Thames*. Hatfield: University of Hertfordshire, 2004.

Ketkar, Shridhar (1909). *The History of Caste in India*. Ithaca: Taylor & Carpenter, 1909.

Khare, R.S. (1992). "Food with Saints. An Aspect of Hindu Gastrosemantics". En: Khare, R.S. (ed.). *The Eternal Food. Gastronomic Ideas and Experiences of Hindus and Buddhists*. Delhi: Satguru, 1993.

— (1998). *Cultural Diversity and Social Discontent*. Nueva Delhi: Sage, 1998.

— (2004). "Anna". En: Mittal, S. y Thursby, G. (eds.). *The Hindu World*. Abingdon: Routledge, 2007.

Khilnani, Sunil (1997). *The Idea of India*. Nueva York: Farrar, Straus & Giroux, 1997.

Kinsley, David (1982; edición revisada: 1993). *Hinduism. A Cultural Perspective*. Englewood Cliffs: Prentice-Hall, 1982.

Kishwar, Madhu (1988). "Rethinking Dowry Boycott". En: Basu, Srimati (ed.). *Dowry & Inheritance*. Nueva Delhi: Women Unlimited, 2005.

— (2011). "Strategies for Combating the Culture of Dowry and Domestic Violence in India". En: VV.AA. *Daughters of Fire*. Bangalore: Streelekha, 2011.

Kivisild, T.; Rootsi, S.; Metspalu, M.; Mastana, S.; Kaldma, K.; Parik, J.; Metspalu, E.; Adojaan, M.; Tolk, H.-V.; Stepanov, V.; Gölge, M.; Usanga, E.; Papiha, S.S.; Cinnioglu, C.; King, R.; Cavalli-Sforza, L.; Underhill, P. y Villems, R. (2003). "The Genetic Heritage of the Earliest Settlers Persists Both in Indian Tribal and Caste Populations". En: *American Journal of Human Genetics,* nº 72, 2003, págs. 313-332.

Klass, Morton (1980; edición revisada: 1993). *Caste. The Emergence of the South Asian Social System*. Nueva Delhi: Manohar, 2004.

Klostermaier, Klaus (1989). *A Survey of Hinduism*. Nueva Delhi: Munshiram Manoharlal, 1990.

Kodoth, Praveena (2005). "Framing Custom, Directing Practices. Authority, Property and Matriliny under Colonial Law in Nineteenth-century Malabar". En: Mayaram, S.; Pandian, M.S.S. y Skaria, A. (eds.). *Muslims, Dalits and the Fabrications of History*. Oxford: Seagull, 2007.

— (2011). "Mainstreaming Marriage and Changing Traditions". En: VV.AA. *Daughters of Fire*. Bangalore: Streelekha, 2011.

Kolenda, Pauline (1978). *Caste in Contemporary India*. Menlo Park: Benjamin-Cummings, 1978.

Kosambi, Damodar D. (1965). *The Culture and Civilisation of Ancient India in Historical Outline*. Nueva Delhi: Vikas, 1997.

Kothari, Rajni (1994). "Rise of the Dalits and the Renewed Debate on Caste". En: Banerjee-Dube, Ishita (ed.). *Caste in History*. Nueva Delhi: Oxford University Press, 2008.

— (1997). "Caste and Modern Politics". En: Kaviraj, Sudipta (ed.). *Politics in India*. Nueva Delhi: Oxford University Press, 1997.

Kothari, Smitu (2001). "Sovereignity and Swaraj. Adivasi Encounters with Modernity and Majority". En: Grim, John A. (ed.). *Indigenous Traditions and Ecology*. Cambridge: Harvard University Press, 2001.

Kulke, Hermann (1976). "Kshatriyaization and Social Change. A Study in Orissa Setting". En: Pillai, S.D. (ed.). *Aspects of Changing India. Essays in Honour of Professor G.S. Ghurye*. Bombay: Popular Prakashan, 1976.

Laidlaw, James (1995). *Riches and Renunciation. Religion, Economy and Society Among the Jains*. Oxford: Oxford University Press, 1995.

Lal, B.B. (1997). *The Earliest Civilization of South Asia*. Nueva Delhi: Aryan Books, 1997.

Lambat, Ismail A. (1976). "A Study of Rural Muslims". En: Pillai, S.D. (ed.). *Aspects of Changing India. Essays in Honour of Professor G.S. Ghurye*. Bombay: Popular Prakashan, 1976.

Lannoy, Richard (1971). *The Speaking Tree. A Study of Indian Culture and Society*. Nueva Delhi: Oxford University Press, 1971.

Lariviere, Richard W. (2004). "Dharmaśāstra, Custom, 'Real Law' and 'Apocryphal' Smṛtis". En: Olivelle, Patrick (ed.). *Dharma. Studies in its Semantic, Cultural and Religious History*. Delhi: Motilal Banarsidass, 2009.

Leach, Edmund (1960). "Introduction. What Should We Mean by Caste?" En: Leach, Edmund (ed.). *Aspects of Caste in South India, Ceylon and North-West Pakistan*. Londres: Cambridge University Press, 1960.

Leslie, Julia (1991). "Suttee or *Satī*. Victim or Victor?" En: Leslie, Julia (ed.). *Roles and Rituals for Hindu Women*. Delhi: Motilal Banarsidass, 1992.

Liddle, Joanna y Joshi, Rama (1986). *Daughters of Independence. Gender, Caste and Class in India*. Nueva Delhi: Kali for Women, 1986.

Liṅga-purāṇa. Traducción al inglés y notas de J.L. Shastri (1973) en: *The Liṅga-purāṇa* (3 vols.). Delhi: Motilal Banarsidass, 1973.

Lingat, Robert (1967). *Les sources du droit dans le système traditionnel de l'Inde*. [Versión inglesa: *The Classical Law of India*. Nueva Delhi: Oxford University Press, 1998.]

Lipner, Julius (1998). *The Hindus. Their Religious Beliefs and Practices*. Londres: Routledge, 1998.

Lorenzen, David (1995). "Introduction. The Historical Vicissitudes of Bhakti Religion". En: Lorenzen, David N. (ed.). *Bhakti Religion in North India. Community Identity and Political Action*. Nueva Delhi: Manohar, 1996.

— (1996). *Praises to a Formless God. Nirguṇī Texts from North India*. Albany: State University of New York Press, 1996.

— (2004). "Bhakti". En: Mittal, S. y Thursby, G. (eds.). *The Hindu World*. Abingdon: Routledge, 2007.

— (2006). *Who Invented Hinduism? Essays on Religion in History*. Nueva Delhi: Yoda, 2006.

Luce, Edward (2007). *In Spite of the Gods. The Rise of Modern India*. Nueva York: Anchor Books, 2007.

Lum, Kathryn (2011). "Caste, Religion, and Community Assertion. A Case Study of the Ravidasias in Spain". Jacobsen, Knut y Myrvold, Kristina (eds.). *Sikhs in Europe. Migration, Identities and Representations*. Farnham: Ashgate, 2011.

Lynch, Owen M. (1972). "Dr. B.R. Ambedkar. Myth and Charisma". En: Mahar, J. Michael (ed.). *The Untouchables in Contemporary India*. Jaipur: Rawat, 1998.

Madan, T.N. (1994). "Louis Dumont and the Study of Society in India". En: Khare, R.S. (ed.). *Caste, Hierarchy, and Individualism. Indian Critiques of Louis Dumont's Contributions*. Nueva Delhi: Oxford University Press, 2006.

Mahābhārata. Traducción al inglés de Manmatha N. Dutt (1896) en: *The Mahabharata* (7 vols.). Delhi: Parimal Publications, 1994.

Mahadevan, T.M.P. (1956). *Outlines of Hinduism*. Bombay: Chetanna, 1956.

Mahānirvāṇa-tantra. Traducción al inglés y notas de sir John Woodroffe (1927) en: *The Great Liberation*. Madrás: Ganesh & Co., 1993.

Mahapatra, Sitakant (2008). *Ethnicity and State. Raghunath Murmu and Emergence of Jharkhand*. Nueva Delhi: UBSPD, 2008.

Mahar, Michael J. (1972). "Agents of Dharma in a North Indian Village". En: Mahar, J. Michael (ed.). *The Untouchables in Contemporary India*. Jaipur: Rawat, 1998.

Maillard, Chantal (2014). *India*. Valencia: Pre-Textos, 2014.

Maine, sir Henry S. (1917). *Ancient Law*. Londres: J.M. Dent & Sons, 1917.

Maiti, Narayan Chandra (2007). *Traditional Caste Panchayat and Aspects of Social Movement. A Micro-study in Eastern Midnapur*. Kolkata: R.N. Bhattacharya, 2007.

Majjhima-nikāya. Traducción al inglés, introducción y notas de B. Ñāṇamoli y B. Bodhi (1995) en: *The Middle Length Sayings Discourses of the Buddha*. Boston: Wisdom, 1995.

Malamoud, Charles (1989). *Cuire le Monde*. [Traducción inglesa: *Cooking the World. Ritual & Thought in Ancient India*. Nueva Delhi: Oxford University Press, 1996.]

Mallory, James P. (1989). *In Search of the Indo-Europeans. Language, Archaeology and Myth*. Nueva York: Thames & Hudson, 1989.

Maloney, Clarence (1974). *Peoples of South Asia*. Nueva York: Holt, Rinehart & Winston, 1974.

— (1975). "Archaeology in South India. Accomplishments and Prospects". En: Stein, Burton (ed.). *Essays on South India*. Nueva Delhi: Munshiram Manoharlal, 1997.

Mandelbaum, David G. (1968). "Family, *Jāti*, Village". En: Singer, Milton y Cohn, Bernard (eds.). *Structure and Change in Indian Society*. Jaipur: Rawat, 1996.

— (1970). *Society in India* (2 vols. en 1). Bombay: Popular Prakashan, 1972.

Mann, Gurinder Singh (2004). *Sikhism*. [Versión castellana: *El sijismo*. Madrid: Akal, 2007.]

Manor, James (2010). "Prologue. Caste and Politics in Recent Times". En Kothari, Rajni (ed.). *Caste in Indian Politics*. Hyderabad: Oriental Blackswan, 2010 (edición revisada).

Manu-smṛiti. Traducción al inglés, introducción y notas de Patrick Olivelle (2004) en: *The Law Code of Manu*. Oxford: Oxford University Press, 2004.

Markovits, Claude (ed.) (1994). *Histoire de l'Inde moderne. 1480-1950*. París: Fayard, 1994.

Marriott, McKim (1968a). "Multiple Reference in Indian Caste Systems". En: Silverberg, J. (ed.). *Social Mobility in the Caste System in India*. La Haya: Mouton, 1968.

— (1968b). "Caste Ranking and Food Transactions: A Matrix Analysis". En: Singer, Milton y Cohn, Bernard (eds.). *Structure and Change in Indian Society*. Jaipur: Rawat, 1996.

Matsya-purāṇa. Traducción al inglés, introducción y notas de H.H. Wilson (s/f) en: *The Matsyamahāpurāṇam* (2 vols.). Delhi: Nag Publishers, 1983.

Mayaram, Shail (2008). "The Sudra Right to Rule. Caste, Clan, Community, and State in Nineteenth-century Mewat". En: Banerjee-Dube, Ishita (ed.). *Caste in History*. Nueva Delhi: Oxford University Press, 2008.

Mayer, Adrian (1952). *Land and Society in Malabar*. Westport: Greenwood Press, 1974.

— (1960). *Caste and Kinship in Central India*. Berkeley: University of California Press, 1970.

— (1996). "Caste in an Indian Village. Change and Continuity 1954-1992". En: Fuller, C.J. (ed.). *Caste Today*. Delhi: Oxford University Press, 1996.

McGilvray, Dennis B. (1999). "Arabs, Moors and Muslims. Sri Lankan Muslim Ethnicity in Regional Perspective". En: Das, Veena; Gupta, Dipankar y Uberoi, Patricia (eds.). *Tradition, Pluralism and Identity*. Nueva Delhi: Sage, 1999.

McLeod, W. Hew (1995). *Historical Dictionary of Sikhism*. Nueva Delhi: Oxford University Press, 2002.

— (1997). *Sikhism*. Londres: Penguin, 1997.

— (2000). *Exploring Sikhism. Aspects of Sikh Identity, Culture, and Thought*. Nueva Delhi: Oxford University Press, 2003.

Mehta, Gita (1997). *Snakes and Ladders. A View of Modern India*. Londres: Minerva, 1997.

Mencher, Joan (1972). "Continuity and Change in an Ex-Untouchable Community of South India". En: Mahar, J. Michael (ed.). *The Untouchables in Contemporary India*. Jaipur: Rawat, 1998.

Mencher, Joan y Unni, K. Raman (1975). "Anthropological and Sociological Research in Kerala. Past, Present, and Future Directions". En: Stein, Burton (ed.). *Essays on South India*. Nueva Delhi: Munshiram Manoharlal, 1997.

Mendelsohn, Oliver (1993). "The Transformation of Authority in Rural India". En: Shah, Ghanshyam (ed.). *Caste and Democratic Politics in India*. Londres: Anthem Press, 2004.

Mendelsohn, Oliver y Vicziany, Marika (1998). *The Untouchables. Subordination, Poverty and the State in Modern India*. Cambridge: Cambridge University Press, 1998.

Mendizabal, I.; Lao, O.; Marigorta, U.; Wollstein, A.; Gusmão, L.; Ferak, V. et. al. (2012). "Reconstructing the Population History of European Romani from Genome-wide Data". En: *Current Biology*, vol. 22, n°24, págs. 2.342-2.349.

Mendizabal, I.; Valente, C.; Gusmão, A.; Alves, C.; Gomes, V.; Goios, A.; Parson, W.; Calafell, F.; Alvarez, L.; Amorim, A.; Gusmão, L.; Comas, D. y Prata M.J. (2010). "Reconstructing the Indian Origin and Dispersal of the European Roma: A Maternal Genetic Perspective". En: *PlosOne*, vol. 6, n°1, e15988.

Menon, Dilip (1999). "Being a Brahmin the Marxist Way. E.M.S. Nambudiripad and the Pasts of Kerala". En: Ali, Daud (ed.). *Invoking the Past. The Uses of History in South Asia*. Nueva Delhi: Oxford University Press, 1999.

Menon, Nivedita (2011). "Rethinking Institutions of Intimacy". En: VV.AA. *Daughters of Fire*. Bangalore: Streelekha, 2011.

Menski, Werner (1991). "Marital Expectations as Dramatized in Hindu Marriage Rituals". En: Leslie, Julia (ed.). *Roles and Rituals for Hindu Women*. Delhi: Motilal Banarsidass, 1992.

— (2007). "On *Vyavahāra*". En: *Indologica Taurinensia. The Journal of the International Association of Sanskrit Studies*, vol. XXXIII. Turín: Edizioni A.I.T., 2007.

Michelutti, Lucia (2004). "'We (Yadavs) are a Caste of Politicians'. Caste and Modern Politics in a North Indian Town". En: Gupta, Dipankar (ed.). *Caste in Question. Identity or Hierarchy?* Nueva Delhi: Sage, 2004.

Mill, James (1817). *The History of British India* (3 vols.). Nueva Delhi: Atlantic, 1990.

Mīmāṃsā-sūtra. Traducción al inglés de Mohan Lal Sandal (1925) en: *Mīmāṃsā Sūtras of Jaimini*. Delhi: Motilal Banarsidass, 1993.

Mines, Diane y Lamb, Sarah (2010). "Introduction". En: Mines, Diane y Lamb, Sarah (eds.). *Everyday Life in South Asia*. Bloomington: Indiana University Press, 2010 (edición revisada).

Moffat, Michael (1979). *An Untouchable Community in South India*. Princeton: Princeton University Press, 1979.

Monier-Williams, sir Monier (1883). *Religious Thought and Life in India*. Nueva Delhi: Oriental Books Reprint, 1974.

— (1899). *A Sanskṛit-English Dictionary*. Delhi: Motilal Banarsidass, 1970.

Moorjani, P.; Thangaraj, K.; Patterson, N.; Lipson, M.; Loh, P.-R.; Govindaraj, P.; Berger, B.; Reich, D. y Singh, L. (2013). "Genetic Evidence for Recent Population Mixture in India". En: *The American Journal of Human Genetics*, vol. 93, págs. 422-438.

Morrison, Kathleen D. (2002a). "Pepper in the Hills: Upland-Lowland Exchange and the Intensification of the Spice Trade". En: Morrison, Kathleen D. y Junker, Laura D. (eds.). *Forager-Traders in South and Southeast Asia*. Cambridge: Cambridge University Press, 2002.

— (2002b). "Introduction". En: Morrison, Kathleen D. y Junker, Laura D. (eds.). *Forager-Traders in South and Southeast Asia*. Cambridge: Cambridge University Press, 2002.

Mundadan, Mathias (2009). "Indigenization of the Church". En: Afonso, A.V. (ed.). *Indian Christianity*. De la serie: "History of Science, Philosophy and Culture in Indian Civilization", vol. VII, Part 6. Nueva Delhi: PHISPC, 2009.

Myrdal, Gunnar (1971). *Asian Drama. An Inquiry into the Poverty of Nations*. [Versión francesa: *Le drame de l'Asie. Enquête sur la pauvreté des nations*. París: Seuil, 1976.]

Nag, Kingshuk (2011). *Battleground Telangana. Chronicle of an Agitation*. Noida: HarperCollins, 2011.

Nandy, Ashis (2001). *Time Warps. The Insistent Politics of Silent and Evasive Pasts*. Delhi: Permanent Black, 2001.

Nārada-smṛiti. Traducción al inglés e introducción de Julius Jolly (1889) en: *The Minor Law-Books*. De la serie: "Sacred Books of the East", vol. 33. Delhi: Motilal Banarsidass, 1965.

Narayan, Badri (2004). "Inventing Caste History. Dalit Mobilisation and Nationalist Past". En: Gupta, Dipankar (ed.). *Caste in Question. Identity or Hierarchy?* Nueva Delhi: Sage, 2004.

Natrajan, Balmurli (2012). *The Culturalization of Caste in India. Identity in a Multicultural Age*. Oxon: Routledge, 2012.

Nave, Ari (2001). "Nested Identities. Ethnicity, Community and the Nature of Group Conflict in Mauritius". En: Bates, Crispin (ed.). *Community, Empire and Migration. South Asians in Diaspora*. Hyderabad: Orient Longman, 2001.

Nussbaum, Martha C. (2007). *The Clash Within. Democracy, Religious Violence and India's Future*. [Traducción al castellano: *India. Democracia y violencia religiosa*. Barcelona: Paidós, 2009.]

O'Hanlon, Rosalind (1985). *Caste, Conflict and Ideology. Mahatma Jotirao Phule and Low Caste Protest in Nineteenth-Century Western India*. Cambridge: Cambridge University Press, 1985.

Oldenburg, Veena Talwar (2002). *Dowry Murder. The Imperial Origins of a Cultural Crime*. Nueva York: Oxford University Press, 2002.

— (2011). "Don't call it Dowry, Call it Extortion". En: VV.AA. *Daughters of Fire*. Bangalore: Streelekha, 2011.

Olivelle, Patrick (1993). *The Āśrama System*. Nueva York: Oxford University Press, 1993.

— (1999). "Caste and Purity. A Study in the Language of the Dharma Literature". En: Das, Veena; Gupta, Dipankar y Uberoi, Patricia (eds.). *Tradition, Pluralism and Identity*. Nueva Delhi: Sage, 1999.

— (2004). "The Semantic History of Dharma. The Middle and Late Vedic Periods". En: Olivelle, Patrick (ed.). *Dharma. Studies in its Semantic, Cultural and Religious History*. Delhi: Motilal Banarsidass, 2009.

— (2006). "Explorations in the Early History of the Dharmaśāstra". En: Olivelle, Patrick (ed.). *Between the Empires. Society in India 300 BCE to 400 CE*. Nueva York: Oxford University Press, 2006.

Omvedt, Gail (1995). *Dalit Visions. The Anti-caste Movement and the Construction of an Indian Identity*. Hyderabad: Orient Longman, 1995.

— (2008). *Seeking Begumpura. The Social Vision of Anticaste Intellectuals*. Nueva Delhi: Navayana, 2008.
Oommen, George (2009). "Protestant Christianity in India". En: Afonso, A.V. (ed.). *Indian Christianity*. De la serie: "History of Science, Philosophy and Culture in Indian Civilization", vol. VII, Part 6. Nueva Delhi: PHISPC, 2009.
Osella, Filippo y Osella, Caroline (2000). *Social Mobility in Kerala. Modernity and Identity in Conflict*. Londres: Pluto Press, 2000.
— (2002). "Some Malayali Perspectives on Nature: Nurture". [Versión francesa: "Quelques points de vue sur l'inné et l'acquis au Kerala (Inde du Sud)". En: Bouillier, V. y Tarabout, G. (eds.). *Images du corps dans le monde hindou*. París: CNRS, 2002.
Palshikar, Suhas (2006). "Caste Politics Through the Prism of Region". En: Vora, R. y Feldhaus, A. (eds.). *Region, Culture, and Politics in India*. Nueva Delhi: Manohar, 2006.
Pañchaviṃśa-brāhmaṇa. Traducción al inglés anotada de W. Caland (1931) en: *Pañcaviṇśa Brāhmaṇa*. Delhi: Sri Satguru, 1982.
Pandey, Rajbali (1949; edición revisada: 1969). *Hindu Saṁskāras. Socio-Religious Study of the Hindu Sacraments*. Delhi: Motilal Banarsidass, 1976.
Pandian, Anand (2005). "Securing the Rural Citizen. The Anti-Kallar Movement of 1896". En: Banerjee-Dube, Ishita (ed.). *Caste in History*. Nueva Delhi: Oxford University Press, 2008.
Pandian, M.S.S. (2007). *Brahmin & Non-Brahmin. Genealogies of the Tamil Political Present*. Ranikhet: Permanent Black, 2008.
Pániker, Agustín (2001). *El jainismo. Historia, sociedad, filosofía y práctica*. Barcelona: Kairós, 2001.
— (2005). *Índika. Una descolonización intelectual*. Barcelona: Kairós, 2005.
— (2007). *Los sikhs. Historia, identidad y religión*. Barcelona: Kairós, 2007.
— (2011). *El sueño de Shitala. Viaje al mundo de las religiones*. Barcelona: Kairós, 2011.
— (2013). "La sociedad de castas". En: VV.AA. *Nuevas y viejas amenazas a los derechos en India. Derechos humanos, género y desarrollo*. San Sebastián: Calcuta Ondoan, 2013.
— (2014). "Bhimrao R. Ambedkar. Una nueva conciencia dalit". En: *Indialogs. Spanish Journal of Indian Studies*, vol. 1 (2014).
Panikkar, K.M. (1933). *Caste and Democracy*. Londres: Hogarth Press, 1933.
— (1955). *Hindu Society at the Crossroads*. Bombay: Asia Publishing House, 1967.
Panikkar, Raimon (2005). *Espiritualidad hindú. Sanātana dharma*. Barcelona: Kairós, 2005.
Panini, M.N. (1996). "The Political Economy of Caste". En: Srinivas, M.N. (ed.). *Caste. Its Twentieth Century Avatar*. Nueva Delhi: Viking, 1996.
Pantham, Thomas (2004). "The Indian Nation-State". En: Das, Veena (ed.). *Handbook of Indian Sociology*. Nueva Delhi: Oxford University Press, 2004.
Parasher-Sen, Aloka (1991). "'Foreigner' and 'Tribe' as Barbarian (*Mleccha*) in Early North India". En: Parasher-Sen, Aloka (ed.). *Subordinate and Marginal Groups in Early India*. Nueva Delhi: Oxford University Press, 2004.
— (2004). "Introduction". En: Parasher-Sen, Aloka (ed.). *Subordinate and Marginal Groups in Early India*. Nueva Delhi: Oxford University Press, 2004.
— (2006). "Naming and Social Exclusion. The Outcast and the Outsider". En: Olivelle, Patrick (ed.). *Between the Empires. Society in India 300 BCE to 400 CE*. Nueva York: Oxford University Press, 2006.
Parekh, Bhikhu (1989; edición revisada: 1999). *Colonialism, Tradition, and Reform. An Analysis of Gandhi's Political Discourse*. Nueva Delhi: Sage, 1999.
Parish, Steven (1996). "God-Chariots in a Garden of Castes. Hierarchy and Festival in a Hindu City". En: Mines, Diane y Lamb, Sarah (eds.). *Everyday Life in South Asia*. Bloomington: Indiana University Press, 2010 (edición revisada).
Parpola, Asko (1994). *Deciphering the Indus Script*. Cambridge: Cambridge University Press, 1994.

Parry, J.P. (1979). *Caste and Kingship in Kangra*. Londres: Routledge & Kegan Paul, 1979.

Paul, Babu (1998). "St. Thomas in India". En: Murali, S. (ed.). *South Indian Studies*. Delhi: B.R. Publishing, 1998.

Paz, Octavio (1995). *Vislumbres de la India*. Barcelona: Seix Barral, 1999.

Perez, Rosa Maria (2004). *Kings and Untouchables. A Study of the Caste System in Western India*. Nueva Delhi: Chronicle Books, 2005.

Pillai-Vetschera, Traude (1995). "The Impact of Christianity on the Mahars of Ahmednagar District". En: Sontheimer, Günther-Dietz (ed.). *Folk Culture, Folk Religion and Oral Traditions as a Component in Maharashtrian Culture*. Nueva Delhi: Manohar, 1995.

Plinio el Viejo. *Historia natural*. Traducción al castellano y notas de A. Fontán, I. García Arribas, E. del Barrio y M.L. Arribas (1998) en: *Historia natural*. Madrid: Gredos, 1998.

Pollock, Sheldon (2006). *The Language of the Gods in the World of Men. Sanskrit, Culture, and Power in Premodern India*. Ranikhet: Permanet Black, 2007.

Possehl, Gregory L. (2002). "Harappans and Hunters: Economic Interaction and Specialization in Prehistoric India". En: Morrison, Kathleen D. y Junker, Laura D. (eds.). *Forager-Traders in South and Southeast Asia*. Cambridge: Cambridge University Press, 2002.

Prabhu, Pradip (2001). "In the Eye of the Storm. Tribal Peoples of India". En: Grim, John A. (ed.). *Indigenous Traditions and Ecology*. Cambridge: Harvard University Press, 2001.

Prasad, Archana (2004). "Reinterpreting Tribal Livelihood Systems. Underdevelopment and the Local Political Economy in Central India, 1800-1940". En: Chaudhuri, B.B. y Bandopadhyay, A. (eds.). *Tribes, Forest and Social Formation in Indian History*. Nueva Delhi: Manohar, 2004.

Pujol, Òscar (2001). "Naturaleza y culto". En: Maillard, Chantal (ed.). *El árbol de la vida. La naturaleza en el arte y las tradiciones de la India*. Barcelona: Kairós, 2001.

— (2005). *Diccionari Sànscrit-Català*. Barcelona: Enciclopèdia Catalana, 2005.

Puri, Sunita (1993). *Advent of Sikh Religion. A Socio-Political Perspective*. Nueva Delhi: Munshiram Manoharlal, 1993.

Quigley, Declan (1993). *The Interpretation of Caste*. Oxford: Oxford University Press, 1993.

— (1994). "Is a Theory of Caste Still Possible?" En: Searle-Chatterjee, Mary y Sharma, Ursula (eds.). *Contextualising Caste*. Oxford: Blackwell, 1994.

Qur'ān. Edición, traducción al castellano y notas de Julio Cortés (1999) en: *El Corán*. Barcelona: Herder, 1999.

Racine, Josiane (1995). "Chanter la mort en Pays Tamoul. L'héritage reçu et le stigmate refusé". En: Champion, Catherine (ed.). *Traditions orales dans le monde indien*. De la serie: Puruṣārtha 18. París: École des Hautes Études en Sciences Sociales, 1996.

Radhakrishnan, Sarvepalli (1926). *The Hindu View of Life*. [Versión castellana: *La concepción hindú de la vida*. Madrid: Alianza, 1969.]

Raheja, Gloria Goodwin (1988). *The Poison in the Gift. Ritual, Prestation, and the Dominant Caste in a North Indian Village*. Chicago: University of Chicago Press, 1988.

Rai, N.; Chaubey, G.; Tamang, R.; Pathak, A.K.; Singh, V.K. *et al*. (2012). "The Phylogeography of Y-Chromosome Haplogroup H1a1a-M82 Reveals the Likely Indian Origin of the European Romani Populations". En: *PlosOne*, vol. 7, nº11, e48477.

Ramanujan, A.K. (1990). "Is there an Indian Way of Thinking? An Informal Essay". En: Marriott, McKim (ed.). *India through Hindu Categories*. Nueva Delhi: Sage, 1990.

Rāmāyaṇa. Edición, traducción al francés y notas bajo la dirección de Madeleine Biardeau (1999) en: *Le Rāmāyaṇa de Vālmīki*. París: Gallimard, 1999.

Rana, M.S. (2006). *India Votes. Lok Sabha & Vindhan Sabha Elections 2001-2005*. Nueva Delhi: Sarup & Sons, 2006.

Rao, Anupama (2009). *The Caste Question. Dalits and the Politics of Modern India*. Berkeley: University of California Press, 2009.

Rao, Aparna y Casimir, Michael J. (2003). "Movements of Peoples Nomads in India". En: Das, Veena (ed.). *The Oxford India Companion to Sociology and Social Anthropology*. Nueva Delhi: Oxford University Press, 2003.

Rao, Vijayendra y Ban, Radu (2007). "The Political Construction of Caste in South India". Londres: London School of Economics/The World Bank, 2007.

Rathnaiah, K. (1991). *Social Change among Malas. An Ex-Untouchable Caste in South India*. Nueva Delhi: Discovery Publishing House, 1991.

Ratnagar, Shereen (1991). *Enquiries into the Political Organization of Harappan Society*. Pune: Ravish, 1991.

Reddy, C. Subba (2010). *The Life of Hunting & Gathering Tribe in the Eastern Ghats*. Delhi: Kalpaz, 2010.

Reich, D.; Thangaraj, K.; Patterson, N.; Price, A. y Singh, L. (2009). "Reconstructing Indian Population History". *Nature*, vol. 461, septiembre 2009, págs. 489-495.

Rémignon, Isabelle (1995). "Un récit chanté du Marwar. La geste de Tejājī". En: Champion, Catherine (ed.). *Traditions orales dans le monde indien*. De la serie: Puruṣārtha 18. París: École des hautes études en sciences sociales, 1996.

Renou, Louis (1951). *L'hindouisme*. [Versión castellana: *El hinduismo*. Barcelona: Paidós, 1991.]

Richards, John F. (1993). *The Mughal Empire*. Nueva Delhi: Foundation Books, 1993.

Ṛig-veda. Traducción al inglés y notas de R.T.H. Griffith (1889, 1896) en: *The Hymns of the Ṛgveda*. Delhi: Motilal Banarsidass, 1973.

Risley, Herbert H. (1908; edición revisada: 1915). *The People of India*. Nueva Delhi: Asian Educational Services, 1999.

Robinson, Rowena (2003). *Christians of India*. Nueva Delhi: Sage, 2003.

Rodríguez, Sergio (2011). *Gitanidad. Otra manera de ver el mundo*. Barcelona: Kairós, 2011.

Rogerius, Abraham (1640) [1909]. [Traducción parcial al inglés en: "Hindu Manners and Customs as Described by the Dutch Missionary Abraham Roger". En: Jackson, Williams (ed.). History of India. Vol. IX: Historic Accounts of India by Foreign Travellers, Classic, Oriental, and Occidental. Nueva York: Cosimobooks, 2008.]

Roy, Arundhati (1997). *The God of Small Things*. [Versión castellana: *El dios de las pequeñas cosas*. Barcelona: Anagrama, 1998.]

Roy, Asim (1998). "Islamization in South Asia with Special Reference to the Bengali-Speaking Region". En: Oddie, Geoffrey (ed.). *Religious Traditions in South Asia*. Richmond: Curzon, 1998.

Roy Burman, B.K. (1993). "Tribal Populations Interface of History, Ecology and Political Economy". En: Miri, M. (ed.). *Continuity and Change in Tribal Society*. Shimla: Indian Institute of Advanced Study, 1993.

Rudolph, Lloyd y Rudolph, Susanne H. (1969). *The Modernity of Tradition. Political Development in India*. Hyderabad: Orient Longman, 1969.

— (2008). *Explaining Indian Democracy. The Realm of Ideas*. Nueva Delhi: Oxford University Press, 2008.

Russell, R.V. y Lal, R.B.H. (1916). *The Tribes and Castes of the Central Provinces of India* (4 vols.). Londres: Macmillan, 1916.

Sabharwal, Gopa (2006). *Ethnicity and Class. Social Divisions in an Indian City*. Nueva Delhi: Oxford University Press, 2006.

Sahay, Gaurang R. (2004). "Hierarchy, Difference and the Caste System. A Study of Rural Bihar". En: Gupta, Dipankar (ed.). *Caste in Question. Identity or Hierarchy?* Nueva Delhi: Sage, 2004.

Sahoo, S.; Singh, A.; Himabindu, G.; Banerjee, J.; Sitalaximi, T.; Gaikwad, S.; Trivedi, R.; Endicott, P.; Kivisild, T.; Metspalu, M.; Villems, R. y Kashyap V.K. (2006). "A Prehistory of Indian Y Chromosomes: Evaluating Demic Diffusion Scenarios". En: *PNAS* [Proceedings of the Mational Academy of Sciences], vol. 103, nº 4, págs. 843-848.

Samarendra, Padmanabh (2008). "Between Number and Knowledge. Career of Caste in Colonial Census". En: Banerjee-Dube, Ishita (ed.). *Caste in History*. Nueva Delhi: Oxford University Press, 2008.

Sangharakshita (1986). *Ambedkar and Buddhism*. Delhi: Motilal Banarsidass, 2006.

Śaṅkara. *Brahma-sūtra-bhāṣya*. Traducción e introducción al castellano de Consuelo Martín (2000) en: *Brahma-Sūtras. Con los comentarios Advaita de Śankara*. Madrid: Trotta, 2000.

Śāṅkhāyana-gṛhya-sūtra. Traducción al inglés e introducción de Hermann Oldenberg (1886) en: *The Grihya-Sûtras. Rules for Vedic Domestic Ceremonies*. De la serie: "Sacred Books of the East", vol. 29. Delhi: Motilal Banarsidass, 1989.

Śatapatha-brāhmaṇa. Traducción al inglés e introducción de Julius Eggeling (1882) en: *The Shatapatha Brahmana*. De la serie: "Sacred Books of the East", vols. 12, 26, 41, 43, 44. Delhi: Motilal Banarsidass, 1989.

Saradamoni, G. (1999). *Matriliny Transformed. Family, Law and Ideology in Twentieth Century Travancore*. Nueva Delhi: Sage, 1999.

Schaller, Joseph (1995). "Sanskritization, Caste Uplift and Social Dissidence in the Sant Ravidās Panth". En: Lorenzen, David N. (ed.). *Bhakti Religion in North India. Community Identity and Political Action*. Nueva Delhi: Manohar, 1996.

Schomer, Karine (1987). "The Sant Tradition in Perspective". En: Schomer, Karine y McLeod, W.H. (eds.). *The Sants. Studies in a Devotional Tradition of India*. Delhi: Motilal Banarsidass, 1987.

Schouten, J.P. (1995). *Revolution of the Mystics. On the Social Aspects of Vīraśaivism*. Delhi: Motilal Banarsidass, 1995.

Schuon, Frithjof (1982). *Castes et Races*. [Versión castellana: *Castas y razas*. Palma de Mallorca: Olañeta, 1983.]

Searle-Chatterjee, Mary (1981). *Reversible Sex Roles. The Special Case of the Benares Sweepers*. Oxford: Pergamon, 1981.

Searle-Chatterjee, Mary y Sharma, Ursula (1994). "Introduction". En: Searle-Chatterjee, Mary y Sharma, Ursula (eds.). *Contextualising Caste*. Oxford: Blackwell, 1994.

Sengupta, S.; Zhivotovsky, L.; King, R.; Mehdi, S.Q.; Edmonds, C.; Chow, C.-E.; Lin, A.; Mitra, M.; Sil, S.; Ramesh, A.; Usha Rani, M.V.; Thakur, C.; Cavalli-Sforza, L.L.; Majumder, P. y Underhill, P. (2006). "Polarity and Temporality of High-Resolution Y-Chromosome Distributions in India Identify Both Indigenous and Exogenous Expansions and Reveal Minor Genetic Influence of Central Asian Pastoralists". En: *The American Journal of Human Genetics*, vol. 78, págs. 202-221.

Sergent, Bernard (1995). *Les Indo-Européens. Histoire, langues, mythes*. París: Payot, 1995.

— (1997). *Genèse de l'Inde*. París: Payot, 1997.

Service, Elman (1975). *Origins of the State and Civilization*. Nueva York: W.W. Norton, 1975.

Śeṣa, Kṛiṣṇa. *Śūdrāchāra-śiromaṇi*. Traducción e introducción de Theodore Benke (2010) en: *The Śūdrācāraśiromaṇi of Kṛṣṇa Śeṣa. A 16th Century Manual of Dharma for Śūdras*. Tesis doctoral no publicada presentada en la Universidad de Pennsylvania, 2010.

Seymour, Susan C. (1999). *Women, Family, and Child Care in India*. Cambridge: Cambridge University Press, 1999.

Shah, Ghanshyam (1991). "Social Backwardness and the Politics of Reservations". En: Shah, Ghanshyam (ed.). *Caste and Democratic Politics in India*. Londres: Anthem Press, 2004.

— (2003). "Introduction: Caste and Democratic Politics". En: Shah, Ghanshyam (ed.). *Caste and Democratic Politics in India*. Londres: Anthem Press, 2004.

— (2004). *Social Movements in India*. Nueva Delhi: Sage, 2004.

Shah, Ghanshyam; Mander, Harsh; Thorat, Sukhadeo; Deshpande, Satish y Baviskar, Amita (2006). *Untouchability in Rural India*. Nueva Delhi: Sage, 2006.

Shani, Ornit (2007). *Communalism, Caste and Hindu Nationalism*. Cambridge: Cambridge University Press, 2007.

Shapiro, Michael y Schiffman, Harold (1981). *Language and Society in South Asia*. Delhi: Motilal Banarsidass, 1981.

Sharma, R.S. (1958; edición revisada: 1990). *Śūdras in Ancient India*. Delhi: Motilal Banarsidass, 1990.

Sharma, Sohan Lal (2008). *Emerging Tribal Identity. A Study of Minas of Rajasthan*. Jaipur: Rawat, 2008.

Sharma, Ursula (1994). "Dowry in North India. Its Consequences for Women". En: Basu, Srimati (ed.). *Dowry & Inheritance*. Nueva Delhi: Women Unlimited, 2005.

Sheth, D.L. (1999). "Caste and Class: Social Reality and Political Representations". En: Shah, Ghanshyam (ed.). *Caste and Democratic Politics in India*. Londres: Anthem Press, 2004.

— (2008). "Caste in Modern India". En: Jahanbegloo, Ramin (2008). *India Revisited. Conversations on Contemporary India*. Nueva Delhi. Oxford University Press, 2008.

Shukra, A. (1994). "Caste. A Personal Perspective". En: Searle-Chatterjee, Mary y Sharma, Ursula (eds.). *Contextualising Caste*. Oxford: Blackwell, 1994.

Sikh Rahit Maryādā. Traducción al inglés de la versión oficial del SGPC a cargo de Kulraj Singh (1997) en: http://www.sgpc.net/sikhism/sikh-dharma-manual.html

Singer, Milton (1968). "The Indian Joint Family in Modern Industry". En: Singer, Milton y Cohn, Bernard (eds.). *Structure and Change in Indian Society*. Jaipur: Rawat, 1996.

Singh, Darshan (1981). *A Study of Bhakta Ravidāsa*. Patiala: Punjabi University, 1996.

Singh, Ekta (2003). *Caste System in India. A Historical Perspective*. Delhi: Kalpaz, 2009.

Singh, K.S. (1992; edición revisada: 2002a). *People of India: Introduction*. Nueva Delhi: Oxford University Press, 2002.

— (1993; edición revisada: 1995). *The Scheduled Castes*. Nueva Delhi: Oxford University Press, 1995.

— (1994). *The Scheduled Tribes*. Delhi: Oxford University Press, 1997.

— (ed.) (2002). *People of India. Volume XXVII: Kerala* (3 vols.). Nueva Delhi: Anthropological Survey of India/Affiliated East-West Press, 2002.

Singh, Kumar Sanjay (2009). "Conceptualising Religious Change Amongst Bhils of West Nimar". En: Kumar, D. y Sunny, Y. (eds.). *Proselytisation in India. The Process of Hinduisation in Tribal Societies*. Delhi: Aakar, 2009.

Smith, Brian K. (1989). *Reflections on Resemblance, Ritual and Religion*. Nueva York: Oxford University Press, 1989.

— (1994). *Classifying the Universe. The Ancient Indian* Varṇa *System and the Origins of Caste*. Nueva York: Oxford University Press, 1994.

Snaitang, O.L. (2009). "Christianity in Northeast India". En: Afonso, A.V. (ed.). *Indian Christianity*. De la serie: "History of Science, Philosophy and Culture in Indian Civilization", vol. VII, Part 6. Nueva Delhi: PHISPC, 2009.

Sorrentino-Holden, Livia (2002). "Consommation rituelle et consommation physique". En: Bouillier, V. y Tarabout, G. (eds.). *Images du corps dans le monde hindou*. París: CNRS, 2002.

Spivak, Gayatri Chakravorty (1988). "Can the Subaltern Speak?". En: Williams, Patrick y Chrisman, Laura (eds.). *Colonial Discourse and Post-Colonial Theory. A Reader*. Nueva York: Columbia University Press, 1994.

Srinivas, M.N. (1952). *Religion and Society among the Coorgs of South India*. Nueva Delhi: Oxford University Press, 2003.

— (1976). *The Remembered Village*. Berkeley: University of California Press, 1980.

— (1966; edición revisada: 1977). *Social Change in Modern India*. Hyderabad: Orient Longman, 1995.

— (1984). "Some Reflections on the Nature of Caste Hierarchy". En: Khare, R.S. (ed.). *Caste, Hierarchy, and Individualism. Indian Critiques of Louis Dumont's Contributions*. Nueva Delhi: Oxford University Press, 2006.

— (1996a). *Village, Caste, Gender and Method. Essays in Indian Social Anthropology*. Delhi: Oxford University Press, 1996.
— (1996b). "Introduction". En: Srinivas, M.N. (ed.). *Caste. Its Twentieth Century Avatar*. Nueva Delhi: Viking, 1996.
Stern, Robert W. (1993; edición revisada: 2003). *Changing India. Bourgeois Revolution on the Subcontinent*. Cambridge: Cambridge University Press, 2003.
Sundar, Nandini (2009). "Adivasi vs. Vanavasi. The Politics of Conversion in Central India". En: Kumar, D. y Sunny, Y. (eds.). *Proselytisation in India. The Process of Hinduisation in Tribal Societies*. Delhi: Aakar, 2009.
Sundararajan, K.R. (1989). "The Ideal of the Perfect Life: *The Rāmāyaṇa*". En: Sivaraman, Krishna (ed.). *Hindu Spirituality. Vedas Through Vedanta*. Delhi: Motilal Banarsidass, 1995.
Sutta-nipāta. Traducción al inglés, introducción y notas de K.R. Norman (1995) en: *The Group of Discourses*, vol. II. Oxford: Pali Text Society, 1995.
Tagore, Rabindranath (1917). *Nationalism*. Nueva Delhi: Rupa, 1994.
Taittirīya-upaniṣad. Traducción al castellano e introducción de Félix G. Ilárraz (1992) en: *Chandogya, Taittiriya, Aitareya y Kena Upanishades*. Benarés: Los Libros de Benarés, 1992.
Tamang, R.; Singh, L. y Thangaraj, K. (2012). "Complex Genetic Origin of Indian Populations and its Implications". *Journal of Biosciences* nº37(5), noviembre 2012, págs. 911-919.
Tambiah, Stanley J. (1996). *Leveling Crowds. Ethnonationalist Conflicts and Collective Violence in South Asia*. Nueva Delhi: Vistaar, 1997.
Tandon, Prakash (1961). *Punjabi Century. 1857-1947*. Berkeley: University of California, 1968.
Tardan-Masquelier, Ysé (2007). *Un milliard d'hindous. Histoire, croyances, mutations*. París: Albin Michel, 2007.
Tartakov, Gary (2003). "B.R. Ambedkar and the Navayana Diksha". En: Robinson, Rowena y Clarke, Sathianathan (eds.). *Religious Conversion in India. Modes, Motivations, and Meanings*. Nueva Delhi: Oxford University Press, 2003.
Thanseem, I.; Kumarasamy, T.; Chaubey, G.; Singh, V.K.; Bhaskar, L.; Reddy, B.M.; Reddy, A.G. y Singh, L. (2006). "Genetic Affinities Among the Lower Castes and Tribal Groups in India: Inference from Y Chromosome and mitochondrial DNA". *Biomedcentral (BMC) Genetics 7:42*.
Thapar, Romila (1978; edición revisada: 1984). *Ancient Indian Social History*. Hyderabad: Orient Longman, 1984.
— (1989). "Syndicated Hinduism". En: Sontheimer, Günter-Dietz y Kulke, Hermann (eds.). *Hinduism Reconsidered*. Nueva Delhi: Manohar 1997.
— (1992). *Interpreting Early India*. Nueva Delhi: Oxford University Press, 2000.
Tharamangalam, Joseph (1996). "Caste Among Christians in India". En: Srinivas, M.N. (ed.). *Caste. Its Twentieth Century Avatar*. Nueva Delhi: Viking, 1996.
Thekaekara, Mari Marcel (1999). *Endless Filth. The Saga of the Bhangis*. Londres: Zed Books, 2003.
Thomas, Lalitha (2009). "Quotidian Life of the Tamil Catholics". En: Afonso, A.V. (ed.). *Indian Christianity*. De la serie: "History of Science, Philosophy and Culture in Indian Civilization", vol. VII, Part 6. Nueva Delhi: PHISPC, 2009.
Thomas, Nicholas (1994). *Colonialism's Culture. Anthropology, Travel and Government*. Princeton: Princeton University Press, 1994.
Thurston, Edgar (1909). *Castes and Tribes of Southern India* (7 vols.). Madrás: Government Press, 1909.
Trautmann, Thomas R. (1981; edición revisada: 1995). *Dravidian Kinship*. Nueva Delhi: Vistaar, 1995.
— (1997). *Aryans and British India*. Nueva Delhi: Vistaar, 1997.
— (2005). "Constructing the Racial Theory of Indian Civilization". En: Trautmann, Thomas (ed.). *The Aryan Debate*. Nueva Delhi: Oxford University Press, 2005.

Uberoi, Patricia (2004). "The Family in India". En: Das, Veena (ed.). *Handbook of Indian Sociology*. Nueva Delhi: Oxford University Press, 2004.

Unnithan-Kumar, Maya (1994). "Girasias and the Politics of Difference in Rajasthan: 'Caste', Kinship and Gender in a Marginalised Society". En: Searle-Chatterjee, Mary y Sharma, Ursula (eds.). *Contextualising Caste*. Oxford: Blackwell, 1994.

— (1997). "Girasia Brideprice and the Politics of Marriage Payments". En: Basu, Srimati (ed.). *Dowry & Inheritance*. Nueva Delhi: Women Unlimited, 2005.

Urban, Hugh B. (2010). *The Power of Tantra. Religion, Sexuality, and the Politics of South Asian Studies*. Londres: I.B. Tauris, 2010.

Uttarādhyayana-sūtra. Traducción al inglés e introducción de Hermann Jacobi (1895) en: *Gaina Sûtras,* Part II. De la serie: "Sacred Books of the East", vol. 45. Delhi: Motilal Banarsidass, 1964.

Vanita, Ruth (2005). *Gandhi's Tiger and Sita's Smile. Essays on Gender, Sexuality and Culture*. Nueva Delhi: Yoda, 2005.

Varenne, Jean (1990). [Versión castellana: "La India y lo sagrado". En: Ries, J. (ed.). *Tratado de antropología de lo sagrado*, vol. 2. Madrid: Trotta, 1995.]

Varma, Pavan K. (2005). *Being Indian. Inside the Real India*. Londres: Arrow Books, 2005.

Varshney, Ashutosh (2000). "Is India Becoming More Democratic?" En: Banerjee-Dube, Ishita (ed.). *Caste in History*. Nueva Delhi: Oxford University Press, 2008.

Vasiṣtha-dharma-sūtra. Traducción al inglés e introducción de Georg Bühler (1882) en: *The Sacred Laws of the Aryas*, Part II. De la serie: "Sacred Books of the East", vol. 14. Delhi: Motilal Banarsidass, 1965.

Vātsyāyana. *Kāma-sūtra*. Traducción al inglés e introducción de Alain Daniélou (1994) en: *The Complete Kāma Sūtra*. Rochester: Park Street Press, 1994.

Vaudeville, Charlotte (1959). *Au cabaret de l'amour*. París: Gallimard, 1959.

— (1987). "*Sant Mat*. Santism as the Universal Path to Sanctity". En: Schomer, Karine y McLeod, W.H. (eds.). *The Sants. Studies in a Devotional Tradition of India*. Delhi: Motilal Banarsidass, 1987.

Veer, Peter van der (1989). "The Concept of the Ideal Brahman as an Indological Construct". En: Sontheimer, G.-D. y Kulke, H. (eds.). *Hinduism Reconsidered*. Nueva Delhi: Manohar, 1997.

— (2001). *Imperial Encounters. Religion and Modernity in India and Britain*. Princeton: Princeton University Press, 2001.

Vertovec, Steven (1989). "Hinduism in Diaspora. The Transformation of Tradition in Trinidad". En: Sontheimer, G.-D. y Kulke, H. (eds.). *Hinduism Reconsidered*. Nueva Delhi: Manohar, 1997.

Viṣṇu-purāṇa. Traducción al inglés, introducción y notas de H.H. Wilson (1840) en: *The Visnu Purana* (2 vols.). Delhi: Nag Publishers, 1980.

Viṣṇu-smṛiti. Traducción al inglés, introducción y notas de Julius Jolly (1880) en: *The Institutes of Vishnu*. De la serie: "Sacred Books of the East", vol. 7. Delhi: Motilal Banarsidass, 1965.

Visvanathan, Shiv (2011). "Dowry. Beyond the Sociology of Despair". En: VV.AA. *Daughters of Fire*. Bangalore: Streelekha, 2011.

Vora, Rajendra (2006). "The Hindi Heartland. A Region Sacred to Hindus and Muslims". En: Vora, R. y Feldhaus, A. (eds.). *Region, Culture, and Politics in India*. Nueva Delhi: Manohar, 2006.

Wagle, N.K. (1989). "Hindu-Muslim Interactions in Medieval Maharashtra". En: Sontheimer, G.-D. y Kulke, H. (eds.). *Hinduism Reconsidered*. Nueva Delhi: Manohar, 1997.

Walker, Anthony (1998). *Between Tradition and Modernity. And Other Essays on the Toda of South India*. Delhi: B.R. Publishing, 1998.

Weber, Max (1920). *Gesammelte Aufsätze zur Religionssoziologie*. [Versión castellana: *Ensayos sobre sociología de la religión* (3 vols.). Madrid: Taurus, 1998.]

Weiner, Myron (2004). "Migration". En: Das, Veena (ed.). *Handbook of Indian Sociology*. Nueva Delhi: Oxford University Press, 2004.

Wezler, Albrecht (1999). "Dharma in the Veda and the Dharmaśāstras". En: Olivelle, Patrick (ed.). *Dharma. Studies in its Semantic, Cultural and Religious History*. Delhi: Motilal Banarsidass, 2009.

Wilson, William Julius (1978). *The Declining Significance of Race. Blacks and Changing American Institutions*. Chicago: Chicago University Press, 1978.

Wiser, William H. (1936; edición revisada: 1958). *The Hindu Jajmani System*. Delhi: Koshal, 1999.

Witzel, Michael (2006). "Brahmanical Reactions to Foreign Influences and to Social and Religious Change". En: Olivelle, Patrick (ed.). *Between the Empires. Society in India 300 BCE to 400 CE*. Nueva York: Oxford University Press, 2006.

Woerkens, Martine van (2010). *Nous ne sommes pas de fleurs. Deux siècles de combats féministes en Inde*. París: Albin Michel, 2010.

Xaxa, Virginius (2003). "Tribes in India". En: Das, Veena (ed.). *The Oxford India Companion to Sociology and Social Anthropology*. Nueva Delhi: Oxford University Press, 2003.

— (2009). "Tribes, Conversion and the Sangh Parivar". En: Kumar, D. y Sunny, Y. (eds.). *Proselytisation in India. The Process of Hinduisation in Tribal Societies*. Delhi: Aakar, 2009.

Yājñavalkya-smṛiti. Traducción al inglés con el comentario de Vijñaneśvara (*Mitākṣarā*) por Rai Bahadur Srisa Chandra Vidyarnava (1918) en: *Yajnavalkya Smriti*. De la serie: "Sacred Books of the Hindus", vol. 21. Allahabad: Panini Office, 1918.

Younger, Paul (1995). *The Home of Dancing Śivaṉ. The Traditions of the Hindu Temple in Citamparam*. Nueva York: Oxford University Press, 1995.

Zaehner, R.C. (1962). *Hinduism*. Londres: Oxford University Press, 1962.

Zelliot, Eleanor (1972). "Gandhi and Ambedkar. A Study in Leadership". En: Mahar, J. Michael (ed.). *The Untouchables in Contemporary India*. Jaipur: Rawat, 1998.

— (1992). "Chokhamela and Eknath. Two Bhakti Modes of Legitimacy for Modern Change". En: Parasher-Sen, Aloka (ed.). *Subordinate and Marginal Groups in Early India*. Nueva Delhi: Oxford University Press, 2004.

— (1995). "The Folklore of Pride. Three Components of Contemporary Dalit Belief". En: Sontheimer, Günther-Dietz (ed.). *Folk Culture, Folk Religion and Oral Traditions as a Component in Maharashtrian Culture*. Nueva Delhi: Manohar, 1995.

Zimmermann, Francis (1982). *La jungle et le fumet des viandes*. París: Seuil, 1982.

LISTADO DE CUADROS Y FIGURAS

Cuadros

1. Peores ratios de género. Franja 0-6 años (censo 2011) ... 83
2. *Varṇa*, casta, subcasta y *jāti* ... 122
3. Macrocastas del Sur de Asia ... 124-125
4. Población de Scheduled Castes (ex-intocables) (censo 2001) ... 272
5. Población de Scheduled Tribes (tribales) (censo 2011) ... 308
6. Población musulmana (censo 2001) ... 336
7. Composiciones sociales tripartitas indoeuropeas ... 391

Figuras

1. Mapa del Sur de Asia. (Agustín Pániker) ... 10-11
2. Marāṭhas. Foto: Taurines Studio, 1880s. (Wikimedia Commons) ... 20
3. Nampūtiri-brāhmaṇs. Foto: Clain & Perl Studio, 1902. (Wikimedia Commons) ... 23
4. *Mahārāja* de Kolhapur, 1894. (British Library) ... 23
5. Novia y familiares. Foto: Agustín Pániker, 1997. (Agustín Pániker) ... 40
6. Boda rājput. Foto: Jaisingh Rathore, 2006. (Wikimedia Commons) ... 48
7. *Bidāi*. Foto: Saptarshi Sanyal, 2012. (Wikimedia Commons) ... 55
8. Deśastha-brāhmaṇs, principios de los 1970s. (Wikimedia Commons) ... 60
9. Matrimonio infantil. Foto: Margaret Bourke-White (*Life*), 1946. (Oldindianphotos.in) ... 63
10. Mujer quemada. Foto: Ángel López Soto, 2009. (Ángel López Soto) ... 72
11. Funcionario bengalí. Pintura, 1880s. San Diego Museum of Art. (San Diego Museum of Art) 88
12. Una mujer da una paliza a su esposo. Pintura popular, 1875. (Wikimedia Commons) ... 88
13. Barōṭs. Del libro de W. Johnson, *Photographs of Western India*. *c*. 1855/1862. (Southern Methodist University, DeGolyer Library) ... 93
14. Mālīs. Del libro de W. Johnson, *Photographs of Western India*. *c*. 1855/1862. (Southern Methodist University, DeGolyer Library) ... 93
15. Barberos. Foto: Claude Waddell, 1945/1946. (Wikimedia Commons) ... 94
16. Agricultores. Foto: Ángel López Soto, 2011. (Ángel López Soto) ... 97
17. Cafetería de Infosys. Foto: Zondor, 2003. (Wikimedia Commons) ... 106
18. Chamārs. Del libro de Forbes Watson y Kaye, *The People of India*. (British Library) ... 110
19. Prabhus. Foto: Hurrichund Chintamon, 1867. (British Library) ... 110
20. Alfarero, 2010. (Wikimedia Commons) ... 114
21. Mujer mārvāṛi, 1910s. (Oldindianphotos.in) ... 115
22. Terratenientes jāṭs, 1874. (Wikimedia Commons) ... 133
23. *Grām-pañchāyāt*. Foto: UN Women/Gaganjit Singh, 2012. (Flickr/unwomenasiapacific) 138
24. *Khap-pañchāyāt*, 2012. (Outlookindia.com) ... 139
25. Orfebres, 1873. (British Library) ... 146
26. Altar de fuego, 2011. (Cc.kyoto-su.ac.jp) ... 165
27. Havik-brāhmaṇ. Foto: Hurrichund Chintamon, 1867. (British Library) ... 168
28. Sabios. *Devī-māhātmya*, *c*. 1750. San Diego Museum of Art. (San Diego Museum of Art) . 178

29. *Tarpaṇa*. Foto: Biswarup Ganguly, 2012. (Wikimedia Commons) 180
30. *Paṇḍit,* 1860s. (British Library) 183
31. Dos mujeres conversan. Foto: Jorge Royan, 2003. (Jorge Royan) 200
32. Mujer cocinando. Foto: Thamizhpparithi Maari, 2011. (Wikimedia Commons) 207
33. Brāhmaṇs comiendo. Foto: Margaret Bourke-White (*Life*), 1946. (Gstatic.com) 207
34. Lavanderos. Foto: Siddharta Kandoi, 2012. (Wikimedia Commons) 216
35. *Mahārāja* Pratap Singh II, *c*. 1760. Nueva York: Brooklyn Museum. (Wikimedia Commons) 227
36. Un ṭhākur, siglo XIX. San Diego Museum of Art. (San Diego Museum of Art) 227
37. Sacerdotes koḍagus. Foto: Nicholas & Curths, 1860s. (British Library) 235
38. Ramachandra Tondiman. Foto: Linnaeus Trippe, 1858. (British Library) 235
39. Un *jajmān*. Foto. Margaret Bourke-White (*Life*), 1946. (Forum.xitek.com) 248
40. Ritual de boda sanscritizado, 1950s. (Oldindianphotos.in) 252
41. Rājputs. Foto: Studio Shepherd & Robertson, 1868. (British Library) 257
42. Śivājī, finales del siglo XVII. Londres: British Museum. (Totallyhistory.com) 258
43. Un joyero en su tienda. Foto: Martin Hurlimann, 1928. (Columbia/edu) 262
44. Baniās. (Oldindianphotos.in) 262
45. Ḍom, principios de los 1860s. (British Library) 274
46. Grupo de músicos, principios de los 1890s. (British Library) 281
47. Crematorio de Benarés. Foto: Jorge Royan, 2005. (Jorge Royan) 286
48. Protesta de chakkiḷiyars, 2005. (Wikimedia Commons) 287
49. Dheḍs. Del libro de W. Johnson, *Photographs of Western India*. *c*. 1855/1862. (Southern Methodist University, DeGolyer Library) 291
50. Mujer dalit, 1942. (Wikimedia Commons) 291
51. Chenchu. Foto: Edgar Thurston, 1909. (*Castes and tribes of Southern India*) 309
52. Tribu toda. Foto: Samuel Bourne, 1896. (British Library) 313
53. Mujeres bhīls, 1880s. (Oldindianphotos.in) 325
54. Birsa Munda, finales del siglo XIX. (Wikimedia Commons) 327
55. "Purriar meenas". Foto: Eugene Clutterbuck Impey, 1860s. (British Library) 329
56. Letrado musulmán, principios de los 1860s. (British Library) 340
57. Faqīr, principios de los 1860s. (British Library) 340
58. Mujeres veladas. Foto: Jorge Royan, 2005. (Jorge Royan) 343
59. Roberto de Nobili por Alfred Hamy, 1893. (Wikimedia Commons) 351
60. *Laṅgar*. Foto: George Kurian, 2010. (George Kurian) 358
61. Gitanas. Foto: Austin Breed (*National Geographic*), 1917. (Wikimedia Commons) 377
62. Herrero romā. Acuarela de Théodore Valério, 1852. (Wikimedia Commons) 377
63. Brāhmaṇ iyengar. Foto: Margaret Bourke-White (*Life*), 1946. (Forum.xitek.com) 394
64. Toda. Foto: Albert Thomas Watson Penn, 1870s/1880s. (Kunstundfilm.de) 394
65. Dīṭcitar. Foto: Edgar Thurston, 1909. (*Castes and tribes of Southern India*) 399
66. Nāyar. Foto: Edgar Thurston, 1909. (*Castes and tribes of Southern India*) 399
67. Buddha, *c*. siglos II/IV. Brighton Museum. (Flickr/eschipul) 415
68. Ramana Maharshi. Foto: Eliot Elisofon (*Life*), 1949. (Google Life Archive) 421
69. Nāmmāḻvār, pintura de la East India Company, *c*. 1820s. (British Museum) 437
70. Tukārāma, por Ravi Varma, *c*. 1890s. Baroda Art Gallery. (Wikimedia Commons) 440
71. *Mahārāja* de Bundi. Foto: Gunpatrao Abajee Kale, 1897. (British Library) 452
72. Campesinos. Foto: Ángel López Soto, 2011. (Ángel López Soto) 460
73. Mansión de Cheṭṭināḍ, 2012. (Wikimedia Commons) 461
74. Intocable. Foto: Associated Press, 1946. (Oldindianphotos.in) 463
75. William Carey, *c*. 1820. Oxford: Regent's Park College. (Rare Books Society of India) .. 468
76. Regimiento de infantería del Punjab, 1858. (Theguardian.com) 481

77. Brāhmaṇ-kulīn, principios de los 1860s. (British Library) 487
78. Kāyastha, principios de los 1860s. (British Library) 487
79. Goālā (o ahīr), principios de los 1860s. (British Library) 488
80. Kaivarta, principios de los 1860s. (British Library) 488
81. Nāmaśūdra, principios de los 1860s. (British Library) 489
82. Ādivāsi gāro (kochh madai), principios de los 1860s. (British Library) 489
83. Vivekananda, *c*. 1891. (Wikimedia Commons) 497
84. Tres īḻavars, 1914. (Oldindianphotos.in) 500
85. Encuentro del Congreso Nacional Indio, 1885. (Wikimedia Commons) 503
86. Nehru y Gandhi, 1942. (Wikimedia Commons) 504
87. Periyar, *circa* principios de los 1960s. (Vanthiyathevana.blogspot.fr) 520
88. La segunda mesa redonda de conferencias, 1931. (Wikimedia Commons) 529
89. Ambedkar. Foto: Margaret Bourke-White (*Life*), 1946. (Oldindianphotos.in) 533
90. Intocables en la escuela. Foto: Lady Ottoline Morrel, 1935 (Wikimedia Commons) 556
91. Charan Singh, agosto 1979. (Wikimedia Commons) 570
92. Estudiante se autoinmola, 1990. (Postnoon.com) 573
93. Votante musulmán. Foto: Al-Jazeera, 2009. (Wikimedia Commons) 581
94. Narendra Modi, 2012. (Narendramodi.in) 594
95. Lalu Prasad Yadav, 2007. (Wikimedia Commons) 600
96. Mayawati Kumari, 2013. (Articles.timesofindia.indiatimes.com) 600
97. Familia sikh, 2009. (Wikimedia Commons) 626
98. *Mall*, 2007. (Wikimedia Commons) 626
99. Actores y actrices de cine de Bollywood, 2013. (Flickr) 636

ÍNDICE

Aathi Thamizhar Peravai (ATP), partido, 288, 642
ābhīra, casta, 172, 173, 255, 587, 641
aborígenes, *véase* ādivāsis
Abū'l Fazl 'Allāmī (siglo XVI), 360, 468
Achhutanand, Swami (1879/1933), 449, 514, 522-23, 610
Achuthanandan, Velikkakathu S., 501
adharma, 117, 175, 182, 185, 641
adhikāra, 91, 184-85, 215-16, 297, 418, 641
Adi Dharm, movimiento, 362, 397, 523, 641
Ādi Granth, 359, 362
Adi Hindu, movimiento, 522-23, 641
ādi-āndhra, casta, *véase* mādiga, casta
ādi-drāviḍa, casta, 109, 124-25, 247, 272, 276, 300, 398, 513, 521, 595, 641
ādi-karṇāṭaka, casta, *véase* holeya, casta
Adigal, Marimalai (1876/1950), 514, 518
ādivāsis, 99, 307-32, 313 fig., 641
  aislamiento de los, 312-13
  brahmanismo y, 322-24
  capitalismo y, 313-15, 321-25, 331-32
  características de los, 310-12
  castas y, 318-26, 329-32, 389-90
  colonialismo y, 310-17, 478-83, 557-58
  cristianismo y, 316-17, 325-28, 347, 478-79
  discriminación positiva y, 320, 331-32, 562-67, 572-80
  estudios genéticos de los, 401-04
  exclusión de los, 322-26
  cómo habitantes originales, 319-22, 397, 514-15
  heterogeneidad de los, 309-10
  hinduismo y, 317-22, 325-28
  modernidad y, 331-32
  naturaleza y, 313-16
  naxalitas y, 609-10
  origen de las castas y, 408-12
  población actual de, 307-09
  política y, 319-22, 326-32
  rebeliones de los, 314, 321, 327-28
  religión de los, 316-18, 658
  sanscritización y, 253-54, 327, 331
  tribu y, 310-13, 319-20
Afganistán, 10, 360, 372-73
África, 261, 311, 320, 361, 382, 403
agamudaiyaṉ, casta, 521, 641
agaravāl, casta, 103, 109, 262-63, 334, 461, 589, 641
Agarwal, Bina, 57, 77
Agra, 10, 298, 523, 541
agri, casta, 605, 641
Aguilar i Matas, Enric (1932/2013), 392
ahiṃsā, *véase* no-violencia
ahīr-yadav, casta, 109, 123-126, 140, 172, 244, 254-55, 266, 423, 451, 459-61, 488 fig., 517, 567, 569-72, 577, 585-91, 595, 600-08, 614, 624, 641
āhlūvālīā, casta, 361, 641
ailaf, categoría, 340-44, 630, 641
aiyar, casta, *véase* iyer, casta
Akali Dal, partido, 538, 570, 583, 599, 618, 641
Akhil Bharatiya Agraval Sammelan, 589-90
Aktor, Mikael, 173
aldea,
  asamblea de, 136-43, 151, 152-54, 589, 654
  autárquica, 471-72, 511
  cabeza de, 135-36
  castas y, 126-29, 151, 637-39
  concilio de, 136-40, 138 fig., 152, 321, 629, 647
  Estado y, 150-51, 186
  justicia y, 182-83
  segregación espacial y, 203-04, 284-85
  sistema *jajmānī* y, 143-50
Aleaz, Kalarikkal P., 354-55
alimentación, 104-06, 205-13, 631-32
All India Anna Dravida Munnetra Kazhagam (AIADMK), partido, 521, 598, 641
All India Anti-Untouchability League, 509, 530
All India Yadav Mahasabha, 587-88
Allahabad, 10, 79, 177, 218, 572, 633
āḻvārs, 436-37, 641
āmbaṣṭha, casta, 172, 173, 255, 641
Ambedkar, Bhimrao (1891/1956), 24, 55, 524-47, 533 fig.
  budismo y, 298, 537-47
  Constitución india y, 534-35, 559-61
  dalits y, 388, 541-47
  endogamia y, 33, 37
  Gandhi y, 505, 508-09, 526-32, 529 fig., 534, 555, 560
  hinduismo y, 500, 521, 536-37

intocables y, 284, 525-47
legado político de, 535, 599, 610-16
movimientos antibrahmánicos y, 474, 512, 514-18
origen de las castas y, 165, 400, 405-06
cómo político, 159, 532-47, 558, 599
sikhismo y, 362-63, 537-38
Ambedkar, Prakash, 599
Amma, 635
ampaṭṭaṉ, casta, 458, 641
Amritsar, 10, 358, 537, 635
anāvil-brāhmaṇ, casta, 253, 642
Andamán & Nicobar, 11, 311, 313, 403
Anderson, Benedict, 483
Andhra Pradesh, 10, 37, 44, 47, 58, 86, 97, 124-25, 128, 131-32, 140, 243, 253, 271-72, 289, 307-11, 317, 321, 336, 344, 353, 401, 430, 451, 459, 472, 493, 513n., 555, 565, 570, 572, 588, 592, 598, 606, 609, 618, 624
Annadurai, C.N. (1909/1969), 521
antibrahmánicos, movimientos, 170, 419, 508, 512-23, 555-57
antropología, 8-9, 16-18, 73-74, 310-12, 389, 467-68, 477-78
antyajas, 433, 541-42, 642
véase también intocables
anuloma, 34, 36, 172, 430, 642
apa-tanï, etnia, 309, 642
āpad-dharma, 187, 190, 212, 642
Āpastamba-dharma-sūtra, 166n., 176, 182, 186
Appar (siglo VII), 436
Āraṇyakas, 166n., 324
arianización, 116, 173, 390, 427-29
Arjan, Gurū (1563/1606), 357, 360
aroṛā, casta, 359, 361-62, 642
artha, 18, 196, 221, 229, 239, 264, 623, 642
Artha-śāstra, 183, 191, 222, 229, 264, 274
Arunachal Pradesh, 11, 308, 309
Arya Samaj, 298, 460, 489, 497-98, 517, 522, 537, 587, 590, 642
Āryadeva (siglos II/III), 417
asat-śūdra, 274, 430-33, 642
asociaciones de casta, 130, 152-55, 586-91, 596-97, 639, 657
Aśoka (-304/-232), 177, 414, 517, 539
aśrāf, categoría, 339-44, 459, 642
Assam, 11, 74, 77, 86, 124-25, 131, 238, 308, 336, 338, 340, 445-47, 604
Aśvaghoṣa (*c.* siglo I), 517
āta-sāta, 73, 642
Atharva-veda, 55, 65-66, 278, 392, 435
atrocity, 71, 272, 292, 305-06, 316, 559, 607, 613, 642
Aulchand (1686/1769), 499
Aunrangzīb (1618/1707), 451
Aurobindo, Sri (1872/1950), 495-96, 503
avarnā, 275, 277, 280-81, 281 fig., 642
véase también chaṇḍāla; intocables
Ayodhya, 10, 423, 573, 574
āyurveda, 92, 206, 642

Babb, Lawrence, 109, 111, 237, 255, 263-64, 423
Backward Caste, 276, 568, 643
badhai, casta, 124-25
baghdadī, comunidad, 364, 367, 643
bagri, casta, 342, 643
Bahiṇabāī (1628/1700), 440
bahujan, 613, 643
Bahujan Samaj Party (BSP), partido, 580n., 600 fig., 602, 605, 612-18, 644
baidyā, casta, 35, 114, 430, 432, 643
Bailey, Frederick G., 18-19, 22, 24, 96, 146, 194, 236, 252
Bali, 369
balija, casta, 259, 521, 643
bālmīki, casta, *véase* chūhṛā, casta
bāmoṇ, casta, 334-35, 643
Bamshad, Michael, 401-02, 404
Bandaranaike, Sirimayo (1916/2000), 87
Banerjee, Mamata, 87
Banerjee-Dube, Ishita, 256, 473-74
Bangalore, *véase* Bengaluru
Bangladesh, 11, 43, 57-59, 87, 124-25, 272, 333, 336, 340-42, 562n., 630
baniā, casta, 13, 25, 91-92, 99, 123-25, 131, 237, 241, 243, 261-65, 262 fig., 301, 461-63, 523, 539, 554, 625, 627, 643
baniyización, 250, 260-66
Bankimchandra Chattopadhyaya (1838/1894), 496
bañjāra, casta/etnia, 307-08, 370, 565, 643
Baranī, Ziyā al-Dīn (siglo XIV), 338
Barber, Bernard (1918/2006), 266
Barbosa, Duarte (1480/1521), 261, 469, 474
bariyā, casta, 25-26, 593, 643
Baroda, 259, 440, 525
Baroda, *mahārāja* de, *véase* Sayaji Rao Gaekwad III
barōṭ, casta, *véase* turī-barōṭ, casta
Barth, Auguste (1834/1916), 190
Basava (*c.* 1105/1167), 437
Basham, Arthur L. (1914/1986), 410
Basu, Analabha, 402
Baviskar, Amita, 320
Baxi, Upendra, 529
Bayly, Christopher, 344
Bayly, Susan, 346, 349, 450, 453-64, 479, 595, 627, 631

bedī, casta, 83-84, 356, 359, 643
Benarés, *véase* Varanasi
bene-israel, comunidad, 364, 643
Bengala, 11, 35, 86, 87-88, 94-95, 103, 109-10, 124-25, 135, 138, 209-10, 232, 271-72, 281, 308, 328, 336, 401, 412, 427, 430-33, 436-38, 445, 447, 454, 460, 481, 487, 490, 497, 499, 503, 522, 532, 555, 565, 570, 577, 580, 583, 605, 609
Bengaluru, 10, 42n., 106, 556
Benke, Theodore, 258, 431-32
Bentick, William (1774/1839), 554
Benveniste, Émile (1902/1976), 398
Berreman, Gerald (1930/2014), 224, 228, 236, 246, 382-83
Béteille, André, 116, 118, 121, 203, 236, 247, 311, 319, 397, 574, 625, 629
Bhabanicharan Bandyopadhyaya (1787/1848), 495
Bhagat, Mahadeo G., 294
Bhagat, movimiento, 317, 319, 643
Bhagavad-gītā, 184-85, 433-36, 520, 610
Bhāgavata-purāṇa, 164, 434
bhakti, 432-36, 443, 454, 492, 544-45, 643
véase también devocionales, movimientos
bhallā, casta, 359, 643
bhangī, casta, 25, 27, 93, 106, 108, 114, 244, 246, 272, 276, 287-94, 298, 306, 362, 458, 464, 510, 527, 643
bhāṛ, casta, 232, 643
Bharatiya Janata Party (BJP), partido, 331, 573-74, 583, 598, 603-05, 614-19, 635, 644
Bharatiya Kisan Union (BKU), sindicato, 590, 644
bhatela, casta, 253, 643
bhāṭṭ, casta, 93, 643
Bhattacharyya, Jogendra Nath, 496
Bhattacharyya, Narendra Nath, 415
Bhatty, Zarina, 341-42
Bhaudayana-dharma-sūtra, 222
bhīl, etnia, 114, 124-25, 307-09, 312, 314, 317-19, 324-26, 325 fig., 330, 408, 432, 455, 457, 479, 509, 644
bhīlala, casta/etnia, 325, 330, 644
bhotiā, etnia, 74, 644
bhuiṅmāli, casta, 287, 644
bhūmihār, casta, 117, 128, 132, 456, 459, 587, 590, 607, 613, 644
Bhután, 11, 308
Bhutto, Benazir (1953/2007), 87
Biardeau, Madeleine (1922/2010), 164, 166, 223, 422, 437
bidāi, 54-55, 55 fig., 644
Bihar, 11, 74, 86, 123-25, 132, 238, 266, 272, 297, 322, 326, 328, 336, 423, 505, 569, 571-73, 577, 586-87, 600-02, 607-10, 624
birādarī, 38, 43, 69, 137-38, 242, 374-75, 644
Birla, Ghanshyamdas (1894/1983), 509
Birmania, *véase* Myanmar
Birsa Munda (1875/1900), 327
Bīrūnī, al- (siglo XI), 360, 468
bīśnoi, comunidad, 114, 120, 644
Bloch, Jules (1880/1953), 102
Blunt, Edward (1877/1941), 62, 126, 233
boḍo, etnia, 308, 314, 326, 644
Bombay, *véase* Mumbai
Bose, Nirmal K. (1901/1972), 111, 285
Bouglé, Célestin de (1870/1940), 191
Bourdieu, Pierre, (1930/2002), 482
Brahma-sūtra, 422
brāhmaṇ, *varṇa*, 21, 26-27, 167-69, 168 fig., 453-56, 487 fig., 644
alimentación y, 104-05, 206-13, 216-17
en el budismo, 415-19, 424-26, 541-42
cómo casta dominante, 132-33, 424-26
colonialismo y, 455-56, 467-71, 483-87, 553-58
comensalidad y, 104-06, 205-06, 210-12
desarrollo de las castas y, 424-33
dharma y, 177, 182-93
en la época védica, 161-73
guṇas y, 198-99
intocables y, 280-82, 300-01, 411
jerarquía y, 240-49
kṣatriya y, 169-71, 256-60, 424-26, 451-52
liberación y, 433-35
macrocastas y, 123-26
matrimonio y, 35-37, 225
mitos de origen y, 107-08, 116
movimientos antibrahmánicos y, 512-23
movimientos devocionales y, 434-37, 444-45, 512
neohinduismo y, 497-99
ocupaciones y, 91-96, 99, 100, 215-17, 633
origen de las castas y, 405-06, 410-11
poder y, 220-39
pureza y, 195-219, 411
rajputización y, 256-60
raza y, 398-400
renunciantes y, 420-21
sanscritización y, 251-55
sexualidad y, 213-15
subcastas y, 120-22, 126
śūdra y, 429-33
vaiśya y, 260-65, 429-33
brahmanismo,
ādivāsis y, 322-24
arianización y, 427-29
budismo y, 176-77
castas mercantiles y, 260-65, 461-62

colonialismo y, 223, 467-68, 485-86
desarrollo de las castas y, 424-29
dharma en el, 175-89
hinduismo y, 181n., 316, 333, 414
intocables y, 273-82
jerarquía y, 21, 240-42
liberación en el, 433-35
movimientos antibrahmánicos y, 512-23
movimientos devocionales y, 448-49
patriarquía y, 53-54, 66, 76-77
poder y, 220-39
pureza y, 194-219
renunciantes y, 420-24
sanscritización y, 251-56
śūdra en el, 429-33, 515-16
tradición shramánica y, 414-18
varṇa en el, 161-74
Brahmavaivarta-purāṇa, 432
Brahmo Samaj, 497, 499, 590
Breman, Jan, 331
Bṛihadāraṇyaka-upaniṣad, 422
Bṛihaspati-smṛiti, 222
Broun-Ramsay, James, *véase* Dalhousie, marqués de
Bryant, Edwin, 396
Buchanan, Claudius (1766/1815), 474
Buchanan, Francis (1762/1829), 477
Buddha (*c.* -520/-440), 176-77, 202, 414-19, 415 fig., 425, 498, 517, 524, 538-45
budismo,
Ambedkar y el, 298, 537-47
brāhmaṇ en el, 415-19, 424-26, 541-42
castas en el, 333-34
conversión al, 493-94, 517-18, 537-41
crítica a las castas, 413-20
intocables y, 417-19, 425, 538-47
kṣatriya en el, 415-19, 423-25
dharma en el, 176-77, 189-90
pureza en el, 203, 205
śūdra en el, 416-19, 425
varṇa en el, 424-26
vaiśya en el, 425
Bulard, Martine, 106
Bumiller, Elisabeth, 62
Bundelkhand, 10, 87-88
bunt, casta, 118, 644
burakumin, 382, 444
Burghart, Richard, 467
Burke, Edmund (1729/1797), 554
Burra, Neera, 544-45
Butler, William (siglo XIX), 474
Cachemira, *véase* Jammu & Kashmir
Calcuta, *véase* Kolkata,
Caldwell, Robert (1825/1893), 475-76, 501, 513-14, 520
Campantar (siglo VII), 436
Campbell, Joseph (1904/1987), 406
Caṅkam, 247, 407-08, 427-28, 644
capitalismo,
ādivāsis y, 313-15, 321, 324-25, 331-32
castas y, 621-22, 627-29
clase media y, 621-39
colonialismo y, 466-67
género y, 70-71, 76-77, 629-30
sistema *jajmānī* y, 143-50
Carey, William (1761/1834), 468 fig., 474
Carter, Anthony T., 606
casta(s),
en la actualidad, 24-26, 621-39
ādivāsis y, 318-26, 329-32, 389-90
aldea y, 126-29, 151, 637-39
alimentación y, 105, 206-13
apellido y, 102-04
asociaciones de, 130, 152-55, 586-91, 596-97, 639, 657
baniyización y, 260-66
budismo y, 333-34, 413-20, 424-26
cambios en las, 622-23
capitalismo y, 621-22, 627-29
en el catolicismo, 334-35, 346-47, 350-55
clase y, 100, 106, 147-48, 236-37, 621-39
clase media y, 621-39
colonialismo y, 465-91, 553-58
comensalidad y, 104-06, 205-06, 210-12
concilio de, 137-43, 589, 649
contacto sexual y, 205, 213-15
en el cristianismo, 333-35, 346-55
críticas a las, 413-24, 433-45
cuerpo físico y, 197-203
culturalización de la, 129-30
desarrollo histórico de las, 424-33
dharma y, 175-76, 183-90, 238-39
diferencia y, 19-21, 111-18, 152, 159, 623
discriminación positiva y, 558-84
dominante, 132-34, 228-31, 424-26
educación y, 563, 630-31
encubierta, 631-33
endogamia y, 33-39, 172-74, 536
en la época védica, 172-74, 289-93, 410-12
en el espacio urbano, 637-39
estudio genético de las, 400-04, 411
etimología de, 19, 32
etnicización de la, 114, 117-18, 129-30, 585-97

fronteras entre las, 118-20
fusión de, 588-94
Gandhi y, 506-11
cómo guardián de la cultura, 589-90
guerra de, 607-10
guṇas y, 198-99
historia reciente de la, 450-64
identidad y, 7-8, 101-04, 115-17, 595-96
intocables y, 271-306, 499-502
en el islam, 261, 265, 333-35, 338-43, 461-62
en el jainismo, 109-11, 261-65, 333-35, 461-62
jerarquía y, 21-24, 114-16, 222-26, 238-49, 628
en el judaísmo, 334-35, 364-67
justicia y, 140-43
karma y, 188-90, 199
macrocasta y, 36, 123-26
matrimonio y, 33-50, 633-34
en Mauricio, 368-69
mitos de origen y, 107-11
modernidad y, 8-9, 12-16
movilidad de las, 250-66
neohinduismo y, 494-99
no hindúes, 333-67
no indias, 369-82
ocupaciones y, 91-100, 215-17, 404-05
origen de las, 172-74, 389-412
partidos de, 598-603
patriarquía y, 53-57
pluralismo y, 115-17
poder y, 22-24, 220-39, 491, 623
política y, 551-620
polución y, 194-95, 200-19
en el pueblo romā, 375-79
pureza y, 21-24, 194-219,
rajputización y, 256-60, 266, 361, 433
rasgos culturales en las, 101-30, 155
raza y, 383, 393-404, 486-88
reforma de la, 492-523
renunciantes y, 420-24
sanscritización y, 251-56, 266
segregación espacial y, 203-05
en el sikhismo, 333-35, 356-62
sistema de, 131-55
sistema *jajmānī* y, 143-50
cómo sociedad civil, 590-91
subcasta y, 115-17, 120-23, 126
substancialización y, 114, 129, 591, 595, 633
tradición shramánica y, 413-20
varṇa y, 14, 121-22, 163-64, 172-74, 190-93
voto de, 603-06
castas, críticas a la sociedad de,
del budismo, 413-20
del islam, 438-39
del jainismo, 413-20
de movimientos devocionales, 433-37
de renunciantes hindúes, 420-24
de los *sants*, 439-45
castas, origen de las, 389-412
brāhmaṇs y, 405-06
civilización del Indo y, 406-07, 410-11
dravídicos y, 407-08, 411
indoeuropeos y, 390-93, 410
ocupación y, 404-05, 410
raza y, 393-404, 411
varṇa y, 172-74, 389-98, 406-08, 411-12
catolicismo, 345-46, 349-55, 492, 505
castas en el, 334-35, 346-47, 350-55
Ceilán, *véase* Sri Lanka
Cēkkiḻār (siglo XII), 436
Chaitanya (1486/1534), 446, 453
chakkiḷiyar, casta, 287-88, 287 fig., 644
Chakravarti, Uma, 41, 66, 129, 223, 425
chamār, casta, 25, 27, 96, 108, 110 fig., 123-25, 140, 147, 214, 217, 232-33, 246, 252-54, 266, 272-73, 276, 286, 289, 291, 293, 298, 302-03, 362, 449, 458-60, 463-64, 505, 546, 565-66, 577, 612-15, 633, 644-45
chambhār, casta, 118, 532, 645
Chanana, Devraj, 396, 424
chaṇḍāla, 27, 172-73, 189, 225, 273-82, 411, 417-19, 422, 426, 429-30, 434, 489 fig., 500, 541, 645
véase también intocables
Chandella, dinastía, 257, 259
Chāndogya-upaniṣad, 171, 189, 435
Chandragupta Maurya (*c*. -340/-296), 259
Chandrakīrti (siglo VII), 416
Chandramani, Bhikku U, 540
Chandravati (siglo XVI), 66
chāraṇ, casta, 93, 108, 645
Chatterjee, Partha, 197, 238, 447, 466, 496, 623, 639
Chattopadhyaya, Brajadulal, 102, 432
Chaudhuri, B.B., 148
chauhān-rājput, casta/linaje, 122, 257 fig., 452 fig., 656
chenchu, etnia, 309-12, 309 fig., 317, 645
Chennai, 10, 93, 287, 348, 352, 471, 480, 482, 485, 512, 555, 568, 588, 638
cheṟumar, casta, 204, 318, 398, 458, 645
cheṭṭiār, casta, 262, 301, 461, 521, 556, 625, 645
Chhattisgarh, 10, 47, 86, 95, 103, 112-13, 124-25, 153-54, 307-08, 321, 324, 326, 345, 442, 565, 577, 590, 606, 609
chhīpi, casta, 443, 645
China, 82-83, 170, 261, 352n., 406, 590

Chinmayananda, Swami (1916/1993), 635
chishtī, orden, 339, 444, 645
Chitoor, 10, 44, 98
chitpāvan-brāhmaṇ, casta, 115, 232, 259, 454, 516, 522, 554n., 645
Chokhāmeḷā (siglo XIV), 440-41, 443, 544
Chōḷa, dinastía, 120, 247, 259, 433, 645
chūhṛā, casta, 93, 272, 287-88, 306, 362, 399, 493, 645
ciṭṭar, tradición, 436, 447-48, 517, 645
Civavākkiyār (siglo X), 448
clase, 100, 106, 147-48, 161-62, 196, 236-37, 621-39
clase media, 566, 621-39
Clémentin-Ojha, Catherine, 68, 354
Cochin, *véase* Kochi
Cohn, Bernard (1928/2003), 139, 141, 147, 252-53, 471, 484-85
Colebrooke, Henry T. (1765/1837), 96
colonialismo, 457-91
    ādivāsis y, 310-17, 478-83, 557-58
    brahmanismo y, 223, 467-68, 485-86
    brāhmaṇs y, 455-56, 467-71, 483-87, 553-58
    castas y, 465-91, 553-58
    censos y, 483-91
    cristianismo y, 344, 474-78, 492-94
    dote y, 69-70, 77
    estado etnográfico y, 476-83
    intocables y, 273, 276, 463-64, 553-58
    jerarquía y, 244-46
    poder político y, 228-30
    sistema *jajmānī* y, 148-50
    utilitarismo y, 472-74
    varṇa y, 483-84, 488-89
comensalidad, 80, 104-06, 205-06, 210-12, 645
comunismo, 492, 501, 521-22, 532, 535, 564, 599, 601, 609-10, 614
Congreso, partido del, 328, 501-06, 514, 517-23, 527, 530-34, 537, 555-60, 567, 570-76, 583, 587, 596, 602-05, 613-19, 645
Constitución de la India, 58, 107, 283, 326, 534-35, 547, 559-63, 567, 582-83
conversión, 438-39, 492-94, 498, 537-41, 583-84
Coomaraswamy, Ananda (1877/1947), 66
coorg, comunidad, *véase* koḍagu, casta/etnia,
Corbridge, Stuart, 622
Cordaux, Richard, 402-04
Cort, John, 114, 265
Cosmas Indicopleustes (siglo VI) 348
cristianismo, 49, 58, 344-55, 461
    ādivāsis y, 316-17, 325-28, 347, 478-79
    castas en el, 333-35, 346-55
    colonialismo y, 344, 474-78, 492-94
    conversión al, 492-94
    intocables y, 345, 347, 352-55, 492-94
cristianos de santo Tomás, *véase* cristiano-sirios
cristiano-sirios, 345, 347-54, 564, 645
Cuntarar (siglo VIII), 436

dabba-wallah, 105, 645
Dadra & Nagar Haveli, 308
Dādu Dayāl (1544/1603), 442-44
Dalhousie, marqués de (1812/1860), 478n., 554
Dalit Panthers, 610-11
dalits, 27, 99, 527-47, 585, 610-17, 645
    véase también intocables
Dalrymple, William, 205
Damle, Yashwant B. (1923/2006), 147
dāna, 147, 230-31, 262, 462, 645
Daniélou, Alain (1907/1994), 14
Das, Veena, 201, 217, 226, 468, 574
dāsa, 164, 166, 171, 392-98, 411, 432, 646
Daśanāmī, orden, 422-23, 646
Davis, Donald, 176, 187
Dayāl Siṅgh, Śiv (1818/1878), 442
Dayananda Sarasvati (1824/1883), 473, 496-98, 507
Decán, 10, 222, 412, 427-28, 431, 472, 490, 513-514, 523
Delhi, ciudad de, *véase* Nueva Delhi
Delhi, estado de, 10, 83, 109, 124-26, 322, 573, 590, 615
Delhi, Sultanato de, 259-60, 338, 430, 450-51
Deliège, Robert, 14, 225, 230, 300-05, 399, 467, 494, 532, 552, 563, 566
Depressed Caste, 276, 525, 528-29, 646
Derrett, John Duncan (1922/2012), 182
deśastha-brāhmaṇ, casta, 60 fig., 115, 232, 554n., 646
deshificación, 255-56, 317
Deshmukh, Punjabrao (1898/1965), 569
Devī, 87, 317-19, 378, 435, 646
Devi, Rabri, 600
devocionales, movimientos, 335, 433-37, 439-45
    nirgúnicos, 439-45
    sagúnicos, 433-37, 442-43
Dewey, John (1859/1952), 525, 535
ḍhāḍhī, casta, 93, 646
dhangar, casta/etnia, 259, 587, 646
Dhannā (*c*. 1450/1500), 442
dharma, 170, 173, 175-93, 323-24, 434, 623, 628, 646
    castas y, 175-76, 183-90, 238-39
Dharma-śāstra, 42, 65, 69, 166-68, 171-73, 177-82, 186-92, 200, 205-06, 212-13, 222-25, 229, 232, 237, 241, 266, 273-79, 282, 323, 390, 410, 414,

417, 424-32, 447, 453, 456, 458, 462, 468, 494, 507, 658
Dharma-sūtra, 166, 176-77, 181, 190, 390
Dharmakīrti (siglo VII), 419
dheḍ, casta, 27, 276, 291 fig., 646
dhobī, casta, 124-25, 216 fig., 272, 464, 523, 646
ḍholī, casta, 93, 646
Dickey, Sara, 89, 625
diferencia, principio de, 19-21, 111-18, 152, 159, 623
Dirks, Nicholas, 228-29, 234, 236, 238, 242, 302, 465, 472-73, 476-77, 480, 485
discriminación positiva, 25, 561-84
ādivāsis y, 320, 331-32, 562-67, 572-80
castas bajas y, 567-77
consecuencias de la, 576-79
cristianos y, 564, 580-84
intocables y, 562-67, 572-84
minorías religiosas y, 580-84
musulmanes y, 564, 580-84
dīṭcitar-brāhmaṇ, casta, 94, 399 fig., 646
divorcio, 42, 46, 49-50, 303, 330, 376, 627
Djuric, Rajko, 379
ḍom, casta, 232, 246, 274 fig., 280, 287, 294, 371-72, 427, 455, 463, 646
Doniger, Wendy, 255, 387
doṣa, 206, 391, 646
dosadh, casta, 232, 272, 523, 646
dote, 67-78, 630
Dow, Alexander (1735/1779), 469
Dravida Munnetra Kazhagam (DMK), partido, 521, 569-70, 598-99, 646
dravídicos, 323, 394-95, 402-04, 407-08, 476, 513-14, 519-22, 598
Drèze, Jean, 633
Dube, Leela (1923/2012), 43, 65
Dube, Saurabh, 95, 439
Dube, Shyama C. (1922/1996), 64, 233-34, 253
Dubois, Jean-Antoine (1765/1848), 39, 201, 213, 350-51, 470-71
Dudley Jenkins, Laura, 575
Duff, Alexander (1806/1878), 474
duḥkha, 543-44, 647
Dumézil, Georges (1898/1986), 390-92
Dumont, Louis (1911/1998), 9, 12, 16, 18-19, 21, 24, 159, 161, 194, 198, 216, 220-30, 242, 245, 383, 410, 420, 510, 591
Durán Velasco, José F., 338

East India Company, 261, 455-59, 469, 471, 476, 480n., 554
Eaton, Richard, 438-41
educación, 58-62, 563, 630-31
Eknāth (1548/1600), 440-41, 511
electorado separado, 517, 527-33, 554-55, 559-60
Eliade, Mircea (1907/1986), 390-91
Elphinstone, Mountstuart (1779/1859), 473
Eltschinger, Vincent, 417
endogamia, 33-39, 91, 118-19, 172-74, 536, 647
Enterría, Álvaro, 146
Enthoven, Reginald (1869/1952), 254
escitas, 255, 273, 279, 426, 450, 657
España, 83, 86, 273, 306, 346, 363, 366, 370, 377, 380
Estado, 117, 150-51, 315, 483, 559-61
Estados Unidos, 34, 53, 79, 83, 118, 197n., 265, 306, 355, 364, 383, 395, 525, 561, 574, 598, 610, 616, 620, 631
etnicización, 114, 117-18, 129-30, 585-97
Europa, 79, 170, 182, 197n., 261, 265, 292-93, 306, 310-11, 357, 366-67, 370-71, 374-82, 401, 403, 472, 481, 488, 507, 513, 525, 539, 554, 590, 619, 631
ex-intocables, *véase* intocables
exogamia, 37-38, 46, 81, 127, 138, 142, 274, 356

familia, 51-90, 647
dote y, 67-78
extensa, 51-54, 59-60, 78, 90
individualismo y, 633-34
modelo de madre y, 78-81
patrifocalidad de la, 51, 54-56, 73, 90, 655
patrilinealidad de la, 51, 55-58, 62-64, 655
fāqir, 340 fig., 341, 342, 647
Faxian (337/422), 429
Firdausī (935/1020), 371
Fitzgerald, Timothy, 543
Flood, Gavin, 192, 446
Fonseca, Isabel, 381
Foucault, Michel (1926/1984), 477, 491
Francisco Javier (1506/1552), 346
Fraser, Angus (1928/2001), 378-79
French, Patrick, 102, 120-21, 616
Fuller, Christopher, 46, 102, 114, 119, 152, 214, 232, 292, 466
Fürer-Haimendorf, Christoph von (1909/1995), 308, 312, 318

gadaria, casta, 124-25
Gadgil, Madhav, 320
Gāgābhaṭṭa (*c*. 1620/1700), 258
Gait, Edward A. (1863/1950), 488
Galanter, Marc, 566
gamit, casta, 408, 647
Gandhi, Indira (1917/1984), 87, 504, 570-72, 617-18

Gandhi, Mohandas K. (1869/1948), 504 fig., 506-11
Ambedkar y, 505, 508-09, 526-32, 529 fig., 534, 555, 560
cómo baniā, 141, 262, 539
clase media y, 627, 631-32
colonialismo y, 473, 504, 528-29
hinduismo y, 507-11, 528-32, 637
intocables y, 276, 388, 500, 507-11, 527-32, 563, 611
movimientos antibrahmánicos y, 514, 519, 521-23
neohinduismo y, 496, 499, 507
política y, 504-05, 510, 527-32, 551-52, 558, 568
Gandhi, Rahul, 505, 618
Gandhi, Rajiv (1944/1991), 505, 573, 618, 621
Gandhi, Sonia, 87, 505, 618
Ganges, valle del, 11, 57, 83-84, 221, 410, 423-27, 459-60, 567, 569, 607, 612
Ganguly, Debjani, 16, 545
García-Arroyo, Ana, 55, 72
gāro, etnia, 77, 308, 489 fig., 647
Gauḍīya-vaiṣṇava, movimiento, 422, 436, 446, 647
gauna, 154, 647
Gautama-dharma-sūtra, 166n., 176, 179
Gavai, Ganesh A. (1888/1974), 510, 537
Gaya, 11, 218, 454
Geetha, V., 130
género,
aborto selectivo, 82-85
autoinmolación de viudas, 86, 219, 462, 658
capitalismo y, 70-71, 76-77, 629-30
clase media y, 629-30
dote, 67-78, 630
educación y, 58-62, 89, 630
empoderamiento y, 86-90
herencia y, 75-76
infanticidio de niñas, 70, 81-86, 630
matrimonio y, 41-43, 62-67
modelos de comportamiento y, 65-66, 219, 659
muerte por dote, 71-73, 76, 81
patrifocalidad y, 54-56, 73
patrilinealidad y, 56-58, 62-65
pago-de-novia, 50, 73-74, 82, 154, 253, 330, 376
pureza y, 206-08
realización femenina, 80-81
reclusión de la mujer, 41-42, 60-62, 88, 343-44, 452, 629-30, 655
rol de madre, 78-81, 87
sexualidad, 41-43, 61, 66-67, 213-15
violaciones, 81, 306, 376, 607-08, 629
violencia doméstica, 72-73, 76-78, 81-82, 88-89, 629
viudas, 40, 50, 58, 66, 190-91, 218-19
ghānchi, casta, 603, 618, 647
Ghāsī Dās (1756/1850), 442
Ghurye, Govind S. (1893/1983), 104, 126, 318, 321, 398-99, 418, 490, 554-55, 585, 591
girāsiyā, casta/etnia, 74, 330, 647
Giridharadas, Anand, 59-60, 240, 632
gitano, pueblo, *véase* romā, pueblo
Goa, 10, 124-25, 334, 345-46, 349-51
goālā, casta, 233, 488 fig., 587, 647
Gobind Siṅgh, Gurū (1666/1708), 357, 359-60
Gokhale, Gopal Krishna (1866/1915), 473, 496
Goldberg, Ellen, 367
gōṇḍ, etnia, 114, 124-25, 234, 259, 307, 309-10, 312, 317-18, 647
gosāin, casta, 114, 647
gotra, 37-38, 56, 103, 249, 411, 417, 647
grām-pañchāyāt, 136-40, 138 fig., 152, 321, 629, 647
Grant, Charles (1746/1823), 474
griegos, 273, 278-80, 434, 450, 661
Guha, Ramachandra, 320
Guha, Sumit, 312
gūjar, casta, 114, 124-25, 230, 236, 244, 340, 479, 572, 579, 606, 648
Gujarat, 10, 25, 35, 73, 83-85, 93, 108, 109, 113-14, 119, 124-25, 128, 131-32, 140, 144n., 192, 209, 232, 245, 253-54, 257, 261-65, 272, 280, 285, 290, 307-08, 324-26, 329, 353, 401, 430, 455, 463, 469, 507, 509, 556, 565, 572-73, 578, 588, 593, 605-07, 618, 624, 630
guṇas, 198-99, 206, 391, 397, 591, 648
Gupta, dinastía, 259, 424-30, 534
Gupta, Dipankar, 24, 108, 149, 230, 246-49, 297-98, 574, 593, 639
Gwalior, 10, 259, 456, 523

Habib, Irfan, 360, 408, 439, 575
Hacker, Paul (1913/1979), 180-82
hāḍi, casta, 287, 294, 648
Halbfass, Wilhelm (1940/2000), 192, 280, 294
Ḥamza al-Iṣfahānī (siglo x), 371
Hancock, Ian, 372
Hardgrave, Robert, 266
Hardiman, David, 254
harijan, 27, 276, 303, 508-09, 611, 648
véase también intocables
Harijan Sevak Sangh, 509-11, 530
Harper, Edward B., 215
Harris, Marvin (1927/2001), 117
Harrison, Selig, 13
Harriss, John, 621
Hart, George L., 407-08
Haryana, 10, 50, 74, 83, 86, 123-25, 132, 245, 272,

299, 330, 359, 372, 565, 572, 579, 589-90, 615, 624, 639
Hasan, Zoya, 566
havik-brāhmaṇ, casta, 168 fig., 215, 217, 232, 648
Heesterman, Jan (1925/2014), 226, 231-32, 420-21, 424
Hegel, Georg Wilhelm (1770/1831), 12
Himachal Pradesh, 10, 57, 123-26, 131-32, 246, 272, 565, 569, 604
Hindu Mahasabha, 510, 527, 537, 648
hinduismo, 203, 289, 333, 494-99
  ādivāsis e, 317-22, 325-28
  Ambedkar y el, 536-45
  arianización e, 427-29
  brāhmaṇ en el, 161, 164, 497-99
  brahmanismo e, 181n., 316, 333, 414
  castas e, 12, 369-70
  clase media e, 634-36
  colonialismo e, 474-78, 488
  dharma en el, 175-81
  movimientos devocionales en el, 433-45
  renunciantes e, 420-24
  sanscritización e, 255-56
hinduización, 116, 331
Hinnells, John, 333
hipergamia, 34-35, 42, 74, 118-19, 172, 198, 213-14, 249, 453, 648
hipogamia, 35, 41, 172-73, 655
ho, etnia, 307-08, 327, 648
Hocart, Arthur M. (1883/1939), 228-29, 231, 238, 408
holeya, casta, 39, 98, 109, 272, 298, 458, 648
Hübschmannová, Milena (1933/2005), 373
hunos, 278, 426, 434, 648
Hunter, William W. (1840/1900), 394, 400, 477, 489
Hussain, Monirul, 338
Hutton, John Henry (1885/1968), 321, 477, 490

Ibbetson, Denzil (1847/1908), 333, 404-05, 486
identidad, 7-8, 101-04, 115-17, 595-96
iḍigga, casta, 289, 648
Ilaiah, Kancha, 612
īḻavar, casta, 43n., 123-25, 132, 204n., 289, 299, 398, 500-02, 500 fig., 519, 522, 526, 568, 577, 599, 632, 648
Inden, Ronald, 13, 151, 197-98, 226, 236
indígenas, *véase* ādivāsis
Indo, civilización del, 312, 403, 406-07, 410-11, 523
indología, 16-19, 91, 116, 220-26, 256, 467-68
Indonesia, 57, 369
infanticidio de niñas, 70, 81-86, 630
intocabilidad, 273, 276, 283-306, 354-55, 380-82, 433, 459, 463, 507-11, 534, 648
intocables, 21, 271-306, 291 fig., 489 fig., 648
  aceptación del sistema e, 294-98
  en la actualidad, 304-05
  Ambedkar y los, 524-47, 611
  brahmanismo e, 273-82
  brāhmaṇs e, 280-82, 300-01, 411
  budismo e, 417-19, 425, 538-47
  colonialismo e, 273, 276, 463-64, 553-58
  conversión e, 438-39, 492-94, 500
  cristianismo e, 345, 347, 352-55, 492-94
  desarrollo de las castas e, 426-27, 430-33
  discriminación positiva e, 562-67, 572-84
  Gandhi y los, 507-11, 611
  jerarquía e, 240-49
  karma e, 188-89, 295, 297
  liberación e, 354-55, 539, 543-44
  mitos de origen de los, 108-09, 294-98
  movimientos de, 499-502, 610-17
  movimientos antibrahmánicos e, 514-23
  movimientos devocionales e, 440-41
  en Occidente, 380-82
  ocupaciones e, 92-93, 97-99, 215-17, 285-90
  origen de los, 273-82, 426, 432-33, 541-43
  poder e, 230-34, 295-303
  politización de los, 271-72, 610-17
  pureza e, 195-99, 215-17, 233, 285-99
  segregación espacial e, 203-04, 284-85, 300
  transformación de los, 500-02
  varṇa e, 273-82
Irán, 391, 397-98
Isaacs, Harold (1910/1986), 508
Ishvarachandra Vidyasagar (1820/1891), 186
islam, 336-44, 438-39
  castas en el, 261, 265, 333-35, 338-43, 461-62
  colonialismo e, 480, 485-86, 555
  conversión al, 438-39, 493-94
  hinduismo e, 336-43
  matrimonio en el, 41-45, 49-50, 341-42
  pardā en el, 60-62, 343-44
  pureza en el, 194-95, 203, 341-42
islamización, 354, 431, 438-39
isogamia, 34, 73, 119, 648
Israel, 364-67
Italia, 83
Itihāsas, 229
  véase también Mahābhārata y *Rāmāyaṇa*
iyengar, casta, 120-21, 394 fig., 402, 648
iyer, casta, 91, 120-21, 122, 402, 641, 648

jadeja, casta/linaje, 83, 649
Jaffrelot, Christophe, 14, 505-06, 523, 532, 543, 546, 552, 557, 570, 576, 604, 614

jāgā, casta, 93, 649
Jain, Pankaj, 319
jainismo,
  brāhmaṇ en el, 335, 415-19, 425
  castas en el, 109-11, 261-65, 333-35, 461-62
  crítica a las castas en el, 413-20
  dharma en el, 189-90
  intocables y, 417-19, 423
  no violencia y, 263, 289
  pureza y, 209, 216, 230
jaintiyā, casta, 77, 649
Jaipur, 10, 122, 123, 263, 579
Jaiswal, Suvira, 57, 296, 335, 408
Jaiswal, Tulika, 79
jajmān, 135-36, 145, 248-49, 248 fig., 649
jajmānī, sistema, 143-50, 152, 225, 228, 342, 622, 649
Jambeśvara (1451/1536), 120
Jammu & Kashmir, 10, 83, 126, 131, 202, 209, 336, 427, 438, 573
Janābāī (*c*. 1270/1350), 440, 443
Janata, partido, 571, 617
Janata Dal, partido, 572, 602, 611, 617-18
Japón, 382, 392
jāṭ, casta, 35-37, 50, 83-84, 92, 94, 104, 123-25, 128, 132, 133 fig., 138, 139 fig., 236, 244, 247, 254, 260, 335, 340, 357-61, 372, 430-31, 439, 453, 456, 460, 463, 481, 484-86, 570-72, 578-79, 585, 589-90, 594, 605-06, 608, 624, 633, 649
jāṭ-musalamān, casta, 124-25, 335, 359, 649
jāṭ-sikh, casta, 123, 124-25, 128, 335, 359-63, 372, 649
Jātakas, 277
jāṭav, casta, 115, 271, 298-99, 523, 546, 649
jāti, 33-39, 120-23, 126, 152, 155, 241-42, 389-90, 649
  véase también casta(s)
jāti-pañchāyāt, 137-43, 589, 649
Jayakar, Pupul (1915/1997), 317
Jayalalithaa Jayaram, 87
Jeffrey, Craig, 621
jerarquía, 21-24, 114-16, 222-26, 238-49, 628
Jesús de Nazaret (siglo I), 345-46, 351, 354-55, 479, 492
Jharkhand, 11, 86, 124-25, 307-08, 317, 321, 326-28, 336, 345, 602, 606, 609
Jñāneśvar (*c*. 1200/1270), 440
Jodhpur, 10, 122, 128
jogī, casta, 114, 441, 443-44, 649
Jones, William (1746/1794), 473
juāng, casta/etnia, 307, 649
judaísmo, 194, 261, 265, 364-67, 507
  castas en el, 334-35, 364-67
Juergensmeyer, Mark, 297
julāhā, casta, 362, 649
Justicia, partido de la, 513, 518-19, 521, 556, 599

Kabīr (*c*. 1440/1518), 120, 442-45, 453, 524
Kabīr-panth, 413, 442, 448, 524
kacchā, alimentos, 210-12, 379, 649
kacchī, casta, 485, 649
kahār, casta, 124-25, 297-98, 649
kaivarta, casta, 289, 433, 488 fig., 649
Kak, Subhash, 165
Kakar, Katharina, 40, 53, 56, 64, 79
Kakar, Sudhir, 40, 53, 56, 64, 79, 291-92, 628
Kalāl, Jassā Siṅgh (siglo XVIII), 361
Kalaydjieva, Luba, 373
kalé, pueblo, *véase* romā, pueblo
Kalelkar, comisión, 567-68, 581
Kalelkar, Kaka (1885/1981), 567-68
Kalhaṇa (siglos XI/XII), 371
kali-yuga, 222, 279, 435, 649
Kālidāsa (siglo V), 108, 187
kaḷḷar, casta, 74, 83, 114, 234, 235 fig., 266, 301, 451, 455, 457, 479, 481-82, 650
kāma, 229, 264, 650
Kāma-sūtra, 44, 78, 191
Kamath, Madhav V., 112
kamīn, 144-48, 146 fig., 409, 650
kamma, casta, 128, 132, 572, 624, 650
kaṇbī, casta, *véase* paṭṭīdār, casta
kandramaṇikya, casta, 120-21, 122, 650
Kane, Pandurang (1880/1972), 14, 117, 174
Kangra, 197, 246
Kaṇhopatra (siglo XV), 440
kānikar, casta, 398, 650
kaṇjar, casta, 370, 481, 650
Kaṇṇapar, 436
Kanshi Ram, *véase* Ram, Kanshi
Kanthimathi, S., 402
kanyā dāna, 44, 47, 68, 76, 650
kānyakubja-brāhmaṇ, casta, 400, 456n., 459, 650
Kaplan, Marion, 71
kāpu, casta, 123-25, 132, 259, 430, 556, 572, 589, 595, 606, 624-25, 650
Kāraikkālammaiyār (siglos VI/VII), 436
Karanth, Gopal K., 39, 152, 594
karhāḍā-brāhmaṇ, casta, 115, 650
karma, 187-91, 199, 628-29, 650
Karnataka, 10, 23, 39, 58, 61n., 86, 92, 98, 118, 123-25, 131-32, 168, 215, 217, 232-33, 235, 247, 259, 272, 289, 308-09, 334-37, 345, 428, 437, 448, 472, 493, 513, 522, 556, 565, 569, 572, 577, 582-83, 596, 604, 610, 624

Kartabhaja, movimiento, 499
Karve, Irawati (1905/1970), 147, 389
kaṭampaṉ, casta, 407, 650
Katz, Nathan, 367
Kaviraj, Sudipta, 151, 591
kāyastha, casta, 35, 110 fig., 114, 119, 123-25, 132, 259-60, 430, 432, 454, 459, 462, 487 fig., 523, 554, 592, 625, 650
Keane, David, 383
Kenrick, Donald, 374
Kerala, 10, 23, 33, 35-36, 43n., 52n., 57-58, 77, 85-86, 103, 122-25, 132, 135, 165, 198, 203-05, 247, 253. 289, 292, 296, 298, 306, 318, 336-37, 344-54, 364-66, 398-99, 430, 451, 500-01, 513n., 515, 518-19, 522, 555, 568, 570, 582-83, 599, 601, 605, 632
Ketkar, Sridhar (1884/1937), 126, 194, 276
Khajuraho, 10, 78, 257
Khālsā, 358-62, 650
Khan, Mohammad Ishaq (1946/2013), 438
khaṇḍelavāl, casta, 111, 263, 650
khant, casta, 25-26, 65023
khap-pañchāyāt, 138, 139 fig., 143, 144n., 152, 650
Kharat, Shankarrao (1921/2001), 544
Khare, Ravindra S., 211, 291, 302
khāṛiā, casta/etnia, 307, 327, 650
kharwār, casta/etnia, 307, 650
khāsi, casta, 57, 77, 308, 347, 650
khaṭik, casta, 232, 565, 650
khatrī, casta, 119, 221, 247, 334, 356-62, 399, 650
Khilnani, Sunil, 552
khoṇḍ, casta/etnia, 109, 307-08, 650
Khusrau, Amīr (1253/1325), 54
Kinsley, David (1939/2000), 188, 222
kirātas, 278, 280, 323, 650
Kishwar, Madhu, 72, 76, 78
Kivisild, Toomas, 401-03
Klass, Morton (1927/2000), 142, 146, 191, 409
Kochi, 10, 259, 349, 364-67, 523, 568
koḍagu, casta/etnia, 233, 235 fig., 259, 307-09, 650
Kodoth, Praveena, 77
koerī, casta, 124-25, 232, 266, 523, 577, 600, 651
Kolenda, Pauline (1928/2014), 126, 143, 149, 297
Kolhapur, 10, 23, 514, 516, 523, 556
Kolhapur, *mahārāja* de, *véase* Shahu
koḷī, casta, 109, 119, 124-25, 192, 245, 451, 455, 485, 593, 651
Kolkata, 11, 94, 102, 111, 127, 180, 206, 285, 364, 366-67, 463, 484
Konkan, región, 10, 115, 232, 334, 459
koṇkaṅastha-brāhmaṇ, casta, 115, 651
Kosambi, Damodar D. (1907/1966), 116, 408
Kothari, Rajni, 241, 575
kṣatriya, *varṇa*, 21, 169, 192-93, 227 fig., 451-53, 452 fig., 651
brāhmaṇ y, 169-71, 256-60, 424-26, 451-52
colonialismo y, 483-86
dharma y, 184
dueños de la tierra y, 458-61
en la época védica, 163-73
etnicización de la casta y, 593-97
guṇas y, 198-99
jerarquía y, 241-47
mitos de origen, 109-11
poder y, 226-28, 237
rajputización y, 256-60
sanscritización y, 251-52
śūdra y, 429-33
vaiśya y, 262-65, 461-62
Kshatriya Sabha, 593
Kulke, Hermann, 256
Kumar, Nitish, 599
kumbhār, casta, *véase* kumhār, casta
kumhār, casta, 92-94, 103, 112-15, 114 fig., 123-25, 153-55, 212, 232, 463, 590, 651
kuṇbī, casta, 124-25, 254, 258, 440, 457, 554n., 651
kuṟavaṉ, casta, 409, 651
kurmī, casta, 123-25, 212, 244, 254, 423, 459-60, 485, 570, 572, 577, 589, 600-02, 607-08, 624, 631, 651
kuṟuba, casta, 108, 587, 651
kuṣāṇas, 279, 450, 651

labana, casta, 363, 651
Laborista Independiente, partido, 532, 535
Lahore, 10, 43, 484
Lamb, Sarah, 86
lambāḍa, casta, *véase* bañjāra, casta/etnia,
Lamberg-Karlovsky, Carl C., 406
Lannoy, Richard, 165
Laquedivas, 10, 57, 308, 336
Lariviere, Richard, 176, 182
Leach, Edmund (1910/1989), 91, 147-48, 335, 592
Leonard, Karen, 592
Leslie, Julia (1948/2004), 219
Leyes de Manu, véase *Manu-smṛiti*
liberación, 189-90, 418-21, 433-35, 443-44, 543-44, 653
Lievens, Constant (1856/1893), 327
Liṅga-purāṇa, 435
Lingat, Robert (1892/1972), 190-91
liṅgāyat, casta/comunidad, 98, 114, 118, 123-25, 131-32, 233, 437, 448-49, 554n., 556, 572, 596, 604-05, 624, 651

Liṅgāyat, movimiento, *véase* Vīraśaiva, movimiento
Locke, John (1632/1704), 554
lodhā, casta, 124-25, 481, 572, 651
lohār, casta, 92, 114, 123-25, 254, 463, 651
Lohia, Rammanohar (1910/1967), 570, 602
Lokāyata, escuela, 445, 651
Lok Sabha, 562, 576, 580n., 613, 651
Lorenzen, David, 295, 439, 443, 445
Lucknow, 10, 102, 106, 291, 302, 579
Lum, Kathryn, 363
Lutero, Martin (1483/1546), 444
Lyall, Alfred Comyn (1835/1911), 472, 488
Lynch, Owen, (1931/2013), 298

Mackenzie, Colin (1754/1821), 472
MacMunn, George (1869/1935), 480
macrocastas, 36, 123-26
Madan, Triloki N., 226, 574
Madhya Pradesh, 10, 34, 47, 94, 104, 113-14, 124-25, 138, 212, 257, 272, 287, 289, 307-08, 324, 326, 328-30, 442, 601, 605, 615
mādiga, casta, 124-25, 173, 272, 287, 459, 460 fig., 606, 652
Madrás, *véase* Chennai
Madurai, 10, 89, 259, 351, 500, 625
maga-brāhmaṇ, casta, 255, 652
mahā-brāhmaṇ, casta, 218, 232, 652
Mahābhārata, 66, 166n., 177, 198-99, 208, 237, 259, 279, 323, 337, 414, 429, 434-35, 453
mahānāyaka-śūdra, casta, 101, 652
Mahānirvāṇa-tantra, 447
mahār, casta, 95-100, 118, 123-25, 203-04, 271-72, 284, 299, 441, 458-59, 464, 494, 514, 524-26, 532, 540-46, 554n., 565, 577, 606, 612-13, 652
Maharashtra, 10, 20, 35, 58, 60, 83, 98, 115, 118-19, 123-25, 128, 132, 144n., 147, 203, 254-55, 271-72, 294, 308, 324, 336-37, 364, 401, 430, 440-41, 497, 512-17, 520-26, 532, 535, 542, 544-45, 556, 565, 577-78, 583, 588, 605-09, 615
Mahāvīra (*c*. -550/-470), 414-16
Mahesh Yogi, Maharishi (1918/2008), 635
māheśvarī, casta, 111, 114-15, 262, 652
mahiśya, casta, 124-25, 652
Maḥmūd de Ghazni (971/1030), 372
mahyāvanśī, casta, *véase* vankar, casta
Maillard, Chantal, 86
Maine, Henry Sumner (1822/1888), 12, 51
maithili-brāhmaṇ, casta, 232, 400, 652
mālā, casta, 37, 44, 97-98, 124-25, 140, 253, 271-72, 287, 565, 606, 652
Malabar, región, 10, 204, 346, 348, 364-67, 459-60, 469
malabarī, comunidad, 366-67, 652
Malamoud, Charles, 166, 202, 323
Malaviya, Madan Mohan (1861/1946), 501, 509-10
malayāḷī, casta/etnia, 57, 652
mālī, casta, 93 fig., 94, 124-25, 128, 514-17, 572, 594 fig., 605, 613, 652
Mallory, James P., 392
Maloney, Clarence, 145, 343-44
Mānava-dharma-śāstra, véase *Manu-smṛiti*
Mandal, Bindyeshwari P. (1918/1982), 569, 571-72, 588
Mandal, comisión, 571-74, 576, 579, 581-82, 601, 603
Mandelbaum, David (1911/1987), 34, 342, 366
māṅg, casta, 203-04, 276, 532, 612, 652
Māṇikkavācakar (siglo VIII), 433, 436
Manipur, 11, 308, 345
maṇipurī, etnia, 308
Manor, James, 8, 492-93
mantra, 171-72, 204, 274, 435, 635, 652
Manu-smṛiti, 41-44, 55, 66, 68, 166n., 167-93, 216, 223, 274-79, 426-31, 471, 473, 488, 520, 526, 536, 539
maoísmo, 314, 600, 607-10
  véase también naxalita, movimiento
māppiḷa, casta/comunidad, 123-25, 337, 366, 583, 652
marakkāyar, casta, 337, 652
marāṭha, casta, 20 fig., 35, 118, 123-25, 128, 132, 236, 254, 258-59, 430-31, 440-41, 456-57, 516-17, 554n., 556-57, 572, 585, 588-89, 605-06, 652
marāṭha, Imperio, 258-59, 310, 314, 451, 454-56, 512, 516
maṟavar, casta, 266, 352, 451, 479, 501-02, 652
Marriott, McKim, 197-98, 211, 226, 228, 234, 242
māṛvāṛi, casta/comunidad, 115 fig., 118, 261, 461-62, 652
Marwar, 10, 115, 227, 261
Marx, Karl (1818/1883), 12
marxismo, 12-13, 18-19, 148, 300, 354, 409, 471, 495, 521-22, 532, 551, 603, 609, 611
Mātaṅga-jātaka, 418
matrilinealidad, 52, 57, 77, 337, 349, 469, 652
matrimonio, 33-50, 62-67
  casta y, 33-50, 633-34
  ceremonia de, 47-48, 54-55, 67
  clase media y, 633-34
  concilio de aldea y, 140-42
  divorcio, 49-50
  endogamia y, 33-39
  infantil, 41-42, 60-63, 67
  jerarquía de género y, 41-43
  pacto entre familias y, 43-47
  sexualidad y, 41-45

Matsya-purāṇa, 451
Matua, movimiento, 499
Mauricio, isla, 127, 368-69
Maurya, dinastía, 177, 259, 279, 424-25, 430
Max-Müller, Friedrich (1823/1900), 393-94
Mayawati Kumari, 87, 580n., 600, 600 fig., 612, 614-16
Mayer, Adrian, 34, 54, 104, 123, 153, 212
mazhabī, casta, 93, 272, 287, 306, 361-63, 653
Mazumdar, Charu (1918/1972), 609
McLeod, Hew (1932/2009), 358, 444
Medhātithi (siglo IX), 192, 279
Megástenes (siglo -IV), 414
Meghalaya, 11, 57, 308, 345
Mehta, Kunvarji (1886/1982), 588
Mehta, Narasiṃha (*c*. 1500/1580), 276
Mehta, Pherozeshah (1845/1915), 495
mehtar, casta, 244, 287, 653
Mencher, Joan, 148, 296, 300
Mendelsohn, Oliver, 134, 140, 149, 494, 607
Mendizabal, Isabel, 373
Menon, Nivedita, 63
Menski, Werner, 80, 181
mēo, casta/comunidad, 119-20, 653
meshuchrarim, 367, 653
methar, casta, *véase* mehtar, casta
Mewat, 10, 119, 408
Meykaṇṭar (siglo XIII), 436
Michelutti, Lucia, 588
Mill, James (1773/1836), 472-73
mīmāṃsā, escuela/filosofía, 171, 176-178, 185, 282, 419, 653
mīna, casta/etnia, 114, 307, 309, 318, 329-32, 329 fig., 577, 604, 653
Mines, Diane, 86-87
Mīrabāī (*c*. 1500/1550), 442, 444
mīrāsī, casta, 94, 653
mīzo, casta/etnia, 74, 308, 314, 577, 653
Mizoram, 11, 74, 308, 345, 577
mleccha, 166, 273-74, 277-80, 322-24, 426, 450-51, 653
modernidad, 8-9, 12-16, 273, 331-32, 414, 466, 534, 551, 596, 634,
moḍh-vāṇiyā, casta, 141, 653
Modi, Narendra, 594 fig., 603, 618
Moffat, Michael (1944/2011), 294-95
mogol, Imperio, 234, 260, 314, 336, 360-61, 430, 450-59, 468, 477, 482-83, 554
mokṣa, véase liberación
Monier-Williams, Monier (1819/1899), 393, 471
Moorjani, Priya, 411
moreya, casta, 259, 653
Morris-Jones, Wyndraeth H. (1918/1999), 506
Morrison, Kathleen, 312
Mrituñjaya Vidyalankar (*c*. 1762/1819), 495
muerte por dote, 71-73, 76, 81
mughal, clase, 340, 343, 653
Muḥammad (*c*. 570/632), 202, 339
Mukerji, Mitali, 412
mul, *véase* pago-de-novia
Mumbai, 10, 42n., 63, 84, 105,106, 110, 112, 127, 216, 291, 364, 366-67, 463, 484, 503, 512, 524-26, 535, 541, 556, 610, 638
muṇḍā, etnia, 307-08, 317, 327-28, 653
Mundadan, Mathias (1923/2012), 350
Munro, Thomas (1761/1827), 471, 476
Murmu, Raghunath (1905/1982), 327
Murthy, M.L.K., 312
musahar, casta, 601, 653
Myanmar, 11, 518, 538
Myrdal, Gunnar (1898/1987), 12
Mysore, 10, 98, 233, 456, 493, 514, 523, 556, 567-68, 588, 596

nacionalismo hindú, 494, 504, 515-16, 527, 531, 599, 618-19, 635-36
nāḍar, casta, 104, 128, 253, 289, 299, 353-54, 475, 481, 493, 500-02, 521, 592, 653
Nag, Kingshuk, 606
nāga, etnia, 308, 314, 423, 653
Nagaland, 11, 308, 345
nāgar-brāhmaṇ, casta, 265, 653
Nagpur, 10, 259, 540, 543, 546
Nagy, Melinda, 372
nāī, casta, 94 fig, 95, 124-25, 218, 458, 653
Naicker, E.V. Ramasamy, *véase* Periyar
naikdu, casta, *véase* nāyaka, casta
Nair, Sankaran (1857/1934), 495
nāmaśūdra, casta, 124-25, 232, 272, 276, 489 fig., 565, 653
Nāmaśūdra, movimiento, 499-500
Namboodiripad, E.M.S. (1909/1998), 522
Nāmdev (*c*. 1270/1350), 440-41, 443
Nāmmāḻvār (*c*. 880/930), 436-37, 437 fig.
naṃpūtiri-brāhmaṇ, casta, 23 fig., 165 fig., 198, 204, 292, 296, 348, 365, 398, 459, 522, 653
Nānak, Gurū (1469/1539), 120, 356-57, 359-60, 442-45
Nanda, Meera, 635
Nantaṉār, 436
Naoroji, Dadabhai (1825/1917), 495, 503
Narayana Guru, Sri (1857/1928), 500-01, 514, 517
Narayanan, Kocheril Raman (1920/2005), 616
Narasu, Laxmi (1861/1934), 518

Natrajan, Balmurli, 112-13, 129-30, 152-55, 296
nāu-bauddha, casta, 124-25, 272, 653-54
naxalita, movimiento, 314, 600, 607-10
nāyāḍi, casta, 204, 298, 459, 654
nāyaka, casta, 307-08, 451, 654
Nāyaṉār, 436
nāyaṉmārs, 436-37, 654
nayār, casta, 27, 35-36, 43n., 57, 103, 118, 122-25, 132, 198, 204, 247, 259, 348-49, 354, 365, 398, 399 fig., 430, 451, 469, 513n., 632, 654
Nehru, Jawaharlal (1889/1964), 17, 141, 495-96, 504-05, 504 fig., 510-11, 533, 535, 558-61, 567-68, 617-18
Nehru, Motilal (1861/1931), 141, 495
neobudismo, 298, 414, 518, 538, 543-47
neohinduismo, 14, 298, 336, 347, 388, 467, 494-99, 623
neoliberalismo, 13, 618, 621-22
Nepal, 11, 35, 59, 74, 93, 124-25, 195, 209, 219, 221, 272, 307-08, 333, 336, 442, 562n., 609, 630
Nesfield, John Collinson (*c.* 1837/1919), 404-05, 486
newār, casta, 195, 308, 654
nirguṇa, 439, 442-43, 654
nirvāṇa, 418, 539, 543, 545, 654
niṣāda, casta, 172, 173, 323, 654
Nithyananda, Swami, 635
niyamāvali, 154, 654
no-violencia, 183, 209, 216-17, 262-64, 288-89, 462, 506, 636
Nobili, Roberto de (1577/1656), 351-52, 351 fig.
noniyā, casta, 109, 523, 654
Nueva Delhi, 10, 42n., 43, 81, 83, 85, 103, 106, 127, 541, 576, 600, 638
Nussbaum, Martha, 561

O'Hanlon, Rosalind, 455
Odisha, 11, 74, 96, 101, 106, 124-25, 146, 212, 252, 255, 307-08, 328, 345, 565, 573, 609
okkaliga, casta, 92, 98, 114, 122-23, 131-32, 254, 556, 572, 577, 588-89, 595-96, 604, 624, 654
Olcott, Henry (1832/1907), 517
Oldenburg, Veena Talwar, 56-57, 70, 77, 84
Olivelle, Patrick, 175-77, 224-25
Omvedt, Gail, 441, 449, 539, 611, 615
önge, etnia, 311, 403
orāon, casta/etnia, 307-08, 317, 654
orientalismo, 224, 229, 475, 486, 538
Orisha, *véase* Odisha
osavāl, casta, 109, 111, 263, 461, 654
Osho (1931/1990), 635
Other Backward Classes (OBC), 25-26, 339, 557-58, 565-86, 599-603, 613-14, 618-19, 654

Paattali Makkal Katchi (PMK), partido, 593, 604, 655
pago-de-novia, 50, 73-74, 82, 154, 253, 330, 376, 653
Paine, Thomas (1737/1809), 515
Pakistán, 10, 38, 50, 59, 71, 87, 124-25, 272, 307, 333, 336, 338, 341-42, 372, 521, 532, 559-60, 562n., 581
pakkā, alimentos, 209-13, 379, 654
Pal, Bipinchandra (1858/1932), 496
Pal, Sampat, 87
Pāla, dinastía, 259, 433
pallar, casta, 234, 272, 295, 301, 459, 494, 565-66, 593, 654
Pallava, dinastía, 428, 456n.
Palshikar, Suhas, 596, 605
Pāmpāṭṭi Ciṭṭar (siglo XV), 448
pāṇaṉ, casta, 407, 409, 654
Pandharpur, 10, 255, 440, 560n.
Pandian, M.S.S., 206, 514, 520
Panikkar, Kavalam M. (1895/1963), 159, 191-92, 258
Panikkar, Raimon (1918/2010), 165, 467
panindianidad, 636-37
Pāṇini (siglo -V), 277
Pantawane, Gangadhar, 611
Pantham, Thomas, 117
Pāṇṭya, dinastía, 259, 428
Pañchaviṃśa-brāhmaṇa, 231, 289
pañchāyāt, 136-43, 151, 152-54, 589, 654
paradeśī, comunidad, 366-67, 654
paṟaiyaṉ, casta, 27, 124-25, 148, 234, 272, 275-76, 284-85, 287, 294-96, 300-03, 353, 355, 407, 409, 458-59, 493, 501, 517-18, 655
Parāśara-smṛiti, 186, 275
Parasher-Sen, Aloka, 24, 273, 279
Paraśurāma-charitra, 337
paravar, casta, 292, 346, 350, 655
pardā, 41-42, 60-62, 88, 343-44, 452, 629-30, 655
Parekh, Bhikhu, 494, 506
paria, *véase* paṟaiyaṉ, casta
pariṣad, 137, 171, 655
Parish, Steven, 195
Parry, Jonathan, 218, 230, 240, 246
parsis, 118, 261-62, 265, 334, 365, 461, 560, 564
Partición, 127, 555, 559-60, 581
pāsi, casta, 109, 124-25, 232, 271, 272, 289, 655
Patañjali (siglo -II), 273-74, 278, 398, 430
paṭel, casta, *véase* paṭṭīdār, casta
Patel, Vallabhbhai (1875/1950), 505, 511, 533
paṭhān, clase, 340, 343, 655
patriarquía, 52-88, 129, 219, 376, 603
patrifocalidad, 51, 54-56, 73, 90, 655

patrilinealidad, 37, 51, 55-58, 62-64, 655
paṭṭīdār, casta, 25, 35, 73, 101, 119, 124-25, 132, 192, 236, 254, 265, 430, 463, 481, 572, 588-89, 591, 593, 595, 605, 624, 655
Pattidar Yuvak Mandal, 588
Paz, Octavio (1914/1998), 103-04, 551
Perez, Rosa Maria, 80, 245, 290, 295
Periyāḻvār (siglos VII/VIII), 436
Periyar (1879/1973), 55, 449, 473, 500, 502, 508, 512, 514, 519-21, 520 fig., 526, 543, 569
Persia, 360, 371, 373
Peśvā, dinastía, 259, 337, 454-56, 516, 655
Phule, Jotiba (1827/1890), 55, 276, 397, 405, 449, 473-74, 512, 514-18, 520, 524, 526, 539, 543, 598, 610, 613
Pigafetta, Antonio (1491/1534), 468
Piḷḷāṉ Lokāchārya (siglo XIII), 436
piñjāra, casta, 340, 655
Pīpā (1353/1403), 442
Pires, Tomé (*c.* 1465/1540), 261, 468
Plinio el Viejo (23/79), 261
pobreza, 13, 271, 304-06, 498, 562-64, 624, 644
Pocock, David (1928/2007), 16, 18, 437
poder, lenguaje del, 22-24, 220-39, 491, 623
poleya, casta, 275-76, 493, 655
política,
  asociaciones de casta y, 586-91, 596-97
  en el colonialismo, 553-58
  Constitución y, 534-35, 559-63, 582-83
  discriminación positiva, 558-84
  electorado separado, 517, 527-33, 554-55, 559-60
  Estado y, 559-61
  etnización de las castas y, 591-97
  en la India independiente, 558-84
  partido del Congreso y, 617-19
  partidos de casta y, 598-606
Pollock, Sheldon, 171
polución, 194-95, 200-19
  alimentación y, 206-13
  por contacto, 203-06
  corporal, 200-03
  línea de, 458-61, 464, 651
  por la ocupación, 215-17
  por parentesco, 217-19
  sexual, 213-15
Pondicherry, *véase* Puducherry
Possehl, Gregory (1941/2011), 312
prabhu, casta, 110 fig., 462, 554, 655
Prabhu, Pradip, 315
Prāṇnāth (1617/1693), 442
pratiloma, 35-36, 172-73, 430, 655
Premchand (1880/1936), 214
Prinsep, James (1799/1840), 483
protestantismo, 345-47, 352, 474-79, 492-94, 554
Puducherry, 10, 85, 124-25
pūjā, 95, 196, 345, 435, 655
Pujol, Òscar, 201
pulaiyān, casta, 350, 352-53, 655
pulkasa, casta, 172, 655
Pune, 10, 65, 204, 254, 514, 526, 530, 537, 546
Punjab, 10, 35, 43, 50-52, 57, 71, 74, 83-86, 92-95, 120, 123-25, 128, 132, 138, 142, 144n., 218, 221-22, 232, 247, 272, 286-87, 297, 306, 322, 330, 333, 355, 357-64, 372-73, 399, 401, 410, 412, 427, 430-31, 438, 442, 460, 493, 497, 532, 537-38, 555, 565, 570-73, 579, 590, 598, 612, 615, 618, 624, 638-39
Purāṇas, 116, 166n., 172n., 184, 229, 256, 259, 429, 435
pureza, lenguaje de la, 21-24, 194-219, 426
  castas y, 194-99, 411
  clase media y, 623, 628
  cuerpo y, 197-99
  lenguaje del poder y, 225-39
  polución y, 200-19
Puri, 11, 255-56
Puruṣa-sūkta, 107-08, 162-64, 389, 406, 416, 424, 466, 656
Puṣṭimārga, movimiento, 422, 436, 656
puṣṭimārgī, comunidad, 436, 656
Puśyamitra Śūṅga (-185/-149), 256, 456n.

qāvval, casta, 94, 656
Quigley, Declan, 221, 228, 236, 238
Qur'ān, 42, 444

Radhakanta Deb (1784/1867), 495
Radhakrishnan, Sarvepalli (1888/1975), 14
rāḍhī-brāhmaṇ, casta, 35, 656
raghubanśī, casta, *véase* rājbanśī, casta
Raheja, Gloria G., 212, 228, 230-31, 236, 238
Rai, Niraj, 373
Raidās, (*c.* 1480/1540), 362, 364, 442-44, 449, 453, 505
rāj-gōṇḍ, casta/etnia, 233-34, 310, 332, 656
Rajah, Mylai C. (1883/1943), 537-38
Rajasthan, 10, 47, 52n., 73-74, 83, 93-94, 109, 113-15, 119-20, 123-25, 132-33, 140, 227, 237, 243, 245, 247, 257, 261-62, 272, 287, 308-09, 322, 324, 329-31, 359, 436, 442, 451, 484, 565, 576-79, 590, 604-05, 607, 615, 639
rājbanśī, casta, 109, 124-25, 138, 271-72, 565, 577, 656
rājkumār, casta/clan, 83, 656

rājput, casta, 22, 34-35, 48 fig., 83-84, 109, 118, 121-25, 132, 134, 212, 214, 226, 233, 237, 241-44, 247, 249, 256-60, 257 fig., 263-64, 293, 451-53, 452 fig., 458-60, 483-86, 554, 578-79, 593, 595, 604-06, 625, 656
rajputización, 256-60, 266, 331, 361, 433, 593
Ram, Jagjivan (1908/1986), 505, 509, 533, 538, 612
Ram, Kanshi (1934/2006), 600, 612-15
Ram, Mangu (1886/1980), 397, 514, 610
Ramabai, Pandita (1858/1922), 35
Ramana Maharshi (1879/1950), 421 fig., 635
Rāmānanda (siglo XIV), 442
Rāmānanda, movimiento, 422-23, 442, 455, 656
Ramanathan, S., 521
Rāmānuja (siglo XII), 120, 436-37
Rāmāyaṇa, 66, 166n., 177, 259, 275, 324, 362, 414, 520
rāmgaṛhīā, casta, 361, 656
Rāmgaṛhīā, Jassā Siṅgh (siglo XVIII), 361
Ramji Sakpal, 524
Ramkheri, 10, 34, 104, 212
Rampura, 10, 98
Ranade, Mahadev G. (1842/1901), 473, 516
Rao, Anupama, 611
Rao, Narasimha (1921/2005), 574, 621
Rashtriya Janata Dal (RJD), partido, 587, 600-02, 656
Rashtriya Swayamsevak Sangh (RSS), organización, 321, 603, 618, 656
rāval, casta, 108, 656
Ravidās, *véase* Raidās
rāvidāsī, casta, 361-64, 612, 656
raza, 383, 393-404, 411, 486-88
reḍḍi, casta, *véase* kāpu, casta
Reddy, C. Subba, 317
Reich, David, 403
Reino Unido, 127, 344, 355, 361, 363, 369, 465, 477, 481, 506, 630
religión, 8-9, 634-36
Rémignon, Isabelle, 94
renunciantes, 189-92, 224-25, 418-24, 506, 657
Republicano, partido, 535, 547, 599-600, 610, 613
Reyes, Juan, 373
Ricci, Matteo (1552/1610), 352n.
Ṛig-veda, 65-66, 107-08, 162-66, 171, 185, 323, 391-96
ṛiṣis, 37, 168, 179, 186, 417, 656
Risley, Herbert (1851/1911), 212, 275-76, 394-96, 398-400, 404, 477, 482, 486-90
ṛita, 164, 175, 185, 656
Rodríguez, Sergio, 375, 379
Rogerius, Abraham (1609/1649), 246, 469
Roma, 261, 279, 350
romā, pueblo, 45, 127, 292-93, 306, 370-82, 377 fig., 656
intocabilidad y, 380-82
sociedad de castas y, 375-80
Roy, Arundathi, 35, 292
Roy, Manabendranath (1887/1954), 495
Roy, Rammohan (1774/1833), 496
Roy Burman, Bikram K. (1922/2012), 313
Rudolph, Lloyd, 134, 182, 266, 488-89, 619
Rudolph, Susanne, 134, 182, 266, 488-89, 619
Ruskin, John (1819/1900), 506

śabara, etnia, 307, 657
sabhā, *véase* asociaciones de casta
Sabharwal, Gopa, 118, 626
sacrificio, véase *yajña*
Sādhan (*c.* 1350/1410), 442-43
Sahajanand, Swami (1889/1950), 590
Sahajīya, movimiento, 445-47, 499, 657
Sahoo, Sanghamitra, 403-04
Sai Baba, Sathya (1926/2011), 635
Sain (siglos XIV/XV), 357
Śaiva-siddhānta, movimiento, 436, 445, 448, 657
śākas, 255, 273, 279, 426, 450, 657
śakti, 61, 87, 162, 446, 657
Śakuntalā, 187
śākya, casta, 425, 517, 657
Salem, Abraham Barak (1882/1967), 367
samāj, *véase* asociaciones de casta
Samajwadi, partido (SP), 587, 601-03, 615, 618, 658
saṃnyāsin, *véase* renunciantes
saṃsāra, 188-89, 657
śāṇār, casta, *véase* nāḍar, casta
Sangharakshita, 544, 545
Sankar, Sree (1909/1972), 501
Śaṅkara (siglos VIII/IX), 120, 422-23, 522
Śaṅkaradeva (siglos XV/XVI), 447
Śāṅkhayana-gṛihya-sūtra, 274
sanscritización, 116, 251-56, 260, 266, 628
sānsī, casta, 370, 657
santāl, etnia, 124-25, 307, 314, 317, 327-28, 657
sants, tradición de los, 439-45, 449, 511, 522, 524, 544, 657
Saradamoni, Kunjulekshmi, 77
sarasvatī-brāhmaṇ, casta, 35, 400, 554n., 657
saguṇa, 435, 442-43, 657
śarīf, categoría, 339-41, 340 fig., 642, 657
sarna, religión, 317, 322, 326-28, 658
sat-sudra, 430-33, 441, 450, 519, 631, 658
Śatapatha-brāhmaṇa, 206
Śātavāhana, dinastía, 428, 658
satī, *véase* viudas, autoinmolación de las

satnāmī, casta/comunidad, 276, 442, 448, 658
Satyashodhak Samaj, 515, 599
Savarkar, V. Damodar (1883/1966), 618
Sayaji Rao Gaekwad III (1863/1939), 276, 516, 523, 525
Sāyaṇa (siglo XIV), 396
sayyid, clase, 337, 339, 342-43, 658
Scheduled Caste (SC), 27, 272c., 276, 531, 534, 557-62, 565-66, 576-79, 582-83, 658
véase también intocables
Scheduled Caste Federation, partido, 532, 535, 599
Scheduled Tribes (ST), 276, 308c., 318-21, 534, 557-62, 565, 576, 611, 658
véase también ādivāsis
Schomer, Karine, 443
Schuon, Frithjof (1907/1998), 14
Searle-Chatterjee, Mary, 220
segunthar, casta, 521, 658
Sen, Amartya, 633
Sen, Keshavchandra (1838/1884), 496
Senart, Émile (1847/1928), 191, 405
Sengupta, Sanghamitra, 403
Sergent, Bernard, 391
Śeṣa, Kṛiṣṇa (*c*. 1520/1590), 282, 290, 433
sexualidad, 41-43, 45, 61, 66-67, 205, 213-15, 629
Seymour, Susan, 78, 81, 86
Shah, Ghanshyam, 25, 299, 305, 363, 625
Shahu, (1874/1922), 516-17, 525, 556
Shani, Ornit, 619
Shankar, Shri Shri Ravi, 635
sharī'a, 69, 337-38, 447, 534, 560, 658
Sharma, Ram Sharan (1919/2011), 396
Sharma, Sohan L., 331
Sharma, Ursula, 57, 74-75, 220
Sharpe, Eric (1933/2000), 333
shaykh, clase, 339, 341, 343, 658
Sherring, Matthew A. (1826/1880), 474
Sheth, D.L., 36, 152, 566, 628
shivaísmo, 98, 300, 335, 423, 436-37, 441-43, 445, 514, 520-21, 635
shramánica, tradición, 413-19, 433-34, 444-45, 448, 658
Siddiqi, Majid H., 590
sikhismo, 50, 247, 355-64, 439, 442, 480-81, 537-38
castas en el, 265, 333-35, 356-62
Sikkim, 11, 74, 308
Sindh, 10, 262, 342, 360, 438, 556
Singer, Milton (1912/1994), 52
Singh, Charan (1902/1987), 511, 570-71, 570 fig., 573, 602
Singh, Ekta, 14
Singh, Jaipal (1903/1970), 328
Singh, Kumar Sanjay, 325-26
Singh, Kumar Suresh (1935/2006), 103, 318
Singh, Vishwanath P. (1931/2008), 547, 572-74
Sinha, Surajit (1926/2002), 256
Śivājī (1627/1680), 258-59, 258 fig., 451-52, 512, 516
smārtha-brāhmaṇ, casta, 120-22, 448, 658
véase también iyer, casta
socialismo, 495, 504-06, 521-22, 558-59, 564, 622
sociedad civil, 590-91
soḍhī, casta, 359, 658
sonār, casta, 124-25, 146 fig., 244, 658
Sontheimer, Günter-Dietz (1934/1992), 256
Soundarapandian, W.P.A. (1893/1953), 521
Sri Lanka, 10, 37, 59, 87, 124-25, 127, 131, 311, 333, 336-37, 348, 401, 512, 518, 538, 562n.
śrīmālī, casta, 109, 119, 262-63, 334, 659
Srinivas, Mysore N. (1916/1999), 68, 75, 98, 132-34, 145, 191, 205n., 233, 251-53, 256, 266, 574, 585
Śrīvaiṣṇava, movimiento, 436-37, 442, 448, 659
śrīvaisṇṇava-brāhmaṇ, casta, 120-22, 206, 659
véase también iyengar, casta
Stein, Burton (1926/1996), 259
Stephen, James Fitzjames (1829/1894), 481-82
strī-dhana, 68-69, 74, 77, 659
strī-dharma, 65-66, 219, 659
subcasta, 115-17, 121-23, 126, 249
substancialización, 114, 129, 591, 595, 633
Sudáfrica, 127, 369, 383, 506-07, 518, 612
śūdra, *varṇa*, 21, 96, 133, 171-72, 192-93, 237, 426-33, 659
brāhmaṇ y, 429-33
brahmanismo y, 429-33, 515-16
colonialismo y, 484-86
desarrollo del, 426-33
dharma y, 189-90, 193
en la época védica, 163-67, 171-73, 391-93
guṇas y, 198-99
intocables y, 273-82, 430-33
jerarquía y, 244-48
movimientos devocionales y, 433-35, 440, 444
rajputización y, 258-59
sanscritización y, 251-52
Śūdrāchāra-śiromaṇi, 290
sufismo, 339, 357, 414, 439, 442, 444
sugalī, casta, *véase* bañjāra, casta
Sundar, Nandini, 326
Sundararajan, K.R., 79
Sundaranandam, David (*c*. 1775/1850), 475-76
Śuṅga, dinastía, 177, 259, 424, 456n., 659
Surat, 10, 253, 261, 588
Sūta-saṃhita, 117
sva-dharma, 181-87, 190, 511, 561, 659

śvapāka, 273, 418-19, 425, 659
véase también intocables
Swaminārāyaṇa, movimiento, 101, 455

Tagore, Rabindranath (1861/1941), 116, 496
Takhar, Opinderjit Kaur, 361
Tamang, Rakesh, 403
Tamil Nadu, 10, 44, 58, 74, 83, 86-87, 89, 92-94, 120-21, 124-28, 131-132, 203, 207, 232-35, 238, 246-47, 253, 262, 272, 284-89, 295-96, 300-03, 313, 337, 344, 346, 348, 351-54, 366, 394, 399, 402, 427-31, 436-37, 447-48, 459, 490, 493-94, 501, 513-14, 518-22, 555, 565-66, 569-70, 577, 592, 595, 598-99, 604, 607, 612, 625
Tambiah, Stanley (1929/2014), 75, 383
Tandon, Prakash (1911/2004), 221
tantrismo, 24, 413, 445-49, 499, 657
Tata, Jamsetji N. (1839/1904), 328
Tavernier, Jean-Baptiste (1605/1689), 469
Telangana, 10, 123, 321, 344, 472, 493, 598, 606, 609, 625, 638
telī, casta, 92, 115, 124-25, 212, 232, 572, 605, 618, 659
Telugu Desam (TD), 570, 598, 618, 659
ṭhākur, casta, 109, 134, 139, 147, 226, 227 fig., 579, 587, 613, 631, 659
véase también rājput, casta
Thakur, Guruchand (1847/1937), 499
Thakur, Harichand (1811/1877), 499
Thanseem, Ismail, 411
Thapar, Romila, 321, 400, 406-07, 419, 421, 426, 574
Tharamangalam, Joseph, 349
Thass, Ayoti (1845/1914), 449, 492, 517-18, 520, 538
Ṭhokā, Jassā Siṅgh, *véase* Rāmgaṛhīā, Jassā Siṅgh
Thoreau, Henry D. (1817/1862), 506
Thurston, Edgar (1855/1935), 481, 484
Tilak, Bal G. (1856/1920), 503, 512
Tipu Sultan (1750/1799), 456
Tirumaṅkai (siglo VIII), 436
Tirupāṇāḻvār, 436
tīya, casta, *véase* īḻavar, casta
toda, casta/etnia, 313 fig., 319, 394 fig., 482, 660
Tolstói, Lev (1828/1910), 506
Tomás el Apóstol, (siglo I), 347-48
tōṭṭiyaṉ, casta, 286-88, 306, 407, 660
Trautmann, Thomas, 389, 400
Travancore, 500, 523, 568
trehaṇ, casta, 359, 660
tribus, *véase* ādivāsis
Trinidad y Tobago, 127, 368
Tripura, 11, 124-25, 308
tripurī, etnia, 308, 660
Tukārāma (1598/1649), 440-41, 440 fig.
Tulasīdās (1532/1623), 442
Tully, Mark, 115
turī-barōṭ, casta, 93-94, 93 fig., 660
Tylor, Edward B. (1832/1917), 311

Uberoi, J.P. Singh, 201, 217
Uberoi, Patricia, 52-53
Unni, K. Raman, 296
Unnithan-Kumar, Maya, 73
upanayama, 166, 199, 417, 422, 498, 660
Upaniṣads, 164, 166n., 188, 324, 416, 420n., 422-23, 495, 660
Uttar Pradesh, 10, 35-36, 47, 61n., 62, 72, 83, 87-88, 102-03, 109, 115, 124-26, 128, 132, 134, 178, 209, 211, 245-46, 257, 266, 271-72, 297-98, 326, 330, 336, 372, 399, 401, 423, 430, 442, 497, 522, 557, 565, 569-70, 572-73, 577-79, 586-87, 590, 601-09, 613-16, 632
Uttarakhand, 10, 56, 83, 124-26, 132, 272, 315n., 326, 602, 606

vädda, etnia, 311, 660
vaidya, casta, *véase* baidya, casta
Vaikkam, templo de, 10, 500, 519, 526
vaiśya, *varṇa*, 21, 96, 171-73, 192, 461-63, 660
brāhmaṇs y, 260-65, 429-33
colonialismo y, 484-86, 553
en la época védica, 163-67, 171-73
guṇas y, 198-99
jerarquía y, 241-43
movimientos devocionales y, 433-35
provecho y, 260-65, 461-63
sanscritización y, 252-54
transformación del, 461-63
Vajpayee, Atal B., 578
valand, casta, 95, 660
Valghira Manickam, 10, 300-03
vaḷḷuvar, casta, 233, 517, 660
vālmīki, casta, 93, 287-88, 306, 660
Vanita, Ruth, 87
vāṇiyā, casta, 37, 131, 192, 264, 660
véase también baniā, casta
vāṇiyar, casta, 124-25, 128, 485, 566, 592-93, 604, 660
vankar, casta, 272, 280-81, 290, 291 fig., 660
vaṇṇāṉ, casta, 458, 660
Varāhamihira (siglo VI), 280
Vārakarī-panth, movimiento, 440-44, 524, 660
Varanasi, 11, 200, 209, 218, 286, 442, 454, 456, 462, 483

Varma, Pavan, 67, 637
varṇa, 96, 161-74, 660
casta y, 14, 121-22, 163-64, 172-74, 190-93
clase y, 161-62, 196
colonialismo y, 483-84, 488-89
dharma y, 178-81, 184-89
Gandhi y, 506-11
guṇas y, 198-99
intocables y, 273-82
jerarquía y, 240-49
karma y, 187-91
neohinduismo y, 494-99
origen de las castas y, 172-74, 389-98, 406-08, 411-12
pureza y, 195-96, 224-25
realidad social de la, 190-93
varṇa-āśrama-dharma, 181, 189, 238, 278, 322, 395, 420, 433, 445, 447, 507-08, 511, 660
Varshney, Ashutosh, 593
Varthema, Ludovico de (1470/1517), 468
Vasco da Gama (1460/1524), 346
Vasiṣṭha-dharma-sūtra, 174
Vātsyāyana (siglo IV), 44
Vaudeville, Charlotte, 444
Veda, 161-68, 171, 176-80, 185, 188, 190, 192, 277, 391-96, 414, 418, 422, 444, 447, 507, 518, 661
vedānta, filosofía, 414, 422-23, 442, 499, 517, 522, 661
vedismo, 116, 162-66, 176, 180-81, 434, 539, 661
vegetarianismo, 22, 36, 208-09, 216-17, 262-63, 289, 506, 542, 627
vēlaṉ, casta, 407, 661
vēḷḷāḷa, casta, 92, 132, 246-47, 254, 259, 266, 351-52, 430-31, 436, 484-85, 514, 518, 521, 556, 591, 625, 661
veṇa, casta, 289, 661
Verniers, Gilles, 604
Vertovec, Steven, 368
veṭān, casta, 409, 661
veṭṭiyar, casta, 285-86, 294, 661
Victoria, reina (1819/1901), 478, 554
Vicziany, Marika, 494, 607
Vidyasagar, Ishvarachandra (1820/1891), 186
violencia de género, 72-73, 76-78, 81-82, 88-89, 629
Vīraśaiva, movimiento, 437, 448-49, 651, 661
vishnuismo, 209, 261, 263, 335, 423, 432, 435-37, 441-47, 455, 462, 506, 508
Viṣṇu-smṛiti, 167, 274, 276
viśvakarma, casta, 124-25, 578, 661
viudas, 40, 50, 58, 66, 190-91, 218-19
autoinmolación de las, 86, 219, 462, 658
Vivekananda, Swami (1863/1902), 14, 141, 496, 497 fig., 507
Vladislav II (*c*. 1390/1447), 381
Vora, Rajendra, 338
vrātya, orden, 278-79, 420, 426, 429, 661
vyśya, casta, 47, 661

Walker, Anthony R., 319
Ward, William (1769/1823), 352, 474
warga, 369, 661
warna, 369, 661
Weber, Max (1864/1920), 12, 38, 224, 335
Weiner Myron (1931/1999), 127
Wezler, Albrecht, 181
Wilson, William J., 383
Wiser, William (1890/1961), 145, 148, 194, 225
Witzel, Michael, 427-28

Xaxa, Virginius, 312, 318

Yadav, Akhilesh, 615
yadav, casta, *véase* ahīr-yadav, casta
Yadav, Lalu Prasad, 328, 587-88, 599-602, 600 fig.
Yadav, Mulayam Singh, 570, 587-88, 600-02, 613, 615
yajña, 163-64, 165 fig., 178, 661
Yājñavalkya-smṛiti, 428-30
Yalman, Nur, 41
Yāska (siglo -VII), 323
yavanas, 273, 278-80, 434, 450, 661
yoga, 263, 414, 444, 446
yuga-dharma, 183, 186-87, 192, 661
Yuga-purāṇa, 279

Zelliot, Eleanor, 441
Zia, Khaleda, 87

editorial Kairós

Puede recibir información sobre nuestros libros y colecciones o hacer comentarios acerca de nuestras temáticas en

www.editorialkairos.com

Numancia, 117-121 • 08029 Barcelona • España
tel +34 934 949 490 • info@editorialkairos.com